〔宋〕馬端臨 著
上海師範大學古籍研究所
華東師範大學古籍研究所 點校

文獻通考

第十一册

帝系 封建

中華書局

卷二百五十　帝系考一

帝號歷年

黄帝，少典之子，姓公孫，名軒轅，生於壽邱。神農氏世衰，諸侯相侵伐，蚩尤最暴，黄帝徵師諸侯，擒殺蚩尤，諸侯尊黄帝爲天子，在位百年崩，年百一十歲。

帝顓頊高陽，黄帝之孫，昌意之子。繼黄帝爲天子，在位七十八年崩，年九十八歲。

帝嚳高辛，黄帝之曾孫，玄囂之孫，蟜極之子。繼顓頊爲天子，在位七十年崩，年百五歲。

帝堯，帝嚳之子，姓伊祁，名放勳。帝嚳崩，而長子摯代立，封堯爲唐侯。帝摯立，不善，在位九年〔一〕。唐侯德盛，乃禪位於唐侯。堯以甲辰即位，都平陽，號陶唐氏。在位七十年，薦舜攝政，又二十八年崩，在位九十八年。壽一百一十八，首甲辰，盡癸未。

帝舜，顓頊七世孫，瞽瞍之子，姓姚氏，名重華。年三十堯舉之，年五十攝行天子事，年五十八堯崩，年六十一以丙戌歲代堯踐帝位，都蒲阪，號有虞氏。三十一年，以丁巳歲禪於禹。又八年崩，壽一百歲。首丙戌，盡癸亥。

夏禹，顓頊之孫，鯀之子，姓姒氏，名文命。治水有功，舜使宅百揆。年七十三，以丁巳歲受舜禪，即天子位，都平陽、安邑〔二〕。在位二十七年，癸未崩，壽百歲。

啓，禹子，以甲申嗣位，九年壬辰崩。

太康，啓子。以癸巳嗣位，二十九年辛酉，以盤遊無度，爲有窮后羿距於河，失邦而崩。

仲康，太康弟〔三〕。以壬戌嗣位，十三年甲戌崩。

帝相，仲康子。以乙亥嗣位〔四〕，二十八年壬寅，爲羿所弑。寒浞殺羿並滅相，相之臣靡逃於有鬲氏，相之后還於有仍氏，生少康。至四十一年壬午，靡自有鬲氏滅寒浞而立少康。

少康，相子。以壬午滅寒浞嗣立，二十二年癸卯崩。

帝杼，少康子。以甲辰嗣立，十七年庚申崩。

帝槐，杼子。以辛酉嗣立，二十六年丙戌崩。

帝芒，槐子。以丁亥嗣立，十八年甲辰崩。

帝泄，芒子。以乙巳嗣立，十六年庚申崩。

帝不降，泄子。以辛酉嗣立，五十九年己未崩。

帝扃，不降弟〔五〕。以庚申嗣立，二十一年庚辰崩。

帝廑，扃子。以辛巳嗣立，二十一年辛丑崩。

帝孔甲，廑弟〔六〕。以壬寅嗣立，三十一年壬申崩。

帝皋，孔甲子。以癸酉嗣立，十一年癸未崩。

帝發，皋子。以甲申嗣立，十九年壬寅崩。

帝履癸，是爲桀，以癸卯嗣立，五十三年乙未〔七〕，以失道爲殷湯所伐，戰於鳴條，師敗，湯放之南巢，夏亡。

右，夏一十七世，共四百五十九年，首丁巳，盡乙未，内寒浞篡位四十一年〔八〕。

殷湯，契之十四世孫，姓子氏，名履。以夏桀之三十五年丁丑即諸侯位，自商邱徙都亳。以乙未伐桀滅夏，即天子位，十三年丁未崩，壽百歲。

太甲，湯孫。以戊申嗣立，三十三年庚辰崩。

沃丁，太甲子。以辛巳歲嗣立，二十九年己酉崩。

太庚，沃丁弟。以庚戌嗣立，二十五年甲戌崩〔九〕。

小甲，太庚子。以乙亥嗣立，十七年辛卯崩。

雍己，小甲弟。以壬辰嗣立，十一年癸卯崩。

大戊，雍己弟。以甲辰嗣立，七十五年戊午崩。

仲丁，大戊子。以己未嗣立，十三年辛未崩。

外壬，仲丁弟。以壬申嗣立，十五年丙戌崩。

河亶甲，外壬弟。以丁亥嗣立，九年乙未崩。

祖乙，河亶甲子。以丙申嗣立，十九年甲寅崩。

祖辛，祖乙子。以乙卯嗣立，十六年庚午崩。
沃甲，祖辛弟。以辛未嗣立，二十五年乙未崩。
祖丁，沃甲兄。以丙申嗣立，三十二年丁卯崩。
南庚，沃甲子。以戊辰嗣立，二十五年壬辰崩。
陽甲，祖丁子。以癸巳嗣立，七年己亥崩。
盤庚，陽甲弟。以庚子嗣立，二十八年丁卯崩。
小辛，盤庚弟。以戊辰嗣立，二十一年戊子崩。
小乙，小辛弟。以己丑嗣立，二十八年丙辰崩。
武丁，小乙子。以丁巳嗣立，五十九年乙卯崩。
祖庚，武丁子〔一〇〕。以丙辰嗣立，七年壬戌崩。
祖甲，祖庚弟。以癸亥嗣立，三十三年乙未崩。
廩辛，祖甲子。以丙申嗣立，六年辛丑崩。
庚丁，廩辛弟。以壬寅嗣立，二十一年壬戌崩。
武乙，庚丁子。以癸亥嗣立，四年丙寅崩。
太丁，武乙子。以丁卯嗣立，三年己巳崩。
帝乙，太丁子。以庚午嗣立，三十七年丙午崩。

受辛，帝乙子。是爲紂，以丁未嗣立，無道，三十二年戊寅，周武王伐之。戰於牧野，師敗受死，殷亡。

右，殷二十八世，共六百四十五年，首乙未，盡戊寅。

周武王，后稷十六世孫，文王之子，姓姬氏，名發。以商紂二十三年己巳嗣爲西伯，至己卯，勝殷殺受，即天子位，七年乙酉崩，壽九十三。

成王，名誦，武王子。以丙戌嗣立，三十七年壬戌崩，壽四十四歲〔二〕。

康王，名釗，成王子。以癸亥嗣立，二十六年戊子崩。

昭王，名瑕，康王子。以己丑嗣立，五十一年己卯崩。

穆王，名滿，昭王子。以庚辰嗣立，五十五年甲戌崩。

共王，名繄扈，穆王子。以乙亥嗣立，十二年丙戌崩。

懿王，名囏，共王子。以丁亥嗣立，二十五年辛亥崩。

孝王，名辟方，共王弟。以壬子嗣立，十五年丙寅崩。

夷王，名燮，懿王子。以丁卯嗣立，十六年壬午崩。

厲王，名胡，夷王子。以癸未嗣立，三十七年。無道，爲國人所逐，出奔。周、召二伯行政，謂之「共和」。十四年癸酉〔三〕，崩於彘。

宣王，名静，厲王子。以甲戌嗣立，四十六年己未崩。

幽王，名宫湼〔三〕，宣王子。以庚申嗣立，無道。十一年庚午，爲犬戎所伐，敗死。

平王，名宜臼，幽王子。以辛未嗣立，五十一年辛酉崩。

桓王，名林，平王孫。以壬戌嗣立，二十三年甲申崩。

莊王，名佗，桓王子。以乙酉嗣立，十五年己亥崩。

釐王，名胡齊，莊王子。以庚子嗣立，五年甲辰崩。

惠王，名閬〔四〕，釐王子。以乙巳嗣立，二十五年己巳崩。

襄王，名鄭，惠王子。以庚午嗣立，三十二年壬寅崩。

頃王，名壬臣，襄王子。以癸卯嗣立，六年戊申崩。

匡王，名班，頃王子。以己酉嗣立，六年甲寅崩。

定王，名瑜，匡王弟。以乙卯嗣立，二十一年乙亥崩。

簡王，名夷，定王子。以丙子嗣立，十四年己丑崩。

靈王，名泄心，簡王子。以庚寅嗣立，二十七年丙辰崩。

景王，名貴，靈王子。以丁巳嗣立，二十五年辛巳崩。子猛立，爲悼王。王子朝殺猛代立，晉逐子朝，立敬王。

敬王，名丐，景王子。以壬午嗣立，四十四年乙丑崩。

元王，名仁，敬王子。以丙寅嗣立，六年辛未崩。

貞定王，名介，元王子。以壬申嗣立，二十八年己亥崩。太子去疾立，爲哀王。王叔襲殺之，代立爲思王。

思王，以庚子嗣立，爲其弟少隗所殺。

考王，名少隗。以辛丑嗣立，十五年乙卯崩〔一五〕。

威烈王，名午，考王子。以丙辰嗣立，二十四年己卯崩。

安王，名驕，威烈王子。以庚辰嗣立，二十六年乙巳崩。

烈王，名喜，安王子。以丙午嗣立，七年壬子崩。

顯王，名扁，烈王弟。以癸丑嗣立，四十八年庚子崩。

愼靚王，名定，顯王子。以辛丑嗣立，六年丙午崩。

赧王，名延，愼靚王子。以丁未嗣立，五十九年乙巳，爲秦所攻，王奔秦，盡獻其邑三十六，秦受之。是歲，王崩，周亡。

右，周三十七世，共八百六十七年，首己卯，盡乙巳。內「共和」行政十五年。自周亡至秦始皇滅六國稱「皇帝」以前，首丙午，盡己卯，共三十四年。

秦始皇，伯翳之後，莊襄王之子，母呂不韋姬，姓嬴氏，名政。以周亡後九年甲寅嗣立爲秦王，立二十六年庚辰，盡滅六國，稱始皇帝，後十二年辛卯崩。

二世皇帝，名胡亥，始皇少子。以壬辰嗣立，三年甲午，爲趙高所弒，立二世兄子嬰。乙未，漢高祖入秦，子嬰降，秦亡。

右，秦二世，共十五年，首庚辰，盡甲午。

漢太祖高皇帝，沛豐邑中陽里人，姓劉氏，名邦。父太公，母媼。以秦二世元年壬辰年三十起兵，爲沛公。乙未，入關滅秦，爲漢王。五年己亥，滅項籍，即皇帝位，都長安，十二年。丙午崩，壽五十三。

孝惠皇帝，名盈，高祖太子，母吕后。以丁未嗣立，時年十七，在位七年，癸丑崩，壽二十四。吕太后取後宫子以爲帝子立之。太后臨朝稱制九年。辛酉，吕后崩，諸吕作亂，大臣誅之，立文帝。

太宗孝文皇帝，名恒，高祖中子，母薄姬。年五歲，立爲代王。二十三歲辛酉，太尉周勃等迎立爲皇帝，在位二十三年。甲申崩，壽四十六。

孝景皇帝，名啓，文帝太子，母竇皇后。三十二歲乙酉嗣立，在位十六年。庚子崩，壽四十八。

世宗孝武皇帝，名徹，景帝中子，母王美人。十六歲嗣立，在位五十四年。甲午崩，壽七十一。

改元十一。建元六。元光六。元朔六。元狩六。元鼎六。元封六。太初四。天漢四。太始四。征和四。後元二。

孝昭皇帝，名弗陵，武帝少子，母趙倢伃。八歲乙未嗣立，在位十三年。丁未崩，壽二十一。

改元三。始元六。元鳳六。元平一。

中宗孝宣皇帝，名詢，武帝曾孫，戾太子孫，史皇孫子，母王夫人。昭帝崩，無嗣，大將軍霍光立昌邑王賀，賀無道，廢之，更立帝，時年十八。丁未嗣立，在位二十五年。壬申崩，壽四十三。

改元七。本始四。地節四。元康四。神爵四。五鳳四。甘露四。黄龍一。

高宗孝元皇帝，名奭，宣帝太子，母許皇后。年二十七，癸酉嗣立，在位十六年。戊子崩，壽四十三。

改元四。初元五。永光五。建昭五。竟寧一。

孝成皇帝，名驁，元帝太子，母王皇后。年二十己丑嗣立，在位二十六年。甲寅崩，壽四十六。

改元七。建始四。河平四。陽朔四。鴻嘉四。永始四。元延四。綏和二。

孝哀皇帝，名欣，元帝庶孫，定陶恭王子，母丁姬。成帝無子，立爲太子。年二十乙卯嗣立，在位六年。庚申崩，壽二十六。

改元二。建平四。元壽二。

孝平皇帝，名衎，元帝庶孫，中山孝王子，母衛姬。哀帝崩，無子，太皇太后遣使迎立之。年九歲，辛酉嗣立，在位五年。乙丑，爲王莽所鴆崩，壽十四。

改元一。元始五。

王莽立孺子嬰，自爲「攝皇帝」。三年，至戊辰，莽篡位。

右，西漢十二帝，共二百一十四年。始乙未，盡戊辰。王莽以己巳篡位，稱新室，十五年。癸未，爲漢兵所誅。淮陽王劉玄立，二年，爲赤眉所滅。莽、玄共十六年。

改元四。建國五。天鳳六。地皇三。更始二。

東漢世祖光武皇帝，名秀，南陽人，高祖九世孫，父南頓令欽。帝以王莽篡位之十四年壬午起兵，乙酉即皇帝位，遷都洛陽，時年二十九，在位三十三年。丁巳崩，壽六十二。

改元二。建武三十一。中元二。

顯宗孝明皇帝，名莊，光武第四子，母陰皇后。年三十，以戊午嗣立，在位十八年。乙亥崩，壽四十八。

改元一。永平十八。

肅宗孝章皇帝，名炟〔一六〕，顯宗第五子，母賈貴人。年十九，以丙子嗣立，在位十四年。戊子崩，壽三十三。

改元三。建初八。元和三。章和二。

孝和皇帝，名肇，肅宗第四子，母梁貴人。年十歲，以己丑嗣立，在位十七年。乙巳崩，壽二十七。

改元二。永元十六。元興一。

孝殤皇帝，名隆，和帝少子。生始百日嗣立，丙午崩，壽二歲。

改元一。延平元。

恭宗孝安皇帝，名祜〔一七〕，肅宗孫，父清河孝王，母左姬。殤帝崩，太后立爲孝和皇帝嗣，年十三。以丁未嗣立，在位十九年。乙丑崩，壽三十二。

改元五。永初七。元初六。永寧一。建光一。延光四。

孝順皇帝，名保，安帝子，母李氏。年十一，以丙寅嗣立，在位十九年。甲申崩，壽三十。

改元五。永建六。　陽嘉四。　永和六。　漢安二。　建康一。

孝沖皇帝，名炳，順帝子，母虞貴人。年二歲，以乙酉嗣立，一年崩，壽三歲。

改元一。永憙元〔一八〕。

孝質皇帝，名纘〔一九〕，肅宗玄孫，父渤海孝王，母陳夫人。沖帝崩，皇太后詔嗣立，時年八歲，在位一年，爲梁冀所鴆崩，年九歲。

改元一。本初元。

孝桓皇帝，名志，肅宗曾孫，父蠡吾侯翼，母匽氏。質帝崩，太后與梁冀迎立之，年十五歲。以丁亥嗣立，在位二十一年。丁未崩，壽三十六。

改元七。建和三。　和平一〔二〇〕。　元嘉二〔二一〕。　永興二。　永壽三。　延熹九。　永康一。

孝靈皇帝，名宏，肅宗玄孫，父解瀆亭侯，母董夫人。桓帝崩，無子，皇太后迎立之，時年十二。以戊申嗣立，在位二十二年，己巳崩〔二二〕，壽三十四。

改元四。建寧四。　熹平六。　光和六。　中平六。

孝獻皇帝，名協，靈帝中子，母王美人。靈帝崩，董卓廢少帝爲弘農王，立帝，年九歲。以己巳嗣立，在位三十二年。以庚子禪位於魏。後十三年壬子崩〔二三〕，壽五十四。

改元四。初平四。　興平二。　建安二十四。　延康一。

右，東漢十二帝，共一百九十六年，首乙酉，盡庚子。

蜀漢昭烈皇帝，名備，涿郡涿縣人。景帝子，中山靖王勝之後，父弘。以建安十九年甲午取蜀，二十四年己亥稱漢中王，辛丑即皇帝位，三年癸卯崩，壽六十三。

改元一。章武三。

後主，名禪，昭烈帝子。年十七〔二四〕，以甲辰嗣立，在位四十一年，爲魏所滅。

改元四。建興十五。延熙二十。景耀五〔二五〕。炎興元。

右，蜀漢二帝，共四十三年，首辛丑，盡癸未。

魏文帝，沛國譙人，姓曹氏，名丕，武王太子。以庚子受漢禪，即皇帝位，時年三十三。在位七年，丙午崩，壽四十。

改元一。黃初七。

明皇帝，名叡，文帝太子。年二十二，以丁未嗣立，在位十三年。己未崩，壽三十五。

改元三。太和六。青龍四。景初三。

齊王，名芳，明帝養爲子。年九歲，以庚申嗣立，在位十四年。癸酉，爲司馬師所廢，時年二十三。

改元二。正始九。嘉平五。

高貴鄉公，名髦，文帝孫，東海定王霖子。司馬師既廢齊王，迎立之，年十四。以甲戌嗣立，在位六年。庚辰〔二六〕，以討司馬昭不克遇弑，年二十。

改元二。正元二。甘露四。

陳留王，名奐，武帝孫，燕王宇子。司馬昭既弒高貴鄉公，迎立之，年十五。以庚辰嗣立，在位五年，乙酉，禪於晉。

改元二。景元四。　咸熙二。

右，魏五帝，共四十六年，首庚子，盡乙酉。

吴大帝，吴郡富春人，姓孫氏，名權，長沙太守堅之子，討逆將軍策之弟。漢末，封吴王。及魏王丕篡逆，權以辛丑歲稱帝〔二七〕，在位三十一年。壬申崩〔二八〕，壽七十一。

改元六。黄武七。　黄龍三〔二九〕。　嘉禾六。　赤烏十三。　太元一。　神鳳一。

會稽王，名亮，大帝少子。以壬申年嗣立，在位六年，爲權臣孫綝所廢。庚辰歲，亮以謡言自殺，時年十八〔三〇〕。

改元三。建興二。　五鳳二。　太平二。

景帝，名休，大帝第六子，會稽王亮之兄。初封瑯琊王，戊寅歲，孫綝廢亮，迎而立之，在位六年。甲申歲崩，時年三十。

改元一。永安六。

歸命侯，名皓，大帝之孫，太子和之子。初封烏程侯，景帝崩，吴人迎而立之。晉咸寧末，武帝令將軍王濬等率兵伐之，皓戰敗，詣軍門請降。太康元年徙皓洛陽，封歸命侯，在位十七年。壽四十。

改元八。元興一。　甘露一。　寶鼎三〔三一〕。　建衡三。　鳳凰三。　天册一。　天璽一〔三二〕。　天紀四。

右，吴四帝，共六十年，首辛丑，盡庚子。

晉世祖武皇帝，河内温縣孝敬里人，姓司馬氏，名炎，宣王之孫，文王之子。以乙酉受魏禪即皇帝位，時年二十九。在位二十六年。庚戌崩，壽五十五。

改元三。泰始十。咸寧五。太康十〔三三〕。

孝惠皇帝，名衷，武帝第二子。以庚戌嗣立，時年三十一，在位十七年。丙寅崩，壽四十八。

改元七。永熙一。元康九。永康一。永寧一。太安二。永興二。光熙一。

孝懷皇帝，名熾，武帝第二十五子。惠帝時，立爲皇太弟。帝崩，以丙寅嗣立，時年二十三，在位五年。辛未，劉曜、石勒兵陷洛陽，蒙塵於平陽，癸酉〔三四〕，遇害，壽三十。

改元一。永嘉六〔三五〕。

孝愍皇帝，名鄴，武帝孫，吴孝王晏之子〔三六〕。洛陽傾覆，奔長安，衆推爲太子。懷帝崩，以癸酉即位，時年十三，在位四年。丙子，劉曜陷長安，丁丑遇害，壽十八。

改元一。建興四。

右，西晉四帝，共五十二年，首乙酉，盡丙子。

元皇帝，名睿，宣帝曾孫，瑯琊恭王覲之子。襲封，鎮建鄴。愍帝遇害，以丁丑嗣立，時年四十一，在位六年。壬午崩，壽四十七。

改元三。建武一。太興四。永昌一。

明皇帝，名紹，元帝太子。以癸未嗣立，時年二十四，在位三年。乙酉崩，壽二十七。

改元一。太寧三。

成皇帝，名衍，明帝太子。以丙戌嗣立，時年五歲，在位十七年。壬寅崩，壽二十二。

改元二。咸和九。咸康八。

康皇帝，名岳，成帝母弟。以壬寅嗣立〔三七〕，時年二十，在位二年。甲辰崩，壽二十二〔三八〕。

改元一。建元二。

穆皇帝，名聃，康帝子。以乙巳嗣立，時年二歲，在位十七年。辛酉崩，壽十九。

改元二。永和十二。升平五。

哀皇帝，名丕，成帝子。以辛酉嗣立〔三九〕，時年二十一，在位四年。乙丑崩，壽二十五。

改元二。隆和一。興寧三。

廢帝，名奕，哀帝母弟。哀帝崩，皇太后詔立之。以丙寅嗣立，時年二十四，在位六年。辛未，桓温廢之。

改元一。太和五。

簡文皇帝，名昱〔四〇〕，元帝少子。封會稽王。桓温既廢海西公，迎立之。以辛未嗣立，時年五十一，在位二年。壬申崩，壽五十三。

改元一。咸安二。

孝武皇帝，名曜，簡文帝子。以癸酉嗣立，時年十一，在位二十四年。丙申崩，壽三十五。

改元二。寧康三。太元二十一。

安皇帝，名德宗，孝武帝長子。以丁酉嗣立，時年十五，在位二十二年。戊午崩，壽三十七〔四一〕。

改元三。隆安五。元興三。義熙十四。

恭皇帝，名德文，安帝母弟。以己未嗣立，時年三十四，在位二年。庚申，禪位於宋，遇害，壽三十六。

改元一。元熙二。

右，東晉十一帝，共一百有四年，首丁丑，盡庚申。

宋高祖武皇帝，彭城綏輿里人，姓劉氏，名裕。以庚申受晉禪，即皇帝位，時年五十七，在位三年。壬戌崩，壽六十。

改元一。永初三。

少帝，名義符，武帝長子。以壬戌嗣立，時年十七，在位二年。甲子〔四二〕，徐羨之等廢弒之，壽十九。

改元一。景平二。

太祖文皇帝，名義隆，武帝第三子，封宜都王。少帝廢，大臣迎立之。以甲子嗣立，時年十八〔四三〕，在位三十年。癸巳，爲元凶劭所弒，壽四十七〔四四〕。

改元一。元嘉三十。

世祖孝武皇帝，名駿，文帝第三子，封武陵王。元凶劭弒逆，入討賊，以甲午嗣立，時年二十四，在位十一年。甲辰崩，壽三十五。

改元二。孝建三。大明八。

前廢帝，名子業，孝武帝長子。以甲辰嗣立，時年十六，在位一年。荒淫無道，遇弒，壽十七。

改元一。景和元。

太宗明皇帝，名彧，文帝第十一子，封淮陽王。廢帝遇弒，以乙巳嗣立，時年二十六，在位八年。壬子崩，壽三十四。

改元二。泰始七。泰豫一。

後廢帝，名昱，明帝太子。以癸丑嗣立，時年十一〔四五〕，在位五年〔四六〕。丁巳，以無道遇弒，年十五〔四七〕。

改元一。元徽四。

順皇帝，名準，明帝第三子，封安成王。廢帝殞，蕭道成奉太后令立之，以丁巳嗣立，在位三年。以己未禪於齊，遇害，壽十三歲〔四八〕。

改元一。昇明三。

右，宋八帝，共六十年，首庚申，盡己未。

齊太祖高皇帝，東海蘭陵郡人，姓蕭，名道成。以己未歲受宋禪，即皇帝位，時年五十二，在位四年。壬戌崩，壽五十六。

改元一。建元四。

世祖武皇帝，名賾，高帝長子。以壬戌嗣立，時年四十二，在位十二年。癸酉崩，壽五十四。

改元一。永明十一。

廢帝，名昭業，武帝長孫，立爲太孫。以癸酉嗣立，爲西昌侯鸞廢而弑之，二十二歲。再立海陵王昭文，復廢之。

改元二。隆昌。延興。

高宗明皇帝，名鸞，始安貞王道生之子。既廢二帝，以甲戌嗣立，時年四十二，在位五年。戊寅崩，壽四十七。

改元二。建武四。永泰一。

廢帝，名寶卷，明帝第二子。以己卯嗣立，時年十六。立三年。辛巳，無道遇弑，壽十九。

改元一。永元三。

和帝，名寶融，明帝第八子。以辛巳嗣立，禪於梁，遇害，壽十五。

改元一。中興元。

右，齊七帝，共二十三年〔四九〕，首己未，盡辛巳。

梁高祖武皇帝，南蘭陵中都里人，姓蕭氏，名衍。以壬午歲受齊禪，時年三十九〔五〇〕，在位四十八年。己巳崩，壽八十六〔五一〕。

改元七。天監十八。普通七。大通二。中大通六。大同十一。中大同一。太清三。

太宗簡文皇帝，名綱，武帝第三子。昭明太子薨，立爲太子。以己巳嗣立，三年辛未，侯景廢而弒之。壽四十九。

改元一。大寶二〔五二〕。

世祖孝元皇帝，名繹，武帝第七子，封湘東王。侯景篡立，王僧辨等起兵討誅景，以壬申嗣立，在位三年。甲戌，爲西魏所滅，遇害，壽四十七。

改元一。承聖三。

敬皇帝，名方智，元帝第九子，封晉安王。魏克江陵，陳霸先等迎立之。以乙亥嗣立，在位三年。丁丑，禪於陳，遇害，壽十六。

改元二。紹泰一。太平二。

右，梁四帝，共五十六年，首壬午，盡丁丑。

陳高祖武皇帝，吳興長城下若里人，姓陳氏，名霸先。以丁丑受梁禪，時年五十四，在位三年。己卯崩，壽五十七。

改元一。永定三。

世祖文皇帝，名蒨，武帝兄，始興昭烈王之長子。武帝受禪，爲臨川王。以庚辰嗣立，七年。丙戌崩，壽四十五。

改元二。天嘉六。天康一。

廢帝，名伯宗，文帝長子。以丙戌嗣立，在位三年。戊子，安成王頊廢之而自立。未幾，伯宗崩，壽十九。

改元一。光大二〔五三〕。

高宗宣皇帝，名頊，始興昭烈王次子。以戊子嗣立，時年四十，在位十三年，壬寅崩。

改元一。太建十三。

後主，名叔寶，宣帝太子。以壬寅嗣立，年三十，在位七年。己酉，隋滅之。

改元二。至德四。禎明三。

右，陳五帝，共三十三年，首丁丑，盡己酉。

後魏太祖道武皇帝，其先世爲代北鮮卑君長，姓拓跋氏，名珪。以丙戌即代王位，郊天改元。時晉孝武太元十一年。十三年戊戌，取燕，即帝位。又十二年己酉，爲拓跋紹所弑，壽三十九年。

改元四。登國十。皇始二。天興六。天賜六〔五四〕。

太宗明元皇帝，名嗣，道武帝長子〔五五〕。以己酉嗣立在位十五年。癸亥崩，壽三十二。

改元三。永興五。神瑞二。泰常八〔五六〕。

世祖太武皇帝，名燾，明元帝長子。以甲子嗣立，在位二十九年。壬辰，爲宗愛所弑，壽四十五。

改元六。始光四。神䴥四。延和三〔五七〕。太延五。太平真君十一。正平二。

高宗文成皇帝，名濬，太武帝嫡孫。以壬辰嗣立，在位十四年。乙巳崩，壽二十六〔五八〕。

改元三。興安二〔五九〕。興光一〔六〇〕。太安五〔六一〕。和平六。

顯祖獻文皇帝，名弘，文成帝長子。以乙巳嗣立，在位七年。辛亥，禪位於太子宏。又五年丙辰崩，壽二十三。

改元二。天安一〔六二〕。皇興五。

高祖孝文皇帝，名宏，獻文帝太子。以辛亥受禪，在位二十九年。己卯崩，壽三十三。

改元三。延興五〔六三〕。承明元〔六四〕。太和二十三〔六五〕。

世宗宣武皇帝，名恪，孝文第二子，爲皇太子。以己卯嗣立，在位十七年。乙未崩，壽三十三。

改元四。景明四。正始四。永平四。延昌四。

肅宗孝明皇帝，名詡，宣武帝第二子。以乙未嗣立，在位十四年。戊申崩，壽十九。

改元五。熙平二。神龜二。正光五。孝昌三〔六六〕。武泰一〔六七〕。

敬宗孝莊皇帝，名子攸，彭城王勰第三子〔六八〕，封長樂王。明帝崩，爾朱榮立之。以戊申嗣立，三年庚戌，誅爾朱榮，爲其黨所弒，壽二十四。

改元一。永安三。

節閔帝，名恭，廣陵惠王羽之子，少襲爵。爾朱世隆既弒敬宗，迎立之。以辛亥嗣立，一年壬子，高歡廢而弒之，壽三十五〔六九〕。

改元一。普泰〔七〇〕。

孝武皇帝，名修，廣平武穆王懷之子〔七一〕，封平陽王。高歡既廢節閔，奉渤海太守元朗爲帝，後廢之而立帝。以壬子嗣立，在位三年。至甲寅，西奔長安崩，壽二十五。

改元一。永熙三。

孝静皇帝，名善見，清河王亶之世子。孝武帝既西入關，高歡奉帝立之，爲東魏。以甲寅嗣立，時年十一，在位十七年。庚午，禪於齊。未幾，遇害，壽二十八。

改元四。天平四。元象元。興和四。武定八。

文皇帝，名寶炬，孝文帝之孫，京兆王愉之子，封南陽王。孝武崩，宇文泰立之。以甲寅嗣立，在位十八年。辛未崩，壽四十五。

改元一。大統十七〔七二〕。

廢帝，名欽，文帝長子。以辛未嗣立，在位三年。癸酉，爲宇文泰所廢，尋弑之，壽十六。

不改元。

恭皇帝，名廓，文帝第四子。以甲戌嗣立，三年丙子，禪於周。未幾，周人殺之，壽二十一。

不改元。

右，魏十五帝，共一百七十一年，首丙戌，盡丙子。

北齊顯祖文宣皇帝，渤海蓚人，姓高氏，名洋，神武王歡之次子。以庚午受魏禪，即皇帝位，在位十年。己卯崩，壽三十一。

改元一。天保十。

廢帝，名殷，文宣太子。以己卯嗣立，一年庚辰，常山王演廢之而自立，尋遇害，壽十七〔七三〕。

改元一。乾明。

孝昭皇帝，名演，神武第六子。以庚辰嗣立，一年崩，壽二十七。

改元一。皇建。

世祖武成皇帝，名湛，神武第九子。辛巳嗣立，五年乙酉，禪位於太子，稱太上皇。又四年戊子崩，壽三十二。

改元二。太寧一。河清四。

後主，名緯，武成帝長子。以乙酉嗣立，在位十三年。丁酉，爲周所滅。

改元二。天統五。武平七。隆化元〔七四〕。

右，北齊五帝，共二十八年，首庚午，盡丁酉。

周閔帝，姓宇文氏，名覺，代郡武川人，文王泰之子。以丙子受魏禪，一年丁丑，爲晉公護廢而弑之，壽十六。

不改元。

世宗明皇帝，名毓，文王子。晉公護廢閔帝迎立之，以丁丑嗣立，四年庚辰崩，壽二十七。

改元二。武定二。武成二〔七五〕。

高祖武皇帝，名邕，文王第四子。庚辰嗣立，在位十九年。戊戌崩，壽三十六。

改元四。保定五。天和六。建德六。宣政一〔七六〕。

宣皇帝，名贇，武帝長子。以戊戌嗣立，己亥，傳位太子，稱天元，庚子崩，壽二十二。

改元一。大象〔七七〕。

靜帝，名衍，宣帝長子。庚子嗣立，辛丑，禪於隋，遇害，壽九歲。

不改元〔七八〕。

右，周五帝，共二十六年，首丙子，盡辛丑。

隋高祖文皇帝，弘農華陰人，姓楊氏，名堅。以辛丑受周禪〔七九〕，在位二十四年。甲子崩，壽六十四。

改元二。開皇二十。仁壽四。

煬皇帝，名廣，高祖次子。以甲子嗣立，在位十三年。戊寅，無道遇弒，壽五十。

改元一。大業〔八〇〕。

恭皇帝，名侑，煬帝孫，元德太子之子。唐公李淵入長安立之。以丁丑嗣位，戊寅，禪於唐，封爲酅國公。武德二年崩，壽十五。

改元一。義寧。

右，隋三帝，共三十八年，首辛丑，盡戊寅。

唐高祖神堯大聖大光孝皇帝，隴西成紀人，姓李氏，名淵。以丁丑自太原留守起兵，入長安，戊寅受隋禪，即皇帝位，時年五十三，在位九年。丙戌，傳位於太宗，稱太上皇。又十年乙未崩，壽七十二〔八一〕。

改元一。武德九。

太宗文武大聖大廣孝皇帝，名世民，高祖次子，母竇皇后。初封秦王，太子建成誅，立爲皇太子。以丙戌嗣立，時年二十九，在位二十三年。己酉崩，壽五十二。

改元一。貞觀二十三。

高宗天皇大聖大弘孝皇帝，名治，太宗第九子，母長孫皇后。初封晉王，太子承乾廢，立爲皇太子。以己酉嗣立，時年二十二，在位三十四年。癸未崩，壽五十六。

改元十四。永徽六。顯慶五。龍朔三。麟德二。乾封二。總章二。咸亨四。上元二。儀鳳三。調露元。永隆元。開耀元。永淳元。弘道元。

中宗大和大聖大昭孝皇帝〔八二〕，名顯，高宗第七子，母武皇后。爲皇太子，癸未嗣立，甲申，武后廢之。後二十二年乙巳復辟，在位五年。庚戌，爲韋后所弑，壽五十五。

改元三。神龍二。景龍三〔八三〕。唐隆元〔八四〕。

武后改元十二。光宅元。垂拱四。永昌元。天授二。長壽二。延載元。天册萬歲元。萬歲通天元。神功元。聖曆二。久視元。長安四。

睿宗玄真大聖大興孝皇帝，名旦，高宗第八子，母武皇后。封豫王。武后既廢中宗，立之，臨朝。至庚寅，降立爲皇嗣。中宗復辟，封相王。韋后弑逆，臨淄王隆基誅之，迎立帝。以庚戌即位，三年壬子，傳位於太子隆基。後四年丙辰崩，壽五十五。

改元二。景雲二。　太極元。

玄宗至道大聖大明孝皇帝，名隆基，睿宗第三子，母竇皇后。封臨淄郡王。庚戌韋后弑逆，以兵討誅之。睿宗即位，立爲皇太子。以壬子嗣立，時年二十七，在位四十四年。乙未，禪位於太子。後七年壬寅崩，壽七十八。

改元三。先天元。　開元二十九。　天寶十四。

肅宗文明武德大聖大宣孝皇帝，名亨，玄宗第三子，母楊皇后。爲皇太子〔八五〕。丙申嗣立，時年四十五，在位七年。壬寅崩，壽五十二。

改元四。至德二。　乾元二。　上元二。　寶應元。

代宗睿文孝武皇帝，名豫，肅宗太子，母吴皇后。以壬寅嗣立，時年三十六，在位十八年。己未崩，壽五十四。

改元三。廣德二〔八六〕。　永泰二。　大曆十四〔八七〕。

德宗神武孝文皇帝，名适，代宗太子，母沈皇后。以己未嗣立，時年三十八，在位二十六年。乙酉崩〔八八〕，壽六十四。

改元三。建中四。　興元元。　貞元二十一。

順宗至德弘道大聖大安孝皇帝，名誦，德宗太子，母王皇后。以乙酉嗣立〔八九〕，一年崩，壽四十六。

改元一。永貞。

憲宗昭文章武大聖至神孝皇帝，名純，母王皇后，順宗太子。以丙戌嗣立，時年二十八，在位十五年。庚子崩，壽四十三。

改元一。元和十五〔九〇〕。

穆宗睿聖文惠孝皇帝，名恒，憲宗第三子，母郭皇后。以庚子嗣立，時年二十六，在位五年。甲辰崩，壽三十。

改元一。長慶四。

敬宗睿武昭愍孝皇帝，名湛，穆宗長子，母王皇后。以甲辰嗣立，時年十六，在位三年。丙午，爲宦官蘇佐明等所弒〔九一〕，壽十八。

改元一。寶曆二〔九二〕。

文宗元聖昭獻孝皇帝，名昂，穆宗第二子，母蕭皇后。封江王。敬宗崩，王守澄等迎立之。以丙午嗣立，時年十八，在位十四年。庚申崩，壽三十二。

改元二。太和九。開成五。

武宗至道昭肅孝皇帝，名炎，穆宗第五子，母韋皇后。封潁王〔九三〕。文宗崩，仇士良等迎立之。以庚申嗣立，年二十七，在位六年。丙寅崩，壽三十三。

改元一。會昌六。

宣宗聖武獻文孝皇帝，名忱，憲宗第十三子，母鄭皇后。封光王。武宗崩，中官迎立之。以丙寅嗣立，時年三十七，在位十三年。己卯崩，壽五十。

改元一。大中十三。

懿宗昭聖恭惠孝皇帝，名漼，宣宗太子，母鼂皇后。以己卯嗣立，在位十四年。癸巳崩，壽四十一。

改元一。咸通十四。

僖宗惠聖恭定孝皇帝，名儇，懿宗第五子，母王皇后。立爲皇太子。以癸巳嗣立，時年十二〔九四〕，在位十六年，戊申崩，壽二十七〔九五〕。

改元五。乾符六〔九六〕。廣明元。中和四。光啟三。文德元。

昭宗聖穆景文孝皇帝，名曄，懿宗第七子，母王皇后。封壽王。以戊申嗣立，十六年甲子，爲朱全忠所弒，壽三十八。

改元七。龍紀元。大順二。景福二。乾寧四。光化三。天復三。天祐元。

哀皇帝，名柷，昭宗第九子，母何皇后。封輝王〔九七〕。昭宗遇弒，以甲子嗣立，三年丁卯，禪於梁，明年，遇害，壽十七。

改元。盡天祐四年。

右，唐二十帝，共二百九十年，首丁丑，盡丁卯，内武氏二十二年。

後梁太祖神武元聖孝皇帝，單州碭山縣人，姓朱氏，名晃，初名温，賜名全忠。以丁卯受唐禪，即皇帝位，年五十六，在位六年。壬申，爲其子郢王友珪所弒，年六十一〔九八〕。

改元二。開平四。乾化二。

末帝，名瑱，太祖第三子，母張皇后。封均王。友珪弒逆，討誅之。以癸酉嗣立，在位十一年。癸未，唐兵入汴，爲其下所弒，年三十六。

改元三。乾化三。貞明六。龍德二。

右，後梁二帝，共十七年，首丁卯，盡癸未。

後唐莊宗光聖神閔孝皇帝，其先沙陀人，唐賜姓李氏，名存勖，武帝之子。以癸未即皇帝位，滅梁，在位四年。丙戌兵亂，中流矢崩，壽四十二。

改元一。同光四。

明宗聖德和武欽孝皇帝，代北金鳳城人，姓李氏，名亶。以丙戌嗣立，在位八年。癸巳崩，壽六十七。

改元二。天成四。長興四。

愍帝，名從厚，明宗第三子，封宋王。癸巳嗣立，甲午，潞王兵入汴，廢之而自立，遇害，壽二十一。

改元一。應順〔九九〕。

廢帝，名從珂，本姓王氏，明宗養爲子，封潞王。以甲午廢閔帝即位，三年。丙申，石敬瑭舉兵犯闕，帝兵敗，自焚死，壽五十二。

改元一。清泰三。

右，後唐四帝，共十四年，首癸未，盡丙申。

後晉高祖聖文章武明德孝皇帝，太原汾陽里人，姓石氏，名敬瑭。丙申，以北京留守舉兵入洛，即皇帝位，在位七年。壬寅崩，壽五十一〔一〇〇〕。

改元一。天福七。

出帝，名重貴，本高祖從子，封齊王。以壬寅嗣立，在位四年。丙午，契丹入汴，北遷，卒於黃龍府，壽三十四。

改元二。天福二。開運三。

右，後晉二帝，共十一年，首丙申，盡丙午。

後漢高祖睿文聖武昭肅孝皇帝，太原人，姓劉氏，名暠，初名知遠。契丹入中國，以丁未即皇帝位於晉陽，繼還於汴，在位二年。戊申崩，壽五十四。

改元一。乾祐二〔一〇一〕。

隱帝，名承祐，高祖第二子，封周王。以戊申嗣立，三年庚戌，郭威擁兵犯闕，遇弒，壽二十〔一〇二〕。

右，後漢二帝，共四年，首丁未，盡庚戌。

後周太祖聖神恭肅文武孝皇帝，邢州堯山人，姓郭氏，名威。辛亥，以鄴都留守入汴，即皇帝位。三年癸丑崩，壽五十一。

改元一。廣順三〔一〇三〕。

世宗睿武孝文皇帝，本姓柴氏，名榮，太祖養子，封晉王。以甲寅嗣立，在位六年，己未崩〔一〇四〕。

改元一。顯德六。

恭帝，名宗訓，世宗子，封梁王。以己未嗣立，庚申，禪於宋。後十四年癸酉崩，壽二十一。

右，後周三世，共九年，首辛亥，盡己未。

宋太祖英武聖文神德皇帝，其先涿郡人，皇考始遷洛陽，姓趙氏，名匡胤。父周龍捷左廂都指揮使弘殷，追謚宣祖，母昭憲杜太后。庚申，以殿前都點檢受周禪，即皇帝位，時年三十三，在位十七年。丙子崩，壽五十。

改元三。建隆三。乾德五。開寶九。

太宗神功聖德文武皇帝，名炅，初名匡義，母昭憲杜太后。以丙子嗣立，時年三十七，在位二十二年。丁酉崩，壽五十九。

改元五。太平興國八。雍熙四。端拱二。淳化五。至道三。

真宗文明章聖元孝皇帝，名恒，初名元侃，太宗第三子，母元德李太后。立爲皇太子〔一〇五〕。以丁酉嗣立，年二十九，在位二十六年。壬戌崩，壽五十五。

改元五。咸平六。景德四。大中祥符九。天禧五。乾興元。

仁宗神文聖武明孝皇帝，名禎〔一〇六〕，初名受益，真宗太子，母莊懿李太后。以壬戌嗣立，時年十二，在位四十二年。癸卯崩，壽五十四。

改元九。天聖九。明道二。景祐四。寶元二。康定元。慶曆八。皇祐五。至和二。嘉祐八。

英宗獻文肅武宣孝皇帝，名曙，初名宗實，濮安懿王允讓之子，詔立爲皇子。以癸卯嗣立，時年三十三，在位五年。丁未崩，壽三十八。

改元一。治平四。

神宗英文烈武聖孝皇帝，名頊，英宗太子，母宣仁高皇后。以丁未嗣立，時年十九，在位十九年。乙丑崩，壽三十八。

改元二。熙寧十。元豐八。

哲宗欽文睿武昭孝皇帝，名煦，初名傭，神宗太子，母欽成朱太妃〔一〇七〕。以乙丑嗣立，時年十歲，在位十五年。庚辰崩，壽二十五。

改元三。元祐八。紹聖四。元符三。

徽宗聖文仁德顯孝皇帝，名佶，神宗第十一子，母欽慈陳太后。初封端王，哲宗崩，以庚辰嗣立，年十九歲，在位二十五年。乙巳，禪位於太子。丁未，金虜陷中原，北遷。後九年乙卯，崩於五國城，壽五十四〔一〇八〕。

改元六。建中靖國元。崇寧五。大觀四。政和七。重和元。宣和七。

欽宗恭文順德仁孝皇帝，名桓，徽宗太子，母顯恭王皇后。以乙巳受內禪即位，時年二十六〔一〇九〕。

二年，金人陷中原。丁未，北遷。後三十四年庚辰崩，壽六十一。

改元一。靖康二。

高宗聖神武文昭仁憲孝皇帝，名構，徽宗第九子，母顯仁韋太后。初封康王，金人陷中原，二帝北狩，以丁未嗣立於南京，時年二十一，在位三十六年。壬午，内禪於太子。又二十五年丁未崩，壽八十一〔二〇〕。

改元二。建炎四。紹興三十二。

孝宗哲文神武明聖成孝皇帝，名眘，初名瑗，太祖之裔，高宗以爲太子。壬午，受内禪即位，時年三十六，在位二十七年。己酉，内禪於太子。又五年癸丑崩，壽六十八。

改元三。隆興二。乾道九。淳熙十六。

光宗憲仁聖哲慈孝皇帝，名惇，孝宗第三子，母成穆郭皇后。立爲太子，己酉，受内禪，時年四十三，在位五年。甲寅内禪。又六年庚申崩〔二一〕，壽五十四。

改元一。紹熙五。

寧宗仁文哲武恭孝皇帝，名擴，光宗第二子，母慈懿李皇后。立爲太子，甲寅即位，時年二十六，在位三十一年。甲申崩，壽五十七。

改元四。慶元六。嘉泰四。開禧三。嘉定十七。

理宗烈文仁武安孝皇帝，名昀〔二二〕，初名貴誠，沂靖惠王之子，寧宗以爲皇子。甲申嗣立，時年二十一，在位四十一年。甲子崩，壽六十一。

改元八。寶慶三。紹定六。端平三。嘉熙四。淳祐十二。寶祐六。開慶元。景定五。

度宗端文明武景孝皇帝，名禥〔一三〕，福王之子，理宗立爲太子。甲子嗣立，時年二十五，在位十一年。甲戌崩，壽三十五。

改元一。咸淳十。

校勘記

〔一〕在位九年　册府元龜卷一帝王部帝系作「在位一年」。

〔二〕都平陽安邑　史記卷二夏本紀集解引皇甫謐説：「都平陽，或在安邑，或在晉陽。」

〔三〕太康弟　「弟」原作「子」，據史記卷二夏本紀、卷一三三代世表及册府元龜卷一帝王部帝系改。

〔四〕以乙亥嗣位　「乙」原作「己」，據局本改。

〔五〕不降弟　「弟」原作「子」，據史記卷二夏本紀、卷一三三代世表及册府元龜卷一帝王部帝系改。

〔六〕廑弟　「弟」原作「子」，據史記卷二夏本紀、卷一三三代世表及册府元龜卷一帝王部帝系改。

〔七〕五十三年乙未　「五」原作「四」，據局本及册府元龜卷一帝王部帝系改。

〔八〕内寒浞簒位四十一年　史記卷二夏本紀正義：「按：帝相被簒，歷羿、浞二世，四十年。」

〔九〕二十五年甲戌崩　「二」字原脱，據局本及册府元龜卷一帝王部帝系補。
〔一〇〕武丁子　「子」原作「弟」，據史記卷三殷本紀、册府元龜卷一帝王部帝系改。
〔一一〕壽四十四歲　「壽」原作「歲」，據文義改。
〔一二〕十四年癸酉　「四」原作「五」，據史記卷四周本紀、册府元龜卷九帝王部繼統一改。下同。
〔一三〕名宮湦　「湦」，史紀卷四周本紀作「涅」。
〔一四〕名闓　「闓」原作「閔」，據史紀卷四周本紀、册府元龜卷三帝王部名諱改。
〔一五〕十五年乙卯崩　「五」原作「六」，據史紀卷四周本紀改。
〔一六〕名炟　「炟」原作「烜」，據後漢書卷三章帝紀、册府元龜卷三帝王部名諱改。
〔一七〕名祜　「祜」原作「祐」，據後漢書卷五安帝紀改。
〔一八〕永憙元　「憙」原作「嘉」，據後漢書卷六冲帝紀集解引錢大昕、惠棟説改。
〔一九〕名纘　「纘」原作「讚」，據後漢書卷六質帝紀、册府元龜卷三帝王部名諱改。
〔二〇〕和平一　「一」原作「二」，據後漢書卷七桓帝紀、册府元龜卷一五帝王部年號改。
〔二一〕元嘉二　「二」原作「一」，據後漢書卷七桓帝紀、册府元龜卷一五帝王部年號改。
〔二二〕在位二十二年己巳崩　「二十二」原作「二十一」，「己巳」原作「戊辰」。按後漢書卷八靈帝紀、册府元龜卷一帝王部帝系，靈帝在位二十二年，卒于中平六年己巳，此處「二十一」與「戊辰」顯誤，據改。
〔二三〕後十三年壬子崩　據後漢書卷九獻帝紀，獻帝禪位後十四年甲寅卒，疑此處有誤。
〔二四〕年十七　「七」原作「二」，據三國志卷三三後主傳、册府元龜卷一八八閏位部紹位改。

〔二五〕景耀五　「五」原作「六」，據三國志卷三三後主傳、册府元龜卷一八八閏位部紹位改。

〔二六〕庚辰　原作「己卯」。按三國志卷四高貴鄉公紀注引漢晉春秋，高貴鄉公討司馬昭事在甘露五年庚辰，時年二十，此處「己卯」顯誤，據改。

〔二七〕權以辛丑歲稱帝　按：三國志卷四七吴主傳、册府元龜卷一八八閏位部年號，孫權以魏黄初二年辛丑受封爲吴王，黄初三年改元黄武，黄龍元年己酉方稱帝。

〔二八〕壬申崩　「壬申」原作「辛未」。據三國志卷四七吴主傳，孫權卒于太元二年壬申，時年七十一，下文亦云會稽王孫亮以壬申年嗣立，此處「辛未」顯誤，據改。

〔二九〕黄龍三　「三」原作「二」，據慎本、馮本、局本及三國志卷四七吴主傳、册府元龜卷一八八閏位部年號改。

〔三〇〕時年十八　「八」原作「六」。按三國志卷四八孫亮傳，孫亮被廢時年十六，自殺于永安三年庚辰，據改。

〔三一〕寶鼎三　「三」原作「一」，據慎本、馮本、局本及三國志卷四八孫皓傳改。

〔三二〕天璽一　「一」原作「二」，據馮本、局本及三國志卷四八孫皓傳改。

〔三三〕太康十　「太」原作「泰」，據晉書卷三武帝紀、册府元龜卷一五帝王部年號改。又按晉書卷三武帝紀、卷四惠帝紀，武帝太康十年後曾改元太熙，惠帝于太熙元年四月己酉即位，一年後改元，則此下當脱「太熙一」三字。

〔三四〕癸酉　原作「壬申」。按晉書卷五懷帝紀，永嘉七年正月丁未，懷帝遇害於平陽，永嘉七年癸酉，當年改元建興，此處「壬申」顯誤，據改。

〔三五〕永嘉六　「六」原作「五」，據晉書卷五懷帝紀、册府元龜卷一五帝王部年號改。

〔三六〕吴孝王晏之子　「晏」原作「宴」，據晉書卷七愍帝紀、册府元龜卷二六四宗室部封建改。

〔三七〕以壬寅嗣立　「壬寅」原作「癸卯」。按晉書卷七康帝紀，成帝以咸康八年壬寅六月癸巳卒，甲午，康帝即皇帝位，此處「癸卯」顯爲「壬寅」之誤，據改。

〔三八〕壽二十二　「二十二」晉書卷七康帝紀作「二十三」，如是，則上文「時年二十」下當脱「一」字。

〔三九〕以辛酉嗣立　「辛酉」原作「壬戌」。按晉書卷八哀帝紀，穆帝以升平五年辛酉五月丁巳卒，庚申，哀帝即皇帝位，此處「壬戌」顯爲「辛酉」之誤，據改。

〔四〇〕名昱　「昱」原作「顯」，據晉書卷九簡文帝紀、册府元龜卷三帝王部名諱改。

〔四一〕壽三十七　「三」原作「四」，「七」原作「一」，據元本、慎本、馮本及晉書卷一〇安帝紀改。

〔四二〕甲子　原作「癸亥」，據宋書卷四少帝紀改。

〔四三〕時年十八　「八」原作「六」。按宋書卷五文帝紀，文帝生於晉義熙三年丁未，景平二年即位，當年改爲元嘉，時年當爲十八，此處「六」顯爲「八」之誤，據改。

〔四四〕壽四十七　「七」原作「六」，據宋書卷五文帝紀改。

〔四五〕時年十一　「十」上原衍「二」字。據宋書卷九後廢帝紀，後廢帝生於大明七年癸卯，即位時當爲十一，此處「二」字顯衍，據删。

〔四六〕在位五年　「五」原作「四」，據局本及宋書卷九後廢帝紀改。

〔四七〕年十五　「十」上原衍「二」字，據宋書卷九後廢帝紀、册府元龜卷一八二閏位部氏號删。

〔四八〕壽十三歲　「三」字原脱，據宋書卷九後廢帝紀、册府元龜卷一八二閏位部氏號補。

〔四九〕齊七帝共二十三年　「七」字原作「六」，「二十三」原作「二十二」。按南齊書卷一至卷八及南史卷四、五齊紀上下，並作「七帝」與上文明帝蕭鸞「既廢二帝」合，此處「六」顯爲「七」之誤。又自「己未」至「辛巳」當爲「二十三」年，此處「二十二」亦誤，並據改。

〔五〇〕時年三十九　「九」原作「五」。按梁書卷一武帝紀，梁高祖生於宋大明八年甲辰，以齊和帝中興二年受禪，時年當爲三十九，據改。

〔五一〕壽八十六　「六」原作「三」，據元本、慎本、馮本及梁書卷一武帝紀改。

〔五二〕大寶二　「二」原作「三」，據梁書卷四簡文帝紀、南史卷八梁本紀改。

〔五三〕光大二　「大」原作「太」，據陳書卷四廢帝紀、南史卷九陳本紀改。

〔五四〕天賜六　「六」原作「四」。按魏書卷二太宗紀，後魏太祖拓跋珪卒於天賜六年冬十月，太宗拓跋嗣即位後，改元永興，此處「四」字顯誤，據改。

〔五五〕道武帝長子　「長」字原脱，據魏書卷三太宗紀、册府元龜卷一〇帝王部繼統二補。

〔五六〕泰常八　「八」原作「七」，據局本及册府元龜卷一五帝王部年號改。

〔五七〕延和三　原與「太延五」互倒，據魏書卷四世祖紀、册府元龜卷一五帝王部年號乙正。

〔五八〕壽二十六　「二」字原脱，據魏書卷五高宗紀、册府元龜卷一帝王部帝系補。

〔五九〕興安二　「二」原作「三」，據魏書卷五高宗紀、册府元龜卷一五帝王部年號改。

〔六〇〕興光一　「一」原作「五」，據魏書卷五高宗紀、册府元龜卷一五帝王部年號改。

〔六一〕太安五　三字原脱，據魏書卷五高宗紀、册府元龜卷一五帝王部年號補。

〔六二〕天安一　「一」原作「二」，據魏書卷六顯祖紀、册府元龜卷一五帝王部年號改。

〔六三〕延興五　「五」原作「四」，據魏書卷七上高祖紀上、册府元龜卷一五帝王部年號改。

〔六四〕承明元　「元」原作「三」，據元本、慎本、馮本、局本及魏書卷七上高祖紀上、册府元龜卷一五帝王部年號改。

〔六五〕太和二十三　「三」原作「二」，據局本及册府元龜卷一五帝王部年號改。

〔六六〕孝昌三　「三」原作「二」，據局本及魏書卷九肅宗紀、册府元龜卷一五帝王部年號改。

〔六七〕武泰一　「一」原作「三」，據元本、慎本、馮本、局本及魏書卷九肅宗紀、册府元龜卷一五帝王部年號改。

〔六八〕彭城王勰第三子　「三」原作「二」，據魏書卷一〇孝莊帝紀、册府元龜卷一帝王部帝系改。

〔六九〕壽三十五　「三」原作「二」，「五」原作「四」，據魏書卷一一前廢帝紀、北史卷五魏本紀改。

〔七〇〕普泰　「泰」原作「嘉」，據局本、册府元龜卷一五帝王部年號改。

〔七一〕廣平武穆王懷之子　「廣」原作「唐」，據魏書卷一一出帝紀、册府元龜卷一〇帝王部繼統二改。

〔七二〕大統十七　「七」原作「八」。按北史卷五魏本紀，文帝于東魏天平元年甲寅即位，次年方改元大統，大統十七年卒，册府元龜卷一五帝王部年號亦作「十七」，故大統實只十七年，據改。

〔七三〕壽十七　「七」原作「五」，據北齊書卷五廢帝紀、北史卷七齊本紀改。

〔七四〕武平七隆化元　「七」原作「八」，「隆化元」三字原脱。據北齊書卷八、北史卷八齊本紀下後主紀，武平七年十二月丁巳改元隆化，次年正月傳位幼主恒，改隆化二年爲承光元年，於是年爲周所滅。與下文「北齊五帝共二十八年」合，此處「七」顯爲「八」之誤，又脱「隆化元」三字，並據以改補。

〔七五〕武成二　據周書卷四明帝紀，明帝以閔帝元年九月嗣位，未改元，嗣位之第三年方改元武成，武成二年四月卒，疑此處周世宗年號有誤。

〔七六〕宣政一　「一」原作「二」，據元本、慎本、馮本、局本及周書卷六武帝紀改。

〔七七〕大象　按周書卷七宣帝紀，宣帝于宣政元年六月戊戌嗣位，次年春正月癸巳改元大成，二月辛巳傳位於太子衍，改元大象，自稱天元皇帝，大象二年五月己酉卒。

〔七八〕不改元　按周書卷八静帝紀，静帝曾於大象三年正月壬午詔改爲大定元年，二月甲子遜位於隋。

〔七九〕以辛丑受周禪　「周」原作「魏」，據周書卷八静帝紀、隋書卷一高祖紀上改。

〔八〇〕大業　按隋書卷四煬帝紀，大業十三年十一月丙辰，唐公入京師，辛酉，遥尊煬帝爲太上皇，立代王侑爲帝，改元義寧。

〔八一〕壽七十二　新唐書卷一高祖紀作「七十一」，據舊唐書卷一高祖紀，高祖生於北周天和元年，卒於貞觀九年，則當爲壽七十。

〔八二〕大和大聖大昭孝皇帝　「大和」原作「孝和」，據舊唐書卷七、新唐書卷四中宗紀改。

〔八三〕景龍三　「三」原作「二」，據局本改。

〔八四〕唐隆元　按：新唐書卷五、舊唐書卷七睿宗紀，景龍四年庚戌夏六月壬午，韋后弑中宗，矯遺詔自立爲皇太后，温王重茂即皇帝位，改元唐隆，故唐隆實非中宗年號。

〔八五〕爲皇太子　據舊唐書卷一〇、新唐書卷六肅宗紀，開元二十六年戊寅，肅宗被立爲皇太子，此上有脱文。

〔八六〕廣德二　「二」原作「三」，據局本及舊唐書卷一一代宗紀、新唐書卷六代宗紀改。

〔八七〕大曆十四　「四」原作「二」，據局本及舊唐書卷一一代宗紀、新唐書卷六代宗紀改。

〔八八〕乙酉崩　「乙酉」原作「甲申」，據舊唐書卷一三、新唐書卷七德宗紀改。

〔八九〕以乙酉嗣立　「乙酉」原作「甲申」，據舊唐書卷一四、新唐書卷七順宗紀改。

〔九〇〕元和十五　「五」原作「四」，據局本及舊唐書卷一五、新唐書卷七憲宗紀改。

〔九一〕爲宦官蘇佐明等所弑　按舊唐書卷一七上敬宗紀、通鑑卷二四三唐紀五九載，敬宗於寶曆二年十二月辛丑，夜獵還宮，與宦官劉克明等及擊球軍將蘇佐明等二十八人飲酒，酒酣，入室更衣。殿上燭忽滅，蘇佐明等弑敬宗於室内，故蘇佐明並非宦官。

〔九二〕寶曆二　「二」原作「三」，據舊唐書卷一七上、新唐書卷八敬宗紀改。

〔九三〕封潁王　「潁」原作「穎」，據舊唐書卷一八上、新唐書卷八武宗紀改。

〔九四〕時年十二　「十二」二字原倒。按舊唐書卷一九下僖宗紀，僖宗生於咸通三年壬午，咸通十四年癸巳嗣立，時年當爲十二，册府元龜卷一一帝王部繼統三正作「時年十二」，據改。

〔九五〕壽二十七　「二」原作「三」，「七」原作「六」，據舊唐書卷一九下僖宗紀、新唐書卷九僖宗紀改。

〔九六〕乾符六　「六」原作「五」，據局本及舊唐書卷一九下僖宗紀、新唐書卷九僖宗紀改。

〔九七〕封輝王　「輝」原作「暉」，據舊唐書卷二〇下、新唐書卷一〇哀宗紀改。

〔九八〕年六十一　「一」原作「二」，據元本、慎本、馮本改。按舊五代史卷一至卷七梁書一至梁書七太祖紀，後梁太祖生於唐大中六年壬申，卒於乾化二年壬申，壽六十一。

〔九九〕應順　「順」下原衍「二」字，按舊五代史卷四五閔帝紀，後唐明宗卒於長興四年癸巳十一月二十九日，閔帝於十二月初一即皇帝位。次年正月改長興五年爲應順元年。是年四月遇害，應順無二年，據删。

〔一〇〇〕壽五十一　「一」原作「二」。按舊五代史卷八〇高祖紀，後晉高祖生於唐景福元年壬子，卒於天福七年壬寅，壽五十一，據改。

〔一〇一〕乾祐二　按舊五代史卷九九漢書一高祖紀上、新五代史卷一〇高祖紀，後漢高祖以天福十二年二月辛未即皇帝位，次年正月乙卯改元乾祐，丁丑卒，此處「乾祐二」當並改元前並計。

〔一〇二〕壽二十　按舊五代史卷一〇一至卷一〇三漢書三至漢書五隱帝紀、新五代史卷一〇隱帝紀，隱帝在位三年，沿用乾祐年號，依本卷文例，疑次行脱「不改元」三字。

〔一〇三〕廣順三　「三」字原脱，據局本及舊五代史卷一一三、新五代史卷一一太祖紀補。

〔一〇四〕己未崩　據舊五代史卷一一九周書一〇世宗紀，世宗卒時年三十九，依本卷文例，疑此下脱「壽三十九」四字。

〔一〇五〕立爲皇太子　按宋史卷六真宗一，真宗以至道元年八月被立爲皇太子，疑此上有脱文。

〔一〇六〕名禎　「禎」原作「正」，據元本、慎本、馮本改。按「正」，本書避宋仁宗趙禎諱，清人避世宗嫌名改。

〔一〇七〕母欽成朱太妃　「成」原作「聖」，據宋史卷二四三后妃下欽成朱皇后傳、宋會要后妃一之四改。

〔一〇八〕壽五十四　「四」原作「三」，據宋史卷二二徽宗四改。

〔一〇九〕時年二十六　「六」原作「五」。按宋史卷二三欽宗紀，欽宗生於元符三年庚辰，宣和七年乙巳即位，時年二十六，皇宋十朝綱要正作「年二十六」，據改。

〔一一〇〕壽八十一　「一」原作「二」，據元本、慎本、馮本、局本及宋史卷三二高宗九改。

〔一一一〕又六年庚申崩　「庚申」原作「戊午」。按宋史卷三六光宗紀，光宗卒于慶元六年庚申，據改。

〔一一二〕名昀　「昀」原作「晌」，據宋史卷四一理宗一改。

〔一一三〕名禥　「禥」原作「叡」，據宋史卷四六度宗紀改。

卷二百五十一　帝系考二

太上皇太皇太后皇太后

母后臨朝稱制及推尊私親父母附。追尊私親父母見宗廟門，此不録。

虞舜踐帝位，乃載天子旌旗，往朝瞽瞍，唯謹以子道。

孟子：咸丘蒙問曰：「語云，盛德之士，君不得而臣，父不得而子。舜南面而立，堯帥諸侯北面而朝之，瞽瞍亦北面而朝之。舜見瞽瞍，其容有蹙。孔子曰：『於斯時也，天下殆哉，岌岌乎！』不識此語誠然乎哉？」孟子曰：「否。此非君子之言，齊東野人之語也。堯老而舜攝也。堯典曰：『二十有八載，放勳乃徂落，百姓如喪考妣。三年，四海遏密八音。』孔子曰：『天無二日，民無二王。』舜既爲天子矣，又帥天下諸侯，以爲堯三年喪，是二天子矣。」朱子集注：咸丘蒙，孟子弟子。語，古語也。蹙，顰蹙不自安也。岌岌，不安貌，言人倫乖亂，天下將危也。齊東，齊國東鄙也。孟子言堯但老而不治事，而舜攝天子之事。堯時，舜未嘗即天子位，堯何由北面而朝之乎？又引書及孔子之言以明之。咸丘蒙曰：「舜之不臣堯，則吾既得聞命矣。詩云：『普天之下，莫非王土；率土之濱，莫非王臣。』而舜既爲天子矣，敢問瞽瞍之非臣，如何？」曰：「是詩也，非是之謂也，勞於王事，而不得養父母也。曰此莫非王事，我獨賢勞也。不臣堯，不以堯爲臣，使北面而朝也。詩小雅北山之篇。普，徧也。率，循也。此詩，今毛氏序云：「役使不均，已勞於王事而不得養其父母焉。」其詩下文亦云「大夫不均，我從事獨賢」，乃作詩者自言天下皆王臣，何爲獨使我以賢才而勞苦乎？非謂天子可臣其父也。孝子之至，莫大乎尊親；尊親之至，莫大乎以天下養。爲天子父，尊之至也；以天下養，養之至也。詩曰：『永言孝思，孝思維則。』此之謂也。言瞽瞍既爲天子之父，則當享天下之養，此舜之所以爲尊親，養親之至也，豈有使之北面而朝之理乎？詩大雅下武之篇，言人能長言孝思而不忘，則可以爲天下法則也。書曰：『祗載見瞽瞍，夔夔齊栗，瞽瞍亦允若。』是爲父不得而子也。書，大禹謨篇也。祇，敬也。載，事也。夔夔齊栗，敬謹恐懼之貌。允，信也。若，順也。言舜事瞽瞍，往而見之，敬謹如此，瞽瞍亦信而順之也。孟子引此而言瞽瞍不能以不善及其子，而反見化於其子，則是所謂「父不得而子」者，而非如咸邱蒙之説也。

漢高祖六年，尊太公爲太上皇。

上歸櫟陽，五日一朝太公，太公家令説太公曰：「天無二日，土無二王。皇帝雖子，人主也；太公雖父，人臣也；奈何使人主拜人臣！如此，則威重不行。」後上朝，太公擁彗，李奇曰：「爲恭也，如今卒持帚也。」師古曰：「彗，所以掃也。音似歲反。」迎門卻行。卻退而行。上大驚，下扶太公。太公曰：「帝，人主，奈何以我亂天下法！」於是上心善家令言，賜黃金五百斤。夏五月丙午，詔曰：「人之至親，莫親於父子，故父有天下傳歸於子，子有天下尊歸於父，此人道之極也。前日天下大亂，兵革並起，萬民苦殃，朕親被堅執鋭，自帥士卒，犯危難，平暴亂，立諸侯，偃兵息民，天下大安，此皆太公之教訓也。諸王、通侯、將軍、群卿、大夫已尊朕爲皇帝，而太公未有號，今尊太公曰太上皇。」師古曰：「太上，極尊之稱也。皇，君也。天子之父，故曰皇。不預治國，故不言帝也。」

後漢荀悦曰：「孝經云：『故雖天子必有尊也，言有父也。』王者父事三老，以示天下，所以明孝也。無父猶設三老之禮，況其存者乎？孝莫大於嚴父，故子尊不加於父母，家令之言，於是過矣。」晉愍懷太子令問中庶子劉寶云：「太公家令說太公爲是爲非？」對曰：「荀悅論賜家令爲非，臣以爲悅不識高帝意。高帝雖貴爲天子，事父不失子之禮。時即位已六年而不加父號，是以家令言雖父乃人臣也，言無可尊敬，當與人臣同禮，欲以此感動之。帝聞家令言乃悟，即立號太上皇，得人子尊父之道。若不聞家令言，父終無號矣，家令說是也。」師古亦以爲善其發悟己心，因得尊崇父號，非善其令父敬己。

漢因秦之稱號，帝母稱皇太后，祖母稱太皇太后。

高祖崩，惠帝即位，尊呂皇后爲皇太后。太后首末並見皇后門，後同。

惠帝崩，太后取後宮子名爲孝惠子立之，年幼，太后臨朝稱制。師古曰：「天子之言，一曰制書，二曰詔書。制書者，謂爲制度之命也，非皇后所得稱。今呂太后臨朝行天子事，斷決萬機，故稱制詔。」立兄子呂台、産、祿、台子通四人爲王，封諸呂六人爲列侯。四年，少帝自知非皇后子，出怨言，太后廢之，立恒山王弘爲帝。八年，皇太后崩，諸呂謀亂，大臣誅之。

文帝立，尊母薄姬爲皇太后，姬初爲代太后。薄氏侯者一人。後文帝崩二歲，孝景前二年崩，葬南陵。因呂后不合葬長陵，故特自起陵近文帝。

景帝立，尊母竇皇后爲皇太后，竇氏侯者三人。後景帝六歲，以武帝建元六年崩〔一〕。

武帝立，尊母王皇后爲皇太后，王氏、田氏侯者凡三人。後景帝十五歲，元朔三年崩，合葬陽陵。

昭帝崩，霍光迎立昌邑王賀，尊上官皇后爲皇太后。既廢賀立宣帝，尊太后爲太皇太后，以建昭二年崩，合葬平陵。

元帝立，尊孝宣王皇后爲皇太后。元帝崩，成帝即位，爲太皇太后。王氏列侯二人，關内侯一人。時成帝母亦姓王氏，故世號太皇太后爲「邛成太后」。永始元年崩，合葬杜陵，稱東園。師古曰：「雖同塋兆而別爲墳，王后陵次宣帝陵東，故曰東園也。」

成帝立，尊母王皇后爲皇太后，以陽平侯鳳爲大司馬大將軍〔二〕，領尚書事。又封太后同母弟崇爲侯，鳳庶弟譚爲關内侯。後五年又封舅譚、商、立、根、逢時皆爲侯，世謂之「五侯」。後又封兄子莽爲新都侯。哀帝即位，尊爲太皇太后。哀帝崩，無子，太皇太后以莽爲大司馬，立平帝。太后臨朝，委政於莽。群臣希旨，奏請莽爲安漢公、「宰衡」。平帝崩，莽徵宣帝玄孫嬰爲帝，居攝踐祚，既而即真，號太后爲「新室文母」，年八十四，建國五年崩，合葬渭陵。

司徒掾班彪曰：「三代以來，春秋所記，王公國君，與其失世，希不以女寵。漢興，后妃之家，吕、霍、上官，幾危國者數矣。及王莽之興，由孝元后歷漢四世爲天下母，享國六十餘載，群弟世權，更持國柄，五將十侯，卒成新都。位號已移於天下，而元后拳拳猶握一璽，不欲以授莽，婦人之仁，悲夫！」

致堂胡氏曰：「外戚之禍在王氏，然漢初功臣平、勃等預有罪焉。高祖崩，唱言吕后與帝共定天下，帝王諸劉，后王諸吕，無不可者。共定之語，本出酈寄，然當時必有此議論。於是大裂土疆，以王諸吕，侵弱劉氏，罪一也。孝惠即世，聽張辟彊之説，縱諸吕居中用事，專權禁闥，共斡兵柄，上以媚太后，下以安己身，由是諸呂不可制，罪二矣。高后即世，雖能誅諸呂，立孝文，然自茲以往，母后習見前世用事，例爲出閫之言。觀大臣議，所言皆曰『齊王，高帝孫，然母家駟鈞惡，淮南王母家又惡，獨代王母家薄氏謹良』，遂立孝文，則平、勃之徒畏母后深矣。蓋漢母后預政，不必臨朝，少主雖長君亦然。竇太后好黄、老，惡儒士，儒士多不得進。趙綰、王臧欲助上興制度，則發其姦利害之。竇嬰，兄子也。惡之則除門籍，喜之則爲相。梁孝王，愛之則誦言請立爲嗣，不顧大宗之重。王太后於灌夫駡坐則不食，論棄市。韓嫣，帝所貴也。太后欲殺之，則帝不能救，可謂司晨預事矣。武帝欲立昭，則先殺鉤弋夫人，馴致王氏篡奪，其所從來者遠矣。」

先公曰：「今按胡氏之説，足以盡西京外戚貽禍之本末矣。嘗因是而極論之，天地間，有陽不能無陰，陰而乘陽則宇宙分裂，人極隳亡矣。歐陽公謂宦官之禍甚於女子，蓋爲唐末一代言之耳。以古今大勢論，則女禍深矣。少女子能蠱惑人主以亡國，老女子能崇長外戚以亡國，三代之亡國，皆由此物矣！周之東遷以褒姒，周雖不亡於此，已衰於此矣。秦后始有宣太后、穰侯之專，莊襄悦美姬以易其宗。漢高帝起於閭閻，吕氏初無功於王業也，而漢初諸人之論，每以爲吕氏雅故，本推轂高帝就天下，田生語注謂翼戴以成帝業，若車之行，助推其轂。又謂吕后與高帝共定天下，鄙寄語。是以諸吕之心自謂與諸劉等，憪然有取而代之之意，而後動於惡。中間霍氏擁昭、立宣，陰妻邪謀特覺之早耳，而終不免新莽之亂焉。曹魏之見篡於司馬氏也，一再廢殺，專以母后爲之主。及晉武帝平吴之後，耽惑女寵，楊、賈實召五胡亂華之禍，天下既爲南北矣。齊、陳以女色亡，元魏以淫后亡，隋文帝起外戚以篡周，唐高祖主外戚，竊宮嬪以取隋。太宗寵武才人開聚麀之醜，子孫殲焉。禄山之起，爲太真妃也。唐雖未亡於此，而已衰於此矣。河朔失而勁兵亡，東南虛而蠻禍起，非權輿於天寶末乎？朱梁以女寵開子禍而亡，後唐莊宗以劉后殺功臣、勒軍賞而亡，皆女子之爲也。」

哀帝立，尊趙后爲皇太后，趙氏侯者二人。哀帝爲太子，頗得趙太后力。傅太后恩趙太后，趙太后亦歸心，故成帝母及王氏皆怨之。哀帝崩，王莽白太后，太后詔有司曰：「前皇太后與昭儀俱侍帷幄〔三〕，姊弟專妒，殘滅繼祀，以危宗廟，貶爲孝成皇后，徙北宮。」後月餘，復詔廢爲庶人，就其園，自殺，立十六年。哀帝既爲太子，成帝母王太后欲令傅太后、哀帝祖母。丁姬哀帝母。十日一至太子家，成帝曰：「太子承正統，共養陛下，不得復顧私親。」王太后曰：「太子小，而傅太后抱養之，今至太子家，以乳母恩耳。」於是令傅太后得至太子家。丁姬以不小養太子，獨不得。哀帝即位，王太后詔令傅太后、丁姬十日一至未央宮。後下詔尊定陶共王爲共皇，尊傅太后爲共皇太后，丁姬爲共皇后，各置左右詹事，食邑如長信宮、中宮。後歲餘，下詔曰：「漢家之制，推親親以顯尊尊，定陶共皇之號不宜復稱定陶。其尊共皇太后爲帝太太后，丁后爲帝太后〔四〕。」復又更號帝太太后爲皇太太后，稱永信宮，帝太后稱中安宮，而成帝母太皇太后本稱長信宮，成帝趙后爲皇太后，並四太后，各置少府、太仆，秩皆中二千石〔五〕。傅氏侯者六人，傅太后既尊，後尤驕。元壽元年崩，合葬渭陵，稱孝元傅皇后。丁氏侯者二人，丁太后建平二年崩〔六〕，起陵恭皇之園。哀帝崩，王莽秉政，使有司舉奏丁、傅罪惡，皆免官爵，徙故郡，貶傅、丁二太后號，夷其陵。

東漢明帝即位，尊陰皇后爲皇太后。永平七年崩，在位二十四年，年六十，合葬原陵。

肅宗即位，尊馬皇后爲皇太后。帝欲封爵諸舅，太后不聽。建初四年崩，在位二十三年，年四十餘，合葬顯節陵。和帝即位，尊竇皇后爲皇太后。太后臨朝，兄憲等並顯貴，擅威權，後密謀不軌，發覺，誅。九年，太后崩，在位十八年，臨朝四年。未葬，而帝母梁貴人姊嫕一計反。上書陳貴人爲后所陷〔七〕，枉歿之狀。太尉張酺等請依光武黜呂太后故事，貶太后尊號，不宜合葬先帝。帝手詔曰：「竇氏雖不遵法度，而太后常自減損，朕奉事十年，深惟大義，禮，臣子無貶尊上之文。恩不忍離，義不忍虧。按前世上官太后亦無降黜，其勿復議。」於是合葬敬陵。

和帝崩，長子平原王有疾，而諸皇子夭歿，前後十數，後生者輒隱秘養於人間。殤帝生始百日，鄧皇后迎立之〔八〕。尊后爲皇太后，太后臨朝。殤帝崩，太后定策立安帝，猶臨朝政。以連遭大憂，百姓苦役，乃詔減除浮費，録寃獄。自太后臨朝，水旱十載，四夷外侵，盜賊內起。每聞人饑，或達旦不寐，躬自減徹，以救災厄，故天下復平，歲還豐穰。永寧二年崩，在位二十年，臨朝十七年，年四十一。合葬順陵。

范曄論曰：「鄧后稱制終身，號令自出，術謝前政之良，身闕明辟之義，前政謂周公也。辟，君也。尚書曰：「朕復子明辟」，言周公攝位，復還成王。今太后不還，故曰闕也。至使嗣主側目，斂衽於虛器，器謂神器，喻帝位也。直生懷懣，懸書於象魏！象魏，闕也。直生，杜根等上書，請太后還政。借之儀者，殆其惑哉！借猶假也。殆，近也。言太后不還政於安帝，近可惑也。然而建光之後，王柄有歸，太后建光之中崩。遂乃名賢戮辱，便孽黨進，帝寵用乳母王聖及其女伯榮，出入宮掖，通傳姦賂，太尉楊震及鄧騭皆被中官譖誅也。衰斁之來，茲焉有徵。斁，敗也。安帝臨政，衰敗逾甚，故曰有徵也。故知持權引謗，所幸者非己；焦心恤患，自强者唯國。言執持朝權以招衆謗者，所幸不爲己身，唯憂國也。是以班母一説，闔門辭事，太后兄大將軍騭，以母憂上書乞身，太后不許，以問班昭，乃許之。語見昭傳也。愛侄微愆，髡剔謝罪。太后兄騭子鳳受遺事泄，騭遂髡妻及鳳以謝天下。語見騭傳。將杜根逢誅，未值其誠乎！誠，信也。言未爲太后所信。但蹊田之牛，奪之已甚，左傳申叔時曰：「牽牛以蹊人之田而奪之牛，牽牛以蹊者信有罪矣，而奪之牛，罰已重矣。」此喻杜根。上書雖曰有罪，太后殺之爲過甚也。

安思閻皇后〔九〕與兄顯及江京譖皇太子保，廢爲濟陰王。帝崩，爲皇太后，欲久專國政，貪立幼年，與顯等定策禁中，迎濟北惠王子北鄉侯懿，立爲皇帝，太后臨朝。蔡邕獨斷曰：「少帝即位，太后即代攝政，臨前殿，朝群臣。太后東面，少帝西面，群臣奏事上書，皆爲兩通，一詣后，一詣少帝。」少帝立二百餘日而薨。京白太后徵濟北、河間王子。未至，而中黄門孫程等合謀殺江京等，立濟陰王，是爲順帝。顯等皆伏誅，遷太后於離宫，家屬徙比景〔一〇〕。明年，太后崩。在位十二年，合葬恭陵。

順帝崩，梁皇后無子，美人虞氏子炳立，是爲冲帝。尊后爲皇太后，太后臨朝。冲帝尋崩，復立質帝，猶秉朝政。時寇盗、羌、蠻擾亂，賦斂煩數，官民困竭。太后夙夜勤勞，推心杖賢〔一一〕，委任太尉李固等，拔忠良，誅貪慝，崇節儉。寇夷消弭，海内肅然。而兄大將軍冀鴆殺質帝，專權暴忌，數以邪説疑誤太后，遂立桓帝而誅李固，天下失望。和平元年歸政，尋崩。在位十九年，臨朝六年，年四十五。合葬憲陵。

桓帝既立，追尊本生父蠡吾侯翼爲孝崇皇帝。梁太后既崩，乃追尊妾母匽氏爲孝崇皇后，遣司徒持節奉策授璽綬，賫乘輿器服，備法物。宮曰永樂。置太僕，少府以下，皆如長樂宮故事。漢官儀曰：「帝祖母稱長信宮，帝母稱長樂宮，故有長信少府，長樂少府及職吏。皆宦官爲之。」又置虎賁、羽林衛士，起宮室，分鉅鹿九縣爲后湯沐邑。在位三年，元嘉二年崩。以帝弟平原王石爲喪主，葬儀比皇后。

桓帝崩，無子，竇皇后爲皇太后，臨朝定策，立解瀆亭侯宏〔一二〕，是爲靈帝。太后父大將軍武謀誅宦官，而中常侍曹節等矯詔殺武，遷太后於南宮雲臺，家屬徙比景。竇氏雖誅，帝猶以太后有援立之恩，朝於南宮，親饋上壽，供養資奉有加於前。熹平元年崩，立七年，合葬宣陵。

靈帝既立，追尊本生父解瀆亭侯萇〔一三〕爲孝仁皇帝，夫人董氏爲孝仁皇后，迎至京師，居南宮嘉德殿，宮稱永樂。及竇太后崩，始預政，使帝賣官求貨。帝崩，何太后臨朝，孝仁后欲參預政事，太后輒禁塞之。忿恚。太后與兄何進謀奏：「蕃后故事不得留京師，請遷本國。」收其兄子重，免官，重自殺。孝仁后以憂崩，在位二十二年。

靈帝崩，皇子辨即位，尊母何皇后爲皇太后，臨朝。后兄大將軍進欲誅宦官，不克，反爲所害。董卓將兵入洛陽，遂廢少帝而立協，是爲獻帝。遷太后於永安宮，遇鴆而崩，在位十年〔一四〕。

范曄論曰：「自古雖主幼時艱，王家多釁，必委成冢宰，簡求忠良，未有專任婦人，斷割重器。唯秦芊太后始攝政事，故穰侯權重於昭王，家富於嬴國。太后，昭王母也，號宣太后。史記曰，昭王立，年少，宣太后自知事，以同母弟魏冉爲將軍，任政，封爲穰侯。太后攝政，始於此也。漢仍其謬，知患莫改。東京皇統屢絶，權歸女主，外立者四帝，安、質、桓、靈。臨朝者六后，章帝竇太后、和熹鄧太后、安思閻太后、順烈梁太后、桓思竇太后、靈思何太后也。莫不定策帷帟，委事父兄，貪孩童以久其政，抑明賢以專其威。周禮：「幕人，掌帷帟幄幕之事。」鄭玄注曰：「帟，幄中坐上承塵也〔一五〕。」殤帝崩，鄧太后與兄隲等定立安帝，年十三。冲帝崩，梁太后與兄冀迎立質帝，年八歲。質帝崩，太后與兄冀迎立桓帝，年十五。桓帝崩，竇太后與父武迎立靈帝，年十二。任重道悠，利深禍速，身犯霧露於雲臺之上，霧露謂疾病也。不可指言死，故假霧露以言之。靈帝時，中常侍曹節矯詔遷太后於雲臺。謝弼上封事曰：「伏惟皇太后援立明聖，幽居空宮，如有霧露之疾，陛下當何面目以見天下！」家嬰縲紲於圄犴之下，縲，索也。紲，繫也。囹圄，周獄名也。鄉亭之獄曰犴，音五旦反。謂外戚等被誅也。湮滅連踵，傾輈繼路，踵，迹也。輈，車轅也。賈誼曰：「前車覆，後車戒。」而赴蹈不息，燋爛爲期，終陵夷大運，淪亡神寶。陵夷猶頹替。神寶，帝位也。詩、書所嘆，略同一揆。故考列行迹，以爲皇后本紀。

魏文帝受禪，尊卞后曰皇太后，稱永壽宮。明帝即位，尊太后曰太皇太后。太和四年崩，合葬高陵。

黃初三年〔一六〕，詔曰：「婦人與政，亂之本也。自今以後，群臣不得奏事太后，后族之家不得當輔政之任，又不得横受茅土之爵。以此詔傳之後世，若有背違〔一七〕，天下共誅之。」

明帝立，尊郭皇后爲皇太后，稱永安宮。青龍三年，帝數問甄后死狀於太后，由是太后以憂崩。

齊王即位，尊郭皇后爲皇太后，稱永寧宮。其後值三主幼弱，宰輔統政，與奪大事，皆先咨啓於太后而後施行。毋丘儉、鍾會等作亂，咸假其命以爲辭焉。景元四年崩，葬高平陵西。

景元元年十一月，燕王表賀冬至〔一八〕，稱臣，帝即燕王宇之子，宇稱臣，故以爲疑。詔曰：「古之王者，或有所不臣〔一九〕，今王宜依此義〔二〇〕，表不稱臣乎！又當爲報答。夫係大宗者，降其私親，况所係者重邪！

若便同之臣妾，朕所未安。其皆依禮典處當務盡其宜〔二〕。」有司議奏，以爲「禮莫崇於尊祖，制莫重於王典。陛下紹大宗之重，崇三祖之業。伏惟燕王禮尊屬戚，正位蕃服，躬秉虔肅，以先萬國。其於王典，闡濟大順，誠宜割以非常之制，奉以不臣之禮。臣等立議以爲燕王章表，可聽如舊式。中詔所施，宜曰『皇帝敬問大王侍御』」。議又云「至於制書，國之舊典，朝廷所以辨章於天下者也，宜循法，故曰『制詔燕王』」。議又曰「凡詔命、制書、奏事、上書、文書，有應稱燕王者，皆云『上』字。其非宗廟助祭之事，不得稱王名，奏事、上事及吏人，皆不得觸王諱，以彰殊禮，加於群后。庶上遵王典尊祖之制〔三〕，俯順聖旨敬承之心。」

晉何琦議曰：「父母之尊，擬則天地；君親之道，資敬是同。今承受命運，君臨率土，而父以子尸天禄，不敢子天子，以明王者之道〔三〕。而子雖以爲天子必有尊也。推斯以言，父必臣天位之君，而子自必尊天性之父。」

晉惠帝即位，尊楊皇后爲皇太后，后父駿受遺詔輔政。元康元年，賈后不肯以婦道事太后，又欲干預政事，而爲太傅駿所抑。乃啓帝作詔，誣駿謀反，誅之，夷其族。賈后矯詔使後軍將軍荀悝送太后於永寧宮。特全太后母高都君龐氏之命，聽就太后居。尋復諷群公有司奏曰：「皇太后陰潛姦謀，圖危社稷，飛箭繫書，要募壯士〔四〕，同惡相濟，自絶於天。魯侯絶文姜，春秋所許，蓋奉祖宗，任至公於天下。陛下雖懷無已之情，臣下不敢奉詔。」詔曰：「此大事，更詳之。」有司又奏：「宜廢皇太后爲峻陽庶人。」中書監張華議：「皇太后非得罪於先帝，今黨其所親，爲不母於聖世，宜依漢廢趙太后爲孝成后故事，貶皇太后之號，還稱武皇后，居異宮，以全始終之恩。」左僕射荀愷與太子少師下邳王晃等議曰：「皇太后謀危社稷，不可復配先帝，宜貶尊號，廢詣金墉城。」於是有司奏：「請從晃等議，廢太后爲庶人。」詔可。又奏：「楊駿造亂，家屬應誅，詔原其妻龐命，以慰太后心。今太皇后廢爲庶人，宜以龐付廷尉行刑。」詔不許。有司復請，乃從之。龐臨刑，太后抱持號叫，截髮稽顙，上表詣賈后稱妾，請全母命。不見省。董養遊太學，升堂嘆曰：「朝廷建斯堂，將以何爲乎！每覽國家赦書，謀反大逆皆赦，至於殺祖父母、父母不赦者，以爲王法所不容故也。奈何公卿處議，文飾禮典，乃至此乎！天人之理既滅，大亂將作矣。」二年，太后以絶膳而崩，年三十四。在位十五年。永嘉初，追復尊號。

致堂胡氏曰：「按群公有司所奏，張華所議，徑以太后圖危社稷，不母於聖世。方是時，討楊駿者，兩親王將殿中兵而出，駿既無逆謀，至是又未嘗有一戈指闕，坐受攻討，蹙迫而死。太后以父之故，射帛於外，以祈免耳。不知何名爲圖危社稷，不母於聖世乎？及有司再請廢后爲庶人，詔旨畫可，華不復切諫，依阿緘默，陰附虐后，而庸奴其君，不待式乾之事，已當誅殛，不得赦矣。」

先公曰：「賈后殺故楊太后，饑而死之也。武帝身創大業，且智力足以得天下，而無以保妻子，何也？司馬氏三世以來，强人之母，以廢人之子，奪人之國，宜有斯報矣。彼且以虚罪誣高貴鄉公，而實受報於武悼后，且皆是賈氏發之。駕虚罪於高貴鄉公者，充也。效實報於楊太后者，南風也。天道昭昭，亦巧於示報矣。」

東晉成帝即位，尊庾皇后爲皇太后。群臣奏：「天子幼冲，宜依漢和熹皇后故事。」辭讓數四，不得已臨朝攝萬機〔二五〕。后兄中書令亮管詔命，公卿奏事稱「皇太后陛下」。及蘇峻作逆，京師傾覆，后見逼辱，遂以憂崩。年三十二，在位六年。

哀帝即位，詔有司議生母章貴人位號，乃尊爲皇太妃，儀服與太后同。又詔「朝臣不爲太妃敬，合典禮不〔二六〕？」太常江逌議「位號不極，不應盡敬」。興寧元年薨，帝欲服重服，江霦啓：「應緦麻三月。」詔欲降爲期年，霦又啓：「厭屈私情，所以上嚴祖考。」帝從之。

穆帝即位，尊褚皇后爲皇太后，以帝幼沖，臨朝稱制。太常殷融議從鄭玄義〔二七〕，后父衛將軍裒在宮庭則盡臣敬，太后歸寧之日，自如家人之禮。太后詔曰：「典禮誠所未詳，如所奏〔二八〕，是情所不能安也，更詳之。」征西將軍翼等議謂：「父尊盡於一家，君敬重於天下，鄭玄議合情理之中。」太后從之。自是朝臣皆敬哀焉。帝加元服，乃居崇德宮。哀帝、海西公之世，太后復臨朝稱制。簡文帝即位，尊后爲崇德太后。帝崩，孝武幼沖，群臣復請臨朝。孝武冠，復稱崇德太后。太元九年，崩於顯陽殿，年六十一，在位四十年。太后於帝爲從嫂，朝議疑其服。太學博士徐藻〔二九〕議曰：「資父事君而敬同。」又曰：『其夫屬父道者，妻皆母道也』，則夫屬君道，妻亦后道矣。服后以齊，母之義也。魯譏逆祀，以明尊卑。今上躬奉康、穆、哀皇及靖后之祀，致敬同於所天，豈可敬之以君道，而服廢於本親，謂應齊縗期。」從之。

孝武皇帝即位，尊生母李氏爲淑妃。太元三年，進爲貴人。九年，又進爲夫人。十二年，加爲皇太妃，儀服一同太后。十九年，尊爲皇太后，稱崇訓宮。安帝即位，尊爲太皇太后。隆安四年崩，葬修平陵，神主祔於宣太后廟。宣太后，簡文帝母也。

徐邈與范寧公書，訪其事，寧答謂：「子不得爵命母。妃是太子婦號，必也正名，寧可以稱母也〔三〇〕。」邈重與寧書曰：「禮，『天子之妃曰后』，關雎稱后妃之德，妃后之名，可謂大同，所以憲章皇極，禮崇物備者，在於此也。故太后之號，定於前朝，而當今所率由也。若必欲服章同於后，而名號異於妃，則可因夫人之稱，而加『皇太』以明尊，雖曰一理，然於文物之章，猶未盡崇高之極，此又今之所疑，不可得而行也。足下嫌太子妻稱妃，然古無此稱，出於後代，今有『皇太』之別，是可論處邪〔三一〕？」

宋武帝受禪，尊後母蕭氏爲皇太后。帝事太后孝謹，即位時，春秋已高，每旦朝太后，未嘗失時刻。少帝即位，尊爲太皇太后。景平元年崩，年八十一。

宋武帝將崩，手詔曰：「後世若有幼主，朝事一委宰相，母后不煩臨朝。」

孝武即位，尊母路淑媛爲皇太后〔三二〕，宮曰崇憲。廢帝立，爲太皇太后。明帝立，號崇憲太后，乃居中宮崩。

廢帝即位，尊孝武王皇后爲太后，宮曰永訓。其年崩。後廢帝即位，尊明帝王皇后爲皇太后，宮曰弘訓。順帝禪位，遷居丹陽宮，拜汝陰王太妃。順帝殂，更立第都下，薨於第。

後廢帝母陳氏。既即位，尊爲皇太妃，輿服一如晉孝武李太妃故事。宮曰弘化，置家令一人，改諸國太妃曰太姬。昇明初，降爲蒼梧王太妃。

陳文帝即位，尊武帝章皇后爲皇太后，宫曰慈訓。廢帝即位，后爲太皇太后。光大二年，后下令黜廢帝爲臨海王，命宣帝嗣立。太建元年，復爲皇太后，崩年六十五。

後主即位，尊宣帝柳皇后爲皇太后，宫曰弘範。陳亡，入長安。隋大業十二年〔三三〕，薨於東都，年八十三〔三四〕。

後魏太武即位，尊明元杜皇后爲皇太后。封保太后弟爲遼東王〔三五〕。真君元年崩，詔天下大臨三日，别立后寢廟於陵所。

獻文即位，尊文成馮皇后爲太后。帝年十二，居諒闇，丞相乙渾謀逆，后密定策誅之，遂臨朝聽政。内行不正，寵李弈等，獻文誅弈，遂害獻文。孝文時，尊曰太皇太后，復臨聽政。孝文雅性孝謹，事無巨細，一禀於太后。后多智，猜忍，能行大事。太和十四年崩〔三六〕。年四十九，孝文行三年喪。

魏獻文帝，好黄、老、浮屠之學，雅薄富貴，常有遺世之心，欲禪位於京兆王子推。羣臣固諫，任城王雲曰：「陛下方隆太平，臨覆四海，豈得上違宗廟，下棄兆民？且父子相傳，其來久矣。陛下必欲委棄塵務，則皇太子宜承正統。」中書令高允曰：「願陛下上思宗廟託付之重，追念周公抱成王之事。」帝曰：「然則立太子，羣公輔之，有何不可？」乃傳位於太子，下詔曰：「朕希心玄古，志存澹泊。爰命儲宫，踐升大位。朕得優遊恭己，栖心浩然。」羣臣奏曰：「昔漢高祖稱皇帝，尊其父曰太上皇，明不統天下也。今皇帝幼冲，萬機大政，猶宜陛下總之。謹上尊號曰太上皇帝。」從之。上皇徙居崇光宫，采椽不斲，土階而已。國之大事咸以聞。崇光宫在北苑中，又建鹿野浮屠於苑中之西山，與禪僧居之。

五年崩〔三七〕。

明帝即位，尊宣武高皇后爲皇太后。尋爲尼，居瑶光寺，非大節慶不入宫中。時天文有變，靈太后欲以后當之，遂暴崩，天下冤之。喪還瑶光佛寺，殯皆以尼禮。

明帝尊母胡充華爲皇太妃〔三八〕，後尊爲皇太后。臨朝聽政，猶曰殿下。後改令稱詔，群臣上書曰陛下，自稱曰朕。以明帝幼冲，未堪親祭，欲依周禮夫人與君交獻之義，代行祭禮。禮官博議以爲不可，而太后欲以幃幔自障，觀三公行事。重問侍中崔光，光便據漢和熹鄧后薦祭故事。太后大悦，遂攝行初祀。臨朝淫恣，五年，爲元乂所幽。又六年，誅乂，復臨朝。自是朝政疏緩，恩威不立。又三年，鴆孝明，立孝文曾孫釗。爾朱榮興兵向闕，沉后於河。

齊文宣受禪，尊母婁妃爲皇太后，宫曰宣訓。濟南即位，尊爲太皇太后。密與孝昭諸將誅楊愔等，廢濟南，立孝昭，復爲皇太后〔三九〕。孝昭崩，又下詔立武成帝。大寧二年崩，年六十二。

武成即位四年，傳位於太子緯，自稱太上皇。又四年崩，後主即位。武成既崩，尊武成胡后爲皇太后。后内行不謹，幸和士開及沙門曇獻等。齊亡入周，又恣行姦穢，開皇中殂。

周武帝即位，尊母叱奴氏爲皇太后，建德三年崩〔四〇〕。

宣帝即位，尊武帝后阿史那氏爲皇太后。大象元年，改爲天元皇太后。二年，又尊爲天元上皇太后。宣帝崩，静帝尊爲太皇太后〔四一〕。隋開皇二年殂，年三十二。又尊母李氏爲帝太后。大象元年，改爲天元帝太后，又尊爲天皇太后〔四二〕。二年，又尊爲天元聖皇太后。静帝立，尊爲太帝太后。隋開皇初，出俗爲尼。八年殂，以尼禮葬。

宣帝既立一年，傳位於太子闡，自稱天元皇帝，所居稱天臺，冕二十四旒，車旂鼓皆倍於前王之數，每對臣下，自稱爲天，用罇彝珪瓚以飲食，令群臣朝天臺者，齊三日，清身一日。自比上帝，立五皇后。二年而崩。

天元崩，静帝時，楊堅秉政，尊天元楊后爲皇太后，居弘聖宫。堅既受禪，后憤惋愈甚，堅内甚愧之。開皇中，封爲樂平公主，大業五年殂。

静帝母朱氏，天元崩後，尊爲帝太后。隋初，出俗爲尼。

校勘記

〔一〕以武帝建元六年崩　「建元」原作「元光」，據漢書卷六武帝紀改。

〔二〕以陽平侯鳳爲大司馬大將軍　「陽平」二字原倒，據漢書卷一〇成帝紀乙正。

〔三〕前皇太后與昭儀俱侍帷幄　「侍」原作「封」，據漢書卷九七下外戚傳下改。

〔四〕丁后爲帝太后　「丁后」原作「丁後」，據漢書卷九七下外戚傳下改。

〔五〕秩皆中二千石　「中」字原脱，據漢書卷九七下外戚傳下補。

〔六〕丁太后建平二年崩　「丁」字原脱，據漢書卷九七下外戚傳下補。

〔七〕而帝母梁貴人姊嫕上書陳貴人爲后所陷　「嫕」原作「嬑」，據後漢書卷三四梁竦傳改。
〔八〕鄧皇后迎立之　「鄧」原作「竇」，據後漢書卷一〇上皇后紀上改。
〔九〕安思閻皇后　「思」原作「帝」，據後漢書卷一〇下皇后紀下改。
〔一〇〕家屬徙比景　「比景」原作「北境」，據慎本、馮本及後漢書卷一〇下皇后紀下改。下同。
〔一一〕推心杖賢　「杖」原作「拔」，據後漢書卷一〇下皇后紀下改。
〔一二〕立解瀆亭侯宏　「亭」字原脱，據後漢書卷一〇下皇后紀下補。下同。
〔一三〕追尊本生父解瀆亭侯萇　「瀆」下原脱「亭」字，「萇」原作「世長」，據後漢書卷八靈帝紀、卷一〇下皇后紀下改補。
〔一四〕在位十年　「十」原作「一」，據元本、慎本、馮本及後漢書卷一〇下皇后紀下改。
〔一五〕帟幄中坐上承塵也　「帟幄」二字原倒，據後漢書卷一〇上皇后紀上注改。
〔一六〕黄初三年　「三」原作「元」，據三國志卷二文帝紀改。
〔一七〕若有背違　「背違」二字原倒，據三國志卷二文帝紀乙正。
〔一八〕燕王表賀冬至　「至」字原脱，據三國志卷四三少帝紀補。
〔一九〕古之王者或有所不臣　「之」下原衍「先」字，「所」字原脱，據三國志卷四三少帝紀删補。
〔二〇〕今王宜依此義　「義」字原脱，據三國志卷四三少帝紀補。
〔二一〕其皆依禮典處當務盡其宜　「處」原作「據」，「宜」原作「義」，據三國志卷四三少帝紀改。
〔二二〕庶上遵王典尊祖之制　「庶」原作「云」，據通典卷六七禮典二七改。

〔二三〕以明王者之道　「道」原作「尊」，據元本、慎本、馮本及通典卷六七禮典二七改。

〔二四〕要募壯士　「壯」，晉書卷三一后妃傳上作「將」。

〔二五〕不得已臨朝攝萬機　「攝」原作「稱」，據晉書卷三二后妃傳下改。

〔二六〕合典禮不　「不」原作「下」，據元本、慎本、馮本及晉書卷三二后妃傳下改。

〔二七〕太常殷融議從鄭玄義　「義」原作「議」，據晉書卷三二后妃傳下改。下同。

〔二八〕如所奏　「所」原作「數」，據晉書卷三二后妃傳下改。

〔二九〕太學博士徐藻　「藻」原作「澡」，據晉書卷三二后妃傳下改。

〔三〇〕寧可以稱母也　「寧」字原脱，據通典卷七二禮典三二補。

〔三一〕是可論處邪　「是」字「處」字原脱，「可」下原衍「例」字，點校本通典據古本通典删補，今從之。

〔三二〕尊母路淑媛爲皇太后　「路」字原脱，據宋書卷四一后妃傳補。

〔三三〕隋大業十二年　「二」，陳書卷七皇后傳作「一」。

〔三四〕年八十三　按陳書卷七皇后傳，柳后父偃大寶中卒官，后時年九歲，大寶共二年零十月，「大寶中」當爲「大寶二年」（公元五五一年），至大業十二年（公元六一六年），柳后卒時當爲七十三歲，疑此處有誤。

〔三五〕封保太后弟爲遼東王　「保太」二字原脱，據魏書卷一三皇后傳、北史卷一三后妃傳上補。按：保太后乃太武帝保母，太武帝即位後，尊爲皇太后，本句以上爲杜太后事，此下爲保太后事，本書合記爲一，史實不清。

〔三六〕太和十四年崩　「太和」二字原脱，據魏書卷一三皇后傳補。

〔三七〕五年崩　按魏書卷七上高祖紀上，皇興五年（公元四七一年）八月丙午，獻文帝傳位於太子宏，自稱太上皇，孝文帝承明元年（公元四七六年）六月辛未死。此「五年」係指傳位後五年。

〔三八〕明帝尊母胡充華爲皇太妃　「充」原作「光」，據魏書卷一三皇后傳改。

〔三九〕復爲皇太后　「復」原作「後」，據北齊書卷九神武婁后傳、北史卷一四后妃傳下改。

〔四〇〕建德三年崩　「三」原作「二」，據周書卷五武帝紀上、太平御覽卷一四〇皇親部六後周文叱奴后改。

〔四一〕静帝尊爲太皇太后　「太皇」二字原脱，據周書卷九皇后傳補。

〔四二〕又尊爲天皇太后　「天」原作「太」，據周書卷九皇后傳、北史卷一四后妃傳下改。

卷二百五十二　帝系考三

太上皇太皇太后皇太后

唐高祖武德九年，詔禪位於皇太子，稱太上皇。上皇以弘義宫有山林勝景，雅好之。貞觀三年四月，乃徙居之，改爲大安宫。上屢請上皇避暑九成宫，上皇以隋文帝終於彼，惡之。乃營大明宫，以爲上皇清暑之所，未成而上皇寢疾，不果居，九年崩。

高宗崩，太子即位，詔軍國大事聽天后處分。元年，天后廢帝，遷之房陵，立睿宗，居於别宫〔一〕。五年，自稱聖母神皇，殺唐宗室諸王。又二年，自稱大周聖神皇帝，以睿宗爲皇嗣，賜姓武氏，追謚祖考爲帝，立武氏七廟〔二〕，封武三思等爲王。又十四年，張柬之等奉中宗誅張易之、張昌宗，帝復位。其年，后崩。

韋氏鴆弑中宗，立殤帝，爲皇太后，臨朝總庶政。臨淄王隆基舉兵誅之，追廢爲庶人。

睿宗在位二年，制傳位於太子，太子上表固辭，太平公主勸上雖傳位，猶宜總大政。上乃謂太子曰：「汝以爲天下事重，欲朕兼理之邪？昔舜禪禹，猶親巡狩，朕雖傳位，豈忘國家？其軍國大事，當兼省之。」八月庚子，玄宗即位，尊睿宗爲太上皇。上皇自稱曰朕，命曰誥，五日一受朝於太極殿。皇帝自稱曰予，命曰制、敕，日受朝於武德殿。三品以上除授及大刑政決於上皇，餘皆決於皇帝。明年七月，上誅太平公主及其黨。上皇誥：「自今軍國政刑，一皆取皇帝處分。朕方無爲養志，以遂素心。」是月，徙居百福殿。開元四年，上皇崩。

致堂胡氏曰：「睿宗每自謂素懷淡泊，不樂世務，然則盍不於傳位之時盡釋萬幾，則太平亦無所恃而謀亂。乃有眷眷之情，尚知大政，昧於亢龍有悔之義。是以不智處身，而以不孝處其子也，豈非後王之戒哉？」

又曰：「玄宗舉兵誅討韋氏，雪君憤辱，厥功雖大，而意在自取，不得已而歸之於父。尋又怵惑邪說，殺父同氣，至使睿宗盡釋大權，而問安侍膳，以天下養之事一無聞焉。其友愛隆厚，獨施之五王，同寢共宴，遊戲賞樂，更奏絲竹，親煮藥餌，何其至也？豈非以手足天性，均出於父乎？施諸手足者如此，於父宜如何？而孝養無聞，五月而葬，不太薄乎！古之人所以大過人者無他，善推其所爲而已。玄宗能其小而不能其大，力於次者而忽於至者，不推其所爲，無乃初心有利欲之蔽乎？無乃感宋王之讓己而薄其父乎？雖享國日久，而天理好還，終不可逭。是故正其義不謀其利者，爲子則孝，爲臣則忠，自天子至於庶人，其揆一也。」

肅宗至德元載〔三〕，即位於靈武，尊玄宗曰上皇天帝。靈武使者至蜀，上皇喜曰：「吾兒應天順人，吾復何憂！」制：「自今改制、敕爲誥，表疏稱太上皇。四海軍國事，皆先取皇帝進止，仍奏朕知，俟克復上京，朕不復預事。」命韋見素、房琯、崔涣奉傳國寶、玉册詣靈武傳位。二年，克復兩京，使韋見素入蜀，奉迎上皇。上皇至鳳翔，從兵六百餘人，上皇命悉以甲兵輸郡庫。上發精騎三千奉迎。十二月丙午，上皇至咸陽，上備法駕迎於望賢宮。上皇在宮南樓，上釋黃袍，著紫袍，望樓下馬，趨進，拜舞於樓下。上皇降樓，撫上而泣。上捧上皇足，嗚咽不自勝。上皇索黃袍，自爲上著之。上伏地頓首固辭。上皇曰：「天數人心皆歸於汝，使朕得保養餘齒，汝之孝也。」上不得已受之。父老在仗外，歡呼且拜。上令開仗，縱千餘人入謁上皇，曰：「臣等今日復睹二聖相見，死無恨矣！」上皇不肯居正殿，曰：「此天子之位也。」上固請，自扶上皇登殿。尚食進食，上品嘗而薦之。丁未，將發行宮，上親爲上皇習馬而進之。上皇上馬，上親執鞚，行數步，上皇止之。上乘馬前引，不敢當馳道。上皇謂左右曰：「吾爲天子五十年，未爲貴，今爲天子父，乃貴耳！」左右皆呼萬歲。上皇自開遠門入大明宮，御含元殿，慰撫百官。乃詣長樂殿謝九廟主〔四〕，慟哭久之。即日幸興慶宮，遂居之。上累表請避位還東宮，上皇不許。時李輔國暴貴用事，上皇左右皆輕之。輔國意恨，言於上曰：「上皇居興慶宮，與外人交通〔五〕，陳玄禮、高力士謀不利於陛下，當爲社稷計，豈得徇匹夫之孝？不若迎居大內〔六〕，以杜絶小人。」上不應。上元元年，上寢疾，輔國矯詔將五百騎露刃迎上皇遷居甘露殿。上皇驚，幾墜，所留侍衛纔尩老數十人。流力士等於遠方。輔國等詣上請罪，上曰：「卿防微杜漸，以安社稷，何懼也！」自是上皇日以不懌，辟穀成疾。上初猶往問安，既而但遣人起居。寶應元年，上皇崩。

致堂胡氏曰：「靈武即位之事，玄宗既有傳位之命，則太子非真叛也〔七〕。范氏唐鑑謂：「肅宗以皇太子討賊，遂自稱帝，此乃太子叛父，何以討祿山也？」其失在玄宗命不亟行，而裴冕諸人急於榮貴，是以致此咎也。唐高祖、睿、玄之爲上皇，非所欲也。勢可以釋位而不釋，遂至逼遷〔八〕，不見幾故也。而太宗、明、肅不能少待，或稱兵，或借便，皆有奪位之惡，欲速見小利故也。父不父，子不子，昧於春秋首惡誅死之戒甚矣〔九〕，豈非後世之大鑒歟！」

又曰：「內寵嬖豎，合而爲一，人主不悟，又委信之，其終不至於篡弑逆亂者，古無有也。肅宗之事，亦可以爲監矣。夫祖考所爲賢且德也，子孫希之，鮮能及者。非賢非德也，子孫效之，鮮不過焉。兩漢而下，繼世之君，往往柩前即位，孰有爲天子子，親承大寶，得問安侍膳，舉四海之養以全其孝，盡其樂？如唐數君，可謂千載一時不可逢之嘉會矣！而太宗、明皇、肅宗之孝道無稱焉，豈非自太宗失之歟？高祖、睿、玄晚節末路，不免兵甲震驚之禍，而玄宗尤酷。嗚呼，悲夫！輔國之言曰：「陛下當爲社稷大計，豈得徇匹夫之孝？」夫孝以奉父母爲先，然後上及於祖宗。今父在也，乃困其身，怵其心，而社稷是安，此中人以下所能辨者，肅宗不察。蓋自馬嵬西行，輔國已有是言，今又云爾。是知肅宗爲人，可誘以利故也。當是時〔一〇〕，白刃脅遷，盡去左右之人而居西內，上皇辟穀成疾，以致殂殞，其異於趙武靈王沙邱之禍幾希矣！夫以討賊之故，奪父之位，其終至於如此，使安慶緒、史朝義而有知，豈不含笑於九泉？元結頌唐中興，曰盛德，曰大業，是過譽其始，而未知其終也。」

順宗永貞元年，德宗崩，即位，疾不能視事，傳位太子純，稱太上皇。憲宗元和元年，太上皇崩。

憲宗立，尊順宗王皇后爲皇太后。元和十一年崩〔一一〕，年五十四。

穆宗立，尊憲宗郭后爲皇太后。敬宗立，尊爲太皇太后。宣宗立，母鄭，故侍兒，有曩怨，帝奉養后禮稍薄，后鬱鬱不聊。太中二年暴崩。

宣宗立，尊母鄭妃爲皇太后，懿宗尊爲太皇太后。咸通六年崩。

敬宗立，尊穆宗王后爲皇太后。文宗時，稱寶曆太后。太和五年，宰相建白以太皇太后與寶曆太后稱號未辨，前代詔令不敢斥言，皆以宫爲稱，今寶曆太后居義安殿，宜曰義安太后。詔可。會昌五年崩。

文宗立，尊母蕭氏爲皇太后。太和中，懿安太后居興慶宫，憲宗后，文宗祖母。寶曆太后居義安殿，穆宗妃，敬宗母。后居内殿，穆宗妃，文宗母。號「三宫太后」。帝每五日問安及歲時慶謁，率由複道至南内，群臣及命婦詣宫門候起居。有司獻四時新物送三宫，亦稱賜，帝曰：「上三宫，何可言賜？」遽索筆改「賜」爲「奉」。

按：唐自肅宗張后之後，未嘗有正位長秋者。史所載皇后皆追贈其太后，則皆所生子爲帝，而奉上尊號者也。憲宗以郭汾陽孫女爲妃，既爲令族，又有淑德，可以正位矣，乃以其宗强，恐既立之後，後宫不得進，遂終身爲妃。自後人主皆不立后，然文宗崩，既有太子，仇士良等廢之而立武宗。武宗崩，既有皇子，諸宦官廢之而立宣宗。宣宗崩，遺命立夔王，王宗實等廢之而立懿宗。雖當時中人專横，今古所無，然亦因椒房虚位，宫闈無主，所謂皇子者皆無寵無威之人，故上躬彌留之際，宰輔既隔在外庭，中人遂得以肆行無忌，顯違詔旨，私立所厚而莫由禁止也。

昭宗爲朱全忠所弑，哀帝即位，尊何后爲皇太后，徙居積善宫，號積善太后。帝既禪位，后亦遇害〔一二〕。

後唐莊宗既即位，册尊母曹氏爲皇太后，而以嫡母劉氏爲皇太妃。往謝太后，太后有慚色，太妃曰：「願吾兒享國無窮，使吾獲没於地，以從先君，幸矣，復何言哉？」帝既滅梁，使人迎太后歸洛，居長壽宫，而太妃獨留晉陽。同光三年五月，太妃薨。七月，太后薨，謚曰貞簡，葬坤陵〔一三〕，而太妃無謚，葬魏縣。太妃與太后甚相愛，其送太后於洛也，涕泣而别。太妃既卒，太后悲哀不飲食，月餘亦崩。

愍帝即位，册尊明宗后曹氏爲皇太后，淑妃王氏爲皇太妃。而敬瑭兵犯京師〔一四〕，廢帝與太后俱自燔死。晉高祖立，遷太妃於至德宫。高祖后事妃如母，乃封其所養子許王從益爲郇國公，以奉唐祀。契丹犯京師，召從益與妃。德光北歸，留蕭翰守汴州。漢高祖起太原，翰欲北去，乃使人召從益，迫以來，令權知南朝事。漢高祖擁兵而南，妃及從益遣人迎之，既而俱遇害。

晉出帝即位，尊高祖后李氏爲皇太后。契丹入汴，北遷歿於虜地建州。安太妃，出帝母，即位册爲太妃，北遷，殁於虜地。

漢愍帝即位，尊高祖后李氏爲皇太后。周太祖入京師，舉事皆稱太后誥。已而議立湘陰公贇爲天子，未至，請太后臨朝。已而太祖出征〔一五〕，軍士擁之以還。太祖請事太后如母，於是遷於太平宫，上尊號曰昭聖皇太后。顯德元年春崩。

周太祖皇后柴氏無子，養后兄守禮之子以爲子，是爲世宗。守禮字克讓，以后族拜銀青光禄大夫、檢校吏部尚書兼御史大夫。世宗即位，加金紫光禄大夫、檢校司空、光禄卿，致仕，居於洛陽，終世宗之世，未嘗至京師，而左右亦莫敢言，第以元舅禮之。守禮頗恣横，嘗殺人於市，有司以聞，世宗不問。時王溥、王晏〔一六〕、王彦超、韓令坤等同時將相〔一七〕，皆有父在洛陽，與守禮朝夕往來，惟意所爲，洛陽人多畏避之，號「十阿父」。守禮卒年七十二，官至太傅。

歐陽公史論曰：「父子之恩至矣！孟子言，舜爲天子，瞽瞍殺人，則棄天下，竊負之而逃。以謂天下可無舜，不可無至公，舜可棄天下，不可刑其父，此爲世立言之説也。然事固有不得如其意者多矣！蓋天子有宗廟社稷之重，百官之衛，朝廷之嚴，其不幸有不得竊而逃，則如之何而可？予讀周史，見守禮殺人，世宗寢而不問，蓋進任天下重矣〔一八〕。而子於其父亦至矣，故寧受屈法之過，以申父子之道，其所以合於義者，蓋知權也。君子之於事，擇其輕重而處之耳。失刑輕，不孝重也。刑者，所以禁人爲非，孝者，所以教人爲善，其意一也，孰爲重？刑一人，未必能使天下無殺人〔一九〕。而殺其父，滅天性而絶人道，孰爲重？權其所謂輕重者，則天下雖不能棄，而父亦不可刑也。然則爲舜與世宗者，宜如何無使瞽瞍、守禮至於殺人，則可謂孝矣！」

周恭帝即位，尊世宗皇后符氏爲皇太后。宋太祖既受禪，遷居西宫，號周太后。太平興國初，入道爲尼。淳化四年殂。

宋昭憲皇太后杜氏，定州安喜人，太祖之母。帝受禪，尊爲皇太后。建隆二年六月崩。

真宗即位，尊太宗明德李后爲皇太后，居西宫嘉慶殿。景德元年崩。

仁宗即位，尊真宗莊獻明肅皇后劉氏爲皇太后〔二〇〕，軍國大事權取處分。宰相丁謂等請太后所御殿，太后曰：「皇帝視事，當朝夕在側，何須别御一殿？」於是請太后與帝五日一御承明殿〔二一〕，帝位左〔二二〕，太后位右，垂簾決事。議已定，太后忽出手書，第欲禁中閱章疏，遇大事即召對輔臣，其謀出於丁謂，非太后意也。謂既貶，馮拯等三上奏，請如初議，始御承明殿。有司請制令稱「吾」，以生日爲長寧節，出入御大安輦，鳴鞭、侍衛如乘輿，天下皆避太后父諱。群臣上尊號曰應元崇德仁壽慈聖太后。元日，帝率百官上壽。謁太廟，乘玉輅〔二三〕，服袞衣。明道二年崩。

天聖二年七月，宰臣王欽若等拜表請上皇太后尊號曰應元崇德仁壽慈聖皇太后，命宰臣王曾撰册文，參知政事魯宗道書册寶。十一月，郊祀禮畢，帝御天安殿〔二四〕受册，百僚稱賀畢，再序班〔二五〕，侍中奏外辦〔二六〕，禮儀使奏請發皇太后尊號册寶。皇帝服承天冠、絳紗袍以出，殿中監進珪，禮儀使與閤門使前導皇帝隨册寶降西階，内臣主當職掌，捧至殿庭〔二七〕，置於東向褥位。禮儀使奏請皇帝再拜，在位官皆再拜。應行事公卿執事者不拜。再拜訖，太尉、司徒就受册寶位，皇帝搢圭跪，捧册授太尉，太尉搢笏東向側身跪受。其册文曰：「嗣皇帝臣〔二八〕，仁宗御名。謹再拜稽首言：恭以爲天下之母者，愛育之功博，居域中之大者，覆載之道均。乃有飾盛禮以推崇，因强名而丕顯。以恩則尊親偕極，以義則中外一辭，表德垂鴻，非可以缺。况乎寧保基緒，撫覽權綱，格萬守之治平，副輿情之輸戴。式隆稱號，以播休鑠。伏惟皇太后陛下聰明淑哲，淵穆懿恭。襲御龍之遐源，啓曾沙之瑞命。輔佐先聖，輯睦藩房，申翊宫朝，協敷閫教，服圖史之至戒，慕黄、老之微言。及正位承天〔二九〕，居尊治内，勤儉之化，式於中闈，和平之風，被于四表。王基允固，睿問載融。曩者號弓在辰，仍几有命。粤以大寶，付於菲躬。煢煢哀荒，懼罔攸濟實賴慈蔭，以授洪圖。上奉顧託之明，俯慰遐邇之望。詳録機務，咨謀政經。憲祖宗之舊章，厲官師之凝績。本乎子物之惠，濟乃守成之業。方今蠻夷款服，封宇靖安，百度聿修，六氣時若，肇禋肆類，克展上儀，享是休嘉，率由保翼。故得公卿庶尹，藩嶽守臣，武旅戎酋，緇黄耋艾，咸謂周有思齊之什，播於聲歌。漢有長樂之謡，垂於竹帛。斟酌前訓，擬議盛猷，允非鴻名，莫揚茂烈。綿代曠典，自我而著。猶且推美而弗有，約己以至謙，連袂叩閽，露章五請，臣等以因人之欲，拜跪於内，甫迴冲慮，乃徇公言。夫含章履順之謂應元，詔訓逮下之謂崇德，體仁所以膺壽臧之福，宣慈所以隆聖善之懿。不勝大願，謹與百僚士庶，奉玉册、琮寶，上尊號曰應元崇德仁壽慈聖皇太后。伏惟懋協歡心，誕膺洪册，承七廟之流祥〔三〇〕，受九旻之敷錫，擁佑家邦，祉祚無極。臣仁宗御名。誠懽誠抃，稽首頓首，謹言。」又捧寶授司徒，如授册儀。皇帝歸御幄，改常服，乘輿赴文德殿後幄。百官班退，並赴朝堂幕次，太尉、司徒奉册寶至文德殿門外幄奉安〔三一〕，文武群官、宗室、客使並集於文德殿。中書門下、翰林學士、兩省、御史臺並立於殿階下香案前〔三二〕，殿侍中奏中嚴外辦，皇太后服儀天冠、衮衣以出，奏隆安之樂，行障、步障、方團扇，侍衛垂簾，即御座，南向，樂止。太常卿前導册案前至殿西階下，太常卿以下各歸位，典儀曰再拜，在位者皆再拜，分班東西序立。吏部侍郎押册案，禮部侍郎押册，升進至褥位〔三三〕，當御座前訖。太尉跪奉册案稍前，中書令讀册訖，奉册丞北向進至於御座前訖，中書令、舉册官俱降還位。太尉降階納舄、帶劍訖，侍中押寶案，司徒捧寶，侍中讀寶，並如讀册之儀畢，置於御座前册之南訖，司徒、太尉詣香案前分班東西序立，尚宫詣皇帝御座前，奏請皇帝詣皇太后御座前，行稱賀之禮。皇帝服鞾袍，簾内詣皇太后御座前，奏請，再拜訖，跪賀曰：「嗣皇帝臣仁宗名。言：皇太后陛下顯崇徽號，昭焕寰瀛〔三四〕，伏惟與天同壽，率土不勝欣抃。」俛伏，興，又再拜，尚宫詣御座承旨，答曰：「皇帝孝思至誠，貫於天地，受兹徽號，感慰良深。」宣答訖，皇帝再拜，歸御幄〔三五〕。太尉率文武百僚詣皇太后御座前稱賀，侍中承旨宣答訖，在位官俱再拜。禮畢，奏隆安之樂，皇太后降座還幄次，樂止。侍中奏解嚴，所司放仗，文武百僚並再拜訖，退。皇帝、皇太后還内，應内外命婦稱賀皇太后、皇帝於内殿〔三六〕，在外命婦及兩京留司官並奉表稱賀。

石林葉氏曰：「母后加謚自東漢始。本朝后謚，初止二字。明道中，以章獻明肅嘗臨朝，特加四字。元豐中，慶壽太皇太后上仙，章子厚爲謚議請於朝，詔以太皇太后功德盛大，四字猶懼未盡，始仍故事，遂謚慈聖光獻。自是，宣仁聖烈與欽聖憲肅，皆四字云。」

章獻太后崩，遺詔以皇太妃楊氏爲皇太后，居宫中，參斷軍國事。御史中丞蔡齊白執政，以爲不可，乃詔勿須預政遺誥，第存后號，即所居殿號曰保慶。太后景祐三年崩。

英宗即位，尊仁宗慈聖光獻皇后曹氏爲皇太后〔三七〕，帝感疾，請權同處分軍國事，御内東門小殿聽政。帝康復，乃徹簾。敕有司崇峻典禮，下令稱聖旨。神宗立，尊爲太皇太后，名宫曰慶壽。元豐二年崩。

神宗立，尊英宗宣仁聖烈皇后高氏爲皇太后〔三八〕，居寶慈宫，哲宗嗣位，尊爲太皇太后，同御延和殿，詔書稱「吾」，以生日爲坤成節，令天下避后父諱。元祐八年崩。

元豐八年三月，哲宗即位，太皇太后權同聽政。三省、樞密院按儀注：未釋服已前，遇隻日，皇帝御迎陽門，日參官並赴起居，依例奏事。每五日，遇隻日，於迎陽門垂簾，皇帝坐於簾内之北，宰臣、執政官升殿奏事，權屏去左右侍衛。事有幾速，許非時請對，及賜宣召，亦許升殿。禮部、御史臺、閤門奏討論御殿及垂簾儀制：每朔、望、六參，皇帝御前殿，百官起居，三省、樞密院奏事，應見、謝、辭班退，各令詣内東門進牓子。皇帝雙日御延和殿垂簾，日參官起居太皇太后，移班少西起居皇帝，並再拜。三省、樞密院奏事，三日已上四拜，不舞蹈。候祔廟畢，起居如常儀。簾前通事以内侍，殿下以閤門。吏部磨勘奏舉人，垂簾日引。應見、辭、謝臣僚，遇朔、望參日不坐，並先詣殿門，次内東門，應擡賜者並門賜。從之。是月，帝御迎陽門幄殿，同太皇太后垂簾。宰臣、親王以下合班起居。常例分班十六，至是合班，以閤門奏請故也。四月，三省、樞密院言：「續討論垂簾故事儀注，應合告謝臣僚，並垂簾日引，依閤門見行儀制。」從之。八月，御史中丞黄履言：「朔、望，皇帝御前殿，合赴起居官次日赴延和殿垂簾起居。」從之。元祐元年閏二月，右諫議大夫孫覺、右諫議蘇轍進對。有旨，俟簾下内臣盡出，方得敷奏。

哲宗立，尊神宗欽聖憲肅向皇后爲皇太后〔三九〕。哲宗崩，獨決策迎立徽宗〔四〇〕，帝請權同處分軍國事，辭，帝固請乃從。令外間不避家諱，不立誕節名，不通使遼國，輔臣不於小殿奏事。纔六月，即還政。

明年崩。

元符三年正月，徽宗即位，皇太后權同聽政。三省、樞密院聚議：故事，嘉祐末，英宗請慈聖同聽政，五月，同御內東門小殿垂簾。至七月十三日，英宗間日御前後殿，輔臣奏事，退詣內東門簾前覆奏。明年，手書還政。又故事，唯慈聖不立生辰節名，不遣使契丹，若天聖、元豐則御殿垂簾，立誕節名，遣使與北虜往還，及避家諱等。曾布曰：「今上長君，豈可垂簾聽政？請如嘉祐故事施行。」蔡卞曰：「天聖、元豐與今日皆遺制處分，與嘉祐末英宗請聽政不同。」布曰：「今日之事，雖載於遺制，實出自德音，又皆長君，正與嘉祐事相似。」既奏，得旨：並依嘉祐、治平故事施行〔四一〕。布又謂同列曰：「奏事先奏太后，次覆奏皇帝，如今日所得指揮。」遂爲定式。皇太后手詔付中書省曰：「皇帝踐祚之初，勉從勤請，非久便，當退歸房闥，除不御前後殿等事已降指揮外〔四二〕，如避家諱等並勿行。」

哲宗立，尊生母朱德妃爲皇太妃。時宣仁、欽聖二太后皆居尊〔四三〕，故稱號未得其極。至元祐三年，宣仁詔：「母以子貴」，輿蓋、仗衛、冠服，悉侔皇后。紹聖中，欽聖復即閤建殿，改乘車爲輿，上設行龍，出入由宣德東門〔四四〕，百官上牋稱「殿下」，名所居爲聖瑞宮。崇寧初崩，追尊爲皇后。

靖康二年，二帝北狩，金人僭立張邦昌。邦昌迎哲宗元祐皇后入禁中，垂簾聽政。后遣使迎康王，降手書播告天下。王即位於南京，后撤簾。上尊后爲元祐太后，奉迎至行在所。以「元」字犯后祖諱，改稱隆祐太后。從上幸維揚，幸杭州，苗傅、劉正彥作亂，請后聽政。上復辟，撤簾。建炎三年，避狄如虔州。紹興元年崩。

徽宗既立，尊哲宗元符皇后劉氏爲皇太后〔四五〕，殿爲崇恩宫。政和三年暴崩。

徽宗宣和七年十二月，上内禪，以道君號退居龍德宫。皇太子即皇帝位，尊道君爲太上皇帝。靖康元年，上皇如南京避狄到鎮江。三月，虜退，命李綱迎上皇於南京。十一月，京城失守。二年二月，上皇北狩。紹興五年崩於五國城。

欽宗既受禪，尊徽宗顯肅皇后鄭氏爲太上皇后〔四六〕，遷居寧德宫，稱寧德太后。京城失守，從上皇北遷，留虜中五年崩。

高宗既即位，遥尊母韋賢妃爲宣和皇后。紹興十年，遥上皇太后册寶於慈寧殿。自後，每遇誕日、至、朔，皆遥行賀禮。十二年八月，自虜中歸至臨安，入居慈寧宫。二十九年崩。

紹興三十二年六月，上内禪，稱太上皇，退處德壽宫。八月，加上尊號爲光堯壽聖太上皇帝。乾道七年，再加上尊號爲光堯壽聖憲天體道太上皇帝。淳熙二年，再加上尊號爲光堯壽聖憲天體道性仁誠德經武緯文太上皇帝。是年，以聖壽七十，行慶壽禮。十二年，再加「紹業興統明謨盛烈」八字。十三年，以聖壽八十，行慶壽禮，赦天下。十四年冬十月崩。

三十二年六月十一日内禪。十二日，上詣德壽宫，欲以是日率百官朝太上皇於德壽殿，以雨，百僚免入見，上就宫中行禮。自後，上詣宫行禮，即不集百官陪位〔四七〕。十三日，詔令宰臣率百官於初一日、十六日詣德壽宫起居〔四八〕。又詔：「朕欲每日一朝德壽宫，面奉慈旨，恐廢萬機，勞煩群下〔四九〕，不許。如前代朝朔、望之禮太簡，朕不敢取〔五〇〕，令禮官重定其期。禮部請依漢高帝五日一朝太公故事，每五日一詣德壽宮朝見，如宮中禮。從之。乃詔：「自今後詣德壽宮，惟經過官司起居，餘並免。」十七日，太上宣諭：「車駕每至宮，必於門外降輦。既行家人之禮，自宜至殿上降輦。又不須五日一朝，只朝朔、望。」於是有司請除朔、望朝外，於每月初八日、二十二日詣德壽宮起居，如宮中儀。從之。自後皆遵此制，如值雨及盛暑、祁寒，臨期承太上特旨仍免詣。十一月冬至〔五一〕，上詣德壽宮稱賀上壽，禮畢，入見太后，如宮中之儀。自後冬至並同〔五二〕。乾道元年二月朔，上詣德壽宮請太上、太后至延祥觀燒香，次幸聚景園，次幸玉津園。太上聖旨：「日晚，免車駕從還德壽宮，臣僚止從駕還内，沿路並免起居。」除管軍、環衛官從駕外〔五三〕，執政官以下並免。以後或恭請幸南内，或幸聚景園、玉津園、延祥觀、靈隱天竺寺，其儀並同。

皇帝朝德壽宮儀注

前期，儀鑾司設大次於德壽宮門内，小次於殿東廊西向。其日，俟皇帝出即御座，從駕臣僚、禁衛等，起居如常儀。皇帝降御座，乘輦將至德壽宮，報文武百僚詣宮門外迎駕，起居訖。前導官、太常卿、閤門官、太常博士、禮直官先入，詣大次前分左右立定，俟皇帝詣德壽宮大次降輦入，次御史臺、閤門、太常寺報文武百僚入，詣殿庭北向立定。前導官導皇帝入小次，簾降，俟太上皇帝即御座，小次簾捲，前導官導皇帝升殿東階，詣殿上折檻前，奏請拜，皇帝再拜訖，前導官導皇帝稍前，躬奏聖躬萬福訖，導皇帝復位。又奏請拜，皇帝再拜訖，導皇帝詣太上皇帝御座之東，西向立。前導官於殿上隨地之宜少立，揖班首以下躬，典儀曰「拜」，贊者承傳曰「拜」，在位官皆再拜訖，直身，搢笏，躬身，三舞蹈，跪左膝，三叩頭，出笏就一拜，又兩拜。拜訖，且躬身，班首不離位，奏聖躬萬福訖，典儀曰「拜」，贊者承傳曰「拜」，在位官皆再拜，又兩拜。拜訖，直立身，捲班出，前導官以次退。從駕官歸幕次，以俟從駕還内。太上皇帝駕興，皇帝從，入見太上皇后〔五四〕，如宮中之儀。訖，以俟皇帝還内，如來儀。每遇正旦、冬至及朔、望，並依上儀。

淳熙二年十一月，詔：「太上皇帝聖壽無疆，新歲七十，用十一月冬至加上尊號册寶，十二月十七日立春行慶壽禮。」是日早，文武百僚並簪花赴文德殿立班，聽宣慶壽赦。赦文：「太極之功不宰，其可贊者兩儀之生。大明之照無疆，所能推者千載之至。欽惟聖父，誕保我家二百餘載，而中天定神器於敧側艱虞之始，三十六年而宅位授朕，師於康强暇豫之時。上穹綿有永之年，下土洽無爲之化。興言菲質，日侍慈顏，竭幅員之富，而未足伸至養之誠，極尊美之稱，而未足表難名之德。兹載新於歲律，庸展慶於耆齡。前殿奉卮，企高皇而踵武。大安進膳，邁貞觀之彌文。鏘金奏以充庭，儼臣工而在列。和氣㫁周於宇宙，盛容創見於古今。仍内奉於母儀，庸備殫於子道。爲酒以介眉壽，誕膺純嘏之常。立春而下寬書，更廣庶民之福〔五五〕。可大赦天下，於戲！建無窮之基，則享無窮之樂，命方僕於萬年。有非常之事，則侈非常之休，恩盍推於四海。矧群黎百姓夙依於覆育，而耆老大夫咸自於甄陶。今而仁壽之同躋，必也安榮之共保，諒爾有邦之衆，知予錫類之心。赦書日行五百里，敢以赦前事言者，以其罪罪之，主者施行。」宣赦訖，從駕官並赴後殿起居，謝花再拜，從駕至德壽宮，行慶壽禮。

陳設

前期，儀鸞司陳設德壽宮殿門之内外，設御座於殿上當中〔五六〕，南向，設大次於德壽宮門内，南向〔五七〕，小次於殿東廊西向。設皇帝褥位二：一於御座之東，西向，一於御座之南，北向。尚醞設御酒尊酒器於御座之東〔五八〕，有司又設御茶床於御座之西，俱稍北。

上壽

其日，後殿入官，喝排立俟，催班立定應從駕應奉官、禁衛等並簪花，不係從駕官徑赴德壽宮，並簪花以俟迎駕起居。閤門報班齊，皇帝服韡袍出宮門，禁衛諸班、親從等並迎駕，自贊常起居，自贊謝花，兩拜。入内省執骨朵使臣迎駕常起居，謝花，兩拜。皇帝即御座〔五九〕，知閤門以下御帶、環衛官、諸司、祇應官等一班，鬭班宣名常起居，次贊謝花，兩拜訖。知閤門官升殿讀奏目，餘官並退。次舍人引應從駕官一班赴當殿，宣名常起居，次贊謝花，兩拜。執政有奏事，如儀。皇太子内中起居，簪花以俟從駕。次管軍一班，宣名常起居，次贊謝花，兩拜訖。皇帝升輦將至德壽宮，文武百僚迎駕常起居，贊謝花，兩拜訖。前導、太常卿、閤門官、太常博士、禮直官並管軍、御帶、環衛官等詣大次前，分左右立，文武百僚入詣德壽殿下，東西相向立俟。皇帝至大次，降輦、入次、簾降，簪花，服韡袍。閤門、御史臺、太常寺分引皇太子以下應從駕官入詣德壽殿下，東西相向立。大次簾捲，前導官前導皇帝入小次，簾降。前導、太常卿、閤門官、太常博士、禮直官並管軍、御帶、環衛官等俟太上皇帝出宮，迎太上皇帝四拜起居。太上皇帝出宮，行門禁衛諸班、親從等迎太上皇帝，自贊常起居。太上皇帝升御座，鳴鞭，小次簾捲。前導官前導皇帝升殿東階，詣殿上折檻前北向褥位，奏請拜，皇帝再拜訖，躬奏聖躬萬福訖，又奏請拜，皇帝再拜訖，前導皇帝詣太上皇帝御座之東褥位西向立。前導官於殿上隨地之宜立。閤門、御史臺、太常寺分引皇太子并文武百僚並横行北向立，舍人揖皇太子以下躬，典儀曰「拜」，贊者承傳，在位官皆再拜，搢笏，舞蹈，又再拜訖，且躬身。班首不離位，奏聖躬萬福訖，典儀曰「拜」，贊者承傳，在位官皆再拜訖，直身分東西相向立[六〇]。禮直官引奉盤盞參知政事、受盤盞、參知政事承旨宣答，簽書樞密院事奏禮畢，户部尚書、殿中監、少監升殿東階。奉盤盞參知政事、受盤盞參知政事、殿中監、少監詣酒尊所北，南向立[六一]，承旨宣答簽書樞密院事並奏禮畢，户部尚書詣折檻之東，西向立。舍人通樂人姓名已下四拜起居。次看盞人稍前，贊拜，兩拜，贊上殿祗候。内侍進御茶床[六二]，殿侍酹酒訖，尚醖、典御以盤盞酒注授殿中監、少監，次禮直官引奉盤盞參知政事詣酒樽所北向，搢笏立[六三]，殿中監以盤盞授奉盤盞參知政事[六四]，捧盤盞西向立。殿中監啓盞，殿中少監以酒注於盞，奉盤盞參知政事奉酒詣皇帝前北向。禮直官引受盤盞參知政事詣太上皇帝御座前，西向立定。閤門、御史臺、太常寺分引皇太子并文武百僚横行北向立俟。奉盤盞參知政事躬進皇帝，皇帝奉酒詣太上皇帝御座前躬進訖，少後，受盤盞參知政事躬接訖，復授奉盤盞參知政事。前導官導皇帝詣太上皇帝御座前褥位北向俯伏[六五]，跪，殿下皇太子并百僚並躬身，皇帝致詞曰：「皇帝臣御名。稽首言：天祐君親，錫兹難老，維春之吉，年德加新。臣御名。與群臣等不勝大慶，謹上千萬歲壽。」伏，興。奏請拜，皇帝再拜，典儀曰「拜」，贊者承傳，在位官皆再拜訖，直身立，分東西相向立。前導官導皇帝詣御座東西相向立，奉盤盞參知政事以盤北向躬進皇帝訖。奉盤盞參知政事復位立。皇帝奉盤詣御座東西向立，樂作，俟太上皇帝飲酒訖，皇帝躬接盞，樂止。少後，受盤盞參知政事躬接訖，以授尚醖、典御，各復位立。閤門、御史臺、太常寺分引皇太子並文武百僚橫行北向立。前導官導皇帝詣褥位北向，奏請拜，皇帝再拜，典儀曰「拜」，贊者承傳，在位官皆再拜訖，直身立〔六六〕。前導官導皇帝詣御座之東褥位，西向立，舍人揖，皇太子已下躬，典儀曰「拜」，贊者承傳，在位官皆再拜，搢笏，舞蹈，又再拜訖，直身立。内侍舉御茶床，禮直官引户部尚書詣御座前北向俛伏，跪，奏：「具官臣某言禮畢。」伏，興，退復位立。典儀曰「拜」，贊者承傳，在位官皆再拜訖，直身立，分相向立，次舍人贊樂人謝祇應，兩拜訖。太上皇帝駕興，皇帝從入宫，文武百僚、前導、應奉官等以次退。皇帝、皇太子入賀太上皇后，於宫中行禮。執政率文武百僚拜牋賀太上皇后訖，以俟駕興，從駕並應奉官、禁衛等並簪花，從駕還内。

建炎以來朝野雜記：「昭慈聖獻皇后之在建康也，有司月奉千緡而止；后生辰，别奉緡錢萬。時朝廷用度不給，故其禮不及承平時。其後，顯仁后自北來歸，歲奉錢二十萬緡、月奉萬緡，冬年、寒食、生辰倍之。帛二萬餘疋、生辰絹萬疋，春、冬、端午各三千疋，綾羅二千疋。冬綿五千兩、酒日一斗、羊三牽。高宗在德壽宫，孝宗命有司月供十萬緡，高宗以養兵多費，詔減其六萬。及孝宗在重華，命月進三萬緡而已。上受禪，詔太皇太后月奉緡錢二萬，皇太后萬五千，上皇太后五萬，而重華别給二萬焉。」

右，光堯之壽祉，壽皇之孝養，古今罕儷，故具載其事於此。

孝宗既受禪，尊憲聖皇后吴氏爲太上皇太后〔六七〕，居德壽宫，上尊號曰壽聖太上皇后。每遇誕節，上詣宫上壽。至朔望，朝上皇畢，入見后如宫中之儀。乾道七年，加壽聖明慈尊號〔六八〕。淳熙二年，以上皇慶壽禮，又加號壽聖齊明廣慈。十年，后年七十，行慶壽禮。十二年〔六九〕，加尊號「備德」二字。上皇崩，遺詔改稱皇太后。上欲迎還大内，太后以上皇几筵在德壽宫，不許。因築本殿，名慈福。光宗即位，后當爲太皇太后，以壽皇故，更號曰壽聖皇太后。紹熙四年，慶壽八十，加號隆慈備福。孝宗崩，始稱太皇太后。光宗疾，不能行喪禮，宰臣請后於壽皇梓宫前垂簾，宣光宗手批，立寧宗。慶元元年，加尊號「光祐」二字。二年，遷居重華宫，易名曰慈福。三年崩。

容齋洪氏隨筆曰：「唐德宗即位，訪求其母沈太后，歷順宗及憲宗時爲曾祖母〔七〇〕，故稱爲曾太皇太后，蓋别於祖母也。舊、新二唐書紀皆載之。今慈福太皇太后在壽康太上時，已加尊稱。若於主上則爲曾祖母，當用唐故事，加「曾」字。向者嘗已告宰相，而省吏以爲典故所無。天子逮事三世，安得有前比？亦可謂不知禮矣！又嗣濮王士歆在隆興爲從叔祖，在紹熙爲曾叔祖，慶元爲高叔祖矣，而仍稱皇叔祖如故。士歆視嗣秀王伯圭爲從祖，今圭稱皇伯祖，而歆但爲皇叔祖，乃是弟爾！禮寺亦以爲國朝以來無稱曾高者，彼蓋不知累朝尊屬，元末之有也。」

淳熙十六年二月，上内禪〔七一〕，皇太子即位，移御重華宫，上尊號曰至尊壽皇聖帝。至紹熙五年崩。

光宗既受禪，上成肅皇后尊號曰壽成皇后。孝宗崩，上皇太后尊號。慶元初，加號「惠慈」。嘉泰二年，上太皇太后尊號。

紹熙五年六月，壽皇崩，光宗以疾不能行喪禮。七月，憲聖太皇太后命皇子嘉王即皇帝位，尊光宗爲太上皇，居泰安宮。以内中寢殿爲之。慶元元年，上尊號曰聖安壽仁。六年崩。

寧宗既即位，尊慈懿皇后李氏爲皇太后〔七三〕，退居壽康宮慈寧殿，上尊號曰壽仁。慶元六年崩。

校勘記

〔一〕居於别宫　「居」原作「幽」，據舊唐書卷六則天皇后紀、資治通鑑卷二〇三唐紀一九則天后光宅元年二月戊午條改。

〔二〕立武氏七廟　「氏」原作「后」，據元本、慎本、馮本及舊唐書卷六則天皇后紀、太平御覽卷一一〇皇王部三五則天皇后改。

〔三〕肅宗至德元載　「載」原作「年」，據舊唐書卷一〇肅宗紀、新唐書卷六肅宗紀改。

〔四〕乃詣長樂殿謝九廟主　「謝」字原脱，據資治通鑑卷二二〇唐紀三六至德二載十二月丁未條補。

〔五〕與外人交通　「人」字原脱，據資治通鑑卷二二一唐紀三七上元元年六月乙酉條補。

〔六〕不若迎居大内　「不」字原脱。按資治通鑑卷二二一唐紀三七上元元年六月乙酉條載李輔國説肅宗迎上皇於大內，「上不聽」，此處「若」上顯脱「不」字，據補。
〔七〕則太子非真叛也　「真」字原脱，據讀史管見卷二一肅宗即位於靈武補。
〔八〕遂至逼遷　「遷」原作「迫」，據讀史管見卷二一肅宗即位於靈武改。
〔九〕昧於春秋首惡誅死之戒甚矣　「死」字原脱，據讀史管見卷二一肅宗即位於靈武補。
〔一〇〕當是時　「時」字原脱，據讀史管見卷二一肅宗即位於靈武補。
〔一一〕元和十一年崩　「元和」及「一」三字原脱，據舊唐書卷五二后妃傳下、新唐書卷七七后妃傳補。
〔一二〕帝既禪位后亦遇害　新唐書卷七七后妃傳下作「帝將禪天下，后亦遇害」。按資治通鑑卷二六五唐紀八一，后遇害時爲唐哀帝天祐二年十一月辛丑，唐哀帝禪位於後梁開平元年三月甲辰，則「既」當作「將」。
〔一三〕葬坤陵　新五代史卷一四唐太祖家人傳同。「坤陵」，舊五代史卷四九后妃傳作「壽安陵」。
〔一四〕而敬瑭兵犯京師　「瑭」原作「唐」，據舊五代史卷七五晉高祖紀、新五代史卷八晉高祖紀改。
〔一五〕已而太祖出征　「而」原作「入」，據新五代史卷一八漢家人傳改。
〔一六〕王晏　「晏」原作「宴」，據新五代史卷二〇周世宗家人傳改。
〔一七〕韓令坤等同時將相　「坤」原作「伸」，據慎本及新五代史卷二〇周世宗家人傳改。
〔一八〕蓋進任天下重矣　「進任」二字原脱，據新五代史卷二〇周世宗家人傳補。
〔一九〕未必能使天下無殺人　「天」字原脱，據新五代史卷二〇周世宗家人傳補。
〔二〇〕尊真宗莊獻明肅皇后劉氏爲皇太后　「劉氏」二字原脱，據宋會要后妃一之二補。按：劉后初謚莊獻明肅，見長編卷一一二明道二年四月癸亥條，後又改謚章獻明肅，見長編卷一五三慶曆四年十一月乙卯條。

〔二一〕於是請太后與帝五日一御承明殿　「請」原作「謂」，據宋史卷二四二后妃傳上改。
〔二二〕帝位左　「左」原作「在」，據宋史卷二四二后妃傳上改。
〔二三〕乘玉輅　「玉」原作「王」，據元本、慎本、馮本及宋史卷二四二后妃傳上改。
〔二四〕帝御天安殿　「天」原作「大」，據長編卷一〇二天聖二年九月甲辰條改。下同。
〔二五〕再序班　「再」原作「甫」，據宋史卷一一〇禮志一三、宋會要禮五〇之一改。
〔二六〕侍中奏外辦　宋會要禮五〇之一同。宋史卷一一〇禮志一三「奏」下有「中嚴」二字。
〔二七〕捧至殿庭　「至」原作「正」，據宋史卷一一〇禮志一三、宋會要禮五〇之一改。
〔二八〕嗣皇帝臣　「臣」原作「位」，據宋會要禮五〇之一改。
〔二九〕及正位承天　「位」原作「宮」，據宋會要禮五〇之二改。
〔三〇〕承七廟之流祥　「祥」原作「詳」，據慎本、馮本改。
〔三一〕太尉司徒奉册寶至文德殿門外幄奉安　「幄」原作「下」，據元本、慎本、馮本及宋史卷一一〇禮志一三、宋會要禮五〇之二改。
〔三二〕並立於殿階下香案前　「殿」字原脱，據宋會要禮五〇之二補。
〔三三〕升進至褥位　「升」原作「弁」，據宋會要禮五〇之二改。
〔三四〕昭焕寰瀛　「焕」原作「涣」，據宋史卷一一〇禮志一三、宋會要禮五〇之二改。
〔三五〕歸御幄　「幄」上原衍「座」字，據宋史卷一一〇禮志一三、宋會要禮五〇之二删。
〔三六〕應内外命婦稱賀皇太后皇帝於内殿　「内」字原脱，據宋史卷一一〇禮志一三、宋會要禮五〇之二補。

〔三七〕尊仁宗慈聖光獻皇后曹氏爲皇太后　「曹氏」二字原脱，據宋會要后妃一之三補。

〔三八〕尊英宗宣仁聖烈皇后高氏爲皇太后　「高氏」二字原脱，據宋會要后妃一之四補。

〔三九〕尊神宗欽聖憲肅向皇后爲皇太后　「向」字原脱，據宋史卷二四三后妃傳下補。

〔四〇〕獨决策迎立徽宗　「獨」字原脱，據宋史卷二四三后妃傳下補。

〔四一〕並依嘉祐治平故事施行　「故」原作「政」，據宋史卷一一七禮志二〇、長編卷五二〇元符三年正月庚辰條改。

〔四二〕除不御前後殿等事已降指揮外　「等事」及「降」三字原脱，據宋會要后妃一之一七補。

〔四三〕時宣仁欽聖二太后皆居尊　「仁」原作「宗」，據宋史卷二四三后妃傳下改。

〔四四〕出入由宣德東門　「東」字原脱，據宋史卷二四三后妃傳下補。

〔四五〕尊哲宗元符皇后劉氏爲皇太后　「劉氏」二字原脱，據宋史卷二四三后妃傳下補。

〔四六〕尊徽宗顯肅皇后鄭氏爲太上皇后　「鄭氏」二字原脱，據宋會要后妃一之五補。

〔四七〕即不集百官陪位　「位」字原脱，據宋史卷一一〇禮志一三補。

〔四八〕詔令宰臣率百官於初一日十六日詣德壽宫起居　「一」原作「二」，據宋史卷一一〇禮志一三改。

〔四九〕勞煩群下　「勞」字原脱，據宋史卷一一〇禮志一三補。

〔五〇〕如前代朝朔望之禮太簡朕不敢取　「朝」與「朕不敢取」五字原脱，據宋史卷一一〇禮志一三補。

〔五一〕十一月冬至　「一」原作「二」，據宋史卷一一〇禮志一三改。

〔五二〕自後冬至並同　「冬」原作「正」，據宋史卷一一〇禮志一三改。

〔五三〕除管軍環衛官從駕外　「環衛」二字原脱，據宋史卷一一〇禮志一三補。

〔五四〕入見太上皇后　「皇」原作「帝」，據宋史卷一一〇禮志一三改。
〔五五〕更廣庶民之福　「福」原作「富」，據宋會要禮五七之七改。
〔五六〕儀鸞司陳設德壽宮殿門之内外設御座於殿上當中　「鸞」原作「鑾」，「宮」下「殿門之内外設御座於」九字原脱，據宋史卷一一二禮志一五改補。
〔五七〕設大次於德壽宮門内南向　「門」字原脱，據宋史卷一一二禮志一五、宋會要禮五七之五補。
〔五八〕尚醖設御酒尊酒器於御座之東　「尊酒」二字原脱，據宋史卷一一二禮志一五、宋會要禮五七之五補。
〔五九〕皇帝即御座　「即御」二字原脱，據宋史卷一一二禮志一五補。
〔六〇〕直身分東西相向立　「身」下原衍「立」字，據宋史卷一一二禮志一五删。下同。
〔六一〕少監詣酒尊所北南向立　「尊所」原作「稍」，據宋史卷一一二禮志一五、宋會要禮五七之六改。
〔六二〕内侍進御茶床　「侍」原作「特」，據宋史卷一一二禮志一五、宋會要禮五七之六改。
〔六三〕搢笏立　「立」字原脱，據宋會要禮五七之六補。
〔六四〕殿中監以盤盞授奉盤盞參知政事　「以盤盞授」四字原脱，據宋會要禮五七之六補。
〔六五〕前導官導皇帝詣太上皇帝御座前褥位北向俯伏　「太上皇帝」四字原脱，據宋會要禮五七之六補。「俯」原作「晚」，據元本、慎本、馮本及同書改。
〔六六〕直身立　「直」原作「身」，據元本、慎本、馮本改。
〔六七〕尊憲聖皇后吴氏爲太上皇太后　「吴氏」二字原脱，「太上皇太后」原作「皇太后」，據宋史卷三〇高宗紀八、卷二四三后妃傳下補改。

〔六八〕加壽聖明慈尊號　「明慈」二字原倒，據宋史卷二四三后妃傳下乙正。

〔六九〕十二年　「二」原作「三」，據宋史卷三五孝宗紀三、卷二四三后妃傳下改。

〔七〇〕歷順宗及憲宗時爲曾祖母　「爲」字原脱，據容齋四筆卷三曾太皇太后補。

〔七一〕上内禪　「上内」二字原倒，據宋史卷三六光宗紀乙正。

〔七二〕尊慈懿皇后李氏爲皇太后　「李氏」二字原脱，據宋會要后妃一之八補。

卷二百五十三　帝系考四

后妃　皇太子妃及後宮　册后妃及册太子妃禮儀

黃帝娶於西陵之女，西陵，國名也。是爲嫘祖。祖，一作俎。嫘，力追反。索隱曰：「一曰雷祖，音力堆反〔一〕。」正義曰：「一作傫。」嫘祖爲黃帝正妃，索隱曰：「按：黃帝立四妃，象后妃四星。皇甫謐云：『元妃西陵氏女，曰嫘祖，生昌意。次妃方雷氏女，曰女節，生青陽。次妃彤魚氏女，生夷鼓，一名蒼林。次妃嫫母，班在三人之下。』按國語，夷鼓、蒼林是二人。又按漢書古今人表，彤魚氏生夷鼓，嫫母生蒼林，不得如謐所說。」生二子，其後皆有天下。其一曰玄囂，是爲青陽。太史公乃據大戴禮〔二〕，以嫘祖生昌意及玄囂，玄囂則青陽也〔三〕。皇甫謐以青陽爲少昊，乃方雷氏所生，是其所見異也。索隱曰：「玄囂，帝嚳之祖。按：皇甫謐及宋衷皆云玄囂、青陽即少昊也。今此紀下云『玄囂不得在帝位』，則太史公意青陽非少昊明矣。而此又云『玄囂是爲青陽』，當是誤也，謂二人皆黃帝子，並列其名，所以前史因誤，以玄囂、青陽爲一人耳〔四〕。宋衷又云：『玄囂、青陽是爲少昊〔五〕，繼黃帝立者而史不叙，蓋少昊以金德王，非五運之次，故叙五帝不數之也。』」青陽降居江水，其二曰昌意，降居若水。降，下也。言帝子爲諸侯，降居江水、若水，二國皆在蜀，即所封國也。昌意娶蜀山氏女，曰昌僕，生高陽，高陽有聖德焉。正義曰：「華陽國志及十三州志云：『蜀之先，肇於人皇之際。黃帝爲子昌意娶蜀山氏〔六〕，後子孫因封焉。帝顓頊高陽氏，黃帝之孫，昌意之子，母曰昌僕，亦謂之女樞。』河圖云：『瑶光如蜺貫月，正白，感女樞於幽房之宮，生顓頊，首戴干戈，有德文也。』」

帝嚳有四妃，卜其子皆有天下。元妃有邰氏女，曰姜嫄，生后稷。次妃有娀氏女，曰簡狄，生卨。次妃陳豐氏女，曰慶都，生放勳。次妃娵訾氏女，曰常儀，生帝摯。帝嚳崩，帝摯代立。摯在位九年，政微弱，弟唐侯放勳德盛，乃禪位焉。

唐堯娶散宜氏之女，曰女皇，生丹朱。又有庶子九人，皆不肖。

虞舜娶堯之二女，長娥皇，次女英。舜升天子，娥皇爲后，女英爲妃。娥皇無子，女英生商均。

夏禹娶塗山氏之女，生啟。

商湯妃，有莘氏之女。

周太王娶有邰氏之女，曰太姜。

詩：「古公亶父，來朝走馬。率西水滸，至于岐下。爰及姜女，聿來胥宇。」

王季娶摯任氏之中女。正義曰：「國語之摯、疇二國，任姓。奚仲，仲虺之後，太任之家。太任，王季之妃，文王母也。」

詩：「摯仲氏任，自彼殷商。來嫁于周，曰嬪于京。乃及王季，維德之行。太任有身，生此文王。」「思齊太任，文王之母。思媚周姜，京室之婦。」齊，莊。媚，愛也。周姜，太姜也。京，周地也。常思莊敬太任也。乃爲文王之母，又常思愛太姜之配，太王之禮，故能爲京室之婦，言其德行純備，故生聖子也。列女傳：「太姜，太王娶之以爲妃，生太伯、仲雍、王季。太姜有色而貞順，率導諸子，至於成童，靡有過失。太王謀事必於太姜，遷徙必與。太任，王季娶之以爲妃。太任之性，端壹誠莊，維德之行。及其有身，目不視惡色，耳不聽淫聲，口不出傲言，能以胎教子，而生文王。」此皆有賢行也。

文王娶有莘氏之長女，曰太姒。

詩：「文王初載，天作之合。在洽之陽，在渭之涘。文王嘉止，大邦有子。大邦有子，俔天之妹。俔，譬也。知太姒之賢而尊之，如天之有女弟。文定厥祥，問名之後，卜而得吉，則文王以禮定其吉祥。語納幣也。親迎于渭。造舟爲梁，不顯其光。不明乎其禮之有光輝，美之也。天子造舟，周制也。殷時未有此等制。有命自天，命此文王。于周于京，纘女維莘。長子維行，天將命文王君天下於周京之地，故亦爲作合，使繼太任之女事於莘國，莘國之長女太姒，則配文王維德之行。篤生武王。保祐命爾，燮伐大商。」燮，和也。謂協和伐殷之事。「太姒嗣徽音，則百斯男。」太姒十子，衆妾則宜百子也。箋云：「徽，美也。嗣太任之美音，謂續行其善教令。」「惠于宗公，神罔時怨，神罔時恫。宗公，宗神也。惠，順也。刑于寡妻，至于兄弟，以御于家邦。」刑，法也。寡妻，適妻也。箋云：「寡妻，寡有之妻。」

武王娶邑姜。服虔曰：「邑姜，武王后，太公之女也。」

論語：「武王曰：『予有亂臣十人。』十人謂周公旦、召公奭、太公望、畢公、榮公、太顛、閎夭、散宜生、南宮适，其一人謂文母。劉侍讀以爲子無臣母之義，蓋邑姜也。九人治外，邑姜治內。亂，治也。孔子曰：『才難，不其然乎？』唐、虞之際，於斯爲盛，有婦人焉，九人而已。』」

史記：「武王與叔虞母會時，夢天謂武王曰：『余命女生子，名虞，余與之唐。』及生子，文在其手曰『虞』，故命之曰虞。」

曲禮：「天子有后，有夫人，有世婦，有嬪，有妻，有妾。妻，八十一。御妻，周禮謂之女御，以其御序於王之燕寢〔七〕。妾，賤者。疏：「夫，扶也，扶持於王。婦，服也，言其進以服事君子也。以其猶貴，故加以世婦言之，亦廣世胤也。嬪，婦人之美稱，可賓敬也。妻之言齊也，言進御於王之時，暫有齊同之義。妾之言接也，聞彼有禮，走而往焉，以得接見於君子也。周禮則嬪在世婦上，又無妾之文也。今此所陳，與周禮雜而不次者，記者之言或雜夏、殷而言之。鄭注檀弓云：『舜不告而娶，不立正妃，但三夫人。夏則因而廣之，增九女則十二人。所增九女者，則九嬪也。』故鄭云：『春秋説云：「天子娶十二人」，夏制。』鄭又云：『殷增三九二十七人，總三十九人，所謂二十七世婦也。周又三二十七人，因爲八十一人，則女御也。』」注：周禮至「賤者」，正義曰：「解周名爲女御之義，以其御於王之燕寢。御法〔八〕：按周禮，王有六寢，一是正寢，餘五在後，通爲燕寢。其一在東北，王春居之。一在西北，王冬居之。一在西南，王秋居之。一在東南，王夏居之。一在中央，六月居之。凡后妃以下，更爲次序而上御王於五寢之中也。故鄭注周禮九嬪云：『凡御見之法，月與后妃共象也〔九〕。卑者宜先，尊者宜後。女御八十一人，當九夕。世婦二十七人，當三夕。九嬪九人，當一夕。三夫人當一夕。后當一夕。亦十五日而徧云。自望後反之。婦人上御，必有女史彤管以差次之，后妃，群妾以禮御於君所，女史書其日月，授之環，以進退之。生子月辰，則以金環退之。當御者，以銀環進之，著左手。既御，著於右手，事無小大，記以成法。』」

昏義：「古者，后立六宮，三夫人，九嬪，二十七世婦，八十一御妻，以聽天下之內治，以明章婦順，故天下內和而家理。天子立六官，三公，九卿，二十七大夫，八十一元士，以聽天下之外治，以明章天下之男教，故外和而國治。故曰：天子聽男教，后聽女順。天子理陽道，后治陰德。天子聽外治，后聽內職〔一〇〕。教順成俗，外內和順，國家理治，此之謂盛德。」天子六寢，而六宮在後，六官在前，所以承副〔一一〕，施內外之政也。三夫人以下百二十人，周制也。三公以下百二十人，似夏制也。合而言之，取其相應，有象天數也。內治，婦學之法也。陰德，謂主陰事、陰令也。正義曰：「按宮人云：『掌王之六寢之修。』注：路寢一、小寢五，是天子六寢也。云『六宮在後』者，后之六宮，在王之六寢之後，亦大寢一、小寢五，其九嬪以下亦分居之。其三夫人雖不分居六宮，亦分主六宮之事，或二宮則一人也，或猶如三公分主六卿之類也。云『內治，婦學之法也』者，按九嬪職云：『掌婦學之法』，故知內治是婦學也。云『陰德，謂主陰事，陰令』也者，按內宰掌王之陰事、陰令。注云：『陰事謂群妃御見之事，陰令爲王所求爲於北宮也。』」

周官，內宰以陰禮教六宮，鄭司農云：「陰禮，婦人之禮。六宮，後五，前一。王之妃百二十人：后一人，夫人三人，嬪九人，世婦二十七人，女御八十一人，言謂六宮，謂后也。婦人稱寢曰宮。宮，隱蔽之言，后象。王立六宮而居之，亦正寢一，燕寢五。教者，不敢斥言之。謂之六宮，若今稱皇后爲中宮矣。」以陰禮教九嬪〔一二〕，教之以婦人之禮，不言教夫人、世婦者，舉中省文也。以婦職之法教九御，使各有屬，以作二事。正其服，禁其奇衺，展其功緒。婦職，謂織紝、組紃、縫綫之事。九御，女御也，九九而御於王，因以號焉。使之九九爲屬，同時御又同事也。正其服，止踰侈。奇衺，若今媚道。展，猶録也。緒，業也。故書「二」爲「三」。杜子春云：「當爲『二』。二事謂絲、枲之事也〔一三〕。」大祭祀，后祼獻，則贊。瑶爵，亦如之。謂祭宗廟，王既祼而出迎牲，后乃從後祼也。祭統曰：「君執圭瓚，祼尸，大宗執璋瓚，亞祼。此大宗亞祼，謂夫人不與而攝耳。獻謂王薦腥薦熟，后亦從後獻也〔一四〕。瑶爵，謂尸卒食，王既酳尸，后亞獻之。其爵以瑶爲飾。」正后之服位，而詔其禮樂之儀。薦徹之禮，當與樂相應。位謂房中户内及阼所立處。贊九嬪之禮事，助九嬪贊后之事。九嬪者，贊后薦玉齍，薦徹豆籩。齍，音咨。凡賓客之祼、獻瑶爵，皆贊。謂王同姓及二王之後來朝覲爲賓客者，祼之禮，亞王而禮賓。獻謂王享燕，亞王獻賓也。瑶爵所以亞王酬賓也。坊記曰：「陽侯殺穆侯而竊其夫人，故大饗廢夫人之禮。」致后之賓客之禮。謂諸侯來朝覲，及女賓之賓客。凡喪事，佐后使治外、内命婦，正其服位，使，使其屬之上士。内命婦謂九嬪、世婦、女御。鄭司農云：「外命婦，卿大夫之妻。王命其夫，后命其婦。玄謂士妻亦爲命婦。」

凡建國，佐后立市，設其次，置其叙，正其肆，陳其貨賄，出其度量淳制，祭之以陰禮。市朝者，君所以建國也。建國者必面朝後市，王立朝而后立市，陰陽相承之義。次，司次也。叙，介次也。陳猶處也。度，丈尺也。量，豆區之屬。鄭司農云：「佐后立市者，始立市，后立之也。祭之以陰禮者，市中之社，先后所立社也。故書『淳』爲『敦』，杜子春讀『敦』爲『純』。純謂幅廣也。制謂匹長。玄謂純制，天子巡狩禮所云制。幣丈八尺，純四䋴與。陰禮，婦人之祭禮」〔一五〕。純，諸允反，下同。䋴音紙，與音餘。中春，詔后帥外内、命婦始蠶於北郊〔一六〕，以爲祭服，蠶於北郊，婦人以純陰爲尊，郊必有公桑蠶室焉。中，音仲。歲終，則會内人之稍食，稽其功事，内人，主爲九御。佐后而受獻功者比其小大與其麤良，而賞罰之。獻功者，九御之屬。鄭司農云：「烝而獻功。」玄謂典婦功曰：「及秋獻功。」會内宮之財用。計夫人以下所用財。正歲，均其稍食，施行功事，憲禁令於王之北宮，而糾其守。均猶調度也。施，猶賦也。北宮，后之六宮。謂之北宮者，繫於王宮之嗣，用王之禁令令之。守，宿衛者。上春，詔王后帥六宮之人，而生穜稑之種，而獻之於王。六宮之人，夫人以下，分居后之六宮者。古者使后宮藏種，以其有傳類蕃孳之祥，必生而獻之，示能育之，使不傷敗。且以佐王耕事，共禘郊也。鄭司農云：「先種後熟曰穜，後種先熟曰稑，王當以耕種於藉田。」玄謂詩云『黍稷穜稑』是也。夫人以下分居后之六宮者，每宮九嬪一人，世婦三人，女御九人。其餘九嬪三人，世婦九人。女御二十七人，從后唯其所燕息焉。從后者五日而沐浴。其次又上，十五日而徧云。夫人如三公，從容論婦禮。」

内宰：下大夫二人，上士四人，中士八人，府四人，史八人，胥八人，徒八十人。内宰，宮中官之長。

疏〔一七〕：内宰對太宰治百官。内宰治婦人之事，故名内宰。太宰不稱外者，謂兼統内。

九嬪掌婦學之法，以教九御婦德、婦言、婦容、婦功，各帥其屬，而以時御叙於王所。婦德謂貞順。婦言謂辭令。婦容謂婉娩〔一八〕。婦功謂絲枲。自九嬪以下，九九而御於王所。九嬪者，既習於四事，又備於從人之道，是以教女御也。教各率其屬者，使亦九九相與從於王所息之燕寢。御猶進也，勸也。進勸工息，亦相次叙。群妃御見法，見曲禮注。凡祭祀，贊玉齍，贊后薦，徹豆籩，玉齍，玉敦，受黍稷器。后進之而不徹，故書「玉」爲「王」也，杜子春讀爲玉。若有賓客，則從后。當贊后事。大喪，帥叙哭者亦如之。亦從后〔一九〕。帥猶道也。后哭，衆之次序者乃哭〔二〇〕。世婦掌祭祀、賓客、喪紀之事。帥女宮而濯摡〔二一〕，爲齊盛。摡，拭也。爲猶差擇。疏：「祭祀黍稷，舂人舂之，饎人炊之，皆不使世婦。此爲非舂非炊，是差擇曉然矣。」及祭之日，涖陳女官之具，凡内羞之物。涖，臨也。内羞，房中之羞也。掌弔臨於卿大夫之喪。王使之往弔。

女御掌御叙於王之燕寢。言掌御叙，防上之專妒者，於王之燕寢，則王不就后宮息。疏：「掌御叙，不使九嬪、世婦掌之者，謂在上妒嫉自專之事，女御官卑，不敢也。」以歲時獻功事。絲枲成功之事。凡祭祀，贊世婦。助其帥涖女官。大喪，掌沐浴。王及后之喪。后之喪持翣；翣，棺飾也，持而從柩車。從世婦而弔於卿大夫之喪。從之數，蓋如使者之介云。

鄭氏曰：「不列夫人於此官者，夫人之於后，猶三公之於王，坐而論婦禮，無官職。世婦不言數者，君子不苟於色，有婦德者充之，無則闕。女御，昏義所謂御妻，御猶進也，侍也。」

天子聘女，納徵加穀珪。鄭玄云：「納徵加於束帛。」賈公彦曰：「士以上皆用玄纁束帛〔三一〕，天子加以穀珪也。」

魯桓公八年，祭公來，遂逆王后于紀。

公羊傳：「祭公者何？天子之三公也。何以不稱使？冢宰周公稱使。婚禮不稱主人。時王者有母也。遂者何？生事也。生猶造也，專事之辭。大夫無遂事，此其言遂何？據待君命然後卒，大夫也。成使乎我也。以上來無事，知成使乎我。使，所吏反。其成使乎我奈何？使我爲媒，可則因用是往逆矣，婚禮成於五，先納采，問名，納吉，納徵，請期，然後親迎。時王者遣祭公來，使魯爲媒，可則因用魯往迎之，不復成禮。疾王者不重妃匹，逆天下之母若逆婢妾，將謂海內何哉？故譏之。不言如紀者，辟有外文〔三二〕。女在其國稱女，此其稱王后何？王者無外，其辭成矣。」

九年春，紀季姜歸于京師。

公羊傳：「其辭成矣，則其稱紀季姜何？自我言，紀父母之於子，雖爲天王后，猶曰吾季姜。明子尊不加於父母。

襄公十五年，劉夏逆王后于齊。劉，采地。夏，名也。天子卿，書字；劉夏非卿，故書名。天子無外，所命則成，故不言逆女。

左氏傳：「十二年，靈王求后於齊。齊侯問對於晏桓子，桓子對曰：『先王之禮，辭有之，天子求后於諸侯，諸侯對曰：夫婦所生若而人，不敢譽，亦不敢毀，故曰若而人。妾婦之子若而人，言非適也。無女而有姊妹及姑姊妹，則曰先守某公之遺女若而人。』齊侯許昏，王使陰里結之。陰里，周大夫。結，成也。十五年，官師從單靖公逆王后于齊，卿不行，非禮也。官師，劉夏也。天子官師，非卿也。劉夏獨過魯告昏〔二四〕，故不書單靖公。天子不親昏，使上卿逆而公監之，故曰卿不行，非禮也。」

通典說曰：「禮記昏義云：『婚禮者，將合二姓之好，上以事宗廟，下以繼後世也〔二五〕，故君子重之。共牢而食，合巹而酳，所以合體同尊卑而親之〔二六〕。成男女之別，立夫婦之義，而後父子親，君臣正，故曰婚禮者，禮之本也。』公羊說，天子至庶人，皆親迎。左氏說，王者至尊，無敵體之義，不親迎。鄭玄駁之曰：『文王親迎於渭，則天子親迎也。天子雖尊，然夫婦無判，禮同一體，所謂無敵，豈施於此？』按禮記，哀公問曰：『冕而親迎，不亦重乎？』孔子對曰：『合二姓之好，以繼先聖之後，以爲天地、宗廟、社稷之主，君何謂已重乎？』此言繼先聖之後，以爲天地之主，非天子則誰乎？是鄭以天子當親迎也。杜元凱以爲天子不親迎。按春秋祭公逆王后于紀，傳曰：『禮也』，劉夏逆王后，譏卿不行，皆不譏王不親行，明是天子不當親迎也。文王之迎太姒，身爲公子，迎在殷代，未可據此以爲天子之禮。孔子之對哀公，自論魯國之法，魯以周公之後，得郊祀上帝，故以先聖天地爲言耳，非說天子之禮。」

漢興，因秦之稱號，帝母稱皇太后，祖母稱太皇太后，適稱皇后，師古曰：「適讀曰嫡。后亦君也。天曰皇天，地曰后土，故天子之妃，以后爲稱，取象二儀。」妾皆稱夫人。又有美人、良人、八子、七子、長使、少使之號焉。師古曰：「良，善也。八、七，禄秩之差也。長使、少使，主供使者。」至武帝，制倢伃、娙娥、傛華〔二七〕、充依，各有爵位，師古曰：「倢，言接幸於上也。伃，美稱也。娙娥，皆美貌也。傛傛，猶言奕奕也，便習之意也。充依，言充後庭而依秩序也。倢音接。伃音予，字或從女，其音同耳。娙音五經反。傛音容。」而元帝加昭儀之號，師古曰：「昭顯其儀，示隆重也〔二八〕。」凡十四等云。師古曰：「除皇后自昭儀以下至秩百石十四等。」昭儀位視丞相，爵比諸侯王，倢伃視上卿，比列侯。娙娥視中二千石，比關內侯。師古曰：「中二千石，實得二千石也。中之言滿也。月得百八十斛，是爲一歲凡得二千一百六十石。言二千者，舉成數耳。」傛華視真二千石比太上造。師古曰：「真二千石，月得百五十斛，一歲凡得千八百石耳。太上造，第十六爵。」〔二九〕美人視二千石，比少上造。師古曰：「二千石，月得百二十斛，一歲凡得一千四百四十石耳。少上造，第十五爵。」八子視千石，比中更。師古曰：「中更，第十三爵也。更，音公衡反。其下亦同。」充依視千石，比左更，師古曰：「左更，第十二爵。」七子視八百石，比右庶長。師古曰：「右庶長，第十一爵。」良人視八百石，比左庶長。師古曰：「左庶長，第十爵。」長使視六百石，比五大夫。師古曰：「五大夫，第九爵。」少使視四百石，比公乘。師古曰：「公乘，第八爵。」五官視三百石，師古曰：「五官，所掌亦象外之五官也。」順常視二百石。無涓、共和、娛靈、保林、良使、夜者，皆視百石。師古曰：「涓，潔也。無涓，言無所不潔也。共讀曰恭，言恭順而和柔也。娛靈，可以娛樂情靈也〔三〇〕。保，安也。保林，言其可安衆如林也。良使，使令之善者也〔三二〕。夜者，主職夜事。令，力成反。」上家人子、中家人子，視有秩斗食云。師古曰：「家人子者，言采擇良家子以入宮，未有職號，但稱家人子也。斗食謂佐史也。謂之斗食者，言一歲不滿百石，日食一斗二升。」五官以下，葬司馬門外。服虔曰：「陵上司馬門之外。」

高祖呂皇后名雉，單父人。高祖微時，后父呂公相而異之，妻以后，生惠帝、魯元公主。高祖爲漢王，元年封呂公爲臨泗侯。高祖崩，孝惠立，尊后爲皇太后。

應歷代后之推尊爲皇太后、太妃者，自推尊以後至崩葬事迹，並見太后門，此不具録。後同。

戚姬，定陶人，愛幸，生趙王如意。高祖崩，爲呂后所殺。

薄姬，吴人。初在魏王豹宮中，豹亡，輸織室。高祖幸之，生文帝。自有子後，希見。文帝封代王，從之。文帝既立，尊爲皇太后。

孝惠張皇后，宣平侯敖之女，母魯元公主。呂太后欲爲重親，故以魯元女配帝爲皇后，無子。惠帝崩，皇太后取後宮子立爲帝。太后崩，大臣誅諸呂及所名孝惠子。張后廢處北宮。北宮在未央之北。孝文後元年薨，葬安陵，不起墳。

惠帝納后納采：鴈璧、乘馬、束帛，聘黄金二萬斤，馬十二匹。呂氏爲惠帝娶魯元公主女，故特優其禮。

先公曰：「魯元婿其弟，而不知帝之爲人主也。惠帝妻其甥，而不知妻之爲王后也。夫上者民之父母如此，豈可以奉神靈之統哉？蓋人倫顛倒，而君道陵夷甚矣！」

孝文竇皇后，觀津人。呂太后時，以良家子選入宮。太后出宮人賜諸王，各五人，竇姬與至代，代王幸之，生女嫖及景帝。代王王后卒，及入爲帝，立啓爲太子，竇姬爲皇后。景帝立，尊爲皇太后。

孝景薄皇后，孝文薄太后家女也。景帝爲太子時，太后取爲太子妃。景帝立之爲皇后，無寵。立六年，薄太后崩，坐廢。廢後四年薨，葬長安城東平望亭南。

孝景王皇后，槐里人。初嫁爲金王孫婦，母臧兒奪之金〔三二〕，以納太子宮。景帝爲太子，愛幸之，生三女及武帝。景帝即位，廢薄皇后及太子爲臨江王，乃立王夫人爲后，男爲太子，封后父信爲蓋侯。武帝即位，尊爲皇太后。

孝武陳皇后，長公主嫖女，父陳午。武帝得立爲太子，長主有力，乃取主女爲妃。及帝即位，爲皇后，十餘年無子。元光五年，坐巫蠱，廢居長門宮。後十餘年薨，葬霸陵郎官亭東。

孝武衛皇后，字子夫，生微，爲平陽主謳者。帝悦之，納宮中。元朔元年，生男據，遂立爲皇后，據爲太子。立三十八年〔三三〕，遭巫蠱事起，太子誅江充，發兵敗。收后璽綬，自殺。宣帝立，改葬，謚思后。

孝武李夫人，本以倡進。兄延年納之宮中，得幸，生昌邑哀王。夫人早卒，上憐之，以后禮葬。及衛思后廢後四年，武帝崩，大將軍光緣上雅意，以李夫人配食，追上尊號曰孝武皇后。

孝武鈎弋趙倢伃，河間人。武帝巡狩過河間，望氣者言有奇女，乃使使召之，得幸爲倢伃，居鈎弋宮，生昭帝。後從幸甘泉，以譴死。昭帝立，追尊爲皇太后。

孝昭上官皇后，祖桀，父安，隴西上邽人。孝昭立，召入宮爲倢伃，月餘立爲皇后，年甫六歲。立十歲而昭帝崩。昌邑王即位，尊爲皇太后。時年方十四、五歲。

衛太子史良娣，宣帝祖母。太子有妃，有良娣，有孺子，妻妾凡三等，子皆稱皇孫。史良娣家魯國。元鼎四年，入爲良娣，生男，號史皇孫。武帝末，巫蠱事起，衛太子及良娣、史皇孫皆遭害。宣帝即位，追尊爲戾后，起園邑。史氏侯者四人。

史皇孫王夫人，宣帝母，名翁須。太始中，得幸於史皇孫。皇孫妻妾無號位，皆稱家人子。征和二年，生宣帝。帝生數月，衛太子、皇孫敗家，人子皆坐誅，莫有收葬者。宣帝即位後，追尊爲悼后，起園邑。王氏侯者二人。

孝宣許皇后，父廣漢，昌邑人。宣帝養於掖庭，號「皇曾孫」，廣漢以女妻之，生元帝。數月，宣帝即位，立爲皇后。廣漢封昌成君。明年，爲淳于衍所毒崩。在位三年，謚恭哀皇后，葬杜南，是爲杜陵南園。

孝宣霍皇后，大將軍光女。許后崩，光納之宮中，立爲后。立五年，霍顯與子謀反，誅。坐廢處昭臺宮。後十二歲，徙雲林館，乃自殺，葬昆吾亭東。

孝宣王皇后，父奉光，長陵人。宣帝即位，入宮爲倢伃。帝憐太子蚤失母，幾爲霍氏所害，乃選後宮素謹慎無子者，立王倢伃爲后，令母養皇太子。立十六年，宣帝崩，元帝即位，爲皇太后。

孝元王皇后，名政君。父禁，居長安，爲廷尉史〔二四〕。宣帝時，入掖庭爲家人子。歲餘，宣帝令送太子宮，見內殿，一幸有身，生成帝，爲皇孫。元帝即位，以妃爲倢伃，後三月〔二五〕，立爲皇后。成帝立，爲皇太后。

孝成許皇后，平恩侯嘉女。元帝悼母恭哀后遭霍氏之禍，故選嘉女配皇太子〔三六〕。成帝即位，立爲皇后。立十四年，寵衰，坐姊爲媚道祝詛，廢處昭臺宮。後九年，坐淳于長等與后姊孊通，書有誖謾，賜藥自殺，葬延陵交道廐西。

孝成班倢伃，帝初即位選入後宮。始爲少使，俄大幸，爲倢伃，居增成舍，有男，後失之。鴻嘉三年，趙飛燕告許后及班倢伃挾媚道祝詛，后坐廢，倢伃入求共養太后長信宮。至成帝崩，倢伃充奉園陵，薨，因葬園中。

孝成趙皇后，本長安宮人。師古曰：「本宮人以賜陽阿主家也。宮人者，省中侍使官婢〔三七〕，名曰宮人，非天子掖庭中也。事見漢舊儀。言長安者，以别甘泉等諸宮省也。」屬陽阿主家，學歌舞，號曰飛燕。以其體輕故也。成帝見而悦之，召入宮，大幸。有女弟復召入，俱爲倢伃。許后廢，乃立飛燕爲皇后，而女弟爲昭儀，姊弟專寵十餘年，無子。成帝暴崩，民間歸咎趙昭儀，皇太后詔問皇帝起居發病狀，昭儀自殺。哀帝立，尊趙皇后爲皇太后。

孝元傅昭儀，哀帝祖母。父河内温人，昭儀少爲上官太后才人。自元帝爲太子，得進幸。帝即位，立爲倢伃，甚有寵，生一男一女，男爲定陶恭王。帝既重傅倢伃，及馮倢伃亦幸，生中山孝王。上欲殊之於後宮，以二人皆有子爲王，上尚在，未得稱太后，乃更號曰「昭儀」，賜以印綬，在倢伃上，昭其儀，尊之也。至成、哀時，趙昭儀、董昭儀皆無子，猶稱焉。元帝崩，隨王歸國，稱定陶太后。恭王薨，子入爲漢嗣，爲哀帝，尊爲恭皇太后。

定陶丁姬，哀帝母，山陽瑕邱人。恭王時，姬爲後宮，生哀帝。帝入嗣漢，即位，尊爲帝太后。孝哀傅皇后，定陶太后從弟子。哀帝爲王時，傅太后欲重親，取以配王。王入爲漢太子，傅氏爲妃。即位，立爲皇后。哀帝崩，王莽奏徙桂宫。後月，復與孝成趙后俱廢爲庶人，就其園，自殺。

孝元馮昭儀，平帝祖母。元帝即位二年，以選入後宮，生男，爲中山孝王。元帝崩，隨王之國。哀帝立，傅太后以素怨誣以罪，自殺。

中山衛姬，平帝母。成帝時，中山孝王無子，上以衛氏子豪少女配孝王，生平帝。孝王薨，代爲王。哀帝崩，無子，太皇太后詔迎中山王立爲帝。王莽欲專權，懲丁、傅行事，乃令帝母衛姬及外家不得至京師，更立宗室桃鄉侯子成都爲中山王，奉孝王後，賜衛姬璽綬，拜爲中山孝王后，加湯沐邑。後以事誅衛氏支屬，唯后在。莽篡位，廢爲家人，歲餘卒。

孝平王皇后，安漢公王莽女。平帝即位，莽以女配帝，以禮迎立爲皇后。歲餘，平帝崩，莽立孝宣玄孫嬰爲孺子，尊后爲皇太后。莽篡，以嬰爲定安公，改后爲定安公太后，時年十八。自劉氏廢，每稱疾不朝會。莽敬悼哀傷，欲嫁之，更號爲「黄皇室主。」若漢之稱公主。后怒，發疾，不肯起，莽不能强。漢兵誅莽，后赴火而死。

王莽納女爲后以固權，遣宗正劉宏、尚書令平晏納采，太師孔光、大司徒馬宫等四十九人賜皮弁、素積，皮弁，鹿皮爲冠也。素積，以十五升布爲衣，積素以爲裳。以禮雜卜筮，太牢告宗廟，封后父百里，尊而不臣。有司奏：「故事，聘皇后黄金二萬斤，爲錢二萬萬〔三八〕。」莽深辭讓，受四千萬，而以其三千三百萬予十一媵家。有詔，復益二千三百萬，合爲三千萬。莽復以其千萬分予九族貧者，遣甄豐奉璽綬拜帝母衛姬爲中山孝王后。四年春，遣大司徒宮等奉乘輿法駕，迎皇后於安漢公第，授皇后璽紱，顏師古曰：「紱，所以繫璽。」登車稱警蹕，便時取日時之便。上林延壽門〔三九〕，入未央宮前殿。群臣就位行禮，大赦天下。益封安漢公地滿百里，賜迎皇后及行禮者，三公以下宰執皆增秩，賜金帛各有差。皇后立三月，以禮見高廟。尊父號曰「宰衡」，位在諸侯王上。

班固贊曰：「易著吉凶而言謙盈之效，天地鬼神至於人道靡不同之。夫女寵之興，繇至微而體至尊，窮富貴而不以功，此固道家所畏，禍福之宗也。序自漢興，終於孝平，外戚後庭，色寵著聞二十有餘人，然其保位全家者，唯文、景、武帝太后及邛成后四人而已。至如史良娣、王悼后、許恭哀后身皆夭折不辜，而家依託舊恩，不敢縱恣，是以能全。其餘大者夷滅，小者放流，嗚呼！鑒前行事，變亦備矣。」

東漢皇后紀叙論：「秦并天下，多自驕大，宮備七國，史記：「始皇破六國，寫放其宮室，作之咸陽北阪上，南臨渭水，殿屋複道，周閣相屬，所得諸侯美人，以充實之。」并秦爲七也。爵列八品。前書曰：「漢興，因秦之稱號，正嫡稱皇后，妾皆稱夫人。又有美人、良人、八子、七子、長使、少使之號。」漢興，因循其號，而婦制莫釐。釐，理。高祖帷薄不修，大戴禮曰：「大臣坐污穢男女無別者，不曰污穢，曰帷薄不修。」謂周昌入奏事，高帝擁戚姬，是不修也。孝文衽席無辨。鄭玄注禮記曰：「衽，卧席也。」孝文幸慎夫人，每與皇后同坐，是無辨也。然而選納尚簡，飾翫少華。自武、元之後，世增淫費，至乃掖庭三千，增級十四。倢伃一，娙娥二，容華三，充衣四，已上武帝置。昭儀五，元帝置。美人六，良人七，七子八，八子九，長使十，少使十一，五官十二，順常十三，無涓、共和、娱靈、保林、良使、夜者十四，此六官品秩同爲一等也。妖幸毁政之符，外姻亂邦之迹，前史載之詳矣。及光武中興，斲彫爲朴，六宫稱號，唯皇后、貴人。貴人金印紫綬，奉不過粟數十斛。又置美人、宫人、采女三等，並無爵秩，歲時賞賜充給而已。漢法常因八月算人，漢儀注曰：「八月初爲算賦，故曰算人。」遣中大夫與掖庭丞及相士，於洛陽鄉中閲視良家童女，年十三以上，二十以下，姿色端麗，合法相者，載還後宫，擇視可否，乃用登御。所以明慎聘納，詳求淑哲。明帝聿遵先旨，宫教頗修，登建嬪后，必先令德，内無出閫之言，權無私溺之授，可謂矯其弊矣。向使因設外戚之禁，編著令甲，改正后妃之制，貽厥方來，豈不休哉！雖御己有度，而防閑未篤，故孝章以下，漸用色授，恩隆好合，遂亡緇蠹緇，黑也。蠹，食木虫。以喻傾敗也。云云。見太后門。故考列行迹，以爲皇后本紀。雖成敗事異，而同歸正號者，並列於篇。其以私恩追尊，非當時所奉者，則隨它事附出〔四〇〕。謂安帝母左姬及祖母宋貴人之類，並見清河孝王傳。親屬别事〔四一〕，各依列傳。其餘無所見，則繫之此紀，謂賈貴人、虞美人之類是。以纘西京外戚云爾。」

光武郭皇后，諱聖通，真定稾人。更始二年，光武擊王郎，至真定，納后，有寵。即位，以爲貴人。建武二年，立爲皇后。十七年，以寵衰怨懟，廢爲中山王太后，后中子封中山王。二十年，中山王徙封沛王，后爲沛太后。二十八年薨，葬北邙。

按：西都廢后，如薄，如陳，如霍，如許，皆幽之别宫。至光武郭后，則以有子爲王，故得隨子之國。然帝在而稱太后，非名也。

光烈陰皇后，名麗華，南陽新野人。更始元年，帝納后於宛。即位，封貴人，生顯宗。十七年，廢皇后郭氏而立貴人。制詔三公曰：「皇后懷執怨懟，數違教令，不能撫循他子，訓長異室。宮闈之内，若見鷹鸇，既無關雎之德，而有呂、霍之風，豈可託以孤幼，恭承明祀？其上皇后璽綬。陰貴人鄉里良家，歸自微賤。『自我不見，於今三年』。宜奉宗廟，爲天下母。主者詳按舊典，時上尊號。異常之事，非國休福，不得上壽稱慶。」顯宗即位，尊爲皇太后。

明德馬皇后，伏波將軍援之小女。世祖時，選入太子宫。顯宗即位，以爲貴人。永平三年，立爲皇后。肅宗即位，尊爲皇太后。

賈貴人，南陽人。建武末，選入太子宫，生肅宗，爲貴人。帝既爲明德后所養，專以馬氏爲外家，故貴人不登極位。及太后崩，乃册書加貴人王赤綬。諸侯王赤綬也。

章德竇皇后，扶風平陵人，大司空融之曾孫〔四二〕，以選入掖庭。建初三年，立爲皇后。和帝立，尊爲皇太后。

梁貴人，梁竦女。建初中〔四三〕，入掖庭，生和帝，竇后以爲己子。忌梁氏，誅竦，貴人以憂卒。竇后崩，上尊號曰恭懷皇后，追服喪服，葬西陵。

和帝陰皇后，光烈皇后兄執金吾識之曾孫。永元四年，選入掖庭，爲貴人。八年，立爲后。十四年，坐祝詛事廢，遷桐宫，以憂卒。立七年，葬臨平亭部。

和熹鄧皇后名綏，太傅禹之孫，永元八年〔四四〕，入掖庭爲貴人。十四年，陰后廢，立爲皇后。帝崩，殤帝立，尊爲皇太后。

安思閻皇后，名姬，河南滎陽人〔四五〕。元初元年，以選入掖庭，爲貴人。二年，立爲皇后。譖皇子保，廢之。帝崩，立北鄉侯懿，尊爲皇太后。

安帝宫人李氏，生皇子保。閻后專房妒忌，鴆殺李氏，譖廢保爲濟陰王。安帝崩，立北鄉侯懿。懿卒，中黄門孫程等迎保立之，爲順帝，遷閻太后於離宫。太后崩〔四六〕，上李氏尊號曰恭愍皇后，葬恭北陵，爲册書金匱，藏於世祖廟。

順烈梁皇后，名妠，音納。妠〔四七〕，娶也。大將軍商之女。永建三年，入掖庭爲貴人。陽嘉元年，立爲皇后。順帝崩，冲帝立，尊爲皇太后。

虞美人，以良家子選入掖庭，生冲帝。帝早夭，大將軍梁冀秉政，忌惡他族，故抑而不登，但稱「大家」而已。陳夫人，魏郡人，少以聲技入孝王宫，得幸，生質帝。亦以梁氏故，榮寵不及。熹平四年，小黄門趙祐等言：「春秋之義，母以子貴。今冲帝母虞大家，質帝母陳夫人，皆誕聖皇，而未有稱號。夫臣子雖賤，尚有追贈之典，况二母見在，不蒙崇顯之次，無以述尊先世，垂示後世也。」帝感其言，乃拜虞大家爲憲陵貴人，陳夫人爲渤海孝王妃，孝王名鴻，生質帝。使中常侍持節授印綬，遣太常以三牲告憲陵、懷陵、静陵焉。懷陵，冲帝陵。静陵，質帝陵。

桓帝懿獻梁皇后，名女瑩，順烈皇后之女弟。帝立，迎立爲皇后。皇太后崩，恩愛稍衰。延熹二年〔四八〕，以恚崩。在位十三年，葬懿陵。其歲，誅梁冀，廢懿陵爲貴人冢。

帝既立，明年，有司奏太后曰：「春秋迎皇后于紀，在塗則稱后。今大將軍冀女弟，應紹聖善〔四九〕，結昏之際，有命既集，帝爲蠡吾侯，梁太后徵，欲與后爲昏，未及而質帝崩。帝即位，册爲后。宜備禮，進徵幣。」於是悉依孝惠皇帝納后故事，聘黄金二萬斤，納采鴈、璧、乘馬、束帛，一如舊典。

桓帝鄧皇后，名猛女，和熹皇后從兄子鄧香之女。永興中，進入掖庭爲采女，絶幸。梁后崩，梁冀誅，立爲后。八年，坐驕忌廢，以憂死。立七年，葬北邙。

桓思竇皇后，名妙，章德皇后從祖弟孫女。延熹八年，鄧后廢，以選入掖庭爲貴人，其冬，立爲皇后。帝崩，靈帝立，尊爲皇太后。

靈帝宋皇后，扶風平陵人，肅宗宋貴人之從曾孫。建寧三年，選入掖庭爲貴人。明年〔五〇〕，帝立爲皇后。無寵，爲中常侍王甫及後宮幸姬等所譖，坐廢，以憂死。

靈帝册宋貴人爲皇后，天子御章德殿軒，百官陪位，太尉襲使持節奉璽綬〔五一〕。皇后北面，帝南面，太尉立階下東向，宗正、大長秋西向，宗正讀册。文曰：「惟建寧四年七月乙未，制詔：皇后之尊，與帝同體，供奉天地，祇承宗廟，母臨天下，故有莘興殷，姜任母周，二代之崇，蓋有内德。長秋宫闕，中宫曠位。宋貴人秉淑媛之懿〔五二〕，體河山之儀，威容昭曜，德冠後庭，群僚所咨，僉曰宜哉〔五三〕。卜之蓍龜，卦得承乾〔五四〕。有司奏議，宜稱紱組，以母兆人。今使太尉襲使持節奉璽紱，宗正祖爲副，立貴人爲皇后。后其往踐爾位，敬尊禮典，肅慎中饋，毋替朕命，永終天禄。」册文畢，皇后拜，稱臣住位〔五五〕。太尉授璽紱，中常侍、長秋、太僕、高鄉侯覽長跪受璽紱，奏於殿前。女使授婕妤，遂長跪受，以授昭儀。受，長跪以帶皇后。皇后伏，起拜，稱「臣妾」。畢，黄門鼓吹三通。鳴鼓畢，群臣以次出。后即位，大赦天下。皇后秩比國王，即位威儀，赤紱玉璽也。漢制，乘輿黄赤綬，四彩〔五六〕，黄赤縹紺，純黄質〔五七〕，長二丈九尺九寸，太子、太后與乘輿同〔五八〕。

靈思何皇后，南陽宛人。家本屠者，以選入掖庭。風俗通曰：「漢以八月算人，后家以金帛賂遺主者以求之也。」生皇子辯，拜爲貴人。光和三年，立爲皇后。靈帝崩，皇子辯即位，尊爲皇太后。

王美人，趙國人，以良家子選入掖庭，生皇子協，何后妒而酖之。董卓既廢少帝，立協，是爲獻帝。後追尊爲靈懷皇后，改葬文昭陵。

獻帝伏皇后，名壽，瑯琊東武人，大司徒湛之八世孫。初平元年，入掖庭爲貴人。興平二年，立爲皇后。建安十九年，爲曹操所殺，在位二十年。

獻穆曹皇后，名節，魏公曹操之中女。建安十八年，操進三女憲、節、華爲夫人，聘以束帛玄纁五萬匹，小者待年於國。留住於國，以待年長。十九年，並拜貴人。伏皇后被殺〔五九〕，立節爲皇后。在位七年，帝禪於魏，降爲山陽公夫人。魏景元元年薨〔六〇〕，合葬禪陵。

范曄論曰：「漢世皇后無謚，皆因帝謚以爲稱，雖吕氏專政，上官臨制，亦無殊號。上官，昭帝后也。中興，明帝始建光烈之稱。其後並以德爲配，至於賢愚優劣，混同一貫。故馬、竇二后，俱稱德焉。其餘惟帝之庶母及蕃王承統〔六一〕。以追尊之重，特爲其號，如恭懷、孝崇之比是也。初平中，蔡邕始追正和熹之謚，蔡邕集謚議曰〔六二〕：漢世母氏無謚，至於明帝，始建光烈之稱，是後轉因帝號，嘉之以德，上下優劣，混而爲一，違禮『大行受大名，小行受小名』之制。謚法『有功安人曰熹』。帝后一體，禮亦宜同。大行皇太后謚宜爲和熹。」其安思、順烈以下，皆依而加焉。」

魏因漢法，母后之號，皆如舊制，自夫人以下，世有增損。太祖建國，始命王后，其下五等，有夫人，有昭儀，有倢伃，有容華，有美人。文帝增貴嬪、淑媛、修容、順成、良人。明帝增淑妃、昭華、修儀，除順成官。太和中，始復命夫人，登其位於淑妃之上。自夫人以下，爵凡十二等：貴嬪、夫人，位次皇后，爵無所視；淑妃位視相國，爵比諸侯王；淑媛位視御史大夫，爵比縣公；昭儀比縣侯；昭華比鄉侯；修容比亭侯；修儀比關内侯；倢伃視中二千石，容華視真二千石；美人視比二千石；良人視千石。

武宣卞皇后，瑯琊開陽人。本倡家，年二十，太祖納之於譙爲妾，生文帝，諸子無母者，皆令母養之。建安二十四年，拜爲王后。文帝受禪，尊爲皇太后。

文昭甄皇后，中山無極人。本袁熙妻，冀州平，文帝納之，生明帝。黄初二年〔六三〕，以怨望賜死，明帝即位，追謚。

文德郭皇后，安平廣宗人。太祖時，得入東宮。文帝爲太子，立爲夫人。及踐祚，爲貴嬪。黄初三年，立爲皇后。明帝即位，尊爲皇太后。

明悼毛皇后，河内人。黄初中，以選入東宮，明帝即位，以爲貴嬪。太和元年，立爲皇后。景初元年，以愛弛賜死，加謚，葬愍陵。

明元郭皇后，西平人，世河右大族。黄初中，本郡反叛，遂没入宮。明帝愛幸之，拜爲夫人，後立爲皇后。齊王即位，尊爲皇太后。

魏制：天子册后，以皮馬爲庭實〔六四〕，加穀珪。齊王正始四年，立后甄氏，其儀不存。

晉景獻羊皇后，名徽瑜〔六五〕，泰山南城人。景帝納之，無子。武帝受禪，居弘訓宮，號弘訓太后。咸寧四年崩。

文明王皇后，名元姬，東海郯人。父肅，魏中領軍、蘭陵侯〔六六〕。歸於文帝，生武帝。帝受禪，尊爲皇太后，宮曰崇化。初置宮卿，重其選，以太常諸葛緒爲衛尉，太僕劉原爲太僕，宗正曹楷爲少府。泰始四年崩〔六七〕。

武元楊皇后，名豔，弘農華陰人〔六八〕，父文宗。武帝爲世子聘之，即位，立爲皇后，有司奏：依漢故事，皇后、太子各食湯沐邑四十縣，而帝以非古典，不許。生惠帝。泰始十年崩，葬峻陽陵。

泰始中，帝博選良家以充後宮，先下書禁天下嫁娶，使宦者乘使車，給騶騎，馳傳州郡〔六九〕，召充選者使后揀擇。后性妒，惟取潔白長大，端正美麗者並不見留〔七〇〕。司徒李胤、領軍大將軍胡奮、廷尉諸葛冲、太僕臧權、侍中馮蓀、祕書郎左思及世族子女並充三夫人、九嬪之列，司、冀、兖、豫四州二千石將吏家，補良人以下。名家盛族子女，多敗衣瘁貌以避之。九年，帝多遣良家子女以充内職，自擇其美者，以絳紗繫臂。平吴之後，復納孫皓宮人數千，自此掖庭殆將萬人。而並寵者甚衆，帝莫知所適，常乘羊車，恣其所之，至便宴寢，宮人乃取竹葉插户，以鹽汁灑地，而引帝車。十年，將聘三夫人、九嬪，有司奏：「禮，皇后聘以穀珪，無妾媵禮贄之制。」詔曰〔七一〕：「拜授可依魏氏故事。」於是，臨軒使使持節，兼太常拜三夫人，兼御史中丞拜九嬪。

武悼楊皇后，名芷，元后從妹，父駿。以咸寧二年立爲皇后。惠帝立，尊爲皇太后。

武帝咸寧二年，臨軒遣太尉賈充册立皇后楊氏，因大赦，賜王公以下各有差，百僚上禮。納悼后。太康八年，有司奏：「大婚納徵，用玄纁、束帛加穀珪，馬二駟，羊、鴈、酒、米如故。尚書朱整議：『按魏昏故事，天子以皮馬爲庭實，加以穀珪。』」

左貴嬪，名芬，兄思。好學善文，名亞於思。武帝聞其名，納之，拜修儀。

胡貴嬪，名芳，父奮。泰始九年，納宮中，拜貴嬪。生武安公主。

諸葛夫人，名婉，瑯琊陽都人，父冲。以泰始九年入宮，拜爲夫人。

惠賈皇后，名南風，平陽人，父充。泰始八年，册拜太子妃。帝即位，立爲皇后。干政，廢楊太后，淫恣。在位十一年，趙王倫等廢而殺之。

惠羊皇后，名獻容，泰山南城人。賈后既廢，孫秀乃立爲皇后。時太安元年。成都王穎奏廢爲庶人。陳眕等伐義復后位〔七二〕。張方入洛，又廢后。大駕幸長安，又復。永興初，又廢。河間王顒欲殺后，周馥止之。帝崩，懷帝立，尊爲惠皇后，居弘訓宮。洛陽敗，没於劉曜。曜僭位，以爲后。生二子而死，僞謚文獻皇后。

先公曰：「自司馬懿廢齊王芳，司馬昭弑高貴鄉公，而皆假太后以爲言，既以此得成篡矣。詎意其後改易詔書，黜亮升駿者，后爲之也。僞立文字，弑武悼，殺愍懷者，后爲之也。彼羊后區區一放廢婦人，囚處宮闈，何預世事？而今日復，明日廢，紛紛未已，何邪？姦人常懼有假之以舉事，如前之爲者，是以一人復之，則一人廢之，至辱於非類而後已，哀哉，誰實基之！」

謝夫人，名玖，父以屠羊爲業。武帝時，入後庭爲才人。帝以賜太子，生皇孫遹。遹立爲太子，拜淑媛。及愍懷太子遇害，玖亦死。

懷帝皇太后，名瑗姬〔七三〕，武帝宫才人。生懷帝，早卒。帝即位，追尊曰皇太后。

元帝夏侯太妃，名光姬，沛國譙人。瑯琊武王爲世子納焉，生元帝。帝嗣位，稱王太妃。永嘉初，薨於江左。

元敬虞皇后，名孟母，濟陽外黄人，父豫。元帝爲瑯琊王，納爲妃，無子。永嘉六年薨。太興三年，追册爲皇后。

豫章君荀氏，元帝宫人。生明帝，帝即位，封建安君。成帝立，尊重同於太后。咸康元年薨。

明穆庾皇后，名文君，潁川鄢陵人，父琛。元帝聘爲太子妃，明帝即位，立爲皇后。成帝即位，尊爲皇太后。

晉太康中，有司奏：「太子昏，納徵用玄纁、束帛，加璧、羊、馬二駟。

東晉太子昏，納徵禮用玉璧一，虎皮二，王彪之上書曰：「或者虎取威猛，有斑彩蔚，玉象德而有潤。珪璋亦玉之美者，豹皮彩蔚，以譬君子。王肅納徵辭云：『玄纁、束帛、儷皮、鴈羊，前漢亦無用羊之禮。』鄭氏昏物贊曰：『羊者，祥也。婚之有羊，自漢末始。』」

成恭杜皇后，名陵陽，京兆人，鎮南將軍預之曾孫。成帝備禮拜爲皇后。在位六年崩，年二十一。

咸康二年，帝臨軒，遣使持節，兼太保、領軍諸葛恢〔七四〕，兼太尉、護軍孔愉，六禮備物，拜皇后杜氏。即日入宫，帝御太極殿，群臣畢賀。賀，非禮也。王者昏禮，禮無其制。春秋「祭公逆王后于紀」，穀梁、左氏説與公羊又不同，而况漢、魏遺事闕略者衆。晉武、惠納后，江左又無儀注，故成帝將納杜后，太常華恒始與博士參定其儀。據杜元凱左氏傳説，主昏是供其昏禮之幣而已。又，周靈王求昏於齊，先儒以爲邱明詳録爲王者昏禮。故成帝臨軒，遣使，稱制拜后，然其儀注又不具存。

章太妃周氏，以選入成帝宫，生哀帝及海西公，拜貴人。哀帝即位，詔有司議貴人位號，太尉桓温議宜稱夫人，尚書僕射江虨議應曰太夫人。詔崇爲皇太妃，儀服與太后同。

康獻褚皇后，名蒜子，河南陽翟人，父裒。少以名家入爲瑯琊王妃。康帝即位，立爲皇后。穆帝即位，尊爲皇太后。

康帝建元元年，納后褚氏而儀注陛者不設旄頭。殿中御史奏〔七五〕：「今迎皇后，依昔成恭皇后入宫御物，而儀注至尊衮冕升殿，旄頭不設。昔迎恭皇后，唯作青龍旗，其餘皆即御物。今臨軒遣使，而五牛旗，旄頭畢罕並出，即用舊制，今闕。」詔曰：「今所以正法服、升太極者，以敬其始，故備禮也。今何闕所重而撤法物邪？」又恭后神主入廟，先帝詔后禮宜有降，不宜建五牛旗。既不設五牛旗〔七六〕，則旄頭畢罕易具也。」又詔：「舊制既難準，且於今而備法服〔七七〕，儀飾粗舉，兼副雜器停之。」

穆帝永和十年，臺符問：「六禮版文，舊稱皇帝，今太后臨朝，當何稱？」博士曹耽云：「公羊傳，昏禮不稱主人，母命諸父爲主。」傳：紀裂繻來迎女〔七八〕，不稱使也。無母〔七九〕，辭窮，乃命使者耳。」太常王彪之云：「三傳異義，不可全據。今皇后臨朝稱制，文告所達國之大典，皆仰稟成命，非無外事也。豈婚聘獨不通乎？六禮版文，應稱皇太后詔。」彪之又曰：「天子嫁女，使同姓之國爲主者，以受體於皇極，則有虧婚姻之敵禮。至於迎后之制，必禮成而後入，雖復戚屬之尊，亦臣妾也。天王之后，寧可先之蕃國，然後入臨六宮乎？是以祭公來迎王后於紀，使我爲媒，不云爲主。」符又問：「今后還政，不復臨朝，當何稱？」彪之云：「當稱皇帝詔。」升平元年，將納皇后何氏。彪之正禮始更大引經傳及諸故事，深非公羊「昏禮不稱主人」之義。曰：「王者之於四海，無不臣妾，雖復父兄之親，師友之賢，皆純臣也。夫崇三綱之始，定乾坤之儀，安有天父之尊，而稱臣下之命，以納伉儷？安有臣下之卑，而稱天父之名，以行大禮？遠尋古禮，於義不通。按咸寧二年，納悼皇后時，弘訓太后母臨天下〔八〇〕，而無命戚屬之臣爲武皇父兄主婚之文。考咸寧故事，不稱父兄師友，則咸康華恒所上合於舊也。謂今納后儀制，宜一依咸康故事〔八一〕。」從之。華恒定六禮，云宜依舊及大晉已行之制，此恒猶識前事，故王彪之多從咸康〔八二〕，由此也。唯以娶婦之家三日不舉樂，而咸康群臣賀爲失禮，故但依咸寧上禮，不復賀也〔八三〕。其告廟六禮版文等，皆彪之所定。博士荀納〔八四〕云：「凡六禮版，長尺二寸，以應十二月。博四寸，以象四時。厚八分，以象八節。皆真書。后家答，則以鮫脚書之。」納采，用鴈一頭，白羊一口，酒十二斛，米十二斛〔八五〕。文曰：「皇帝咨前太尉參軍、都鄉侯何琦〔八六〕渾元資始，肇經人倫，爰及夫婦，以奉宗廟、天地、社稷。謀於公卿，咸以爲宜，率由舊典。今使使持節〔八七〕、崇德衛尉、領太常彪之，兼宗正、散騎侍郎綜，以禮納采。」后家答曰：「皇帝嘉命，訪昏陋族，備數采擇，臣之先臣，散騎侍郎準之遺女，未閑教訓，衣履若而人〔八八〕。欽承舊章，肅奉典制。前太尉參軍、都鄉侯糞土臣何琦稽首頓首，再拜。」承制〔八九〕。問名，用鴈、羊如前。文曰：「皇帝曰：咨前某官侯何：兩儀配合，承天統物，正位於內，必俟名族〔九〇〕，重申舊典，今使持節、某官彪之、某官綜，以禮問名。」后家答曰：「皇帝嘉命，使者彪之重宣中詔，問臣名族。臣族女父母所生，先臣故光禄大夫雩婁侯楨之遺玄孫[九一]，先臣故蔡州刺史、關内侯惲之曾孫[九二]，先臣故安豐太守、關中侯睿之孫[九三]，先臣故散騎侍郎準之遺女。外出自於先臣故尚書左丞孔胄之外曾孫[九四]，先臣故侍中、關内侯夷之外孫女，年十七。欽承舊章，肅奉典制。前某官某侯糞土臣何琦稽首頓首，再拜恭承制詔。」納吉，用鴈、羊、酒如前。文曰：「皇帝曰：咨前某官某侯何：人謀龜從，僉曰貞吉，敬順典禮，今使持節某官彪之、某官綜，以禮納吉。」后家答曰：「皇帝嘉命，使者彪之重宣中詔，大卜元吉。臣陋族卑鄙，憂懼不堪。欽承舊章，肅奉典制。前某官某侯糞土臣何琦稽首頓首，再拜承制。」納徵，用白羊一口，玄纁帛三疋，絳二疋，絹二百疋，獸皮二枚，錢二百萬，玉璧一枚，酒十二斛，白米十二斛，馬六匹[九五]文曰：「皇帝曰：咨某官某侯何之族女，有母儀之德，窈窕之姿，如山如河，宜奉宗廟，永承天祚。以玄纁、皮帛[九六]、馬、羊、錢、璧，以章典禮。今使持節、兼司徒、光禄勳、關内侯恪，崇德衛尉、領太常彪之，以禮納徵。」后家答：「皇帝嘉命，使者恪重宣中詔，降昏卑陋，命以上公，寵以豐禮，備物典册。欽承舊章，肅奉典制。前某官某侯云云，再拜承制詔。」請期，用鴈、羊、酒、米如初。文曰：「皇帝曰：咨前某官某侯何：謀於公卿，大筮元龜，罔有不臧。率遵典禮，今使某官彪之、某官綜，以禮請期。」后家答：「皇帝嘉命，使者彪之重宣中詔，吉日惟八月壬子可迎。臣欽奉舊章，肅奉典制。前某官某侯某，再拜承制詔。」迎，用鴈、羊、酒、米如初。文曰：「皇帝曰：咨前某官某侯何：歲吉月令，吉日唯未，率禮以迎。今遣使持節、兼太保、侍中、太宰、武陵王晞迎。」后家答：「皇帝嘉命，使者晞重宣中詔，令月吉辰，備禮以迎。上公宗卿兼至，副介近臣百兩。臣螻蟻之族，猥承大禮，憂懼戰悸，欽承舊章，肅奉典制。前某官某侯糞土臣某，謹因使者兼某官某王晞[九七]上謹答。」册皇后文曰：「惟升平元年八月，皇帝使使持節、兼太保、侍中、太宰、武陵王晞，册命故散騎侍郎女何氏爲皇后。咨爾：易本乾坤，詩首關雎，王化之本，實由内輔。是故皇、英嬪虞，帝道以光。任姒母周，胤嗣克崇。皇后其祗勖厥德，以肅承宗廟，虔恭中饋，盡敬婦道，帥導六宮，作軌儀於四海。皇天無親，惟德是依，可不慎歟！」

穆章何皇后，名法倪，廬江灊人，父準。升平元年〔九八〕，以名家膺選，册爲皇后。無子。哀帝即位，稱穆皇后，居永安宫。元興三年崩〔九九〕，年六十六，在位四十八年。

哀靖王皇后，名穆之，太原晉陽人，司徒左長史濛之女。

哀帝即位，以王妃立爲皇后。無子。興寧二年崩〔一〇〇〕。

廢帝庾皇后，名道憐，潁川鄢陵人〔一〇一〕，父冰。初爲東海王妃。王即位，立爲后。太和元年崩〔一〇二〕。帝廢，追贈爲海西公夫人。

簡文宣鄭太后，名阿春，河南滎陽人。先適渤海田氏，生一男而寡。元帝納之，生簡文帝。咸和元年薨。簡文即位，未及追崇，孝武時，追上尊號曰簡文太后。

簡文順王皇后，名簡姬，太原晉陽人，父遐。初爲會稽王妃〔一〇三〕，生子道生。失意，以憂死。孝武帝即位，追尊曰順皇后，合葬高平陵。

孝武文李太后，名陵容，本出微賤。簡文屢失子，召幸之，生孝武帝。帝即位，尊爲淑妃，後追爲皇太妃。

孝武定王皇后，名法慧，哀靖皇后之姪，父藴。孝武即位，納爲后。太元五年崩，年二十一，葬隆平陵。

安德陳皇后，名歸女，松滋潯陽人。孝武時，入宫爲淑媛，生安、恭二帝。後追崇曰皇太后〔一〇四〕。

安僖王皇后，名神愛，瑯琊臨沂人，父獻之。初爲太子妃，安帝即位，立爲皇后。無子。義熙八年崩，年二十九，葬休平陵。

恭思褚皇后，名靈媛，河南陽翟人，父爽。初爲瑯琊王妃，恭帝即位，立爲皇后。帝禪位，降爲零陵王妃。宋元嘉十三年崩。年五十三，祔葬冲平陵。

校勘記

〔一〕音力堆反　「堆」原作「誰」，據史記卷一五帝本紀集解改。

〔二〕太史公乃據大戴禮　「乃」原作「曰」，據史記卷一五帝本紀索隱改。

〔三〕玄囂則青陽也　「玄囂」二字原脱，據史記卷一五帝本紀索隱補。

〔四〕以玄囂青陽爲一人耳　「爲」字原脱，據史記卷一五帝本紀索隱補。

〔五〕玄囂青陽是爲少昊　「青陽」與「是爲」原倒，據史記卷一五帝本紀索隱乙正。

〔六〕黄帝爲子昌意娶蜀山氏　「爲」原作「與」，據史記卷一五帝本紀正義改。

〔七〕以其御序於王之燕寢　「寢」字原脱，據禮記曲禮下注補。

〔八〕御法　「法」原作「女」，據禮記曲禮下正義改。

〔九〕月與后妃共象也　「共」原作「其」，據禮記曲禮下正義改。

〔一〇〕后聽内職 「職」原作「治」，據禮記昏義改。
〔一一〕所以承副 「承」原作「成」，據禮記昏義注改。
〔一二〕以陰禮教九嬪 「九」原作「六」，據周禮内宰改。
〔一三〕二事謂絲枲之事也 下「事」原作「屬」，據周禮内宰注改。
〔一四〕后亦從後獻也 「後」字原脱，據周禮内宰注補。
〔一五〕陰禮婦人之祭禮 「禮」原作「祀」，據周禮内宰注改。
〔一六〕詔后帥外内命婦始蠶於北郊 「外内」二字原倒，據周禮内宰乙正。
〔一七〕疏 原作「數」，據周禮天官冢宰疏改。
〔一八〕婦容謂婉娩 「謂」字原脱，據周禮九嬪注補。
〔一九〕亦從后 「后」原作「治」，據周禮九嬪注改。
〔二〇〕衆之次序者乃哭 「者」字原脱，據周禮九嬪注補。
〔二一〕帥女宮而濯摡 「宮」原作「官」，據周禮世婦改。下同。
〔二二〕士以上皆用玄纁束帛 「用」原作「同」，據周禮玉人疏改。
〔二三〕辟有外文 「辟」原作「辭」，據公羊傳桓公八年注改。
〔二四〕劉夏獨過魯告昏 「魯」原作「曾」，據左傳襄公十五年注改。
〔二五〕下以繼後世也 「世」原作「代」，據通典卷五八禮典一八改。按「代」，古本通典避唐諱改，本書沿用古本通典之文，未曾回改，今本通典改作「世」。

〔二六〕所以合體同尊卑而親之　「體」原作「禮」，據通典卷五八禮典一八改。

〔二七〕傛華　「華」原作「僤」，據漢書卷九七上外戚傳上改。下同。

〔二八〕示隆重也　「示」原作「亦」，據漢書卷九七上外戚傳上改。

〔二九〕第十六爵　「六」下原衍「等」字，據漢書卷九七上外戚傳上删。

〔三〇〕可以娱樂情靈也　「以」字原脱，據漢書卷九七上外戚傳上師古注補。

〔三一〕使令之善者也　「者」字原脱，據漢書卷九七上外戚傳上師古注補。

〔三二〕母臧兒奪之金　「兒」原作「氏」，據漢書卷九七上外戚傳上改。

〔三三〕立三十八年　「三」原作「二」，據漢書卷九七上外戚傳上改。

〔三四〕爲廷尉史　「史」原作「吏」，據漢書卷九八元后傳改。

〔三五〕後三月　「月」原作「年」，漢書卷九八元后傳作「日」。按漢書卷九元帝紀，黄龍元年十二月，宣帝崩，元帝即位，初元元年三月，立皇后王氏，自即位至立后，前後共三月，據改。

〔三六〕故選嘉女配皇太子　「嘉」原作「佳」，據漢書卷九七下外戚傳下改。

〔三七〕省中侍使官婢　「侍」原作「副」，據漢書卷九七下外戚傳下改。

〔三八〕爲錢二萬萬　「二」原作「一」，據漢書卷九九上王莽傳上改。

〔三九〕便時取日時之便上林延壽門　「林」原作「臨」，據漢書卷九七下外戚傳下改。

〔四〇〕則隨它事附出　「它」字原脱，據後漢書卷一〇上皇后紀上補。

〔四一〕親屬别事　「别」原作「外」，據後漢書卷一〇上皇后紀上改。

〔四二〕大司空融之曾孫　「空」原作「徒」。張森楷後漢書校勘記謂融止爲大司空，未嘗爲大司徒，「徒」當作「空」，其說是也，從之，據改。

〔四三〕建初中　按後漢書卷一〇上皇后紀上，梁貴人於「建初二年與中姊俱選入掖庭爲貴人」，疑「中」當作「初」。

〔四四〕永元八年　「元」原作「光」，據後漢書卷一〇上皇后紀上改。

〔四五〕河南滎陽人　「南」原作「内」，據後漢書卷一〇下皇后紀下改。

〔四六〕太后崩　「太」字原脱，據後漢書卷一〇下皇后紀下補。

〔四七〕妠　原作「納」，據後漢書卷一〇下皇后紀下注改。

〔四八〕延熹二年　「二」原作「三」，據資治通鑑卷五四漢紀四六延熹二年七月丙午條、太平御覽卷一三七皇親部三孝桓梁皇后改。

〔四九〕應紹聖善　「紹」原作「昭」，據後漢書卷一〇下皇后紀下改。

〔五〇〕明年　「年」字原脱，據後漢書卷一〇下皇后紀下補。

〔五一〕太尉襲使持節奉璽紱　「紱」原作「綬」，據元本、慎本、馮本及通典卷五八禮典一八改。

〔五二〕宋貴人秉淑媛之懿　「秉」原作「垂」，據通典卷五八禮典一八改。

〔五三〕僉曰宜哉　「僉」原作「人」，據通典卷五八禮典一八改。

〔五四〕卦得承乾　「承」原作「坤」，據通典卷五八禮典一八改。

〔五五〕稱臣住位　「住」原作「任」，據通典卷五八禮典一八改。

〔五六〕四彩　「彩」原作「乘」，據通典卷五八禮典一八改。

〔五七〕純黄質　「純」原作「紱」，據元本、愼本、馮本及通典卷五八禮典一八改。

〔五八〕太子太后與乘輿同　「與」原作「綬」，據元本、愼本、馮本及通典卷五八禮典一八改。

〔五九〕伏皇后被殺　「被」字原脱，據後漢書卷一〇下皇后紀下補。

〔六〇〕魏景元元年薨　上「元」字原作「初」，據三國志卷四陳留王紀改。

〔六一〕其餘惟帝之庶母及蕃王承統　「承」原作「乘」，據後漢書卷一〇下皇后紀下改。

〔六二〕蔡邕集謚議曰　「謚」字原脱，據後漢書卷一〇下皇后紀下補。

〔六三〕黄初二年　「黄」原作「皇」，據三國志卷五后妃傳改。下同。

〔六四〕以皮馬爲庭實　「爲」字原脱，據晉書卷二一禮志下補。

〔六五〕名徽瑜　「徽」原作「徵」，據晉書卷三一后妃傳上改。

〔六六〕蘭陵侯　「蘭」字原脱，據晉書卷三一后妃傳上補。

〔六七〕泰始四年崩　「泰始」二字原脱，據晉書卷三武帝紀補。

〔六八〕弘農華陰人　「陰」原作「陽」，據晉書卷三一后妃傳上改。

〔六九〕馳傳州郡　「馳傳」二字原脱，據晉書卷三一后妃傳上補。

〔七〇〕端正美麗者並不見留　「並不見留」四字原脱，據晉書卷三一后妃傳上補。

〔七一〕詔曰　二字原倒，據通典卷五八禮典一八乙正。

〔七二〕陳眕等伐義復后位　「眕」原作「瓕」，據晉書卷三一后妃傳上改。按同書作「陳眕等唱伐成都王，大赦，復后位」，疑此處有訛誤。

〔七三〕懷帝皇太后名瑗姬　「皇」原作「王」，「姬」字原脱，據晉書卷三一后妃傳上改補。
〔七四〕兼太保領軍諸葛恢　「軍」字原脱，據通典卷五八禮典一八補。
〔七五〕殿中御史奏　「中」字原脱，據通典卷五八禮典一八補。
〔七六〕既不設五牛旗　「牛」字原脱，據晉書卷二一禮志下補。
〔七七〕舊制既難準且於今而備法服　「準」字原脱，據晉書卷二一禮志下、宋書卷一四禮志一補。「且」原作「具」，據元本、慎本、馮本及晉書卷二一禮志下改。
〔七八〕紀裂繻來迎女　「紀」原作「記」，據通典卷五八禮典一八改。
〔七九〕無母　「母」字原脱，據通典卷五八禮典一八補。
〔八〇〕弘訓太后母臨天下　「母」字原脱，據晉書卷二一禮志下、宋書卷一四禮志一補。
〔八一〕宜一依咸康故事　「宜」字原脱，「康」原作「寧」，據晉書卷二一禮志下、宋書卷一四禮志一補改。
〔八二〕故王彪之多從咸康　「多」原作「名」，據晉書卷二一禮志下、宋書卷一四禮志一改。
〔八三〕故但依咸寧上禮不復賀也　「依」原作「作」，「寧」原作「康」，「禮」下原衍「群臣」二字，據晉書卷二一禮志下、宋書卷一四禮志一改删。
〔八四〕博士荀納　「荀」原作「孫」，據通典卷五八禮典一八改。
〔八五〕米十二斛　四字原脱，據通典卷五八禮典一八補。
〔八六〕都鄉侯何琦　「琦」字原脱，據晉書卷二一禮志下補。
〔八七〕今使使持節　原脱一「使」字，據晉書卷二一禮志下、宋書卷一四禮志一補。

〔八八〕衣履若而人　「而」字原脱，據晉書卷二一禮志下、宋書卷一四禮志一補。

〔八九〕前太尉參軍都鄉侯糞土臣何琦稽首頓首再拜承制　「參」原作「將」，「稽首」原在「頓首」下，「承制」原誤作正文，並據晉書卷二一禮志下、宋書卷一四禮志一改。

〔九〇〕必俟名族　「俟」原作「侯」，據晉書卷二一禮志下、宋書卷一四禮志一改。

〔九一〕臣族女父母所生先臣故光禄大夫雩婁侯楨之遺玄孫　「臣族」二字原脱，「雩」原作「呼」，據晉書卷二一禮志下、宋書卷一四禮志一補改。「楨」原作「偵」，據全晉文卷三二何琦答問名文改。

〔九二〕先臣故蔡州刺史關内侯惲之曾孫　「惲」原作「悼」，據晉書卷二一禮志下、宋書卷一四禮志一改。「蔡」，同二書作「豫」，通典避唐諱改，本書沿用通典之文，未曾回改。「内」同二書作「中」。

〔九三〕先臣故安豐太守關中侯睿之孫　「中」上原衍「内」字，「睿」原作「友」，據晉書卷二一禮志下、宋書卷一四禮志一删改。

〔九四〕外出自於先臣故尚書左丞孔胄之外曾孫　「胄」原作「曹」，據晉書卷二一禮志下、宋書卷一四禮志一改。

〔九五〕白米十二斛馬六匹　「白米十二斛」五字原脱，「馬」原作「駟」，據通典卷五八禮典一八補改。

〔九六〕皮帛　「帛」字原脱，據晉書卷二一禮志下、宋書卷一四禮志一補。

〔九七〕謹因使者兼某官某王晞　「王」上原衍「侯」字，據通典卷五八禮典一八删。

〔九八〕升平元年　「元」原作「八」，據上文及晉書卷三二后妃傳下改。

〔九九〕元興三年崩　「元」原作「永」，據晉書卷一〇安帝紀改。

〔一〇〇〕興寧二年崩　「興寧」二字原脱，「二」原作「三」，據晉書卷三二后妃傳下補改。

〔一〇一〕潁川鄢陵人　「鄢」原作「陽」，據晉書卷三二后妃傳下改。

〔一〇二〕太和元年崩　「元」原作「六」，據晉書卷八廢帝海西公紀改。

〔一〇三〕初爲會稽王妃　「初」原作「遂」，據晉書卷三二后妃傳下改。

〔一〇四〕後追崇曰皇太后　「皇」字原脱，據晉書卷三二后妃傳下補。

卷二百五十四　帝系考五

后妃

南史后妃傳叙：「六宫位號，前史代有不同。晉武帝采漢、魏之制，置貴嬪、夫人、貴人，是爲三夫人，位視三公。淑妃、淑媛、淑儀、修華、修容、修儀、婕妤、容華、充華，是爲九嬪，位視九卿。其餘有美人、才人、中才人，爵視千石以下。宋武帝省二才人〔一〕，其餘仍用晉制。按：貴嬪，魏文帝所制。夫人，魏武帝初建魏國所制。貴人，漢光武所制。淑妃，魏明帝所制。淑媛，魏文帝所制。淑儀、修華，晉武帝所制。修容，魏文帝所制〔二〕。修儀，魏明帝所制。婕妤、容華，前漢舊號。充華，晉武帝所制。美人，漢光武所制。及孝武孝建三年，省夫人，置貴妃，位比相國，進貴嬪比丞相，貴人比三司，以爲三夫人。又置昭儀、昭容、昭華，以代修華、修儀、修容。又置中才人、充衣，以爲散位。按：昭儀，漢元帝所制。昭容，孝武所制。昭華，魏明帝所制。中才人，晉武帝所制。充衣，前漢舊制。及明帝泰始二年〔三〕，省淑妃、昭華、中才人、充衣，復置修華、修儀、修容、才人、良人。三年，又省貴人，置貴姬，以備三夫人之數。又置昭華，增淑容、承徽、列榮，以淑媛、淑儀、淑容、昭華、昭儀、昭容、修華、修儀、修容爲九嬪。婕妤、容華、充華、承徽、列榮凡五職，亞九嬪。美人、才人、良人三職爲散役。其後，帝留心後房，擬百官，備置内職焉。及齊高帝建元元年，有司奏置貴嬪、夫人、貴人爲三夫人，修華、修儀、修容、淑妃、淑媛、淑儀、婕妤、容華、充華爲九嬪，美人、中才人、才人爲散職。三年，太子宫置三内職：良娣比開國侯，寶林比五等侯〔四〕，才人比駙馬都尉。及永明元年，有司奏：貴妃、淑妃，並加金章紫綬，佩于闐玉。淑妃舊擬九棘，以淑爲温恭之稱，妃爲亞后之名，進同貴妃，以比三司；夫人之號，不殊蕃國；降淑媛以比九卿。七年，復置昭容，位在九嬪焉。梁武撥亂反正，深鑒奢逸，配德早終，長秋曠位。定令制貴妃、貴嬪、貴姬爲三夫人。淑媛、淑儀、淑容、昭華、昭儀、昭容、修華、修儀、修容爲九嬪。婕妤、容華、充華、承徽、列榮爲五職。美人、才人、良人爲三職。東宫置良娣、寶林爲二職。及簡文、元帝出自儲蕃，或迫在拘縶，或逼於寇亂，且妃竝先殂，更不建椒閫。陳武光膺天歷，以朴素自居，故後宫員位，其數多闕。文帝天嘉之後，詔宫職備員，其所置立，無改梁舊。編之令文，以爲後法。然帝性恭儉，而嬪嬙不備。宣帝、後主無所改作。今總綴緝，以立此篇云。

宋孝懿蕭皇后，名文壽，蘭陵人，武帝繼母。帝爲宋公、宋王，加太妃、太后。受禪，尊爲皇太后。

武敬臧皇后，名愛親，東莞人〔五〕。適武帝。義熙四年殂，追贈豫章公夫人〔六〕。武帝崩，祔葬初寧陵。

武帝張夫人，不知何許人。生少帝。帝即位，尊爲皇太后。少帝廢，太后還璽紱，隨居吴縣。文帝元嘉初，拜營陽國太妃，二年薨。

文章胡太后，名道安〔七〕，淮南人。義熙初，武帝納之，生文帝。五年，被譴死。武帝即位，追贈婕好。文帝即位，上尊號曰章皇太后，陵曰熙寧。

少帝司馬皇后，名茂英，晉恭帝女。宋初，拜皇太子妃。少帝即位，爲皇后。元嘉初，降爲營陽王妃〔八〕。十六年薨。

文元袁皇后，名齊嬀，陳郡陽夏人，父湛。少適文帝爲王妃，生子劭。元嘉十七年崩。

潘淑妃，以色進，生子濬。後爲元凶劭所殺。

孝武昭路太后，名惠男，丹陽建康人。以貌入後宮，生孝武，拜淑媛。隨孝武出蕃。明帝即位〔九〕，尊爲太后。

明宣沈太后，名容姬。爲文帝美人，生明帝，拜婕妤。元嘉三十年卒。孝武即位，追贈太后。

孝武文穆王皇后，名憲嫄，琅邪臨沂人。初爲武陵王妃，生廢帝。孝武即位，立爲皇后。廢帝即位，尊爲皇太后。

殷淑儀，南郡王義宣女。義宣敗，帝密取之，假姓殷。薨，追贈貴妃。或云貴妃是殷琰家人入義宣家，義宣敗入宫云。

前廢帝何皇后，名令婉，廬江灊人，父瑀。初爲皇太子妃，薨於東宫。廢帝即位，追謚曰獻皇后。

明恭王皇后，名貞風，琅邪臨沂人。初爲湘東王妃。明帝即位立爲后。廢帝即位，尊爲太后。

後廢帝陳太妃，名妙登，丹陽建康屠家女。孝武宫人，以賜明帝，生後廢帝，拜貴妃。廢帝即位，尊爲皇太妃。

後廢帝江皇后，名簡珪，濟陽考城人〔一〇〕。初納爲太子妃，帝即位，爲皇后。帝既廢，降爲蒼梧王妃。

順帝陳太妃，明帝宫人，爲昭華。明帝以桂陽王休範子令妃養之。即位爲順帝，進爲皇太妃。

順帝謝皇后，名梵境，陳郡陽夏人，父颺。順帝立，爲皇后。帝禪位，降爲汝陰王妃〔一一〕。

齊武穆裴皇后，名惠昭，河東聞喜人。昇明三年，爲齊世子妃。建元元年，爲皇太子妃。二年薨。武帝即位，追尊爲皇后〔一二〕。

文安王皇后，名寶明，琅邪臨沂人，父曄之。建元四年，爲皇太子妃。鬱林王即位，尊爲皇太后，稱宣德宫。明帝即位，出居鄱陽王故第。梁武定建業，迎入宫，稱制。和帝禪位，遜居外宫。梁天監時薨。

鬱林王何妃，名婧英，廬江灊人。初爲南郡王妃。太孫即位，立爲皇后。帝廢，貶爲王妃。

海陵王王妃，名韶明，琅邪臨沂人，父慈。初爲鬱林王妃，王即位，爲皇后。王廢，降爲妃。

明敬劉皇后，名惠端，彭城人。明帝納之。永明七年卒。帝即位，贈皇后。

東昏褚皇后，名令璩，河南陽翟人，父澄。建武初，納爲皇太子妃。東昏即位，爲皇后。東昏廢，降爲庶人。

和王皇后，名舜華，琅邪臨沂人，儉之孫。初爲隨王妃，帝即位，爲皇后。既禪位，降爲妃。

梁武德郗皇后，名徽，高平金鄉人，父曄。齊建元末，嬪於武帝。帝爲雍州刺史日殂，即位追贈皇后。

武丁貴嬪，名令光，譙國人。武帝鎮樊城，納之。生昭明太子，册爲貴嬪。普通七年薨。

文宣阮太后，名令嬴，會稽餘姚人。武帝平建業，納爲采女。生元帝，爲修容。隨出蕃。大同六年薨。元帝即位，追崇爲太后。

簡文王皇后，名靈賓，琅邪臨沂人。初爲晉安王妃。大通三年，拜皇太子妃。太清三年薨〔一三〕。簡文即位，追崇爲皇后。

元帝徐妃，名昭佩，東海郯人。天監十六年，拜爲湘東王妃。太清三年以罪死。

敬夏太后，會稽人。元帝納之，生敬帝〔一四〕，紹泰元年〔一五〕，尊爲太后。明年，降爲江陰國太妃。

敬王皇后，琅邪臨沂人。初爲晉安王妃。王即位，拜皇后。禪位，降爲江陰王妃。

陳武宣章皇后，名要兒，吴興烏程人。武帝聘之。受禪，立爲皇后。文帝即位，尊爲皇太后。

文沈皇后，名妙容，吴興武康人。梁大同中，歸於文帝。武帝即位，爲臨川王妃。文帝即位，爲皇后。廢帝立，爲皇太后。

廢帝王皇后，琅邪臨沂人。初爲皇太子妃，廢帝即位，立爲皇后。帝廢，降爲臨海王妃。至德中薨。

宣柳皇后，名敬言，河東解縣人。宣帝在江陵聘之，生後主。宣帝即位，爲皇后。後主即位，尊爲皇太后。

後主沈皇后，名婺華，吴興武康人，父君理。太建元年〔一六〕，拜爲皇太子妃。後主即位，立爲皇后。

陳亡，入長安。隋煬帝每巡幸，恒令從駕。煬帝被弑，后爲尼於毗陵天静寺。貞觀初卒。

張貴妃，名麗華，本兵家女。後主爲太子，選入宮。得幸，生太子深，拜貴妃。陳亡，爲隋軍所殺。

北史后妃傳叙：「魏氏王業之兆，雖始於神元，然自昭、成之前，未具言六宮之典，而章、平、思、昭、穆、惠、煬、烈八帝，妃后無聞。道武追尊祖妣，皆從帝謚爲皇后。始立中宮，餘妾或稱夫人，多少無限，然皆有品次。太武稍增左右昭儀及貴人、椒房等，後庭漸已多矣。又魏故事，將立皇后，必令手鑄金人，以成者爲吉，不則不得立也。又太武、文成，保母劬勞之恩〔一七〕，並極尊崇之義，雖事乖典禮，而觀過知仁。孝文改定内官，左右昭儀位視大司馬，三夫人視三公，三嬪視三卿，六嬪視六卿，世婦視中大夫，御女視元士。後置女職，以典内事〔一八〕：内司視尚書令、僕；作司、大監、女侍中三官視二品；監、女尚書、美人，女史、女賢人、女書史、書女、小書女五官視三品；中才人、供人、中使、女生才人、恭使宮人視四品；青衣〔一九〕、女酒、女饗、女食、奚官女奴視五品。及齊神武、文襄，俱未踐尊極。神武嫡妻稱妃，其所聘蠕蠕女稱爲蠕蠕公主。文襄既尚魏朝公主，故無别號。兩宮自餘姬侍，並稱娘而已。文宣後庭雖有夫人、嬪、御之稱，然未具員數。孝昭内職甚少，唯楊嬪才貌兼美〔二〇〕，復是貴家，襄城王母桑氏有德行，並蒙恩禮，其餘無聞焉。河清新令：内命婦依古制有三夫人、九嬪、二十七世婦、八十一御女。又準漢制，置昭儀，有左右二人，比丞相。其弘德、正德、崇德爲三夫人，比三公。光猷、昭訓、隆徽爲上嬪，比三卿。宣徽、凝暉、宣明、順華、凝華、光訓爲下嬪，比六卿。正華、令則、修訓、曜儀、明淑、芳華、敬婉、昭華、光正、昭寧、貞範、弘徽〔二一〕、和德、弘猷、茂光、明信、静訓、曜德、廣訓、暉範、敬訓、芳猷、婉華、明範、艷儀、暉則、敬信〔二二〕爲二十七世婦，比從三品。穆光、茂德、貞懿、曜光、貞凝、光範、令儀、內範、穆閨、婉德、明婉、艷婉、妙範、暉章、敬茂、靜肅、章瓊〔二三〕、穆華、慎儀、妙儀、明懿、崇明、麗則、婉儀、彭媛〔二四〕、修閑、修靜、弘慎、艷光、漪容、徽淑、秀儀、芳婉、貞慎、明艷、貞穆〔二五〕、修範、肅容、茂儀、英淑、弘艷、正信、凝婉、英範、懷順、修媛、良則、瑶章、訓成、潤儀、寧訓、淑懿、柔則、穆儀、修禮、昭慎、貞媛、肅閨、敬順、柔華、昭順、敬寧、明訓、弘儀、崇敬、修敬、承閑、昭容、麗儀、閑華、思柔、媛光、懷德、良媛、淑猗、茂範、良信、艷華、徽娥、肅儀、妙則爲八十一御女，比正四品。武成好內，並具其員。自外又置才人、采女，以爲散號。後主既立二后，昭儀以下皆倍其數。又置左右娥英，比左右丞相。降昭儀比二大夫〔二六〕。尋又置淑妃一人，比相國。周氏率由姬制，內職有序。文帝創基，修衽席以儉約。武皇嗣歷，節情欲於矯枉。宮闈有貫魚之美，戚里無私溺之尤，可謂得君人之體也。宣皇外行其志，內逞其欲，溪壑難滿，采擇無厭，恩之所加，莫限廝皂。榮之所及，無隔險詖。於是升蘭殿以正位，踐椒庭而齊體者，非一人焉。階房帷而拖青紫，緣恩幸而擁玉帛，非一族焉。雖辛、癸之荒淫，趙、李之傾惑，曾未足比其髣髴也。人厭苛政，弊事實多，文帝之祀忽諸，特由於此。隋文思革前弊，大矯其失，惟皇后當室，傍無私寵，婦官位號，未詳備焉。開皇二年，著內官之式，略依周禮，省減其數。嬪三員，掌教四德，視正三品。世婦九員，掌賓客祭祀，視正五品。女御三十八員，掌女功絲枲，視正七品。又采漢、晉舊儀，置六尚、六司、六典，遞相統攝，以掌宮掖之政。一曰尚宮〔二七〕，掌導引皇后及閨閣稟賜。管司令三人，掌圖籍法式，糾察宣奏；典琮三人，掌琮璽器玩。二曰尚儀，掌禮儀教學。管司樂三人，掌音律之事。典贊三人，掌導引内外命婦朝見。三曰尚服，掌服章寶藏。管司飾三人，掌簪珥花嚴。典櫛三人，掌巾櫛膏沐。四曰尚食，掌進膳先嘗。管司醫三人，掌方藥卜筮。典器三人，掌罇彝器皿。五曰尚寢，掌帷帳牀褥。管司筵三人，掌鋪設灑掃。典執三人，掌扇傘燈燭。六曰尚工，掌營造百役。管司製三人，掌衣服裁縫。典會三人，掌財帛出入。六尚各三員，視從九品，六司視勳品，六典視流外二品。初，文獻皇后功參歷試，外預朝政，内擅宫闈，懷嫉妒之心，虚嬪妾之位，不設三妃，防其上逼。自嬪以下，置六十員。加又抑損服章〔二八〕，降其品秩。至文獻崩後，始置貴人三員，增嬪至九員，世婦二十七員，御女八十一員。貴人等關掌宫闈之務，六尚以下皆分隸焉。煬帝時，后妃嬪御無釐婦職，唯端容麗飾〔二九〕，陪從宴遊而已。帝又參詳典故，自制嘉名，著之於令。貴妃、淑妃、德妃，是爲三夫人，品正第一。順儀、順容、順華、修儀、修容、修華、充儀、充容、充華，是爲九嬪，品正第二。婕妤一十二員，品正第三。美人、才人一十五員，品正第四，是爲世婦。寶林二十四員，品正第五。御女二十四員，品正第六。采女三十七員，品正第七，是爲女御。總一百二十〔三〇〕，以叙於燕寢。又有承衣、刀人，皆趨侍左右，並無員數，視六品以下。時又增置女官，準尚書省，以六局管二十四司。一曰尚宫局。管司言，掌宣傳奏啟。司簿，掌名録計度。司正，掌格式推罰。司闈，掌門閤管籥。二曰尚儀局。管司籍，掌經史教學，紙筆几案。司樂，掌音律。司賓，掌賓客。司贊，掌禮儀贊相導引。三曰尚服局。管司璽，掌琮璽符節。司衣，掌衣服。司飾，掌湯沐巾櫛玩弄。司仗，掌仗衛戎器。四曰尚食局。管司膳，掌膳羞。司醞，掌酒醴醯醢。司藥，掌醫巫藥劑。司饎〔三一〕，掌廪餼柴炭。五曰尚寢局。管司設，掌牀席帷帳〔三二〕，鋪設灑掃。司輿，掌輿輦傘扇，執持羽儀。司苑，掌園籞種植，蔬菜瓜果。司燈，掌火燭。六曰尚工局。管司製，掌營造裁縫。司寶，掌金玉珠璣錢貨。司綵，掌繒帛。司織，掌織染。六尚二十二司〔三三〕，員各二人，唯司樂、司膳員各四人。每司又置典及掌，以貳其職。六尚十人，品從第五。司二十八人，品從第六。典二十八人，品從第七。掌二十八人，品從第九。女使流外，量局閑劇，多者十人以下，無定員數。聯事分職，各有司存焉。

魏獻明皇后賀氏，東部大人野干女。生道武，皇始元年崩。後追加尊號。

道武皇后慕容氏，寶之季女。中山平，入宮得幸。後立爲皇后。

道武宣穆皇后劉氏，劉眷女。登國初，納爲夫人，生明元。以鑄金人不成，故不登后位。魏故事，後宮産子，將爲儲貳，其母皆賜死。道武末年，后以舊法崩。明元即位，追尊謚位〔三四〕。

明元昭哀皇后姚氏，姚興女。明元納爲夫人。後薨，追贈后。

明元密皇后杜氏，魏郡鄴人。以良家子選入太子宮，生太武，拜貴嬪薨。太武即位，追尊爲后。

太武保母竇氏，初以夫家坐事誅，入宮。明元命爲太武保母。太武即位，尊爲皇太后。

太武皇后赫連氏，屈丐女。太武平統萬，納之爲貴人，後立爲皇后。文成初崩。

太武敬哀皇后賀氏〔三五〕，代人。初爲夫人，生景穆，薨。追贈貴嬪〔三六〕。

景穆恭皇后郁久閭氏，河東王毗之妹。以選入東宮，生文成，薨。文成即位，追上尊號。

文成乳母常氏，本遼西人。因事入宮，乳文成。帝即位，尊爲皇太后。

文成文明皇后馮氏，長樂信都人。父朗，坐事誅，后遂入宮。以選爲貴人，後立爲皇后。獻文即位，尊爲皇太后。

文成元皇后李氏，梁國蒙縣人。太武南征得之。後入文成宮中，生獻文，拜貴人。後謚元皇后。

獻文思皇后李氏，中山安喜人。以選入宮，爲夫人，生孝文。後追謚。

孝文貞皇后林氏，平涼人。父勝，坐法誅，遂入掖庭，生皇子恂。薨，追謚后。

孝文廢后馮氏，太師熙之女。太和十七年，立爲后。後以寵衰，廢爲尼。

孝文幽皇后馮氏，亦熙之女。入宮拜昭儀，後立爲皇后。坐淫恣廢死，葬以后禮。

孝文文昭皇后高氏，司徒公肇之妹。以選入宮，生宣武。薨〔三七〕。謚貴人。宣武即位，追上尊號。

宣武順皇后于氏，太尉烈弟勁之女。選入宮，爲貴人。帝即位，立爲后，崩。

宣武皇后高氏，文昭皇后弟偃之女〔三八〕，入宮爲貴嬪。帝即位，立爲后。明帝即位，尊爲皇太后。

宣武靈皇后胡氏，安定臨涇人。司徒國珍女。入掖庭爲承華〔三九〕，生明帝。帝即位，尊皇太妃，後又尊爲皇太后。

孝明皇后胡氏，靈太后從兄盛之女。帝即位，立爲皇后。武泰初，入道爲尼。

孝武皇后高氏，齊神武長女。帝立，納爲后。帝西幸關中，降爲彭成王妃。

文帝文皇后乙弗氏，河南洛陽人，其先世吐谷渾渠帥，父瑗。文帝納爲妃。即位，册爲皇后。後帝結昏蠕蠕，后遜居別宮，爲尼，卒以嫌賜自盡。

文帝悼皇后郁久閭氏，蠕蠕主阿那瓌之長女〔四〇〕，蠕蠕屢犯邊，帝乃納其女爲后。二年崩。

廢帝皇后宇文氏〔四一〕，周文帝女。帝爲太子，納爲妃。即位，爲皇后。帝既廢崩，后亦以忠於魏室罹禍。

恭帝皇后若干氏，司空、長樂郡公惠〔四二〕之女。恭帝納之爲后，後出家爲尼。

孝静皇后高氏，齊神武第二女。天平四年，聘爲皇后。齊受禪，降爲中山王妃。後再嫁於楊愔。

齊武明皇后婁氏，名昭君，贈司徒内干之女。神武聘之。既秉政，封渤海王，拜爲王妃，凡孕六男二女。文宣受禪，尊爲皇太后。

蠕蠕公主，蠕蠕主郁久閭阿那瓌之女。神武以蠕蠕屢犯邊，聘其女。神武崩，文襄從其國法蒸焉，産一女。

彭城太妃爾朱氏，榮之女，魏孝莊后。神武納爲别室，生子浟，後爲尼。天保初，爲太妃。爲文宣所殺。

馮翊太妃鄭氏，名大車。初爲魏廣平王妃，神武納之，生馮翊王潤。

文襄敬皇后元氏，魏静帝之姊。初爲世子妃，文宣受禪，尊爲文襄皇后，居静德宫。武平中崩。

文宣皇后李氏，名祖娥，趙郡李希宗女，爲文宣妃。帝受禪，立爲皇后。孝昭即位，號昭信皇后。武成即位，逼淫之，遂爲尼。齊亡入周，隋時卒。

北齊皇帝納后之禮：納采、問名、納徵訖，告圜丘、方澤及廟。是日，皇帝臨軒，命太尉爲使，司徒副之，持節詣后行宫，東向，奉璽綬以册授中常侍，皇后受册於行殿。使者與公卿以下皆拜，有司備迎禮。太尉、太保受詔而行，主人公服迎拜於門。使者入，升自賓階，東面。主人升自阼階，西面。禮物陳於庭。設席於兩楹間，童子以璽書版升，主人升，跪受。送使者拜於大門外〔四三〕。有司先於昭陽殿兩楹間供帳，爲同牢之具。皇后服大嚴繡衣，帶綬佩，加幜。女長御引出，升畫輪四望車。女侍中負璽陪乘。鹵簿如大駕。皇帝服袞冕出，升御座。皇后入門，大鹵簿位門外，小鹵簿入。到東上閤，施步障，降車，席道以入昭陽殿。前至席位，姆去幜，皇后先拜後起，皇帝後拜先起，升自西階，詣同牢座，與皇后俱坐，各三飯訖〔四四〕，又各酳二爵一巹。奏禮畢，后興，南向立。皇帝御太極殿，王公以下拜表謝。又明日，以榛栗棗脩見皇太后於昭陽殿。擇日，群官上禮。又擇日，謁廟。皇帝使太尉先以太牢告，而後遍見群廟。

孝昭皇后元氏，開府元蠻女。初爲常山王妃。孝昭即位，立爲皇后。武成立，降居順成宮。齊亡入周，隋時卒。

弘德夫人李氏，趙郡李叔讓女。初爲魏静帝嬪。武成納之，生南陽王仁〔四五〕，爲太妃。

武成皇后胡氏，安定胡延之女。生後主，武成立，爲皇后。後主立，尊爲皇太后。

後主皇后斛律氏，左丞相光之女。初爲皇太子妃，後主受禪，立爲皇后。光被害，后廢，後爲尼。齊亡，再適開府元仁。

北齊皇太子納妃禮：皇帝遣使納采，有司備禮物。會畢，使者受詔而行。主人迎於大門外。禮畢，會於廳事。其次問名、納吉，並如納采。納徵，則使司徒及尚書令爲使，備禮物而行。請期，則以太常宗正卿爲使，如納采。親迎，則太尉爲使。三日，妃朝皇帝於昭陽殿，又朝皇后於宣光殿。擇日，群臣上禮。他日，妃還。又他日，皇太子拜閤。皇太子及王聘禮：納采、問名、納吉、納徵〔四六〕、請期、親迎，皆用羔羊一口，鴈一隻，酒、黍、稷、稻〔四七〕、米、麪各一斛。納徵用玄三匹，纁二匹，束帛十匹，大璋一，虎皮二，錦綵六十匹，絹二百匹，羔羊一口，羊四口，犢二頭，酒、黍、稷、稻米、麪各十斛，從車百乘〔四八〕。

後主皇后胡氏，隴東王長仁女〔四九〕，入宮爲昭儀，斛律后廢，立爲皇后。後以忤胡太后廢爲尼。齊亡後亦改嫁。

後主穆皇后，名邪利，本斛律后從婢〔五〇〕。入宮得幸，生皇子恒。胡皇后廢，立爲后。齊亡，不知所終。

馮淑妃，名小憐，穆后從婢。穆后愛衰，妃有寵，封淑妃。齊亡入周，以賜代王達。

周文宣吒奴皇后，代人，周文帝爲丞相，納之，生武帝。帝即位，尊爲皇太后。

孝閔皇后元氏，名胡摩，魏文帝女，帝爲略陽公〔五一〕，尚焉。及踐祚，立爲皇后。帝被廢，后爲尼。晉公護誅，上尊號爲孝閔皇后，居崇義宫。隋革命，出居里第。大業時卒。

明敬皇后獨孤氏，太保、衛公信長女。帝在藩，納爲夫人。即位，立爲皇后。崩，與帝合葬昭陵。

武成皇后阿史那氏，突厥可汗女。武帝時，突厥强，故聘其女爲后。宣帝即位，尊爲皇太后。

武皇后李氏，名娥姿，楚人。江陵平，没入宫。周文以賜武帝，得幸，生宣帝。宣政元年，尊爲皇太后。

宣皇后楊氏，名麗華，隋文帝長女。帝爲太子，納爲妃。即位，立爲后。静帝即位，爲皇太后。

宣帝后朱氏，名滿月，吴人。其家坐事，没入東宫。宣帝幸之，生静帝，立爲天元帝后〔五一〕。

宣帝后陳氏，潁川人。以選入宫，拜德妃，立爲天左皇后。帝崩，出俗爲尼。唐永徽初卒。

宣帝皇后元氏，名樂尚，河南洛陽人，開府晟之女。入宫爲貴妃，後立爲天右皇后。帝崩，出俗爲尼。貞觀中卒〔五三〕。

宣帝皇后尉遲氏，名繁熾，蜀公迥之孫女。初適杞公亮子温，以宗婦入廟，帝逼幸之。亮謀逆誅，遂入宫，爲天左大皇后〔五四〕。帝崩，出俗爲尼。開皇十五年卒。

静帝司馬皇后，名令姬，消難之女，納爲后。大象二年〔五五〕，隋文以后父奔陳，廢爲庶人。後嫁爲隋司隸刺史李丹妻〔五六〕。

隋文獻皇后獨孤氏，名伽羅，河南洛陽人。周大司馬、衛公信之女。文帝受禪，立爲皇后。仁壽二年崩，年五十九〔五七〕。宣華夫人陳氏，陳宣帝女。陳亡，入掖庭。文獻后崩，進位爲貴人，後拜宣華夫人。煬帝時卒。

容華夫人蔡氏，丹陽人。陳亡，以選入宫，拜爲貴人，後加號容華夫人。煬帝時卒。

煬帝愍皇后蕭氏，梁明帝巋之女。文帝聘爲晉王妃，煬帝即位，立爲皇后。煬帝遇弒，後没於竇建德，突厥可賀敦隋義城公主使迎之，入虜庭。唐貞觀四年，破突厥，以禮致之，歸於京師，賜宅於興道里。

二十一年殂，詔以皇后禮合葬於揚州煬帝陵。

隋皇太子納妃禮：皇帝臨軒，使者受詔而行。主人俟於廟門。使者執鴈，主人迎拜於大門之東。使者入，升自西階，立於楹間，南面。納采訖，乃行問名儀〔五八〕。事畢，主人請致禮於從者。禮有幣馬。其次，擇日納吉，如納采〔五九〕。又擇日，以玉帛乘馬納徵。又擇日告期〔六〇〕。又擇日，命有司以特牲告廟，册妃。皇太子將親迎，皇帝臨軒，醮而誡曰：「往迎爾相，承我宗事，勖帥以敬。」對曰：「謹奉詔。」既受命〔六一〕，羽儀而行。主人几筵於廟，妃服褕翟立於東房，主人迎於門外〔六二〕，西面拜。皇太子答拜〔六三〕。主人揖皇太子先入，主人升立於阼階，西面。皇太子升進，當房户前，北面，跪奠鴈，俛伏，興，拜，降出。妃父少進〔六四〕，西面戒之。母於西階上，施衿結帨，及門内，施鞶申之。出門，妃升輅，乘以几。姆加幜。皇太子乃馭，輪三周，馭者代之。皇太子出大門，乘輅，羽儀還宮。妃三日鷄鳴夙興以朝〔六五〕，奠笲音煩。於皇帝，皇帝撫之。又奠笲於皇后，皇后撫之。席於户牖間，妃立於席西，祭奠而出。

唐舊制：皇后之下，有貴妃、淑妃、德妃、賢妃各一人，爲夫人，正一品。昭儀、昭容、昭媛、修儀、修容、修媛、充儀、充容、充媛各一人，爲九嬪，正二品。婕妤九人，正三品。美人九人，正四品。才人九人，正五品。寶林二十七人，正六品。御女二十七人，正七品。綵女二十七人，正八品。以備周禮六宮之數。其外，又有尚宫、尚儀、尚服、尚食、尚寢、尚功，分掌宮中服御藥膳之事。宮正，糾愆失。彤史，紀功書過。龍朔二年，改易官名。置贊德二人，正一品，以代夫人。宣儀四人，正二品，以代九嬪。承門五人，正四品，以代美人。承旨五人，正五品，以代才人。衛仙六人，正六品，以代寶林。供奉八人，正七品，以代御女，持節二十人，正八品，以代綵女。又置侍巾三十人，正九品。咸亨二年，復舊。高祖、太宗除隋之亂政，未下車而大放宫女。正位配尊，惟其舊德，宫闈之職，備員而已，所謂刑于内以正乎外。及高宗永徽之後，政出宫中，公卿大夫罔不憚服，其取威也。多山陵未畢而冢嗣再廢，遂掘翦皇室，改立宗社，非一朝一夕之故，其所由來漸矣。及中宗追王韋氏，崇寵三思，使以先朝故事尊誘之，於是慶雲之瑞，宣於朝廷，桑女之歌，布於天下，防閑之道大壞，逆亂之謀構矣。卒以禍敗，爲後王誡。玄宗即位，大加懲革，内外有別，家道正矣。按杜氏通典，内官有惠妃、麗妃、華妃三人〔六六〕，正一品。淑儀、德儀、賢儀、順儀〔六七〕、婉儀、芳儀六人，正二品。美人四人，正三品。才人七人，正四品。與正史所載，率皆不同。其名號亦有見於國史，但不詳所出，今疏之於後，以示廣記。

容齋洪氏隨筆曰：「自漢以來，帝王妃妾之多，唯漢靈帝、吴歸命侯、晉武帝、宋蒼梧王、齊東昏、陳後主、晉武至於萬人。唐世明皇爲盛，白樂天長恨歌云『後宫佳麗三千人』，杜子美劍器行云『先帝侍女八千人』，蓋言其多也。新唐史所叙，謂開元、天寶中，宫嬪大率至四萬，嘻其甚矣！隋大業離宫徧天下，所在皆置宫女。故裴寂爲晉陽宫監，以私侍高祖，及高祖義師經過處，悉罷之，其多可想。」

吴氏能改齋漫録曰：「『忽看金輿向月陂，宫人接著便相隨〔六八〕。恰從中尉門前過，當處教看卧鴨池』，王建宫詞也。按唐著作佐郎崔令欽教坊云：『左右兩教坊，右多善歌，左多工舞。坊外有水泊〔六九〕，俗號月陂陂，形如偃月也。』故王建述此。又言『妓女入宜春院，謂之内人，亦曰前頭人，常在上前頭也。其家得在教坊，謂之内人家〔七〇〕，四季給米。得幸者，謂之十家』。故王建又宮詞云『内人對御叠花箋』，『内人唱好龜兹急』，『内人相續報花開』，『内人籠脱繫紅絛』，『内人恐要秋衣著』，『内人争乞洗兒錢』。」

高祖太穆順聖皇后竇氏，京兆平陵人，父毅，周上柱國，歸於高祖。隋大業時，崩於涿郡，年四十五。高祖即位，追謚皇后。

太宗文德順聖皇后長孫氏，河南洛陽人，父晟。歸於太宗。帝即位，爲皇后。貞觀十年崩，年三十六。

太宗賢妃徐惠，湖州長城人。帝聞其文名，召爲才人。永徽元年卒。

高宗廢后王氏，并州祁人。初納爲晉王妃，即位，立爲皇后。永徽六年，爲武才人所譖，廢爲庶人。後爲武氏所殺。

高宗則天順聖皇后武氏，并州文水人，父士彠。初爲太宗才人。帝崩，與嬪御皆爲尼。高宗見而悦之，召之宮中，生四子。譖廢王皇后，遂立爲后，稱「天后」。高宗崩，爲皇太后，臨朝。

中宗和思順聖皇后趙氏，京兆長安人，父瓌〔七一〕。帝爲英王，聘爲妃。後爲武氏所殺。神龍初，追謚后。中宗崩，韋庶人既廢，有司乃請以后祔定陵。

中宗庶人韋氏，京兆萬年人，父玄貞。帝在東宮，被選爲妃。嗣聖初，立爲后。後隨帝遷房陵。帝復位，復正中宫。唐隆元年弒帝，臨淄王隆基討而誅之，追廢爲庶人。

上官昭容〔七二〕，名婉兒。父儀得罪死，没入掖庭。武后時，内掌詔命〔七三〕。中宗復位，拜昭容。後以韋氏黨爲臨淄王所誅。

睿宗肅明順聖皇后劉氏，帝在藩，納爲妃，即位，立爲皇后。帝降號皇嗣，復爲妃。後爲武后所殺，景雲元年追謚。

睿宗昭成順聖皇后竇氏，父孝諶〔七四〕。帝即位，爲德妃，生玄宗。與劉后俱爲武后所殺，葬於宫中，秘莫知。帝崩，並招魂祔葬橋陵。

初，太常加謚曰「大昭成」。或言：「法宜引『聖真』冠謚，而曰『大昭成』非也。以單言配之，應曰『聖昭』，若『睿成』。以復言配之，應曰『大聖昭成』，『聖真昭成』。又引太穆皇后始謚穆，及高祖崩，合帝謚曰太穆，追增太穆神皇后。文德皇后始謚文德，及太宗崩，合謚文德聖皇后。又援范曄著漢光烈等爲比。太常謂：「曄以帝號標后謚，是史家記事體，婦人非必與夫同也。入廟稱后，繫夫。在朝稱太，繫子。『文母』，生號也。『文王』，既没謚也。周公豈以夫從婦乎？漢法不可以爲據。」制曰「可」。

天寶八載制詔，自太穆而下六皇后，並增上「順聖」二謚云。

玄宗皇后王氏，同州下邽人，梁冀州刺史神念裔孫〔七五〕。帝爲臨淄王，聘爲妃。即位，立爲皇后。

開元十二年，以罪廢爲庶人。寶應初，追復后號。

玄宗貞順皇后武氏，父攸止。幼入宫。帝即位，得幸，封惠妃，禮秩比皇后。生壽王瑁。薨，贈皇后及諡。

玄宗元獻皇后楊氏，父知慶。帝在東宮，爲良媛。生肅宗，爲貴嬪。肅宗即位，追謚皇后。

玄宗貴妃楊氏，蒲州永樂人，父玄琰。幼孤，養叔父家。始爲壽王妃，帝悦之，乃令其丐爲女官，號「太真」，潛納之宫中，天寶初，册貴妃。安禄山反，上幸蜀，陳玄禮等誅楊國忠，賜妃死。時年三十八。

肅宗廢后庶人張氏，鄧州向城人，父去逸。帝在東宫，爲良娣。乾元初，拜淑妃，繼立爲皇后，帝大漸，后謀廢太子，李輔國等矯詔，廢而殺之。

肅宗章敬皇后吴氏，濮州濮陽人。父令珪坐事死，故后幼入掖庭，玄宗以賜帝，幸之，生代宗。年十八薨。代宗即位，追尊爲后，合葬建陵。

代宗貞懿皇后獨孤氏，父潁。帝即位，册貴妃，生韓王迥。大歷十年薨，追號爲皇后。

代宗睿真皇后沈氏，吴興人。開元末，以良家子入東宫，太子以賜廣平王，生德宗。天寶亂，賊囚后東都。王入洛，方北討，而河南再爲史思明所陷，遂失后所在，代宗立〔七六〕，訪求不得。建中初，上皇太后尊號。憲宗即位，詔以大行啓殯日，爲后發哀内殿，上太皇太后謚册，祔代宗廟。

德宗昭德皇后王氏，本仕家子。帝爲魯王時，納爲嬪，生順宗。既即位，册號淑妃。貞元三年〔七七〕，册爲后。其年后崩。

德宗賢妃韋氏，以戚里舊族爲良娣。德宗貞元四年〔七八〕，册拜賢妃。帝崩，自表留奉崇陵園，元和時薨。

順宗莊憲皇后王氏，琅邪人。代宗時，以良家選入宮，爲才人。順宗在藩，以才人賜之。生憲宗，册爲良娣。憲宗内禪，尊爲太上皇后。

憲宗懿安皇后郭氏，汾陽王子儀之孫，父曖。憲宗爲廣陵王，聘以爲妃，生穆宗。元和元年，進册貴妃。群臣請立爲后，帝以掖庭多嬖艷，恐后得尊位，鉗掣不得肆，故終不立。穆宗嗣位，尊爲皇太后。

憲宗孝明皇后鄭氏，丹陽人。初爲李錡侍人，錡反誅，入掖庭。帝幸之，生宣宗。宣宗爲光王，爲王太妃。帝即位，尊爲皇太后。

穆宗恭僖皇后王氏，越州人，本仕家子。侍帝東宮，生敬宗。長慶時，册爲妃。敬宗立，尊爲皇太后。

穆宗貞獻皇后蕭氏，閩人。穆宗爲建安王，后得侍，生文宗。文宗立，尊爲皇太后。

穆宗宣懿皇后韋氏，失其先世。穆宗爲太子，得侍，生武宗。長慶時，册爲妃。武宗立，妃已亡，追册爲皇太后。

尚宮宋若昭，貝州清陽人〔七九〕，世以儒聞。父廷芬〔八〇〕，能辭章，生五女，皆警慧，善屬文。長若莘，次若昭、若倫、若憲、若荀。莘、昭文尤高，皆不肯與寒鄉凡裔爲姻對。貞元中，昭義節度使李抱真表其才德，德宗召入禁中，試文章，經史大義，悉留之宮中。高其風操，不以妾侍命之，呼學士。若莘卒，若昭嗣，拜尚宮，歷憲、穆、敬三朝，皆呼「先生」，后妃與諸王、公主率以師禮見〔八一〕。昭，寶歷初卒。若憲代司祕書，後以罪賜死。

敬宗貴妃郭氏，父義。長慶時，妃以容入太子宮，太子即位，爲才人。生晉王普，進爲貴妃。文宗時薨。

武宗賢妃王氏，邯鄲人，失其世。年十三入宮，穆宗以賜穎王，王嗣位，進號才人。帝崩，才人亦自盡。宣宗嘉之，贈賢妃。

宣宗元昭皇后鼂氏，不詳其世。少入邸，見寵。帝即位，爲美人，生懿宗。大中時薨，贈昭容。懿宗立，追尊爲皇太后。

懿宗惠安皇后王氏，亦失所來。咸通中，册貴妃，生普王〔八三〕。七年薨。後王即位，爲僖宗，追尊爲皇太后。

懿宗淑妃郭氏，幼入鄆王邸。即位，以爲美人，進拜淑妃。黄巢之亂，流落，不知所終。

懿宗恭憲皇后王氏，其出至微。咸通中，得幸，生壽王。王立，是爲昭宗，追號皇太后。

昭宗皇后何氏，梓州人，系族不顯。帝爲壽王，納之。即位，號淑妃，後册爲皇后。帝遇弑，哀帝即位，尊爲皇太后。後卒爲朱全忠所害。

校勘記

〔一〕宋武帝省二才人　「二」原作「一」，據元本、慎本、馮本及南史卷一一后妃傳上改。

〔二〕魏文帝所制　「文」原作「武」，據元本、慎本、馮本及南史卷一一后妃傳上改。

〔三〕及明帝泰始二年　南史卷一一后妃傳上同。「二年」，宋書卷四一后妃傳作「元年」。

〔四〕寶林比五等侯　「寶」，元本、慎本、馮本及南齊書卷二〇皇后傳、南史卷一一后妃傳上作「保」。下同。

〔五〕東莞人　「莞」原作「筦」，據宋書卷四一后妃傳、南史卷一一后妃傳上改。

〔六〕追贈豫章公夫人　「公」原作「郡」，據宋書卷四一后妃傳、南史卷一一后妃傳上改。

〔七〕文章胡太后名道安　「章」原作「帝」，據南史卷一一后妃傳上改。「安」原作「女」，據太平御覽卷一四二皇親部八胡婕妤改。

〔八〕降爲營陽王妃　「營」原作「滎」，據宋書卷四一后妃傳、南史卷一一后妃傳上改。

〔九〕明帝即位　「明帝」原作「孝武」，據南史卷一一后妃傳上改。

〔一〇〕濟陽考城人　「濟」下原衍「南」字，據宋書卷四一后妃傳、南史卷一一后妃傳上删。

〔一一〕降爲汝陰王妃　「陰」原作「陽」，據宋書卷四一后妃傳、南史卷一一后妃傳上改。

〔一二〕追尊爲皇后　「皇」下原衍「太」字，據南齊書卷二〇皇后傳、南史卷一一后妃傳上删。

〔一三〕太清三年薨　「太清三年」四字原脱，據南史卷一二后妃傳下補。

〔一四〕生敬帝　「帝」原作「宗」，據梁書卷六敬帝紀改。

〔一五〕紹泰元年　「紹」原作「昭」，據梁書卷六敬帝紀、資治通鑑卷一六六梁紀二二紹泰元年十月戊午條改。

〔一六〕太建元年　「元」原作「三」，據陳書卷五宣帝紀、南史卷一〇陳本紀下改。

〔一七〕保母劬勞之恩　「勞」原作「渠」，據北史卷一三后妃傳上改。

〔一八〕以典内事　「内事」二字原脱，據魏書卷一三后妃傳補。

〔一九〕青衣　北史卷一三后妃傳上同。「青」，魏書卷一三后妃傳作「春」。

〔二〇〕唯楊嬪才貌兼美　「嬪」原作「妃」，據北史卷一三后妃傳上改。

〔二一〕弘徽　「弘」原作「宏」，據北史卷一三后妃傳上改。按「宏」，清人避高宗弘曆諱改。

〔二二〕敬信　「信」字原脱，據北史卷一三后妃傳上補。

〔二三〕章瓊　「瓊」字原脱，據北史卷一三后妃傳上補。

〔二四〕彭媛　「媛」字原脱，據北史卷一三后妃傳上補。

〔二五〕貞穆　「貞」字原脱，據北史卷一三后妃傳上補。

〔二六〕降昭儀比二大夫　「大夫」原作「夫人」，據北史卷一三后妃傳上改。

〔二七〕一曰尚宫　「宫」原作「書」，據隋書卷三六后妃傳、北史卷一三后妃傳上改。

〔二八〕加又抑損服章　「加又」二字原倒，據元本、慎本及北史卷一三后妃傳下乙正。

〔二九〕唯端容麗飾　「容」字原脱，據隋書卷三六后妃傳、北史卷一三后妃傳上補。

〔三〇〕總一百二十　隋書卷三六后妃傳、北史卷一三后妃傳上同，唯上列員數總一百二十四。

〔三一〕司饎　「饎」原作「膳」，據隋書卷三六后妃傳、北史卷一三后妃傳上改。

〔三二〕掌牀席帷帳　「帷帳」二字原倒，據隋書卷三六后妃傳、北史卷一三后妃傳上乙正。

〔三三〕六尚二十二司　隋書卷三六后妃傳、北史卷一三后妃傳上同。按上文「准尚書省，以六局管二十四司」，所叙亦六局各管四司，共二十四司，疑此處有誤。

〔三四〕追尊謚位　「謚」字原脱，據魏書卷一三皇后傳、北史卷一三后妃傳上補。「位」，魏書作「號」。

〔三五〕太武敬哀皇后賀氏　「敬」原作「景」，據北史卷一三后妃傳上、太平御覽卷一三九皇親部五太武賀皇后改。

〔三六〕追贈貴嬪　按：魏書卷一三皇后傳、太平御覽卷一三九皇親部五太武賀皇后本句下有「葬雲中金陵，後追加號謚，配享太廟」數語，北史卷一三后妃傳上「追加號謚」作「追號尊謚」，疑此處有脱誤。

〔三七〕生宣武薨　「薨」原作「葬」，據局本改。

〔三八〕文昭皇后弟偃之女　「偃」原作「優」，據魏書卷一三皇后傳、太平御覽卷一四〇皇親部六宣武高皇后改。

〔三九〕入掖庭爲承華　「承」原作「允」，據魏書卷一三皇后傳、太平御覽卷一四〇皇親部六宣武胡皇后改。「承」，北史卷一三后妃傳上作「充」。

〔四〇〕蠕蠕主阿那瓌之長女　「瓌」原作「壞」，據北史卷一三后妃傳上、太平御覽卷一四〇皇親部六鬱久閭后改。下同。

〔四一〕廢帝皇后宇文氏　「廢」原作「少」，據北史卷一三后妃傳上、太平御覽卷一四〇皇親部六西魏廢帝宇文后改。

〔四二〕司空長樂郡公惠　「郡」原作「正」，據周書卷一七若干惠傳、北史卷六五若干惠傳改。

〔四三〕送使者拜於大門外　「使」字原脱，據隋書卷九禮儀志四、通典卷五八禮典一八補。

〔四四〕各三飯訖　「飯」原作「飲」，據隋書卷九禮儀志四、通典卷五八禮典一八改。

〔四五〕生南陽王仁　北齊書卷一二武成十二王傳、北史卷五二武成諸子傳，南陽王綽字仁通，疑此處有脱誤。

〔四六〕納徵　二字原脱，據隋書卷九禮儀志四補。

〔四七〕稻　原脱，據下文及隋書卷九禮儀志四補。

〔四八〕從車百乘　「百」原作「貳」，據通典卷五八禮典一八改。

〔四九〕隴東王長仁女　「東」原作「西」，據北齊書卷四外戚傳、北史卷八〇外戚傳改。

〔五〇〕名邪利本斛律后從婢　「邪」原作「邢」，「后」原作「氏」，據北齊書卷九穆后傳、北史卷一四后妃傳下改。

〔五一〕帝爲略陽公　「帝」字原脱，據周書卷九皇后傳、北史卷一四后妃傳下補。

〔五二〕立爲天元帝后　「帝」原作「皇」，據元本、慎本、馮本及周書卷九皇后傳、北史卷一四后妃傳下改。

〔五三〕貞觀中卒　按：周書卷九皇后傳謂宣帝陳后與元后「至今尚存」，北史卷一四后妃傳下謂宣帝元后「貞觀中尚存」，周書撰成於貞觀十年，疑此處有誤。

〔五四〕爲天左大皇后　「左」原作「右」，據周書卷七宣帝紀、卷九皇后傳改。

〔五五〕大象二年　「大象」二字原脱，據周書卷九皇后傳、北史卷一四后妃傳下改。

〔五六〕後嫁爲隋司隸刺史李丹妻　「隸」原作「州」，據周書卷九皇后傳、北史卷一四后妃傳下改。

〔五七〕年五十九　北史卷一四后妃傳下同。隋書卷三六后妃傳、太平御覽卷一四〇皇親部六隋文獨孤皇后作「時年五十」。

〔五八〕乃行問名儀　「乃」原作「仍」，據隋書卷九禮儀志四改。

〔五九〕如納采　三字原脱，據隋書卷九禮儀志四補。

〔六〇〕又擇日告期　「期」原作「命」，據隋書卷九禮儀志四改。

〔六一〕既受命　「受」字原脱，據隋書卷九禮儀志四補。

〔六二〕主人几筵於廟妃服褕翟立於東房主人迎於門外　原訛脱作「主人几筵於門外」，據隋書卷九禮儀志四補。

〔六三〕皇太子答拜　「皇」下原衍「帝」字，據隋書卷九禮儀志四删。

〔六四〕妃父少進　「少」字原脱，據隋書卷九禮儀志四補。

〔六五〕妃三日鷄鳴夙興以朝　「妃三日」三字原脱，「以」下原衍「妃」字，據隋書卷九禮儀志四補删。

〔六六〕按杜氏通典内官有惠妃麗妃華妃三人　「三人」二字原脱，據通典卷三四職官典一六補。

〔六七〕順儀　二字原脱，據通典卷三四職官典一六補。

〔六八〕宫人接著便相隨　「接」原作「按」，據能改齋漫録卷六教坊内人改。

〔六九〕坊外有水泊　「坊」字原脱，據能改齋漫録卷六教坊内人補。

〔七〇〕謂之内人家　「家」字原脱，據能改齋漫録卷六教坊内人、教坊記補。

〔七一〕父瓌　「瓌」原作「瓖」，據舊唐書卷五一后妃傳上、新唐書卷七六后妃傳上改。

〔七二〕上官昭容　「上」原作「尚」，據舊唐書卷五一后妃傳上、新唐書卷七六后妃傳上改。

〔七三〕内掌詔命　「内掌」二字原倒，據新唐書卷七六后妃傳上乙正。

〔七四〕父孝諶　「諶」原作「湛」，據舊唐書卷五一后妃傳上、新唐書卷七六后妃傳上改。

〔七五〕梁冀州刺史神念裔孫　「神」原作「所」，據舊唐書卷五一后妃傳上、新唐書卷七六后妃傳上改。

〔七六〕遂失后所在代宗立　「后」上原衍「太」字，「代」原作「德」，據舊唐書卷五二后妃傳下、新唐書卷七七后妃傳下删改。

〔七七〕貞元三年　新唐書卷七七后妃傳下同。「三」，舊唐書卷五二后妃傳下、太平御覽卷一四一皇親部七德宗王皇后作「二」。

〔七八〕德宗貞元四年　新唐書卷七七后妃傳下同。　「四」，舊唐書卷五二后妃傳下、太平御覽卷一四一皇親部七韋賢妃作「二」。
〔七九〕貝州清陽人　「貝」原作「興」，據舊唐書卷五二后妃傳下、新唐書卷七七后妃傳下改。
〔八〇〕父廷芬　「芬」原作「芳」，據舊唐書卷五二后妃傳下、新唐書卷七七后妃傳下改。
〔八一〕后妃與諸王公主率以師禮見　「公主」二字原脱，據舊唐書卷五二后妃傳下、太平御覽卷一四一皇親部七女學士宋補。
〔八二〕生普王　「普」原作「晉」，據新唐書卷七七后妃傳下改。

卷二百五十五　帝系考六

后妃

唐開元禮

皇帝納后儀

告圜丘

卜日、告圜丘、方澤，並如時巡、告祭儀，其祝文臨時撰。

臨軒命使

將行納綵，制命太尉爲使者，宗正卿爲副使，吏部承以戒之。問名、納吉、納徵〔一〕、告期並奉迎，並同使。前一日，尚舍奉御設幄座於太極殿如常〔二〕。守官設群官、客使等諸應陪位者次於東西朝堂。太樂令展宮懸於殿庭，設舉麾位於殿上，一位於懸下。鼓吹令設十二案，乘黄令陳車輅，尚輦奉御陳輿輦，皆如元日之儀。典儀設文官一品以下五品以上位於懸東，六品以下於横街南，皆重行，西面北上。設武官一品以下五品以上位於懸西，六品以下於横街南，當文官，皆重行，東面北上。設朝集使位各分方於文武官當品之下。設諸親位於四品五品之下，皇宗親在東〔三〕，異姓親在西。設蕃客位各分方於朝集使六品之南，諸州使人分方位於朝集使九品之後。設典儀位於懸東北，贊者二人在南，少退，俱西向。設使者受命位於大横街南道東，副使又於其東，少退，俱北面。奉禮設門外位於東西朝堂，如元日儀。其日，諸衛勒所部列黄麾仗如常儀。群官依時刻集朝堂，俱就次各服其服〔四〕，通事舍人引就朝堂前位，侍中量時刻版奏：「請中嚴〔五〕。」鈒戟近仗入陳於殿庭，太樂令帥工人入就舞位〔六〕，協律郎入就舉麾位，諸侍衛之官各服其器服，符寶郎奉寶，俱就閤奉迎〔七〕，典儀帥贊者先入就位，通事舍人引群官入就位，又引使主、副入〔八〕，立於太極門外道東，西面。黄門侍郎引主節執幡節，中書侍郎引制書案，立於左延明門内道北，西面北上。侍中版奏：「外辦。」皇帝服衮冕御輦以出，曲直華蓋警蹕侍衛如常儀。皇帝將出，仗動，出自西房，即御座，南向。符寶郎奉寶置於御座如常。通事舍人引使主、副入，就位，立定〔九〕，典儀曰：「再拜。」贊者承傳，群官在位者皆再拜。侍中前承制，降詣使者東北，西面稱：「有制。」使主、副俱再拜。侍中宣制曰：「納某官女爲皇后，命公等持節行納綵等禮。」宣訖，使主、副又再拜。侍中還侍位。黄門侍郎引主節立於使者東北〔一〇〕，西面。主節以節授黄門侍郎，黄門侍郎執節西面授使者〔一一〕，使者受，付主節，主節立於使後，黄門侍郎退。中書侍郎引制書案立於使者東北，西面。中書侍郎取制書，持案退自使後，立於使者之左。西面授使者，使者受制書置於案，持案者退立於使後，中書侍郎退。典儀曰：「再拜。」贊者承傳，群官在位者皆再拜。舍人引使者主、副出，持節者前導，持案者次之。侍中前跪，奏稱：「侍中臣某言，禮畢。」俛伏，興，還侍位。皇帝降座，御輿，入自東房，侍衛警蹕如來儀。舍人引群官在位者以次出〔一二〕。初，使主、副乘輅備儀仗而行，鼓吹備而不作，從者乘車以從。其制書以油絡網犢車載而行〔一三〕，自後皆如之。

納綵

前一日，守宮設使者次於后氏大門外道右，南向。其日大昕，使主、副至於后氏大門外，掌次者迎入次。凡賓主及行事者皆公服。主人受於廟。無廟者受於正寢。掌事者設神席於室戶外之西，莞筵紛純，加藻席畫純〔一四〕，南向，右雕几。使主、副出次，謁者引立於大門外之西，東面，北上，持幡、節者立於使者之北，少退，東面。令史二人對舉制案立於使者之南，執鴈者又在其南，俱東面。主人立於大門內，西面。儐者立於主人之左，北面受命，出立門東，西面曰：「敢請事。」使者曰：「某奉制納綵。」儐者入告，主人曰：「臣某之女若如人，既蒙制訪，臣某不敢辭。」儐者出告，入，引主人出迎使者於大門外之南，北面，主人再拜。使者不答拜。主人揖使者，先入，至於階〔一五〕。使者及宗正卿入，幡、節先導，其持案及執鴈者從入〔一六〕，幡、節立西階之西，東面〔一七〕。自後幡、節皆如之。使者由西階升，立於兩楹間〔一八〕，南面。使副在使者西南，持案及執鴈者在使副西南〔一九〕，俱東面。主人升阼階，詣使者前，北面立〔二〇〕。持案者以案進使副前，使副取制書，持案者退復位。使副奉制書進授使者，退復位。持節者脱節衣，使者曰：「有制。」主人再拜。宣制畢，主人降詣階間，北面再拜稽首訖，升，進，北面受制書，退以授左右，仍北面立。使副取鴈以授使者，退復位。使者受鴈，主人再拜，進，受鴈，退以授左右，仍北面立。儐者引二人對舉答表案進於主人後，少西，儐者取表以授主人，主人受〔二〕，進授使者訖，退復位，再拜。持節者加節衣。謁者引使者及使副等降自西階以出。

制文凡六禮皆以版，長一尺二寸，博四寸，厚八分，后家答版亦如之。

皇帝曰：「咨！具官封姓：渾元資始，肇經人倫，爰及夫婦，以奉天地、宗廟、社稷。謀於公卿，咸以爲宜。率由舊典，今使持節太尉封某、宗正卿封某，以禮納綵。」

答文

「皇帝嘉命，訪婚陋族，備數采擇。臣之女〔三〕姑姊妹則云「先臣某官之遺女」。未閑教訓，衣履若如人。欽承舊章，肅奉典制。某官封臣姓名稽首頓首，再拜承制詔」。

問名

使者既出，遂立於内門外之西，東向，並如納綵位。初使者降，主人降立於内門内東厢，西面。儐者進受命，出請事，使者曰：「將加卜筮，奉制問名。」儐者入告，主人曰：「臣某之子若如人，既蒙制訪，臣某不敢辭。」儐者出告，入引主人出，迎使者，至主人受鴈訖出，如納綵儀。使者出立於内門外之西[二三]，使副在南，少退，俱東面。初，使者降，主人降立於東階下[二四]，西面。儐者進受命，出請事。使者曰：「禮畢。」儐者入告，主人曰：「某公奉制至於某之室，某有先人之禮，請禮從者。」儐者出告，使者曰：「某既得將事[二五]，敢辭。」儐者入告。主人曰：「先人之禮，敢固以請。」儐者出告，使者曰：「某辭不得命，敢不從。」儐者入告，遂引主人升立於序端。掌事者徹几，改設二筵，東上。各用莞筵紛純，加藻席繢純[二六]。設甒醴於東房西牖下，加勺冪，坫在罇北，篚在罇南[二七]實觶二，角柶二，各一籩、一豆，實以脯醢，在坫北。又設洗於東階東南如常訖。儐者引主人降，迎使者於内門外之東，西面揖使者，先入。使者入門而左，副從之。主人入門而右，至階，主人曰：「請某位升。」使者曰：「某敢辭。」主人曰：「固請某位升。」使者曰：「某敢固辭。」主人曰：「終請某位升。」使者曰：「某敢終辭。」主人升阼階，使者升西階，副從升，俱北面，主人阼階上北面再拜，使者及副西階上北面答再拜。主人受几於序端掌事者内拂几三，奉兩端西北向以進。主人東南向外拂几三，振袂，内執之。掌事者一人又執几以從[二八]。主人進，西北向使者序進，迎受於筵前，東南向以俟。主人還東階上，北向再拜送。使者以几避[二九]，進，北面跪，各設於座，差退於西階上，北面東上，俱答再拜。立於階西，東面南上。贊者二人俱升，取觶，降，盥手洗觶，升，實醴，加柶於觶，覆之，面葉，出房南面。主人受醴，面柄，進使者筵前，西北面立[三〇]，又贊者執觶以從。使者西階上北面各一拜，序進筵前，東南面。主人又以次授醴，使者受，俱復西階上位。主人退復東階上，北面一拜送。掌事者以次薦脯醢於筵前。使者各進，升筵，皆坐，左執觶，右取脯，擩於醢，祭於籩、豆間，各以柶祭醴三，始扱一祭〔三一〕，又扱再祭，興。各以柶兼諸觶，上攭〔三二〕，降筵於西階上，俱北面坐，俱啐醴，建柶，各奠觶，遂拜執觶。主人答拜，使者進，升筵坐，各奠觶於薦東。降筵，序立於西階上，東面南上，掌事者牽馬入，陳於門内三分庭一在南，北首西上。又掌事者奉幣篚升東階以授主人〔三三〕。主人受於序端，進，西面立〔三四〕。掌事者一人，又奉幣篚立於主人之後。使者西階上，俱北面再拜。主人進詣楹間，南面立，使者序進，立於主人之西，俱南面。主人以幣篚授使者，使者受，退立於西階上，東面。掌事者又以幣篚授主人，主人受以授使副，使副受，退立於使者北，俱東面。主人還東階上，北面拜送。使者降西階，從者迓受幣。使者當庭實，揖馬以出〔三五〕，牽馬者從出。使者出大門外之西〔三六〕，東面立。從者迓受馬。主人出門東，西面再拜送。使者退，主人入立於東階下，西面。儐者告主人曰：「賓不顧矣。」主人反於寢。使者奉答表詣闕進。

制文

皇帝曰：「咨，某官封姓：兩儀配合，承天統物，正位乎内，必俟令族。重章舊典，今使使持節太尉封某、宗正卿封某以禮問名。」

答文

「皇帝嘉命，使者某重宣中制，問臣名族。臣女夫婦所生，先臣故某官之遺玄孫，先臣故某官之遺曾孫，先臣故某官之遺孫，先臣故某官之外孫女，年若干。欽承舊章，謹奉典制。某官某臣姓某稽首頓首，再拜承制詔」。若女祖以上在，則直云「某官臣之孫女」等語。

納吉

前一日，守宮設使者次，以下至「主人立於大門內西面」，如納綵儀。儐者進受命，出請事使者曰：「加諸卜筮，占曰從，制某也納吉。」儐者入告，主人曰：「臣某之女若如人，龜筮云吉，臣預在焉〔三七〕。臣某謹奉典制。」儐者出告，入，引主人出迎使者於大門外，以下至「使者降自西階以出」，如納綵儀。使者出立於內門外之西，使副在南，少退，俱東面。初，使者降，主人立於東階下，西面。儐者進受命，出請事。使者曰：「禮畢。」其賓使者如問名之儀。

制文

皇帝曰：「咨，某官姓，人謀龜筮〔三八〕，僉曰貞吉，敬順典禮，今使使持節太尉封某、宗正卿封某，以禮納吉〔三九〕。」

答文

「皇帝嘉命，使者某重宣中制，太卜元吉。臣陋族卑鄙，憂懼不堪，欽承舊章，肅奉典制。某官臣姓某稽首頓首，再拜承制詔。」

納徵

前一日，守宮設使者次如初。其日大昕，使主、副至后氏大門外，掌次者延入次，執事者入布幕於内門外〔四〇〕，玄纁束帛陳於幕上，六馬陳於幕南，北首，西上，執事者奉穀珪以匵〔四一〕，俟於幕東，西面〔四二〕。掌事者設几筵如初。使主、副出次，謁者引立於大門外之西〔四三〕，東面北上〔四四〕。持幡、節者立於使者之北〔四五〕，少退，東面。令史二人對舉制案立於使副南，東面。主人立於大門内，西面。儐者進受命，出請事。使者曰：「某奉制納徵。」儐者入告，主人曰：「奉制賜臣以重禮，臣某祗奉典制〔四六〕。」儐者出告。入，引主人出迎使者於大門外之南，北面，主人再拜。使者不答拜。謁者引使者及使副入，幡節前導，持案者從入。使者入門而左，主人入門而右。至於内門，使主、副立於門西，東面北上。主人立於門東，西面。儐者引主人揖使者，先入門，至於階，使者及使副從入〔四七〕，由西階升，立於楹間，南面。使副在使者西南，持案者在使副西南，俱東面。主人由阼階詣使者前，北面立。於主人揖入門〔四八〕，執事者坐啓匵取珪，加於玄纁上。及牽馬者從入，三分庭一在南，北首西上。執珪者在馬西，俱北面。持案者以案進使副前，使副取制書，持案者退復位〔四九〕。使副奉制書進授使者，退復位。持節者脱節衣。使者曰：「有制。」主人再拜。使者宣制畢，主人降詣階〔五〇〕，北面再拜稽首訖，升，進，北面受制書，退以授左右，仍北面立。儐者引二人對舉答表案，進主人後，少西，儐者取表以授主人，主人受，以授使者訖，退復位，再拜。謁者引使者及使副等降自西階以出，立於内門外之西，使副在南，少退，俱東面。初，主人受制書訖，左右受玉帛於庭，受馬者自左受之以東，牽馬者既授馬，自前西而出〔五一〕。主人降立於東階下，西面。儐者進受命，出請事。使者曰：「禮畢。」其賓使者，如納吉之儀。

制文

皇帝曰：「咨，某官姓之女，有母儀之德，窈窕之姿，如山如河，宜奉宗廟，永承天祚。以玄纁、珪、馬〔五二〕，以章典禮。今使使持節太尉封某、宗正卿封某，以禮納徵。」

答文

「皇帝嘉命，使者某重宣中制，降婚卑陋，崇以上公，寵以豐禮，備物典册。欽承舊章，肅奉典制。某官臣姓名稽首頓首，再拜承制詔」。

告期

前一日，守宫設使者次，以下至「出請事」，如納綵儀。使者曰：「制使某告期。」儐者入告，主人曰：「臣某謹奉制。」儐者出告，入，引主人出迎使者。以下至「禮畢」，如納綵儀。

制文

皇帝曰：「咨，某官姓，謀於公卿、大筮、元龜，罔有不臧。率遵典禮，今使使持節太尉封某、宗正卿封某，以禮告期。」

答文

「皇帝嘉命，使者某重宣中制，告曰：『惟某月某日可迎。』臣欽承舊章，肅奉典制。某官臣姓某稽首頓首，再拜承制詔。」

告廟

有司以特牲告如常告禮。祝文臨時撰。

前一日，守宫設使者次於后氏第大門外之西如常。尚舍設尚宮以下次於后氏閤外道西，南向〔五三〕，障以行帷。其日，臨軒命使，如納綵命使之儀。太尉爲正使，司徒爲副使。奉禮設使者位於大門外之西，東向。使副及内侍位於使者之南〔五四〕。舉册案及寶綬者在南，差退。持節者在使者之北，少退，俱東面。設主人位於大門外之南，北面。設使者以下及主人位於内門外，亦如之。設内謁者監位於内門外主人之南，西面，内謁者監設司贊位於東階東南〔五五〕，掌贊二人在南，差退，俱西向内。謁者監又先置一案於閤外近限。使主、副乘輅，持節，備儀仗，鼓吹備而不作。至后氏大門外，使者降輅，掌次者延入次，尚宮以下至閤之次〔五六〕。内僕進重翟以下大門外道西，東向北上。諸衛令其屬布后儀仗如常。使者出次，謁者引使者以下就門外位。主人朝服出，立於東階下，西面。儐者進受命，出門東，西面曰：「敢請事。」謁者使者曰：「某奉制授皇后備物典册。」儐者入告，遂引主人出迎於大門外，北面再拜，使者不答拜。謁者引使者入門而左，持節者前導，持案者次之。主人入門而右。至内門外，各就位。立定，奉册寶案者進當使副前，使副受册寶，持案者退復位。使副以册寶進授使者，退復位。内侍進使者前，西面受册寶，東面授内謁者監，退復位〔五七〕。内謁者監持册寶入立於閤外之西，東面，跪置册寶於案。俛伏，興，尚宮以下入閤〔五八〕，奉后首飾、褘衣，其衣服所司先進。傅姆贊出，尚宮引降，立於庭中，北面。尚宮跪取册，尚服跪取寶綬，興，立於后之右，少前，西向。司言、司寶各一人進於后左，少前，東向。尚宮稱：「有制。」尚儀贊：「皇后再拜。」皇后再拜。宣册訖，尚儀又贊：「皇后再拜。」皇后再拜。尚宫奉册進授皇后，皇后受以授司言。尚服又奉寶綬次授皇后〔五九〕，皇后受以授司寶。訖，尚儀贊：「皇后升座。」尚宫引皇后升座，南向坐。内官以下俱降立於庭，重行，北向西上。立定，司贊曰：「再拜。」掌事承傳，内官以下皆再拜訖，諸應侍衛者各升立於侍位。尚儀前跪，奏稱：「禮畢。」皇后降座，尚宫引皇后入於宫。主人、賓、使者，如告期之儀。使者乘輅而還〔六〇〕，詣闕復命。

册文

「維某年月日，皇帝使使持節太尉封某、司徒封某，册命某官女某氏爲皇后。咨爾易基乾坤〔六一〕，詩首關雎，王化之本，實由内輔。是故皇、英嬪虞，帝道以光；太妊姒姬，周胤克昌〔六二〕。皇后其祗勖厥德，以肅承宗廟，虔恭中饋，盡敬於婦道。導師道於六宫〔六三〕，作範儀於四海。皇天無親，惟德是依，可不慎歟！」

命使奉迎

其日晡後，侍中量其時刻，版奏：「請中嚴。」晡後三刻，皇帝服衮冕出，升所御殿，宫人侍衛如常，文武之官五品以上立於東西朝堂如常儀。奉迎前一日，守宫設使者次於大門外道右，設使副及内侍次於使者次西，俱南向。尚舍設宫人次於閤外道西。奉禮設使者位於大門外之西，東向使副位於使者之南，持案及執鴈者又在南，差退；持節者在使者北，少退，俱東向。奉禮位於使副西南。贊者二人在南，差退，俱東面。設內侍位於大門外道左，西面。其日，司贊設宮人以下位於堂前。使主、副朝服發朝堂，乘輅，持節，備儀仗，至大門外，使者降輅，掌次者延入次〔六四〕。宮人等各之次奉迎，文武官至宿衛及列鹵簿如常儀。尚儀奏：「請皇后中嚴。」量時刻傅姆導皇后〔六五〕，尚宮前引，出，升堂，宮人等侍衛如常儀。皇后將出，主婦出於房外之西，南向〔六六〕。文武奉迎者皆陪立於大門外，文東武西，北上。立定〔六七〕，謁者引使者詣大門外位〔六八〕，使副、內侍等各就位。主人立於內門外堂前東階下，西面。儐者受命，出請事。使者曰：「某奉制，以今吉辰，率職奉迎。」儐者入告，主人曰：「臣謹奉典制。」儐者出告，入，引主人出門南，北面再拜。使者不答拜。謁者引使者入門而左，持節者前導，使副及持案、執鴈者次之。主人入門而右。至內門外堂西階，使者先升，立於兩楹間，南面。使副在使者西南，持案及執鴈者在使副西南，俱東面。主人升東階，詣使者前，北面立。持案者以案進使副前，使副取制書，持案者退復位；使副奉制書授使者，退復位。使者曰：「有制。」主人再拜，使者宣制畢，主人降詣階間，北面再拜稽首訖，升，進，北面受制書，退授左右訖，主人再拜，仍北面立，使副取鴈授使者訖，主人再拜〔六九〕，進受鴈，授左右，仍北面立。儐者引二人對舉答表案，進立於主人後，少西，儐者取表以授主人，主人受以授使者訖，退復位，再拜。謁者引使者及使副降自西階以出，復門外位。立定，奉禮曰：「再拜。」贊者承傳，使主、副俱再拜。使者曰：「令月吉日〔七〇〕，某等承制，率職奉迎。」內侍受以入，傳於司言，司言受以奏聞。尚儀奏：「請皇后再拜。」皇后再拜訖，主人入〔七一〕，升自東階，進，西面誡之曰：「戒之敬之，夙夜毋違命。」主人退，立於東階上，西面。母誡於西階上，施衿結帨，曰：「勉之敬之，夙夜無違命。」訖，腰輿進，皇后升輿以降，尚宮前導，六尚以下侍衛如常。皇后升重翟以几，姆加幜，內宮侍從〔七二〕及內侍導引應乘車從者如鹵簿常儀。迎使及百官當引從者皆退〔七三〕，隨便立。皇后車出大門外〔七四〕，以次乘車馬引從如常。

制文

皇帝曰：「咨，某官姓，歲吉月令吉日，惟某率由典禮，今遣使持節太尉封某、宗正卿封某以禮迎。」

答文

「皇帝嘉命，使者某重宣中詔，令月吉辰，備禮以迎。螻蟻之族，猥承大禮，憂懼戰悸，欽承舊章，夙奉典制。某官臣姓某稽首頓首，再拜承詔制」。

同牢

其日，內侍之屬設皇后大次於皇帝所御殿門外之東，南向，鋪座如常。將夕，尚寢設皇帝御幄於所御之殿室內之奧，東向，鋪地席重茵，施屏障。初昏，尚食設洗於東階東南，東西當東霤，南北以堂深，罍水在洗東，篚在洗西，南肆。篚實以巾二、爵二。設后洗於東房近北，罍水在洗西，篚在洗東，北肆。皆加勺冪。饌於東房西牖下，籩、豆各二十四，簠、簋各二，甒各三，皆加巾蓋，俎三。罇於室內北牖下，玄酒在西，加冪，勺南柄。冪，夏用絺，冬用緆。又罇於房户外之東，無玄酒。坫在南，加四爵，合巹。其器皆烏漆〔七五〕，惟甒以陶，巹以匏。皇后重翟入大門，鳴鐘鼓，其鐘鼓所司先陳設。鳴鐘鼓者，所以聲告內外〔七六〕。鹵簿止於外，近侍應從者如常。皇后從永巷至大次前，迴車南向，施步障畢，尚儀進當車前跪奏：「請降車。」興，退復位。皇后降車，御輿，司輿率繖、扇等，司燈率執燭者，俱布列前後。皇后入就大次，嚴整訖。尚宮引皇后詣所御殿門外之東，西向立。尚儀跪奏：「外辦，請降座禮迎。」皇帝降座，尚宮前引，詣門內之西，東面，揖后以入。尚食徹罇冪，酌玄酒三注於罇，尚寢設席於室內之西，東向。莞筵紛純，加藻席繢純，次席黼純。對席亦準此。皇帝導后升西階，入室即席，東向立。皇后入，立於罇西，南向。皇帝盥於南洗，皇后盥於北洗。尚食率其屬以饌入。設醬於席前，葅醢在其北；俎三入設於豆東，豕俎特於葅北。豆東，葅醢之東。尚食設黍於醬東，稷、稻、粱又在東。設湆於醬南。饌要方也〔七七〕。設對醬於東，對醬，后醬也。設之當特俎。葅醢在其南，北上。設黍於豕俎北〔七八〕，其西稷、稻、粱。設湆於醬北。尚食啓會郤於簠、簋之南〔七九〕，對簠、簋於北〔八〇〕，啓，發也。豆蓋徹於房。各加七箸。尚寢設對席於饌東。尚食西面跪奏：「饌具。」興。皇帝揖皇后，對席西面，皆坐。尚食跪取韭葅、擩醢授皇帝，又尚食跪取韭葅、擩醢授皇后，皇帝及皇后俱受，祭於豆間。尚食又取黍實於左手，遍取稷、稻、粱，反於右手授皇帝。又尚食取黍實於左手，遍取稷、稻、粱，反於右手授皇后，皇帝及皇后俱受，祭於豆間；各取肺皆絶末，授皇帝及皇后，皇帝及皇后俱受，祭於豆間訖〔八一〕，尚食各以胏加於俎。司飾二人以巾授皇帝及皇后，俱帨手訖。尚食各跪品嘗饌訖，各移黍置於席上，以次授胏脊皇帝及皇后，皆食，三飯卒食。尚食二人俱盥手洗爵於房，入室詣酒罇所，酌酒，進授皇帝及皇后，俱受爵，祭酒。尚食各以肝從，皆奠爵，振祭，嚌之。尚食皆受，實於菹、豆，各取爵皆飲訖。尚儀俱進受虚爵，奠於坫。再酳如初。三酳用巹如再酳。尚食俱降東階，洗爵。升，酌於户外罇，進，北面俱奠爵，興，再拜，跪，取爵祭酒，遂飲卒爵，奠爵遂拜，執爵興〔八二〕，降，奠於篚，還侍位〔八三〕。尚儀北面跪，奏稱：「禮畢。」興。皇帝、皇后俱興。尚宫引皇帝入東房，釋冕服，御常服。又尚宫引皇后入幄，脱服。尚宫引皇帝入。尚食帥其屬徹饌，設於東房如初〔八四〕。皇后從者餕皇帝之饌，皇帝侍者餕皇后之饌。

皇后表謝

皇后至宫之明日〔八五〕，服展衣出，司言引尚宫，尚宫前導及左右侍從如常。升正殿兩楹間，北面立。又尚儀以謝表授皇后，又尚儀以案俟於前，皇后置表案上，尚宫贊拜，皇后再拜訖。尚儀以表降殿授内侍，内侍因中書以聞〔八六〕。初，内侍出門，皇后降殿還寢如常。

朝皇太后

其日大昕，所司設皇太后御座、地席於所御之殿，南向〔八七〕，尚食帥司膳設側罇、甒醴於東房内東壁下，加勺冪。籩一，豆一，實以脯醢，設於罇北。又設洗於罇西，近北，罍水在洗西，篚在洗東，北肆。篚實以巾冪，角觶一，角柶一。其日，皇后夙興，沐浴。尚儀版奏：「請皇后中嚴。」質明，六尚及諸侍衛、宮人俱詣於寢殿奉迎。尚儀版奏：「外辦。」皇后服褘衣，加首飾，御輿，尚宮前導，降自西階以出，侍衛如常。至皇太后閤外，皇后降輿，障扇、侍從如常，立於西廂，東面。皇后將至，尚儀奏：「請皇太后中嚴。」皇后既至閤外，尚儀奏皇太后「外辦」。皇太后服褘衣、首飾，司言引尚宮，尚宮引皇太后出，即御座前，南向坐，侍從如常。皇后執笲，棗、栗、腶脩，司言引尚宮，尚宮引皇后入，升西階，北面再拜〔八八〕。進，跪奠笲於皇太后座前，皇太后撫之。尚食進，徹以東。司言引尚宮，尚宮引皇后退，北面又再拜。司設設皇后席於户牖之間，近北，南向。司言引尚宮，尚宮引皇后立於席西，南向。尚食入東房〔八九〕，盥手洗觶，酌醴，加柶，面柄，出，進詣皇后席前，北向立。皇后進，北面再拜，受醴。尚食薦脯醢於席前。皇后升席坐，左執觶，右取脯擩於醢，祭於籩、豆間，以柶祭醴三，始扱一祭〔九〇〕，又扱再祭，加柶於觶，面葉，興，降席，北面跪，啐醴，建柶，興，北面再拜，進，升席，跪，奠觶於薦東，興，降席。司言引尚宮，尚宮引皇后降自西階以出，御輿而還，侍從如來儀。初，皇后出閤，尚儀跪奏稱：「禮畢。」俛伏，興，還侍位。皇太后降座，入室如常。

皇后受群臣賀

右如正冬賀儀，唯辭云：「具官臣某等言：伏惟殿下，徽猷昭備，至德應期。凡厥黔黎，不勝慶躍。」

皇帝會群臣

右如正冬會儀，唯樂備而不作。又上壽辭云：「具官臣某等言：伏惟皇后坤儀配天，德昭厚載，克崇萬葉〔九一〕，明嗣徽音。凡厥兆庶〔九二〕，載懷鳧藻。臣等不勝慶忭，謹上千萬歲壽〔九三〕。」

外命婦朝會

右如正冬朝會儀〔九四〕，唯賀辭云：「某位妾姓等言：伏惟殿下，坤象配天，德昭厚載，率土含識，不勝抃舞〔九五〕。」會辭唯加「謹上千萬歲壽〔九六〕」。

群臣上禮右如加元服上禮之儀〔九七〕

皇后廟見

前一日，皇后清齋於別殿。內官應從入廟者俱清齋，日於廟所〔九八〕。諸衛令其屬，晡後一刻各以其方器服守衛廟門，與太樂工人俱清齋一宿。前二日，尚舍直長施皇后大次於太廟北門內之西，東向，周以行帷。尚舍奉御鋪御座。尚舍直長又量設內官以下次於大次之後。守宮設外命婦、妃、主以下次於廟北門外之西，道北，南向東上，周以行帷。設行事太尉以下次於齋坊之內。太樂令設宮懸之樂於廟庭如式。前一日，右校清掃内外。内謁者監設皇后版位於樂懸之北道西，北向。設外命婦位於其次前，北面東上。奉禮設太尉以下及御史等位於内外〔九九〕，並如常儀。設酒罇之位於廟堂上前楹間，各於室户之左，北向，每室彝二、罇二，春夏用鷄彝、鳥彝、犧罇〔一〇〇〕，秋冬用斝彝、黄彝、著罇〔一〇一〕。山罍二，皆加勺冪，皆西上，各有坫。以置瓚爵。設洗於東階東南，北向。以下至「太祝持版」，如加元服謁廟儀。太祝持版進於室户外之右，東向跪讀祝文曰：「維某年歲次月朔日，子孝曾孫開元神武皇帝某，太祖以下稱臣某。謹遣太尉封臣名，敢昭告於皇祖某謚皇后某氏，太祖以下廟，則稱妾某氏。將伸祗見。謹以一元大武、明粢、薌合薌萁、嘉蔬、嘉薦、醴齊敬薦〔一〇二〕。尚饗。」訖，興。太尉再拜。初，讀祝文，樂作。太祝進，跪，奠版於神座前，俛伏，興，還罇所，太尉拜訖，樂止。謁者引太尉以次獻，皆如獻祖之儀〔一〇三〕。惟不盥洗。徧獻訖，以下如加元服謁廟儀，唯執事則每事訖還齋所。

車駕出宫

前出宫三日，本司宣攝内外各供其職。其日，晝漏上水四刻，車駕出宫。發引前七刻，搥一鼓爲一嚴。三嚴時刻，前一日内侍中奏裁。發引前五刻，搥二鼓爲再嚴。尚儀版奏：「請中嚴。」司贊設内命婦版位於皇后所御殿閤外道東，重行，西向北上。内命婦各服其服。所司陳小駕鹵簿。發引前二刻，搥三鼓爲三嚴。司贊引内命婦各就位〔一〇四〕。六尚以下各服其服，俱詣室奉迎。尚服負璽如式。内僕進重翟於閤外，尚儀版奏：「外辦。」馭者執轡，皇后首飾褘衣乘輿以出，警蹕侍衛如常儀。皇后升車，仗衛如常，六尚等乘車陪從如式。司賓引内命婦退，隨近以俟。諸翊駕之官皆乘馬，駕動，稱警蹕如常，不鳴鼓角，諸衛前後督攝如常。外命婦三品以上及公主、縣主皆先置〔一〇五〕，各就次，俱服其服。車駕將至，内侍之屬守廟四門〔一〇六〕，内謁者、贊引引外命婦、妃、主等出次〔一〇七〕，内典引引就位立，駕過，引還次。初，駕將至，内侍之屬守廟四門，駕至廟北門，迴車北向。尚儀進，當前跪，奏稱：「尚儀妾姓言：請降車。」興，還侍位。皇后降車，升輿，入大次，繖、扇、華蓋、侍衛如常儀。鹵簿停於廟外。皇后停大次半刻頃，司言引尚宮立於大次門外，當門西向。尚儀版奏：「外辦。」皇后出次，侍衛如常。尚服負璽陪從如式。司言引尚宮，尚宮引皇后凡尚宮前導，皆司言先引。至版位，北向立。尚宮與司言退立於左。皇后立定，尚宮前奏：「請再拜。」皇后再拜。少頃，尚宮又奏：「請再拜。」皇后又再拜訖〔一〇八〕，司言引尚宮，尚宮引皇后還大次。内侍版奏：「請解嚴。」將士不得輒離部伍。皇后停大次一刻頃〔一〇九〕，搥一鼓爲一嚴，轉仗衛於還途如來儀。三刻頃，搥二鼓爲再嚴，尚儀版奏：「請中嚴。」皇后改著鈿釵、禮衣。五刻頃，搥三鼓爲三嚴，六尚以下詣大次奏迎，内僕進重翟於廟北門外，尚儀版奏：「外辦。」馭者執轡，皇后乘輿出次，華蓋、侍衛如常。皇后升車，鼓吹振作而還，六尚等升車陪從如來儀。皇后將出門，内謁者、贊引引外命婦等出次〔一一〇〕，内典引引就位。駕至位所，内侍奏：「請駕權停。」外命婦再拜訖，内侍承令令外命婦還，外命婦又再拜。車駕過〔一一一〕，内典引引外命婦退〔一一二〕，各還第。駕至所御殿閤外，迴車南向。尚儀進當車前跪，奏稱：「尚儀妾姓言，請降車。」興〔一一三〕，還侍位。皇后降車，乘輿以入〔一一四〕，侍衛如常。於車駕將至，司賓引内命婦俱就位。皇后既入，司賓引内命婦退。内侍版奏：「請解嚴。」將士各還其所。

皇帝臨軒册命皇后儀

卜日，告圜丘、方丘、太廟，並有司行事，如常告儀。

臨軒命使

將行册禮，所司奏請太尉爲使，司徒爲副。前一日，尚舍奉御設御幄於太極殿，殿庭陳設樂懸〔一二五〕，内外官次、侍衛警蹕並如納后儀。皇帝將出，仗動，太樂令令撞黄鍾之鐘，右五鐘皆應。協律郎跪，俛伏，舉麾〔一二六〕，鼓柷，奏太和之樂，鼓吹振作，皇帝出自西房，即御座，南向坐，符寶郎奉寶置於御座如常，樂止。通事舍人引册使副入就位，太尉初入門，舒和之樂作，至位，樂止。立定，典儀唱曰：「再拜。」贊者承傳〔一二七〕，群官在位者皆再拜。侍中前承制，降詣使者前東北〔一二八〕，西面稱：「有制。」册使再拜。侍中宣制曰：「册某氏爲皇后，命公等持節展禮〔一二九〕。」宣制訖，又俱再拜，侍中還侍位。黄門侍郎持節西面授太尉，太尉受付主節，立於使後。黄門侍郎退。中書侍郎引册案及琮、璽綬案立於册使東北，西面〔一三〇〕。中書侍郎取册，持案者退自使後，立於太尉之左。西面授太尉，太尉受册置於案，持案者退立於使者後。中書侍郎又取琮、璽綬以授太尉，太尉受，置於案，皆如受册之儀。中書侍郎退。典儀曰：「再拜。」贊者承傳，群臣在位者皆再拜。通事舍人引册使出，持節者前導，持案者次之。太尉初行樂作，出門樂止。侍中前跪奏稱〔一三一〕：「侍中臣某言，禮畢。」俛伏，興，還侍位。皇帝興，太樂令令撞蕤賓之鐘，左五鐘皆應，鼓柷奏太和之樂〔二二〕。皇帝降座，侍衛警蹕如來儀。入自東房，樂止。通事舍人引群官在位者以次出。蕃客先出。

皇后受册

前一日，守宫於肅章門外道西近南，隨便設太尉、司徒等次〔二三〕，東向北上。又於命婦朝堂設外命婦次如常。尚寢率其屬，於皇后正殿設御幄座，南向。又設皇后受册位於殿庭階間，北向。又設命婦等脱舄席於西階前近西，東向。司樂展宫懸之樂於殿庭〔二四〕，設麾於殿上西階之西，東向，並如常儀〔二五〕。内僕進重翟以下於肅章門外道東，西向，以北爲上。其日，依時刻諸衛勒所部屯門列仗及陳布於皇后殿正南門之外如常儀〔二六〕。典儀設册使位於肅章門外之西，東向北上。設内侍位於使副之南，舉册案及琮、璽綬者又在南，差退〔二七〕，俱東向〔二八〕。又設内給事位於北廂，南向。又設内謁者監位於其東南，西向。内謁者設外命婦位於命婦朝堂，分左右廂，大長公主以下在東，太夫人以下在西，並每等異位，重行相向〔二九〕，以北爲上。司贊設内命婦及内官非供奉者位於受册正殿之庭東廂，西向，重行北上。又設内命婦等朝位於殿庭御道東，重行〔三〇〕，北面西上。又設外命婦朝位於殿庭御道左右，近南。大長公主以下在道東，每等異位，重行北面，以西爲上〔三一〕，太夫人以下在道西，每等異位，重行北面，以東爲上。又設司贊位於東階東南，典贊二人在南，差退，俱西向。内侍版奏皇后：「請中嚴。」外命婦依時刻俱赴集朝堂次，各服其服。内謁者監先置二案於肅章門外，近限。太尉、司徒既受命，出至朝堂，俱乘輅，備鹵簿、鼓吹、持節如式。其册、琮、璽綬，各以油絡網犢車載而行，内侍之屬與所司守掌之。至永安門外，降輅，謁者引入，持節者前導，持案者次之，掌次者俱引入次。内典引引外命婦就朝堂位。司樂帥女工人入就位〔三二〕，典樂升就舉麾位，司贊帥典贊先就殿庭位。内典引各引外命婦兩行俱以次進，至肅章門，内司賓接引進入〔三三〕，立於皇后正殿閤外，如朝堂之位。謁者引太尉以下就肅章門外位〔三四〕，持節者立於太尉之北，少退，東面。内謁者監引内給事就南面位，内謁者監退復位。内命婦等應陪列者各服其服，司賓引就陪列位。尚儀版奏：「外辦。」皇后首飾褘衣，司言引尚宮，尚宮引皇后，出自正殿西房，侍衛警蹕如常儀。首飾、褘衣所司先進。典樂舉麾，奏正和之樂，凡樂皆典樂舉麾，工鼓柷而後作〔三五〕，偃麾，戛敔而後止。皇后至兩楹間，南向立定，樂止。初，内給事既就南面位，太尉進内給事前，北向跪稱：「太尉封臣某、司徒封臣某，奉制授皇后備物典册。」訖，俛伏，興，退復位。内謁者監引内給事詣肅章門，傳告司言，司言入詣皇后前，跪奏訖，興，還侍位。初，司言入，奉册、琮、璽綬者以次進當司徒前，司徒取册、琮、璽綬以次進授太尉，舉案者以次退，司徒授訖，退復位。内侍進太尉前，西面以次受册、琮、璽綬，東面授内謁者監，量以内謁者等助舉之。退復位。内謁者監持册、琮、璽綬等進立於肅章門外，跪置册、琮、璽綬於案，俛伏，興。初，司言奏訖，尚儀贊皇后降，司言引尚宮，尚宮引皇后降就庭中北面位，皇后初行，樂作〔三六〕，立定，樂止。初，皇后將降，又尚宮詣門跪取册〔三七〕，尚服詣門跪取琮、璽綬，興，進，俱入立於皇后之右，少前西向〔三八〕。司言、司寶各一人，進立於皇后之左，少前，東向。尚宮稱：「有制。」尚儀贊皇后再拜。尚宮宣册訖，尚儀又贊皇后再拜。尚宮奉册進授皇后，皇后受以授司言。尚服又奉琮、璽綬以次授皇后，皇后受以授司寶訖〔一三九〕，尚儀贊皇后升座〔一四〇〕，皇后御輿，繖、扇、侍衛如常。皇后升，初行，樂作。即御座，南向坐，司寶奉琮、璽置於御座〔一四一〕，樂止。司賓引內命婦等陪列者以次進，就北面位，爲首者初行，典樂舉麾，舒和之樂作，至位樂止。司贊曰：「再拜。」掌贊承傳，內命婦皆再拜。司賓引爲首者一人詣西階，初行樂作，至階樂止。爲首者脱舃升，進當御座前，北面跪奏：「某妃妾姓等言：伏惟殿下，坤象配天，德昭厚載，凡厥兆庶，不勝慶躍。」訖，起。司賓引爲首者自西階降，納舃樂作。復位樂止。司贊曰：「再拜。」掌贊承傳，內命婦等皆再拜。司言前承令，降自西階，詣內命婦西北，東面稱：「令旨。」內命婦等皆再拜。宣令訖，在位者又再拜。司贊曰：「再拜。」典贊承傳，在位者皆再拜。司賓以次引從隨便門出〔一四二〕，各還其寢。爲首者初行樂作，至門樂止。司賓又引外命婦以次入，爲首者初入門，舒和之樂作，至位樂止，立定，司贊曰：「再拜。」掌贊承傳，外命婦等皆再拜訖，司賓引爲首者一人，進升奉賀、復位拜、樂作止及宣令拜辭等〔一四三〕，皆如內命婦之儀。訖，引出，爲首者初行樂作，出門樂止。司言又奏：「群官賀訖。」尚儀前跪奏稱：「尚儀妾姓言：禮畢。」還侍位〔一四四〕。皇后降座，樂作，御輿入自東房，侍衛警蹕如常儀〔一四五〕，樂止。女工人退。册命使者乘輅詣朝堂，至降車所〔一四六〕，降輅，入，至太極殿庭大横街南御道東，北面，西上立。中書令立於太尉東北，西面〔一四七〕。太尉等再拜，復命曰：「奉制授皇后備物典册，禮畢。」又再拜。中書令奏聞，太尉等退，鹵簿、幡、節等各還本司〔一四八〕。

皇后受群臣賀

皇后表謝

朝皇太后

皇帝會群臣

皇后會外命婦

皇后廟見右並如納后儀

皇太子納妃儀

臨軒命使

將行納采，制命使者，吏部承以戒之。前一日，尚舍奉御設御幄於太極殿北壁下，南向，衛尉設群官次於東西朝堂，太樂令展宮懸，並如常儀。其日，典儀設文官一品以下〔一四九〕、五品以上位於横街之北，西面北上，朝集使五品以上合班；六品以下位於横街南，朝集使六品以下合班；蕃客又於其南，皆西面北上。設武官五品以上位於横街北，東面北上。朝集使五品以上合班，諸親位於其南；六品以下位於横街南朝集使六品以下、蕃客等又在南，皆東面北上。設典儀位於懸之東北，贊者二人在南，少退，俱西向。設舉麾位於殿上西階之西，東面。設使者受命位於横街南，道東，北面西上。奉禮設門外位：文官一品以下、五品以上位於順天門外道東，每等異位，重行，西面；武官三品以下位於門西，每等異位，俱重行，東面，以北爲上。未明二刻，諸衛勒所部屯門〔一五〇〕，布黄麾半仗入陳於殿庭如常儀。群官依時刻集朝堂，俱就次，各服朝服。侍中量時刻版奏：「請中嚴。」鈒戟近仗就陳於閤外，太樂令以下帥工人入就位〔一五一〕，諸侍衛之官各服其器、服〔一五二〕。侍中、中書令以下諸侍臣俱詣閤奉迎〔一五三〕。典儀帥贊者先入就位。吏部、兵部各贊群官出次，典謁各引就門外位。侍中版奏：「外辦。」皇帝服衮冕出坐如常儀。通事舍人引群官以次入就位，立定，典儀曰：「再拜。」贊者承傳，群官在位者皆再拜。吏部與禮部侍郎贊使主、副出，典謁引就受命位。侍中前承制，降詣使者西北，東面稱：「有制。」使主、副俱再拜。侍中宣制畢，使主、副又再拜。侍中還侍位。典謁引使主、副出。初，使者將出，典儀曰：「再拜。」贊者承傳，群官在位者皆再拜。通事舍人引群官出〔一五四〕，侍中前跪奏稱：「侍中臣某言：禮畢。」俛伏，興，還侍位。皇帝降座，入自東房，侍衛警蹕如來儀。侍臣從至閤。使主、副乘輅，備儀仗而行，從者乘車以從。

納綵

前一日，主人設使者次於大門之外道右，南向〔一五五〕。其日大昕，使者公服至於妃氏大門外，掌次者延入次。凡賓、主及行事者皆公服〔一五六〕。主人受其禮於廟。無廟者受於正寢。掌事者布神席於室戶外之西，莞筵紛純，加藻席畫純，南向，右雕几。使者出次，謁者引立於大門外之西，東面。主人立於大門內，西面〔一五七〕。儐者立於主人之左，北面受命，出，立於門東，西面，曰：「敢請事。」使者曰：「奉制，作儷儲宮，允歸令德，率由舊章，使某納綵。」儐者入告，主人曰：「臣某之子不教，若如人〔一五八〕，既蒙制訪，臣某不敢辭。」儐者出告。掌畜者以鴈授使副，使副進授使者〔一五九〕，退復位。使者左手執之。儐者引主人迎於大門之南，北面再拜。使者不答拜。謁者引使者入門而左，主人入門而右，使者升自西階，立於楹間，俱南面，西上。主人升自東階，進使者前，北面。使者曰：「某奉制納綵。」主人降詣階間，北面再拜稽首，升，進，北面受鴈，退立於東階上〔一六〇〕，西面。使者降自西階以出。

問名

使者既出，立於門外之西，東面。初，使者降，左右受鴈於序端，主人降立於內門東廂，西面。儐者進受命，出請事。使者曰：「某將加卜筮，奉制問名。」儐者入告，主人曰：「制以某之子備數於儲宮，臣某不敢辭。」儐者出告。掌畜者以鴈授使副，主人拜迎入，俱升堂南面，如納綵儀。使者曰：「某奉制問名，將加諸卜筮。」主人降詣階間，北面，再拜稽首，升，進，北面受鴈，少退，仍北面曰：「臣某第某女，某氏出。」使者降自西階，出，立於内門外之西，東面。初，使者降，主人退於阼階東，左右受鴈於序端，主人降立於内門東廂，西面。儐者進受命，出請事。使者曰：「禮畢。」儐者入告，主人曰：「某公爲事，故至於某之室，某有先人之禮，請禮從者〔一六一〕。」其儀與納后禮賓同。

納吉

前一日，主人設使者次如常。其日大昕，使者至妃氏大門，以下「儐者出請事」，如納綵儀。使者曰：「加諸卜筮，占曰協從，制使某也納吉。」儐者入告，主人曰：「臣某之子弗教〔一六二〕，唯恐不堪。龜筮云吉，臣某謹奉典制。」儐者出告。掌畜者以鴈授使副，主人迎拜入，俱升堂南面，並如納綵儀。主人降詣階間，北面再拜稽首，升，進，北面受鴈。使者降自西階，立於大門外之西，東面〔一六三〕。初，使者降，主人還阼階東，左右受鴈於序端，主人降立於内門，西面。儐者進受命，出請事。使者曰：「禮畢。」其賓使者，皆如問名之儀。

納徵

前一日，主人設使者次如常儀。其日大昕，使者至妃氏大門外，掌次者延入次。執事者設布幕於内門之外，玄纁、束帛陳於幕上。乘馬陳於幕南，北首西上。執事者奉穀珪以櫝〔一六四〕，俟於幕東，西面。主人、掌事者設几筵如常。使者出次，謁者引立於大門外之西，東面。主人立於大門內，西面。儐者進受命，出請事。使者曰：「制使某以玉帛、乘馬納徵。」儐者入告，主人曰：「奉制賜臣以重禮，臣某祇奉典制。」儐者出告。又儐者引主人迎於大門外之南，北面再拜，使者不答。拜謁者引使者入門而左，主人入門而右至於內門外，使者立於門西，東面北上。主人立於門東，西面。執事者坐啓櫝取珪，加於玄纁上，興，以授使副，使副進授使者，退復位，使者受玉帛。謁者引使者入門而左，主人入門而右，牽乘馬者從入，三分庭一在南，北首西上〔一六五〕。使者升自西階，立於楹間，俱南面西上。主人升自東階，進使者前，北面。使者曰：「某奉制納徵。」主人降詣階間〔一六六〕，北面再拜稽首，升，進，北面受玉帛。使者降自西階，出，立於內門外之西，東面。初，使者降，主人還阼階東，左右受玉帛於序端。主人降立於內門內，西向。於主人受玉帛，受馬者自左受之以東〔一六七〕。牽馬者既授馬，自前西出〔一六八〕。儐者進受命，出請事，使者曰：「禮畢。」其賓使者，如納吉之儀。

告期

前一日，主人設次、設几筵及儐者受命、請事等，並如納綵儀。使者曰：「詢於龜筮，某月某日吉，制使某告期。」其授鴈、升堂受命之儀，一如納綵。使者曰：「某奉制告期。」主人降詣階間，北面再拜。以下「禮畢」如納綵，其賓使者如納徵〔一六九〕。

告廟

有司以特牲告如常禮。祝文臨時撰。

冊妃

前一日，主人設使者次如常。設宮人次於使者西南，俱東面，障以行幃。其日，奉禮設使者位於大門外之西，東向，使副及内侍位於使者之南，舉冊案及璽綬，命服者在南，差退，俱東向。設主人位於門南，北面。設使者以下及主人位於内門外，儀皆如之〔一七〇〕。設典内位於内門外主人南，西面。設宮人位於門外，於使者之後，俱重行東向，以北爲上，障以行幃。設贊者二人位於東階東南〔一七一〕，西向。典内先置一案於幃外〔一七二〕，近限。使主、副朝服，乘輅，持節，備儀仗，鼓吹備而不作。至妃氏大門外，使者降輅，掌次者延入次。宮人等各之次，掌嚴奉褕翟衣及首飾，内厩尉進厭翟車於大門之外道西〔一七三〕，東向，以北爲上。諸衛率其屬布妃儀仗如常〔一七四〕。使者出次，典謁引使者以下，持節者前導，及宮人典内各就位，持節者立於使者之北，少退，俱東向。主人朝服出迎於大門外之東，西面立定，少頃，北面再拜。使者不答拜。典謁引使者，持節者前導，入門而左，持案以下從之。主人入門而右。至内門外，各就位，立定，奉冊寶案者進當使副前，使副受冊寶，奉案者退復位。使副以冊寶進授使者，退復位。内侍進使者前，西面受冊寶，東面授典内，退復位。典内持冊寶入立於閤外之西〔一七五〕，東面跪置冊寶於案，典内俛伏，興。奉衣服及侍衛者從入，皆立於典内之南，俱東面北上。傅姆贊妃出，引立於庭中，北面。掌書進，跪取玉寶，興，進立於妃前，南向。掌嚴奉首飾及褕翟，與諸宫侍衛者次入，侍衛如常。典内還復位，司則前贊妃再拜，還侍位，妃再拜。司則進掌書前，北面受册寶，進妃前，南向授妃，妃受以授司閨，司則又前贊妃再拜，還侍位。妃又再拜訖。司則前請妃升座，還侍位。司閨引妃升座，南向坐。宫官以下俱降立於庭，重行北向，以西爲上。立定，贊唱者曰：「再拜。」宫官以下皆再拜訖，諸應侍衛者各升立於侍位。司則前啓「禮畢」。妃降座，司閨引妃入室。主人賓使者，如禮賓之儀。使者乘輅而還。

臨軒醮戒

前二日〔一七六〕，本司宣攝内外，各供其職。前一日，衛尉設次於東朝堂之北，西向又設宫官次於重明門外如常儀。其日，前三刻，宫官俱集於次，各之次，皆服其服。諸衛各勒所部依圖陳設。左庶子奏：「請中嚴〔一七七〕。」内僕進金輅於閤外，南向，率一人執刀於輅前〔一七八〕，北向。前二刻，諸衛之官各服其器，服以次詣閤奉迎。左庶子負璽如式。宫官應從者各出次，立於門外，文東武西，重行，相向，北上。左庶子奏：「外辦。」太僕奮衣而升，執轡。皇太子著衮冕之服以出，左右侍衛如常儀。皇太子乃升，僕立授綏，車驅，左庶子以下夾侍如常。出門，車權停，令車右升輅，陪乘宫臣上馬訖，皇太子車動，鼓吹振作如式，文武官皆乘馬如常〔一七九〕。至承天門下車所，迴輅南向。左庶子進，當輅跪奏稱：「左庶子臣某言：請降輅。」俛伏，興，還侍位。皇太子降輅，典謁引舍人，舍人引皇太子就位，侍衛如常儀。前一日，尚舍奉御整設御座於太極殿阼階上，西向〔一八〇〕。衛尉設群官次於朝堂，太樂令展宮懸於殿庭，乘黄令陳車輅，並如常儀〔一八一〕。其日，尚舍直長鋪皇太子席位於牖間，南向。其席莞筵紛純，加藻席繢純。尚食奉御設酒罇於東序下，有坫，加勺，設冪，實爵一。又陳籩脯一、豆醢一在罇西。晡前三刻，典儀設群官版位於内，奉禮設版位於外，如朝禮。諸衛勒所部屯門，布仗立仗入陳於殿庭。群官依時刻集朝堂，俱就次，各服其服。侍中版奏〔一八二〕：「請中嚴。」鈒戟近仗就陳於閤外，太樂令帥工人入就位〔一八三〕。晡前一刻〔一八四〕，諸侍衛之官各服其器，服，侍中、中書令以下俱詣閤奉迎。典儀帥贊者先入就位〔一八五〕，吏部、兵部贊群官俱出次，通事舍人各引就門外位。侍中版奏：「外辦。」皇帝服通天冠、絳紗袍，乘輿以出，曲直華蓋警蹕侍衛如常儀。皇帝將出，仗動，皇帝出自西房，即御座，西向坐。符寶郎奉寶置於御座如常。通事舍人引群官以次入就位，群官立定，典儀曰：「再拜。」贊者承傳，群官在位者皆再拜。初，群官入訖，典謁引舍人，舍人引皇太子侍從如常式。皇太子每行事，左庶子執儀贊相。至懸南，北面立，典儀曰：「再拜。」贊者承傳，皇太子再拜。典儀引舍人〔一八六〕，舍人引皇太子，詣西階。皇太子脱舄，舍人引升就席西，南面立。尚食奉御酌酒於序，進詣皇太子西南，東面立。皇太子再拜，受爵。尚食直長又薦脯醢於席前〔一八七〕。皇太子升席座〔一八八〕，左執爵，右取脯，擩於醢，祭於籩豆之間。右祭酒，興，降席西，南面坐，啐酒，奠爵，再拜，執爵，興，奉御受虚爵，直長徹薦，還於房。舍人引皇太子進當御座，東面立。皇帝命之曰〔一八九〕：「往迎爾相，承我宗事，勖帥以敬。」皇太子曰：「臣謹奉制旨〔一九〇〕。」遂再拜，舍人引皇太子降自西階，納舄訖，典謁引舍人，舍人引皇太子出門，典儀曰：「再拜。」贊者承傳，群官在位者皆再拜。通事舍人引群官以次出。

侍中前跪奏稱：「侍中臣某言：禮畢。」俛伏，興，還侍位。皇帝降座，入自東房，警蹕侍衛如來儀，侍臣從至閤。

親迎

前一日，衛尉設皇太子次於妃氏大門之外道西，南向。設侍衛群官次於皇太子次西南，東向北上。皇太子既受命，遂適妃第，執燭前馬〔一九一〕，鼓吹振作如式，侍從如常。皇太子車至妃氏大門外次前，迴輅南向，左庶子進當輅前，跪奏稱：「左庶子臣某言：『請降輅。』」俛伏，興，還侍位。皇太子降輅之次。車將至，主人設几筵如常，醴女如別儀。妃服褕翟、花鈿，立於東房，侍從如常。主婦衣禮衣、鈿釵，立於房戶外之西，南向。主人公服出，立於大門之內，西面。在廟則主人以下著祭服。儐者公服立於主人之左，北向。左庶子前，跪奏稱：「左庶子臣某言：請就位。」俛伏，興，還侍位。皇太子出次，立於門西，東面，侍衛警蹕如常。儐者進受命，出門東，西面曰：「敢請事。」左庶子承傳，進跪奏如常。皇太子曰：「以茲初婚，某奉制承命。」左庶子俛伏，興，傳於儐者。入告。主人曰：「某謹敬具以須〔一九二〕。」儐者出，傳於左庶子，奏如初。儐者入〔一九三〕，引主人迎於門外之東，西面再拜。左庶子前跪奏稱，「左庶子臣某言：請答拜〔一九四〕。」俛伏，興，還侍位。皇太子答再拜。主人揖皇太子先入。掌畜者以鴈授左庶子，左庶子進〔一九五〕，東南向奉授，皇太子既執鴈進入，侍衛者量入侍從。及內門，主人讓曰：「請皇太子入。」皇太子曰：「某弗敢先。」主人又曰：「固請皇太子入。」皇太子曰：「某固不敢先。」主人揖入，皇太子從入。皇太子入門而左，主人入門而右。及內門，主人揖入，及內霤〔一九六〕，將曲揖，當階揖，皇太子皆報揖。至於階，主人曰：「請皇太子升。」皇太子曰：「某敢辭〔一九七〕。」主人曰：「固請皇太子升。」皇太子曰：「某敢固辭〔一九八〕。」主人又曰：「終請皇太子升。」皇太子又曰：「某敢終辭。」主人揖，皇太子報揖。主人升，立於阼階上，西面。皇太子升，進當房户前，北面跪奠鴈，俛伏，興，再拜，降出。主人不降送。內厩尉進厭翟於內門外，傅姆導妃，司則前引，出於母左。傅姆在右，保姆在左，執燭及侍從如式。父少進，西面戒之，必有正焉，若衣若花。命之曰：「戒之敬之，夙夜無違命。」母戒之西階上，施衿結帨，命之曰：「勉之敬之，夙夜無違。」庶母及門內施鞶，申之以父母之命，命之曰：「敬恭聽宗爾父母之言〔一九九〕，夙夜無愆。視諸衿鞶。」妃既出內門，至輅後，皇太子授綏，姆辭不受〔二〇〇〕，曰：「未教，不足與爲禮。」妃升輅，乘以几，姆加幜。皇太子御輪三周〔二〇一〕，馭者代之。皇太子出大門，乘輅還宮，侍衛如來儀。妃仗次於後。主人使其屬送妃，以儐從〔二〇二〕。

同牢

其日，司閨設妃次於東閤內道東，南向，掌筵鋪褥席。將夕，司閨設皇太子幄於內殿室西廂〔二〇三〕，東向，鋪地重茵，施屏障。設同牢之席於室內，皇太子之席西廂東向〔二〇四〕，妃東廂，西向。席皆莞筵紛純，加藻席繢純。席間量容牢饌。典膳監設洗於東階東南，東西當東霤〔二〇五〕，南北以堂深，罍水在洗東，篚在洗西，南肆。篚實以二巾、二爵〔二〇六〕。設妃洗在東房近北〔二〇七〕，罍水在洗西，篚在洗東，北肆。皆加勺巾冪。典膳監先設饌於房西牖下，籩、豆各二十，簠、簋各二，鉶各三，瓦甒一，皆加巾冪蓋。俎三。罇在室內北牖下，玄酒在西，加冪勺，南柄。冪，夏用紗〔二〇八〕，冬用緆。罇在房户外之東，無玄酒。篚在南，實四爵，合卺。其器皆烏漆，惟甒以陶，卺以瓢。皇太子車至侍臣下馬所，車權停，文武侍臣皆下馬，車左降立於輅右車動，車右夾輅而趨。車至左閤，迴輅南向。左庶子進當輅前，跪奏稱：「左庶子臣某言：請降輅。」俛伏，興，還侍位。皇太子降輅，入，俟於內殿門外之東，西面，侍衛如常儀。左庶子以下皆退〔二〇九〕。妃至宮門，鹵簿仗衛停於門外，近侍者從如常。入至左閤外，迴輅南向。司則進當輅前，啓「請妃降輅。」掌筵依式執扇，前後執燭如常儀。妃降輅，就次整飾。司閨引妃詣內殿門西，東面。皇太子揖妃以入。司閨前引升自西階，姆從升〔二一〇〕，執扇、燭者陳於東、西階內。皇太子即席東向立，妃即席西向立。司饌進詣階間，北面跪奏稱：「司饌妾姓言：請具牢饌。」興。司則承令曰：「諾。」司饌帥其屬升，奉饌入，設於皇太子及妃座前。醬在席前，菹醢在其北，俎三入陳於豆東，豕俎特於俎北，豆東，菹醢之東。司饌設黍於醬東稷在東，設湆於醬南，〔二一一〕饌要方也〔二一二〕。設對醬於東，對醬，婦醬也，設之當特俎。菹醢在其南，北上。設黍於豕俎北。其西稷、稻、粱。設湆於醬北。司饌啓會，郤於簠簋之南〔二一三〕，對簠、簋於北，啓，發也。豆蓋，徹於房內。各加七箸。施設訖〔二一四〕，司饌北面跪奏：「饌具。」興，皇太子及妃俱坐，司饌跪取脯擩於醢，取韭菹擩醢，授皇太子。又司饌取脯擩於醢，取韭菹擩醢，授妃。皇太子及妃俱受，祭於籩、豆之間〔二一五〕，司饌興，取黍實於左手，偏取稷，反於右手，授皇太子。又司饌取黍實於左手，偏取稷，反於右手，授妃。皇太子及妃各受，祭於菹、醢之間。司饌俱興，各立取胏，皆絶末，跪授皇太子及妃，俱受，又祭於菹、醢之間。司饌俱以胏加於俎。掌嚴授皇太子巾，又掌嚴授妃巾，皇太子及妃俱帨手。以柶扱上鉶〔二六〕，徧擩之，祭於上豆之間。司饌品嘗皇太子饌，又司饌品嘗妃饌。司饌各移黍置於席上，以次跪授胏脊，皇太子及妃皆食以湆醬，三飯，卒食。司饌北面跪奏稱：「司饌妾姓言：請進酒。」司則承令曰：「依奏。」興。司饌二人俱盥手洗爵於房〔二七〕，入室，詣酒罇所，酌酒進，北面立。皇太子及妃俱再拜，興。一人進授爵皇太子，一人以爵授妃，皇太子及妃俱受爵，司饌俱退，北面答再拜。皇太子及妃俱坐，皇太子及妃俱祭酒舉酒〔二八〕，司饌各以肝從，司則俱進受虚爵，奠於篚。司饌又俱洗爵，酌酒，再酳〔二九〕，皇太子及妃俱受爵，俱飲。司則進受虚爵，奠於篚。三酳用卺，如再酳〔三〇〕。皇太子及妃立於席後。司則俱降東階〔三一〕，洗爵，升，酌於户外罇，進，北面俱奠爵，興，再拜。皇太子及妃俱答拜。司則俱坐，取爵祭酒，遂飲卒爵，奠爵，遂拜，執爵興，降，奠爵於篚，還侍位。司饌北面奏稱：「司饌妾姓言：牢饌畢〔三二〕。」司則承令曰：「諾。」司饌徹饌，設於房。司則前跪奏稱：「司則妾姓言：請殿下入。」俛伏，興，還侍位。皇太子入於東房，釋冕服，著袴褶。司則啓妃入幃幄，皇太子及妃俱入室。媵餕皇太子之饌，御餕妃之饌。

妃朝見

其日，晝漏上水一刻，所司列御座於所御殿阼階上，西面。其席莞筵紛純，加藻席畫純，次席黼純，左右玉几。司設設皇后座於室户外之西，近北南向。尚食帥司膳設酒罇於房内東壁下，有坫，加勺、羃，罇用瓦甒，實以醴酒。籩一，豆一，實以脯醢，設於罇北。又設洗於東房，近北，罍水在洗西，篚在洗東〔三三〕，北肆。篚實以巾冪，觶一，角柶一。其日，夙興，妃沐浴，司則啓：「請妃内嚴。」質明，諸衛帥其屬陳布儀仗如常儀，近仗入陳於寢門外。内厩尉進厭翟於正寢西階之前，南向。司則啓：「外辦。」妃服褕翟，加首飾以出，降自西階，升輅，侍衛如常。至降車所，司則贊妃降輅，司言引妃入，仗衛停於閤外，障扇、侍從如常。妃至寢門之外，立於西厢，東面。諸衛勒所部屯門布仗，三仗入陳於所御殿閤外如常。侍中奏：「請内嚴。」尚儀又奏：「請皇后内嚴〔三四〕。」妃既至寢門，侍中版奏：「外辦。」皇帝服通天冠、絳紗袍以出，升自阼階，即御座，西向坐，侍衛如常儀。尚儀又奏皇后：「外辦。」皇后褘衣首飾，司言引尚宫，尚宫引皇后出，即御座，南向坐，侍從如常。妃奉笲、棗、栗，司饌又執奉笲腶脩以從。司言引妃入〔三五〕，立於庭北，再拜。司賓引妃升自西階，進，東面跪，奠笲於御座前，皇帝撫之。尚食進，徹以東。司言引妃自西階降，復北面位。奉笲腶脩，再拜，司言引妃升，進，北面跪，奠笲於皇后座前，皇后撫之。尚食進，徹以東。司言引妃退，立於西序，東面，又再拜。司設設妃席於户牖之間，近北，南向〔三六〕。司言引妃立於席西，南向。尚食入東房〔三七〕，盥手洗觶，酌醴齊，加柶，面柄，出，進詣妃席前，北向立。妃進，東面再拜，受醴。尚食薦脯醢於席。妃升席坐，左手執觶〔三八〕，右取脯，擩於醢，祭於籩、豆之間，以柶祭醴三，始扱一祭，又扱再祭。降席，進，東面跪，啐醴，建柶，奠觶，興，東面再拜，跪取觶，興，即席坐〔三九〕，奠觶於薦東，興，降席。司賓引妃降自西階，出閤，乘車還宫，障扇侍從如來儀。

會群臣

皇帝會群臣於太極殿，如正、至之儀。唯上壽辭云：「皇太子嘉聘禮成，克崇景福〔三〇〕，臣某等不勝慶忭。謹上千秋萬歲壽。」

校勘記

〔一〕納吉納徵　「納吉」與「納徵」原倒，據開元禮卷九三乙正。

〔二〕尚舍奉御設幄座於太極殿如常　「尚」下原衍「書」字，據開元禮卷九三删。

〔三〕皇宗親在東　「宗」原作「帝」，據開元禮卷九三改。

〔四〕俱就次各服其服　「次」原作「位」，據開元禮卷九三改。

〔五〕侍中量時刻版奏請中嚴　「奏」字原脱，據開元禮卷九三補。

〔六〕太樂令帥工人入就舞位　「入」字原脱，據開元禮卷九三補。

〔七〕符寶郎奉寶俱就閤奉迎　「郎奉寶」三字原脱，據開元禮卷九三補。

〔八〕又引使主副入　「主」字原脱，據下文及開元禮卷九三補。

〔九〕立定　「立」字原脱，據開元禮卷九三補。

〔一〇〕黄門侍郎引主節立於使者東北　「立」字原脱，據開元禮卷九三補。

〔一一〕主節以節授黄門侍郎黄門侍郎執節西面授使者　「授使者」以上十七字原脱，據開元禮卷九三補。

〔一二〕舍人引群官在位者以次出　「者」字原脱，據開元禮卷九三補。

〔一三〕其制書以油絡網犢車載而行　「以」字原脱，據開元禮卷九三補。

〔一四〕加藻席畫純　「加」原作「如」，據開元禮卷九三改。

〔一五〕至於階　「至」字原脱，據開元禮卷九三補。

〔一六〕其持案及執鴈者從入　「持」下原衍「節」字，據開元禮卷九三删。

〔一七〕東面　「面」原作「門」，據開元禮卷九三改。

〔一八〕立於兩楹間　「立」字原脱，據開元禮卷九三補。

〔一九〕持案及執鴈者在使副西南　「持」原作「執」，據開元禮卷九三改。

〔二〇〕北面立　「立」字原脱，據開元禮卷九三補。

〔二一〕主人受　「受」字原脱，據開元禮卷九三補。

〔二二〕臣之女　三字原脱，據開元禮卷九三補。

〔二三〕使者出立於内門外之西　「外」字原脱，據開元禮卷九三補。

〔二四〕主人降立於東階下　「降」原作「使者」，據開元禮卷九三改。

〔二五〕某既得將事　「得」下原衍「命」字，據開元禮卷九三删。

〔二六〕各用莞筵紛純加藻席繢純　「席繢」二字原倒，據開元禮卷九三乙正。

〔二七〕篚在罇南　此四字原脱，據開元禮卷九三補。
〔二八〕掌事者一人又執几以從　「掌事者」下原衍「又」字，據開元禮卷九三删。
〔二九〕使者以几避　「避」原作「筵」，據開元禮卷九三改。
〔三〇〕西北面立　「立」字原脱，據開元禮卷九三補。
〔三一〕始扱一祭　「扱」原作「版」，據開元禮卷九三改。下句同。
〔三二〕上擸　「擸」原作「獵」，據開元禮卷九三改，與儀禮聘禮合。
〔三三〕又掌事者奉幣篚升東階以授主人　「篚」字原脱，據開元禮卷九三補。
〔三四〕西面立　「立」字原脱，據開元禮卷九三補。
〔三五〕揖馬以出　「以」字原脱，據開元禮卷九三補。
〔三六〕使者出大門外之西　「外之」二字原倒，據開元禮卷九三乙正。
〔三七〕臣預在焉　「預」原作「占」，據開元禮卷九三改。
〔三八〕人謀龜筮　「筮」原作「從」，據開元禮卷九三改。
〔三九〕以禮納吉　「納」字原脱，據元本及開元禮卷九三補。
〔四〇〕執事者入布幕於内門外　「幕」原作「冪」，據下文「六馬陳于幕南」及開元禮卷九三改。下句同。
〔四一〕執事者奉穀珪以匱　「匱」通典卷一二三禮八三開元禮纂類一七嘉禮一同，開元禮卷九三作「櫝」。
〔四二〕西面　「面」字原脱，據開元禮卷九三補。
〔四三〕謁者引立於大門外之西　「外之」二字原倒，據開元禮卷九三乙正。

〔四四〕東面北上　「東」下原衍「南」字，據開元禮卷九三删。

〔四五〕持幡節者立於使者之北　下「者」字原脱，據開元禮卷九三補。

〔四六〕臣某祗奉典制　「臣」字原脱，據開元禮卷九三補。

〔四七〕至於階使者及使副從入　「於」字、「使者及」三字原脱，據開元禮卷九三補。

〔四八〕於主人揖入門　六字原脱，據開元禮卷九三補。

〔四九〕持案者退復位　「者」字原脱，據開元禮卷九三補。

〔五〇〕主人降詣階　「階」下原衍「間」字，據開元禮卷九三删。

〔五一〕自前西而出　「西」原作「面」，據通典卷一二七納徵條改。按開元禮卷九三作「自前西面而出」，衍「面」字。

〔五二〕以玄纁珪馬　「珪」原作「車」，據開元禮卷九三改。

〔五三〕南向　「南」原作「東」，據開元禮卷九三改。

〔五四〕使副及内侍位於使者之南　「侍」原作「使」，據元本、慎本、馮本及開元禮卷九三改。

〔五五〕内謁者監設司贊位於東階東南　「内」字原脱，據開元禮卷九三補。

〔五六〕尚宫以下至閤之次　「閤」原作「客」，據開元禮卷九三改。

〔五七〕退復位　「退」字原脱，據開元禮卷九三補。

〔五八〕尚宫以下入閤　「尚」原作「上」，據開元禮卷九三改。

〔五九〕尚服又奉寶綬次授皇后　「次」原作「進」，據開元禮卷九三改。

〔六〇〕使者乘輅而還　「使」上原衍「前」字，據開元禮卷九三删。

〔六一〕咨爾易基乾坤　「基」原作「階」，據開元禮卷九三改。

〔六二〕太妊姒姬周胤克昌　開元禮卷九三作「任姒妃周胤嗣克昌」。

〔六三〕導師道於六宫　「導」字原脱，據開元禮卷九三補。

〔六四〕掌次者延入次　「次」原作「位」，據開元禮卷九四改。

〔六五〕量時刻傅姆導皇后　「傅姆」原作「姆傅」，據開元禮卷九四改。

〔六六〕南向　「向」字原脱，據開元禮卷九四補。

〔六七〕立定　「立」原作「位」，據開元禮卷九四改。

〔六八〕謁者引使者詣大門外位　「詣」原作「謁」，據開元禮卷九四改。

〔六九〕仍北面立使副取鴈授使者訖主人再拜　此十六字原脱，據開元禮卷九四補。

〔七〇〕令月吉日　「令」原作「今」，據開元禮卷九四改。

〔七一〕主人入　「入」字原脱，據開元禮卷九四補。

〔七二〕内宫侍從　「宫」原作「官」，據開元禮卷九四改。

〔七三〕迎使及百官當引從者皆退　「迎」上原衍「奉」字，據開元禮卷九四删。

〔七四〕皇后車出大門外　「皇」上原衍「俟」字，據開元禮卷九四删。

〔七五〕其器皆烏漆　「烏」原作「以」，據開元禮卷九四改。

〔七六〕鳴鐘鼓者所以聲告内外　「鐘鼓」二字原倒，據開元禮卷九四乙正。

〔七七〕饌要方也　「要」原作「西」，據開元禮卷九四改。

〔七八〕設黍於豖俎北　「北」字原脱，據開元禮卷九四補。

〔七九〕尚食啓會郤於簋簠之南　「郤」原作「郄」，據開元禮卷九四改。

〔八〇〕對簋簠於北　「簋簠」二字原倒，據開元禮卷九四乙正。

〔八一〕各取肺皆絶末授皇帝及皇后皇帝及皇后俱受祭於豆間訖　此二十四字原脱，據開元禮卷九四補。

〔八二〕奠爵遂拜執爵興　「興」上原衍「奠」字，據開元禮卷九四刪。

〔八三〕奠於篚還侍位　「位」原作「立」，據開元禮卷九四改。

〔八四〕設於東房如初　「設」字原脱，據開元禮卷九四補。

〔八五〕皇后至宫之明日　「明」字原脱，據開元禮卷九四補。

〔八六〕内侍因中書以聞　「内侍」二字原脱，據開元禮卷九四補。

〔八七〕南向　「向」字原脱，據開元禮卷九四補。

〔八八〕北面再拜　此下原衍「司言引尚儀尚儀引皇后」十字，據開元禮卷九四刪。

〔八九〕尚食入東房　「入」原作「於」，據開元禮卷九四改。

〔九〇〕始扱一祭　「扱一」原作「一版」，據開元禮卷九四改。下同。元本、慎本、馮本作「始一扱祭」，誤倒。

〔九一〕克崇萬葉　「崇」原作「榮」，據開元禮卷九四改。

〔九二〕凡厥兆庶　「兆」原作「元」，據開元禮卷九四改。

〔九三〕謹上千萬歲壽　「萬」上原衍「秋」字，據開元禮卷九四刪。

〔九四〕右如正冬朝會儀　「儀」字原脱，據開元禮卷九四補。

〔九五〕率土含識不勝抃舞　「抃」原作「忭」，據開元禮卷九四改。
〔九六〕會辭唯加謹上千萬歲壽　「加」原作「嘉」，據開元禮卷九四改。
〔九七〕右如加元服上禮之儀　「右」字原脱，據開元禮卷九四補。
〔九八〕内官應從入廟者俱清齋一日於廟所　「廟」原作「殿」，據開元禮卷九四改。
〔九九〕奉禮設太尉以下及御史等位於内外　「史」原作「使」，據開元禮卷九四改。
〔一〇〇〕春夏用鷄彝鳥彝犧罇　「鳥彝犧」三字原脱，據開元禮卷九四補。
〔一〇一〕秋冬用斝彝黄彝著罇　「斝」下「彝」字原脱，據開元禮卷九四補。
〔一〇二〕謹以一元大武明粢薌合薌萁嘉蔬嘉薦醴齊敬薦　「大」原作「太」，「薌」下原脱「合薌」二字，據禮記曲禮下及開元禮卷九四改補。
〔一〇三〕皆如獻祖之儀　「皆」與「獻」字原脱，據開元禮卷九四補。
〔一〇四〕司贊引内命婦各就位　「贊」原作「賓」，據開元禮卷九四改。
〔一〇五〕外命婦三品以上及公主縣主皆先置　「置」原作「至」，開元禮卷九四亦作「至」，按開元禮文例應作「置」，故據改。
〔一〇六〕車駕將至内侍之屬守廟四門　「至」原作「去」，「侍」原作「外」，據開元禮卷九四改。
〔一〇七〕内謁者贊引引外命婦妃主等出次　兩「引」字原脱，據開元禮卷九四補。
〔一〇八〕皇后又再拜訖　「訖」原作「見」，據開元禮卷九四改。
〔一〇九〕皇后停大次一刻頃　「一」原作「半」，據開元禮卷九四改。

〔一一〇〕贊引引外命婦等出次　下「引」字原脱，據開元禮卷九四補。
〔一一一〕車駕過　「過」原作「還」，據開元禮卷九四改。
〔一一二〕内典引引外命婦退　「退」字原脱，據開元禮卷九四補。
〔一一三〕輿　原脱，據開元禮卷九四補。
〔一一四〕乘輿以入　「乘」字原脱，據開元禮卷九四補。
〔一一五〕殿庭陳設樂懸　「殿」字原脱，據開元禮卷一〇五補。
〔一一六〕俛伏舉麾　「伏」下原衍「興」字，據開元禮卷一〇五删。
〔一一七〕贊者承傳　「傳」下原衍「命」字，據開元禮卷一〇五删。
〔一一八〕降詣使者前東北　「詣」原作「請」，據愼本、馮本及開元禮卷一〇五改。
〔一一九〕命公等持節展禮　「持」原作「執」，據開元禮卷一〇五改。
〔一二〇〕西面　「西」字原脱，據開元禮卷一〇五補。
〔一二一〕侍中前跪奏稱　「跪」字原脱，據開元禮卷一〇五補。
〔一二二〕皇帝興太樂令令撞蕤賓之鐘左五鐘皆應鼓柷奏太和之樂　此二十四字原脱，據開元禮卷一〇五補。
〔一二三〕隨便設太尉司徒等次　「便」原作「使」，據元本、愼本、馮本及開元禮卷一〇五改。
〔一二四〕司樂展宫懸之樂於殿庭　「司」原作「太」，據開元禮卷一〇五改。
〔一二五〕並如常儀　「儀」字原脱，據開元禮卷一〇五補。
〔一二六〕依時刻諸衛勒所部屯門列仗及陳布於皇后殿正南門之外如常儀　「部」字原脱，「外」原作「内」，據開元禮卷一

○五補改。
〔一二七〕舉册案及琮璽綬者又在南差退　「又在」原作「位」，「南」下原衍「向」字，據開元禮卷一○五改删。
〔一二八〕俱東向　「向」原作「面」，據開元禮卷一○五改。
〔一二九〕並每等異位重行相向　「相」原作「南」，據開元禮卷一○五改。
〔一三○〕重行　「重」字原脱，據開元禮卷一○五補。
〔一三一〕大長公主以下在道東每等異位重行北面以西爲上　「道」字、「每等異位重行」六字及「以」、「爲」等字原脱，據開元禮卷一○五補。
〔一三二〕司樂帥女工人入就位　「女」字原脱，據開元禮卷一○五補。
〔一三三〕内司賓接引進入　「内」字原脱，據開元禮卷一○五補。
〔一三四〕謁者引太尉以下就肅章門外位　「位」字原脱，據開元禮卷一○五補。
〔一三五〕工鼓柷而後作　「工」字原脱，據開元禮卷一○五補。
〔一三六〕尚宫引皇后降就庭中北面位皇后初行樂作　「降就庭中北面位皇后」九字原脱，據開元禮卷一○五補。
〔一三七〕又尚宫詣門跪取册　「跪」字原脱，據開元禮卷一○五補。
〔一三八〕俱入立於皇后之右少前西向　「入立」二字原倒，「少前」二字原脱，並據開元禮卷一○五乙正並改補。
〔一三九〕皇后受以授司寶訖　「受」字原脱，據開元禮卷一○五補。
〔一四○〕尚儀贊皇后升座　「座」上原衍「御」字，據開元禮卷一○五删。
〔一四一〕司寶奉琮璽置於御座　「寶」原作「璽」，據開元禮卷一○五改。

〔一四二〕司賓以次引從隨便門出　原作「司賓以次從隨使出門」，據開元禮卷一〇五補改乙正。
〔一四三〕樂作止及宣令拜辭等　「作」字原脱，「拜」字叠誤，據開元禮卷一〇五補删。
〔一四四〕還侍位　「還」上原衍「退」字，據開元禮卷一〇五删。
〔一四五〕侍衛警蹕如常儀　「常」字原脱，據開元禮卷一〇五補。
〔一四六〕至降車所　「降車所」三字原脱，據開元禮卷一〇五補。
〔一四七〕中書令立於太尉東北西面　「立」字原脱，「太尉」原作「太極殿」，「西面」二字原倒，據開元禮卷一〇五補改乙正。
〔一四八〕鹵簿幡節等各還本司　「各」字原脱，據開元禮卷一〇五補。
〔一四九〕典儀設文官一品以下　「官」原作「武」，據開元禮卷一一一改。
〔一五〇〕諸衛勒所部屯門　「屯」原作「中」，據元本、慎本、馮本及開元禮卷一一一改。
〔一五一〕太樂令以下帥工人入就位　「樂」原作「極」，據開元禮卷一一一改。
〔一五二〕諸侍衛之官各服其器服　「諸」原作「請」，據開元禮卷一一一改。
〔一五三〕中書令以下諸侍臣俱詣閤奉迎　「詣」原作「謁」，據開元禮卷一一一改。
〔一五四〕通事舍人引群官出　「通」上原衍「承傳」二字，據開元禮卷一一一删。
〔一五五〕南向　今本開元禮卷一一一「南」作「西」，誤。
〔一五六〕凡賓主及行事者皆公服　「及」字原脱，據開元禮卷一一一補。
〔一五七〕西面　「面」字原脱，據開元禮卷一一一補。

〔一五八〕臣某之子不教若如人　「子」原作「女」，據開元禮卷一一一改。

〔一五九〕使副進授使者　「使副」二字原脱，據開元禮卷一一一補。

〔一六〇〕退立於東階上　「立」原作「位」，據開元禮卷一一一改。

〔一六一〕故至於某之室某有先人之禮請禮從者　「於」字原脱，「請」原作「謹」，據開元禮卷一一一補改。

〔一六二〕臣某之子弗教　「教」原作「敬」，據開元禮卷一一一改。

〔一六三〕立於大門外之西東面　「面」下原衍「外」字，據開元禮卷一一一删。

〔一六四〕執事者奉穀珪以櫝　「櫝」原作「匵」，據開元禮卷一一一改。下句「啓櫝取珪」同。

〔一六五〕北首西上　「北」字原脱，據開元禮卷一一一補。

〔一六六〕主人降詣階間　「詣」字原脱，據開元禮卷一一一補。

〔一六七〕左右受玉帛於序端主人降立於内門内西向於主人受玉帛受馬者自左受之以東　「於序端主人降立於内門内西向於主人受玉帛」十九字原脱，又「馬」下原脱「者」字，並據開元禮卷一一一補。

〔一六八〕自前西出　「西」原作「面」，據儀禮聘禮改。按開元禮卷一一一作「自前西面出」而衍「面」字。

〔一六九〕其賓使者如納徵　「其」字原脱，「賓」下原衍「從」字，並據開元禮卷一一一補删。

〔一七〇〕儀皆如之　「儀」字原脱，據開元禮卷一一一補。

〔一七一〕設贊者二人位於東階東南　「位」字原脱，據開元禮卷一一一補。

〔一七二〕典内先置一案於幃外　「幃」原作「闈」，據開元禮卷一一一改。

〔一七三〕内厩尉進厭翟車於大門之外道西　「道」下原衍「之」字，據開元禮卷一一一删。

〔一七四〕諸衛率其屬布妃儀仗如常　「衛」原作「尉」，據開元禮卷一一一改。

〔一七五〕典内持册寶入立於閤外之西　「入立」二字原倒，據開元禮卷一一一乙正。

〔一七六〕前二日　〔二〕開元禮卷一一一作「三」。

〔一七七〕左庶子奏請中嚴　「奏」原作「贊」，據開元禮卷一一一改。

〔一七八〕内僕進金輅於閤外南向率一人執刀於輅前　開元禮卷一一一「内」在「率」上。

〔一七九〕文武官皆乘馬如常　開元禮卷一一一「馬」下有「以從」二字。

〔一八〇〕西向　「向」原作「南」，據開元禮卷一一一改。

〔一八一〕並如常儀　「如」原作「加」，據元本、愼本、馮本及開元禮卷一一一改。

〔一八二〕侍中版奏　「侍」上原衍「其」字，據開元禮卷一一一删。

〔一八三〕太樂令帥工人入就位　「樂」原作「極」，據開元禮卷一一一改。

〔一八四〕晡前一刻　「一」原作「三」，據開元禮卷一一一改。

〔一八五〕典儀帥贊者先入就位　「位」原作「次」，據開元禮卷一一一改。

〔一八六〕典儀引舍人　「儀」原作「謁」，據開元禮卷一一一改。

〔一八七〕尚食直長又薦脯醢於席前　「席」原作「序」，據開元禮卷一一一改。

〔一八八〕皇太子升席座　「席」原作「薦」，據開元禮卷一一一改。

〔一八九〕皇帝命之曰　「之」字原脱，據開元禮卷一一一補。

〔一九〇〕臣謹奉制旨　「臣」字原脱，據開元禮卷一一一補。

〔一九一〕執燭前馬　「前馬」二字原倒，據儀禮士昏禮及開元禮卷一一一乙正。
〔一九二〕某謹敬具以須　「以須」原作「少頃」，據開元禮卷一一一改。
〔一九三〕儐者入　「入」字原脱，據開元禮卷一一一補。
〔一九四〕左庶子臣某言請答拜　「拜」字原脱，據開元禮卷一一一補。
〔一九五〕左庶子進　「左庶子」三字原脱，據開元禮卷一一一補。
〔一九六〕及内門主人揖入及内霤　兩「及」字原脱，據開元禮卷一一一補。
〔一九七〕某敢辭　「辭」下原衍「請」字，據開元禮删。
〔一九八〕某敢固辭　「敢固」二字原倒，據開元禮卷一一一乙正。
〔一九九〕敬恭聽宗爾父母之言　「敬恭」二字原倒，「爾」字原脱，據開元禮卷一一一乙正補。
〔二〇〇〕姆辭不受　「姆」原作「母」，據開元禮卷一一一改。
〔二〇一〕皇太子御輪三周　「周」原作「司」，據開元禮卷一一一改。
〔二〇二〕主人使其屬送妃以儐從　「以儐從」開元禮卷一一一作「以次旅從」。
〔二〇三〕司閨設皇太子幄於内殿室西廂　「内」字原脱，按下文有「内殿門外」、「内殿門西」，故據補。
〔二〇四〕皇太子之席西廂東向　「東」原作「南」，據開元禮卷一一一改。
〔二〇五〕東西當東霤　下「東」字原脱，據開元禮卷一一一補。按元本、慎本、馮本作「東西東霤」，脱「當」字。
〔二〇六〕篚實以二中二爵　「中」原作「巾」，據開元禮卷一一一改。
〔二〇七〕設妃洗在東房近北　「近」原作「筵」，據開元禮卷一一一改。

〔二〇八〕夏用紗　「紗」原作「絺」，據開元禮卷一一一改。

〔二〇九〕左庶子以下皆退　「左」字原脫，據開元禮卷一一一補。

〔二一〇〕司閨前引升自西階姆從升　「司」前原衍「又」字，「前」下原脫「引」字，「姆從」原作「妃後」，據開元禮卷一一一刪補改。

〔二一一〕司饌設黍於醬東稷在東設湆於醬南　「稷在東設湆於醬南」八字原脫，據開元禮卷一一一補。

〔二一二〕饌要方也　「要方」原作「在西」，據開元禮卷一一一改。

〔二一三〕郤於簠簋之南　「郤」字原脫，據開元禮卷一一一補。

〔二一四〕施設訖　「施」字原脫，據開元禮卷一一一補。

〔二一五〕皇太子及妃俱受祭於籩豆之間　「俱」原在「祭」字上，據開元禮卷一一一改。

〔二一六〕以柶扱上鉶　「扱」原作「極」，據開元禮卷一一一改。下同。

〔二一七〕司饌二人俱盥手洗爵於房　「二人」原作「北面」，據開元禮卷一一一及新唐書卷一八禮樂志八改。

〔二一八〕皇太子及妃俱祭酒舉酒　「舉酒」二字原脫，據開元禮卷一一一及新唐書卷一八禮樂志八補。

〔二一九〕再酳　「酳」原作「醑」，據開元禮卷一一一及新唐書卷一八禮樂志八改。下同。

〔二二〇〕三酳用巹如再酳　「如再酳」原作「如禮再拜」，據開元禮卷一一一及新唐書卷一八禮樂志八刪改。

〔二二一〕司則俱降東階　「俱」字原脫，據開元禮卷一一一及新唐書卷一八禮樂志八補。

〔二二二〕牢饌畢　「饌」開元禮卷一一一作「禮」。

〔二二三〕篚在洗東　「洗」字原脫，據開元禮卷一一一補。

〔二四〕侍中奏請内嚴尚儀又奏請皇后内嚴　「内嚴尚儀又奏請」七字原脱，據開元禮卷一一一補。

〔二五〕司言引妃入　「言」原作「則」，據開元禮卷一一一及上下文改。

〔二六〕近北南向　「北」下原衍「面」字，據開元禮卷一一一删。

〔二七〕尚食入東房　「食」下原衍「又」字，據開元禮卷一一一删。

〔二八〕左手執觶　「手」字原脱，據開元禮卷一一一補。

〔二九〕東面跪啐醴建柶奠觶興東面再拜跪取觶興即席坐　「啐醴建柶奠觶興東面再拜跪」十二字原脱，又「即」字下原衍「位」字，並據開元禮卷一一一補删。

〔三〇〕克崇景福　「福」，開元禮卷一一一作「祚」。

卷二百五十六　帝系考七

后妃

梁太祖元貞皇后張氏，單州碭山人。太祖少聘之，生末帝。太祖貴，封魏國夫人。天祐元年卒，太祖即位，追册爲賢妃。末帝立，追謚后。

昭儀陳氏，宋州人，少以色進，後專寵。開平三年，度爲尼。

昭容李氏，亦以色進，拜昭容。後不知所終。

末帝德妃張氏，父歸霸，事太祖，爲梁功臣。帝爲王時，以婦聘之。帝即位，將册德妃，立爲后，未及而卒。

末帝次妃郭氏，父登州刺史歸厚。少以色進，梁亡爲尼。

後唐太祖正室劉氏，代北人。太祖爲晉王時，封秦國夫人。莊宗即位，尊爲皇太妃。

次妃曹氏，太原人，先封晉國夫人，生莊宗。莊宗即位，尊爲皇太后。薨，葬坤陵〔一〕，謚貞簡。

莊宗神閔敬皇后劉氏，魏州成安人〔二〕。晉王攻魏，裨將袁建豐掠得之，納之晉宮。莊宗嗣位，太后以賜之。有寵，生子繼岌〔三〕。帝即位，將立后，而衛國夫人韓氏正室也，燕國夫人伊氏次妃，位在劉氏上，故難其事。宰相豆盧革、樞使郭崇韜等希旨，請立劉氏爲皇后，上從之，乃封韓氏爲淑妃，伊氏爲德妃。莊宗遇弒，后出奔。明宗即位，遣人賜后死。韓淑妃、伊德妃皆居太原，晉高祖反時，爲契丹所虜。

自唐末喪亂，后妃之制不備。至莊宗時，後宮之數尤多，有昭容、昭儀、昭媛、出使、御正、傅真、懿才、咸一、瑶芳、懿德、宣一等〔四〕，其餘名號，不可勝紀。明帝已後，又有司寶、司贊、司膳、司醖、司飾、司衣、司藥〔五〕、梳篦、衣服、知客、寶省、書省、弟子院使等名，皆封國夫人或郡夫人，少者縣君〔六〕。前代內職無封君之禮，此一時之制。

明宗和武憲皇后曹氏，不知所出，天成元年，封淑妃，後立爲皇后。愍帝即位，尊爲皇太后。

明宗昭懿皇后夏氏不知其所出，生秦王從榮及愍帝。帝未即位前卒，天成時追册爲皇后。

明宗淑妃王氏，邠州餅家子。初爲梁將劉鄩侍兒，鄩卒，帝納之。即位，封爲淑妃。愍帝即位，尊爲皇太妃。

愍帝哀皇后孔氏，父循。愍帝即位，將立爲皇后，未及而難作。帝出奔，廢帝入，與所生四子皆見殺。晉高祖立，追謚曰「哀」。

廢帝皇后劉氏，父茂威，應州渾元人。初封沛國夫人，帝即位，爲皇后。石敬瑭犯京師，與帝俱自焚死。

晉高祖皇后李氏，唐明宗女。初號永寧公主。天福二年，有司請立皇后，帝以宗廟未立，謙抑未遑。

帝崩，出帝即位，乃尊爲皇太后。

安太妃，代北人，不知其世家。生出帝，帝立，尊爲皇太妃。

出帝皇后馮氏，定州人，父濛。初適高祖弟重胤，重胤卒，出帝納之，立爲皇后。契丹入京師，從帝北遷，不知所終。

漢高祖皇后李氏，晉陽人，本農家女。高祖少爲軍卒，入其家劫取之。高祖貴，封魏國夫人，生隱帝。高祖即位，立爲皇后。隱帝即位，爲皇太后。

周太祖聖穆皇后柴氏，邢州堯山人。太祖少娶之。太祖即位已卒，追册爲皇后。

太祖淑妃楊氏，鎮州真定人。初爲趙王鎔妾，鎔死，嫁石光輔。光輔卒，太祖聘爲繼室。天福中卒，即位，追册爲妃。

貴妃張氏，鎮州真定人。初爲武氏婦，武卒，太祖納之。太祖兵入京，妃爲劉銖所殺，即位，追册。

德妃董氏，鎮州靈壽人。初爲劉進超妻，進超歿，太祖聘之。即位，册爲德妃。

世宗貞惠皇后劉氏，不知所出。帝微時所娶，封縣君。太祖舉兵，留京師，爲漢人所殺。太祖即位，追封彭城郡夫人〔七〕。世宗即位，追册爲皇后。

宣懿皇后符氏，彦卿之女。初適李崇訓，崇訓反誅，帝納爲夫人，即位，立爲皇后。顯德時崩。

皇后符氏，宣懿后之妹。宣懿后崩，帝納之。恭帝立，尊爲皇太后。

宋太祖皇帝，始因五代之制，置司簿掌宫中簿書出納之事，又置司賓，並封縣君。又置樂使，主宫中聲伎，並賜帬帔。太宗置尚宮及太監並知内省事〔八〕，充内宣徽南院使兼承旨並司本部〔九〕，或封國夫人、郡夫人。又置寶省、尚食，封縣君。又置司寶、司儀、司給，或授郡君、縣君。又樂使之下，增置副使。又改内省爲尚書内省，令尚宮、太監並號尚書、司給、司簿，同掌宮籍及司出給。改祇候人爲御侍，衣服爲司衣，梳篦爲司飾，枕被爲司寢，湯藥爲司藥，樂使爲仙韶使，副使爲仙韶副使，弟子呼供奉。又置直筆，書省主事。改茶器爲翰林局，掌御閣爲直閣，掌宮門爲直門，掌燈火爲掌燈，掌從物爲直，仗針綫院爲裁縫院。又令司簿兼掌寶，司言兼監班，司儀兼承宣。掌寶、司儀及仙韶使、副使，仍封縣君。又司記知尚書内省公事，而皆賜以帬帔。真宗增置淑儀、淑容、順儀〔一〇〕、順容、婉儀、婉容，並從一品，在昭儀上。又置貴儀在淑儀之上〔一一〕。又置司宮令正四品，在尚宮之上。

太祖孝惠皇后賀氏，開封人，太祖正妃。初封會稽郡夫人，顯德五年崩。建隆三年，追册爲皇后。

孝明皇后王氏，邠州新平人，太祖繼妃。建隆元年八月，立爲皇后，乾德元年崩。

孝章皇后宋氏，河南洛陽人。乾德六年，納爲皇后。太宗即位，號開寶皇后，居西宮，至道元年崩。

太宗淑德皇后尹氏，相州鄴人。太宗正妃，早崩。太平興國元年，追册爲皇后。

懿德皇后符氏，陳州宛邱人。太宗繼妃。帝爲晉王，封越國夫人，開寶八年崩。太平興國元年，追册爲皇后。

元德皇后李氏，真定人。初爲太宗後宮，封夫人，生真宗。太平興國二年崩，真宗即位，追尊爲皇太后。

明德皇后李氏，潞州上黨人，太宗妃。雍熙元年，立爲皇后。真宗立，尊爲皇太后。

貴妃孫氏，開封人。　昭容吴氏，錢塘人。　尚宮李氏、徐氏。　順容邵氏，揚州人。　俱太宗後宮。

朱貴妃，太宗後宮爲才人，後入道。明道中卒。

秦國夫人劉氏，真宗乳母。始封齊國夫人，真宗即位，封秦國延壽保聖夫人。咸平元年薨。帝以乳保之恩，事之如母，舉哀制服。

真宗莊懷皇后潘氏〔二〕，大名人，真宗元妃，端拱二年崩。至道三年，追册爲皇后。

莊穆皇后郭氏〔三〕，太原人，真宗繼妃。帝繼位，立爲皇后。景德四年崩。

章獻明肅皇后劉氏，益州人。景德初，爲美人，進德妃，莊穆后崩，立爲皇后。仁宗即位，尊爲皇太后。

章懿皇后李氏，杭州人。入宮爲司寢，生仁宗，進位婉儀。明道元年，進宸妃，薨。章獻既崩，追尊爲皇太后。

章惠皇后楊氏，益州郫人。初爲才人，進婉儀。仁宗在乳褓，有護視功。帝即位，進皇太妃。章獻崩，遺誥以爲皇太后。

杜貴妃，真宗後宮，後入道。

國初，立后妃皆不行册禮。大中祥符七年，封婉儀楊氏爲淑妃，翰林草制，付中書，不宣於外庭。乾興元年，遺制尊皇后爲皇太后，淑妃爲皇太妃，亦不果行册禮。自雍熙後，后妃乃寫告身，用金華羅紙、金塗褾袋，有司進入，近臣、牧伯、皇親皆修貢禮爲賀。

仁宗廢后郭氏，其先應州金城人。天聖中，册爲皇后。立九年，以後宮嬖寵忿争，坐廢，出居瑶華宫，號金庭教主、冲静元師〔一四〕。又二年暴薨，追册爲皇后。

嘉祐中，帝欲置影殿於洪福寺，禮官因請祔廟，下兩制議未定。而知制誥劉敞言：「春秋之義，不薨於寢，不赴同姓，不反哭於廟，則不言夫人，不稱小君，徒以禮不足，故名號闕然。然則名號與禮非同物也。名號存而禮不足，因不正其稱，况敢正其議乎？郭后於三者無一焉，而欲正其禮，恐未安於義也。傳曰：『不有廢也，君何以興？』廢興之間，固必有正與不正之理存焉。今欲扶所廢以爲正，亦將抑所興以爲不正歟？古者不二嫡，則萬世之後，宗廟之禮，豈臣子所當擅輕重哉？議者或謂郭氏之追命也，既復其號，不得不異其禮。譬之大臣坐非辜之貶者，苟明其非辜則復用之，豈得不遂使爲大臣乎？臣謂物有殊類而異勢，未可以相準。臣之與妻，其義雖均，然逐臣可以復歸，放妻不可復合，臣衆而妻一也。」禮官張洞言：「郭后之没，不得其所，責當歸於朝廷，死者何罪，豈有始儷宸極，終不廟食邪？議者欲用後漢、東晉故事，或祭於陵寢，或築宫於外，稽之二史，皆曰母后，况之於今〔一五〕亦未見其合也。惟唐立别廟，遇禘祫則享之，於義爲允。」敞又言：「郭后所以然者，蓋於時聖慮在宗廟社稷之際也。昔漢光武以后郭氏怨懟廢之，然當時群臣，不以光武爲情有厚薄，亦不以郭氏爲不當廢者，其意識遠也。今陛下之慮，豈不然乎？光武雖廢郭氏，然顧待其家不衰，亦明退人以義不緣於私也，此又詔書所以追復郭氏之意矣。用平生之眷，故尊以虚名，顧禮義之正，故絶其祔廟，是范曄所謂使後世不見有隆薄進退之隙者也。今洞之意，以追復郭后，則出於天子，以停止廟謚，則出於大臣，共一詔書也，而論之異同，未知洞何從見之？若不幸此言傳於後，而且歸過君父，虧損聖德，此其一也。臣前奏，以爲廢興不兩立，人君不二嫡，使萬世之後，禮分不明。洞不以此爲辯，若不幸朝廷過聽之，是雖自以能訐上起廢爲功，而且陰逼母后〔一六〕，妄瀆禮正，此其二也。故臣以謂非臣子之義、忠信之道矣。」其後，議卒不上，朝廷亦未遑有所行也。

按：郭后正位宮闈者九年，其廢也，坐與後宮爭寵，非如前代若霍若賈之徒，有不可恕之大罪也，是以當時范文正公輩力爭之，以爲過舉失德。既而昭陵悔悼，追復位號，蓋賢於漢之景、武，唐之高宗、玄宗矣。既復位號，則享祀乃禮之正，而劉貢甫力爭之。夫古人所謂並后二嫡者，但謂不當使妾上僭耳。如后既廢而復，則固后也。又已殁，則不嫌其爲先后也，何二嫡之有？且當時曹后在位，而温成以宮嬪專寵，及其殁也，追册皇后，置立園廟，乃其失禮之尤大者，貢甫不彼之正，而此之泥，何邪？

慈聖光獻皇后曹氏，真定人。景祐元年，册爲皇后。英宗即位，尊爲皇太后。

景祐元年九月，立皇后曹氏。冬至，行册禮，與通禮異，不立仗，不設縣。前一日，守宮設次於朝堂，册寶使、副次於東門外〔一七〕，命婦次於受册寶殿門外，設皇后受册寶位於殿庭階下，北向。奉禮設册寶使位於内東門外，副使内侍位於其南，差退，東向北上。册寶案位於使前，南向。又設内給事位於北廂，南向。其日，百官常服早入次，禮官、通事舍人先引中書令、侍中、門下侍郎、中書侍郎及捧册寶官，執事人絳衣介幘，詣垂拱殿門就次，以俟册降。禮官、通事舍人分引宰臣、樞密、册寶使副、百官入文德殿庭立班，東西相向，北上。內侍二員自内承旨降册寶，率執事者捧册寶出垂拱殿，捧册寶官俱搢笏率執事人，禮官導中書侍郎押册，中書令後從，門下侍郎押寶，侍中後從，援衛如儀，由東上閤門出，至文德殿庭權置。禮官、通事舍人引使、副就承制位，次引侍中於使前，西向稱：「有制。」典儀曰：「再拜。」贊者承傳，使副、在位官皆再拜，宣曰：「贈尚書令、冀王曹彬孫女册爲皇后，命公等持節展禮。」使、副再拜，侍中還位，門下侍郎帥主節者詣使東北〔一八〕，主節以節授門下侍郎，門下侍郎執節授册使，册使跪受，興，付主節，幡隨節立於使左。次引中書令、侍中詣册寶東北，西向立。中書侍郎引册案立於中書令之右，中書令取册授册寶使，使跪受，興，置於案，中書令、侍郎退復本班。又門下侍郎引寶案於侍中之右，侍中跪取寶以授册寶使，使跪受，興，置於案。侍中、門下侍郎退復本位，典儀再拜如前。禮官、通事舍人引使、副押册寶〔一九〕，持節者前導，捧册寶官捧舁，援衛以次出朝堂，由右昇龍門入大慶殿門，由殿西過宣祐門，詣内東門。内臣引内外命婦俱入就位立，内侍詣閤奏請皇后首飾褘衣〔二〇〕。册寶至内東門外位，使、副東向立，内給事進就南向位，禮官、通事舍人引使就内給事前面，北向跪稱：「册寶使李迪、副使王隨奉制授皇后册寶。」訖，内給事入詣受册寶殿閤皇后前跪奏訖〔二一〕，内侍進詣使前，面西跪受册寶，以授内謁者監，使退復位。内謁者監、主當内臣持册寶入内東門，内侍從之，以次入詣殿庭。内侍贊引皇后降立庭中北向位，内侍跪取册，又内侍跪取寶，興，進立於皇后之右，少前西向。内侍二員進立於皇后之左，少前，東向。又内侍稱：「有制。」内侍贊皇后再拜，内侍奉册进授皇后，皇后受以授内侍〔二三〕，内侍又奉寳亦然，復贊再拜，前導皇后升座，南向，内臣引内外命婦，稱賀如常儀。内侍進詣皇后前跪奏：「禮畢。」内侍前導皇后降座還閤，内外命婦班退。少頃，皇后常服謝皇帝、皇太后，用常禮。百官詣東上閤門拜表稱賀〔二三〕，其册如皇太子，用珉玉五十簡，褾首在内，匣隨册之長。寳用金，方一寸五分，高一寸，文曰「皇后之寳」，盤螭紐，綬并沿册寳法物，約舊制爲之。匣盝朱漆〔二四〕，金塗，銀裝。册文曰：「皇帝若曰：天地定位，陰陽相成，人道貫之，以綱大倫。后德配之，以熙内治。聖人有以端其本也，故造舟之迎言乎備，詩人有以美其化也，故周南之風著乎始。粤朕冲昧，祗若丕構。深惟承荷之重，輔佐攸艱，用簡納賢明，協於人神之望。咨爾贈尚書令、冀王配饗太祖廟庭，曹彬孫女：惟乃祖克有武功，勤勞王家，保勳不伐，榮享厥終〔二五〕。慶教流後昆。薰然慈和，善祥憑積〔二六〕，生此邦媛。其漸漬醇醲，發聞馨香，所從來遠矣。起居祖習，不侍姆師之訓。風容矩度，自爲宗黨之憲。長秋曠位，陰教未序，咨求訓範，統正六列。宗公鼎臣，誦言於朝，願即嘉時，聿申典禮。朕以春秋之義，必娶大國。摯疇之家，乃稱福耦。謀及泰筮，聘以穀圭，惟吉之從，有命既集。今遣使工部尚書、同平章事李迪，副使户部侍郎、參知政事王隨，持節册命爾爲皇后。欽哉！夫惟肅恭可以侍上，夫惟謙裕可以接下。泰而能約，則驕弗至。動而慎思，則悔弗萌。懋乃后德，修乃嬪職，奉承宗廟，儀刑家國，永綏無疆之祚，不其韙歟！」

皇后張氏與郭氏同入宫，進美人。天聖六年卒。明道二年追贈皇后。

温成皇后張氏，河南永安人。入宫爲才人，慶曆八年，進位貴妃，行册禮如后儀。至和元年薨，追謚爲皇后。

慶曆八年，制封美人張氏爲貴妃。所司擇日備禮册，命學士宋祁就院寫告，用官告院印封進，妃擲告於地不受。十二月，發册設次位，命官持節授册印，内外命婦稱賀及入謝，略如册皇后儀。册用竹簡二十四枚〔二七〕，長尺一，闊寸，天下樂錦裝褾。金印方寸，文曰「貴妃之印」，龜紐紫綬。

董淑妃，仁宗後宫，拜婕妤。嘉祐七年薨。

美人尚氏、楊氏，仁宗後宫。與郭氏忿争，后既廢，尚氏入洞真宫爲道士，楊氏出居别宅。

美人朱氏，仁宗後宫。

貴妃周氏，仁宗後宫。徽宗時薨。

德妃楊氏，仁宗後宫。神宗時薨。

賢妃馮氏，仁宗後宫。徽宗時薨。

英宗宣仁聖烈皇后高氏，亳州蒙城人，英宗元妃。帝即位，册爲皇后。神宗立，尊爲皇太后。

張修容，英宗後宫。初拜昌平郡君，進封修容。建炎四年，薨於虔州。

神宗欽聖憲肅皇后向氏，河内人，神宗元妃。帝即位，册爲皇后。哲宗立，尊爲皇太后。

欽成皇后朱氏，開封人。熙寧初，入宫爲才人，生哲宗。帝即位，尊爲皇太妃。

欽慈皇后陳氏，開封人。入宫生徽宗，封才人。神宗上仙，才人未幾而薨。建中靖國初，追册爲皇太后。

賢妃林氏，神宗後宮。元祐五年薨。

賢妃武氏，神宗後宮。大觀元年薨。

哲宗昭慈聖獻皇后孟氏，洺州人〔一八〕。帝即位，册爲皇后。紹聖三年，坐廢，居瑶華宫，號華陽教主、玉清妙静仙師。帝既崩，欽聖詔后還内，號元祐皇后。崇寧初，再廢，居瑶華宫。靖康時，淵聖議復后位號，詔未下而京城陷。張邦昌僭位，上尊號曰宋太后，迎入宫，受百官朝，垂簾聽政。

元祐五年八月，太皇太后詔：「以皇帝納后有期，令太常禮官檢詳古今六禮沿革，參考通禮典故，具其節文，著爲成式者。」先是，太皇太后諭宰臣吕大防等曰：「皇帝將納后，天聖、景祐故事，止降進册，未嘗御殿，禮甚簡略。」大防等請退而討論，遂降是詔。又詔翰林學士、御史中丞、兩省給舍與禮部、太常寺官同詳議。六年八月，三省、樞密院言：「納后六禮，命使、納采、問名、納吉、納成、告期，差執政官攝太尉充使，侍從官或判宗正官攝宗正卿充副使，以舊尚書省權爲皇后行第。納采、問名同日，次日納吉、納成、告期。納成加穀圭。『請期』依開寶禮改爲『告期』，納采前，擇日告天地。發册命使差宰相攝太尉，執政官攝司徒。前一日，告宗廟。奉迎命使，依開寶通禮，改六禮『親迎』爲『命使奉迎』，差宰臣攝太尉，執政官攝司徒，皇帝臨軒與册禮使，副同日遣，先遣册禮使，次遣奉迎使，令文武百官詣行第班迎。其日，皇后服褘衣，乘重翟車、鹵簿，依禮令由宣德門東偏門入，文臣大卿監，武臣正任刺史以上，宣德門外班迎。」詔從之。初，議以都亭驛爲皇后行第，給事中范祖禹言：「都亭驛常爲遼使館舍，今納皇后以母天下，而使居夷狄之館，非所以觀示四方，爲正始之道也。請以舊尚書省爲行第。」從之。祖禹又言：「臨軒發册、命使、奉迎及皇后入内，皇帝皆服通天冠、絳紗袍，於禮未隆，請並服衮冕，以重大昏之禮。」翰林學士范百禄言：「昏禮下達，匪媒不克。今采擇先定，有命既集，而形於麻制，以后氏族姓宣告外廷，方且遣使齎制行納采、問名之禮，則禮文顛倒，失先後之序。請以降詔之日行納采、問名之禮，宣制之日行納吉、納成、告期之禮。」皆不從。既而禮部、太常寺言：「五禮命使，據開元禮〔二九〕，納采、問名合用一使，其納吉、納成、告期，各别日遣使。今未委三禮共遣一使，或各遣使？文武百官詣行第班迎，文臣大卿監、武臣正任刺史以上，宣德門外班迎。緣至日，行第門外已設皇后車乘儀仗，逼隘不容百官車馬。其文武百官欲並於宣德門外立班奉迎。按士昏禮〔三〇〕：用鴈，所以爲贄也。又按曲禮：凡贄，天子鬯。鄭康成謂天子無客禮，以鬯爲贄者，惟用告神，今已據周禮用穀圭，聘后欲更不用鴈。文德殿發制，欲依發册例立仗或止用月朔視朝仗，百官朝服。制書登車訖，欲出宣德正門，使、副步從，至外上車。使者復命，欲入左掖門，於門外下車，詣内東門〔三一〕，付内侍進入。制版匣欲倣穀圭匣製造。使、副受制書，奉出朝堂門外，置制書於車内，緣右昇龍門臺不通車乘過往，今參詳，置制書車合入宣德門東偏門，至右昇龍門外，候使、副奉出制書，即置車内。」詔納吉、納成、告期，令各遣使，文德殿發制，依發册例立仗，餘並從之。七年正月，詔尚書左丞蘇頌撰皇后册文兼書。二月，學士院上六禮辭語，納采制文：「太皇太后曰：咨某官封姓名：渾元資始，肇經人倫，爰及夫婦，以奉天地、宗廟、社稷。謀於公卿，咸以爲宜。率由舊典，今遣使持節太尉某、宗正卿某以禮納采。」答文曰：「太皇太后嘉命，訪昏陋族，備數采擇，臣之女未閑教訓〔三二〕，衣履若而人。欽承舊章，肅奉典制。某官封冀土臣姓某稽首再拜承制詔。」問名制文：「太皇太后曰：咨某官封姓名，兩儀合德，萬物之統，以聽內治，必咨令族。重宣舊典，今遣使持節太尉封某、宗正卿封某以禮問名。」答文曰：「太皇太后嘉命，使者重宣中制，問臣名族。臣女夫婦所生，先臣故某官之遺微孫，先臣故某官之遺曾孫，先臣故某官之遺孫，先臣故某官之外孫女，年若干。欽承舊章，肅奉典制。某官冀土臣某，稽首頓首再拜承制詔。」若女祖已上在，直云某官臣之孫女。納吉制文：太皇太后曰：「咨某官封姓名，人謀龜筮〔三三〕，同符元吉。恭順典禮，今遣使持節太尉封臣某、宗正卿封臣某，以禮納吉。」答文曰：「太皇太后嘉命，使者某重宣中制，臣陋族卑鄙，憂懼不堪。欽承舊章，肅奉典制。某官冀土臣姓名，稽首頓首再拜承制詔。」納成制文：「太皇太后曰：咨某官姓名之女，孝友恭儉，實維母儀，宜奉宗廟，永承天祚。以黝纁、穀圭、六馬以章典禮。今遣使持節太尉封某、宗正卿封某以禮納成。」答文曰：「太皇太后嘉命，使者某重宣中制，降婚卑陋，崇以上公，寵以豐禮，備物典册。欽承舊章，肅奉典制。某官冀土臣姓名，稽首頓首再拜承制詔。」告期制文：「太皇太后曰：咨某官姓名，謀於公卿，大筮元龜，罔有不臧，吉日維某月某甲子可迎。率遵典禮，今使使持節太尉封某、宗正卿封某以禮告期。」答文曰：「太皇太后嘉命，使者某重宣中制，以某月某甲子吉日告期。臣欽承舊章，肅奉典制。某官冀土臣姓名，稽首頓首再拜承制詔。」命使奉迎制文：「太皇太后曰：咨某官姓名，禮之大體，欽順重正，其期維吉，典圖是若。今遣使持節太尉封某、宗正卿封某以禮奉迎。」答文曰：「太皇太后嘉命，使者某重宣中詔，今日吉辰〔三四〕，備禮以迎。螻蟻之族，猥承大禮，憂懼戰悸，欽承舊章，肅奉典制。某官龔士臣姓某，稽首頓首再拜承制詔。」按晉穆帝永和十年，臺符問：「六禮版文，舊稱皇帝，今太后臨朝，當何稱？」博士曹耽云：「公羊傳：婚禮不稱主人，母命諸父爲主〔三五〕。」太常王彪之云：「三傳異議，不可全據。今皇后臨朝稱制〔三六〕，文告所達，國之大典，皆仰稟成命〔三七〕，非無外事也，豈婚聘獨不通乎？六禮版文應稱皇太后。今請遵彪之議。」詔並從之。三月，禮部、太常寺上納后儀注：發六禮制書日，太皇太后御崇慶殿坐，命內外命婦立班行禮畢，內給事出殿門，置六禮制書案上，出內東門。禮直官、通事舍人引由宣祐門至文德殿後門入，權置案於東上閤門。命使納采、問名。文德殿，宰臣、親王、執政官、宗室〔三八〕、文武百僚、大小使臣、軍員、蕃官易朝服，樂備而不作。立班定，內給事奉制書案置於橫街北稍東，西向北上。禮直官、通事舍人引門下、中書侍郎，次引使、副，就橫街南承制位，北向東上，內給事詣使者東，北面稱「太皇太后有制〔三九〕」。典儀曰：「再拜。」在位官皆再拜。宣制曰：「皇帝納后，命公等持節行禮。」宣訖，典儀曰：「再拜。」使、副皆再拜。授制書訖，典儀曰：「再拜。」在位官皆再拜。禮直官、通事舍人、太常博士引使、副從制案出，由端禮門入右昇龍門，安於油絡網犢車內，出宣德門，鼓吹備而不作。至皇后行第大門外，令史二人對捧制案立，主人立於大門內〔四〇〕，儐者立於主人之左，北面，進受命，出曰：「敢請事。」使者曰：「某奉制納采。」儐者入告，主人曰：「臣某之女若而人〔四一〕，既蒙制訪，臣某不敢辭。」儐者出告，入引主人出於大門外，再拜。使者先入，使者曰：「太皇太后有制。」主人再拜。宣制書畢，主人再拜受訖，主人進表，訖，再拜，使者出。問名同上儀。使者曰：「將加卜筮，奉制問名。」主人曰：「臣某之女若而人，既蒙制問，臣某不敢辭〔四二〕。」命使納吉、納成、告期，並同命使、納采、問名儀。 納吉，使者曰：「加請卜筮，占曰從制，使某納吉。」主人曰：「臣某之女若而人，龜筮云吉，臣預有焉。 臣某謹奉典制。」告期，使者曰：「某奉制告期。」主人曰：「臣某謹奉典制。」以上納吉、納成、告期、請見、授制〔四三〕、接表並如納采儀。 臨軒命使册后及奉迎文德殿，宰臣、親王、執政官、宗室、文武百僚朝堂易朝服，皇帝常服乘輦至文德殿後閤，侍中奏「中嚴」，次「外辦」，皇帝服通天冠、絳紗袍，出閤乘輦，皇帝出自西房，降輦即御座，分引兩省官及待制、權侍郎、觀察使以上，分東西入殿門，各就位，東西相向立。 奉寶置於御座前，奉宣后册出閤，由東上閤門出，至文德殿庭橫行，典儀贊曰「拜」，在位官皆再拜。 使、副授册，宣制曰：「册某氏爲皇后，命公等持節展禮。」宣訖，典儀曰「再拜」，使、副皆再拜。 使、副受册寶訖，典儀曰「再拜」，在位官皆再拜。 宣制曰：「太皇太后制：命公等持節奉迎皇后。」宣訖，典儀曰「再拜」，使及副皆再拜受節，典儀曰「再拜」，在位群官皆再拜，出殿門。 侍中奏「禮畢」，皇帝降座，入自東房入閤，侍中奏「解嚴」，承旨放仗，百僚再拜出，皇帝常服還内。 册寶出文德殿端禮門〔四四〕，入右昇龍門，出宣德正門赴行第。 册后如納采儀。 使者曰：「某奉制授皇后備物典册。」皇后受册寶，内外命婦序立如儀。 主人以書奉使者。 奉迎，宰臣、親王、使相、執政官、文武百僚、宗室等常服班迎於宣德門外行第，儐者請，使者曰：「某奉制以禮奉迎。」儐者入告，主人曰：「臣某謹奉典制。」儐者出告，入引主人出大門外再拜。 使者先入，曰「有制」，主人再拜，使者宣制畢，主人再拜，主人受制訖，主人答表再拜。 姆導皇后，尚宅前引，升堂出立房外〔四五〕，典儀曰：「再拜。」使、副俱再拜。 使者曰：「今月吉日〔四六〕，某等承制，以禮奉迎。」内侍受以入，使、副退，主人以書授使者，奉於司言，受以奏聞。皇后降立堂下再拜訖，升堂，主人升阼階進，西向戒之曰：「戒之戒之，夙夜無違命！」訖，主人退，母進西階上，東向，施衿、結帨，戒之曰：「勉之戒之，夙夜無違命！」訖，連進，皇后升輿至中門，皇后降輿升車內，皇后出大門，使副及群臣前引從皇后。將到宣德門，有司、宰臣、文武百僚、宗室南向班迎，再拜訖，分班。皇后入宣德門，鳴鐘鼓，班迎官退。皇后降車入，次升輿出右昇龍門〔四七〕，入端禮門、文德殿、東上閤門，出文德殿後門，入宣祐門，至內東門內降輿，司輿前導，皇后詣福寧殿門大次以俟。至日晡後，皇后車入宣德門，禮直官、通事舍人引侍中版奏：「請中嚴。」內侍轉奏，皇帝服通天冠、絳紗袍，御福寧殿，宮人、侍衛如常儀。尚宮引皇后出次，詣殿庭之東，西向立〔四八〕。尚儀跪奏「外辦」，請皇帝降座禮迎，尚宮前引，詣庭中之西，東面揖皇后以入，皇帝導皇后升自西階入室〔四九〕，各就榻前立。尚食跪奏具，皇帝揖后皆坐。尚食以饌進，皇帝及后皆食三飯。尚食以酒進，皇帝皇后俱受爵飲。尚食以饌進，再飲如初，三飲用巹如再飲。尚儀跪奏「禮畢」，皇帝皇后俱興，尚宮請皇帝御常服，尚寢請皇后釋禮服入幄〔五〇〕。次日，以禮朝見太皇太后、皇太后，參皇太妃，如宮中之儀。詔從之。

昭懷皇后劉氏〔五一〕，初入宮爲婕妤，昭慈既廢，立爲皇后。徽宗立，册爲元符皇后。

朱夫人，開封人。治平間，自襁褓入宮。建炎四年，從隆祐太后幸江西，還封嘉國夫人，主管大內公事，知尚書內省，提舉十閤分事〔五二〕，紹興二年卒。

張夫人，久在宮掖，嘗教哲宗、道君讀書。建炎時卒。

慕容貴妃，哲宗後宮，初爲侍御。紹興初，累進至婕妤。二十二年薨。

靖康之難，六宮皆北去，惟隆祐太后以廢處瑶華。及先朝嬪御得留其姓氏封爵可見者如前。

徽宗顯恭皇后王氏，開封人，徽宗元妃。即位，册爲皇后，生欽宗。大觀二年崩。

顯肅皇后鄭氏，開封人，入宫累進至貴妃。顯恭崩，册爲皇后。淵聖受禪，尊爲太上皇后。

明達皇后劉氏，入宫爲才人，七遷至貴妃。政和三年薨，追册爲皇后。

明節皇后劉氏，入宫爲才人，進至淑妃。宣和三年薨，追册。

顯仁太后韋氏，開封人。入宫自侍御累遷至婉容，生高宗。從上皇北狩。高宗即位，遥尊爲宣和皇后。紹興十二年，歸自虜中。

貴妃王氏，徽宗後宫，政和七年薨。

貴妃崔氏，徽宗後宫，宣和時，坐罪廢。

貴妃喬氏，徽宗後宫，從北狩，殁於虜境。

欽宗仁懷皇后朱氏，開封人。初爲皇太子妃，上受禪，立爲皇后。從北狩，殁於虜境。慶元三年，遥上尊號，謚祔於太廟欽宗室。

高宗憲節皇后邢氏，開封祥符人。帝在康邸，封夫人。從二帝北狩。帝即位，遥册爲皇后。紹興九年，崩於五國城。虜祕之，上虚中宫以待者十六年，顯仁回，始得凶問。梓宫至，祔神主於别廟。淳熙末，合祔高宗於太廟。

憲聖慈烈太后吴氏，開封人。上在維揚納之，累進婉儀。憲節皇后崩問至，紹興十三年，立爲皇后。孝宗即位，尊爲太上皇后。

賢妃潘氏，開封人。高宗在康邸納之，既即位，生元懿太子，進位賢妃。紹興十八年薨。

張賢妃，開封人。建炎初，爲才人，進婕妤。上令母養孝宗。十二年薨。

劉貴妃，臨安人。入宮累封至貴妃。淳熙十四年薨。

劉婉儀，初爲宜春郡夫人，累遷至婉儀。紹興末，以罪廢。

張貴妃，開封祥符人。累封至婉容。淳熙七年，進封太上皇帝淑妃，再進貴妃。紹熙元年薨。

馮美人、韓氏、吴氏、李氏、王氏四才人，紹興中俱寵幸，後皆廢。

容齋洪氏隨筆曰：「内庭婦職遷叙，皆出中旨，至中書命詞。如尚書内省官，固知其爲長年習事，如司字、典字、掌字知其爲主守之微者。至於紅紫霞帔、郡國夫人，則其年齡之長少，爵列之崇卑，無由可以測度。紹興二十八年九月，仲兄以左史直前奏事，時兼權中書舍人，高宗聖訓云：『有一事待與卿説，昨有宮人宮正者封夫人，乃宮中管事人，六十餘歲，非是嬪御，恐卿不知。』兄奏云：『係王剛中行詞，剛中除蜀帥，係臣書黄，容臣别撰入〔五三〕。』上頷首。後四日，經筵留身奏事，奏言：『前日面蒙宣諭，永嘉郡張夫人告詞，既得聖旨，令不須别撰。』上曰：『乃皇后閤中老管事人，今六十六歲。宮正乃執事者，昨日宰執奏欲换告，亦無妨礙，不須别進。今已年老多病，但欲得稱呼耳。』蓋昨訓詞中稱其容色云。」

成穆皇后郭氏，開封祥符人，孝宗正妃。初封咸寧郡夫人，紹興二十六年薨。上即位，追册爲皇后。

成恭皇后夏氏，江西人。上爲普安郡王入宫。上即位，進賢妃。踰年，立爲皇后。乾道三年崩。

成肅皇后謝氏，丹陽人。上爲普安郡王時入宫。上即位，累遷至貴妃。夏后崩，中宫虚位將十載，淳熙三年立爲皇后。光宗受禪，尊爲壽成皇后。

蔡貴妃，孝宗後宫。淳熙十二年薨。

李賢妃，孝宗後宫。淳熙十年薨。

慈懿皇后李氏，安陽人，光宗元妃，生寧宗。帝正位東宫，立爲皇太子妃，受禪立爲皇后。寧宗立，稱太上皇后。

黄貴妃、張貴妃、武才人，並光宗後宫。又有潘夫人、符夫人、二張夫人，並上郡封，無品程。凡宫中之制，郡夫人以上，始稱房院。

恭淑皇后韓氏，其先相州人，寧宗元妃。上即位，立爲皇后。慶元六年崩。

壽明皇后楊氏，遂安人〔五四〕。入宫累封貴妃。恭淑既崩，以嘉泰三年立爲皇后。理宗即位，尊爲皇太后。

校勘記

〔一〕葬坤陵　「坤陵」原作「魏縣」，據新五代史卷一四唐太祖家人傳、資治通鑑卷二七三後唐紀二同光三年十月戊子條改。按：葬魏縣者乃太妃劉氏，見同上新五代史。

〔二〕魏州成安人　「成安」二字原倒，據新五代史卷一四唐太祖家人傳、北夢瑣言卷一八乙正。

〔三〕生子繼岌　「岌」原作「笈」，據新五代史卷一四唐太祖家人傳改。

〔四〕宣一等　「一」字原脱，據新五代史卷一四唐太祖家人傳、五代會要卷一內職補。

〔五〕司藥　「司」原作「過」，據五代會要卷一內職改。

〔六〕少者縣君　按五代會要卷一內職，「司贊」下有「尚服」、「司記」，「司醞」下有「婕妤」、「美人」、「順御」，「衣服」下有「櫛蓖」，「知客」下有「內人」，「寶省」下有「前左御正」，「書省」下有「前右御正」、「司簿」、「前司簿」，「弟子院使」下有「大使」、「副使」。

〔七〕追封彭城郡夫人　「追」字原脱，據新五代史卷二〇周世宗家人傳補。

〔八〕太宗置尚宮及太監並知內省事　「及太監」原倒作「太監及」，「並」、「事」二字原脱，據孫逢吉職官分紀卷二五內官及宋會要后妃四之一乙正並補。

〔九〕充內宣徽南院使兼承旨並司本部　「本部」原作「簿」，據職官分紀卷二五內官改。

〔一〇〕真宗增置淑儀淑容順儀　「增」字及「淑儀」、「順儀」五字原脱，據職官分紀卷二五內官及宋會要后妃四之一補。

〔一一〕又置貴儀在淑儀之上　下「儀」字原作「容」，據元本、慎本、馮本及職官分紀卷二五内官、宋會要后妃四之一改。

〔一二〕真宗莊懷皇后潘氏　按宋史卷二四二后妃傳上，「真宗即位，册爲皇后，謚『莊懷』，慶曆中，遂改謚爲『章懷』」。

〔一三〕莊穆皇后郭氏　按宋史卷二四二后妃傳上「景德四年，從幸西京還，以疾崩。太常上謚曰『莊穆』，仁宗即位，改謚『章穆』」。

〔一四〕冲静元師　「元」原作「仙」，據宋會要后妃一之三及宋史卷二四二后妃傳上改。

〔一五〕况之於今　四字原脱，據宋會要禮一〇之七改。

〔一六〕是雖自以能訐上起廢爲功而且陰逼母后　「訐」原作「許」，「逼」原作「福」，據宋會要禮一〇之七及長編卷一九〇嘉祐四年八月庚辰條改。

〔一七〕册寶使副次於東門外　「東」上原衍「内」字，「外」字原脱，據宋史卷一一一禮一四册立皇后儀條删並補。

〔一八〕門下侍郎帥主節者詣使東北　「郎」下原衍「持節」二字，「者」字原脱，「詣使」二字原倒，據元本、慎本、馮本及宋會要禮五三之二、宋史卷一一一禮一四册立皇后儀條删、補、乙正。

〔一九〕禮官通事舍人引使副押册寶　「册」字原脱，據宋會要禮五三之三及宋史卷一一一禮一四册立皇后儀條補。

〔二〇〕内侍詣閤奏請皇后首飾褘衣　宋會要禮五三之三及宋史卷一一一禮一四册立皇后儀並作「皇后服褘衣」。

〔二一〕内給事入詣受册寶殿閤皇后前跪奏訖　「訖」字原脱，據宋會要禮五三之三及宋史卷一一一禮一四册立皇后儀補。

〔二二〕皇后受以授内侍　「受」字原脱，據宋會要禮五三之三及宋史卷一一一禮一四册立皇后儀補。

〔二三〕百官詣東上閤門拜表稱賀　「詣」字原脱，據宋會要禮五三之三及宋史卷一一一禮一四册立皇后儀條補。

〔二四〕匣盝朱漆　「盝」原作「緑」，據宋會要禮五三之二及宋史卷一一一禮一四册立皇后儀改。
〔二五〕榮享厥終　「榮」字原脱，據宋大詔令卷一九册曹皇后文補。
〔二六〕善祥憑積　宋會要禮五三之三作「善神憑積」。
〔二七〕册用竹簡二十四枚　宋會要后妃三之二作「一十四枚以錦裝褾」。
〔二八〕洺州人　「洺」原作「洛」，據宋史卷二四三后妃傳下改。
〔二九〕據開元禮　「禮」字原脱，據宋史卷一一一禮一四册立皇后儀補。
〔三〇〕按士昏禮　「昏」原作「皆」，據元本、慎本、馮本及儀禮士昏禮改。
〔三一〕詣内東門　「詣」原作「指」。按：長編卷四七二元祐七年四月辛未條，禮部言治平元年立皇后，「文武百官並詣東上閤門拜表賀皇帝，又詣内東門拜表賀太皇太后」云云，此處「指」顯爲「詣」之誤，故改。
〔三二〕臣之女未閑教訓　「女」下原衍「姑姊妹即云先臣某官之遺女」十二字，按此乃開元禮納采答文中之注文，宋史卷一一一禮一四册立皇后儀中之答文無此注文，據以删之。
〔三三〕人謀龜筮　「筮」原作「從」，據宋史卷一一一禮一四册立皇后儀改。
〔三四〕今日吉辰　「今」原作「令」，據元本、慎本及宋史卷一一一禮一四册立皇后儀改。
〔三五〕母命諸父爲主　「命」字原脱，據通典卷五八禮一八天子册妃后條補。
〔三六〕今皇后臨朝稱制　「今」下「皇」下原衍兩「太」字，並據通典卷五八禮一八天子册妃后條删。
〔三七〕皆仰禀成命　「命」字原脱，據通典卷五八禮一八天子册妃后條補。
〔三八〕宗室　「宗」原作「宫」，據宋史卷一一一禮一四册立皇后儀改。

〔三九〕北面稱太皇太后有制　「面」原作「立」，據元本、慎本、馮本及宋史卷一一一禮一四册立皇后儀改。

〔四〇〕主人立於大門内　「立」字原脱，據宋史卷一一一禮一四册立皇后儀補。

〔四一〕臣某之女若而人　「臣」字原脱，據下文及政和五禮新義卷一六七補。

〔四二〕臣某不敢辭　「某」字原脱，據宋史卷一一一禮一四册立皇后儀補。

〔四三〕授制　「授」原作「受」，據宋史卷一一一禮一四册立皇后儀改。

〔四四〕册寶出文德殿端禮門　「殿」下原衍「門」字，按宋會要方域三之二引京都雜録云「熙寧十年，改文德殿南門曰端禮門」，據删。

〔四五〕升堂出立房外　「升」原作「外」，據宋史卷一一一禮一四册立皇后儀改。

〔四六〕今月吉日　「令」原作「令」，據元本、慎本、馮本及宋史卷一一一禮一四册立皇后儀改。

〔四七〕次升輿出右昇龍門　「升」原作「外」，據宋史卷一一一禮一四册立皇后儀改。

〔四八〕西向立　「向」原作「南」，據宋史卷一一一禮一四册立皇后儀改。

〔四九〕皇帝導皇后升自西階入室　「升」原作「外」，據宋史卷一一一禮一四册立皇后儀改。

〔五〇〕尚寢請皇后釋禮服入幄　「尚」原作「常」，據元本、馮本及宋史卷一一一禮一四册立皇后儀改。

〔五一〕昭懷皇后劉氏　「懷」原作「德」，據宋會要后妃一之五及宋史卷二四三后妃傳下改。

〔五二〕提舉十閤分事　「事」字原脱，據宋會要后妃三之二八補。

〔五三〕容臣别撰入　「臣」字原脱，據元本、慎本、馮本及容齋三筆卷一五内職命詞補。

〔五四〕遂安人　宋史卷二四三后妃傳下作「或云會稽人」。

卷二百五十七　帝系考八

皇太子皇子册命

黄帝二十五子，其得姓者十四人。索隱曰：「舊解破四爲三，言得姓十三人耳。今按：國語胥臣云：『黄帝之子二十五宗，其得姓者十四人，爲十二姓，姬、酉、祁、己、滕〔一〕、蔵、任、荀、僖、姞、嬛、伊〔二〕是也。唯青陽與夷鼓同己姓。』又云：『青陽與蒼林爲姬姓。』是則十四人爲十二姓〔三〕，其文甚明。唯姬姓再稱青陽、蒼林，蓋國語文誤，所以致令前儒共疑。其姬姓青陽，當爲玄囂，是帝嚳祖本與黄帝同姬姓。其國語上文青陽，即是少皞金天氏爲己姓者耳。既理在不疑，無煩破四爲三也。」黄帝娶西陵之女，生二子，其後皆有天下。其一曰玄囂，是爲青陽，青陽降居江水。其二曰昌意，降居若水。昌意娶蜀山氏女，曰昌僕，生高陽，高陽有聖德焉。注見后妃門。

帝顓頊生子曰窮蟬。索隱曰：「系本作『窮係』也。」正義曰：「帝舜之高祖也。」

帝嚳娶陳鋒氏女，生放勳。娶娵訾氏女，生摯。帝嚳崩而摯代立。帝摯立，不善，崩，不善謂微弱不著。而弟放勳立，是爲帝堯。

堯子丹朱。

舜子商均。

夏禹子啓。

按：家天下自禹始，啓而後凡襲位者，非太子則王之衆子弟也。其父子繼世以有天下者，已見帝號歷年門，兹不贅録。其支庶群子名字之見於經傳者録之。其所不載，則無由考焉。

啓子太康昆弟五人，其一爲仲康，餘名字不見。

帝泄二子：帝不降、帝扃。

殷湯三子：太丁、外丙、仲壬。

太甲二子：沃丁、太庚。

太庚三子：小甲、雍己、太戊。

太戊二子〔四〕：外壬、河亶甲。

祖乙二子：祖辛、沃甲〔五〕。

祖丁四子：陽甲、盤庚、小辛、小乙。

武丁二子：祖庚、祖甲。

祖甲二子：廩辛、庚丁〔六〕。

帝乙二子：微子啓、帝辛。

禮記：國君世子生，告於君，接以太牢，宰掌具。接，讀爲捷。捷，勝也，謂食其母，使補虚强氣也。三日，卜士負之。吉者，宿齊，朝服寢門外，詩負之。射人以桑弧，蓬矢六，射天地四方。詩之言承也。桑弧、蓬矢，本太古也。

天地四方，男子所有事也。保受乃負之。代士也。保，保母。宰醴負子，賜之束帛。「醴」，當爲「禮」。禮以一獻之禮，酬之以幣也。卜士之妻，大夫之妾，使食子。食子不使君妾，適妾有敵，義不相褻，以勞辱事也。士妻，大夫之妾，謂時自有子。正義曰：王肅、杜預並以爲接待夫人以太牢。鄭必讀爲捷，爲補虛强氣者，以婦人初產，必困病，當三日之內，未必能以禮相接，應待負子之後。今前爲之，故知補虛强氣宜速也。詩含神霧云：詩者，持也。以手維持，則奉承之義，謂以手承下而抱負之。桑蓬皆質素之物〔七〕，故知本太古也。男子上事天，下事地，旁禦四方之難，故云所有事。然射禮唯四矢者，謂天地非射事所及，唯禦四方，故止四矢。蓬是禦亂之草。桑，衆木之本。凡接子擇日，雖三日之內，尊卑必皆選其吉焉。冢子則太牢，天子世子也。冢，大也〔八〕，猶言長子。庶人特豚，士特豕，大夫少牢，國君世子太牢，皆謂長子。其非冢子，則皆降一等。謂冢子之弟及衆妾之子生也。天子、諸侯少牢，大夫特豕，士、庶人特豚耳。異爲孺子室於宮中。別掃一室以居。擇於諸母與可者，必求其寬裕、慈惠、溫良、恭敬、慎而寡言者，使爲子師。其次爲慈母，其次爲保母，皆居子室。此人君養子之禮也。諸母，衆妾也。可者，傅御之屬也。子師，教示以善道者〔九〕。慈母，知其嗜欲者。保母，安其居處者。士妻以乳食之而已矣〔一〇〕。他人無事不往。爲兒精氣微弱，將驚動也。三月之末，擇日翦髮爲鬌〔一一〕，男角女羈，否則男左女右。鬌所遺髮也。夾囟曰角〔一二〕，午達曰羈。是日也，妻以子見於父。貴人則爲衣服，由命士以下皆漱澣。貴人，大夫以上〔一三〕。由，自也〔一四〕。男女夙興，沐浴衣服，具視朔食。朔食，天子太牢，諸侯少牢，大夫特豕，士特豚。男女謂所生子之父母。夫入門，升自阼階，立於阼〔一五〕，西向。妻抱子出自房，當楣立，東面。入門者，入側室之門也。大夫以下見子就側室，見妾子於內寢〔一六〕，避人君也。姆先相，曰：「母某敢用時日，祗見孺子。」某妻姓，若言姜氏也〔一七〕。祗，敬也。夫對曰：「欽有帥。」父執子之右手，咳而名之〔一八〕。欽，敬也〔一九〕。帥，循也。言教之敬，使有循也。執右手，明將授以事也。妻對曰：「記有成。」遂左還授師。記，猶識也。識夫之言，使有成也。師，子師也。子師遍教諸婦諸母，名，後告諸母若名，成於尊。妻遂適寢。復夫子之燕寢。正義曰：三月剪髮，所留不剪者謂之鬌。夾腦兩旁，當角之處留髮不剪〔二〇〕。午達者，一縱一横曰午，今女剪髮留其頂上，縱横相交通達故曰午達，不如兩角相對，但縱横各一在頂上曰羈。羈，隻也。世子生，則君沐浴朝服，夫人亦如之。皆立於阼階，西向。世婦抱子升自西階，君名之，乃降。子升自西階，則人君見世子於路寢也。見妾子，就側室。凡子生，皆就側室。正義曰：「世婦抱子從外而入，其内寢，是君之常居之處，夫人不可於此寢生子〔二一〕，故知亦在側室内也。」適子、庶子見於外寢，撫其手，咳而名之，禮帥初，無辭。此適子謂世子弟也。庶子，妾子也。外寢，君燕寢也。無辭，辭謂「欽有帥」、「記有成」也。公庶子生，就側室。三月之末，其母沐浴朝服見於君，擯者以其子見，君所有賜，君名之。衆子則使有司名之。擯者，傅姆之屬也〔二二〕。人君尊，雖妾，不抱子。有賜於君，有恩惠也。有司，臣有事者也。魯桓公名子，問於申繻也。曾子問曰：「君薨而世子生，如之何？」孔子曰：「卿、大夫、士從攝主，北面於西階南，變於朝夕哭位也。攝主，上卿代君聽國政也〔二三〕。太祝裨冕，執燭帛，升自西階，盡等，不升堂，命無哭。將有事，宜清淨也。裨冕者，接神則祭服也〔二四〕。裨冕，絺冕、玄冕也。士服爵弁服，其太祝裨冕，則大夫也。祝聲三，告曰：『某之子生，敢告。』聲，噫。歆，警神也。某，夫人氏。升，奠幣於殯東几上，哭降。几筵於殯東〔二五〕，明繼體也。衆主人、卿、大夫、士房中皆哭，不踊。衆主人，君之親也。房中，婦人也。盡一哀，反位，遂朝奠。反朝夕哭位。小宰升，舉幣。所主也〔二六〕，舉而下埋之階間。三日，衆主人、卿、大夫、士如初位，北面。三日，負子日也。初，告生時〔二七〕。太宰、太宗、太祝皆裨冕，少師奉子以衰。祝先，子從，宰、宗人從，入門，哭者止。宰宗人，詔贊君事也。子升自西階，殯前北面，祝立於殯東南隅，祝聲三，曰：『某之子某，從執事敢見。』子拜稽顙哭，奉子者，拜哭也。祝、宰、宗人、衆主人、卿、大夫、士哭踴三者三，凡踴三跳爲一節，三節爲一踴，謂之成踴，故云三者三。降東反位，皆袒。子踴，房中亦踴三者三，襲縗杖，踴襲縗杖，成子禮也。奠出。亦謂朝奠。太宰命祝史，以名徧告於五祀山川〔二八〕。因負子名之喪〔二九〕，於禮略。如已葬而世子生，太宰、太宗從太祝而告於禰。告生。三月，乃名於禰，以名徧告及社稷、宗廟、山川也。」

右，古者生世子之禮。此經所言，雖皆諸侯之禮，然戴記中所述喪禮、祭禮，多是諸侯之禮，而未嘗不可通之天子也。以是推之，亦可見矣。經言：接子擇日〔三〇〕，冢子則太牢。又曰國君世子太牢。注謂前冢子，天子世子也。

禮記：凡三王教世子〔三一〕，必以禮樂。樂，所以修內也；禮，所以修外也。禮樂交錯於中，發形於外，是故其成也懌，恭敬而温文。中，心中也。懌，悦懌。立太傅、少傅以養之，欲其知父子君臣之道也。養猶教也。言養者，積浸成長之。太傅審父子君臣之道以示之。謂爲之行其禮。少傅奉世子，以觀太傅之德行而審喻之。爲説其義。太傅在前，少傅在後，謂其在學時。入則有保，出則有師，謂燕居出入時。是以教喻而德成也。以有四人維持之。師也者，教之以事，而喻諸德者也。保也者，慎其身以輔翼之，而歸諸道者也。慎其身者，謹安護之。記曰：「虞、夏、商、周有師、保，有疑、丞。記所云謂天子也，取以成説。設四輔及三公，不必備，唯其人。」語使能也。語，言也。得能則用之，無則已。君子曰：「德，德成而教尊〔三二〕，教尊而官正，官正而國治，君之謂也〔三三〕。疏曰：按四輔者，尚書大傳〔三四〕云：「古者天子必有四鄰，前曰疑，後曰丞，左曰輔，右曰弼。天子有問無以對，責之疑。可志而不志，責之丞。可正而不正，責之輔，可揚而不揚，責之弼。其爵視卿，禄視次國之君。」

右，古者教世子之禮，歷代所建師傅本此。其歷代師傅、宫僚建置本末，已見職官門，兹不更録。其文王世子篇所言庠序、釋奠、養老、乞言等事，雖亦爲教世子設，然其本則學校也，已見學校門，此亦不詳著焉。

漢文帝時，賈誼上疏曰：「古之王者，太子迺生，固舉以禮。正始也。使士負之，有司齊肅端冕〔三五〕，見之南郊，見於天也。過闕則下，過廟則趨，孝子之道也。故自爲赤子，而教固已行矣。昔者，成王幼，在繦抱之中，召公爲太保，周公爲太傅，太公爲太師。保，保其身體；傅，傅之德義；師，道之教訓，此三公之職也。於是爲置三少，皆上大夫也，曰少保、少傅、少師，是與太子宴者也。宴謂安居。故乃孩提有識。三公、三少固明孝仁禮義，以道習之，逐去邪人，不使見惡行。於是皆選天下之端士，孝悌博聞有道術者以衛翼之，使與太子居處出入。故太子迺生而見正事，聞正言，行正道，左右前後皆正人也。及太子少長知妃色〔三六〕，則入於學。學者，所學之宫也。宫，謂學舍。學禮曰：『帝入東學，上親而貴仁，則親疏有序，而恩相及矣。帝入南學，上齒而貴信，則長幼有差，而民不誣矣。帝入西學，上賢而貴德，則聖智在位而功不遺矣。帝入北學，上貴而尊爵，則貴賤有等，而下不踰矣。踰與踰同，謂越制。帝入太學，承師問道，退習而考於太傅，太傅罰其不則，而匡其不及，則德智長而治道得矣。此五學者，既成於上，則百姓黎民化輯於下矣。』及太子既冠成人，免於保傅之嚴，則有記過之史，有過則記。徹膳之宰，有闕則諫。進善之旌，進善言者，立於旌下。誹謗之木，譏惡事者，書之於木。敢諫之鼓，欲顯諫者，則擊鼓。瞽史誦詩，工誦箴諫，工，樂工也。大夫進謀，士傳民語。習與智長，故切而不媿。每被切磋，故無大過，可耻媿之事。化與心成，故中道若性。三代之禮，春朝朝日，秋暮夕月，所以明有敬也。朝日夕月以朝暮，皆迎其初出也。春秋入學，坐國老，執醬而親餽之〔三七〕，所以明有孝也。行以鑾和，鑾和，車上鈴也。步中采齊，樂詩名也。字或作薺，又作茨，並才和反。趣中肆夏，亦樂詩名。趣讀曰趨。趨，疾步也。凡此中者，謂與其節相應也。所以明有度也。其於禽獸，見其生，不忍見其死，聞其聲，不忍食其肉，故遠庖厨，所以長恩且明有仁也。夫三代所以久長者，以其輔翼太子，有此具也。」

右，賈誼疏所言教養世子之法，與戴記相出入，故附於此。

周文王之爲世子，朝於王季日三。三皆曰朝，以其禮同。鷄初鳴而衣服，至於寢門外，問内豎之御者曰：「今日安否？何如？」内豎，小臣之屬，掌外内之通命者。御，如今之小史直日矣〔三八〕。内豎曰：「安。」文王乃喜。孝子恒兢兢。及日中又至，亦如之。及莫又至，亦如之。莫，夕也。其有不安節，則内豎以告文王，文王色憂，行不能正履，節謂居處故事〔三九〕。履，蹈地也。王季復膳，然後亦復初。食上，必在視寒暖之節，在，察也。食下，問所膳。問所食也。命膳宰曰：「末有原。」應曰：「諾。」然後退。末猶勿也。原，再也。勿有所再進，爲其失飪臭味惡也。退，反其寢。武王帥而行之，不敢有加焉。庶幾程式之。帥，循也。文王有疾，武王不説冠帶而養。言常在側。文王一飯，武王亦一飯，文王再飯，亦再飯。欲知氣力〔四〇〕，箴樂所勝。旬有二日乃間〔四一〕。

文王正妃太姒生武王，武王同母兄弟十人。其長子曰伯邑考，次曰武王發，次曰管叔鮮，次曰周公旦，次曰蔡叔度，次曰曹叔振鐸，次曰成叔武，次曰霍叔處，次曰康叔封，次曰冉叔載。正義冉作丹。

右，史記世家所載如此。左傳言：「管、蔡、郕、霍、魯、衛、毛、聃、郜、雍、曹、滕、畢、原、酆、郇，文之昭也。」杜氏注：十六國皆文王子也。然則史記世家所載十人，蓋太姒正妃之子，而郜、雍、滕、畢、原、酆、郇七人則皆庶子歟？七人皆受封，惟畢與周、召共佐成王，功德最顯，滕有國至戰國時，傳世最久，餘無聞焉。

武王子：成王、邘、晉、應、韓。

右，文王、武王之子，其詳見於左傳，故備録之。成王以後之王子，除繼世以有天下者可考，而餘無聞焉。其經傳所及者，亦略載之於後。又按：周以來，王子多爲諸侯，其受封傳世之本末，分藩建國之規制，已詳著於封建考，更不再叙，姑録其名字耳。漢以後諸侯王，倣此。

穆王二子：共王繄扈、孝王辟方。

厲王二子：宣王静、鄭桓公友。

幽王二子：平王宜臼、伯服。

桓王二子：莊王佗、王子克。

莊王二子：釐王胡齊〔四二〕、王子頽。

惠王二子：襄王鄭、甘昭公叔帶。

頃王二子：匡王班、定王瑜。

景王四子：太子聖、悼王猛、敬王丐、王子朝。

貞王〔四三〕三子：哀王去疾、思王叔、考王嵬。

考王二子：威烈王午、西周桓公揭。

安王二子：烈王喜、顯王扁。

秦孝文王子二十餘人。呂不韋説子楚曰：「子之兄弟二十餘人，子居中不甚見幸，久質諸侯，太子即位，子不得爲嗣矣。」

始皇子：長子扶蘇，公子十二人，公子將閭昆弟三人，公子高、二世胡亥。

按：此據史記載。二世既立，趙高言：「沙邱之謀，諸公子及大臣疑之，諸公子皆帝兄，怏怏不服，當盡除之。」於是公子十二人僇死於市，公子將閭昆弟三人囚於内宮，議其罪，使使賜死。三人皆流涕，拔劍自殺。公子高欲奔，恐收族，乃上書請從死驪山，二世許之。以是觀之，始皇之子見於傳記而可考者十六人，並扶蘇、胡亥共十八人，扶蘇以下十七人俱爲胡亥所殺，胡亥復爲趙高所殺，皆不得良死。嗟乎！威震四海，功加五帝，而身歿未幾，子孫殲焉。彼文昭、武穆之苗裔，分茅胙土，與國咸休者數百年而未艾也。仁而延，暴而顛，信哉！

漢高皇帝八男：呂后生孝惠帝。曹夫人生齊悼惠王肥。薄姬生孝文帝。戚夫人生趙隱王如意〔四四〕。趙姬生淮南厲王長。諸姬生趙幽王友、趙共王恢、燕靈王建。高五王傳。

孝文皇帝四男：竇皇后生景帝、梁孝王武。諸姬生代孝王參、梁懷王揖。文三王傳。

孝景皇帝十四男：王后生孝武皇帝。栗姬生臨江閔王榮、河間獻王德、臨江哀王閼。程姬生魯共王餘、江都易王非、膠西于王端。賈夫人生趙敬肅王彭祖、中山靖王勝。唐姬生長沙定王發。王夫人生廣川惠王越、膠東康王寄、清河哀王乘、常山憲王舜。景十三王傳。

孝武皇帝六男：衛皇后生戾太子。趙倢伃生孝昭帝。王夫人生齊懷王閎。李姬生燕剌王旦、廣陵厲王胥。李夫人生昌邑哀王髆。武五子傳。

孝宣皇帝五男：許皇后生孝元帝。張倢伃生淮陽憲王欽。衛倢伃生楚孝王囂。公孫倢伃生東平思王宇〔四五〕。戎倢伃生中山哀王竟。宣元六王傳。

孝元皇帝三男：王皇后生孝成皇帝。傅昭儀生定陶共王康。馮昭儀生中山孝王興。宣元六王傳〔四六〕。

東漢光武十一子：郭皇后生東海恭王强、沛獻王輔、濟南安王康、阜陵質王延、中山簡王焉。許美人生楚王英。光烈皇后生顯宗、東平憲王蒼、廣陵思王荆、臨淮懷公衡、琅邪孝王京。

明帝九子：賈貴人生章帝。陰貴人生梁節王暢。餘七王千乘哀王建、陳敬王羡、彭城靖王恭、樂成靖王黨、下邳惠王衍、淮陽頃王昞、濟陰悼王長，本書不載母氏。

章帝八子：宋貴人生清河孝王慶。梁貴人生和帝。申貴人生濟北惠王壽及河間孝王開。餘四王千乘貞王伉〔四七〕、平春悼王全、城陽懷王淑、廣宗殤王萬歲，不載母氏。

和帝一子：平原懷王勝。並列傳。

後漢制：拜皇太子儀：百官會，位定，謁者引皇太子當御座殿下，北面。司空當太子西北，東面立。讀策書畢，中常侍持太子璽綬東向授太子〔四八〕。太子再拜，三稽首。謁者贊曰「皇太子臣某」，中謁者稱制曰「可」〔四九〕。三公升階上殿，賀壽萬歲。因赦天下。

舊制：太子食湯沐十縣，設周衛交戟〔五〇〕，五日一朝，因坐東廂，省視膳食。其非朝日，使僕、中允旦旦請問而已，明不媟黷，廣其敬也。

魏武帝二十五男：卞皇后生文皇帝、任城威王彰、陳思王植、蕭懷王熊。劉夫人生豐愍王昂、相殤王鑠〔五一〕。環夫人生鄧哀王沖、彭城王據、燕王宇。杜夫人生沛穆王林、中山恭王袞。秦夫人生濟陽懷王玹、陳留恭王峻〔五二〕。尹夫人生范陽閔王矩。王昭儀生趙王幹〔五三〕。孫姬生臨邑殤公子上、楚王彪、剛殤公子勤。李姬生穀城殤公子乘、郿戴公子整、靈殤公子京。周姬生樊安公均〔五四〕。劉姬生廣宗殤公子棘。宋姬生東平靈王徽。趙姬生樂陵王茂。

文帝九男：甄皇后生明帝。李貴人生贊哀王協。藩淑媛生北海悼王蕤。朱淑媛生東武陽懷王鑒。仇昭儀生東海定王霖。徐姬生元城哀王禮。蘇姬生邯鄲懷王邕。張姬生清河悼王貢。宋姬生廣平哀王儼。

晉宣帝九男：穆張皇后生景帝、文帝、平原王幹。伏夫人生汝南文成王亮、瑯邪武王伷，音由。清惠亭侯京、扶風武王駿。張夫人生梁王肜。音融。柏夫人生趙王倫。

文帝九男：文明王皇后生武帝、齊獻王攸、城陽哀王兆、遼東悼惠王定國、廣漢殤王廣德。其樂安平王鑒、燕王機、皇子永祚、樂平王延祚，不知母氏。

武帝二十六男：楊元后生毘陵悼王軌、惠帝、秦獻王柬。審美人生城陽懷王景、楚隱王瑋、長沙厲王乂〔五五〕。徐才人生城陽殤王憲。匱才人生東海沖王祗。趙才人生始平哀王裕。趙美人生代哀王演。

李夫人生淮南忠壯王允、吴孝王晏。嚴保林生新都懷王該。陳美人生清河康王遐。諸姬生汝陰哀王謨。程才人生成都王穎。王才人生孝懷帝。楊悼后生渤海殤王恢。餘八子不顯母氏，並早夭，又無封國及追謚。

元帝六男：宫人荀氏生明帝及瑯邪孝王裒。石倢伃生東海哀王沖。王才人生武陵威王晞。鄭夫人生瑯邪悼王焕及簡文帝。

明帝二男：庾皇后生成帝、康帝。

成帝二男：太妃周氏生哀帝、海西公。

簡文帝七男：王皇后生會稽思世子道生、皇子俞生。胡淑儀生臨川獻王郁〔五六〕、皇子朱生。王淑儀生皇子天流。李夫人生孝武帝、會稽文孝王道子〔五七〕。俞生、朱生、天流並早夭。

孝武帝二子：安帝、恭帝，不知母氏。

晉制：皇帝會公卿，座位定，太子後至，孫毓以爲：「群臣不應起。禮曰：『父在斯爲子，君在斯爲臣。』『侍坐於所尊，見同等不起。』皆以爲尊無二上，故有所厭之義也。昔衛綰不應漢景之召，釋之正公門之法，明太子事同於群臣，群臣亦統一於所事，應依同等不起之禮。」明帝太寧三年詔曰：「漢、魏以來，尊崇儲貳，使官屬稱臣，朝臣咸拜，此甚無謂。今太子衍幼沖之年，便臣先達〔五八〕，將令日習所見〔五九〕，謂之自然，此豈可以教之邪！」令内外通議。尚書令卞壼議以爲：「周禮：王后、太子不會，明禮同於君〔六〇〕，皆所以重儲貳，異正嫡。苟奉之如君，不得不拜矣。太子若存謙沖，故宜答拜。臣以爲皇太子之立，郊告天地，正位儲宮，豈得同之皇子揖讓而已。謂宜稽則漢、魏，闔朝同拜。」從之。徐邈〔六一〕云：「東宮臣上表天朝，既用黃紙，上太子疏則用白紙也。北人有作苻宏官屬者〔六二〕，云：東宮臣上疏於太子用白紙，太子答之用黃紙。朝士率常牋上下『死罪』，太子答之姓白，亦有『惶恐』。此似得中朝舊法〔六三〕。」

東晉孝武皇帝泰元十二年，臺符問：「皇太子既拜廟〔六四〕，朝臣奉賀，應上禮不？」國子博士車胤云：「百辟卿士，咸與盛禮，展敬拜伏，不須復上禮。唯方伯牧守，不睹大禮，自非酒牢貢羞，無以表其乃誠〔六五〕，故宜有上禮。亦如元正大慶，方伯莫不上禮，朝臣奉璧而已。」太學博士庾弘之議：「按武帝咸寧中，諸王新拜，有司近臣、諸王、公主上禮。今皇太子國之儲副，既以崇建，普天同慶，謂應上禮奉賀。」按漢、魏故事，皇太子稱臣，新禮以太子既以子爲名，而又稱臣，臣子兼稱，於義不通，除太子稱臣之制。摯虞以爲：「孝經『資於事父以事君』，義兼臣子〔六六〕，則不嫌稱臣，宜定新禮，皇太子稱臣如舊。」詔從之。尚書符又問：王公以下見皇太子儀及所制衣服。車胤議：「朝臣宜朱衣褠幘拜敬〔六七〕，太子答拜。按經傳不見其文，故太傅羊祜牋慶太子，稱叩頭，此則拜之證。又太寧三年，詔議其典，尚書卞壼謂宜稽則漢、魏〔六八〕，闔朝同拜。其朱衣冠冕，唯施天朝，宜褠幘而已。」

宋武帝七男：張夫人生少帝。孫脩華生廬陵孝獻王義真。胡倢伃生文帝。王脩容生彭城王義康。相美人〔六九〕生江夏文獻王義恭。孫美人生南郡王義宣。呂美人生衡陽文王義季。

文帝十九男：元皇后生元凶劭。潘淑妃生始興王濬。路淑媛生孝武帝。吳淑儀生南平穆王鑠。高脩儀生廬陵昭王紹。殷脩華生竟陵王誕。曹倢伃生建平宣簡王宏。陳脩容生東海王褘。謝容華生晉熙王昶。江脩容生武昌王渾。沈倢伃生明帝。楊美人生始安王休仁。邢美人生山陽王休祐。蔡美人生海陵王休茂。董美人生鄱陽哀王休業。顔美人生臨慶冲王休倩。陳美人生新野懷王夷父。荀美人生桂陽王休範。羅美人生巴陵哀王休若。紹出繼廬陵孝獻王義真。

孝武帝二十八男：文穆皇后生廢帝子業、豫章王子尚。陳淑媛生晉安王子勛。阮容華生安陸王子綏。徐昭容生皇子子深。何淑儀生松滋侯子房。史昭華生臨海王子頊。殷貴妃生始平孝敬王子鸞，次永嘉王子仁與皇子子深同生。何倢伃生皇子子鳳。謝昭容生始安王子真。江倢伃生皇子子玄。史昭儀生邵陵王子元，次齊敬王子羽與始平孝敬王子鸞同生。江美人生皇子子衡。楊倢伃生淮南王子孟，次皇子子况與皇子子玄同生，次南平王子産與永嘉王子仁同生，次晉陵孝王子雲、次皇子子文，並與始平孝敬王子鸞同生，次廬陵王子輿與淮南王子孟同生，次南海哀王子師與始平孝敬王子鸞同生，次淮陽思王子霄與皇子子玄同生〔七〇〕，次皇子子雍與始安王子真同生，次皇子子趨與皇子子鳳同生，次皇子子期與皇子子衡同生，次東平王子嗣與始安王子真同生。張容華生皇子子悦。安陸王子綏、南平王子産、廬陵王子輿〔七一〕並出繼。皇子子深、子鳳、子玄、子衡、子况、子文、子雍〔七二〕未封早夭。子趨、子期、子悦未封，爲明帝所殺。

明帝十二男：陳貴妃生後廢帝。謝修儀生皇子法良。陳昭華生順帝。徐倢伃生第四皇子。鄭修容生皇子智井，次晉熙王燮與皇子法良同生。泉美人生邵陵殤王友，次江夏王躋與第四皇子同生。徐良人生武陵王贊。杜修華生隨陽王翽，次新興王嵩與武陵王贊同生。又泉美人生始建王禧。智井、燮、躋、贊並出繼。法良未封。第四皇子未有名，早夭。

齊高帝十九男：昭皇后生武帝、豫章文獻王嶷。謝貴嬪生臨川獻王映、長沙威王晃。羅太妃生武陵昭王曄。任太妃生安成恭王暠。陸修儀生鄱陽王鏘、晉熙王銶。袁修容生桂陽王鑠。何太妃生始興簡王鑑、宜都王鏗。區貴人生衡陽王鈞。張淑妃生江夏王鋒、河東王鉉。李美人生南平王鋭。第九、第十三、第十四、第十七皇子早亡，衡陽王鈞出繼帝兄元王後。

武帝二十三男：穆皇后生文惠太子、竟陵文宣王子良。張淑妃生廬陵王子卿、魚腹侯子響。周淑儀生安陸王子敬〔七三〕、建安王子真。阮淑媛生晉安王子懋、衡陽王子峻。王淑儀生隨郡王子隆。蔡倢仔生西陽王子明。樂容華生南海王子罕。傅充華生巴陵王子倫。謝昭儀生邵陵王子貞。江淑儀生臨賀王子岳。庾昭容生西陽王子文。荀昭華生南康王子琳。顏倢伃生永陽王子珉。宮人謝生湘東王子建。何充華生南郡王子夏。第六、第十二、第十五、第二十二皇子早亡。子珉繼衡陽元王後。

明帝十一男：敬皇后生廢帝、東昏侯寶卷、江夏王寶玄、鄱陽王寶寅、和帝。殷貴嬪生巴陵隱王寶義、晉熙王寶嵩。袁貴妃生廬陵王寶源。管淑妃生邵陵王寶修〔七四〕。許淑媛生桂陽王寶貞。餘皆早夭。

梁武帝八男：丁貴嬪生昭明太子統、簡文皇帝、廬陵威王續。阮修容生孝元帝。吴淑媛生豫章王綜。董昭儀生南康簡王績〔七五〕。丁充華生邵陵攜王綸。葛修容生武陵王紀。

簡文帝二十子：王皇后生哀太子大器、南郡王大連。陳淑容生潯陽王大心。左夫人生南海王大

臨、安陸王大春。謝夫人生瀏陽公大雅。張夫人生新興王大莊。包昭華生西陽王大鈞。范夫人生武寧

王大盛〔七六〕。褚修華生建平王大球。陳夫人生義安王大昕。朱夫人生綏建王大摯。其臨川王大款〔七七〕、桂陽王大成、汝南王大封、樂良王大圜，並不知母氏。潘美人生皇子大訓，早亡。

元帝諸子：徐妃生忠烈世子方等〔七八〕。王貴嬪生貞惠世子方諸、始安王方略。袁貴人生愍懷太子方矩。夏貴妃生敬皇帝。餘不顯。

陳文帝十三男：沈皇后生廢帝、始興王伯茂。嚴淑媛生鄱陽王伯山、晉安王伯恭。潘容華生新安王伯固。劉昭華生衡陽王伯信。王充華生廬陵王伯仁。張修容生江夏王伯義〔七九〕。韓修華生武陵王伯禮。江貴妃生永陽王伯智。孔貴妃生桂陽王伯謀。二男早卒，無名。伯信出繼衡陽王昌。

宣帝四十二男：柳皇后生後主。彭貴人生始興王淑陵。曹淑華生豫章王叔英。何淑儀生長沙王叔堅、宜都王叔明。魏昭華生建安王叔卿。錢貴妃生河東王叔獻。劉昭儀生新蔡王叔齊。袁昭容生晉熙王叔文、義陽王叔達、新會王叔坦。王姬生淮南王叔彪、巴山王叔雄。吳姬生始興王叔重。徐姬生尋陽王叔儼〔八〇〕。淳于姬生岳陽王叔慎。王修華生武昌王叔虞。韋修容生湘東王叔平。施姬生臨賀王叔敖、沅陵王叔興〔八一〕。曾姬生陽山王叔宣。楊姬生西陽王叔穆。申倢伃生南安王叔儉〔八二〕、南郡王叔澄、岳山王叔韶、太原王叔匡。袁姬生新興王叔純。吳姬生巴東王叔謨。劉姬生臨海王叔顯。秦姬生新寧王叔隆、新昌王叔榮。其皇子叔叡、叔忠、叔泓〔八三〕、叔毅、叔訓、叔武、叔處、叔封八人，並未及封。三子早卒，無名。

後主二十二男：張貴妃生太子深、會稽王莊。孫姬生吳興王胤。高昭儀生南平王嶷。呂淑媛生永嘉王彦、邵陵王兢。龔貴嬪生南海王虔、錢塘王恬。張淑華生信義王祗。徐淑儀生東陽王恮。孔貴人生吳郡王藩。其皇子總、觀、明、綱、統、沖〔八四〕、洽、縚、綽、威、辯十一人，並未及封。

後魏道武皇帝十男：宣穆劉后生明元帝。賀夫人生清河王紹。大王夫人生陽平王熙。王夫人生河南王曜。河間王修、長樂王處文〔八五〕，二王母氏闕。段夫人生廣平王連、京兆王黎。皇子渾及聰，母氏並闕，皆早薨，無傳。

明元皇帝七男：杜密皇后生太武。大慕容夫人生樂平戾王丕。安定殤王彌闕母氏。慕容夫人生樂安宣王範。尹夫人生永昌莊王健。建寧王崇、新興王俊二王並闕母氏。

太武帝十一男：賀皇后生景穆帝。越椒房生晉王伏羅。舒椒房生東平王翰。弗椒房生臨淮王譚。伏椒房生廣陽王建。閭左昭儀生吳王余〔八六〕。其小兒、貓兒、真、虎頭、龍頭，並闕母氏，蚤薨，無傳。

景穆帝十四男：恭皇后生文成皇帝。袁椒房生陽平幽王新成。尉椒房生京兆康王子推、濟陰王小新成。楊椒房生汝陰靈王天賜。樂良厲王萬壽、廣平殤王洛侯母並闕。孟椒房生任城康王雲。劉椒房生南安惠王楨〔八七〕、城陽康王長壽。慕容椒房生章武敬王太洛。尉椒房生樂陵康王胡兒〔八八〕。孟椒房生安定靖王休。趙王深早薨，無傳，母闕。

文成皇帝七男：孝元皇后生獻文皇帝〔八九〕。李夫人生安樂厲王長樂。曹夫人生廣川莊王略。沮渠夫人生齊郡順王簡。乙夫人生河間孝王若。悅夫人生安豐匡王猛。玄夫人生韓哀王安平，早薨，無傳。

獻文皇帝七男。李思皇后生孝文皇帝〔九〇〕。封昭儀生咸陽王禧。韓貴人生趙郡靈王幹〔九一〕、高陽文穆王雍。孟椒房生廣陵慧王羽。潘貴人生彭城宣王勰。高椒房生北海王詳。

孝文皇帝七男：林廢后生廢太子恂。文昭皇后生宣武帝、廣平武穆王懷〔九二〕。袁貴人生京兆王愉。羅夫人生清河文獻王懌、汝南文宣王悦。鄭充華生皇子恌〔九三〕，未封，早夭。

齊神武帝十五男：武明婁皇后生文襄皇帝、文宣皇帝、孝昭皇帝、襄城景王淯〔九四〕、武成皇帝、博陵文簡王濟。王氏生永安簡平王浚。穆氏生平陽靖翼王淹。大爾朱氏生彭城景思王湝、華山王凝。韓氏生上黨剛肅王渙。小爾朱氏生任城王湝。游氏生高陽康穆王湜。鄭氏生馮翊王潤。馬氏生漢陽敬懷王洽。

文襄六男：文敬元皇后生河間王孝琬。宋氏生河南王孝瑜。王氏生廣寧王孝珩。蘭陵王長恭不傳母氏。陳氏生安德王延宗〔九五〕。燕氏生漁陽王紹信。

文宣五男：李后生廢帝及太原王紹德。馮世婦生范陽王紹義。裴嬪生西河王紹仁。顔嬪生隴西王紹廉。

孝昭七男：元皇后生樂陵王百年。桑氏生襄城王亮。諸姬生汝南王彦理、始平王彦德、城陽王彦基、定陽王彦康、汝陽王彦忠。

武成十三男：胡皇后生後主及瑯邪王儼。李夫人生南陽王綽。後宮生齊安王廓、北平王貞、高平王仁英、淮南王仁光、西河王仁機、樂平王仁邕、潁川王仁儉、安樂王仁雅、丹陽王仁直、東海王仁謙。

後主五男：穆皇后生幼主。諸姬生東平王恪，次善得，次買德，次質錢〔九六〕。

北齊册皇太子：皇帝臨軒，司徒爲使，司空副之。太子服遠遊冠，入至位。使者入，奉册讀訖，皇太子跪受册於使者，以授中庶子。又受璽綬於尚書，以授庶子，稽首以出。就策，使者持節至東宮，宮臣內外官定列。皇太子階東，西面。若幼，則太師抱之，主衣二人奉空頂幘服從，以受册〔九七〕。明日，拜章表於東宮殿庭，中庶子、中舍人乘軺車〔九八〕。奉章詣厥堂謝〔九九〕。擇日齋於崇正殿，服冕乘安車謁廟。擇日群臣上禮，又擇日會。明日，三品以上牋賀。

天保元年，皇太子監國，在西林園冬會。群臣議，皆東面。二年，於北城第內冬會，又議東面。吏部郎陸卬疑非禮，魏收改爲西面。邢子才議欲倣前，曰：「凡禮有同者，不可令異。詩說天子至於大夫，皆乘四馬，況以方面之少，何可皆不同乎？若太子定西面者，王、公、卿、大夫、士，復何面也？南面，人君正位。今一官之長，無不南面，太子聽政，亦南面坐。議者引晉舊事，太子在東宮西面，爲避尊位，非爲嚮臺殿也。子才以爲東晉博議〔一〇〇〕，依漢、魏之舊，太子普臣四海，不以爲嫌，何疑於東面？禮『嗣子絕旁親』，『嗣子冠於阼』，『冢子生，接以太牢』。漢元著令，太子絕馳道。此皆禮同於君。又晉王公嗣子〔一〇一〕，攝命臨國，乘七旒安車，駕用三馬，禮同三公。近宋太子乘象輅，皆有同處，不以爲嫌。況東面者，君臣通禮，獨何爲避？明爲嚮臺，所以然也。近皇太子在西林園，於殿猶且東面，於北城非宮殿之處，更不得邪？諸人以東面爲尊，宴會須避。按燕禮、燕義，君位在東，賓位在西，君位在阼階，故有武王踐阼篇〔一〇二〕，不在西也。禮：『乘君之車，不敢曠左。』君在，惡空其位，左亦在東，不在西也。『君在阼，夫人在房』。鄭注『人君尊東也』。前代及今，皇帝宴會、接客，亦東堂西面。若以東面爲貴，皇太子以儲后之禮〔一〇三〕，監國之重，别第宴臣賓，自得申其正位。禮者皆東宮臣屬，公卿預宴，觀禮而已。若以西面爲卑，實是君之正位。太公不肯北面説丹書，西面則道之，西面乃尊也。君位南面，有東有西，何可皆避？且事雖少異〔一〇四〕，有可相比者。周公，臣也〔一〇五〕。太子，子也。周公爲冢宰，太子爲儲貳。明堂尊於别第，朝諸侯重於宴臣賓，南面貴於東面，臣疏於子，冢宰輕於儲貳。周公攝政，得在明堂南面朝諸侯。今太子監國，不得於别第異宮東面宴客〔一〇六〕，情所未安。且君行以太子監國，君宴不以公卿爲賓，明父子無嫌〔一〇七〕，君臣有嫌。按儀注，親王受詔冠婚〔一〇八〕，皇子、皇女皆東面。今不約王公南面，獨約太子，何所取邪？議者南尊改就西面，轉居尊位，更非合禮。方面既少，難爲節文。東西二面，君臣通用，太子宜然，於禮爲允。」

周文帝十三子：姚夫人生明帝。後宮生宋獻公震。文元皇后生孝閔皇帝。文宣叱奴皇后生武帝、衛剌王直。達步妃〔一〇九〕生齊煬王憲。王姬生趙僭王招。後宮生譙孝王儉、陳惑王純、越野王盛、代奰王達、冀康公通、滕聞王逌〔一一〇〕。

孝閔帝一子：陸夫人生紀厲王康。

武帝七男：李皇后生宣帝、漢王贊。庫汗姬生秦王贄、曹王允。馮姬生道王充。薛世婦生蔡王兌。鄭姬生荆王元。

宣帝三子：朱皇后生静帝。王姬生萊王衎〔一一〕。皇甫姬生郢王術。

隋文帝五男：皆文獻后獨孤氏所生，長房陵王勇，次煬帝，次秦孝王俊，次庶人秀，次庶人諒。

文帝立勇爲皇太子，軍國政事及尚書奏死罪以下〔一二〕，皆令勇參決。後經冬至，百官朝勇，勇張樂受賀。帝問朝臣：「近聞至節，内外百官相率朝東宫，是何禮也？」太常少卿辛亶對曰：「於東宫是賀，不得言朝。」帝曰：「改節稱賀，正可三數十人，逐情各去。何因有司徵召，一時普集，太子法服設樂以待之？東宫如此，殊乖禮制。」乃下詔曰：「皇太子雖居上嗣，義兼臣子，而諸方嶽牧，正冬朝賀，任土作貢，别上東宫。事非典則，宜悉停斷。」

煬帝三男：蕭皇后生元德太子昭、齊王暕。蕭嬪生趙王杲。

唐高祖二十二子：竇皇后生隱太子建成、太宗皇帝、衛懷王元霸、巢剌王元吉。萬貴妃生楚王智雲。莫嬪生荆王元景。孫嬪生漢王元昌。尹德妃生豐王元亨。張氏生周王元方。郭倢伃生徐王元禮。宇文昭儀生韓王元嘉、魯王靈夔。王才人生彭王元則。張寶林生鄭王元懿。張美人生霍王元軌。楊美人生虢王鳳。劉倢伃生道王元慶。崔嬪生鄧王元裕。小楊嬪生舒王元名〔一三〕。楊嬪生江王元祥。魯才人生密王元曉。柳寶林生滕王元嬰。

太宗十四子：文德皇后生常山愍王承乾、濮王泰、高宗皇帝。後宫生楚王寬。楊妃生吴王恪、蜀王愔。陰妃生齊王祐。王氏生蔣王惲。燕妃生越王貞〔一四〕、江王囂。韋妃生紀王慎。後宫生代王簡。楊妃生趙王福。楊氏生曹王明。

高宗八子：後宮劉氏生燕王忠。鄭氏生原悼王孝。楊氏生澤王上金〔一一五〕。蕭淑妃生許王素節。武后生孝敬皇帝弘、章懷太子賢、中宗、睿宗。

中宗四子：韋庶人生懿德太子重潤。後宮生譙王重福、節愍太子重俊、殤帝。

睿宗六子：肅明皇后生讓皇帝憲。宮人柳氏生惠莊太子撝。昭成皇后生玄宗。崔孺人生惠文太子範。王德妃生惠宣太子業。後宮生隋王隆悌。

玄宗三十子：劉華妃生奉天皇帝琮、靖恭太子琬、儀王璲。趙麗妃生太子瑛。元獻皇后生肅宗。錢妃生棣王琰。皇甫德儀生鄂王瑶。劉才人生光王琚。武惠妃生夏悼王懷、哀王敏及壽王瑁、盛宣王琦〔一一六〕。高倢伃生潁王璬〔一一七〕。郭順儀生永王璘。柳倢伃生延王玢。鍾美人生濟王環。盧美人生信王瑝。閻才人生義王玭。王美人生陳王珪。陳才人生豐王珙。鄭才人生恒王瑱。武賢儀生涼王璿、汴哀王璥。餘七子夭，母氏失傳。

肅宗十四子：章敬皇后生代宗。宮人孫氏生越王系〔一一八〕。張氏生承天皇帝倓。王氏生衛王佖。陳倢伃生彭王僅。韋妃生兗王僩。張美人生涇王侹〔一一九〕。後宮生鄆王榮。裴昭儀生襄王僙。段倢伃生杞王倕。崔妃生召王偲。張皇后生恭懿太子佋、定王侗。後宮生僖。

代宗二十子：睿真皇后生德宗。崔妃生昭靖太子。邈貞懿皇后生韓王迥。其均王遐、睦王述、丹王逾、恩王連、簡王遘、益王迺、隋王迅、荆王選、蜀王遡、忻王造、韶王暹、嘉王運、端王遇、循王遹、恭王通、原王逵、雅王逸，凡十七王，史亡其母之氏、位。

德宗十一子：昭德皇后生順宗帝，取昭靖太子子舒王誼爲第二子，又取順宗子文敬太子諒爲第六子，餘通王諶、虔王諒、肅王詳〔二〇〕、資王謙、代王諲、昭王誡、欽王諤、珍王諴八王，史亡其母之氏、位。

順宗二十七子〔二一〕：莊憲皇后生憲宗及福王綰。張昭訓生郯王經〔二二〕。趙昭儀生宋王結。王昭儀生郇王總〔二三〕、邵王約、岳王緄。其漵王縱、莒王紓、密王綢〔二四〕、集王緗〔二五〕、冀王絿、和王綺、衡王絢、珍王繕、撫王紘、桂王綸、袁王紳、翼王綽〔二六〕、蘄王緝、欽王績〔二七〕，凡二十王，史亡其母之氏、位。

憲宗二十子：紀美人生惠昭太子寧。懿安皇后生穆宗。孝明皇后生宣宗。後宮生澧王惲〔二八〕、深王悰、洋王忻〔二九〕、絳王悟、建王恪、鄜王憬、瓊王悅、沔王恂〔三〇〕、婺王懌、茂王愔、淄王協〔三一〕、衢王憺〔三二〕、澶王忱〔三三〕、棣王惴、彭王惕、信王憻、榮王憒〔三四〕，凡十七王，史失其母之氏、號。

穆宗五子：恭僖皇后生敬宗。貞獻皇后生文宗。宣懿皇后生武宗。後宮生懷懿太子湊、安王溶，史失其母之號、氏。

敬宗五子：郭妃生悼懷太子普。後宮生陳王成美、梁王休復、襄王執中、紀王言揚，史失其母之號、氏。

文宗二子：王德妃生莊恪太子永。後宮生蔣王宗儉。

武宗五子：杞王峻、益王峴、兗王岐、德王嶧〔三五〕、昌王嵯，史並失其母之氏、位。

宣宗十一子：元昭太后生懿宗〔三六〕。後宮生靖懷太子漢、通王滋〔三七〕、慶王沂、濮王澤、鄂王潤、懷王洽、昭王汭、康王汶、廣王瀰、衛王灌，史失其母之氏、位。

懿宗八子：惠安皇后生僖宗。恭憲皇后生昭宗。後宮生魏王佾、涼王侹、蜀王佶、威王偘、吉王保、恭哀太子倚，史失其母之氏、位。

僖宗二子：建王震、益王陞，史失其母之氏、位。

昭宗十七子：積善皇后生德王裕及哀帝。後宮生棣王祤、虔王禊、沂王禋、遂王禕、景王祕、祁王祺、雅王禛、瓊王祥、端王禎、豐王祁、和王福、登王禧、嘉王祐〔一三八〕、潁王禔〔一三九〕、蔡王祐〔一四〇〕，史失其母之氏、位。

梁太祖八子：末帝、郴王友裕〔一四一〕、博王友文、郢王友珪、福王友璋、賀王友雍、建王友徽、康王友孜〔一四二〕，史不言其母氏。

後唐莊宗五子：劉后生魏王繼岌。繼潼〔一四三〕、繼嵩、繼蟾、繼嶢，史不言其母氏。

明宗六子：昭懿皇后夏氏生秦王從榮、愍帝。宣憲皇后魏氏生潞王從珂。淑妃王氏生許王從益。從璟〔一四四〕、從璨〔一四五〕，史不言其母氏。

廢帝二子：重吉、重美，史不言其母氏。

晉高祖七子：李皇后生楚王重信、虢王重英、壽王重乂〔一四六〕、剡王重胤〔一四七〕、夔王重進。陳王重杲、重睿，史不言其母氏。

少帝二子：延煦、延寶，史不言其母氏。

漢高祖三子：魏王承訓、隱帝、陳王承勳，史皆不言其母氏。

周太祖三子：養子世宗、剡王侗〔一四八〕、杞王信，史皆不言其母氏。

世宗五子〔一四九〕：越王宗誼、恭帝、曹王熙讓〔一五〇〕、紀王熙謹、蘄王熙誨，史不言其母氏。

宋太祖皇帝四子：賀皇后生留哥、魏王德昭、顯哥。王皇后生岐王德芳〔一五一〕。

太宗九子：李皇后生楚王元佐〔一五二〕及真宗。其昭成太子元僖、陳王元份、安王元傑、密王元偓、曹王元偁、鎮王元儼、代國公元億〔一五三〕，史不詳其母氏。

至道元年，詔立皇太子，令有司草具册禮，以翰林學士承旨宋白爲册皇太子禮儀使。有司言：「按前代無太子執圭之文，按周禮，公儀執桓圭。公即三恪之後，乃上公也。晉制，太子出會，在三恪之下、三公之上，請如王公之制，執桓圭，餘如舊制。」從之。九月丁卯，太宗御朝元殿，陳列如元會之儀〔一五四〕。皇太子自東宫常服乘馬，赴朝元門外幄次，改服遠遊冠、朱明衣，三師、三少導從入殿門，受册、寶，太尉率百官奉賀。皇太子易服乘馬還宫，百官朝服詣宫參賀。樞密使、内職、諸王、宗室、師保、賓客、宫臣等畢集，皆序班於宫門之外，庶子版奏「外備」，内臣褰簾，皇太子常服出次就座，諸王、宗室參賀，再拜訖，垂簾，皇太子降座還次，中書、門下、文武百官、樞密使、内職、師保、賓客而下以次參賀〔一五五〕，皆降階答拜訖，升座受文武宫臣三品以下參賀。庚午，具鹵簿謁太廟五室，常服乘馬，出東華門升輅。先是有司言：「唐禮，宫臣參賀皇太子皆舞蹈，開元始罷其禮。故事，百官及東宫官接見，祗呼皇太子，上牋啓稱皇太子殿下，百官自稱名，宫官自稱臣。常所行用左春坊印、宫内行令。又按唐制，凡東宫處分論事之書，皇太子並畫諾〔一五六〕。令左右庶子以下署姓名〔一五七〕，宣令奉行書按畫日〔一五八〕其與親友師傅等書，不用此制。今請如開元之制，宮臣止稱臣〔一五九〕，不行舞蹈之禮。伏緣皇太子兼判開封府，其所上表狀即署皇太子之位，其當申中書、樞密院狀，祇判官等署〔一六〇〕，餘斷按及處分公事並畫「諾」〔一六一〕。詔改「諾」爲「准」〔一六二〕，餘皆從之。又言：「百官見皇太子，自兩省五品、尚書省、御史臺四品、諸司三品以上皆答拜，餘悉受拜。宮臣自左、右庶子以下悉用參見之儀。其皇太子宴會，位在王公之上。」奏可。有司草具皇太子受册畢朝皇后儀，詔止用宮中常禮。十月，皇太子言：「臣自受册以來，逮兹累日，每見僚屬，率皆稱臣，况至尊無二上之文，事主有比肩之義，在臣之懇，實所不遑。望許仍舊名。」許之。真宗天禧二年九月丁卯，册皇太子〔一六三〕，並如至道之儀。册用珉玉，如乘輿之制而差損降。其押輿用金塗銀平級，承以髹漆小案，飾以衣繡。凡飾用龍者，皆以螭鳳。天禧四年閏十二月，左僕射兼太子少師、平章事丁謂言：「臣與兼少保、賓客至資善堂，許皇太子不答拜。」詔不允。

真宗六子：郭皇后生周王元祐。章懿李皇后生仁宗。四子早亡，史不詳其母氏。

仁宗三子：俞才人生褒王昉，苗昭儀生豫王昕，朱才人生鄂王曦，皆早亡。英宗以濮安懿王之子立爲皇子，入繼大統。

英宗四子：長神宗，次吴王顥、潤王顔、益王頵，皆宣仁高皇后所生。

神宗十四子：欽成朱皇后生哲宗、楚榮憲王似。欽慈陳皇后生徽宗。宋夫人生成王佾。邢賢妃生惠王僅、冀冲孝王僩、徐冲惠王倜。宋倢伃生唐哀獻王俊。向夫人生褒王仲。邢婉儀生豫悼惠王价。

武賢妃生吳榮穆王佖。郭夫人生儀王偉。林賢妃生燕王俁、越王偲。

徽宗三十一子〔一六四〕：顯恭王皇后生欽宗。顯仁韋皇后生高宗。明達劉皇后生濟陽郡王棫、祁王模、信王榛。明節劉皇后生建安郡王楧、嘉國公椅、英國公橞。諸姬生兖冲僖王檉、鄆王楷、荆悼敏王楫、肅王樞、景王杞、濟王栩〔一六五〕、邠冲穆王材、莘王植、華原郡王樸、徐王棣、沂王㮙、鄆冲懿王栱、和王栻、漢冲昭王椿、安康郡王楃、廣平郡王楗、陳悼惠王機、相國公梴〔一六六〕、瀛國公樾、温國公棟、儀國公桐、昌國公柄、潤國公樅。

欽宗二子：仁懷朱皇后生太子諶。少子訓，北地所生，終於五國城。

高宗一子：潘賢妃生元懿太子旉，早亡。孝宗以秀安僖王之子立爲皇太子，入繼大統。

孝宗四子：莊文太子愭、魏惠獻王愷、光宗、邵悼肅王恪，皆成穆郭皇后所生。

初，紹興崇建皇儲，詔有司備禮册命，然在欽宗恤制，未及製樂。乾道初，元詔啓震宫，命禮部太常寺討舊典以聞。受册日，陳黄麾仗於大慶殿，設宫架樂於殿庭。皇帝陞降御座，作乾安之樂，陞用黄鍾宫，降用蕤賓宫。皇太子入殿門，作明安之樂，受册出殿門，亦如之，皆用應鍾宫。至七年，易應鍾而奏以姑洗。古者太子生，則太師吹管，以度其聲，觀所協之律。有虞典樂教胄子，自天子至元子，皆以樂爲教，所以養其情性之正，蕩滌邪氛，消融查滓，而和順於道德，則陳金石雅奏，以重元良，册拜宜倣古誼，式昭盛禮。繇唐季世儲貳罕定，國家亦多故，而禮廢樂缺，皇朝建隆定樂，雖詔皇太子出入奏良安，至道始册皇太子，有司言：「太子受册，宜奏正安之樂，舉行百年曠典，中外胥悦。」至天禧册命，禮儀院復奏，改正安爲明安之樂。乾道之用明安，實祖述天禧〔一六七〕，而姑洗爲宮，則唐東宮軒垂奏樂舊貫云。

光宗二子：節使挺及寧宗，皆慈懿李皇后所生。

寧宗九子：長子未名而夭，莫詳母氏。恭淑韓皇后生兗王埈、邠王坦、郢王增、華王坰。鍾夫人生順王圻、申王墉。其肅王垍、邳王坻，史不言其母氏。九王俱早夭。景獻太子詢以燕懿王後立爲太子，薨於東宮。理宗以沂靖惠王後立爲皇太子，入繼大統。

校勘記

〔一〕滕　原作「勝」，據元本、慎本、馮本及史記卷一五帝本紀索隱改。

〔二〕伊　史記卷一五帝本紀索隱作「衣」。

〔三〕是則十四人爲十二姓　「是」原作「上」，據史記卷一五帝本紀索隱改。

〔四〕太戊二子　按史記卷三殷本紀：「中宗崩，子帝仲丁立。帝仲丁崩，弟外壬立。帝外壬崩，弟河亶甲立。」則太戊之子除外壬、河亶甲外，尚有長子仲丁。疑此處「二」當作「三」，並脱「仲丁」。

〔五〕沃甲　原作「祖丁」，按史記卷三殷本紀：「祖乙崩，子帝祖辛立。帝祖辛崩，弟沃甲立，是爲帝沃甲。帝沃甲崩，立沃甲兄祖辛之子祖丁，是爲帝祖丁。」則祖丁非祖乙之子，而沃甲乃祖乙之子。據改。

〔六〕庚丁　按史記卷三殷本紀：「帝庚丁崩，子帝武乙立。武乙獵於河渭之間，暴雷，武乙震死，子帝太丁立。帝太丁崩，子帝乙立。」則武乙與乙别爲二人，故疑此後脱武乙父子二代。

〔七〕桑蓬皆質素之物　「質素」原倒，據禮記内則正義乙正。

〔八〕冡大也　「冡」字原脱，據禮記内則注補。

〔九〕子師教示以善道者　「善」原作「立」，據禮記内則注改。

〔一〇〕士妻以乳食之而已矣　「妻」原作「大」，據禮記内則注改。

〔一一〕擇日剪髮爲鬌　「鬌」原作「髻」，據禮記内則改。下注及疏同。

〔一二〕夾囟曰角　「囟」原作「内」，據禮記内則注改。下疏同。

〔一三〕大夫以上　「大」原作「丈」，據禮記内則注改。

〔一四〕由自也　「由」原作「内」，據禮記内則注改。

〔一五〕立於阼　「阼」原作「階」，據禮記内則改。

〔一六〕見妾子於内寢　「子」字原脱，據禮記内則補。

〔一七〕某妻姓若言姜氏也　「某」原作「其」，「氏」原作「此」，並據禮記内則注改。

〔一八〕咳而名之　元本、慎本、馮本作「孩而名之」。按阮元校勘記：「釋文出『孩』而云字又作『咳』。讀書脞録續編云：按孝經聖治章疏引内則『孩而名之』。衆經音義九云：『咳，古文作孩。』」則「咳」、「孩」古通用。

〔一九〕欽敬也　「也」字原脱，據禮記内則注補。

〔二〇〕當角之處留髮不剪　「剪」下原衍「曰角」二字，據禮記内則正義删。

〔二一〕夫人不可於此寢生子　「於此」原作「以比」，據元本、慎本、馮本及禮記内則正義改。

〔二二〕擯者傅姆之屬也　「屬」原作「富」，據禮記内則注改。

〔二三〕上卿代君聽國政也　「國」字原脱，據禮記曾子問注補。

〔二四〕裨冕者接神則祭服也　「接」原作「按」，據禮記曾子問注改。

〔二五〕几筵於殯東　「筵」字原脱，據禮記曾子問注補。

〔二六〕所主也　「主」原作「生」，據元本、慎本、馮本及禮記曾子問注改。

〔二七〕初告生時　「初」原作「子」，據禮記曾子問注改。

〔二八〕以名徧告於五祀山川　「祀」原作「祝」，據禮記曾子問改。

〔二九〕因負子名之喪　「子」字原脱，據禮記曾子問注補。

〔三〇〕接子擇日　「擇日」二字原脱，據禮記内則補。

〔三一〕凡三王教世子　「世」字原脱，據禮記文王世子補。

〔三二〕德德成而教尊　下「德」字原脱，據禮記文王世子補。

〔三三〕君之謂也　「君」原作「此」，據禮記文王世子改。

〔三四〕尚書大傳　「大傳」原作「太傳」，據禮記文王世子疏改。

〔三五〕有司齊肅端冕　「端」字原脱，據賈誼新書卷五保傅條補。

〔三六〕及太子少長知妃色　「少長」二字原倒，據賈誼新書卷五保傅條乙正。

〔三七〕執醬而親餽之　「之」字原脱，據賈誼新書卷五保傅條補。

〔三八〕御如今之小史直日矣　「史」原作「吏」，據元本、慎本、馮本及禮記文王世子注改。

〔三九〕節謂居處故事　「居」原作「履」，據禮記文王世子注改。

〔四〇〕欲知氣力　「力」原作「味」，據禮記文王世子注改。

〔四一〕旬有二日乃間　「旬」原作「甸」，據元本、慎本、馮本及禮記文王世子改。

〔四二〕鼇王胡齊　「齊」原作「齋」，據史記卷四周本紀改。

〔四三〕貞王　史記卷四周本紀作「定王」。集解：「皇甫謐曰：『元王二十八年崩，三子争立，立應爲貞王。』索隱：『如史記，元王爲定王父，定王即貞王也；依世本，則元王是貞王子。必有一乖誤。然此「定」當爲「貞」字誤耳。豈周家有兩定王，代數又非遠乎？』」梁玉繩史記志疑：「周不應有二定王。韋注國語、後漢書西羌傳、陶公年紀並據世本作『貞王』。」

〔四四〕戚夫人生趙隱王如意　「隱」字原脱，據漢書卷三八高五王傳補。

〔四五〕公孫倢伃生東平思王宇　「思」原作「恩」，據漢書卷八〇宣元六王傳及卷一四諸侯王表改。

〔四六〕宣元六王傳　「六」字原脱，據元本、慎本、馮本補。

〔四七〕餘四王千乘貞王伉　「貞」原作「正」，據後漢書卷五五章帝八王傳改。

〔四八〕中常侍持太子璽綬東向授太子　「東向授太子」五字原脱，據後漢書禮儀志中補。

〔四九〕中謁者稱制曰可　「中」原作「甲」，據後漢書禮儀志中改。

〔五〇〕設周衛交戟　「設」字原脱，據後漢書卷四〇上班彪傳補。

〔五一〕相殤王鑠　「相」原作「哀」，據元本、慎本、馮本及三國志卷二〇武文世王傳改。

〔五二〕陳留恭王峻　「峻」原作「竣」，據三國志卷二〇武文世王傳改。
〔五三〕王昭儀生趙王幹　「幹」原作「揮」，據三國志卷二〇武文世王傳改。
〔五四〕周姬生樊安公均　「樊」原作「楚」，據元本、慎本、馮本及三國志卷二〇武文世王傳改。
〔五五〕長河厲王乂　「乂」原作「義」，據晉書卷六四武十三王傳改。
〔五六〕胡淑儀生臨川獻王郁　「獻」字原脱，據晉書卷六四簡文三子傳補。
〔五七〕會稽文孝王道子　「文」字原脱，據晉書卷六四簡文三子傳補。
〔五八〕便臣先達　「便」原作「使」，據晉書卷二一禮志下及通典卷六七禮二七改。
〔五九〕將今日習所見　「日」字原脱，「習所」二字原倒，並據晉書卷二一禮志下及通典卷六七禮二七補並乙正。
〔六〇〕周禮王后太子不會明禮同於君　「周禮」原作「春秋」，「后」字原脱，「明」原作「名」，據全晉文卷八四群臣拜太子議及晉書卷二一禮志下改並補。
〔六一〕徐邈　「邈」原作「趙」，據通典卷六七禮二七群臣侍坐太子後來條改。
〔六二〕北人有作苻宏官屬者　「苻宏」原作「符閎」，「官」原作「宫」，據通典卷六七禮二七群臣侍坐太子後來條改。
〔六三〕此似得中朝舊法　「似」原作「自」，據通典卷六七禮二七群臣侍坐太子後來條改。
〔六四〕皇太子既拜廟　「廟」字原脱，據晉書卷二一禮志下補。
〔六五〕無以表其乃誠　「表」原作「裁」，據晉書卷二一禮志下改。
〔六六〕義兼臣子　「義」字原脱，據晉書卷二一禮志下及通典卷七〇禮三〇策拜皇太子條補。
〔六七〕朝臣宜朱衣褠幘拜敬　「宜」原作「宣」，據元本、慎本、馮本及晉書卷二一禮志下改。

〔六八〕尚書卞壼謂宜稽則漢魏　「稽」原作「稱」，據晉書卷二一禮志下及通典卷七〇禮三〇策拜皇太子條改。

〔六九〕相美人　南史卷一三武帝諸子傳作「桓美人」。宋書卷六一武三王傳作「袁美人」。

〔七〇〕次淮陽思王子霄與皇子子玄同生　「陽」原作「南」，據南史卷一四孝武諸子傳及宋書卷八〇孝武十四王傳改。

〔七一〕廬陵王子輿　「輿」原作「與」，據南史卷一四孝武諸子傳及宋書卷八〇孝武十四王傳改。

〔七二〕子雍　「雍」原作「悅」，據南史卷一四孝武諸子傳及宋書卷八〇孝武十四王傳改。

〔七三〕周淑儀生安陸王子敬　「陸」原作「陵」，據南史卷四四齊武帝諸子傳及南齊書卷四〇武十七王傳改。

〔七四〕管淑妃生邵陵王寶修　「修」，南齊書卷五〇作「攸」。

〔七五〕董昭儀生南康簡王績　「董昭儀」，梁書卷二九作「董淑儀」。

〔七六〕范夫人生武寧王大盛　「大盛」，梁書卷四四太宗十一王傳作「大威」，南史卷五四梁簡文帝諸子傳總叙作「大盛」，注：「一作大威。」

〔七七〕其臨川王大款　「款」原作「穎」，據南史卷五四梁簡文帝諸子傳及册府元龜卷二六四宗室部封建三改。

〔七八〕徐妃生忠烈世子方等　據南史卷八梁本紀下世祖孝元皇帝紀及卷五四元帝諸子傳並云：「元帝即位，改謚武烈世子。」

〔七九〕張修容生江夏王伯義　「張修容」原作「張容華」，據南史卷六五陳文帝諸子傳及陳書卷二八世祖九王傳改。

〔八〇〕徐姬生尋陽王叔儼　「陽」原作「切」，據慎本、馮本、南史卷六五宣帝諸子傳及陳書卷二八高宗二十九王傳改。

〔八一〕沅陵王叔興　「沅」原作「沆」，據南史卷六五宣帝諸子傳及陳書卷二八高宗二十九王傳改。

〔八二〕申倢伃生南安王叔儉　「南安」原作「海陵」，據南史卷六五宣帝諸子傳及陳書卷二八高宗二十九王傳改。

〔八三〕叔泓　陳書卷二八高宗二十九王傳作「叔引」。

〔八四〕冲　原作「充」，據南史卷六五後主諸子傳及陳書卷二八後主十一子傳改。

〔八五〕長樂王處文　「文」原作「又」，據北史卷一六道武七王傳及魏書卷一六道武七王傳改。

〔八六〕閭左昭儀生吴王余　「左」原作「石」，據北史卷一五望都公頹及卷九八蠕蠕傳改。又「吴王」，魏書卷一八太武五王傳作「南安王」。按資治通鑑卷一二六宋紀八元嘉二十八年十二月丁丑條載，徙吴王余爲南安王。

〔八七〕劉椒房生南安惠王楨　「楨」原作「禎」，據北史卷一七、卷一八景穆十二王傳上、下及魏書卷一九景穆十二王傳下改。

〔八八〕尉椒房生樂陵康王胡兒　「兒」原作「仁」，據北史卷一七、卷一八景穆十二王傳上、下及魏書卷一九下景穆十二王傳下改。

〔八九〕孝元皇后生獻文皇帝　「孝」疑爲「李」之訛。按魏書卷一三、北史卷一三上文成元皇后傳並云「謚曰元皇后」，又魏書卷八三上外戚傳李峻傳及魏書卷八九、北史卷八七酷吏傳李洪之傳皆止言「元皇后」。

〔九〇〕李思皇后生孝文皇帝　「李」字原脱，據魏書卷二一上獻文六王傳補。

〔九一〕韓貴人生趙郡靈王幹　「幹」原作「韓」，據魏書卷二一上獻文六王傳、北史卷一九獻文六王傳改。

〔九二〕廣平武穆王懷　「武」原作「文」，據魏書卷一一廢出三帝紀、北史卷五魏本紀孝武帝紀及洛陽伽藍記卷二平等寺條、趙明誠金石録卷二一後魏范陽王碑改。按後魏范陽王碑云：「懷謚『武穆』而傳作『文穆』者誤也。」

〔九三〕鄭充華生皇子悦　「悦」原作「桃」，據魏書卷二二孝文五王傳及北史卷一九孝文六王傳改。

〔九四〕襄城景王淯　「淯」原作「清」，據北齊書卷一〇高祖十一王傳、卷四文宣帝紀及北史卷七齊本紀中文宣帝紀改。

〔九五〕陳氏生安德王延宗　「宗」原作「壽」，據北齊書卷一一文襄六王傳及北史卷五二齊宗室諸王傳下文襄諸子傳改。

〔九六〕次質錢　「質」原作「資」，據北齊書卷一二後主五男傳、北史卷五二齊宗室諸王傳下、後主諸子傳改。

〔九七〕以受册　「受」原作「授」，據元本、慎本、馮本及隋書卷九禮儀志四、通典卷七〇禮三〇策拜皇太子條改。

〔九八〕中庶子中舍人乘軺車　「軺」原作「輅」，據隋書卷九禮儀志四、通典卷七〇禮三〇策拜皇太子條改。

〔九九〕奉章詣厥堂謝　「奉」原作「奏」，據隋書卷九禮儀志四、通典卷七〇禮三〇策拜皇太子條改。又「厥」隋書禮儀志四作「朝」。

〔一〇〇〕子才以爲東晉博議　「議」原作「儀」，據元本、慎本、馮本及隋書卷九禮儀志四、通典卷七一禮三一皇太子監國及會宫臣議條改。

〔一〇一〕又晉王公嗣子　「子」字原脱，據隋書卷九禮儀志四補。

〔一〇二〕故有武王踐阼篇　「篇」字原脱，據隋書卷九禮儀志四補。

〔一〇三〕皇太子以儲后之禮　「后」原作「貳」，據元本、慎本、馮本及隋書卷九禮儀志四、通典卷七一禮三一皇太子監國及會宫臣議條改。

〔一〇四〕且事雖少異　「雖」原作「之」，據隋書卷九禮儀志四及通典卷七一禮三一皇太子監國及會宫臣議條改。

〔一〇五〕周公臣也　「公」下原衍「之」字，據隋書卷九禮儀志四及通典卷七一禮三一皇太子監國及會宫臣議條删。

〔一〇六〕不得於别第異宫東面宴客　「異」字原脱，據隋書卷九禮儀志四及通典卷七一禮三一皇太子監國及會宫臣議條補。

〔一〇七〕明父子無嫌 「明」原作「朋」，據隋書卷九禮儀志四、通典卷七一禮三一皇太子監國及會宮臣議條改。

〔一〇八〕親王受詔冠婚 「親」字原脱，據隋書卷九禮儀志四、通典卷七一禮三一皇太子監國及會宮臣議條補。

〔一〇九〕達步妃 元和姓纂卷一〇十二曷同，周書卷一三文閔明武宣諸子傳作「達步干妃」。

〔一一〇〕滕聞王逌 「聞」原作「文」，據周書卷一三文閔明武宣諸子傳及北史卷五八周室諸王傳文帝十三王改。

〔一一一〕王姬生萊王衎 「萊」原作「業」，「衎」原作「衍」，據北史卷五八周室諸王傳改。

〔一一二〕軍國政事及尚書奏死罪以下 「奏」字原脱，據隋書卷四五文四子傳補。

〔一一三〕崔嬪生鄧王元裕小楊嬪生舒王元名 「鄧王元裕小楊嬪生」八字原脱，據元本、慎本、馮本及舊唐書卷六四高祖二十二子傳、新唐書卷七九高祖諸子傳補。

〔一一四〕燕妃生越王貞 「越」原作「楚」，據舊唐書卷七六太宗諸子傳及新唐書卷八〇太宗諸子傳改。

〔一一五〕楊氏生澤王上金 「上」字原脱，據舊唐書卷八六高宗中宗諸子傳及新唐書卷八一三宗諸子傳補。

〔一一六〕武惠妃生夏悼王懷哀王敏及壽王瑁盛宣王琦 「夏悼王」三字原脱，「哀」原作「思」，並據舊唐書卷八玄宗紀上、卷一〇七玄宗諸子傳及資治通鑑卷二一一唐紀二七開元五年夏四月己丑條、卷二一二唐紀二八開元八年二月戊戌條補改。

〔一一七〕高倢伃生潁王璬 「潁王璬」原作「汴哀王璬」，據舊唐書一〇七玄宗諸子傳及新唐書卷八二十一宗諸子傳改。

〔一一八〕宮人孫氏生越王系 「系」原作「保」，據舊唐書卷一一六肅宗代宗諸子傳及新唐書卷八二十一宗諸子傳改。

〔一一九〕張美人生涇王侹 「侹」原作「侹」，據舊唐書卷一一六肅宗代宗諸子傳及新唐書卷八二十一宗諸子傳改。

〔二〇〕肅王詳　「詳」原作「祥」，據馮本及舊唐書卷一五〇德宗順宗諸子傳、新唐書卷八二十一宗諸子傳改。

〔二一〕順宗二十七子　舊唐書卷一五〇德宗順宗諸子傳作「二十三子」。

〔二二〕張昭訓生郯王經　舊唐書卷一五〇德宗順宗諸子傳作「王昭儀生郯王經」。

〔二三〕王昭儀生郇王總　舊唐書卷一五〇德宗順宗諸子傳「總」作「綜」。

〔二四〕密王綢　「綢」原作「稠」，據馮本、舊唐書卷一五〇德宗順宗諸子傳及新唐書卷八二十一宗諸子傳改。

〔二五〕集王緗　「集」原作「積」，據元本、慎本、馮本及舊唐書卷一五〇德宗順宗諸子傳、新唐書卷八二十一宗諸子傳改。

〔二六〕翼王綽　「綽」，資治通鑑卷二三六唐紀五二永貞元年夏四月壬寅條作「繟」。

〔二七〕欽王續　「續」原作「績」，據舊唐書卷一五〇德宗順宗諸子傳及新唐書卷八二十一宗諸子傳改。

〔二八〕後宮生澧王惲　「澧」原作「灃」，據舊唐書卷一七五憲宗二十子傳及新唐書卷八二十一宗諸子傳改。

〔二九〕洋王忻　三字原脱，據舊唐書卷一七五憲宗二十子傳及新唐書卷八二十一宗諸子傳補。

〔三〇〕沔王恂　「恂」原作「郇」，據馮本及舊唐書卷一七五憲宗二十子傳、新唐書卷八二十一宗諸子傳改。

〔三一〕淄王協　「淄」原作「緇」，據舊唐書卷一七五憲宗二十子傳及新唐書卷八二十一宗諸子傳改。

〔三二〕衢王憺　「衢」原作「衡」，據舊唐書卷一六、新唐書卷八穆宗紀及資治通鑑卷二四一唐紀五十七穆宗長慶元年三月戊午條改。

〔三三〕澶王悅　「悅」原作「悦」，據舊唐書卷一七五憲宗二十子傳及新唐書卷七〇下宗室世系表、卷八二十一宗諸子傳改。

〔一三四〕榮王憒「憒」原作「憒」，據元本、慎本、馮本及舊唐書卷一七五憲宗二十子傳、新唐書卷九懿宗紀、卷八二十一宗諸子傳改。

〔一三五〕德王嶧「嶧」原作「懌」，據舊唐書卷一七五武宗王子傳及新唐書卷八二十一宗諸子傳改。

〔一三六〕元昭太后生懿宗「元」字原脫，據舊唐書卷一九上懿宗紀、新唐書卷九懿宗紀、卷八二十一宗諸子傳補。

〔一三七〕通王滋 新唐書卷八二十一宗諸子傳同。舊唐書卷一七五宣宗十一子傳、新唐書卷八宣宗紀、卷九懿宗紀、卷七〇下宗室世系表及資治通鑑卷二四八唐紀六十四會昌六年五月辛酉條、卷二五〇唐紀六十六咸通四年八月條皆作「夔王滋」。

〔一三八〕嘉王祜「祜」原作「祐」，據新唐書卷八二十一宗諸子傳、唐會要卷五改。

〔一三九〕潁王禔「潁」原作「穎」，據新唐書卷七〇下宗室世系表、卷八二十一宗諸子傳及資治通鑑卷二六五唐紀八一天祐二年九月丙寅條改。

〔一四〇〕蔡王祐「祐」原作「祜」，據新唐書卷一〇昭帝紀、卷八二十一宗諸子傳及資治通鑑卷二六五唐紀八一天祐二年九月丙寅條改。

〔一四一〕郴王友裕「郴」原作「柳」，據舊五代史卷一二梁宗室傳、新五代史卷一三梁家人傳改。

〔一四二〕康王友孜「孜」原作「敬」，據舊五代史卷一二梁宗室傳、新五代史卷一三梁家人傳改。

〔一四三〕繼潼「潼」原作「湩」，據舊五代史卷五一唐宗室傳、新五代史卷一四唐太祖家人傳改。

〔一四四〕從璟「璟」原作「景」，據元本、慎本、馮本及舊五代史卷五一唐宗室傳、新五代史卷一五唐明宗四子傳改。

〔一四五〕從璨 按：新五代史卷一五明宗四侄傳，從璨乃其長侄而非子。

〔一四六〕壽王重乂　「乂」原作「義」，據舊五代史卷八〇晉高祖紀六、卷八七壽王重乂傳及新五代史卷八晉高祖紀改。

〔一四七〕剡王重胤　「剡」原作「郯」，據舊五代史卷八七晉宗室傳改。　按五代無「郯」地名。

〔一四八〕剡王侗　「剡」原作「郯」，據舊五代史卷一二二周宗室傳改。

〔一四九〕世宗五子　按新五代史卷二〇周世宗家人傳作「世宗子七人」。除本書所載五人外，尚有「吳王誠，韓王諴」。舊五代史卷一一七世宗紀四同。據此當作「七人」爲是。

〔一五〇〕曹王熙讓　「熙」原作「宗」，據舊五代史卷一二〇周恭帝紀、新五代史卷一二恭帝紀及資治通鑑卷二九四後周紀五顯德六年八月庚寅條改。　按熙讓先名宗讓，後改名熙讓，見新五代史卷二〇周世宗家人傳。

〔一五一〕王皇后生岐王德芳　按宋史卷二四四宗室傳一、宋會要帝系一之二七，德芳死後，追封岐王，後改封楚王，又改封秦王。

〔一五二〕李皇后生楚王元佐　「佐」原作「裕」，據宋史卷二四五宗室傳二及宋會要帝系一之二九改。

〔一五三〕代國公元億　宋史卷二四五宗室傳二：「元億早亡，追賜名，封代國公。治平中封安定郡王。徽宗即位，加封崇王。」

〔一五四〕陳列如元會之儀　「列」字原脱，據宋史卷一一一禮一四補。

〔一五五〕樞密使内職師保賓客而下以次參賀　「保」字原脱，據上文及宋史卷一一一禮一四及續資治通鑑長編卷三八至道元年九月丁卯條補。

〔一五六〕皇太子並畫諾　「畫」原作「書」，據慎本、馮本及續資治通鑑長編卷三八至道元年八月丁酉條改。

〔一五七〕令左右庶子以下署姓名　「令」原作「今」，據宋史卷一一一禮一四及續資治通鑑長編卷三八至道元年八月丁酉條改。

〔一五八〕宣令奉行書按晝日　「令」及「按晝日」四字原脱，據宋史卷一一一禮一四及續資治通鑑長編卷三八至道元年八月丁酉條補。

〔一五九〕宫臣止稱臣　下「臣」字原作「名」，上文有「百官自稱名，宫官自稱臣」，据宋史卷一一一禮一四、續資治通鑑長編卷三八至道元年八月丁酉條改。

〔一六〇〕祗判官等署　「等」字原脱，據宋史卷一一一禮一四及續資治通鑑長編卷三八至道元年八月丁酉條補。

〔一六一〕餘斷按及處分公事並晝諾　「晝」原作「書」，據宋史卷一一一禮一四及續資治通鑑長編卷三八至道元年八月丁酉條改。

〔一六二〕詔改諸爲准　「改諸」二字原脱，據宋史卷一一一禮一四及續資治通鑑長編卷三八至道元年八月丁酉條補。

〔一六三〕真宗天禧二年九月丁卯册皇太子　「九」原作「八」，「皇」上原衍「爲」字，並據宋史卷八真宗紀三及卷九仁宗紀一、續資治通鑑長編卷九二天禧二年九月丁卯條改删。

〔一六四〕徽宗三十一子　「三」原作「二」，據宋史卷二四六宗室傳三改。

〔一六五〕濟王栩　「濟」原作「齊」，據宋史卷二二徽宗紀四及卷二四六宗室傳三改。

〔一六六〕相國公梴　「梴」原作「梃」，據宋史卷二一徽宗紀三及卷二四六宗室傳三改。

〔一六七〕實祖述天禧　「祖」原作「相」，據元本、慎本、馮本及宋史卷一三九樂一四、宋會要樂七之二六改。

卷二百五十八　帝系考九

公主

唐堯二女：長曰娥皇，次曰女英，以妻舜。

孟子：「舜尚見帝，帝館甥於貳室，亦饗舜，迭爲賓主。尚，上也。舜上而見於帝堯也。貳室，副宮也。堯舍舜於副宮，而就饗其食。堯之於舜，使其子九男事之，二女女焉。百官、牛羊、倉廩備，以養舜於畎畝之中。」

商，帝乙歸妹，以祉，元吉。

周武王以元女大姬配虞胡公，而封之陳，以備三恪。

詩何彼襛矣，美王姬。雖則王姬，亦下嫁於諸侯。車服不係其夫，下王后一等，猶執婦道，以成肅雝之德也。下王后一等，謂車乘厭翟。服則褕翟。疏曰：「王后五輅，以重翟爲上，厭翟次之。六服，褘衣爲上，褕翟次之。天子尊無二上，故其女可下王后一等，若諸侯之女下嫁，則從其夫之爵。何休云：『天子嫁女於諸侯，備侄娣如諸侯禮。』皇甫謐云：『武王五男二女，元女妻胡公，王姬以爲媵。今何得適齊侯之子？何休事未可據也。』」「何彼襛矣，唐棣之華。曷不肅雝，王姬之車。」襛，猶戎戎也，厚貌。唐棣，移也，今之郁李。王姬下嫁於諸侯，車服之盛如此，而不敢挾貴以驕其夫，故其見車者知其能敬與和。肅雝者，王姬而曰「王姬之車」，不敢指切之也。唐棣之華，華如桃李，皆言王姬容色之盛美也。何彼襛矣，華如桃李。平王之孫，齊侯之子。武王女，文王孫，適齊侯之子。言「平王之孫，齊侯之子」，其辭匹敵，則不驕亢可知。其釣維何？維絲伊緡。齊侯之子，平王之孫。」絲之合而爲綸，猶男女合而爲婚。言侯子、王孫宜爲偶，如合絲爲綸。

魯莊公元年秋，築王姬之館於外。

左氏傳：「爲外禮。」公在諒闇，慮齊侯當親迎，不忍便以禮接於朝，又不敢逆王命，故築舍於外，齊强魯弱，又委罪於彭生，魯不能讎齊，然喪制未畢，故異其禮，得禮之變。

公羊傳：「何以書？譏。何譏爾〔一〕？築之，禮也。於外，非禮也。以言外，知有築內之道也，於外，非禮也。禮同姓本有主嫁女之道必闕地於夫人之下。群公子之上也。時魯以將嫁女於讎國，故築於外。於外，何以非禮？據非內也。築於外，非禮也。於，遠辭也，爲營衞不固，不以將嫁於讎國，除譏也。魯本自得以讎爲辭，無爲受命而外之，故曰非禮。其築之何以禮？據禮當預設。主王姬者必爲之改築。主王姬者曷爲必爲之改築？據諸侯宮非一。於路寢則不可，小寢則嫌〔二〕。皆所以遠別也。群公子之舍，謂女公子也。則以卑矣，謂太卑也。其道必爲之改築者也。」以上傳言爾，知當築夫人之下〔三〕，群公子之上，築例時。

穀梁傳：「築，禮也。於外，非禮也。外，城外也。築之爲禮，何也？主王姬者，必自公門出。公門，朝之外門。主王姬者，當設几席筵於宗廟，以俟迎者，故在宮門之內築王姬之館。於廟則已尊，於寢則已卑。爲之築節矣〔四〕。築之外，變之正也。築之外，變之爲正，何也？仇讎之人，非所以接婚姻也。縗麻非所以接弁冕也。親迎服祭服，重婚姻。公時有桓之喪。其不言齊侯之來逆，何也？不使齊侯得與吾爲禮也。」

初學記：「昔堯女有娥皇、女英，舜妹有敤手，舜女有宵明、燭光，湯有帝乙歸妹〔五〕，周武王之女嫁於陳，並未有封邑之號。至周中葉，天子嫁女於諸侯，天子至尊，不自主婚，必使諸侯同姓者主之，始謂之公主。秦代因之，亦曰公主。漢制，帝女爲公主，帝姊妹爲長公主。後漢制〔六〕，皇女皆封縣公主，儀服同藩王。」

秦二世時，十公主矺死於杜〔七〕。皆始皇女也。

漢制，皇女皆稱縣公主，師古曰：「天子不親主婚，故謂之公主。諸侯即自主婚，故其女號翁主。翁者，父也。」儀服同列侯。其尊崇者，加號長公主，儀服同藩王。諸王女皆封鄉、亭翁主〔八〕，儀服同鄉亭侯。漢書謂齊厲王姊爲紀翁主，以紀氏所生，因以爲號。以列侯尚公主，王吉曰：「漢家列侯尚公主，諸侯則國人承翁主，使男事女，夫詘於婦，逆陰陽之位，故多女亂。」諸公主家令、門尉皆屬宗正，又有主傅、東方朔傳：「昭平君醉殺主傅。」師古曰：「傅，母也。」中府。東方朔傳：「館陶公主中府。」師古曰：「中府，掌金帛之藏。」

太上皇女：昭哀后。高帝姊，初封宣夫人〔九〕，呂后七年，尊曰昭哀后。

高祖一女：魯元公主。宣平侯張敖尚之。孝惠時，齊悼惠王尊爲魯元太后。

文帝二女：館陶長公主、竇后生女。文帝即位爲館陶長公主。師古曰：「年最長，故謂長公主〔一〇〕。」堂邑侯陳午〔一一〕尚之，見竇后傳。昌平公主。周勃太子勝之尚之。見周勃傳。

景帝三女：平陽公主、王皇后長女，本陽信長公主也。爲平陽侯曹壽所尚，故稱平陽公主。壽有惡疾，上乃詔衛青尚平陽主，見青傳。南宮公主、王皇后次女。隆慮公主。王后少女，並見王皇后傳。

武帝五女：鄂邑蓋長公主、昭帝姊。燕刺王傳云：「食邑鄂，而爲蓋侯妻也。」張晏云：「蓋侯，王信。」師古曰：「信，不取鄂主爲妻，當是信子頃侯充耳〔一二〕。」夷安公主、隆慮公主子昭平君尚，見東方朔傳。衛長公主、外戚傳云：「子夫生三女，長主衛太子姊也。帝以妻欒大。見郊祀志。諸邑公主、五行志：「征和二年，巫蠱事興，帝女諸邑公主、陽石公主，皆下獄死。」陽石公主。見上。又武紀注云：「二公主皆衛皇后女。」

宣帝二女：館陶公主、華倢伃女，名施。于定國子于永尚。敬武公主。張臨尚薨，元帝令薛宣尚〔一三〕，後王莽白太后賜藥死。見宣傳。

元帝三女：平都公主〔一四〕、傅昭儀女。平陽公主、衛倢伃女，見中山衛姬傳。潁邑公主〔一五〕。杜業尚。

西漢和蕃公主：

高帝罷平城歸，是時，冒頓單于兵彊，控絃四十萬騎，數苦北邊。上患之，以問婁敬，敬曰：「陛下誠能以適長公主妻單于，厚奉遺之，彼知漢女送厚，蠻夷必慕，以爲閼氏，生子必爲太子，代單于。冒頓在，固爲子婿。死，外孫爲單于，豈曾聞外孫敢與大父抗禮哉？可毋戰以漸臣也。若陛下不能遣長公主，而令宗室及後宮詐稱公主，彼亦知不肯貴近，無益也。」高帝曰：「善。」欲遣長公主〔一六〕，呂后泣曰：「妾唯一太子一女，奈何棄之匈奴！」上竟不能遣長公主，而取家人子爲公主妻單于。使敬往結和親約。婁敬傳。

孝惠三年，以宗室女爲公主，嫁匈奴單于。本紀。

匈奴老上單于初立，文帝復遣宗人女翁主爲單于閼氏，使宦者中行說傅翁主。匈奴傳。

孝景五年，遣公主嫁匈奴單于。本紀。

孝武元封中，烏孫昆莫使使獻馬，願得尚漢公主，爲昆弟。天子問群臣，議許，曰：「必先納聘，然後遣女。」烏孫以馬千匹聘。漢遣江都王建女細君爲公主，以妻焉。賜乘輿服御物，爲備官屬、宦官、侍御數百人，贈送甚盛。昆莫以爲右夫人。昆莫年老，欲使其孫尚公主，公主不聽，上書言狀，天子報：「從其國俗。」岑陬遂妻公主，生一女少夫〔一七〕。公主死，漢復以楚王戊之孫解憂爲公主，妻岑陬。甘露三年，楚公主上書言年老思土，願得歸骸骨，葬漢地。天子憫而迎之，公主與烏孫男女三人俱來至京師。時年且七十，賜田宅奴婢，奉養甚厚，朝見儀比公主。西域傳。

元帝竟寧元年，匈奴呼韓邪單于復入朝，自言願婿漢氏以自親，帝以後宮良家子王嬙字昭君賜單于，單于驩喜。昭君寧胡閼氏生一男，呼韓邪死，復株絫單于復妻王昭君〔一八〕，生二女，長女爲須卜居次，小女爲當于居次〔一九〕。居次者，女之號，若漢言公主也。見匈奴傳。

後漢制同前漢，其後安帝姊妹亦封之長公主，同之皇女〔二〇〕。安帝姊妹，清河孝王之女。其皇女封公主者，所生之子襲母封爲列侯，皆傳國於後。鄉、亭之封，則不可傳襲。永初元年，鄧太后封清河孝王慶女十一人，皆爲鄉公主，分食邑俸。諸公主置家令一人。東觀書曰：「其主薨，無子，置傳一人，守其家。」

南頓君三女：湖陽長公主黄、新野公主元適鄧晨、寧平長公主伯姬適李通。

世祖五女：舞陽長公主義王適梁松、涅陽長公主中禮適竇固〔二一〕、館陶公主、紅夫適韓光、淯陽公主禮劉適郭璜〔二二〕、酈邑公主綬一作綏。適陰豐。

顯宗十一女：獲嘉長公主姬適馮柱、平陽公主奴適馮順、隆慮公主迎或作延。適耿襲〔二三〕、平氏公主次、不言所適，史闕文，後倣此。沁水公主致適鄧乾、平皋公主小姬適鄧蕃、浚儀公主仲適王度〔二四〕、武安公主惠適來棱〔二五〕、魯陽公主臣、樂平公主小迎、成安公主小民。

肅宗三女：武德長公主男、平邑公主王適馮由、陰安公主吉。

和帝四女：修武長公主保、共邑公主成、臨潁公主利適賈建〔二六〕、聞喜公主興。

順帝三女：舞陽長公主生、冠軍長公主成男、汝陽長公主廣。

桓帝三女：陽安長公主華適伏完〔二七〕、潁陰長公主堅〔二八〕、陽翟長公主修。

靈帝一女：萬年公主某。

魏制，公主有家令、僕、丞、行夜、督郵。

太祖女：清河長公主適夏侯楙、金鄉公主適何晏。

文帝女：東鄉公主。

明帝女：平原懿公主，早夭追封。帝取甄皇后從孫黄之喪與主合葬，追封黄列侯，以郭德嗣黄後，封平原侯襲公主爵。齊長公主適李韜、齊長公主適任愷〔二九〕。

晉文帝女：常山公主適王濟、長廣公主適甄德、京兆公主。

武帝女：滎陽公主適盧諶〔三〇〕、繁昌公主適衛宣、襄城公主適王敦、滎陽公主適華恒〔三一〕、陽平公主〔三二〕、新豐公主、平陽公主、萬年公主、武安公主。

惠帝女：臨海公主適曹統、河東公主、始平公主、哀獻皇女。

元帝女：尋陽公主適王褘之、尋陽公主適荀羨〔三三〕。

明帝女：南康公主適桓温〔三四〕、南郡公主適羊賁、廬陵公主適劉惔。

簡文帝女：新安公主適王獻之。

孝武帝女：晉陵公主適謝混、鄱陽公主適王嘏〔三五〕。

恭帝女：海鹽公主、富陽公主。

宋公主有傳令，傳令不得朱服。

武帝女：會稽宣長公主適徐逵之、宣城德公主適周嶠、豫章康長公主適徐喬〔三六〕、吳興公主適王偃。

新安公主適王景深：始安哀公主適褚湛之〔三七〕、義興長公主、吳郡公主。

文帝女：東陽獻公主適王僧綽、淮陽公主適江恁〔三八〕、新蔡長公主適何邁、尋陽公主適郄曄〔三九〕、臨川長公主英媛適王藻、南郡獻公主適褚淵、廬江公主適褚澄。

孝武女：山陰公主適何戢、臨汝公主適江斆〔四〇〕、安固公主適王志、臨海公主適何顒之〔四一〕、安吉公主適蔡約、山陰公主楚玉〔四二〕、康樂公主修明、皇女楚琇。

明帝女：陽羨公主適王儉、臨淮公主適王瑩、晉陵公主伯姒、建安長公主伯媛。

宋世諸主莫不嚴妒，明帝每疾之。湖熟令袁慆妻以妒賜死，使近臣虞通之撰妒婦記。左光禄大夫江湛孫斆當尚孝武帝女〔四三〕，上乃使人爲斆作表讓婚，曰：「伏承詔旨，當以臨海公主降嬪，榮出望表，恩加典外。顧審輶蔽，伏用憂惶。臣寒門悴族，人凡質陋，閭閻有對，本隔天姻。如臣素流，家貧業寡，年近將冠，皆以有室，荆釵布裙，足得成禮。每不自解，無偶迄兹，媒訪莫尋，素族弗問。自惟門慶，屬降公主〔四四〕，天恩所覃，庸及醜末，懷憂抱惕，慮不獲免，徵命所當，果膺兹舉。雖門泰宗榮〔四五〕，於臣非倖，仰緣聖貸，冒陳愚實。自晉氏以來，配尚王姬者，雖累經美胄，極有名才，至如王敦懾氣，桓温斂威，真長佯愚以求免〔四六〕，子敬灸足以違詔〔四七〕，王偃無仲都之質，而倮雪於北階〔四八〕，何瑀闕龍工之姿，而投軀於深井，謝莊殆自同於矇叟，殷沖幾不免於强鉏〔四九〕。彼數人者非無才意，而勢屈於崇貴，事隔於聞覽，吞悲茹氣，無所逃訴。制勒甚於僕隸，防閑過於婢妾。往來出入〔五〇〕，人理之常，當待賓客〔五一〕，朋從之義，而令掃轍息駕〔五二〕，無闚門之期。廢筵抽席，絶接對之理。非惟交友離異，乃亦兄弟疏闊。第令受酒肉之賜，制以動静。監子待錢帛之私，節其言笑。姆妳争媚，相勸以嚴。尼媪競前，相諂以急。第令必凡庸下才，監子皆萯萌愚豎，議舉止則未閑是非，聽言語則謬於虚實。姆妳敢恃耆舊，唯贊妒忌，尼媪自唱多知，務檢口舌。其間又有應答問訊，卜筮師母，乃至殘餘飲食，詰辯與誰〔五三〕，衣被故弊，必責頭領。又出入之宜，繁省難衷〔五四〕，或進不獲前，或入不聽出。不入則嫌於欲疏，求出則疑有別意。召必以三晡爲期，遣必以日出爲限。夕不見晚魄，朝不識曙星。至於夜步月而弄琴，晝拱袂而披卷，一生之内，與此長乖。又聲影裁聞，少婢奔迸。裾袂向席，則醜老叢來。左右整刷，以疑寵見嫌。賓客未冠，以少容致斥。禮有列媵，象有貫魚，本無嫚嫡之嫌，豈有輕婦之誚？今義絶傍私，虔恭正匹，而每事必言無儀適，設辭輒云輕易我〔五五〕。又竊聞諸主聚集〔五六〕，唯論夫族。緩不足爲急者法，急則可爲緩者師。更相扇誘，本其恒意，不可貸借，固實常辭。或云野敗去，或云人笑我，雖云家事，有甚王憲，發口所言，恒同科律。王藻雖復彊佷，頗經學涉，戲笑之事，遂爲冤魂。褚曖憂憤〔五七〕，用致夭絶。傷理害義，難以具聞。夫螽斯之德，實致克昌〔五八〕。專妒之行，有妨繁衍。是以尚主之門，往往絶嗣。駙馬之身，通離釁咎。以臣凡弱，何以克堪？必將毁族淪門，豈伊身眚。前後嬰此，其人雖衆，然皆患彰遐邇，事隔天朝，故吞言咽理，無敢論訴。臣幸屬聖明，矜照由道，弘物以典，處親以公，臣之鄙懷，可得自盡。如臣門分，世荷殊榮，足守前基，便預提拂，清官顯位，或由才升，一叨婚戚，咸成恩假。是以仰冒非宜，披露丹實。非惟止陳一己，規全身願，實乃廣申諸門受患之切，伏願天慈照察，特賜蠲停，使雀燕微群，得保叢蔚〔五九〕。蠢物憐生，自已彌篤。若恩詔難降，披請不申，便當刊膚剪髮，投山竄海。」帝以此表遍示諸主以諷切之，并爲戲笑。

按：自王姬執婦道之風，不見於後世，後之公主，皆庸奴其夫。晉人已有無事取官府之説，至六朝而其弊尤甚，南史王誕傳載辭婚表，雖戲笑之言，然亦當時事實也，故録於此。

齊、梁、陳皆踵宋制。

齊高帝女：義興憲公主適沈文和〔六〇〕、臨海長公主適王彬。

武帝女：武康公主適徐演、長城公主適何敬容。

明帝女：山陰公主適徐況〔六一〕、錢塘公主適謝覽。

梁武帝女：安吉公主適王實、長城公主適柳偃、永嘉公主適王銓、永興公主玉姚、永世公主玉婉、永康公主玉環、臨安公主。

簡文帝女：餘姚公主適王溥、南沙公主適袁憲〔六二〕、溧陽公主。辱於侯景。

元帝女：益昌公主。

陳武帝女：永嗣公主適錢藏，帝即位時，主已卒，追封。至是將葬，尚書請議加藏駙馬都尉。侍中袁樞議曰：「昔王姬下降，必適諸侯。漢氏初，列侯尚主，自斯以後，降嬪素族。駙馬都尉置由漢武，或以假諸功臣，或以加於戚屬，是以魏曹植表駙馬、奉車，取爲一號。齊職儀曰：『凡尚公主必拜駙馬都尉。』魏、晉以來，因爲瞻準。蓋以王姬之重，庶姓之輕，若不加其等級，寧可合巹而酳？所以假駙馬之位，乃崇於皇女也。今公主早薨，伉儷已絶，既無禮數致疑，何須駙馬之授？按杜預尚晉宣帝第二女，晉武踐祚，而主已亡，泰始中追贈公主，元凱無復駙馬之號。梁文帝女新安穆公主蚤薨，天監初，王氏無追拜之事。遠近二例，足以校明，無勞此授，今宜追贈亭侯。」時議以爲當。會稽穆公主適沈君理〔六三〕。

文帝女：信義公主適蔡凝〔六四〕、義興公主適錢肅、富陽公主適柳盼。

後魏公主有家令、丞。

道武曾引崔宏〔六五〕講論漢書，至婁敬説漢祖欲以魯元公主妻匈奴，善之，嗟嘆良久。是以諸公主皆嫁於賓附之國，朝臣子弟、良族美彦不得尚焉。

平陽公主薨，高肇欲使公主家令居廬制服〔六六〕，太常博士常景曰：「今王姬降適，雖加爵命，事非君邑，理異列土。何者？諸王開國，備立臣吏，生有趨奉之勤，死盡致喪之禮。而公主家令，唯有一人，其丞以下，命之屬官，既無接事之儀，實闕爲臣之體〔六七〕。原夫公主之貴，所以立家令者，蓋以主之内事脱須關外，理無自達，必也因人。然則家令唯通内外之職，及典主家之事耳，無關君臣之理，名義之分也。由是推之，家令不得爲純臣，公主不可爲正君明矣。且女人之爲君，男子之爲臣，古禮所不載，先朝所未議。」乃寢。

道武女：華陰公主適閭大肥、濩澤公主。

明元女：宜陽公主適穆觀〔六八〕、武威公主適沮渠牧犍〔六九〕、上谷公主適乙瓌〔七〇〕、南安長公主適杜超。

太武女：樂陵公主適穆壽、始平公主適赫連昌、博陵長公主適馮熙〔七一〕。

景穆女：城陽公主適穆平國、長樂公主適穆正國、安樂公主適乙乾歸、高陽公主適萬振。

文成女：濟北公主適穆伏干、河南公主適萬安國、上谷公主適宿石〔七二〕、西河公主適薛初古拔〔七三〕、武邑公主、建興公主、平陽長公主並適劉昶、新平長公主適穆羆、中山長公主適穆亮。

獻文女：長城公主適穆真、瑯琊公主適穆紹、常山公主適陸昕之〔七四〕、趙郡公主適司馬躍。彭城長公主初適劉承緒，再適王肅。樂浪長公主適盧道裕、樂安長公主適馮誕。

孝文女：淮陽公主適乙瑗、華陽公主適司馬朏、長樂公主適高猛。安樂公主、始平公主、淮陽長公主適乙弗瑗〔七五〕。章武長公主適穆泰、蘭陵長公主適劉暉、南陽長公主適蕭寶夤〔七六〕、濟南長公主適盧道虔、順陽長公主適馮穆。

宣武女：建德公主適蕭烈、壽陽長公主適蕭贊。

文帝女：金明公主適尉遲迴。

北齊、後周、隋公主官屬，皆如後魏制。

齊神武女：太原長公主初爲魏孝静皇帝后，後再適楊愔。東平長公主適可朱渾天和〔七七〕、□□公主適司馬消難、浮陽長公主適李千學。

文宣女：東安公主適段深、義寧公主適斛律武都、中山長公主適段寶鼎、□□公主適潘子晃。

周文帝女：霍國公主適賀拔緯、襄樂公主適韋世康、襄陽公主適竇毅、永富公主適史雄、順陽公主適隋滕穆玉楊瓚、西河長公主適劉昶、新興公主適蘇威。宇文護女。

武帝女：清都公主適閻毗。

隋文帝女：樂平公主爲周天元帝后。蘭陵公主初適王奉孝，再適柳述〔七八〕。

煬帝女：南陽公主適宇文士及。

後魏以來和蕃公主。

魏太武女：□□公主適氐主楊保宗、光化公主適吐谷渾世伏〔七九〕、廣樂公主適吐谷渾夸呂、魏濟南王匡孫女。西海公主適蠕蠕主郁久閭吴提。化政公主、元翌女。蘭陵公主並適蠕蠕主郁久閭阿那瓌〔八〇〕。

長樂公主適突厥主阿史那土門〔八一〕。

周千金公主趙王招女。適突厥主阿史那他鉢。

隋華容公主適高昌王伯雅、安義公主宗女。適突厥可汗突利〔八二〕、義成公主宗女。適突厥可汗啟民。

史稱魏道武採婁敬之説，諸公主皆嫁於賓附之國，朝臣良族子弟皆不得尚，蓋閭大肥、楊保宗之屬皆夷狄也，似不必分別爲和蕃公主。然閭大肥輩則部落之服屬而爲臣者也，楊保宗輩則外國之未服屬而爲敵者也。又國内之胡人，所娶皆帝女，而外國之君長所娶多宗女，此又其所以不同也。

唐制，皇姑爲大長公主，後亦謂之長長公主。姊妹爲長公主〔八三〕，女爲公主，皆封國，視正一品。太子女爲郡主，封郡，視從一品。親王女爲縣主，視正二品〔八四〕。建中元年十二月，出嫁岳陽等十一縣主。初，開元中，置禮會院於崇仁里，自興兵以來，廢而不修，公、郡、縣主不時降嫁殆三十年，凡皇族子弟，皆散棄無位，或流落他縣。上即位，始叙用枝屬，以時婚嫁，公族老幼，莫不悲感。及縣主將嫁，小大之物，必周其用。貞元十五年敕：駙馬郡縣主，如實無子，准式養男，並不得用母蔭。大中五年敕〔八五〕：今後先降嫁公主、縣主，如有兒女者，並不再請從人。如無兒者，陳奏委宗正寺處分。而有妄稱無，輒請再從人者，覺察處分。凡諸王及公主，皆以親爲尊。皇之昆弟姊妹先拜於皇子，上書稱啟〔八六〕。神龍初，下詔革之。二年敕：「公主府設官屬。鎮國太平公主儀比親王。長寧、安樂唯不置長史〔八七〕，餘並同親王。宜城、新都、定安、金城等公主，非皇后生，官員減半。其金城公主以出降吐蕃，特宜置司馬〔八八〕。」景龍四年，停公主府，依舊邑司。永淳前，親王食實户八百，增至千輒止，公主不過三百〔八九〕，而太平公主獨加户五十。聖曆時，進及三千户。預誅二張功，增號鎮國，與相王均封五千。薛、武二家女皆食實封〔九〇〕。主與相王、衛王、成王、長寧安樂〔九一〕二公主給衛士，環第十步一區，持兵呵衛，僭肖宮省。神龍時，與長寧安樂、宜城、新都、定安、金城凡七公主，皆開府置官屬，視親王。安樂户至三千，長寧二千五百，府不置長史。宜城、定安非韋后所生，户止二千。唐隆元年六月敕〔九二〕：「公主置府，近有敕總停。其太平公主有崇保社稷功，其鎮國太平公主府即宜依舊。」酸棗縣尉袁楚客奏記於中書令魏元忠曰：「女有内，男有外，男女有別，剛柔分矣；中外斯隔，陰陽著矣，豈可相濫哉？然而幕府者，大夫之職，非婦人之事，今諸公主並開建府僚，崇置官秩，若以女家處男職，所謂長陰而抑陽也。而望陰陽不愆〔九三〕，風雨無爽，其可乎？竊謂非致遠之計，乖久安之策。書曰『事不師古，以克永世，匪説攸聞』，此之謂也。君侯罔正，而誰正之哉？」開元四年三月制：「諸封國自始封至曾孫者，其封户三分減一。」十年，加永穆公主封千户，初，永穆等各封五百户，左右以爲太薄，上曰：「夫百姓租賦者非吾有也。斯皆宗廟、社稷蒼生是爲爾。邊隅戰士出萬死不顧一生，所賞賜纔不過一、二十疋，此輩何功於人，頓食厚封，約之，使之儉嗇不亦可乎？」左右以長公主皆二千户，請與比，上曰：「吾嘗讀後漢書，見明帝曰：『朕子不敢望先帝子。』車服下之。吾未嘗不廢卷嘆息，如何欲令此輩望長公主乎？」左右不敢復言，至是公主等車服不給，故加焉。自後公主皆封千户，遂成其例。凡諸王及公主以下所食封邑，皆以課户充。州縣與國官、邑官共執文帳，准其户數，收其租調，均爲三分，其一入官，其二入國，公主所食邑則全給焉〔九四〕。二十年五月敕：「諸食邑實封，並以三丁爲限，不須一分入官，其物仍令封隨庸調送入京。」凡公主封，有以國名者，鄎國、代國、霍國是也。有以郡名者，平陽、宣陽、東陽是也。有以美名者，太平、安樂、長寧是也。唯玄宗之女皆以美名名之。

世祖一女：同安公主適王裕。

高祖十九女：長沙公主適馮少師〔九五〕、襄陽公主適竇誕、平陽昭公主適柴紹。主及柴紹起兵佐高祖，取長安，武德六年薨。葬加前後部羽葆、鼓吹、大路、麾幢、虎賁、甲卒、班劍〔九六〕。太常議，婦葬古無鼓吹，帝曰：「鼓吹，軍樂也。往者，主身執金鼓，參佐命，於古有邪？宜用之。」高密公主初適長孫孝政，再適段綸〔九七〕。長廣公主適趙慈景、長沙公主適豆盧懷讓〔九八〕。房陵公主初適竇奉節，再適賀蘭僧伽。九江公主適執失思力、廬江公主適喬師望、南昌公主適蘇勖、安平公主適楊思敬、淮南公主適封道言、真定公主適崔恭禮、衡陽公主適阿史那社爾、丹陽公主適薛萬徹、臨海公主適裴師律、館陶公主適崔宣慶、常樂公主適趙瓌。安定公主初適温挺，再適鄭敬玄〔九九〕。

太宗二十一女：襄城公主初適蕭鋭〔一〇〇〕，再適姜簡。主性孝睦，動循矩法，帝敕諸公主視爲法。有司告營別第，辭曰：「婦事舅姑，如事父母，異宮則定省闕。」止葺故第，門列雙戟而已。南平公主初適王敬直，再適劉元意。敬直，王珪之子。先時，公主下嫁，未嘗行見舅姑禮。珪曰：「主上循法度，吾當受公主謁見，豈爲身榮，將以成國家之美〔一〇一〕。」於是與夫人坐堂上，主執笄盥饋乃退〔一〇二〕。後主出降，有舅姑者，備禮始於珪。遂安公主初適竇逵〔一〇三〕，再適王大禮。豫章公主適唐義識、長樂公主適長孫冲，帝以主長孫后所生，敕有司裝賫倍長公主，魏徵曰：「昔漢明帝封諸王言〔一〇四〕：『朕子安得同先帝子？』然則長公主尊公主矣，制有差等，豈可越乎？」帝以語后，后賛徵，勸帝從之，乃賞徵。比景公主適柴令武〔一〇五〕、普安公主適史仁表、東陽公主適高履行、臨川公主適周道務、清河公主適程懷亮、蘭陵公主適竇懷哲。晉安公主初適韋思安〔一〇六〕，再適楊仁輅。安康公主適獨孤謀〔一〇七〕、新興公主適長孫曦〔一〇八〕。城陽公主初適杜荷，再適薛瓘。合浦公主適房遺愛。汝南公主早卒，金山公主早卒，晉陽公主早卒，常山公主早卒。新城公主初適長孫詮，再適韋正矩。

高宗三女：義陽公主適權毅、高安公主適王勖、太平公主初適薛紹，再適武攸暨。

中宗八女：新都公主適武延暉、宜城公主適裴巽〔一〇九〕、定安公主〔一一〇〕初適王同皎，再適韋濯，三適崔銑。長寧公主初適楊慎交〔一一一〕，再適蘇彦伯。永壽公主適韋鐬〔一一二〕、永泰公主適武延基。安樂公主初適武崇訓，再適武延秀。成安公主適韋捷。

睿宗十一女：壽昌公主適崔真、安興昭懷公主早卒、荆山公主適薛伯陽、淮陽公主適王承慶〔一一三〕、代國公主適鄭萬鈞、涼國公主適薛伯陽〔一一四〕。薛國公主〔一一五〕初適王守一，再適裴巽。鄎國公主初適薛儆，再適鄭孝義。金仙公主、玉真公主皆入道不嫁。霍國公主〔一一六〕適裴虚己。

玄宗二十九女：永穆公主適王繇、常芬公主適張去奢、孝昌公主、靈昌公主、上仙公主、懷思公主、普康公主〔一一七〕、宜春公主。並早卒。唐昌公主適薛鏽、萬安公主不嫁爲道士，常山公主初適薛譚，再適竇澤。晉國公主適崔惠童、新昌公主適蕭衡、臨晉公主適鄭潛曜〔一一八〕。衛國公主初適豆盧建，再適楊説。信成公主適獨孤明、楚國公主適吴澄江、昌樂公主適竇諤、永寧公主適裴齊邱。真陽公主初適源清，再適蘇震。宋國公主初適温西華，再適楊徽。咸宜公主初適楊洄，再適崔嵩〔一一九〕。齊國公主初適張垍，再適裴潁，三適楊敷。太華公主適楊錡〔一二〇〕、壽光公主適郭液〔一二一〕、樂城公主適薛履謙〔一二二〕、壽安公主適蘇發。廣寧公主初適程昌允，再適蘇克貞。萬春公主初適楊朏，再適楊琦。新平公主初適裴玲，再適姜慶初。

肅宗七女：宿國公主適豆盧湛、蕭國公主〔一二三〕初適鄭巽，再適薛康衡，三適回紇英武威遠可汗。和政公主適柳潭、郯國公主適張清、紀國公主適鄭沛、永和公主適王詮〔一二四〕。郜國公主初適裴徽，再適蕭升。

代宗十八女：永清公主適裴倣、齊國昭懿公主適郭曖。靈仙公主、真定公主、玉清公主、太和公主、玉虛公主、西平公主、章寧公主。並早卒。華陽公主入道不嫁。嘉豐公主適高怡、普寧公主適吴士廣、長林公主適沈明〔一二五〕、貞元二年具册禮〔一二六〕，德宗不御正殿，不設樂，遂爲故事。晉陽公主適裴液。趙國莊懿公主初封武清，適田緒〔一二七〕。德宗幸望春亭臨餞，厭翟敝不可乘〔一二八〕，以金根車代之，公主出降，乘金根車，自主始。義清公主適柳杲、壽昌公主適竇克良、新都公主適田華。

德宗十一女：韓國貞穆公主、普寧公主、義川公主、晉平公主。並早卒。魏國憲穆公主適王士平〔一二九〕、鄭國莊穆公主適張茂宗、臨貞公主適薛釗、永陽公主適崔諲、文安公主入道不嫁、宜都公主適柳昱、燕國襄穆公主適回紇武義成功可汗。

順宗十一女：漢陽公主適郭鏦、梁國恭靖公主適鄭何、東陽公主適崔杞、西河公主適沈翬、雲安公主適劉士涇、襄陽公主適張克禮〔一三〇〕、潯陽公主、平恩公主、邵陽公主。並爲道士。臨汝公主、早卒。虢國公主適王承系。

憲宗十八女：梁國惠康公主適于季友、永嘉公主、永安公主〔一三一〕、俱爲道士。衡陽公主、普康公主、義寧公主、貴鄉公主〔一三二〕。俱早卒。宣城公主適沈𥬮、鄭國温儀公主適韋讓、岐陽莊淑公主適杜悰〔一三三〕、開成二年敕，駙馬當爲公主服三年，頗乖典法。自此準禮，夫婦齊服緦杖周。時岐陽公主既薨，駙馬杜悰因禮文不爲重服，時論推美，故有是詔。陳留公主適裴損〔一三四〕、真寧公主適薛翃、南康公主適沈汾、臨真公主適衛洙、真源公主適杜中立、永順公主適劉弘景、安平公主適劉異、永安公主入道不嫁、定安公主適回鶻可汗。

穆宗八女：義豐公主適韋處仁、會昌五年，中書門下奏：「伏見公主上表稱妾李氏者〔一三五〕。伏以臣妾之義，取其賤稱。家人之禮，宜即區別。臣等商量，公主上表，請如長公主例，並云『某邑公主第幾女上表』。郡、縣主亦望依此例。」從之。淮陽公主適柳正元、延安公主適竇澣、金堂公主適郭仲恭、清源公主、早卒。饒陽公主適郭仲詞〔一三六〕、義昌公主、安康公主。俱不嫁爲道士。

敬宗三女：永興公主、天長公主、寧國公主。

文宗四女：興唐公主、西平公主、朗寧公主、光化公主〔一三七〕。

武宗七女：昌樂公主、壽春公主、長寧公主、延慶公主、静樂公主、樂温公主、永清公主。

宣宗十一女：萬壽公主適鄭顥、永福公主、齊國恭懷公主適嚴祁、廣德公主適于琮、義和公主、饒安公主、盛唐公主、平原公主、唐陽公主、許昌公主適柳陟、豐陽公主。

懿宗八女：衛國文懿公主適韋保衡、安化公主、普康公主、昌元公主、昌寧公主、金華公主、仁壽公主、永壽公主。

僖宗二女：唐興公主、永平公主。

昭宗十一女：新安公主、平原公主適李繼偘、信都公主〔一三八〕、益昌公主、唐興公主、德清公主、太康公主〔一三九〕、永明公主、新興公主、普安公主、樂平公主。

册公主及公主出降儀

册公主

前一日，尚舍奉御設御幄於太極殿如常〔一四〇〕。守宮設群官次於東西朝堂，奉禮設版位。太樂令展宮懸，典儀設舉麾位如常。又設文武群官版位，五品以上於横街北，六品以下於横街南，文東武西，俱重行。諸親於五品之南。皇親在東，諸親在西。設典儀位如常儀。贊者二人在南，少退，俱西向。册使立於懸北，西上，俱北面。副使立於大使東，少退。以後準此。其日，諸衛屯門列仗如常，册使、群官等依時刻集朝堂，就次改服朝服，通事舍人各引就朝堂前位〔一四一〕，侍中量時刻版奏：「請中嚴。」鈒戟近仗入陳於殿庭。太樂令帥工人入就位，協律郎入就舉麾位。典儀帥贊者先入就位，諸侍衛之官各服其器服〔一四二〕。符寶郎先請寶，俱詣閤奉迎。通事舍人分引王公群官入就位。又通事舍人引册使及副使並入立於殿門外道東〔一四三〕，西面以俟。黄門侍郎帥主節奉節及幡立於階仗南，節在前。中書侍郎先請册置於案，令史絳公服〔一四四〕，各對舉案立於節南道東，西面。中書侍郎立於案後。侍中版奏「外辦」。所由承旨索扇，扇上，皇帝服通天冠、絳紗袍，御輿以出，曲直華蓋，警蹕侍衛如常。太樂令令撞黄鍾之鐘，右五鐘皆應協律郎舉麾，鼓柷樂作〔一四五〕。皇帝出自西房，即御座，南向坐，扇開，協律郎偃麾，戛敔，樂止〔一四六〕。符寶郎奉寶置於御座，典儀贊拜，群官在位者俱再拜訖，通事舍人引册使入就位。册使等初入門，舒和之樂作，至位，樂止。立定，典儀曰：「再拜。」贊者承傳，册使等皆再拜。侍中進當御座前，北面跪奏稱：「侍中臣某言，册公主，請命使。」俛伏，興。又侍中少前，稱「制曰可」。退，復位。侍中承制，降詣使者東北，西面〔一四七〕，稱「有制」。册使、副等俱再拜。侍中宣制曰：「册某公主，命公等持節展禮。」宣制訖，使、副等又再拜。侍中還侍位。贊禮者引册使少前，黄門侍郎引主節詣册使東北，主節以節授黄門侍郎，主節由後立於使左〔一四八〕，黄門侍郎持節西南授，册使跪受，興，付主節，幡隨節立於使左。黄門侍郎退，贊禮者導中書令詣册使東北，西面立〔一四九〕。又贊禮者導中書侍郎引詣公主册案〔一五〇〕，立於中書令之右，中書令於案取公主册舉案者皆由後立於使左。以後準此。授册使，册使跪受，興，置於案。持案者退立於使後。以後準此。贊禮者引中書令與册使俱北向〔一五一〕，退復位。典儀曰「再拜」，贊者承傳，册使及群官在位者皆再拜訖〔一五二〕，通事舍人引册使等右旋而出，持節者前導，持案者次之。册使等初行，樂作，出門，樂止。侍中前跪，奏稱：「侍中臣某言，禮畢。」俛伏，興，還侍位〔一五三〕。所由承旨索扇，扇上，皇帝興，太樂令令撞蕤賓之鐘，左五鐘皆應〔一五四〕，鼓柷奏太和之樂，皇帝降座御輿，入自東房，侍衛警蹕如來儀。侍臣從至閤，扇開，樂止。通事舍人引群官在位者以次出〔一五五〕，舉册者及册使至長樂門外次如後儀。

尚儀二人。讀册。司贊一人〔一五六〕。引公主。掌贊二人。知贊拜。女史四人。對舉册案。前一日，尚舍，守宫計會設使者及册案便次於光範門及長樂門外，皆道右東向。司贊設公主位於長樂門内殿前〔一五七〕，近南，當階，北面西上。又分設内命婦應陪位者位於公主東北及西北〔一五八〕，嬪御者在東，宫官等在西〔一五九〕，重行相對，北上。又於内命婦之前設尚儀位二，皆東向，以北爲上〔一六〇〕。又於尚儀位南少退，設司贊位，掌贊二人陪其後。其日，典儀設册使立於長樂門外之西〔一六一〕，東向北上。又設舉册案者位二在南，差退，東向。内謁者監先取公主册案置於長樂門外，近限。内命婦以下及應在位者，並服禮衣先就位。公主花釵翟衣，司言引就受册位，侍從如常儀。通事舍人引册使、副使等出就位，持節者立於使者之北〔一六二〕，少退，持册案者立於册使、副使西南〔一六三〕，俱東向。持節者去節衣，持册案者以案進册使之右〔一六四〕，北向相次而立。内侍二人引使者詣門〔一六五〕，内謁者舉案少前，使者取公主册，跪置册於内案〔一六六〕，俛伏，興，通事舍人引册使、副使等俱退就次以俟〔一六七〕。尚儀率女史詣門，舁册案入，各就尚儀之前，對舉册案，皆東向。司贊曰：「再拜。」凡司贊有詞，掌贊皆承傳。司言贊公主再拜，在位者皆再拜〔一六八〕。尚儀取公主册於案，持案者退。少前，北面稱：「有制。」〔一六九〕司言贊公主再拜。尚儀執册跪讀訖，退復位，以册進授公主。公主受册以授司言訖，司贊曰：「再拜。」公主再拜，在位者皆再拜〔一七〇〕。司贊少前，稱「禮畢」。司言引公主退，在位者以次退〔一七一〕。掌贊報内謁者監「禮畢」，内謁者監傳報册使等。册使等詣太極殿前南横街南〔一七二〕，北面西上立，中書令立於册使等東北，西面。册使再拜，復命曰：「奉制册命某公主，禮畢。」又再拜，中書令奏聞，册使等退，幡、節各還本司。

納采

前一日，主人設使者次於大門之外道右〔一七三〕，南向。其納吉、納徵、請期、親迎等禮，皆如之。其日大昕，使者至於主人大門外，贊禮者延入次，凡賓主及行事者，皆公服。使者出次，贊禮者引至於大門外之西，東面。主人立於東階下，西面。儐者立於主人之左，北面受命，出，立於門東，西面曰：「敢請事。」使者曰：「朝恩貺室於某公之子某〔一七四〕，某公有先人之禮，使某也請納采。」儐者入告，主人曰：「寡人敢不敬從。」儐者出告，掌畜者以雁授使者。其餘並如一品婚儀。

問名

「使者既出」，至「主人還阼階上，西面曰：皇帝第某女，封某公主」。餘行事並如一品婚儀。其禮使者於户牖之間〔一七五〕，贈之篚幣及兩馬，詞云：「吾子爲事，故至於寡人之室，寡人有先皇之禮，請禮從者。」

納吉

其日大昕，使者至。請事，使者曰：「加諸卜，占曰吉，使某也敢告〔一七六〕。」主人曰：「某公有吉，寡人與在焉，寡人不敢辭。」餘如納采之儀。

納徵

其日大昕，使者至，入次。掌事者布幕於内門外，玄纁束帛陳於幕上，乘馬在幕南，北首西上，掌事者奉璋以櫝〔一七〕，俟於幕東，使者曰：「朝恩貺室於某公之子某，公有先人之禮，使某也以束帛、乘馬請納徵。」主人曰：「某公順先典，貺以重禮，寡人敢不承命。」餘並如一品婚儀。

請期

其日大昕，使者至，入次至請事，依常禮〔一八〕。使者曰：「某公有賜，既申受命，某公使某請吉日。」儐者入告，主人曰：「寡人既前受命〔一九〕，惟命是聽。」使者曰：「某公命某聽命於王。」儐者入告，主人曰：「寡人固惟命是聽。」使者曰：「某公使某受命於王，王不許，某敢不告期。曰某日。」餘並如一品婚儀。

親迎

其日大昕，婿之父告廟、醮子，並如一品婚儀。子再拜，降出，乘輅備儀仗詣主人之第。賓將至，内贊者布席於東房，當户南向，設罇甒醴等於東房。主人醴公主如一品醴女之儀。公主著花釵，褕翟纁褘，入房以下並如一品醴女儀。訖，主人降立於東階東南，西面。贊禮引賓出次，立於門西，東面。儐者進受命，出門東，西面曰：「敢請事〔一八〇〕。」賓曰：「某王命某之父，以茲初婚，某之父命某將請承命〔一八一〕。」儐者入告，主人曰：「寡人固敬具以須〔一八二〕。」至奠雁出，如常禮。初，賓入門，主婦出立於房户外之西〔一八三〕，南面。於賓拜訖，姆導公主出，主人少進，西面戒之：「必有正焉，若衣若花〔一八四〕。」命之曰：「戒之敬之，夙夜無違命。」主婦戒之於西階上，施衿結帨，戒之曰：「勉之敬之，夙夜無違。」公主出。以下並如常儀。

同牢

初婚，掌事者設洗於東階東南，及陳設牢饌鈃俎之數，各依其品，羊豕節折，大羹在於爨。其器皆明烏漆，惟瓢以陶，卺以匏〔一八五〕。餘並如一品儀。

見舅姑

見之日，公主夙興，沐浴，著花釵，服褕翟。舅服公服，姑著鈿釵禮衣，其儀同一品婚禮。公主降西階以出，無取脯授婦氏之儀。

盥饋舅姑

公主盥饋以少牢。舅姑、公主服，如見禮。及酳舅姑訖，内贊者設公主席於舅姑席東北，南面。餘並如一品禮。

婚會

婦人禮會〔一八六〕

以上並如一品婚儀。

饗丈夫送者

同一品儀，加送以乘馬，設從者乃於西廊下。

饗婦人送者

女相者引賓升降，酬以束帛〔一八七〕，餘如丈夫禮。

唐和蕃公主：

弘化，宗室女。貞觀時，降吐谷渾慕容諾曷鉢。文成，宗室女。貞觀時，降吐蕃贊普弄贊。命禮部尚書江夏王道宗送之。弄贊親迎河源，見主人，執子婿禮甚謹，嘆大國服飾儀禮之盛，有愧色，謂所親曰：「我祖父未有通婚大國者，今我得尚大唐公主，當築一城，以誇示後世。」乃遣酋豪子弟，請入國學，習詩、書。從之。金城，雍王守禮女。神龍時，降吐蕃贊普。寧國，肅宗女。乾元時，降回紇英武威遠可汗，置公主府。二年，自蕃還。貞元五年〔一八八〕，罷府，置邑司。永樂、宗室女。開元時適契丹松漠郡王李失活〔一八九〕。燕郡、餘姚公主女慕容氏，開元時降契丹松漠郡王李鬱於焉〔一九〇〕。固安、從外甥女辛氏。開元時，降奚首領李大輔。後大輔戮死，立李弟魯蘇爲主，仍尚主。魯蘇牙官謀歸突厥，主殺之，以功被賞。東光、成安公主女韋氏，降奚首領魯蘇〔一九一〕。交河、十姓可汗阿史那懷道女。開元時，降突騎施可汗蘇禄〔一九二〕。和義、宗室女。天寶時，降寧國奉化王。靜樂、外孫獨孤氏。天寶時，降松漠都督、懷順王李懷節〔一九三〕。宜芳、外甥女楊氏。天寶時，降饒樂都督、懷信王李延寵〔一九四〕。崇徽、僕固懷恩女，大曆時，降回紇可汗。咸安、德宗女。貞元時，降回紇天親可汗，置咸安公主府，准親王例〔一九五〕。太和、憲宗女。長慶時，出降回紇崇德可汗。

梁太祖女：安陽公主適羅廷規〔一九六〕、長樂公主適趙巖、普寧公主適王昭祚、金華公主、真寧公主。

少帝女：壽春公主、壽昌公主。

後唐武帝女：瓊華長公主適孟知祥、瑶英公主適張延釗。

明宗女：永寧公主適晉高祖、興平公主適趙延壽、壽安公主、永樂公主。

晉高祖女：長安公主適楊承祚。

漢高祖女：永寧公主適宋延渥。

周太祖女：樂安公主、壽安公主適張永德、永寧公主。

宋太祖六女：三長女不及封，秦國長公主適王承衍、晉國大長公主適石保吉、許國長公主適魏咸信〔一九七〕。

宋初之制，初被選尚者即拜駙馬都尉，賜玉帶、襲衣、銀鞍勒馬、綵羅百疋，謂之繫親。又賜其家銀萬兩，令辦聘，進財之數，倍於親王聘妃〔一九八〕。出降，賜甲第。餘如諸王夫人之制。而扇加四，引障花、燭籠各加十。

太宗七女：長不及封，燕國長公主適吳元扆，曹國長公主、申國大長公主〔一九九〕，皆出家爲尼。晉國大長公主適柴宗慶，雍國長公主適王貽永〔二〇〇〕，齊國大長公主適李遵勖。〔二〇一〕舊制，選尚者降其父爲兄弟行，時遵勖父繼昌尚無恙，主因誕日以舅禮謁繼昌〔二〇二〕，帝聞而嘉之，賜金幣。

真宗二女：長不及封，次及幼入道。亦早薨。

仁宗十三女：周陳國公主適李瑋，周國公主、漢國公主、秦國公主、魏國公主、魯國公主、吳國公主、燕國公主、楚國公主〔二〇三〕，皆早夭。兗國公主適曹詩，秦魯國大長公主適錢景臻。至紹興十四年始薨。慶壽、寶壽二公主，史不言所適〔二〇四〕。

公主冊禮：嘉祐二年儀注，前一日，有司設冊使、副幕次於內東門外。又設內命婦次於公主受冊印本位門外，又設公主受冊印位於本位庭階下，北向。又設冊使位於內東門，副使及內給事於其南差退，並東向北上。又設冊印案位於冊使前，南向。又設內給事位於冊使北，南向。其日，自文德殿奉冊印將至，內給事詣本位，請公主服首飾、褕翟〔二〇五〕。冊印至內東門外褥位置訖，內臣引內命婦俱入就位，禮直官引冊使、副俱立東向位內給事前，東向躬稱：「冊使王堯臣、副使田況奉制授公主冊印。」退復位，內給事入詣所設受冊印本位公主前〔二〇六〕，言訖退。內給事進詣冊使前，西向，冊使跪以冊印授內給事〔二〇七〕。

內給事亦跪以授内謁者，册使退復位，内謁者及主當内臣持册印入内東門，内給事從入詣本位庭。又内給事贊公主降立庭中北向位，跪取册，興，立於公主之右，少前，西向。又内給事立於公主之左，少前，東向，又内給事稱「有制」，内給事贊公主再拜，内給事奉册跪授公主，公主受以授内給事。奉印亦然。復贊再拜，前引公主升位以次，内臣引内命婦賀，内給事贊言「禮畢」，内命婦退，遂引公主謝皇帝、皇后。册印如貴妃，文曰「兖國公主之印。」皆有匣。

公主出降：嘉祐二年，禮官言：「禮閣新儀，公主出降前一日，行五禮。古者，結婚始用行人，告以夫家采擇之意，謂之納采。問女之名，歸卜夫廟，吉，以告女家，謂之問名、納吉。今選尚一出朝廷，不待納采。又公主封爵已行誕告，不得問名而卜之。若納成則既有進財，請期則有司擇日。宜稍依五禮之名，存其物數，俾知古者婚姻之事重而夫婦之際嚴如此，亦不忘古禮之義也。」時兖國公主下嫁李瑋〔二〇八〕，詔俟出降日，令夫家主婚者具合用雁、帛、玉馬等物〔二〇九〕，陳於内東門外，以授内謁者，進入内中，付掌事者受之，其馬不入。

英宗四女：舒國公主，早夭。魏楚國公主適王師約，魏國長公主適王詵，韓魏國大長公主適張敦禮。

神宗十女：吴國、鄆國、潞國、邢國、邠國、兖國，六主皆夭。周國淑懷公主，早夭。唐國賢穆公主適韓嘉彦，潭國賢孝公主適王遇，徐國賢静公主適潘意。

哲宗四女：鄧國、楊國二公主，早世。秦國公主適潘正夫，陳國公主適石端禮。

徽宗三十四女：嘉德帝姬適曾夤〔二一〇〕，榮德帝姬適曹晟，順淑帝姬，早亡。安德帝姬適宋邦光，茂德帝姬適蔡鞗、壽淑帝姬，早亡。惠淑帝姬、安淑帝姬〔二一〕，並早亡。崇德帝姬適曹湜，康淑帝姬、榮淑帝姬、保淑帝姬，並早亡。成德帝姬適向子房，洵德帝姬適田丕〔二二〕，悼穆帝姬、熙淑帝姬、敦淑帝姬，並早亡。顯德帝姬適劉文彥，順德帝姬適向子扆，申福帝姬、保福帝姬、賢福帝姬、仁福帝姬，並早亡。柔福帝姬、寧福帝姬、和福帝姬、永福帝姬、惠福帝姬、令福帝姬、華福帝姬、慶福帝姬、儀福帝姬、純福帝姬、恭福帝姬。並未及選尚，從北狩，歿於虜中。

四朝國史傳史臣曰：「國朝帝女封公主，沿襲漢、唐，或以美名，或以國。姊妹曰長公主，諸姑曰大長公主，至祖姑則或加兩國。政和三年，蔡京爲相，建議以爲不典，始改爲帝姬，以二字易國名，四字易兩國名。自祖宗以降，數十女皆追加封册。至中興時，始復初。故今所書，但乃舊式，唯徽宗諸主乃從一時之制云。」

帝姬降嫁儀：納采、問名、納吉、請期，婿家具禮物並用雁。納成，用玉幣等。修表如儀。前期，太史局擇日，差官奏告景靈東西宮。親迎。前一日，所司於內東門外量地之宜〔二三〕，西向設婿次。其日大昕，子婿之父服其服，告於禰廟曰：無廟者行廳事東閤設神位。「天子降女於某，婿名。以某日親迎，敢告」，再拜，子將行，父醮子於廳事。贊者設父位於中間南向，設子位於父位之西近南，東向。父即座，子公服升自西階，進立於位前。贊者注酒於醆，西向授子，子再拜跪受。贊者又奉饌設於位前，子舉酒興，即座，飲食訖，降，再拜，贊禮者引立於父位前，父命之曰：「往迎肅雍，以昭惠宗祐。」子再拜曰：「祇率嚴命！」又再拜，降，出乘馬，至東華門內下馬，禮直官引就次。有司陳帝姬鹵簿、儀仗於內東門外，俟帝姬將升厭翟車，禮直官引婿出次，立於内東門外，躬身西向。掌事者以雁陳於前，内謁者奉雁以進，俟帝姬升車訖，婿再拜，先還第。同牢。其日初婚，掌事者設巾、洗各二，一於東階東南，一於室之北。水在洗東，尊於室中，實四爵、兩巹於篚。爵巹以常用酒器代之。婿至本第，下馬以俟。帝姬至，降車，贊者引婿揖帝姬以入，及寢門又揖，婿導帝姬升階〔二四〕，入室盥洗。掌事者布對位，婿揖帝姬，皆即座受醆三飲，婿及帝姬俱興，再拜訖，贊者徹酒。見舅姑。夙興，帝姬著花釵、服褕翟以俟見。贊者設舅姑位於堂上，東西相向，舅位於東，姑位於西，舅姑服其服，俱就位後立。女相者引帝姬升自西階，詣舅位前再拜訖，贊者以棗㮚授帝姬，帝姬奉棗㮚置於舅位前，舅即座，贊者進徹以東，帝姬退，復位，又再拜。女相者又引帝姬詣姑位前再拜訖，贊者以腶脩授帝姬，帝姬奉腶脩置於姑位前，姑即座，贊者受以東，帝姬退，復位，又再拜。次醴婦，盥饋，饗婦如儀。

五年五月，嘉德帝姬下嫁曾夤，詔用新儀，行盥饋之禮。皇后率宮闈送至第〔二五〕，外命婦免從。重和元年十一月〔二六〕，蔡京請免茂德帝姬下降見舅姑、行盥饋之禮，詔不允。又詔：「神考治平間，親灑宸翰，以王姬下降，躬行舅姑禮，革去歷代沿習之弊，以成婦道，以風天下。於是崇寧、大觀以來，詔有司講求典禮，繼頒五禮新儀，著爲永法。近聞徒有奉行之名，而舅姑既不端坐，反有下拜之禮，甚失本意〔二七〕，可自今帝姬下降，恪遵新儀。」

中興國史傳論曰：右三十四帝姬早亡者十四人，餘皆北遷，獨恭福帝姬生才周晬，虜不知，故不行，建炎三年薨，封隋國公主。安德帝姬有遺女一人，後適嗣秀王伯圭，封秦國夫人。榮德帝姬至燕京，駙馬曹晟卒，改適習古國王。紹興中有商人妻易氏者，在劉超軍中見内人言宮禁事，遂自稱榮德帝姬，鎮撫使解潛送至行在，遣内夫人驗之，言其詐，遂付大理寺，獄成，詔杖死。又有開封尼李靜善者，内人言其貌似柔福，靜善即僞稱之。蘄州兵馬鈐轄韓世清送至行在，遣内侍馮益等驗視，爲所欺，遂封福國長公主，出適永州防禦使高世榮。其後内人從顯仁太后歸，言其妄，送法寺治之。内侍李讜自北還〔二八〕，又言柔福在五國城適徐還而薨，靜善遂伏誅。柔福之薨也，在紹興十一年，從梓宮來者以其骨至，葬之，追封和國長公主。

孝宗二女：嘉國公主、次女。俱早世。

光宗三女：文安公主、和政公主、齊安公主。俱早世。

寧宗一女：祁國公主。早世。

校勘記

〔一〕何譏爾　「何譏」二字原脱，據公羊傳莊公元年補。

〔二〕小寢則嫌　「嫌」原作「可」，據元本、慎本、馮本及公羊傳莊公元年改。

〔三〕知當築夫人之下　「知」原作「之」，據公羊傳莊公元年改。

〔四〕爲之築節矣　「矣」字原脱，據穀梁傳莊公元年補。

〔五〕湯有帝乙歸妹　「湯」原作「易」，據初學記卷一〇公主改。
〔六〕後漢制　「後」字原脱，據初學記卷一〇公主補。
〔七〕十公主矺死於杜　「矺」原作「吒」，據史記卷八七李斯傳及資治通鑑卷七秦紀二二世皇帝元年四月條改。
〔八〕諸王女皆封鄉亭翁主　後漢書卷一〇下皇后紀下及通志卷一九后妃傳一并作「諸王女皆封鄉亭公主」。
〔九〕初封宣夫人　「宣」原作「宜」，據漢書卷三高后紀改。
〔一〇〕年最長故謂長公主　「最」字原脱，據漢書卷九七上外戚傳上孝文竇皇后傳注文補。
〔一一〕堂邑侯陳午　「午」原作「于」，據漢書卷九七上外戚傳上孝武陳皇后傳改。
〔一二〕當是信子頃侯充耳　「頃」原作「須」，據漢書卷六三燕刺王旦傳注文改。
〔一三〕張臨尚薨元帝令薛宣尚　「薨」字原脱，據漢書卷五九張延壽傳補。
〔一四〕平都公主　「都」原作「陽」，據漢書卷九七下外戚傳下孝元傅昭儀傳改。
〔一五〕潁邑公主　「潁」原作「穎」，據漢書卷六〇杜欽傳改。
〔一六〕欲遣長公主　「欲」字原脱，據漢書卷四三婁敬傳改。
〔一七〕生一女少夫　「夫」原作「夭」，據元本、慎本、馮本及漢書卷九六下西域傳烏孫傳改。
〔一八〕復株絫單于復妻王昭君　「復」字原脱，據漢書卷九四下匈奴傳下及資治通鑑卷三〇漢紀二十二建始二年夏條補。
〔一九〕小女爲當于居次　「于」原作「予」，據漢書卷九四下匈奴傳下及資治通鑑卷三〇漢紀二十二建始二年夏條改。
〔二〇〕其後安帝姊妹亦封之長公主同之皇女　後漢書卷一〇下皇后紀下及太平御覽卷一五二皇親部一八公主上並

作「其後安帝、桓帝妹亦封長公主，同之皇女」。

〔二一〕涅陽長公主中禮適竇固　「涅」原作「洰」，據後漢書卷一〇下皇后紀下及太平御覽卷一五二皇親部一八公主上改。

〔二二〕淯陽公主禮劉適郭璜　「淯」原作「滴」，據後漢書卷一〇下皇后紀下改。

〔二三〕隆慮公主迎或作延適耿襲　「耿」原作「景」，據後漢書卷一〇下皇后紀下改。

〔二四〕浚儀公主仲適王度　「仲」字原脱，據後漢書卷一〇下皇后紀下改。

〔二五〕武安公主惠適來棱　「安」原作「平」，據後漢書卷一五來歙傳及卷一〇下皇后紀下改。

〔二六〕臨潁公主利適賈建　「利」字原脱，據後漢書卷一〇下皇后紀下補。

〔二七〕陽安長公主華適伏完　「華」下原衍「延」字，「完」原作「全」，並據後漢書卷一〇下皇后紀下及卷二六伏湛傳删改。

〔二八〕潁陰長公主堅　「陰」原作「陽」，據後漢書卷一〇下皇后紀下改。

〔二九〕齊長公主適任愷　「齊長」二字原脱，據晉書卷四五任愷傳、册府元龜卷三〇〇外戚部選尚補。按三國志卷九夏侯玄傳注引魏書謂李豐「自以身處機密，息韜又以列侯給事中，尚齊長公主」云云，疑齊長公主初適李韜，李韜死後，再嫁任愷。

〔三〇〕滎陽公主適盧諶　「滎」原作「榮」，據晉書卷四四盧諶傳改。下同。

〔三一〕滎陽公主適華恒　「華」原作「盧」，據晉書卷四四華恒傳改。按晉武帝女有二滎陽公主，一適盧諶，即上所云，一適華恒，即本條所述。晉書卷四四盧諶傳云「諶字子諒……選尚武帝女滎陽公主，拜駙馬都尉，未成禮而公主卒」。此滎陽公主早亡。又同卷華恒傳云「恒字敬則，博學以清素爲稱，尚武帝女滎陽公主，拜駙馬都尉」。疑二女封號雖同，殆爲二人。

〔三二〕陽平公主　「陽平」二字原倒，據晉書卷三一后妃傳上武元楊皇后傳乙正。

〔三三〕尋陽公主適荀羨　「尋陽」二字原脱，據晉書卷七五荀羨傳、册府元龜卷三〇〇外戚部選尚補。按晉書卷七五王禕之傳謂禕之「少知名，尚尋陽公主，歷中書侍郎，年未三十而卒」。疑尋陽公主初適王禕之，禕之死後，再嫁荀羨。

〔三四〕南康公主適桓温　徐堅初學記卷一〇駙馬第七條作「桓温尚元帝女南康公主」。

〔三五〕鄱陽公主適王嘏　「嘏」原作「偃」，據晉書卷六五王悦傳及南史卷二三王偃傳改。又晉書卷三二后妃傳下孝武文李太后傳云，李太后爲宫人時，「生孝武帝及會稽文孝王、鄱陽長公主」，則鄱陽主非孝武之女，乃其妹也。

〔三六〕豫章康長公主適徐喬　「章」字原脱，據宋書卷四一后妃傳前廢帝何皇后傳及太平御覽卷一五二皇親部一八公主上補。

〔三七〕始安哀公主適褚湛之　「始」字原脱，據宋書卷五二褚叔度傳及南史卷二八褚湛之傳補。

〔三八〕淮陽公主適江恁　「恁」原作「湛」，據宋書卷七一江湛傳及南史卷三六江敩傳改。

〔三九〕尋陽公主適郄曄　「尋」原作「潯」，據宋書卷三六州郡志二江州改。又「曄」梁書卷七高祖德皇后郗氏傳作「燁」。

〔四〇〕臨汝公主適江敩　「汝」原作「海」，「敩」原作「教」，據宋書卷四一后妃傳孝武文穆王皇后傳及南齊書卷四三江敩傳改。下同。

〔四一〕臨海公主適何顒之　「海」原作「汝」，「顒之」原作「教」，據宋書卷六六何尚之傳改。

〔四二〕山陰公主楚玉　按上文有「山陰公主適何戢」，此處又舉山陰公主之名，疑此處重出。

〔四三〕左光禄大夫江湛孫斆當尚孝武帝女　「斆」原作「教」，「孝」字原脱，據元本、慎本、馮本及太平御覽卷一五三皇親部一九改補。

〔四四〕屬降公主　「屬」原作「屢」，據宋書卷四一后妃傳孝武文穆王皇后傳及嚴可均校輯全宋文卷五五虞通之爲江斆讓尚公主表改。

〔四五〕雖門泰宗榮　「泰」原作「忝」，據宋書卷四一后妃傳孝武文穆王皇后傳及南史卷二三王藻傳改。

〔四六〕真長佯愚以求免　「佯」原作「侔」，據元本、慎本、馮本及宋書卷四一后妃傳孝武文穆王皇后傳改。

〔四七〕子敬灸足以違詔　「詔」原作「禍」，據宋書卷四一后妃傳孝武文穆王皇后傳及南史卷二三王藻傳改。

〔四八〕而倮雪於北階　「倮」原作「踝」，據元本、慎本、馮本及宋書卷四一后妃傳孝武文穆王皇后傳改。

〔四九〕謝莊殆自同於矇叟殷冲幾不免於强鉏　「同」原作「害」，「冲」原作「仲」，據宋書卷四一后妃傳孝武文穆王皇后傳及南史卷二三王藻傳改。

〔五〇〕往來出入　「往」原作「行」，據宋書卷四一后妃傳孝武文穆王皇后傳及南史卷二三王藻傳改。

〔五一〕當待賓客　「待」原作「代」，據南史卷二三王藻傳及初學記卷一〇駙馬條改。又宋書卷四一后妃傳孝武文穆王皇后傳作「當賓待客」。

〔五二〕而令掃轍息駕　「令」原作「今」，據宋書卷四一后妃傳孝武文穆皇后傳及南史卷二三王藻傳改。

〔五三〕詰辯與誰　「與」下原衍「語」字，據元本、慎本、馮本及宋書卷四一后妃傳孝武文穆王皇后傳删。

〔五四〕繁省難衷　「衷」原作「哀」，據宋書卷四一后妃傳孝武文穆王皇后傳及南史卷二三王藻傳改。
〔五五〕設辭輒云輕易我　「我」字原脱，據宋書卷四一后妃傳孝武文穆王皇后傳及南史卷二三王藻傳補。
〔五六〕又竊聞諸主聚集　「又」字上原衍「臣」字，據宋書卷四一后妃傳孝武文穆王皇后傳及南史卷二三王藻傳刪。
〔五七〕遂爲冤魂褚曖憂憤　「魂」原作「魄」，「憂」字原脱，並據元本、慎本、馮本及宋書卷四一后妃傳孝武文穆王皇后傳改補。
〔五八〕實致克昌　「致」原作「免」，據宋書卷四一后妃傳孝武文穆王皇后傳及南史卷二三王藻傳改。
〔五九〕得保叢蔚　「蔚」原作「尉」，據宋書卷四一后妃傳孝武文穆王皇后傳及南史卷二三王藻傳改。
〔六〇〕義興憲公主適沈文和　「憲」原作「獻」，據宋書卷七四沈攸之傳及南史卷三七沈慶之傳附沈攸之傳改。
〔六一〕山陰公主適徐況　「徐」原作「何」，據南史卷一五徐孝嗣傳改。按南齊書卷四四徐孝嗣傳末缺一頁，疑即南史徐孝嗣傳所云，故據改。
〔六二〕南沙公主適袁憲　「沙」原作「河」，據陳書卷二四袁憲傳及南史卷二六袁湛傳附憲傳改。
〔六三〕會稽穆公主適沈君理　「理」原作「環」，據陳書卷二三沈君理傳及南史卷六八沈君理傳改。
〔六四〕信義公主適蔡凝　「義」原作「安」，據陳書卷三四蔡凝傳及南史卷二九蔡廓傳附蔡凝傳改。
〔六五〕道武曾引崔宏　「宏」原作「容」，據北史卷二一崔宏傳改。
〔六六〕高肇欲使公主家令居廬制服　「高」原作「石」，據魏書卷八三常景傳及北史卷一三后妃傳上孝文昭皇后高氏傳改。
〔六七〕實闕爲臣之體　「體」魏書卷八二常景傳作「禮」。

〔六八〕宜陽公主適穆觀　「觀」原作「逐留」，據魏書卷二七穆觀傳及北史卷二〇穆崇傳改。

〔六九〕武威公主適沮渠牧犍　「牧」原作「蒙」，據魏書卷九九盧水胡沮渠蒙遜傳附牧犍傳及北史卷九三北涼沮渠氏傳改。

〔七〇〕上谷公主適乙瓌　「瓌」原作「懷」，據魏書卷四四及北史卷二五乙瓌傳改。又魏書及北史皆云謂上谷公主爲太武女而非明元女。

〔七一〕博陵長公主適馮熙　按魏書卷八三上及北史卷八〇馮熙傳皆云：「熙尚恭宗景穆女博陵長公主。」則非太武女。

〔七二〕上谷公主適宿石　「谷」原作「左」，「宿」上原衍「赫連」二字，並據魏書卷三〇及北史卷二五宿石傳改刪。按宿石本係赫連屈丐弟文陳之曾孫，文陳父子歸魏，于太宗明元時賜姓宿氏，故不應冠以「赫連」，據刪。

〔七三〕西河公主適薛初古拔　「拔」原作「拔」，據魏書卷四二薛辯傳附初古拔傳及北史卷三六薛辯傳改。

〔七四〕常山公主適陸昕之　「昕之」原作「騰」，據魏書卷四〇及北史卷二八陸俟傳改。

〔七五〕淮陽長公主適乙弗瑗　「陽」原作「王」，據魏書卷四四及北史卷二五乙瓌傳改，按此條已見上，當爲重複。乙弗瑗乃乙瓌之異稱，實爲一人。

〔七六〕南陽長公主適蕭寶夤　「夤」原作「寅」，據魏書卷五九蕭寶夤傳改。

〔七七〕東平長公主適可朱渾天和　「渾天和」原作「道元」，據北史卷五三可朱渾元傳及資治通鑑卷一六八陳紀二天嘉（齊乾明）元年二月乙巳條改。

〔七八〕蘭陵公主初適王奉孝再適柳述　「柳述」原作「韋機」，據隋書卷八〇列女傳蘭陵公主傳及太平御覽卷一五三皇親部一九公主中改。

〔七九〕光化公主適吐谷渾世伏　隋書卷八三吐谷渾傳、太平御覽卷一五三皇親部一九公主中及資治通鑑卷一七八隋紀二開皇十六年十一月條，並云是年文帝以光化公主妻吐谷渾可汗世伏。隋文帝上距魏太武帝一百餘年，此處顯誤。

〔八〇〕化政公主蘭陵公主並適蠕蠕主郁久閭阿那瓌　「瓌」原作「懷」，據魏書卷一〇三及北史卷九八蠕蠕傳改。又化政公主、蘭陵公主皆非魏太武女，亦非太武時適蠕蠕主。按魏書卷一〇三蠕蠕傳云：齊獻武方招四遠，以常山王妹樂安公主許之，改爲蘭陵公主。北史卷九八蠕蠕傳云：東、西魏競結阿那瓌爲婚好，西魏文帝乃以孝武時舍人元翌女，稱化政公主，妻阿那瓌兄弟塔寒。故尚化政公主者乃塔寒。

〔八一〕長樂公主適突厥主阿史那土門　長樂公主亦非魏太武女。按周書卷五〇異域下突厥傳及資治通鑑卷一六四梁紀二十大寶二年六月庚午條云：土門求婚于魏，魏丞相宇文泰以長樂公主妻之，與魏太武相距亦百五十年左右。

〔八二〕安義公主適突厥可汗突利　「安義」原倒，據隋書卷八四突厥傳、通典卷一九七邊防十三突厥上及北史卷二二長孫晟傳乙正。

〔八三〕姊妹爲長公主　「妹」字原脱，據唐六典卷二及舊唐書卷四三職官二補。

〔八四〕視正二品　「視」字原脱，據舊唐書卷四三職官二、唐六典卷二及通典卷三一職官十三補。

〔八五〕大中五年敕　「大中」原作「會昌」，據唐會要卷六公主雜録條改。

〔八六〕上書稱啓　「書」字原脱，據通典卷三一職官十三補。

〔八七〕長寧安樂唯不置長史　「樂」原作「寧」，「不」下原衍「入」字，據通典卷三一職官十三及唐會要卷六公主雜録改刪。

〔八八〕特宜置司馬　「宜」字原脱，據通典卷三一職官十三及唐會要卷六公主雜録補。

〔八九〕公主不過三百　「主」下原衍「而」字，「三」原作「二」，據舊唐書卷一八三外戚傳武承嗣傳附太平公主傳及新唐書卷八三諸帝公主傳太平公主傳删改。

〔九〇〕薛武二家女皆食實封　「女」字原脱，據新唐書卷八三諸帝公主傳太平公主傳補。

〔九一〕安樂　原作「樂安」，據新唐書卷八三諸帝公主傳太平公主傳乙正。下同。

〔九二〕唐隆元年六月敕　「隆」原作「乾」，據元本、慎本、馮本及通典卷三一職官十三、唐會要卷六公主雜録條改。

〔九三〕而望陰陽不愆　「愆」原作「僭」，據通典卷三一職官十三及唐會要卷六公主雜録條改。

〔九四〕公主所食邑則全給焉　通典卷三一職官十三無「主」字。

〔九五〕長沙公主適馮少師　「沙」原作「河」，據新唐書卷八三諸帝公主傳及唐會要卷六公主條改。

〔九六〕班劍　「劍」字原脱，據新唐書卷八三諸帝公主傳平陽昭公主傳及舊唐書卷五八柴紹傳附平陽公主傳補。

〔九七〕高密公主初適長孫孝政再適段綸　「綸」原作「倫」，據新唐書卷八三諸帝公主傳及唐會要卷六公主條改。

〔九八〕長沙公主適豆盧懷讓　「沙」原作「河」，據新唐書卷八三諸帝公主傳及唐會要卷六公主條改。

〔九九〕安定公主初適温挺再適鄭敬玄　「玄」原作「言」，據新唐書卷八三諸帝公主傳及唐會要卷六公主條改。

〔一〇〇〕襄城公主初適蕭鋭　「鋭」原作「鐃」，據舊唐書卷六三蕭瑀傳附鋭傳及新唐書卷八三諸帝公主傳改。

〔一〇一〕將以成國家之美　「國家」二字原倒，據舊唐書卷七王珪傳及唐會要卷六公主雜録條乙正。

〔一〇二〕於是與夫人坐堂上主執筓盥饋乃退　「筓」原作「笄」，據舊唐書卷七〇王珪傳及唐會要卷六公主雜録條改。

〔一〇三〕遂安公主初適竇逵　「逵」原作「達」，據新唐書卷八三諸帝公主傳及唐會要卷六公主條改。

〔一〇四〕昔漢明帝封諸王言　「王」原作「主」，據新唐書卷八三諸帝公主傳改。

〔一〇五〕比景公主適柴令武　「比」原作「北」，據新唐書卷八三諸帝公主傳改。

〔一〇六〕晉安公主初適韋思安　「安」原作「陽」，據新唐書卷八三諸帝公主傳及唐會要卷六公主條改。

〔一〇七〕安康公主適獨孤謀　「謀」原作「諶」，據新唐書卷八三諸帝公主傳及唐會要卷六公主條改。

〔一〇八〕新興公主適長孫曦　「曦」原作「犧」，據新唐書卷八三諸帝公主傳及唐會要卷六公主條改。

〔一〇九〕宜城公主適裴巽　「宜」原作「宣」，據新唐書卷八三諸帝公主傳及唐會要卷六公主條改。

〔一一〇〕定安公主　「定安」二字原倒，據新唐書卷八三諸帝公主傳及唐會要卷六公主條改。

〔一一一〕長寧公主初適楊慎交　「交」原作「父」，據新唐書卷八三諸帝公主傳及唐會要卷六公主條改。

〔一一二〕永壽公主適韋鐬　「鐬」原作「鉞」，據新唐書卷八三諸帝公主傳及唐會要卷六公主條改。

〔一一三〕淮陽公主適王承慶　「承」原作「成」，據新唐書卷八三諸帝公主傳及唐會要卷六公主條改。

〔一一四〕凉國公主適薛伯陽　按唐會要卷六公主條尚有「後降温羲」四字。

〔一一五〕薛國公主　唐會要卷六公主條作「蔡國公主」。

〔一一六〕霍國公主　「國」原作「邑」，據新唐書卷八三諸帝公主傳及唐會要卷六公主條改。

〔一一七〕普康公主　按錢大昕廿二史考異稱「普康公主于咸通九年追封，乃懿宗之女有普康者，非玄宗之女，史家轉寫重復錯亂于玄宗諸女中」。

〔一一八〕臨晉公主適鄭潛曜　「鄭」原作「郭」，據新唐書卷一九五孝友傳、册府元龜卷三〇〇外戚部選尚改。

〔一一九〕咸宜公主初適楊洄再適崔嵩　「嵩」原作「高」，據新唐書卷八三諸帝公主傳及唐會要卷六公主條改。

〔一二〇〕太華公主適楊錡　「錡」原作「琦」，據新唐書卷八三諸帝公主傳及唐會要卷六公主條改。下同。

〔一二一〕壽光公主適郭液　「光」原作「昌」，據新唐書卷八三諸帝公主傳及唐會要卷六公主條改。

〔一二二〕樂城公主適薛履謙　「城」原作「昌」，「薛」原作「蘇」，並據新唐書卷八三諸帝公主傳及唐會要卷六公主條改。

〔一二三〕蕭國公主　「蕭」原作「肅」，據新唐書卷八三諸帝公主傳及唐會要卷六公主條改。

〔一二四〕永和公主適王詮　「詮」原作「診」，據新唐書卷八三諸帝公主傳及唐會要卷六公主條改。

〔一二五〕長林公主適沈明　「明」下原衍「貞」字，據新唐書卷八三諸帝公主傳及唐會要卷六公主條删。

〔一二六〕貞元二年具册禮　「禮」字原脱，據新唐書卷八三諸帝公主傳補。

〔一二七〕趙國莊懿公主初封武清適田緒　「初」下原衍「適」字，「清」下原衍「再」字，並據新唐書卷八三諸帝公主傳及唐會要卷六公主條删。

〔一二八〕厭翟敝不可乘　「敝」字原脱，據新唐書卷八三諸帝公主傳補。

〔一二九〕魏國憲穆公主適王士平　「平」字原脱，據新唐書卷八三諸帝公主傳及唐會要卷六公主條補。

〔一三〇〕襄陽公主適張克禮　「陽」原作「王」，據新唐書卷八三諸帝公主傳及唐會要卷六公主條改。

〔一三一〕永安公主　「安」原作「寧」，據新唐書卷八三諸帝公主傳、唐會要卷六公主條改。

〔一三二〕貴鄉公主　「鄉」原作「卿」，據新唐書卷八三諸帝公主傳、唐會要卷六公主條改。

〔一三三〕岐陽莊淑公主適杜悰　「悰」原作「悰」，據舊唐書卷一四七杜佑傳附悰傳及新唐書卷八三諸帝公主傳、卷一六六杜佑傳附悰傳改。下同。

〔一三四〕陳留公主適裴損　「裴損」，新唐書卷八三諸帝公主傳同。唐會要卷六公主條及册府元龜卷三〇〇外戚部選尚皆作「裴模」。

〔一三五〕伏見公主上表稱妾李氏者　「氏」字原脱，據唐會要卷六公主雜録條補。

〔一三六〕饒陽公主適郭仲詞　「郭」原作「柳」，據新唐書卷八三諸帝公主傳及唐會要卷六公主條改。

〔一三七〕光化公主　「光化」二字原倒，據新唐書卷八三諸帝公主傳及唐會要卷六公主條乙正。

〔一三八〕信都公主　原脱，據新唐書卷八三諸帝公主傳及唐會要卷六公主條補。

〔一三九〕太康公主　「太」原作「大」，據新唐書卷八三諸帝公主傳及唐會要卷六公主條改。

〔一四〇〕尚舍奉御設御幄於太極殿如常　「舍」原作「書」，據通典卷一二九開元禮纂類二四册公主改。

〔一四一〕就次改服朝服通事舍人各引就朝堂前位　「次」上原脱「就」字，「位」上原脱「前」字，據開元禮卷一一六補。

〔一四二〕諸侍衛之官各服其器服　「侍」原作「守」，據開元禮卷一一六改。

〔一四三〕又通事舍人引册使及副使並入立於殿門外道東　「及副使」三字原脱，據開元禮卷一一六補。

〔一四四〕令史絳公服　「絳」原作「降」，據開元禮卷一一六改。

〔一四五〕太樂令令撞黄鍾之鐘右五鐘皆應協律郎舉麾鼓柷樂作　二十三字原脱，據通典卷一二九開元禮纂類二四册公主補。

〔一四六〕樂止　「止」原作「作」，據開元禮卷一一六改。

〔一四七〕降詣使者東北西面　「詣」原作「諸」，「北」上原脱「東」字，「面」上原脱「西」字，並據開元禮卷一一六改補。

〔一四八〕主節由後立於使左　「由」原作「者」，「左」原作「右」，據慎本及開元禮卷一一六改。

〔一四九〕贊禮者導中書令詣册使東北西面立　「面」上原脱「西」字，據開元禮卷一一六補。

〔一五〇〕又贊禮者導中書侍郎引詣公主册案　「詣」原作「諸」，據開元禮卷一一六改。

〔一五一〕贊禮者引中書令與册使俱北向　「北向」二字原倒，據開元禮卷一一六乙正。

〔一五二〕贊者承傳册使及群官在位者皆再拜訖　「訖」上一十五字原脱，據開元禮卷一一六補。

〔一五三〕還侍位　「位」上原衍「中」字，據開元禮卷一一六删。

〔一五四〕左五鐘皆應　「左」原作「右」，據開元禮卷一一六改。

〔一五五〕通事舍人引群官在位者以次出　「官」原作「臣」，據開元禮卷一一六改。

〔一五六〕司贊一人　「一」原作「二」，據開元禮卷一一六改。

〔一五七〕司贊設公主位於長樂門内殿前　「内」上原衍「外」字，據開元禮卷一一六删。

〔一五八〕又分設内命婦應陪位者位於公主東北及西北　「分」字原脱，據開元禮卷一一六補。

〔一五九〕宫官等在西　「西」下原衍「階」字，據開元禮卷一一六删。

〔一六〇〕以北爲上　「北」原作「西」，據通典卷一二九禮八九公主受册改。

〔一六一〕典儀設册使立於長樂門外之西　「立」原作「位」，據開元禮卷一一六改。

〔一六二〕持節者立於使者之北　「使」原作「侍」，據開元禮卷一一六改。

〔一六三〕持册案者立於册使副使西南　下「使」字原脱，據開元禮卷一一六補。

〔一六四〕持册案者以案進册使之右　「右」原作「前」，據開元禮卷一一六改。

〔一六五〕內侍二人引使者詣門　「侍」原作「使」，據元本、慎本、馮本及開元禮卷一一六改。
〔一六六〕使者取公主册跪置册於内案　「者」、「跪」、「内」字原脱，「置册」二字原倒，並據開元禮卷一一六補及乙正。
〔一六七〕通事舍人引册使副使等俱退就次以俟　「退」原作「進」，據開元禮卷一一六改。
〔一六八〕在位者皆再拜　六字原脱，據開元禮卷一一六補。
〔一六九〕北面稱有制　「制」下原衍「衍」字，據元本、慎本、馮本及開元禮卷一一六删。
〔一七〇〕在位者皆再拜　「者」字原脱，據開元禮卷一一六補。
〔一七一〕在位者以次退　「者」字原脱，據開元禮卷一一六補。
〔一七二〕册使等詣太極殿前南横街南　「册使等」三字原脱，據開元禮卷一一六補。
〔一七三〕主人設使者次於大門之外道右　「使」原作「侍」，據元本、慎本、馮本及開元禮卷一一六改。
〔一七四〕朝恩貺室於某公之子某　下「某」字原脱，據開元禮卷一一六補。下同。
〔一七五〕其禮使者於户牖之間　「於」字原脱，據開元禮卷一一六補。
〔一七六〕使某也敢告　原「某也」下重衍「某也」二字，據開元禮卷一一六删。
〔一七七〕掌事者奉璋以櫝　「奉」字原脱，「櫝」原作「匵」，據開元禮卷一一六補並改。
〔一七八〕依常禮　三字原脱，據開元禮卷一一六補。
〔一七九〕寡人既前受命　「前受」二字原倒，據開元禮卷一一六乙正。
〔一八〇〕出門東西面曰敢請事　原脱「西」字、「事」字，據開元禮卷一一六補。
〔一八一〕某之父命某將請承命　「某之父」三字原脱，據開元禮卷一一六補。

〔一八二〕寡人固敬具以須　「須」原作「請」，據開元禮卷一一六改。

〔一八三〕主婦出立於房户外之西　「户」原作「中」，據開元禮卷一一六改。

〔一八四〕必有正焉若衣若花　「必」原作「如」，據開元禮卷一一六改。

〔一八五〕卺以匏　原作「匏以瓢」，據開元禮卷一一六改。

〔一八六〕婦人禮會　「會」原作「儀」，據開元禮卷一一六改。

〔一八七〕酬以束帛　「束帛」開元禮卷一一六作「束錦」。按：下云「餘如丈夫禮」，則上所云者著其異也。一品婚儀饗丈夫送者酬以束帛，此饗婦人送者當酬以束錦。疑作「束錦」爲是。

〔一八八〕貞元五年　「貞元」二字原脱，據新唐書卷八三諸帝公主傳及唐會要卷六和蕃公主條補。

〔一八九〕開元時適契丹松漠郡王李失活　「松漠」原作「於鄭」，據舊唐書卷一九九下契丹傳及唐會要卷六和蕃公主條改。

〔一九〇〕開元時降契丹松漠郡王李鬱於焉　「漠」原作「羅」，據舊唐書卷一九九下、新唐書卷二一九契丹傳及唐會要卷六和蕃公主條改。又按舊、新唐書契丹傳「李鬱於」皆作「李郁於」，而唐會要作「李鬱子」，資治通鑑卷二一二唐紀二十八開元十年閏五月條作「鬱幹」，通典卷二〇〇邊防十六契丹條又作「李漠鬱幹」。

〔一九一〕成安公主女韋氏降奚首領魯蘇　「成安」原作「咸寧」，「女」字原脱，據舊唐書卷一九九下、新唐書卷二一九北狄傳奚傳及資治通鑑卷二一三唐紀二十九開元十四年春正月癸未條改補。

〔一九二〕十姓可汗阿史那懷道女開元時降突騎施可汗蘇禄　「阿」、「那」二字原脱，「突」下原衍「厥」字，「禄」原作「魯」，據舊唐書卷一九四下突厥下及唐會要卷六和蕃公主條補删改。

〔一九三〕松漠都督懷順王李懷節　「漠」原作「漢」，據新唐書卷二一九北狄傳契丹傳改。又「李懷節」，同書作「李懷秀」。

〔一九四〕懷信王李延寵　「寵」原作「籠」，據唐會要卷六和蕃公主條及資治通鑑卷二一五唐紀三十一天寶四載三月壬申條改。

〔一九五〕置咸安公主府准親王例　「例」字原脱，據舊唐書卷一九五回紇傳及唐會要卷六和蕃公主條補。

〔一九六〕安陽公主適羅廷規　「廷」原作「延」，據舊五代史卷一四羅紹威傳及新五代史卷三九羅紹威傳改。

〔一九七〕許國長公主適魏咸信　「咸」原作「成」，據宋史卷二四八公主傳及宋會要帝系八之七改。

〔一九八〕進財之數倍於親王聘妃　「進」字原脱，據宋史卷一一五禮十八嘉禮六補。

〔一九九〕申國大長公主　「申」原作「中」，據宋史卷二四八公主傳及宋會要帝系八之九改。

〔二〇〇〕雍國長公主適王貽永　「雍」原作「鄧」，據宋史卷二四八公主傳及宋會要帝系八之九改。

〔二〇一〕齊國大長公主適李遵勖　「勖」原作「勉」，據宋史卷二四八公主傳改。下同。

〔二〇二〕選尚者降其父爲兄弟行時遵勖父繼昌尚無恙主因誕日以舅禮謁繼昌　「行」下原衍「事」字，「舅」原作「舊」，據宋史卷二四八公主傳删改。

〔二〇三〕楚國公主　按：宋史卷二四八公主傳及宋會要帝系八之一二至八之一五，早亡公主應九女，爲徐、鄧、鎮、楚、商、魯、唐、陳、豫等國九公主，除魯、楚二主與此相同外，餘皆差異。

〔二〇四〕慶壽寶壽二公主史不言所適　宋史卷二四八公主傳、宋會要帝系八之一七及八之二五所載，慶壽公主即上文之秦、魯大長公主適錢景臻者。寶壽公主者乃燕、舒大長公主，元豐五年適開州團練使郭獻卿。本書誤。

〔二〇五〕請公主服首飾褕翟　「請」原作「諸」，據宋史卷一一一禮十四改。
〔二〇六〕退復位内給事入詣所設受册印本位公主前　前「位」字及「受」字原脱，據宋史卷一一一禮十四補。下同。
〔二〇七〕内給事進詣册使前西向册使跪以册印授内給事　「西」原作「面」，「向」下原脱「册」字，並據宋史卷一一一禮十四改補。
〔二〇八〕時兗國公主下嫁李瑋　「瑋」原作「璋」，據宋史卷一一五禮十八及長編卷一八六嘉祐二年秋七月乙未條改。
〔二〇九〕令夫家主婚者具合用雁帛玉馬等物　「令」原作「今」，據宋史卷一一五禮十八及長編卷一八六嘉祐二年秋七月乙未條改。
〔二一〇〕嘉德帝姬適曾夤　「曾」原作「曹」，據宋會要帝系八之五六及十朝綱要卷一五改。下同。
〔二一一〕惠淑帝姬安淑帝姬　「惠」原作「慧」，「安」原作「永」，據宋史卷二四八公主傳及宋會要帝系八之四一改。
〔二一二〕洵德帝姬適田丕　「洵」原作「旬」，據宋史卷二四八公主傳及宋會要帝系八之四二改。
〔二一三〕所司於内東門外量地之宜　「内」字原脱，據宋史卷一一五禮十八補。
〔二一四〕婿導帝姬升階　「階」原作「降」，據宋史卷一一五禮十八及政和五禮新儀卷一七五改。
〔二一五〕皇后率宫闈送至第　「率」字原脱，據宋會要帝系八之三九補。
〔二一六〕重和元年十一月　「元」原作「五」，據宋會要帝系八之四〇改。
〔二一七〕反有下拜之禮甚失本意　「反」原作「返」，據宋會要帝系八之四一改。
〔二一八〕内侍李諤自北還　「李諤」，宋史卷二四八公主傳作「李愕」。

卷二百五十九　帝系考十

皇族

黃帝二十五子，其得姓者一十四人。

國語：「司空季子曰：『同姓爲兄弟。黃帝之子二十五人，其同姓者二人而已，唯青陽與夷鼓皆爲己姓。此二人相與同德，故俱爲己姓。青陽，金天氏帝少皞。青陽，方雷氏之甥也。夷鼓，彤魚氏之甥也〔一〕。方雷，西陵氏之姓〔二〕。彤魚，國名。帝系曰：「黃帝娶西陵氏之子，曰嫘祖〔三〕。實生青陽。」姊妹之子曰甥。聲，雷、嫘同也〔四〕。其同生而異姓者，四母之子別爲十二姓〔五〕。凡黃帝之子，二十五宗，唐尚書曰：「繼別爲小宗。」非也。繼別爲大宗，別子之庶孫乃爲小宗耳〔六〕。其得姓者一十四人，爲十二姓：得姓，以德居官而初賜之姓。謂十四人，而內二人爲姬，二人爲己〔七〕，故十二姓。姬、酉、祁、己、滕、箴、任、荀、僖、佶、儇、依是也〔八〕。唯青陽與蒼林氏同於黃帝，故皆爲姬姓。二十五宗唯青陽與蒼林德及黃帝，同姓爲姬也。同德之難也如是。』」言德自黃帝同之〔九〕，其難也如是哉。

昔高陽氏有才子八人：高陽氏，顓頊之號。八人，其苗裔。蒼舒、隤敳、檮戭、大臨、龍降、庭堅、仲容、叔達。此即垂、益、禹、皋陶之倫。庭堅即皋陶字。隤，徒回反。敳，五才反，一音五回反，韋昭音瑰。檮，直由反〔一〇〕。韋昭音桃。戭，以善反。漢書作戭，韋昭，已震反。龍，莫江反。降，下江反。陶音遥。齊、聖、廣、淵、明、允、篤、誠，天下之民，謂之「八愷」。齊，中也。淵，深也。允，信也。篤，厚也。愷，和也。愷，開在反。高辛氏有才子八人：高辛氏，帝嚳之號。八人亦其苗裔。嚳，苦毒反。伯奮、仲堪、叔獻、季仲、伯虎、仲熊、叔豹、季貍。此即稷、契、朱虎、熊羆之倫。奮，甫問反。熊音雄。貍，力之反。契，息列反。依字當作偰，古文作卨。羆，彼皮反。忠肅共懿，宣慈惠和，天下之民，謂之「八元」，肅，敬也。懿，美也。宣，徧也。元，善也。徧音遍。此十六族也，世濟其美，不隕其名，濟，成也。隕，墜也。隕，於敏反。墜，直類反〔一一〕。以至於堯，堯不能舉。舜臣堯，舉「八愷」，使主后土，后土，地官。禹作司空，平水土，即主地之官。以揆百事，莫不時序，地平天成。揆，度也。成，亦平也。揆，葵癸反。舉八元，使布五教於四方，契作司徒，五教在寬，故知契在八元之中。父義、母慈、兄友、弟共、子孝、內平、外成。內，諸夏。外，夷狄。夏，户雅反。昔帝鴻氏有不才子，帝鴻，黄帝。掩義隱賊，好行凶德，醜類惡物，頑嚚不友，是與比周，醜，亦惡也。比，近也。周，密也。好，呼報反。嚚，魚巾反〔一二〕。心不則德義之經爲頑，口不道忠信之言爲嚚。比，毗志反。天下之民，謂之「渾敦」。謂驩兜。渾敦，不開通之貌。渾，户本反。敦，徒本反。驩，呼端反。兜，都侯反。少皞有不才子，少皞，金天氏之號，次黄帝。少，詩照反。注同。皞，胡老反。毁信廢忠，崇飾惡言，靖譖庸回，服讒蒐慝，以誣盛德，崇，聚也。靖，安也。庸，用也。回，邪也。服，行也。蒐，隱也。慝，惡也。盛德，賢人也。蒐，所留反。慝，他得反。邪，似嗟反。天下之民，謂之「窮奇」。謂共工。其行窮，其好奇。奇，其宜反。共音恭。行，下孟反。好，呼報反。顓頊氏有不才子，不可教訓，不知話言，話，善也。話，户快切。告之則頑，德義不入心。舍之則嚚，不道忠信。舍音赦。傲狠明德，以亂天常，天下之民，謂之「檮杌」。謂鯀。檮杌，頑凶無儔匹之貌。傲，五報反。狠，户墾反。檮，徒刀反。杌，五忽反。鯀，古本反。此三族也，世濟其凶，增其惡名〔一三〕，以至於堯，堯不能去。方以宣公比堯，行父比舜，故言堯亦不能去，須賢臣而除之。去，起吕反。注及下皆同。縉雲氏有不才子，縉雲，黄帝時官名。貪於飲食，冒於貨賄〔一四〕，侵欲崇侈，不可盈厭，聚斂積實，不知紀極，不分孤寡，不恤貧匱，冒，亦貪也。盈，滿也。實，財也。厭，於艷反。匱，其媿反。天下之民，以比三凶，非帝王之子孫，別以比三凶。謂之「饕餮」，貪財爲饕，貪食爲餮。饕，他刀反。餮，他結反。舜臣堯，爲堯臣。賓於四門，闢四門，達四聰，以賓禮衆賢。闢，婢亦反。聰本亦作窗，七工反。流四凶族，案四凶罪狀而流放之。渾敦、窮奇、檮杌、饕餮，投諸四裔〔一五〕，以禦魑魅，投，棄也。裔，遠也。放之四遠，使當魑魅之災。魑魅，山林異氣所生，爲人害者也。禦，魚呂反。魑，敕知反〔一六〕，山神獸形。魅，亡備反。說文作鬽，云老精物也。魅或從未。是以堯崩而天下如一同〔一七〕，心戴舜以爲天子，以其舉十六相，去四凶也。

按：「八愷」出自高陽，「八元」出自高辛，驩兜出自帝鴻，共工出自少皥，鯀出自顓頊，皆黄帝之裔也。雖賢否不同，而皆以帝王者子孫，爲顯官於唐、虞之世。蓋古之仕者世禄，而五帝、三代之世系，未有不出自黄帝者，故叙此段以備唐、虞以來公族世系之本末云。

周武王克商，光有天下，兄弟之國十有五人。姬姓之國，四十人。

傳富辰曰：「昔周公弔二叔之不咸，故封建親戚，以蕃屏周。弔，傷也。咸，同也。周公傷夏、殷之叔世，疏其親戚，以至滅亡，故廣封其兄弟。管、蔡、郕、霍、魯、衛、毛、聃、郜、雍、曹、滕、畢、原、酆、郇，文之昭也。十六國，皆文王子。邘、晉、應、韓，武之穆也。四國皆武王子。凡蔣、邢、茅、胙、祭，周公之胤也。」

禮記文王世子：「庶子之正於公族者，教之以孝悌、睦友、子愛〔一八〕，明父子之義，長幼之序。正者，政也。庶子，司馬之屬，掌國子之倅，爲政於公族者。其朝於公，內朝，則東面北上，臣有貴者以齒。內朝，路寢庭。其在外朝，則以官，司士爲之。外朝，路寢門之外庭。司士，亦司馬之屬也，掌群臣之班正朝儀之位也〔一九〕。其在宗廟之中，則如外朝之位。宗人授事，以爵以官。宗人，掌禮及宗廟也。以爵，貴賤異位也。以官，官各有所掌也。若司徒奉牛，司馬奉羊，司空奉豕。其登餕、獻、受爵，則以上嗣。上嗣，君之適長子。以特牲饋食禮言之，受爵，謂上嗣舉奠也。獻，謂舉奠洗爵酌入也。餕，謂宗人遣舉奠盥祝命之餕也。大夫之嗣無此禮。辟君也。庶子治之，雖有三命，不踰父兄。治之，治公族之禮也。唯於內朝則然，其餘會聚之事，則與庶姓同。一命齒於鄉里，再命齒於公族，三命不齒。不齒者，特爲位不在父兄行列中。其公大事，則以其喪服之精粗爲序，雖於公族之喪亦如之，以次主人。大事，謂死喪也。其爲君雖皆斬衰，序之必以本親也。主人，主喪者。次主人者，主人恒在上，主人雖有父兄，猶不得下齒之。若公與族燕，則異姓爲賓，同宗無相賓客之道。膳宰爲主人，君尊不獻酒〔二〇〕。公與父兄齒。親親也。族食，世降一等〔二一〕。親者稠，疏者希。稠，直由反，密也。其在軍，則守於公禰。謂從軍者。公禰，行主也，所以遷主〔二二〕，言禰在外，親也。公若有出疆之政，謂朝覲、會同。庶子以公族之無事者，守於公宮，正室守於太廟，正室，適子也。太廟，太祖之廟也。諸父守貴宮貴室，謂守路寢。「守貴室」，本或作「守貴宮貴室」。諸子諸孫守下宮下室。下宮，親廟也。下室，燕寢。或言宮，或言廟，通異語。五廟之孫，祖廟未毀，雖爲庶人，冠，娶妻，必告。死，必赴。練祥則告。赴，告於君也。實四廟孫，而言五廟者，容顯考爲始封子也。族之相爲也，宜弔不弔，宜免不免，有司罰之。弔謂六世以往，免謂五世。至於賵、賻、承、唅，皆有正焉。承，讀爲贈，聲之誤也。正，正禮也。賵，芳鳳反，下同。賻音附，承音贈，出注。唅，胡暗反。本又作含。賵、賻、唅、襚，皆贈喪之物也〔二三〕。車馬曰賵，布帛曰賻，珠玉曰唅，衣服曰襚，總謂之贈。贈，猶送也〔二四〕。公族其有死罪，則磬於甸人。不於市朝者，隱之也。甸人，掌郊野之官〔二五〕，縣縊殺之曰磬。甸，大遍反。縣音玄。縊，一智反。其刑罪則纖剸，亦告於甸人。纖，讀爲殲。殲，刺也。剸，割也。刺、割、臏、墨、劓、刖，皆以刀鋸刺割人體也。告讀爲鞠，讀書用法曰鞠。纖，依注音鍼，之林反。徐子廉反〔二六〕。注本或作纖者，是依徐音而改也。剸，止免反。告，依注作鞫，久六反。刺，七以反。又七智反，下同。臏，頻忍反；徐扶忍反。劓，魚器反。鋸，徐音據。公族無宫刑。宫，割淫刑。獄成，有司讞於公，其死罪，則曰：『某之罪在大辟。』其刑罪，則曰：『某之罪在小辟。』成，平也。讞之言白也〔二七〕。辟，亦罪也。公曰：『宥之。』宥，寬也，欲寬其罪，出於刑也。有司又曰：『在辟。』公又曰：『宥之。』又，復也。有司又曰：『在辟。』及三宥，不對，走出，致刑於甸人。對，答也。先者，君每言宥，則答之，以將更寬之。至於三，罪定，不復答，走往刑之，爲君之恩無已。公又使人追之，曰：『雖然，必赦之。』有司對曰：『無及也。』罪既正，不可宥，乃欲赦之，重刑殺其類也。反命於公。白已刑殺。公素服不舉，爲之變，如其倫之喪。無服，素服，於凶事爲吉，於吉事爲凶，非喪服也。君雖不服，臣卿大夫死，則皮弁錫衰以居往弔之。當事則弁絰。於士蓋疑衰〔二八〕，同姓則緦衰以弔之。今無服者不往弔也。倫謂親疏之比也。素服，亦皮弁矣。親哭之。不往弔，爲位哭之而已。君於臣，使有司哭之〔二九〕。公族朝於内朝，内親也。雖有貴者，以齒，明父子也。謂以宗族事會。外朝以官，體異姓也。體，猶連結也。宗廟之中，以爵爲位，崇德也。崇，高也。宗人授事以官，尊賢也。官各有能〔三〇〕。登餕受爵以上嗣，尊祖之道也。上嗣，祖之正統。喪紀以服之輕重爲序，不奪人親也。紀，猶事也。公與族燕則以齒，而孝弟之道達矣。以至尊不自異於親之列。其族食世降一等，親親之殺也。殺，差也。戰則守於公禰，孝愛之深也。行主，君父之象。正室守太廟，尊宗室，而君臣之道著矣。以其不敢以庶守君所重。諸父諸兄守貴室，子弟守下室，而讓道達矣。以其貴者守貴，賤者守賤。上言父子孫，此言兄弟，互相備也。五廟之孫，祖廟未毁，雖及庶人，冠，娶妻必告，死必赴，不忘親也。親未絶而列於庶人，賤無能也。敬弔、臨、賻、賵，睦友之道也。古者庶子之官治，而邦國有倫，邦國有倫，而衆鄉方矣。鄉方，言知所鄉。公族之罪，雖親不以犯有司，正術也，所以體百姓也。犯，猶干也。術，法也。「百姓」，本或作「異姓」，非。刑於隱者，不與國人慮兄弟也。弗弔，弗爲服，哭於異姓之廟，爲忝祖遠之也。素服居外，不聽樂，私喪之也，骨肉之親無絶也。公族無宫刑，不翦其類也。」翦，割截也。遠，于万反〔三一〕。

左傳：「襄公十二年，吴子壽夢卒，臨於周廟，禮也。周廟，文王廟也。周公出文王，故魯立其廟。吴始通魯。凡諸侯之喪，異姓臨於外，於城外，向其國。同姓於宗廟，所出王之廟。同宗於祖廟，始封君之廟。同族於禰廟。父廟也。同族，謂高祖以下。是故魯爲諸姬，臨於周廟。爲邢、凡、蔣、茅、胙、祭，臨於周公之廟。」即祖廟也。六國皆周公之支子，别封爲國，其祖周公。

秦商鞅立法，宗室非有軍功，不得論爲屬籍。

漢高祖七年，置宗正官，以叙九族。

文帝四年，復諸劉有屬籍，家無所與。賜諸侯王子邑各二千户。

孝武元光元年，復七國宗室前絶屬者。

按：孝景三年詔：「楚元王子蓺等與吴王濞等爲逆，朕不忍加法除其籍，毋令污宗室。」是年，始詔復之。

後元二年正月，朝諸侯於甘泉宫，賜宗室。

孝昭始元二年，以宗室無在位者，舉茂材劉辟彊、劉長樂皆爲光禄大夫，辟彊守長樂衛尉。

武帝時，劉辟彊以宗室子隨二千石論議〔三二〕，冠諸宗室，清静少欲〔三三〕，嘗以書自娱，不肯仕。昭帝即位，或説大將軍霍光曰〔三四〕：「將軍不見諸吕之事乎？處伊、周之位，攝政擅權〔三五〕，而背宗室，不與共職，是以天下不信，卒至滅亡。今將軍當盛位，帝春秋富，宜納宗室，又多與大臣共事，反諸呂道，如是可以免患。」光然之，乃擇宗室可用者。辟彊子德待詔丞相府。

孝宣地節元年，詔曰：「蓋聞堯親九族，以和萬國。朕蒙遺德，奉承聖業，惟念宗室屬未盡而以罪絶，若有賢材，改行勸善，其復屬，使得自新。」

孝成建始二年，罷博望苑，以賜宗室朝請者。

劉向上封事言：「王氏一姓，朱輪華轂者二十三人。大將軍秉事用權，五侯驕奢。排擯宗室，孤弱公族，其有智能者，尤非毁而不進。遠絶宗室之任，不令得給事朝省，恐其與己分權。事勢不兩大，王氏與劉氏且不並立。宜發明詔，吐德音，援近宗室，親而納信，黜遠外戚，毋授以政，所以褒睦内外之姓，子孫無疆之計也。」

哀帝即位，賜宗室王子有屬者馬各一駟。本紀。

平帝元始元年詔，宗室屬未盡而以罪絶者，復其屬。其爲吏舉廉佐史，補四百石。本紀。師古曰：「宗室爲吏者，皆令舉廉，各從本秩。而以廉吏遷之爲佐史者，例補四百石。」

四年二月，賜宗室有屬籍者爵，自五大夫以上各有差。本紀。

五年正月，祫祭明堂。宗室子九百餘人召助祭〔三六〕。禮畢，皆益户，賜爵及金帛，增秩補吏各有差。

詔曰：「蓋聞帝王以德撫民，其次親親以相及也。昔堯睦九族，舜惇叙之〔三七〕。朕以皇帝幼年，且統國政，惟宗室子皆太祖高皇帝子孫及兄弟吴頃〔三八〕、楚元之後，漢元至今，十有餘萬人，雖有王侯之屬，莫能相糾，或陷入刑罪教訓不至之咎也。傳不云乎？『君子篤於親，則民興於仁。』其爲宗室自太上皇帝以來族親，各以世氏，郡國置宗師以糾之，致教訓焉。二千石選有德義者以爲宗師，考察不從教令有冤失職者，宗師得因郵亭書言宗伯，請以聞。常以歲正月賜宗師帛各十匹〔三九〕。」

西漢初，宗室封王者。帝子王已見皇子門，更不録。

楚元王交、高帝弟。代王喜、高帝兄。荆王賈、高帝從父弟。燕敬王澤。高帝從祖昆弟，各王受封傳國本末見封建考。此更不録，後同。

西漢宗室王子侯：

高帝時封三人，高后時封三人，孝文時封十四人，孝景時封七人，孝武時封一百七十八人〔四〇〕，孝昭時封十二人，孝宣時封六十三人，孝元時封四十八人，孝成時封四十三人，孝哀時封九人，孝平時封二十七人。

各侯姓名及受封傳國本末，並見封建考。此更不録，後同。

東漢世祖建武二年十二月戊午，詔曰：「惟宗室列侯爲王莽所廢，先靈無所依歸，朕甚愍之〔四一〕。其並復故國。若侯身已殁，屬所上其子孫見名尚書，封拜。」紀。

十三年二月丙辰，詔曰：「長沙王興、真定王得、河間王邵、中山王茂皆襲爵爲王，不應經義。其以興爲臨湘侯，得爲真定侯，邵爲樂成侯，茂爲單父侯。」其宗室及絶國封侯者凡一百三十七人。丁巳，降趙王良爲趙公，太原王章爲齊公，魯王興爲魯公。

漢置宗正卿，掌序録王國嫡庶之次，及諸宗室親屬遠近〔四二〕，郡國歲因計上宗室名籍。若有犯法當髠以上，先上諸宗正，宗正以聞，乃報决。胡廣曰：「又歲一治諸王世譜差序秩第〔四三〕。」

和帝元興元年，宗室以罪絶者，悉復屬籍。以後屢有此詔，不悉録。

魏文帝黄初三年制，封王之庶子爲鄉公〔四四〕，嗣王之庶子爲亭侯，公之庶子爲亭伯。

明帝太和五年詔，令諸王及宗室公侯各將適子一人朝。

齊王時，宗室曹冏上書曰：「大魏之興，二十四年矣，子弟王空虚之地，君有不使之民，宗室竄於閭閻，不聞邦國之政，權均匹夫，勢齊凡庶，内無深根不拔之固，外無磐石宗盟之助，非所以安社稷，爲萬世之業也。且今之州牧、郡守，古之方伯、諸侯，皆跨有千里之土，兼軍武之任，或比國數人，或兄弟並據；而宗室子弟曾無一人閑厠其間，與相維持〔四五〕，非所以强幹弱枝，備萬一之虞也。今之用賢，或超爲名都之主〔四六〕，或爲偏師之帥；而宗室有文者必限之小縣之宰，有武者必置百人之上〔四七〕，非所以勸進賢能、褒異宗室之禮也。語曰『百足之蟲，至死不僵』，以其扶之者衆也。此言雖小，可以譬大。是以聖王安不忘危，存不忘亡，故天下有變而無傾危之患矣。」冀以此論感寤曹爽，爽不能用。

魏宗室：

曹仁、太祖從弟，仕至車騎將軍，封陳侯。曹洪、太祖從弟，仕至驃騎將軍，封都陽侯。曹休、太祖族子，仕至大司馬、揚州都督，封長平侯。曹真。太祖族子，仕至大司馬，封東鄉侯。

晉武帝懲魏氏孤立之敝，故大封宗室，授以職任。又詔諸王皆得自選國中長吏、衛將軍。齊王攸獨不敢，皆令上請。又詔除魏宗室禁錮。

晉置宗正，統皇族宗人譜牒。

晉宗室王侯：

安平獻王孚、宣帝弟。彭城穆王權、宣帝弟。高密文獻王泰、宣帝弟。范陽康王綏、宣帝侄〔四八〕。濟南惠王遂、宣帝弟。譙剛王遜、宣帝侄〔四九〕。任城景王陵、宣帝侄〔五〇〕。平原王幹宣帝子〔五一〕。汝南文成王亮、宣帝子。琅琊武王伷、宣帝子〔五二〕。清惠亭侯京、宣帝子。扶風武王駿、宣帝子。梁王肜、宣帝子。趙王倫、宣帝子。齊獻王攸、文帝子。城陽哀王兆、文帝子。遼東悼惠王定國、文帝子。廣漢殤王廣德、文帝子。樂安平王鑒、文帝子。燕王機。文帝子。

宋宗室諸王侯：

長沙景王道憐、武帝中弟。臨川烈武王道規、武帝季弟。營浦侯遵考。武帝族弟，始武帝輔政時，諸子並弱，宗室唯有遵考云。

孝武制，帝室朞親官非禄官者，月給錢十萬。

齊宗室諸王侯：

衡陽元王道度、高帝長兄。始安貞王道生〔五三〕、高帝次兄。南豐伯赤斧、高帝從祖弟。臨汝侯坦之。高帝絶服族子。

梁宗室王侯：

吴平侯景、武帝從父弟。長沙宣武王懿、武帝兄。永陽昭王敷、武帝兄。衡陽宣王暢、武帝弟。桂陽簡王融、武帝弟。臨川靖惠王宏〔五四〕、武帝弟。南平元襄王偉、武帝弟。安成康王秀、武帝弟。始興忠武王憺、武帝弟。鄱陽忠烈王恢。武帝弟。

梁置宗正卿，位視列曹尚書，主皇室外戚之籍，以宗室爲之。

陳宗室王侯：

永修侯擬、武帝疏屬。遂興侯詳、宜黃侯慧紀、武帝從孫。南康愍王曇朗。武帝母弟。

後魏宗室王侯：

上谷公紇羅〔五五〕、神元帝曾孫。武陵侯因、長樂王壽樂、並章帝後。望都公頹〔五六〕、昭帝後。六修、穆帝長子。曲陽侯素延、順陽公郁、宜都王目辰、並桓帝後。吉陽男比干、江夏公呂、道武帝族弟。高涼王孤、平文帝第四子。西河公敦、平文帝曾孫。司徒石〔五七〕、平文帝玄孫。武衛將軍謂、烈帝第四子。河間公齊、烈帝玄孫。扶風公處真、烈帝後。文安公泥、魏疏族。實君、昭成帝子。秦王翰。昭成帝子〔五八〕。闕婆、壽鳩、紇根、地干、力真、窟咄。並昭成帝子。

明帝時，京兆王遥大功昆弟，皆是景穆之孫，至明帝而本服絶，故除遥等屬籍。遥表曰：「竊聞聖人所以南面而聽天下，其不可得變革者，則親也，尊也。四世而緦服窮，五世而祖免，六世而親屬竭矣。去兹以往，猶繫之以姓而弗別，綴之以食而弗殊。又律曰：『議親者非唯當世之屬親，歷謂先帝之五世。』謹尋斯旨，將以廣帝宗，重磐石。先皇所以變兹事條，爲此別制者，太和之季，方有意於吴、蜀〔五九〕，經始之費，慮深在初，割滅之起，暫出當時也。且臨淮王提分屬籍之始，高祖賜帛三千疋，所以重分離；樂良王長命，亦賜縑二千疋，所以存慈眷。此皆先朝殷勤克念，不得已而然者也。古人有言，『百足之蟲，至死不僵』者，以其輔己者衆。臣誠不欲妄親太階，苟求潤屋，但傷大宗一分，則天子屬籍不過十數人而已〔六〇〕。在漢，諸王之子〔六一〕，不限多少，皆列土而封，謂之曰侯，至於魏、晉，莫不廣胙河山，稱之曰公者，蓋惡其大宗之不固，骨肉之恩疏也。臣去皇上雖是五世之遠，於先帝便是天子之孫。高祖所以國秩禄賦，復給衣食，后族唯給其賦，不與衣食者，欲以別内外，限異同也。今諸廟之感，在心未忘，行道之悲，倏然已及。其諸封者，身亡之日〔六二〕，三年服終，然後改奪。今朝廷猶在遏密之中，便議此事，實用未安。」詔付尚書博議以聞。尚書令任城王澄、尚書左僕射元暉奏同遥表，靈太后不從。

先是，皇族有譴，皆不持訊，時有宗士元顯富犯罪須鞫〔六三〕，宗正約以舊制。尚書李平奏以宗室磐石，周布天下，其屬籍疏遠，蔭官卑末，無良犯憲，理須根究，請立限斷，以爲定式。詔曰：「雲漢綿遠，蕃衍代滋，植籍宗氏而爲不善者，良亦多矣。先朝既無不訊之格，而空相矯恃，以長違暴〔六四〕，諸在議請之外者，可悉依常法。」

北齊宗室王侯：

趙郡王琛、神武帝弟。清河王岳、神武從父弟。廣平公盛、神武從叔祖。揚州公永樂、神武從祖兄子。上洛王思宗、神武從子。平秦王歸彦、神武族弟。武興王普、歸彦兄子。長樂太守靈山。神武族弟。神武諸子已見皇子門。

齊置大宗正寺，掌宗室屬籍，統皇子、王國、諸長公主家。

周宗室無封爵貴顯者。周文帝諸子已見皇子門，更不重叙。

隋宗室諸王：

蔡景王整，文帝次弟。滕穆王瓚，文帝弟。道宣王嵩，文帝弟。衛昭王爽，文帝弟。河間王弘，文帝從弟。義城公處綱，文帝族父。離石太守子崇。武元帝族弟。

唐宗室四十一房：

一曰定州刺史，名乞豆，仕後魏。太祖景皇帝虎之次弟。二曰南陽公，景帝子，名延伯。三曰譙王，景帝子，名真。四曰蔡王，景帝子，名岡〔六五〕。五曰畢王，景帝子，名璋。六曰雍王，景帝子，名珪〔六六〕。七曰郇王，景帝子，名禕。八曰大鄭王，景帝子，名亮。九曰蜀王〔六七〕，代祖元皇帝昺之子，名湛。十曰巢王，高祖子元吉。十一曰大楚王，高祖子智雲。十二曰荆王，高祖子元景。十三曰徐王，高祖子元禮。十四曰韓王，高祖子元嘉。十五曰彭王，高祖子元則。十六曰小鄭王，高祖子元懿。十七曰霍王，高祖子元軌。十八曰虢王，高祖子鳳。十九曰道王，高祖子元慶。二十曰鄧王，高祖子元裕。二十一曰舒王，高祖子元名。二十二曰魯王，高祖子靈夔。二十三曰江王，高祖子元祥。二十四曰密王，高祖子元曉。二十五曰滕王，高祖子元嬰。二十六曰恒山王，太宗子承乾。二十七曰吴王，太宗子恪。二十八曰濮王，太宗子泰。二十九曰蔣王，太宗子惲。三十曰越王，太宗子貞〔六八〕。三十一曰紀王，太宗子慎。三十二曰曹王，太宗子明。三十三曰澤王，高宗子上金。三十四曰章懷太子，高宗子賢。三十五曰惠文太子〔六九〕，睿宗子範。三十九曰惠宣太子，睿宗子業〔七〇〕。蜀王房。睿宗子。又有隴西、渤海二房，附見其譜，定著三十九房。自玄宗以後，諸王不出閤，不分房，子孫闕而不見。

太宗貞觀元年初，上皇欲强宗室以鎮天下，故皇再從、三從弟及兄弟之子，雖童孺皆爲王，王者數十人，上從容問君臣：「遍封宗子於天下，利乎？」封德彝對曰：「前世唯皇子及兄弟乃爲王，自餘非有大功，無爲王者。上皇敦睦九族，大封宗室，自兩漢以來，未有如今日之多者。爵命既崇，多給力役，恐非天下以至公也。」上曰：「然。朕爲天子，所以養百姓也，豈可勞百姓以養己之宗族乎？」乃詔降宗室郡王皆爲縣公，惟有功者數人不降。

玄宗先天之後，皇子幼則居內，東封後，以年漸長成，乃於安國寺東附苑城同爲大宅，分院居之，名爲十王宅，令中官押之，於夾城中起居，每日家令進膳，又引詞學工書之人入教，謂之侍讀。十王謂慶、忠、棣、鄂、榮、光、義、潁、永、濟，蓋舉全數。其後盛、壽、義、陳、豐、恒、涼七王〔七一〕，又就封入內宅。開元二十五年，鄂、光得罪，忠王繼大統。天寶中，慶、棣又歿，唯榮、義十四王居內。而府幕列於外坊，歲時通名起居而已。外諸孫長成，又於十宅外置百孫院。每歲幸華清宮側亦有十王宅、百孫院，十王宮人每院四百餘人，百孫院三四十人。又於宮中置維城庫，諸王月俸物納之以給用。諸孫納妃嫁女，亦就十院中。太子不居於東宮，但居於乘輿所幸之別院。太子之子亦分院而居，婚嫁則同親王、公主，於崇仁里之禮院。

唐宗正寺掌天子族親屬籍。親有五等，先定於司封：一曰皇帝周親、皇后父母，視三品〔七二〕；二曰皇帝大功親、小功尊屬，太皇太后、皇太后、皇后周親，視四品；三曰皇帝小功親、緦麻尊屬，太皇太后、皇太后、皇后大功親，視五品。四曰皇帝緦麻親、袒免尊屬，太皇太后、皇太后、皇后小功親；五曰皇帝袒免親，太皇太后小功卑屬，皇太后、皇后緦麻親，視六品。皇帝親之夫婦男女，降本親二等，餘親降三等，尊屬進一等，降而過五等者不爲親。諸王、大長公主、長公主親，本品；嗣王、郡王非三等親者，亦視五品。選舉制，凡館有二：門下省有弘文館，生三十六人；東宮有崇文館，生二十人。以皇緦麻以上親，皇太后、皇后大功以上親，宰相、貴官之子爲之。

唐宗室王侯：

南陽公延伯，太祖長子。譙王真，太祖次子。畢王璋，太祖子。江夏王道宗，璋之孫〔七三〕。雍王繪，太祖子。淮陽壯王道玄，繪之孫。鄖王褘，太祖子。長平肅王叔良，褘子。新興郡王德良，褘子。長樂郡王幼良，褘子。蔡烈王蔚，太祖子。西平懷王安，蔚子。襄武郡王琛，安子。河間元王孝恭，安子。濟北郡王瑊，安子。漢陽郡王瓌〔七四〕，安子。濟南郡王哲，蔚子。廬江郡王瑗〔七五〕，哲子。鄭孝王亮，太祖子。淮安靖王神通，亮子。膠東郡王道彥、高密王孝詧、淄川王孝同、廣平王孝慈、河間王孝友、清河王孝節、膠西王孝義，並神通子。梁王澄，世祖子。蜀王湛，世祖子。隴西恭王博乂，湛子。渤海敬王奉慈。湛子。

唐宗室宰相凡十一人：

林甫、回，係鄖王房。石、程、福，係鄭王房。勉、夷簡、宗閔，係小鄭王房。適之，係恒山王房。峴，係吳王房。知柔。係宣惠太子房。

王氏揮麈録曰：「唐書特立宗室傳，贊乃云：『宰相以宗室進者九人。林甫姦諛，幾亡天下。程、知柔在位無所發明。』林甫在姦臣傳，知柔相昭宗，附宣惠太子業傳後，第五卷。止叙七人，適之、峴、勉、程、夷簡、石、回。然李麟乃懿祖後，李逢吉、李蔚俱隴西同係，李宗閔出鄭王房，李揆亦出隴西。

宰相共一十三人也〔七六〕，不同作一傳，何邪？」

宋宗室王：

邕王光濟，宣祖長子、太祖兄，早卒，追封。夔王光贊，宣祖幼子、太祖弟，早卒，追封。秦王廷美。宣祖第三子。廷美十子，太宗篤親，不欲太祖及廷美諸子異其稱謂，故屬籍皆曰皇子、皇女，及廷美得罪，乃正名稱皇侄、皇侄女。

仁宗景祐中，下詔：「度玉清昭應宮舊地建宮，合宗室十位聚居，賜名曰睦親院。於祖宗後選一人爲宗正，以司訓導，糾違失，凡宗族之政令皆令掌之，奏事毋得專達，先詳視可否以聞。」

初，諸王邸散居京師，過從有禁，非朝謁、從祠，不得時會見。仁宗立睦親院，以壽春郡王允讓知大宗正事，總領輯睦，甚有恩意，務以身先之。教養子孫，崇向藝學，不率則正其罪，故更相責厲，莫不勸服。故事，内朝謁宗婦不預，因曰「託姻皇屬，而不得一望禁闥，非所以顯榮之也」。奏通其籍。又宗婦少喪夫，雖無子，不許更嫁。曰：「此非人情。」乃爲請，使有歸。

神宗熙寧二年，中書樞密院言：「祖宗受命百年，皇族日以蕃衍，而親疏之施，未有等衰〔七七〕，甄序其材，未能如古。獻議之臣，謂宜有所釐正，請參酌先王典制、時事之宜，條具聞奏。詔同議以聞，臣等今議定方今可行之制〔七八〕：宣祖、太祖、太宗之子，皆擇其後一人爲宗，世世封公，補環衛官，以奉祭祀，不以服屬盡故，殺其恩禮。祖宗祖免親將軍以下願出官者聽，仍先經大宗正司陳請。大宗正擇本官宗長與太學教授，使學才行堪任使者，然後審察以聞。就試武官者〔七九〕，試讀律，習書；就試文官者，試説一中經，或論一首〔八〇〕。將軍換諸司副使、太常丞。正率換内殿崇班、太子中允，並與州郡監當一次，任滿與親民。副率換西頭供奉官〔八一〕。大理評事與監當一次，任滿有州郡監司保舉者與親民，否則即依外官。祖宗袒免親未賜名授官者，除右班殿直，年十五與請給，年二十許出官。願換文官者，與試銜知縣，並令監當考試，及任滿有無保任如前法。出官日並特與優賜。願鎖廳應舉者依外官。其袒免親，不賜名授官〔八二〕。許應舉應進士者，只試策論；明經者，習一大經，試大義及策。初試不成文理者，退黜，餘令覆試，取合格者以五分爲限，人數雖多，不得過五十人。累經覆試不中，年長者當特推恩，量材録用。已上出官者〔八三〕，給俸依在京分數。許依審官三班銓法指擬注授，不以遠近爲限。授文官者〔八四〕，與進士出身。同鎖廳應進士、明經舉，有出身人至員外郎，與轉左曹。宗室不出官者，祖宗元系轉官至正任觀察使止〔八五〕，袒免親至遥郡刺史止。祖宗袒免親見任官合奏薦子孫者，許依外官，祖宗袒免親以下，見有官不願出官、父祖俱亡者，許在京居止，隨處置産，其出官者，置田宅如外官法。祖宗袒免女嫁，賜錢減半，婿與三班奉職；非袒免女量加給賜，更不與婿官，有官者與免入遠，許依審官三班流内銓法指擬，注授班行，免指使。其袒免親娶婦，量加給賜；其非袒免親嫁娶，依庶姓，仍不得與非士族家爲婚姻。祖宗袒免親以外兩世貧無官者，量賜田。孤幼無依及尤貧失所者，不拘世數，隨所在官司具名聞奏，當議特加存恤〔八六〕。」奏上，詔曰：「自我祖宗惇叙邦族，大則疏封於爵土，次則通籍於閣臺，並留京師，參奉朝請。然而世緒寖遠，皇枝益蕃。屬有親疏，則恩有隆殺。才有賢否，則禄有重輕。今而一貫於周行，是亦奚分於流品〔八七〕，雖敦睦之道誠廣，而德施之義未周。故廷臣數言，宰司繼請，謂宜定正限以等夷。朕惟親戚之間，經史有訓，漢、唐之世，故事具存，或以九族辨尊卑，或以五宗紀遠近，或聽推恩而分子弟，或許自試而効才能，或宗子之賢得從科舉，或諸王之女自主婚姻，盡前世之所行，顧當今之未備。況我朝制作，動法先王，豈宗室等殺，乃無定著？因俾群公之合議，將立一代之通規。載覽奏封，具陳條目，以謂祖宗昭穆，是宜世世之封，王公子孫，抑有親親之殺〔八八〕，若乃服屬之既竭，洎於才藝之並優，在隨器以甄揚，使當官而勉懋。至於任子之令，通婚之儀，凡曰有司之常，一用外官之法。僉言既久〔八九〕，朕意何疑？告於將來，用頒明命，宜依中書樞密院所奏施行。」

宗正寺言：「每歲寫仙源積慶圖、宗藩慶系録〔九〇〕送龍圖、天章、寶文閣，今宗室非袒免親，既不賜名授官，一依外官之法，請定所修圖册。」詔下禮院詳定。禮官言：「六世親屬既竭，繫之以姓而弗別，則禮有其義。皇宗祖廟雖毁，子孫皆於宗寺附籍，則今有其文。況朝廷釐改皇族授官之制，而袒免外親統宗襲爵，進預科選，遷官給俸，恩禮優異，悉不與外官匹庶同法，屬雖疏而恩數不絶。若圖籍湮落，則無審其所從證。其宗正寺所修圖録，並請仍舊。」從之。

元豐官制行，詔大宗正司不隸六曹，大宗正以宗室團練以上有德望者爲之，次一人爲同知。位高屬尊者爲判〔九一〕，掌糾合族屬而訓之以德行、道藝，受其詞訟而糾正其愆違，有罪則先劾以聞。法例不能決者，同上殿取裁。凡宗室服屬遠近之數及其賞罰規式，皆總之。官屬有記室一人〔九二〕，掌牋奏。講書、教授十有二人，講授兼領小學之事。渡江後，頗用南班，多不得其人，無以表率，更生刻削，宗室皆患之。置宗學及學官本末，見職官門。

哲宗紹聖元年，禮部言：「諸宗室係袒免以外兩世，祖父俱亡而無官，雖有官而未釐務，貧不能給者，委大宗正司及所在官司奏給錢米。」從之。

徽宗崇寧元年，詔曰：「神宗嘗詔宗室年長者推恩，又嘗詔袒免外兩世貧無官者賜田，又嘗詔外任者許居於兩京，今宜遵先志。」宰臣蔡京等言：「宗室舊來在宮有出入之限，有不許外交之禁，宮門有譏察之令。今疏屬外居，僅遍都下，積日滋久，殆不能容。若不居之兩京，散之近郡，立關譏察之令，或一有非意犯法，則勢有不可已者。今請非袒免親以下兩世，除北京外，欲分於西京、南京近輔，或沿流便郡居止，各隨州郡大小創置居宇。仍先自兩京爲始，每處置敦宗院，命文武官各一員管幹，參酌在京宮院法禁，不可行者頒下。」從之。

大觀二年正月，詔：「自我英宗起於濮邸，入繼大統，濮王之後，於屬雖親，於服已遠。如『不』字之子，論正服則猶是緦麻，視正統則已非袒免，無賜名授官之制，無祿廩賜予之法。比聞貧乏匱困，或不能自存。朕富有天下，而五服內親僅同民庶，非强本之道。欲盡親親之禮，而承統之重，義所不敢。夙夜以思，當使恩義兩得，然後爲稱。應濮王孫，『士』字可依『仲』字，『不』字及『不』字之子並依『士』字恩數條例，宗女隨其字行等第施行。庶不失承統之義，而曲盡人倫之親。」

八月，詔：「保州皇族子孫於屬雖遠，然未有仁而遺其親者。比聞皇族之孫未官者餘三十人，或貧乏不能自存，已令置敦宗院，其六房内各擇最長年二十已上者，與三班奉職二人，一房及六人已上加一人，並與添差監當。」

宣和五年，詔：「今後内外宗室並不稱姓。」七年後，詔依熙寧法並著姓。

先是，宗正少卿趙子崧賜對，帝問宗子何以著姓，子崧以熙寧之法爲對，遂詔宗室並不著姓。其後有司不復考故事，官職無高下，皆名別之。至是子崧復爲帝言，故寢前詔。

宋朝宗室侍從，自宣和至嘉泰凡十九人。太祖下：令鑠、寶文閣待制。令詪、户部侍郎。子崧、端明殿學士。子晝、子淔〔九三〕、子櫟、並寶文閣學士。子潚、子厚、户吏部侍郎。伯圭、端明殿學士。師訓、工部侍郎。師䕫、敷文閣待制。師睪。工部侍郎〔九四〕。太宗下：不棄、不流、善堅、並工部侍郎。不迹。華文閣待制。魏王下：彥中、中書舍人。彥操、煥章閣待制。彥逾。工部侍郎。宗室爲狀元者，乾道初，汝愚。中詞科者，淳熙初，彥中。中童子舉者，慶元中，崇禨。三年六月己卯，崇禨以能誦六經免文解。

宗正寺仙源類譜：太祖下：「德」字行四人，「惟」字行八人，「從」字「守」字行二十四人，「世」字行一百二十九人，「令」字行五百六十四人，「子」字行一千二百二十一人，「伯」字行一千六百四十五人，孝宗同此行。「師」字行一千四百九十人，「希」字行一千一百四十人，「與」字行一百十人，凡六千三百六十五人。「孟」字行、「由」字行未見數。太宗下：「元」字行九人，「允」字行十九人，「宗」字行七十五人，英宗同此行。「仲」字行三百八十八人，「士」字行一千四百九十九人，「不」字行二千一百三十人，「善」字行二千四百三十一人，「汝」字行一千二十二人，「崇」字行四百一十三人，「必」字行一十九人，凡八千五人。「良」字行、「友」字行未見數。魏悼王下：「德」字行十人，「承」字行三十二人，「克」字行一百二十七人，「叔」字行五百六十一人，「之」字行一千四百二十五人，「公」字行一千七百七十四人，「彥」字行一千八百二十四人，「夫」字行一千六百六十六人，「時」字行二百五十三人，「若」字行二十四人，「嗣」字行未見數，其見數者凡七千二百九十六人。以淳熙八年計之，三祖下合二萬一千六百六十有六人。英宗子吳王益下「孝」字行十三人，「安」字、「多」字、「居」字行皆爲南班官，未見數。淳熙初，詔「多」字行之子連「自」字。紹熙初，詔「自」字行之子連「甫」字，徽宗子棣華宅諸王下連「卿」字，「卿」字下連「茂」字，「茂」字下連「中」字，「中」字下連「孫」字。然棣華子孫自靖康以來，皆隔異域，但遙爲排連而已。保州宗室者，翼祖皇帝後也。建炎初隔絶。紹興九年渡江者數十人，有官四人而已。上念之，詔注官如兩京例。今「廣」字、「繼」字、「夫」字行者是也。故事，宗女適人，皆内侍與有司主之。熙寧後，以昭穆益疏，乃給奩具。祖宗玄孫女五百千，五世三百五十千，六世三百千，七世二百五十千，八世百五十千。紹興七年冬詔：玄孫減五之二〔九五〕，六世、八世減三之一，五世、七世減七之二，已適而再行者各減半。然有司不時給，宗女貧不能行，多自稱不願出適者。三十二年，惠靖襄王子子遊知南外宗正事，請於朝，下泉州以經總制司錢支給云。建炎末，上以天屬避地者少，詔南班宗婦無子孫食禄者，廩給有差。凡祖宗緦麻親，歲給錢九十六千、米三十六斛，帛二十八疋、綿八十兩〔九六〕。祖免親，錢米減三之一，綿帛並減半。四年六月己卯。故事，宗室近臣，吉凶皆有賜予。紹興初，以軍興財匱罷之。六年正月己巳。十一年秋，皇叔祖右監門衛大將軍仲滀卒於臨安，至無以斂。判大宗正事、齊安郡王士㒟言於朝，詔緦麻、祖免親任環衛以上亡者〔九七〕，賜錢三百千，祖免減三之一。九月，甲辰。今以爲例焉。本朝宗室皆聚於京師，熙寧間，始許居於外。蔡京爲政，即河南、應天置西南二敦宗院，設宗官主之。靖康之禍，在京宗室無得免者，而睢、雒二都得全。建炎初，上將南幸，先徙諸宗室於江淮，於是大宗正司移江寧，南外移鎮江，西外移揚州。元年八月戊午。明年春，又移西外於泰州及高郵軍。正月甲午。三年冬，又移於福州，而南外移泉州以避狄。十二月甲子。紹興元年秋，嗣濮王仲湜請合西南外宗正爲一司，以省財用，有司以泉州乏財不許。九月壬子。是時，兩外宗子女婦合五百餘人，歲費緡錢九萬。南外三百四十九人，歲費錢六萬緡。西外一百七十六人，歲費錢約三萬緡。紹興府宗正司者，紹興三年，以行在未有居第，權分宗子居之。三十年春，恩平郡王出居會稽，遂以爲判大宗正事。三月丙子。乾道七年，虞丞相秉政，言蜀中闕大宗正司，上欲移紹興府宗正司於成都，五月戊寅。既而不行，但省會稽一司而已。今蜀中宗子甚衆，既無親賢領之，但每州以行尊者一員檢察錢米請受，由是往往蹈於非彝，而不可訓焉。東都故事，宗子皆築大舍聚居之。太祖、太宗九王後曰睦親，秦王後曰廣親，英宗二王曰親賢，神宗五王曰棣華，徽宗諸王曰蕃衍。渡江後，宗子始散居郡邑，惟親賢子孫爲近屬，則聚居之。孝宗子四人，邵悼肅王無後，莊文太子、魏惠憲王早薨。莊文之妃、惠憲之夫人皆別居賜第。初，莊文既大祥，議者欲皇孫出居於外，或以爲不可。又踰年，竟以知樞密院府爲外第焉。紹熙初，寧宗封嘉王，將以所藉富民裴氏之居爲府第，而議者以爲非宜，乃改築。蓋自紹興以來，天屬鮮少，故不復賜宅名云。

容齋洪氏隨筆曰：「吏部員多闕少，今爲益甚，而選人當注職官簿尉，輒爲宗室所奪，蓋以盡壓已到部人之故。案宣和七年八月，臣僚論：『祖宗時，宗室無參選法。至崇寧初，大啓僥倖，遂使任意出官，又優爲之法。參選一日，即在闔選名次之上。以天支之貴，其間不爲無人，而膏粱之習，貪淫縱恣，出爲民害者不少。議者頗欲懲革，罷百十人之私恩，爲億萬人之公利，誠爲至當。若以親愛未忍，姑乞與在部人通理名次。』從之。靖康元年八月，又奏云：『祖宗時未有宗室參部之法。神宗時始選擇差注一二。崇寧初，立法太優，宗室參選之日，在本部名次之上，既壓年月深遠勞效顯著之人，復占名州大縣優便豐厚之處。議者頗欲懲革，不注郡守、縣令，在部人通理名次。』有旨從之。此二段未嘗銜改，不知何時復紊也。」

又曰：「本朝宗室袒免親女出嫁，如婿係白身人，得文解者爲將仕郎，否則承節承信郎。妻雖死，夫爲官如故。案唐貞元中〔九八〕，故懷澤縣主婿、檢校贊善大夫竇克紹狀言：『臣頃以國親，超授寵禄〔九九〕，及縣主薨逝，臣官遂停。陪位出身，未授檢校官，自有本官。伏乞宣付所司，許取前銜娶州司户參軍，隨例調集』。詔：『許付集，仍委所司比類前任正員官依資注擬。自今以後，郡縣主婿除丁憂外，有曾任正員官停檢校官俸料後者，準此處分。』乃知婿官不停者，恩過唐世多矣。紹興中，高士轟尚僞福國長公主，至觀察使，及公主事發誅死，猶得故官，可謂優渥。」又曰：「壽皇聖帝登極赦恩，凡宗子不以服屬遠近人數多少，其曾獲文解兩次者，並直赴殿試，略通文墨者，所在州量試，則補承信郎，由是入仕者過千人已上〔一〇〇〕。淳熙十六年二月，紹熙五年七月，二赦皆然，故皇族得官不可以數計。偶閲唐昭宗實録載一事云，宗正少卿李克勛奏：『准去年十一月赦書，皇三等以上親無官者，每父下放一人出身，皇五等以上親未有出身陪位者，與出身。寺司啓請承前舊例，九廟子孫陪位者，每父下放一人出身，共放三百八十人。其諸房宗室等各赴陪位納到文狀，共一千二十七人，除元不赴陪位及不納到狀，及違寺司條疏，不取宗室充係落下外〔一〇一〕，係三百八十人，合放出身。』敕准赦書處分。予案昭宗以文德元年即位，次年十一月南郊禮畢肆赦，其文略云：皇三等以上親，委中書門下各擇有才行者量與改官，無官者每父下放一人出身。皇五等以上親未有出身陪位者，與出身。然則亦有三等五等親〔一〇〕，陪位與不陪位之差别也。」

校勘記

〔一〕夷鼓彤魚氏之甥也　「氏」字原脱，據元本、慎本、馮本及國語晉語四補。

〔二〕西陵氏之姓　「姓」上原衍「祖」字，據國語晉語四删。

〔三〕黄帝娶西陵氏之子曰嫘祖　「曰」原作「雷」，「祖」字原脱，「嫘」下原衍「衍」字，據元本、慎本、馮本及國語晉語四改、補、删。

〔四〕聲雷嫘同也　「同」原作「向」，據國語晉語四改。

〔五〕四母之子别爲十二姓　「子」字原脱，據國語晉語四補。

〔六〕别子之庶孫乃爲小宗耳　「子」字原脱，據國語晉語四補。

〔七〕而内二人爲姬二人爲己　「内」原作「十」，下「二」原作「三」，「爲」原作「而」，並據國語晉語四改。

〔八〕姬酉祁己滕箴任荀僖佶儇依是也　「佶儇」，國語卷一〇晉語四作「姞儇」。

〔九〕言德自黄帝同之　「黄」字原脱，據國語晉語四補。

〔一〇〕檮直由反　「由」原作「曲」，據左傳文公十八年注改。
〔一一〕墜直類反　「類」原作「頻」，據慎本及左傳文公十八年注改。
〔一二〕嚚魚巾反　「巾」原作「已」，據左傳文公十八年注改。
〔一三〕增其惡名　「增」原作「憎」，據左傳文公十八年注改。
〔一四〕冒於貨賄　「賄」原作「賂」，據左傳文公十八年改。
〔一五〕投諸四裔　「裔」原作「夷」，據左傳文公十八年改。
〔一六〕魑敕知反　四字原脱，據左傳文公十八年注補。
〔一七〕是以堯崩而天下如一同　「一同」二字原倒，據元本、慎本、馮本及左傳文公十八年乙正。
〔一八〕子愛　「子」原作「孝」，據元本、慎本、馮本及禮記文王世子改。
〔一九〕掌群臣之班正朝儀之位也　「正」原作「王」，據禮記文王世子注改。
〔二〇〕君尊不獻酒　「君」原作「燕」，據禮記文王世子注改。
〔二一〕族食世降一等　「世」字原脱，據禮記文王世子補。
〔二二〕公禰行主也所以遷主　「主也所」三字原脱，據禮記文王世子注補。
〔二三〕本又作含賵賻唅襚皆贈喪之物也　「唅」原作「含」，「襚」原作「遂」，據禮記文王世子注改。下同。
〔二四〕贈猶送也　「贈」原作「賻」，據禮記文王世子注改。
〔二五〕掌郊野之官　「官」原作「宮」，據禮記文王世子注改。
〔二六〕徐子廉反　「廉」原作「兼」，據禮記文王世子注改。

〔二七〕讞之言白也　「言」下原衍「曰」字，據禮記文王世子注删。

〔二八〕於士蓋疑衰　「衰」原作「於」，據元本、慎本、馮本及禮記文王世子注改。

〔二九〕使有司哭之　「有」字原脱，據禮記文王世子注補。

〔三〇〕官各有能　「有」原作「以」，據禮記文王世子注改。

〔三一〕遠于万反　「于」原作「干」，「万」原作「方」，據禮記文王世子注及經典釋文卷一二禮記音義之二文王世子第八改。

〔三二〕劉辟彊以宗室子隨二千石論議　「彊」原作「疆」，「論議」二字原倒，據漢書卷三六楚元王傳乙改。

〔三三〕清静少欲　「静」原作「寧」，據漢書卷三六楚元王傳改。

〔三四〕或説大將軍霍光曰　「霍」字原脱，據漢書卷三六楚元王傳補。

〔三五〕攝政擅權　「政」字原脱，據漢書卷三六楚元王傳補。

〔三六〕宗室子九百餘人召助祭　「餘」字原脱，據漢書卷一二平帝紀補。

〔三七〕舜惇叙之　「惇」原作「厚」，據漢書卷一二平帝紀改。

〔三八〕惟宗室子皆太祖高皇帝子孫及兄弟吴頃　「頃」原作「項」，據漢書卷一二平帝紀改。

〔三九〕常以歲正月賜宗師帛各十匹　「常」原作「嘗」，據元本、慎本、馮本及漢書卷一二平帝紀改。

〔四〇〕孝武時封一百七十八人　「八」原作「七」，據漢書卷一五王子侯表上改。

〔四一〕朕甚愍之　「甚」字原脱，據後漢書卷一上光武紀補。

〔四二〕及諸宗室親屬遠近　「室」字原脱，據後漢書百官志三補。

〔四三〕又歲一治諸王世譜差序秩第　「第」字原脱，據後漢書百官志三補。

〔四四〕黄初三年制封王之庶子爲鄉公　三原作「二」，「鄉」原作「卿」，據三國志卷二文帝紀改。

〔四五〕而宗室子弟曾無一人閑厠其間與相維持　「人」下「閑」字原脱，「持」原作「制」，據三國志卷二〇武文世王公傳注引魏氏春秋補改。

〔四六〕或超爲名都之主　「或」字原脱，據三國志卷二〇武文世王公傳注引魏氏春秋補。

〔四七〕有武者必置百人之上　「置」原作「致」，據三國志卷二〇武文世王公傳注引魏氏春秋改。

〔四八〕范陽康王綏宣帝侄　「康」原作「城」，「侄」原作「弟」，據元本、慎本、馮本及晉書卷三七宗室傳改。

〔四九〕譙剛王遜宣帝侄　「譙剛王遜」原倒作「譙遜王剛」，「侄」原作「弟」，據晉書卷三七宗室傳及通志卷八〇宗室三乙改。

〔五〇〕任城景王陵宣帝侄　「侄」原作「弟」，據晉書卷三七宗室傳改。

〔五一〕平原王幹宣帝子　「子」原作「弟」，據晉書卷三八宣五王傳改。

〔五二〕琅琊武王伷宣帝子　「伷」原作「佃」，據晉書卷三八宣五王傳改。

〔五三〕始安貞王道生　「貞」字原脱，「王道」二字原倒，據南史卷四一齊宗室傳及通志卷八二宗室五補乙。

〔五四〕臨川靖惠王宏　「靖」原作「静」，「宏」原作「弘」，據張敦頤六朝事迹卷下墳陵、碑刻二門及八瓊室金石補正卷一一改。按字書「静」通作「靖」，王鳴盛十七史商榷卷六三：「『静惠』，文中作靖惠，標題傳寫誤。」

〔五五〕上谷公紇羅　「谷」原作「左」，據魏書卷一四神元平文諸帝子孫傳、北史卷一五魏諸宗室傳改。

〔五六〕望都公頽　「公」原作「侯」，據魏書卷一四神元平文諸帝子孫傳、北史卷一五魏諸宗室傳改。

〔五七〕司徒石　「石」字原脱，據魏書卷一四神元平文諸帝子孫傳、北史卷一五魏諸宗室傳補。

〔五八〕實君昭成帝子秦王翰昭成帝子　二「成」字原皆作「武」，據魏書卷一五昭成子孫傳、北史卷一五魏諸宗室傳改。

〔五九〕方有意於吴蜀　「吴蜀」原作「五屬」，據元本、慎本、馮本及魏書卷一九上景穆十二王傳上、北史卷一七景穆十二王傳上改。

〔六〇〕則天子屬籍不過十數人而已　「十」原作「千」，據魏書卷一九上景穆十二王傳上及北史卷一七景穆十二王傳上改。

〔六一〕諸王之子　「諸」原作「親」，據魏書卷一九景穆十二王傳上及北史卷一七景穆十二王傳上改。

〔六二〕身亡之日　「亡」原作「忘」，據元本、慎本、馮本及魏書卷一九上景穆十二王傳上、北史卷十七景穆十二王傳上改。

〔六三〕時有宗士元顯富犯罪須鞫　「富」原作「當」，「須鞫」二字原脱，據魏書卷一一一刑罰志及通典卷一六七刑五雜議下改補。

〔六四〕以長違暴　「違」原作「爲」，據魏書卷一一一刑罰志改。

〔六五〕四曰蔡王景帝子名岡　「蔡」原作「葵」，據新唐書卷七〇上宗室世系上改。又「岡」，舊唐書卷六〇及新唐書卷七八宗室傳襄武王琛傳作「蔚」。

〔六六〕六曰雍王景帝子名珪　舊唐書卷六〇宗室傳淮陽王道玄傳及新唐書卷七〇上宗室世系表上「珪」皆作「繪」。

〔六七〕九曰蜀王　新唐書卷七〇上宗室世系表上「蜀王」前尚有「梁王澄」。

〔六八〕三十曰越王太宗子貞　「貞」原作「真」，據舊唐書卷七六太宗諸子傳及新唐書卷七〇下宗室世系表下改。

〔六九〕三十五曰惠文太子　「惠文太子」原作「湖陽郡王」，據舊唐書卷九五睿宗諸子傳及新唐書卷七〇下宗室世系表下改。又宗室表此前有惠莊太子房。

〔七〇〕三十九曰惠宣太子睿宗子業　「睿宗子業」四字原脱，據舊唐書卷九五睿宗諸子傳及新唐書卷七〇下宗室世系表下補。

〔七一〕其後盛壽義陳豐恒凉七王　「義」原作「儀」，「七」原作「六」，據唐會要卷五諸王改。下同。

〔七二〕一曰皇帝周親皇后父母視三品　「視三品」及下之「視四品」、「視五品」、「視六品」等之「視」，唐六典卷一六宗正寺及唐會要卷六五宗正寺皆作「准」。

〔七三〕江夏王道宗璋之孫　新唐書卷七〇上宗室世系表上作「雍王繪之孫」。

〔七四〕漢陽郡王瓌　「瓌」原作「懷」，據舊唐書卷六〇宗室傳及新唐書卷七八宗室傳改。

〔七五〕盧江郡王瑗　「瑗」原作「琁」，據舊唐書卷六〇宗室傳、新唐書卷七八宗室傳改。

〔七六〕宰相共一十三人也　王明清揮麈録後録卷之二「三」作「四」。

〔七七〕未有等衰　「衰」原作「殺」，據元本、慎本、馮本及長編拾補卷六神宗熙寧二年十一月甲戌條改。

〔七八〕臣等今議定方今可行之制　「議」原作「謀」，據長編拾補卷六神宗熙寧二年十一月甲戌條改。

〔七九〕就試武官者　「試」字原脱，據長編拾補卷六神宗熙寧二年十一月甲戌條補。

〔八〇〕就試文官者試説一中經或論一首　「試」字原脱，「試説」二字原倒，據長編拾補卷六神宗熙寧二年十一月甲戌條補並乙正。

〔八一〕副率换西頭供奉官　「奉」原作「養」，據長編拾補卷六神宗熙寧二年十一月甲戌條及宋會要帝系四之三三改。

〔八二〕其祖免親不賜名授官　「其」下原衍「非」字，據長編拾補卷六神宗熙寧二年十一月甲戌條及宋會要帝系四之三三删。

〔八三〕已上出官者　「上」字原脱，據長編拾補卷六神宗熙寧二年十一月甲戌條及宋會要帝系四之三二補。

〔八四〕授文官者　「者」下原衍「轉官者轉官」五字，據長編拾補卷六熙寧二年十一月甲戌條及宋會要帝系四之三三删。

〔八五〕祖宗元系轉官至正任觀察使止　「系」原作「孫」，據長編拾補卷六熙寧二年十一月甲戌條及宋會要帝系四之三三改。

〔八六〕當議特加存恤　「議」原作「職」，據長編拾補卷六熙寧二年十一月甲戌條及宋會要帝系四之三四改。

〔八七〕是亦奚分於流品　「品」原作「别」，據長編拾補卷六熙寧二年十一月甲戌條及宋會要帝系四之三四改。

〔八八〕抑有親親之殺　「殺」原作「教」，據長編拾補卷六熙寧二年十一月甲戌條及宋會要帝系四之三四改。

〔八九〕僉言既久　「久」原作「允」，據長編拾補卷六熙寧二年十一月甲戌條及宋會要帝系四之三四改。

〔九〇〕宗藩慶系録　「系」原作「緒」，據宋會要職官卷二〇之六改。

〔九一〕位高屬尊者爲判　「判」原作「制」，據宋史卷一六四職官四大宗正司改。

〔九二〕官屬有記室一人　「官」字原脱，據宋史卷一六四職官四大宗正司補。

〔九三〕子湞　「湞」原作「直」，據宋史卷二四七宗室傳四及卷二一七宗室世系表三改。

〔九四〕工部侍郎　「工」原作「户」，據宋史卷二四七宗室傳四改。

〔九五〕玄孫減五之二　疑「孫」下脱「女」字。

〔九六〕綿八十兩　四字原脱，據建炎以來繫年要録卷三四建炎四年六月己卯條補。

〔九七〕詔緦麻袒免親任環衛以上亡者　「詔」原作「紹」，「衛」原作「列」，「袒免」二字原脱，據宋史卷二四七宗室傳四改補。

〔九八〕案唐貞元中　「貞」原作「正」，據容齋三筆卷一六郡縣主婿官條改。

〔九九〕超授寵禄　「授」原作「受」，據容齋三筆卷一六郡縣主婿官條改。

〔一〇〇〕由是入仕者過千人已上　「者過」二字原倒，據元本、慎本、馮本及容齋三筆卷七宗室補官條乙正。

〔一〇一〕及違寺司條疏不取宗室充係落下外　「疏」原作「流」，「充」原作「克」，據容齋三筆卷七宗室補官條改。

〔一〇二〕然則亦有三等五等親　「五等」二字原脱，據容齋三筆卷七宗室補官條補。

卷二百六十　封建考一

上古至周封建之制

黄帝之時，神農氏世衰，謂神農氏後代子孫道德衰薄，非指炎帝之身也。諸侯相侵伐，暴虐百姓，而神農氏弗能征。於是軒轅乃習用干戈，以征不享〔一〕，諸侯咸來賓從。而蚩尤最爲不恭，莫能伐。炎帝欲侵陵諸侯，諸侯咸歸軒轅。軒轅乃修德振兵，以與炎帝戰於阪泉之野。三戰，然後得其志。謂黄帝克炎帝之後。蚩尤作亂，不用帝命。黄帝乃徵師諸侯，與蚩尤戰於涿鹿之野，遂禽殺蚩尤。蚩尤，當時諸侯之强者。而諸侯咸尊軒轅爲天子，代神農氏，是爲黄帝。天下有不順者，黄帝從而征之，平者去之。置左右大監，監於萬國。上監去聲，下監平聲。監，若周召分陝也。萬國和，而鬼神山川封禪與爲多焉。

舜正月上日受終于文祖。上日，朔日。終謂堯終帝位之事。文祖，堯文德之祖廟也。輯五瑞，既月，乃日覲四嶽群牧，班瑞于群后。輯，斂。既，盡。覲，見。班，還。后，君也。舜斂公侯伯子男之瑞圭璧，盡以正月中，乃日日見四嶽及九州牧監，還五瑞於諸侯，與之正始。歲二月，東巡守至于岱宗，柴。既班瑞，之明月，乃東巡。燔柴，乃祭天告至也。望秩于山川。東嶽諸侯境内名山大川，如其秩次望祭之，如五嶽視三公，四瀆視諸侯之類。肆覲東后，協時月正日，同律度量衡，合四時之氣節，月之大小，日之甲乙，使齊一也。律，法制及尺、丈、斛、斗、斤、兩皆均同。律，陰呂陽律也。修五禮、吉、凶、軍、賓、嘉。五玉、五等諸侯所執。三帛、諸侯世子執纁，公之孤執玄，附庸之君執黃。二生、卿執羔，大夫執鴈是也。一死、士執雉。贄，如五器，器，圭璧也。卒乃復。器還，贄不還也。五月，南巡守，至于南岳，如岱禮。八月，西巡守，至于西岳，如初。十有一月朔巡守，至于北岳，如西禮。歸，格于藝祖，用特。巡守四嶽，然後歸告至文祖廟。特，一牛也。五載一巡守，群后四朝。各朝於方嶽之下。敷奏以言，明試以功，車服以庸。

按：封建莫知其所從始也。三代以前事迹不可考，召會征討之事見於史記黃帝紀，巡守朝覲之事見於虞書舜典，故摭其所紀以爲事始。

禹承唐、虞之盛，塗山之會諸侯，執玉帛者萬國。及其衰也，有二窮、孔甲之亂，遭桀行暴，諸侯相兼，逮湯受命，其能存者三千餘國，方於塗山，十損其七。其後紂作淫虐，周武王致商之罪，一戎衣而天下治，定五等之封，凡千七百七十三國，又滅湯時千三百國。

鄭氏曰：「春秋傳曰：『禹會諸侯於塗山，執玉帛者萬國。』言執玉帛者則是惟謂中國耳。中國而言萬國，則是諸侯之地有方百里，有方七十里，有方五十里，禹承堯、舜而然矣。要服之地，內方七千里乃能容之。夏末既衰，夷狄內侵，諸侯相并，土地減，國數少。殷湯承之，更制中國方三千里之界，亦分爲九州，而建此千七百七十三國焉。周公復唐、虞之舊域，分其五服爲九，其要服之內亦方七千里，而因殷諸侯之數，廣其土，增其爵耳。」

臨川王氏曰：「禹會諸侯，執玉帛者萬國，此左氏之妄也。禹之會塗山在東方，不過見東方諸侯耳，豈使四海之內會於一山之下哉？以禹之時有萬國，則不當指塗山而言也。書曰萬國，總四海之內大略而言，且九州之地，今可以見，若皆以爲國，則山川沮澤不可以居民，獨立一君，孰爲之民乎？」

慈湖楊氏曰：「堯、舜協和萬邦，春秋傳稱禹會諸侯，執玉帛者萬國，此言其大數耳。使不滿，亦可言萬，或倍萬，亦可言萬，如言萬物萬民，奚止於萬邪？皆舉其大略言之耳。先儒顧必欲整整釋所謂萬數。鄭康成謂州十有二師者，州立十二人爲諸侯師，蓋百國一師，州十有二師，則州千二百國也，八州九千六百國，餘四百國在畿内，則整整爲萬國，不多一，不少一，吁！可哂哉。公羊説殷三千諸侯，周千八百諸侯，孝經説亦云周千八百諸侯，此或據古志而云。漢博士求其説而不可得，遂爲之説曰四海之内九州，州方千里，州建百里之國三十，云云。凡二百一十國，八州千六百八十國。又天子之縣内方百里之國九，云云。凡九十三國，以應周千八百諸侯之數。武王之興，不期而會盟津者八百諸侯，康成遂又謂三分有二，則殷末千二百諸侯，牽合可笑之甚。獨不思諸侯之建，不知其所始，其爲君爲長者，地醜德齊，莫能相尚。其間聖人出焉，舉天下咸歸服之，是爲帝爲王。夫所謂爲君爲長者，皆諸侯也。大小多少之數，豈得而預定，則又豈能新立法更易之，增損之，以合王制所言之數邪？武王克商，滅國者五十爾，餘率因其舊，則周所封建亦不多矣，詎能盡更而易之？雖有功德則加地，有罪則削地，其有功有罪者，亦不見數。姑仍其舊，乃勢之常，而漢儒爲是等等差差，不可少有增損之制，則亦不思之甚矣。」

先公曰：「愚按禹會塗山，執玉帛者萬國。傳夏、商及周文武之間，止千七百餘國，盟津之會，雖曰八百諸侯，然未嘗有以名字自見者，曾不如庸、蜀、羌、髳、微、盧〔二〕、彭、濮之猶以其號自見者，何也？異時周家所資以藩屏王室者，皆周所自封之諸侯。而古諸侯無所存者，如奚仲之後爲薛，皋陶之後爲六、蓼，僅見於春秋時，此所謂古諸侯也。然皆小國寡民，凜不自保於强大之間，而終以見滅耳。柳子厚言：『封建非聖人意也，勢也。資以滅夏者，湯不得而廢。資以滅商者，武王不得而廢也。』蘇黄門言：『商、周之初，上古諸侯棋布天下，植根深固，是以新故相繼，勢如犬牙，數世之後，皆爲故國，不可復動，是則然矣。今以當時事勢推之，所謂古諸侯者，土地人民其存餘幾，亦何不可廢，不可動之有？武王、周公定周之初，封建可也，郡縣亦可也。聖人之心以公而不以私。封建，則世守其國家，而以天下之地與天下爲公；郡縣，則更易其守令，而以天下之權爲一人之私。公私之分，而享國之久近存焉耳。』」

王制：「凡四海之内九州，州方千里。州建百里之國三十，七十里之國六十，五十里之國百有二十，凡二百一十國。名山大澤不以封〔三〕。其餘以爲附庸閒田。八州，州二百一十國。閒音閑。 建，立也。立大國三十，十三公也。立次國六十，十六卿也。立小國百二十，十二小卿也。名山大澤不以封者，與民同財，不得障管，亦賦税之而已。此大界方三千里，三三而九，方千里者九也〔四〕。其一爲縣内，餘八各立一州，此殷制也。周公制禮，九州大界方七千里，七七四十九，方千里者，四十有九，其一爲畿内，餘四十八。八州各有方千里者六，設法一州。封地方五百里者不過四，謂之大國。又封方四百里者不過六，又封方三百里者不過十一，謂次國。又封方二百里者不過二十五，及餘方百里者，謂之小國。盈上四等之數。并四十六，一州二百一十國，則餘方百里者百六十四也。凡處地方千里者五，方百里者五十九，餘方百里者四十一，附庸地也。 天子之縣内，方百里之國九，七十里之國二十有一，五十里之國六十有三，凡九十三國。名山大澤不以盼，其餘以禄士，爲閒田。

縣内，夏時天子所居州界名也，殷曰畿。詩殷頌曰：「邦畿千里，維民所止。」周亦曰畿。畿内大國九者，三公之田三，爲有致仕者副之爲六也，其餘三待封王之子弟。次國二十一者，卿之田六，亦爲有致仕者副之爲十二。又三爲三孤之田，其餘六亦待封王之子弟。小國六十三，大夫之田二十七，亦爲有致仕者副之爲五十四，其餘九亦以待封王之子弟。三孤之田不副者，以其無職佐公論道耳，雖有致仕，猶可即而謀焉。肦讀爲班。凡九州，千七百七十三國，天子之元士、諸侯之附庸不與。與音預。不與，不在數中也。春秋傳曰：「禹會諸侯於塗山，執玉帛者萬國。」言執玉帛則是唯謂中國耳。中國而言萬國，則是諸侯之地有方百里，有方七十里，有方五十里者。禹承堯、舜而然矣。要服之内，地方七千里乃能容之。夏末既衰，夷狄内侵，諸侯相并，土地減，國數少，殷湯承之，更制中國方三千里之界，亦分爲九州，而建此千七百七十三國焉。周公復唐虞之舊域，分其五服爲九，其要服之内亦方七千里，而因殷諸侯之數，廣其土，增其爵耳。孝經説曰：「周千八百諸侯，布列五千里内。」此又改周之法，關盛衰之中，三七之間以爲説也。終此説之意，五五二十五，方千里者二十五也。其一爲畿内，餘二十四州各有方千里者三，其餘諸侯之地，大小則未得而聞也。

朱子語録曰：「封國之制，漢儒之説只是立下一箇算法，非惟施之當今不可行，求之昔時亦有難曉處。且如九州之地，冀州極闊，河東、河北皆在焉。雍州亦闊，陝西五路皆屬焉。若青、兖、徐、豫，則疆界有不足者矣。設如夏時封建之國，至商革命之後不成，地多者，削其國以予少者，如此則彼未必服，或以生亂。又如周王以原田予晉文，其民不服，至於伐之。蓋世守其地，不肯遽從他人，若封王子弟，必須有空地方可封。左氏載齊地蒲姑氏因之，而後太公因之，若成王不得蒲姑之地，太公亦未有頓放處。」

此諸侯出軍之制。

武成分土之圖

孔氏用孟子說

經無明文

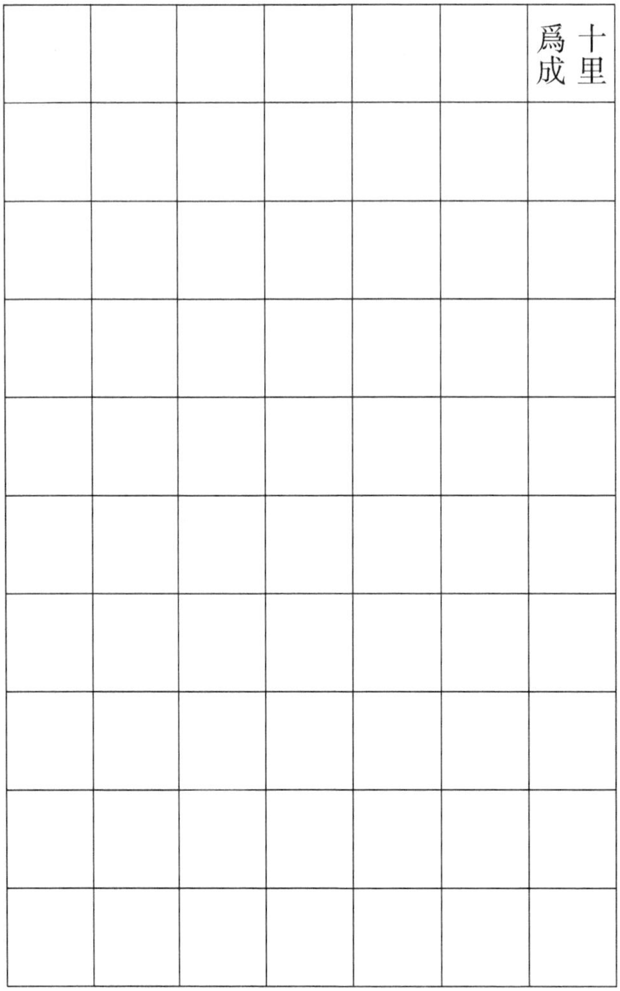

公侯百里。萬井。三分去一，六萬夫。

大國三軍。三萬七千五百人。

伯七十里。四千九百井。三分去一，二萬九千四百夫。

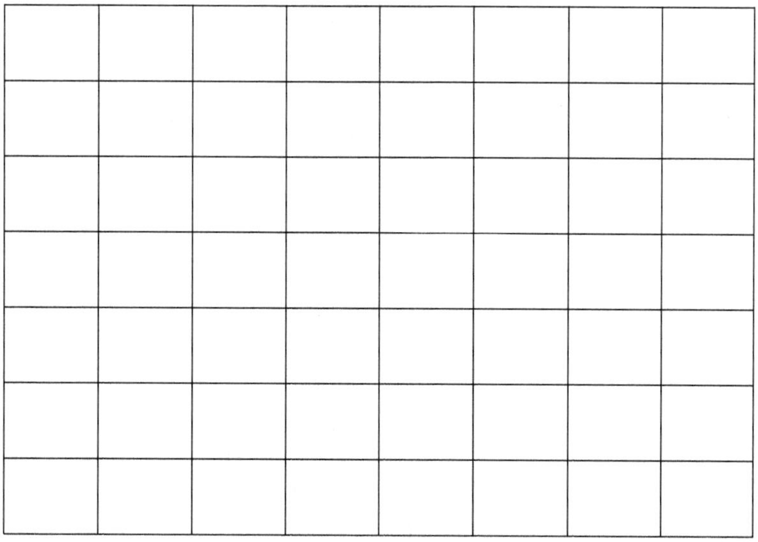

次國二軍。二萬五千人。

子男五十里。二千五百井。三分去一，萬五千夫。

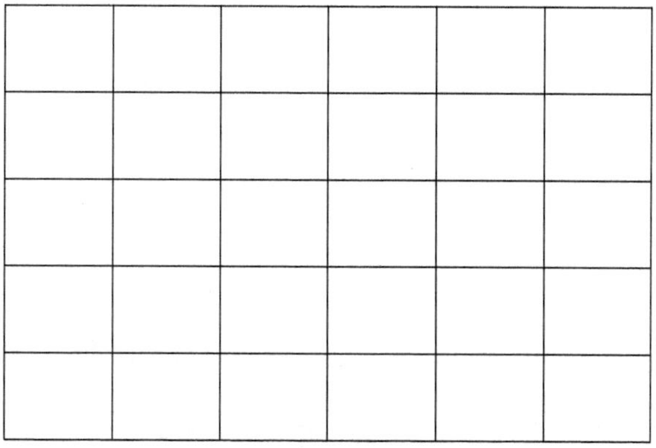

小國一軍。一萬二千五百人。

此成國兼附庸之制。

食一百三十里有奇

侯

諸	侯	之	地
封	疆	方	四
百	里	其	食
者	三	之	一

司馬法乃公田用助，通率如此。但周制，鄉遂用貢，采地用助，通率計之，四同有半之地已爲成國。

食一百里

伯

諸地	伯封	之疆
方百	伯	三里
其三	食之	者一

司徒建邦國之圖

兼附庸言之，則有五等，以自有地言之，三等而已，與分土惟三，不相牴牾。

食二百五十里

一同百里

公

諸公之地封疆方五百里，其食者半

千乘之賦，地占四同有奇，餘爲附庸之地。

司馬法：同十爲封，封三百一十六里，提封十萬井，兵車千乘。

食五十里

子

諸子之地封疆方二百里，其食者四之一

食二十五里

男

諸男之地封疆方百里，其食四之一

男無附庸。

職方封國設法之圖

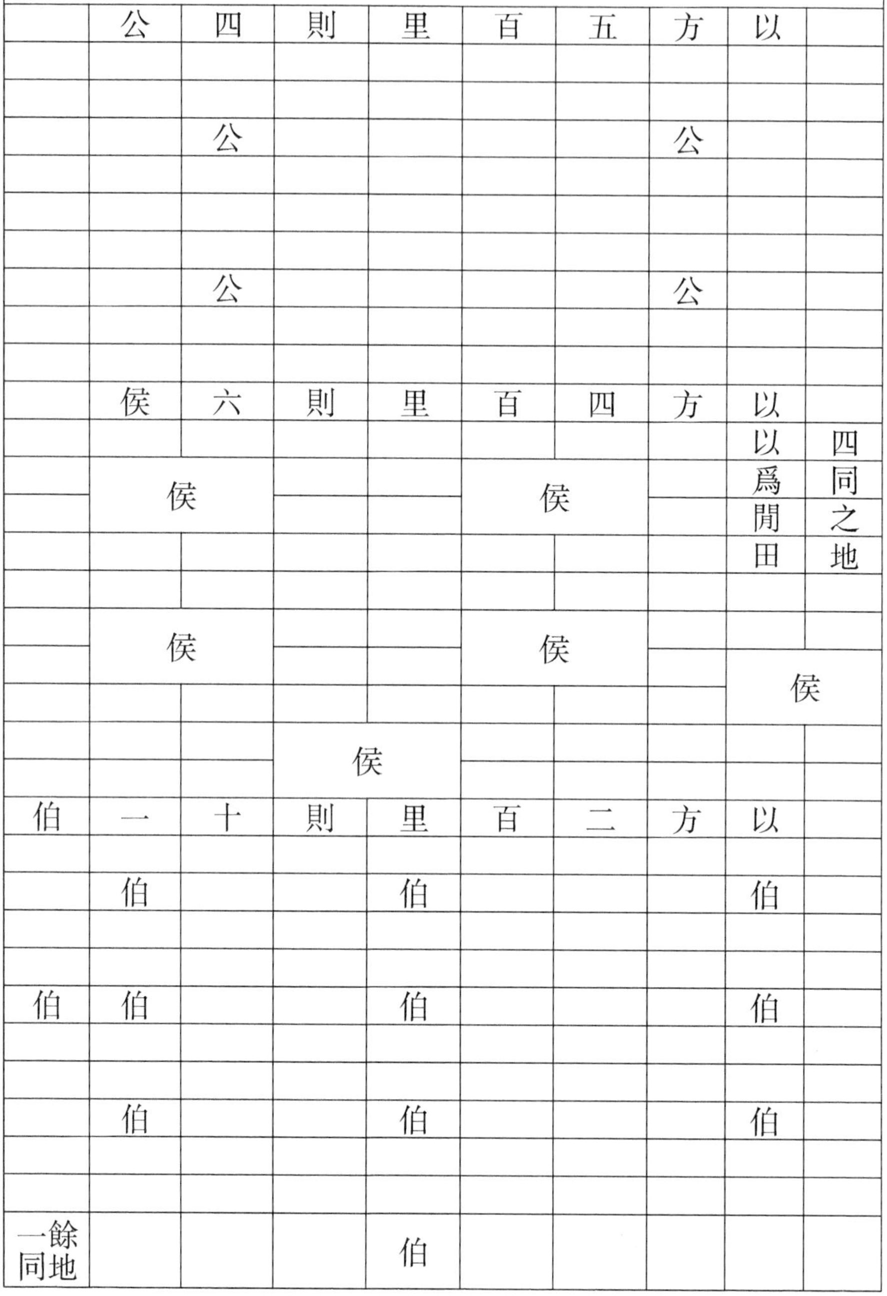
以方五百里則四公
公
公
以方四百里則六侯
以爲閒田
四同之地
侯
侯
侯
侯
侯
侯
以方二百里則十一伯
伯
伯
伯
伯
伯
伯
伯
伯
伯
伯
伯
餘地一同

職方封國設法之圖

子	五	十	二	則	里	百	二	方	以
子		子		子		子		子	
子		子		子		子		子	
子		子		子		子		子	
子		子		子		子		子	
子		子		子		子		子	

		男	百	則	里	百	方	以	
男	男	男	男	男	男	男	男	男	男
男	男	男	男	男	男	男	男	男	男
男	男	男	男	男	男	男	男	男	男
男	男	男	男	男	男	男	男	男	男
男	男	男	男	男	男	男	男	男	男
男	男	男	男	男	男	男	男	男	男
男	男	男	男	男	男	男	男	男	男
男	男	男	男	男	男	男	男	男	男
男	男	男	男	男	男	男	男	男	男
男	男	男	男	男	男	男	男	男	男

成王廣魯之圖

明堂位云：魯地方七百里，革車千乘。如司馬法，方七百里，出革車幾五千乘。詩云：「錫之山川，土田附庸。」然則七百里蓋包山川、土田、附庸言之，車止千乘，則猶大國之制。

		車	百	地		
		千	里	方		
		乘	革	七		

今定分土惟三之圖

公新圖

一同爲三郊，一同爲三遂，餘二同半出賦二百五十乘，合千乘，公地四同有半，爲方二百一十一里。侯上同於公。

伯新圖

一同爲方七十里者二。一爲二郊，一爲二遂。

餘一同出賦百乘。合六百乘。

伯地二同，爲方百四十一里，實二百四十步。

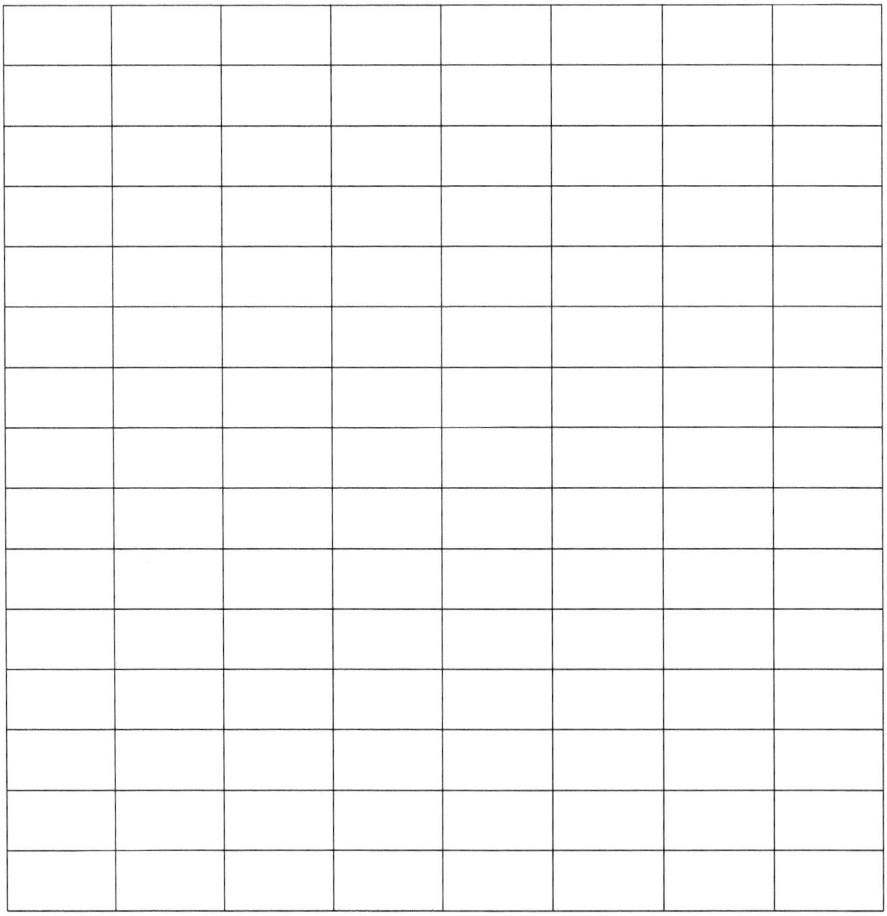

男新圖

一同爲方五十里者四。一爲一軍，一爲一遂。餘爲五十里者二。定出賦五十乘，合三百乘。

子下同於男。周禮於男獨見，自有封疆，可推而上。

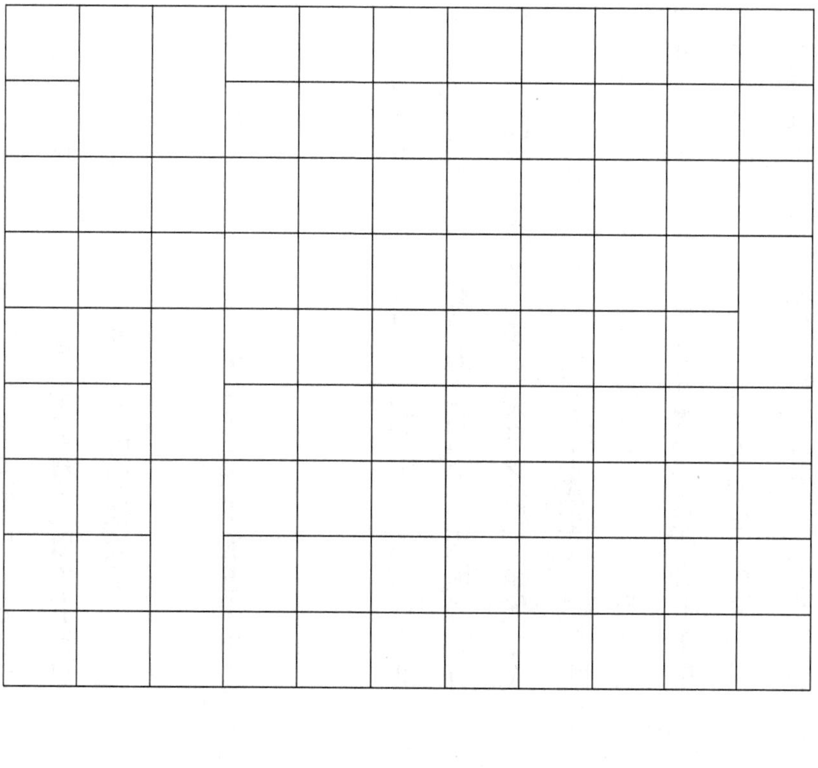

周禮大司徒：「凡建邦國，以土圭土其地而制其域。諸公之地，封疆方五百里，其食者半。諸侯之地，封疆方四百里，其食者參之一。諸伯之地，封疆方三百里，其食者參之一。諸子之地，封疆方二百里，其食者四之一。諸男之地，封疆方百里，其食者四之一。」職方氏：「凡邦國，千里封公，以方五百里則四公，方四百里則六侯，方三百里則十一伯，方二百里則二十五子，方百里則百男，以周知天下。」

尚書武成：「列爵惟五，分土惟三。」

孟子萬章，北宮錡問周室班爵禄，孟子曰：「公侯皆方百里，伯七十里，子男五十里，不能五十里者不達於天子，附於諸侯，曰附庸。」

左傳：子産曰：「天子之地一圻，列國一同。」

唐氏曰：「學者見大司徒建邦國封疆〔五〕，與武成分土之等孟子班禄之制不合，因謂周禮非周公之制。爲周禮者又强爲之説曰：『周九州之界方七千里，周公變商湯之制，雖小國地皆方百里。』是皆未深考之耳。費誓曰：『魯人三郊三遂。』左氏曰：『成國不過半天子之軍。』諸侯之大者，三軍可也。』然則大國三軍，出於三郊，三遂副之，周制然矣。牧誓曰：『武王戎車三百兩，虎賁三百人。御事、司徒、司馬、司空。』然則大國三軍，三卿爲之師，一軍之戎車百二十五乘，商制然矣。商、周諸侯之軍制既同，分土之制安得而異？周之九服，即禹之五服，烏睹所謂七千里者？周公相武王滅國者五十，而所立七十一國，分土之制遽過於商。大者二十四倍，小者猶三倍，何所容之？後儒不能通，則曰是兼附庸。誠是也，抑不思百里之地，提封萬井，三分去一，爲六萬夫之地，悉以家一人率之，爲兵六萬，尚不足三郊三遂七萬五千人之數，爲車六百乘，亦不足千乘之數。所謂園廛、宅田、土田、賈田、官田、賞田、牛田、牧田，與卿大夫公子弟之采邑，於何容之？家既役其一人百畝，又征其什二，他無餘地，車輦馬牛干戈之屬，於何出之？百畝之分，以中農計之，足食七人，什取其一，則十夫而食七人。古庶人在官次等之禄也。六萬夫之税，足當中農夫六千人而已，三鄉之吏九千四百六十人，於何給之？尚未言三遂之吏與其百官之衆，府史胥徒之禄，宗廟朝廷之禮，王國之朝貢，四鄰之邦交，於何取用也？百里之地不足爲公侯之國，明甚。况七十里止二萬九千四百夫之地，五十里止一萬五千夫之地，其不能爲諸侯之國，抑又明矣。然則子産、孟子之言非歟？曰：二子何可非也！抑古人之爲言，省文而互見，詳而考之，未有不合者。古之爲國，有軍有賦。王六軍，大國三軍，次國二軍，小國一軍。此軍也，出於國之郊者也。天子萬乘，諸侯千乘，此賦也，出於成國者也。自軍言之，則方百里而具三軍，方七十里而具二軍，方五十里而具一軍，推而上之，方二百里而具六軍。自賦言之，則方千里而具萬乘，二百一十里而具千乘。通軍與賦而言之，則方千里者，爲兵車萬九百乘。推而下之，方百里者，爲方五十里者四，五十里具一軍，又五十里者爲一遂，合爲兵車二百五十乘。餘方五十里者一，定出賦五十乘。軍賦合三百乘，男之國也。由是推而上之，七十里而具二軍，又七十里而具二遂，略當一同，合爲兵車五百乘，加一同，定出賦百乘，軍賦合六百乘，伯之國也。百里而具三軍，又百里而具三遂，合爲兵車七百五十乘，加二同有半，定出賦二百五十乘，軍賦合千乘，公之國也。伯二同，則方百四十一里。公四同有半，則方二百一十一里。子下同於男，侯上同於公。是謂分土惟三，自是而外，則附庸也。山川也，土田也，雖未必皆其所有，皆在封疆之内矣。今夫顓臾，昔者先王以爲東蒙主，且在邦域之中矣，此附庸在封疆之證也。『居常與許，復周公之宇』，此土田在封疆之證也。『奄有龜蒙，遂荒大東。奄有鳧繹，遂荒徐宅』，此山川在封疆之證也。封疆之内，附庸、山川、土田皆在焉。然皆非出軍制賦之壤，故地方七百里而止於革車千乘，則舉封疆而言。雖七百里猶可，而況五百里、四百里、三百里、二百里、百里乎？故於天子言千里者，兼軍賦而言之。於諸侯言百里、七十里、五十里者，獨舉軍制而言也。於天子言萬乘者，以賦法通率也。於諸侯言千乘者，兼軍賦而言也。於諸公言五百里，諸侯言四百里，伯言三百里，子言二百里者，包山川、土田、附庸於封疆也。於諸男言百里者，獨舉其出軍賦之封疆也。凡此者皆省文而互見，若異而相通，何嘗纖毫牴牾哉？且先王之於諸侯，豈其封疆一定而遂無所勸懲哉？公之地錫之山川、土田、附庸，合五百里而止，侯伯子亦然。男之百里所自有，有慶而益以地，則豈以百里爲拘哉？存男之百里，以見自有之封疆耳。公侯伯子慶而益，責而削，皆在封疆之中矣，此周公之定制。而成王廣魯以七百里，則廣周公云爾，非周公之制所得而拘也。於齊有賜履焉，於衛有封畛土略焉，於韓侯有奄受北國焉。山川、土田、附庸，或得其全，或得其偏，皆封疆之數也。與武成、孟子之言蓋相表裏矣。然則其食者半，三之一，四之一，諸儒之説孰是乎？曰：皆非也。鄭司農謂所食租稅之數，男適五十里，是大國貢輕，小國貢重也。鄭康成謂公以一易，侯伯以再易，子男以三易，是大國土沃，而小國土瘠九等。自不易至再易而止，未有三易者，豈諸侯之地皆無不易者哉？康成之説既不通司農之説，又倒置輕大而重小，是侮弱而畏强也。豈所謂『裒多益寡，稱物平施』，『周道如砥，其直如矢』者哉？子産曰：『先王班貢，輕重以列，列尊貢重〔六〕，甸服也。』甸非侯甸之甸，乃祭公所謂邦内甸服也。畿外諸侯則列尊貢重矣。公半，侯伯三之一，子男四之一，不亦尊重而卑輕乎？康成曰『大國貢重正之也，小國貢輕字之也』，其意是矣。奈何以一易、再易、三易爲説也。授之沃壤而貢重，予之瘠土而貢輕，是乃適當然，烏在其爲正之、字之哉？當以王食其半、三之一、四之一爲正，然王食豈盡取其所税哉？諸侯以什一取民，王又以十一取諸侯，則四之一者，是乃四十之一耳。甸稍縣都，皆無過十二，於其什一之中概取其二焉。此甸服之所以列卑貢重歟？職方氏七伯當爲什一伯，注説爲是。」

陳氏禮書曰：「夫列爵惟五，所以稱其德。分土惟三，所以等其功。德異而功有所同，故公侯之地同於百里，子男之地同於五十里。地同而附庸有所異，故諸公之地方五百里，諸侯之地方四百里，諸伯之地方三百里，諸子之地方二百里，諸男之地方百里。蓋三等之地，正封也。五等之附庸，廣封也。正封則尺地莫非其土，一民莫非其臣。尊者嫌於盛而無所屈卑者，嫌於削而無所立，故公之地必下而從侯，男之地必上而從子。至於廣封，則欲上之政令，有所統而不煩。下之職貢，有所附而不費。又非諸侯得以擅之也。而尊者不嫌於太多，卑者不嫌於太寡，故公之地必五百里而異於侯，男之地止百里而異於子也。」

朱氏語録曰：「向來君舉進制度説，周禮封疆方五百里，是周圍五百里，徑只百二十五里。方四百里，徑只百里；方三百里，徑只七十五里。方二百里，徑只五十里。方百里者，徑只二十五里。自奇其説，與王制等語相合。然本文方千里之地以封公則四公，以封侯則六侯，以封伯則七伯，以封子則二十五子，以封男則百男。其地已有定數，此説如何可通？況男國二十五里之小，則國君即今之一耆長耳，何以爲國君？」

按：諸侯分封受地之多寡，周禮大司徒、職方氏所載，與王制及子產、孟子所言不合。鄭注以爲合山川、附庸而言，先儒遂欲融會二説而一之。如陳祥道、唐仲友之論特爲明暢，故備録之。若止齋徑圍之説，則侯伯子之地僅可脗合，而公之地多二十五里，男之地僅得五十里之半，其與王制、孟子所言均之，爲齟齬不合耳。

右，分封之制。

司馬九畿之圖

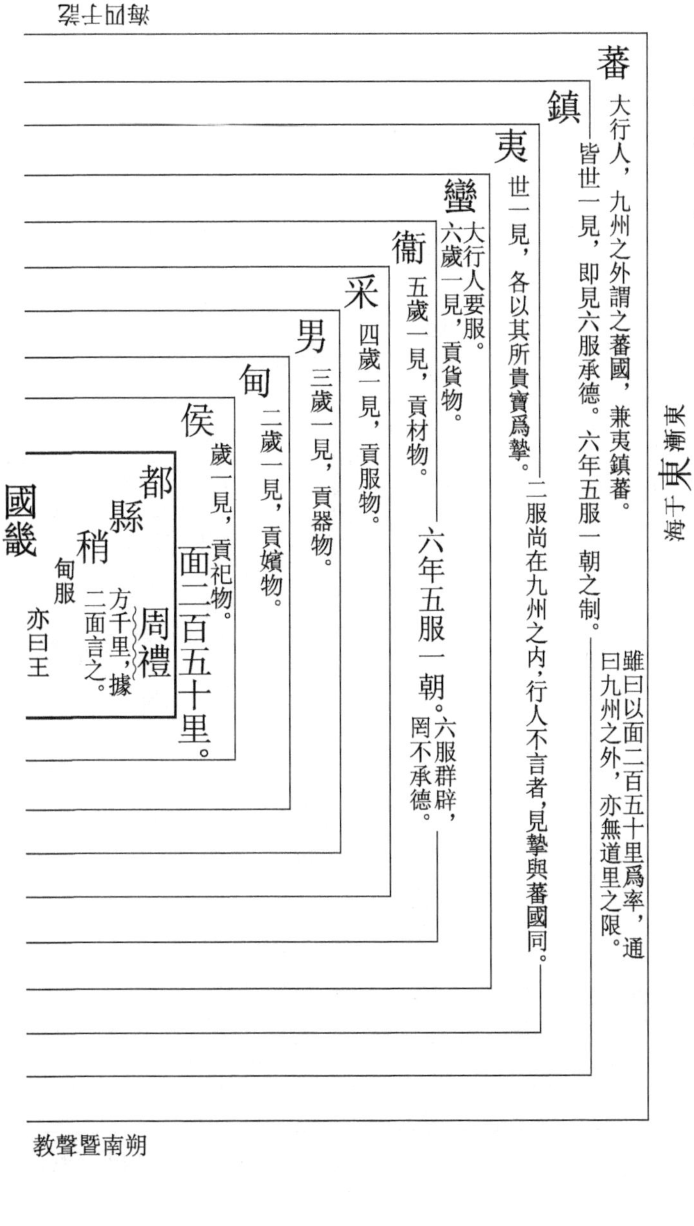

二百六十卷　二十

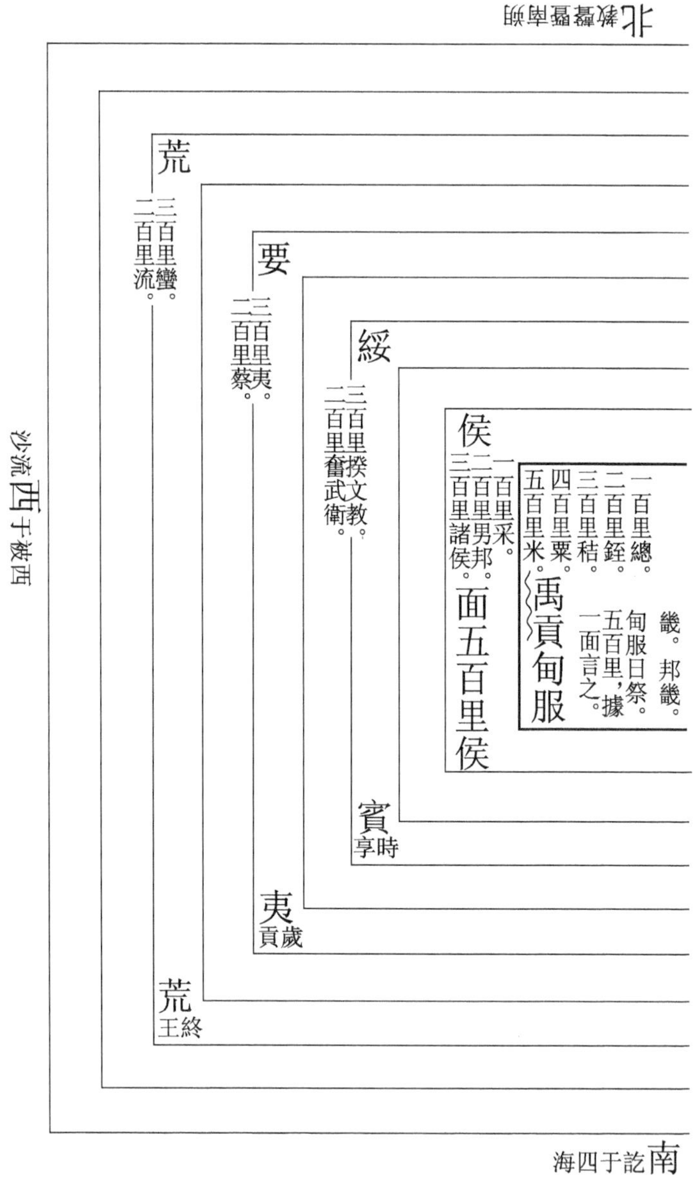

職方氏大行人九服同制。行人只言貢，故鎮、夷同於蕃國。若論地域，鎮、夷猶在九州之外。

禹貢，五百里甸服，百里賦納總，二百里納銍，三百里納秸服，四百里粟，五百里米。甸服，畿内之地也。甸，田。服，事也。以皆田賦之事，故謂之甸服。五百里者，王城之外，四面皆五百里也。禾本全曰總，刈禾曰銍，半藁也。半藁去皮曰秸。謂之服者，三百内去王城爲近，非惟納總、銍、秸，而又使之服輸將之事也。獨於秸言之者，總前二者而言也。粟，穀也。内百里爲最近，故并禾本總賦之，外百里次之。只刈禾半藁納也。外百里又次之，去藁麤皮納也。外百里爲遠，去其穗而納穀也。外百里爲尤遠，去其穀而納米也。蓋量其地之遠近，而爲納賦之輕重精麤也。此分甸服五百里而爲五等者也。五百里侯服，百里采，二百里男邦，三百里諸侯。侯服者，侯國之服，甸服外四面又各五百里也。采者，卿大夫邑地。男邦，男爵小國也。諸侯，諸侯之爵大國次國也。先小國而後大國者，大可以禦外侮，小得以安内附也。此所謂分侯服五百里而爲三等也。五百里綏服，三百里揆文教，二百里奮武衛。綏，安也。謂之綏者，漸遠王畿而取撫安之義，侯服外四面又各五百里也。揆，度也。綏服内取王城千里，外取荒服千里，介於内外之間，故内三百里揆文教，外二百里奮武衛。文以治内，武以治外，聖人所以嚴華夏之辨者如此。此分綏服五百里而爲二等也。五百里要服，三百里夷，二百里蔡。要服去王畿已遠，皆夷狄之地，其文法略於中國。謂之要者，取要約之義，特羈縻之而已。綏服外四面又各五百里也。蔡，放也。左傳云蔡二叔是也，流放罪人於此也。此分要服五百里而爲二等也。五百里荒服，三百里蠻，二百里流。荒服去王畿益遠，而經略之者視要服爲尤略也。以其荒野，故謂之荒服，要服外四面又各五百里也。流，流放罪人之地。蔡與流皆所以處罪人，而罪有輕重，故地有遠近之別也。此所謂分荒服五百里而爲二等也。

蔡氏曰：「今按每服五百里，五服則二千五百里，南北東西相距五千里，故益稷篇言『弼成五服，至于五千』。然堯都冀州，冀之北境并雲中、涿、易亦恐無二千五百里，藉使有之，亦皆沙漠不毛之地。而東南財賦所出，則反棄於要荒，以地勢考之，殊未可曉。但意古今地土盛衰不同，當舜之時，冀北之地，未必荒落如後世耳，亦猶閩、浙之間，舊爲蠻夷淵藪，而今富庶繁衍，遂爲上國。土地興廢，不可以一時概也。周制，九畿曰侯、甸、男、采、衛、蠻、夷、鎮、蕃。每畿亦五百里，而王畿又不在其中，併之則一方五千里，四方相距爲萬里，蓋倍禹服之數也。漢地志亦言東西九千里，南北一萬三千里。先儒皆疑禹服之狹，而周、漢地廣，或以周服里數皆以方言，或以古今尺有長短，或以爲禹直方計，而後世以人迹屈曲取之，要之皆非的論。蓋禹聲教所及則地盡四海，而其疆理則止以五服爲制，至荒服之外又別爲區畫，如所謂咸建五長是已。周、漢則盡其地之所至，而疆畫之也。

周禮大司馬：「乃以九畿之籍〔七〕，施邦國之政。職方千里曰國畿。其外方五百里曰侯畿，又其外方五百里曰甸畿，又其外方五百里曰男畿，又其外方五百里曰采畿，又其外方五百里曰衛畿，又其外方五百里曰蠻畿，又其外方五百里曰夷畿，又其外方五百里曰鎮畿，又其外方五百里曰蕃畿。」

職方氏：「乃辨九服之邦國，方千里曰王畿。其外方五百里曰侯服，又其外方五百里曰甸服，又其外方五百里曰男服，又其外方五百里曰采服，又其外方五百里曰衛服，又其外方五百里曰蠻服，又其外方五百里曰夷服，又其外方五百里曰鎮服，又其外方五百里曰蕃服。」

大行人：「邦畿方千里。其外方五百里謂之侯服，歲一見，其貢祀物。又其外方五百里謂之甸服，二歲一見，其貢嬪物。又其外方五百里謂之男服，三歲一見，其貢器物。又其外方五百里謂之采服，四歲一見，其貢服物。又其外方五百里謂之衛服，五歲一見，其貢材物。又其外方五百里謂之要服，六歲一見，其貢貨物。九州之外謂之蕃國，世壹見，各以其所貴寶爲摯。」

國語周語，祭公謀父諫穆王曰：「先王之制，邦内甸服，邦外侯服，侯衛賓服，蠻夷要服，戎狄荒服。甸服者祭，侯服者祀，賓服者享，要服者貢，荒服者王。日祭、月祀、時享、歲貢、終王。」

唐氏曰：「堯命治水，弼成五服。自王畿而至荒服，面各二千五百里。九州之境方五千里，爲方千里者二十五。九州之外，東漸、西被、朔南暨聲教者，不在五服之内，則與九州之法實同無毫厘差矣。學者惑於五百里之説，謂周公斥大封域，九州之界方七千里，非也。又謂夷、鎮皆在九州之外，亦非也。或謂周之境廣於禹貢五百里，雖稍異於鄭氏，亦未盡知禹貢也。若如二説，則不惟不與禹貢合。周官既言六服，又言五服，祭公謀父，周人也，不言九服，而言五服，何哉？蓋九服、五服一也。自禹貢一面言之，率五百里爲限。周禮以二面言之，率以二百五十里爲限，則自鎮畿而内，二畿而當一服，與弼成五服，至于五千，無纖毫牴牾者。周公、祭公之説亦不待釋而明矣。惟蕃畿在九州之外，即所謂東漸、西被、朔南暨聲教者也。周官以二百五十里率之，亦非地域止於此也。二夷、鎮尚在九州之内，以其荒服，使之終王，各摯所寶，同於蕃國。行人之言與周官六服合矣，不謂夷、鎮即在九州之外也。然則商制如何？曰：詩頌曰『邦畿千里，維民所止，肇域彼四海』。自邦畿至四海，知其與禹貢、周禮同制也。又曰『自彼氐、羌，莫敢不來享，莫敢不來王』，中舉來享，外舉來王，知其與祭公之言合也。況作康誥之初，周禮未制，已言侯、甸、男、邦、采、衛，則周因商禮，其可知矣。然則王制言四海之内九州，州方千里，四海之内，斷長補短，方三千里，説者謂商之制有諸乎？曰王制，漢文帝博士所作。自春秋而降，四夷交侵，中國之境土褊矣。王制采六經而作，欲行諸當時，此乃據所見境土言之，豈商制哉？方五千里爲方千里者二十五，由堯迄周，無異制也。況禹貢五服，自侯服而外，已有百里、二百里、三百里之別，與周九畿何異哉？今具圖以見禹貢、周禮祭父所言皆同制，并畿内郊甸稍縣都納總、銍、秸、粟、米之制具著焉。」

右，畿服之制。

校勘記

〔一〕以征不享　「以」字原脱，據史記卷一五帝本紀補。

〔二〕盧　史記卷四周本紀、册府元龜卷五帝王部創業一作「纑」。

〔三〕名山大澤不以封　「澤」原作「川」，據禮記王制改。

〔四〕方千里者九也　「方」字原脱，「千」下原衍「九」字，據禮記王制補删。

〔五〕大司徒建邦國封疆　「大」字原脱，據周禮大司徒補。

〔六〕列尊貢重　左傳昭公十三年「重」下有「周之制也卑而貢重者」九字。

〔七〕乃以九畿之籍　「籍」原作「法」，據周禮大司徒改。

卷二百六十一　封建考二

周封建之制

王制：「千里之外設方伯，五國以爲屬，屬有長。十國以爲連，連有帥。三十國以爲卒，卒有正。二百一十國，以爲州，州有伯。屬、連、卒、州猶聚也。伯、帥、正，亦長也。凡長皆因賢侯爲之。殷之州長曰伯，虞、夏及周皆曰牧。八州、八伯、五十六正、百六十八帥、三百三十六長。八伯各以其屬，屬於天子之老二人，分天下以爲左右，曰二伯。老謂上公，周禮曰：「九命作伯。」天子使其大夫爲三監，監於方伯之國，國三人。」使佐方伯，領諸侯。

羊客問子思曰：「周自后稷封爲王者，後子孫據國至太王、王季、文王，此固世爲諸侯矣，焉得爲西伯乎？」子思曰：「吾聞諸子夏，古之帝王中分天下，使二公治之，謂之二伯。殷王帝乙之時，王季以功，九命作伯，受圭瓚秬鬯之賜，故文王因之，得專征伐。此以諸侯爲伯，猶周、召之君爲伯也。」

公羊傳：子曰：「自陝而東者周公主之，自陝而西者召公主之，一相處乎內。」

周成王使召康公命齊太公曰：「五侯九伯，汝實征之，以夾輔周室。」五等之侯、九州之伯，皆得征討其罪，齊桓因此命以夸楚。

周襄王命尹氏及王子虎、内史叔興策命晉侯重耳爲侯伯。左傳僖公二十八年。

陳氏禮書曰：「古之官有常名，有異名，内而爲比長、閭師、黨正、州長、卿大夫，此常名也。及任以師田之事，則爲軍將、師帥、旅帥〔一〕、卒長、兩司馬、公司馬，此異名也。外而爲公、侯、伯、子、男，此常名也。及寓以連屬之法，則爲屬長、連帥、卒正、州伯，此異名也。屬則繫其人，連則結其衆。以其民之衆足以禦卒然之變，故謂之卒。以其地之廣有達於重川之遠，故謂之州。屬有長則足以長五國而已，未足以率十國之衆，故連有帥。帥足以帥十國而已，未足以率三十國之衆，故卒有正。正足以正三十國而已，未足以長二百一十國，故州有伯。則爲人長者，才也。帥人者，智也。正人者，義也。長人者，仁也。易曰『體仁足以長人』，則外之八伯，内之二伯，皆以其能體仁故也。蓋王者有分土，無分民，建萬國所以分其土，親諸侯所以合其人，不分其土則其守不專，不合其人則其勢不一。王制言：『凡九州千七百七十三國』，分其土也。繼之以方伯、連帥之法，合其人也。周官大司馬『比小事大，以和邦國』，職方氏『凡邦國，大小相維』者此也。古者什伍之法，於州鄉則聯其民，於師田則聯其徒，於宿衛則聯其官，故能以中國爲一人而無内患。爲屬、連、卒、州以聯其國，爲長、帥、正、伯以聯其人，故能以天下爲一家而無外虞。然不惟其官，惟其人則法行而事舉，詩曰『四國有王，郇伯勞之』是也。非其人則法雖存而事廢，詩序曰：『衛侯不能修方伯、連帥之職。』公羊傳曰：『下無賢方伯』是也。方伯、連帥之職，周道故書與周禮伯皆稱牧者，蓋自内言之則屈於二伯，故稱牧。周官大宗伯『八命作牧』，曲禮『九州之長，入天子之國曰牧』是也。自外言之，則伸於諸侯，故稱伯。王制謂『方伯之國』是也。虞十二州則十二牧，夏九牧，左氏：「夏之方有德也，貢金九牧。」周九州則九伯，而王制言八州八伯，則王畿之內不建伯焉，鄭氏以爲商制是也。然州牧伯之名，見於經傳多矣，連帥特見於詩序。若夫五國之屬，於經無聞。左傳曰：『晉侯享公，請屬鄫。』豈周所爲連屬歟？公羊傳曰：『自陝以東，周公主之。』書曰：『畢公率東方諸侯入應門右，太保率西方諸侯入應門左。』此所謂九命作伯者也，與商所謂天子之老二人一矣。周有九伯，則畿內蓋亦設牧。而太宰言『施典於邦國，設其牧』者，以牧之所設主爲邦國故也。康成釋詩，謂周之制，使伯佐牧，蓋以傳所謂五侯者，五牧也。九伯者，佐侯之伯也。孔穎達申之，以爲一牧之下二伯，然質之於商，州伯之下無二佐，則周州牧之下無二伯。」

右，牧伯之制。

周禮：「上公九命爲伯，其國家、宮室、車旗、衣服、禮儀皆以九爲節。城方九里，宮方九百步。」「執桓圭九寸，繅藉九寸，以五采韋衣奠玉以藉之。冕服九章，自山龍以下。建常九斿，斿，其屬幓垂者也。樊纓九就，樊纓，馬飾，以罽飾之，每一處五采備，爲一就。貳車九乘，貳，副也。介九人，介，輔已行禮者也。禮九牢，三牲備，爲一牢。其朝位賓主之間九十步，立當車軹。立於車轂之末謂之軹。王行四十五步以迎賓，賓行四十五步以朝王。擯者五人，廟中將幣，三享王禮，再祼而酢，朝畢則有廟享之禮，享必將幣，束加於璧。饗禮九獻，食禮九舉，出入五積，禾米芻薪之費。三問三勞。」「公之服，自袞冕而下，如王之服。王十二旒，上公龍袞，前後皆九旒。」

「侯伯七命，其國家、宮室、車旗、衣服、禮儀，皆以七爲節。城方七里，宮方七百步。」「侯執信圭七寸，繅藉七寸，冕服七章，建常七斿，樊纓七就，貳車七乘，介七人，禮七牢，朝位賓主之間七十步，立當前疾。謂驂馬車轅前胡下柱地者。」「擯者四人，廟中將幣，三享王禮，壹祼而酢，饗禮七獻，食禮七舉，出入四積，再問再勞。諸伯執躬圭，其他皆如諸侯之禮。」「侯伯之服，自鷩冕而下，如公之服。三公八旒，侯伯七旒。」

「子男五命，其國家、宮室、衣服、禮儀，皆以五爲節。城方五里，宫方五百步。」「諸子執穀璧五寸，繅藉五寸，冕服五章，建常五斿，樊纓五就，貳車五乘，介五人，禮五牢，朝位賓主之間五十步，立當車衡。擯者三人，廟中將幣，三享王禮，一祼不酢。再祼者，王既拜送爵，又設酌璋瓚而祼，后又拜送爵，是謂再祼，賓乃酢王也。禮侯伯一祼而酢者，祼賓，賓酢王而已，后不祼也。禮子男一祼不酢者，祼賓而已，不酢王也。」「饗禮五獻，食禮五舉，出入三積，壹問壹勞。諸男執蒲璧，其他皆如諸子之禮。」「子男之服，自毳冕而下，如侯伯之服。王之孤及卿前後各六旒，子男五旒。」

王制：「三公一命，卷若有加則賜也，不過九命。次國之君，不過七命，小國之君不過五命。」卷，讀作衮。三公八命矣，復加一命，則服龍衮，與王者之後同。若有加則賜也者，謂九命衮龍之外，依制不合有其服，若有加益，則是君之特賜，非禮法之常也。虞夏之制，天子服有日月星辰，周禮曰：「諸公之服，自衮冕而下，如王之服。」

右，諸侯命服之制。

大國三軍，三萬七千五百人。次國二軍同，二萬五千人。小國一軍。萬二千五百人。

陳氏禮書曰：「周官大司馬〔二〕：『王六軍，大國三軍，次國二軍，小國一軍。』春秋傳曰：『成國不過半天子之軍，諸侯之大者，三軍可也。』然軍之多寡，係地之廣狹，而公侯之田皆百里，則皆三軍矣。魯於周爲侯，而地方百里，頌稱公徒三萬，此大國三軍之數也。春秋襄十一年作三軍，昭五年舍中軍，則魯之三軍蓋嘗變於僖公之後，至襄而復作，至昭而又舍也。左氏曰：『季武子作三軍，三分公室，而各有其一。』杜預曰：「魯本無中軍，惟上下二軍，皆屬於公，有事，三卿更帥以征伐。季氏欲專其民人，故假立中軍。」公羊曰：『三軍者何？三卿也。何譏爾？古者上卿、下卿、上士、下士。』何休曰：「襄公委任强臣，乃益司馬作中卿，官踰王制，故譏之。」穀梁曰：『古者天子六師，諸侯一軍。作三軍，非正也。』啖氏曰：『天子六軍，大國三之一，小國半大國。數不必常，所以示稱。』國語曰：『季武子爲三軍，叔孫穆子曰：「不可。今我小侯也，處大國之間，繕貢賦以共從者，猶懼有討。若爲元侯之所，以怒大國，無乃不可乎？」弗從，遂作中軍。自是齊、楚伐討，魯、襄、昭皆如楚。』由此觀之，魯於春秋之時，尊事齊、楚爲不暇，則其國次國而已，不宜復作三軍，作三軍，非正也。故春秋書『作』以譏之。『作』，猶作僖公主之類也。及舍中軍，以起於禮，又書以正之。公羊曰：『舍中軍，復古也。』穀梁曰：『復，正也，其說是也。』然穀梁言『天子六師，諸侯一軍』，啖氏言『天子六軍，大國三之一，小國半大國』，其制與周禮不合，是臆說耳！春秋時，王命曲沃伯以一軍爲晉侯。莊十六年。其後，晉作三行以增上中下而當六軍，則世衰禮廢，大夫僭諸侯，諸侯僭天子，不足怪也。」又曰：「春秋傳曰『列國一同』，明堂位曰魯『革車千乘』，坊記曰『制國不過千乘』，語曰『道千乘之國』，蓋諸侯地不過百里，車不過千乘。以開方之法計之，方十里者爲方一里者百，方百里者爲方一里者萬。方一里者百，其賦十乘。方一里者萬，則其賦千乘。然賦雖至於千乘，而兵不過三軍，三軍五百乘而已。則五百乘，三鄉之所出也。千乘，闔境之所出也。何則？鄉萬二千五百家，合三鄉則三萬七千五百家，凡起徒役，無過家一人，則三軍爲三萬七千五百人矣。司馬法：兵車一乘，甲士三人，步卒七十二人，合七十五人，則一卒所餘在後車矣。後卒復以五十人合二十五人爲一車士卒，則所餘五十人又在後車矣。凡三卒而車四乘，三旅而車二十乘，三師而車百乘，三軍而車五百乘。由此推之，天子六軍，則車千乘矣。此車人參兩以相聯糾之法者也。詩曰『公車千乘』，又曰『公徒三萬』，則千乘之賦豈特三軍而已哉！鄭氏據司馬法，井十爲通，通爲四馬，三十家，士一人，徒二人。通十爲成，成百井，三百家，革車一乘，士十人，徒二十人。十成爲終，終千井，三千家，革車十乘，士百人，徒二百人。十終爲同，同萬井，三萬家，革車百乘，士千人，徒二千人。率十家出一人之役，百家出十人之役。賈公彥遂以此爲畿內之法，以甸出長轂一乘，甲士三人，步卒七十二人，爲邦國之法。然周官之於調役，其寡也。家出一人，其多也，起餘子與獨作，未聞十家出一人之役，百家出十人之役也。賈公彥言，出軍之法，先六鄉，次六遂，次公邑都鄙，乃徵兵於諸侯，不止，則諸侯闔境出焉，所謂千乘之賦也。然先王之於天下，大則有方伯，小則有連帥，其待卒應變，如身之使臂，臂之使指，各適其事之遠近而已。方伯、連帥所不能克，然後鄉遂之士應之。周官曰：『王之大事，諸侯。』左傳曰：『五侯九伯，汝實征之。』又曰：『諸侯敵王所愾。』則出軍之法，顧豈先虛其內，以實其外哉！」馬融曰：「千乘之賦，其地千成，居地方三百一十六里有奇，惟公侯之封乃能容之。蓋惑周禮公五百里，侯四百里之制，不知周禮之所言者乃附庸也。」

右，諸侯立軍之制。

王制：「大國三卿皆命於天子，下大夫五人，上士二十七人。次國三卿，二卿命於天子，一卿命於其君，下大夫五人，上士二十七人。小國二卿皆命於其君，下大夫五人，上士二十七人。三卿，依周制而言，謂立司徒兼冢宰之事，立司馬兼宗伯之事，立司空兼司寇之事。左傳云，季孫爲司徒，叔孫爲司馬，孟孫爲司空，是三卿也。鄭注言小國亦三卿，差次而言，應一卿命於天子，二卿命於其君，此惟言二卿則似誤也。大國之卿不過三命，下卿再命，小國之卿與下大夫一命。不著次國之卿者，以大國之下互明之。以大國卿三命，則知次國之卿不過再命。大國下卿再命，則知次國下卿一命。是故云互明之。諸侯之下士視上農夫，祿足以代其耕也。中士倍下士，上士倍中士，下大夫倍上士。卿四大夫祿，君十卿祿。次國之卿三大夫祿，君十卿祿。小國之卿倍大夫祿，君十卿祿。解見職田門。次國之上卿位當大國之中，中當其下，下當其上大夫。小國之上卿位當大國之下卿，中當其上大夫，下當其下大夫。其有中士、下士者，數各居其上之三分。」

永嘉徐氏曰：「先王量祿以分田，視口以計食。其品節差等，上焉不至於過制，下焉不至於不足。諸侯下士享百畝之利，苟足以代耕免勞苦而已，雖不能有餘，亦不至不足。其餘自卿以下，其祿各殺一，則無多邑踰制之失。諸侯分田雖多，祿入自有定數，亦無尾大不掉之患。此先王制祿之美意也。且先王分土以封諸侯，固宜盡得其地，以享侯國之富。今乃山澤之所有則歸之公，間田之所有則歸之公。侯國之祿餘又待用於天子而不敢私，諸侯所得自十卿祿之外而無有覬心，防閑若過嚴矣。然君十卿祿，乃君之所自得者耳。而侯國之公用，則取諸地入以給之。其山澤間田雖歸之公，上領於王官，而實藏富於天下，又封建之美意也。春秋以來，諸侯土地各有財賦，皆足以用其民而戰其力，其山澤之賦，列國亦自擅而有之，無復君十卿禄之制。而於卿大夫禄地多踰古制，一時諸侯皆任己意以行私賞，故多强宗大族爲國生患。晉惠公一入國，遽許里克以汾陽之田百萬，丕鄭以負蔡之田七十萬，此豈常典也哉？在齊威時，伯氏亦有駢邑三百，在魯成公時，施氏之宰有百室之邑。其他國可見矣。後如鄭賞入陳之功，子産以上卿受八邑三十二井，爲邑井九百畝，推而計之，視古時卿四大夫禄之制已大相遼絶矣。宋之盟，公與左師邑六十，子罕削而投之。齊慶封之變〔三〕，公與晏子邑六十，晏子辭而復之。此惟懼其足以召患，故却而不受，有如先王之制不暇論矣。衛免餘言於衛曰『唯卿備百邑』，晉叔向賦秦、楚公子之禄，皆百人之餼。一卒百人，其禄足百人，此皆徇春秋之亂法，非王法也。」

右，諸侯建官之制。

周官：「六年五服一朝。又六年，王乃時巡，考制度於四岳。諸侯各朝於方岳，大明黜陟。」

大行人：「邦畿方千里，其外方五百里謂之侯服，歲一見，其貢祀物。又其外方五百里謂之甸服，二歲一見，其貢嬪物。又其外方五百里謂之男服，三歲一見，其貢器物。又其外方五百里，謂之采服，四歲一見，其貢服物。又其外方五百里謂之衛服，五歲一見，其貢材物。又其外方五百里謂之要服，六歲一見，其貢貨物。九州之外，謂之蕃國，世一見，各以其所貴寶爲贄。王之所以撫邦國諸侯者，歲徧存。三歲，徧覜。五歲，徧省。存、覜、省者，王使臣於諸侯之禮。七歲，屬象胥，諭言語，協辭命。九歲，賁瞽史，諭書名，聽聲音。十有一歲，達瑞節，同度量，成牢禮，同數器，修法則。十有二歲，王巡守殷國。」

三山林氏曰：「周官言『六年五服一朝』，大行人言『侯服歲一見』至『要服而後六年一朝』，與此經不合。唐孔氏雖引『歲聘以志業，間朝以講禮，再朝而會以示威，再會而盟以顯昭明』，爲與此經相當，然左氏之言是三年一朝，六年一會，十二年一盟，計十二年之中，諸侯之朝不止於二。此則十二年止於二朝，然後王巡守，亦不得爲相當。唐孔氏又以大行人所云，見者皆言貢物，或可因貢而見，何必皆是君自朝乎？按周官朝覲、宗遇、會同，皆其君自行，故皆言見。至於問與視則其臣，故曰時聘殷覜而已，不言見也。以見爲遣使，亦非周官之本意，然此篇所載六卿與周禮同，而惟『六年五服一朝』一句與周禮異。當闕之，以俟知者。」

「春朝諸侯而圖天下之事〔四〕，秋覲以比邦國之功，夏宗以陳天下之謨，冬遇以協諸侯之慮，時會以發四方之禁，殷同以施天下之政，此六事者，以王見諸侯爲文。言六服以其朝歲，四時分來更迭如此而徧。時會者無常期，蓋諸侯有不順服者，王將有征討之事，則合諸侯而發禁事焉。禁謂九伐之法。殷同，即殷見也。王十二歲一巡守，則殷同。殷同者，乃六服盡朝。既朝，乃合諸侯而命其政。時聘以結諸侯之好，殷覜以除邦國之慝，此二事，以王見諸侯之臣使來者爲文。時聘亦無常期。殷覜，謂一服朝之歲也。一服朝之歲，五服諸侯皆使其卿以聘禮來覜天子。以禮見之，命以政禁之事，所以除其惡行。間問以諭諸侯之志，歸脤以交諸侯之福，賀慶以贊諸侯之喜，致禬以補諸侯之災。」此四者，王使臣於諸侯之禮也。間問者，間歲一問諸侯，謂存省之屬。致禬，凶禮之弔禮。補諸侯災若春秋澶淵之會，謀歸宋財〔五〕。「凡諸侯之邦交，歲相問也，殷相聘也，世相朝也。」

王制：「諸侯之於天子也，比年一小聘，三年一大聘，五年一朝。比年，每歲也。小聘使大夫，大聘使卿，朝則君自行。然此大聘與朝，晉文伯時所制。虞、夏之制〔六〕，諸侯歲朝。周之制，侯、甸、男、采、衛、要服六者，皆以服數來朝。天子五年一巡守，歲二月東巡守，至於岱宗，柴而望祀山川；覲諸侯；問百年者，就見之，命太師陳詩，以觀民風；命市納賈，以觀民之所好惡，志淫好辟。市，典市者。賈，謂物貴賤厚薄也。質則用物貴，淫則侈物貴，民之志淫邪，則所好不正。命典禮，考時月定日，同律、禮、樂、制度、衣服，正之。山川神祇有不舉者爲不敬，不敬者君削以地，舉，猶祭也。宗廟有不順者爲不孝，不孝者君絀以爵。不順，謂背逆昭穆。變禮易樂者爲不從，不從者君流。流，放也。革制度衣服者爲畔，畔者君討。有功德於民者，加地進律。律，法也。五月南巡守，至於南嶽，如東巡守之禮。八月西巡守，至於西嶽，如南巡守之禮。十有一月北巡守，至于北嶽，如西巡守之禮。歸假于祖禰，用特。」

孟子：「天子適諸侯曰巡守，諸侯朝於天子曰述職。春省耕而補不足，秋省斂而助不給。入其疆，土地辟，田野治，養老尊賢，俊傑在位則有慶，慶以地。入其疆，土地荒蕪，遺老失賢，掊克在位則有讓。一不朝，則貶其爵，再不朝，則削其地，三不朝，則六師移之。」

王制：「天子無事，與諸侯相見曰朝。考禮正刑，一德以尊天子。天子賜諸侯樂，則以柷將之。賜伯、子、男樂，則以鼗將之。將謂執以致命。柷、鼗，皆所以節樂。諸侯賜弓矢，然後征。賜鈇鉞，然後殺。賜圭瓚，然後爲鬯。未賜圭瓚，則資鬯於天子。得其器乃敢爲其事。圭瓚，鬯爵也。鬯，秬酒也。賜圭瓚者，亦謂上公九命，若未賜圭瓚，則用璋瓚，故周禮小宗伯注云天子圭瓚，諸侯璋瓚，既不得鬯則用薰。」

右，朝聘巡守賞罰之制。

三皇以來至殷末周初諸侯之見於經傳者

共工氏　女媧末年，共工氏任智刑，以强霸而不王，與祝融戰不勝，怒觸不周山以死。

州、甫、甘、許、戲、露、齊、紀、怡、向、申、吕皆炎帝、神農氏姜姓之後，並爲諸侯，或分四岳。當周室，甫侯、申伯爲王賢相，齊、許列爲諸侯。

蚩尤氏　九黎之君，始作淫刑，不用帝命。黄帝與戰於阪泉之野，禽殺之。

有苗氏　縉雲氏之後，作五虐之刑，殺戮無辜。堯遏絶其世，舜攝政，放之於三危，又命禹徂征，七旬而格。

虞賓　書「虞賓在位」注：丹朱爲王者後，故稱賓，與諸侯助祭。

容齋洪氏隨筆曰：「堯舜之子，不肖等耳。舜之後雖不有天下，而傳至於陳，及田齊幾二千載，惟堯之後當舜在位時即絶。故禹之戒舜曰：『毋若丹朱傲，用殄厥世。』又作戒曰：『惟彼陶唐，有此冀方，今失厥道，亂其紀綱，乃底滅亡。』原丹朱之惡固在所絶，方舜禹之世，顧不能别訪賢胄爲之立繼乎？左傳載子産之辭曰：『唐人是因，以服事夏商，其季世曰唐叔虞。謂唐人之季，非周武王子封於晉者。成王滅唐，而封太叔。』又蔡墨曰：『陶唐氏既衰，其後有劉累氏曰御龍。』范宣子曰：『匄之祖自虞以上爲陶唐氏，在夏爲御龍氏。』然則封國雖絶，尚有子孫。武王滅商，封帝堯之後於薊，而未嘗一見於簡策。史趙言楚之滅陳曰：『盛德必百世祀，虞之世數未也。』臧文仲聞蓼與六二國亡，曰：『皋陶庭堅，不祀忽諸。』堯之盛德，豈出舜、皋之下，而爵邑不能及其孫何也？」

有庳　舜封象使吏治其國，而納其貢稅。有庳在今道州。

契　佐禹治水有功，舜使爲司徒，封於商，賜姓子氏。契子昭明傳相土、昌若、曹圉、冥、振、微、報丁、報乙、報丙、主壬、主癸凡十四世而生成湯，始代夏有天下。

稷　教民播種，帝堯舉爲農師，舜時封於邰。稷子不窋傳鞠、公劉、慶節、皇僕、差弗、毀隃、公非、高圉、亞圉、公叔祖類、古父亶父、季歷、西伯昌凡十六世而生武王，始代商有天下。

英、六　禹即天子位，舉皋陶薦之。且授政焉。而皋陶卒，乃封皋陶之後於英、六。至春秋魯文公之時，六人叛楚，即東夷。楚成大心帥師滅六，子燮滅蓼。安國六縣，咎陶後堰姓所封國。英即蓼也，在光州固始縣。

按：六、蓼雖滅於春秋之時，然史記以爲禹封皋陶之後於英、六，則是禹時所建之國也。

防風氏　注芒氏之君。禹會諸侯於塗山，防風氏後至，禹殺而戮之。其骨專車。其後在春秋時爲長狄。長狄首尾見狄事迹。

有扈氏　夏禹崩，啟立，有扈氏不服，啟伐而滅之，天下咸朝。有扈國在雍州南鄠縣。

后羿　有窮氏之君。太康盤游失德，羿距之於河，遂廢之而立仲康。自鉏遷於窮谷，因夏人代夏政，信用寒浞，爲浞所殺。

羲　和　二氏世掌天地之官，至仲康時湎淫，胤侯征之。

胤侯　仲康時掌六師，征羲、和。

寒浞　伯明氏之讒子，弟羿信之，以爲己相。浞行媚於内而施賂於外，樹之詐慝以取其國家，内外咸服，乃殺羿而代之。夏遺臣有鬲氏收斟灌、斟尋餘燼，滅浞，立少康。

有仍氏　寒浞子夏殺帝相。妃有仍氏女曰后緡〔七〕，歸有仍，生少康。

有鬲氏　夏爲羿、浞所代，夏之遺臣靡奔有鬲氏，自有鬲氏率遺民滅浞，立少康。有鬲，今平原鬲縣。

斟灌　斟尋氏　二國夏同姓諸侯，仲康之子后相所依。羿命其子澆用師滅之。斟灌故城在青州壽光縣東，斟尋故城在青州北海縣〔八〕。

過　戈　寒浞處其子澆於過，豷於戈。靡既滅浞，立少康，少康乃滅澆於過，后杼少康子。滅豷於戈，有窮因是遂亡。過在東萊掖縣，戈在宋、鄭之間。

葛　葛伯與湯爲鄰，不祀，湯征之。葛，梁國寧陵有葛鄉。

韋　顧　昆吾　三國名，韋，豕韋，彭姓也。顧、昆吾皆己姓也。三國黨桀爲惡，湯先伐韋、顧，克之。昆吾、桀則同時誅。

三朡　湯伐夏，夏師敗績。桀走保三朡，湯從而伐之，俘其寶玉，桀乃奔南巢。三朡，今定陶也。

氏　羌　西戎國。湯時來享來王。

荆楚　殷道衰，楚國叛，高宗伐之，罙入其阻。

鬼方　北夷。高宗伐鬼方，三年克之。

九侯　爲紂三公。有好女，入之紂。女不喜淫，紂怒，殺之，而醢九侯。鄴縣有九侯城。

鄂侯　爲紂三公。紂醢九侯，鄂侯争之强，辯之疾，紂并脯鄂侯。「鄂」一作「邘」。野王縣有邘城。

崇侯虎　紂殺九侯、鄂侯，西伯昌聞之，竊嘆。崇侯虎以告紂，紂囚西伯羑里。西伯之臣閎夭之徒，求美女奇物獻紂，紂赦西伯，賜弓矢斧鉞，使專伐征。西伯遂伐崇。崇在京兆鄠縣。

黎　殷近王畿之諸侯。西伯伐而勝之，紂之臣祖伊奔告於紂，作西伯戡黎。黎在上黨東北。

密　密須氏不共，距周侵阮及共，文王伐之。密地在寧州。

庸　蜀　羌　髳　微　盧　彭　濮　八國皆蠻夷戎狄屬文王者。武王伐商，俱以師至牧野。羌在西。蜀、髳、微在巴、蜀。盧、彭西北。庸、濮在江漢之間。

巢　殷之臣。巢伯，南方遠國。武王克商，乃來朝，芮伯作旅巢命。

奄　東方淮夷之種。武王崩，與三監武庚叛周，周公討之。成王即政，又叛成王，滅之。遷其君於蒲姑。奄在兖州曲阜縣。蒲姑，齊地。

樂記：「武王克殷，反商，未及下車而封黄帝之後於薊，封帝堯之後於祝，封帝舜之後於陳。下車而封夏后氏之後於杞，封殷之後於宋。」

左傳：「昔周公弔二叔之不咸，故封建親戚，以藩屏周。管、蔡、郕、霍、魯、衛、毛、聃、郜、雍、曹、滕、畢、原、酆、郇，文之昭也，十六國皆文王子。管國在滎陽京縣東北。雍國在河內山陽縣西。畢國在長安縣西北。酆國在始平鄠縣東。郕音成。邘、晉、應、韓，武之穆也。四國皆武王子。應國在襄陽城父縣西。韓國在河東郡界。河內野王縣西北有邘城。凡蔣、邢、茅、胙、祭，周公之胤也。蔣在弋陽期思縣。高平昌邑縣西有茅鄉。東郡燕縣西南有胙。

班固諸侯王表序：「昔周監於二代，三聖制法，謂文王、武王、周公也。立爵五等，封國八百，同姓五十有餘〔九〕。」

周成王以後春秋以前諸侯之見於經傳者

畢　畢公高，文王子。成王時爲司馬，又爲太師。成王將崩，與召太保等同受顧命立康王。康王既立，率東方諸侯以見王，以成周之衆，命畢公保釐東郊，作畢命。畢在長安縣西北。其後爲畢萬。

彤　彤伯，姒姓。成王時爲宗伯，王將崩，與召太保等同受顧命立康王。時六卿召太保、芮伯、彤伯、畢公、衛侯、毛公，惟彤伯非同姓。

密　密康公，姬姓。共王游於涇上，康公從，有三女犇之。康公不獻於王，一年，王滅密。

邶　武王克商，三分其地，自紂城而北謂之邶〔一〇〕，南謂之鄘，東謂之衛。初以處三監，三監既叛，討平之，乃封康叔於衛，而以邶、鄘封同姓之國。其後衛子孫稍并邶、鄘二國，故邶、鄘之詩皆言衛事。

鄘　説見前。

檜　妘姓，高辛火正祝融之後，武王封之爲檜子，國在禹貢豫州外方之北、滎波之南，居溱、洧之間。夷王、厲王之時，檜公不務正事而好潔衣服，大夫去之。於是檜之變風始作。幽王時，爲鄭桓公所滅。

榮　厲王時，榮夷公爲卿士，好專利，王説之，諸侯不享，王流於彘。

甫　甫侯，亦姜姓，與申皆太岳之後。穆王時，甫侯作吕刑。崧高言「惟申及甫，維周之翰」，即穆王時甫侯子孫。

樊　樊侯仲山甫，宣王時，爲卿士，兼師保之官。

韓　姬姓。左傳：「邘、晉、應、韓，武之穆也〔一一〕。」宣王錫命韓侯，後爲晉所滅。幽王九年，史伯對鄭桓公曰：「武王之子應、韓不在。」韓地在同州。

黎　黎姓。未詳侯爵，國在上黨壺關縣，後黎侯爲狄人所逐，棄其國而寄於衛，衛處以中露、泥中二邑，黎之臣子作式微、旄邱二詩，以責衛不能救黎。

右，以上皆周以來，諸侯之國而亡於春秋以前者。東坡蘇氏曰：傳稱「武王克商，光有天下，兄弟之國十有五人，姬姓之國四十人。」爵五品而別三等，公侯百里，伯七十里，子男五十里，不滿者爲附庸，蓋二千八百國。周室既衰，轉相吞滅，數百年間，列國耗盡，春秋之世見於經傳者一百六十五國，蠻夷、戎狄亦在其間。若夫二百四十年之中，朝聘會盟，侵伐圍入，孔子筆之於經，公、穀發明於傳，至今猶想見其處，今掇取其尤者附次於後。

經傳始見諸國圖

姬姓爵姓具

魯侯，隱元經。鄭伯，隱元經。祭伯，隱元經。衛侯，隱二經。西虢公，隱元傳註。隨侯，隱五傳。郕伯，隱五經。晉侯，隱六經。凡伯，隱七經。滕侯，隱十經。郜子，桓二經。芮伯，桓三傳。荀侯，桓九傳。賈伯，桓九傳。曹伯，桓十四經。單伯，莊元經。蔡侯，莊十經。息侯，莊十四傳。滑伯，莊十六經。邢侯，莊三七經。虞公，僖二經。周公，僖九經。畢公，僖二十四傳。原伯，僖二十四傳。酆侯，僖二十四傳。應侯，僖二十四傳。韓侯，僖二十四傳。甘公，僖二十四傳。頓子，僖二十五傳。毛伯，文元經。巴子，文十六經。唐侯，宣十二傳。吳子，成六經。召伯，成八經。尹子，成十六經。北燕伯，昭三經。胡子，昭四經。劉子，昭十三經。

異姓爵姓具

宋子，公，隱元經。邾曹，子，隱元經。宿風，男，隱元經。莒己，子，隱二經。紀姜，侯，隱二經。齊姜，侯，隱三經。陳嬀，侯，隱三傳。杞姒，伯，隱四經。南燕姞，伯，隱五傳。薛任，侯，隱十一經。許姜，男，隱十一經。州姜，公，桓五經。穀嬴，伯，桓七經。鄧曼，侯，桓七經。葛嬴，伯，桓十五經。郳曹，子，莊五經，僖七稱小邾。荊芊，子，莊十經，僖元稱楚。徐嬴，子，莊二十六經。舒偃，子，僖三經。鄫姒，子，僖十四經。梁嬴，伯，僖十八經。須句風，子，僖二十二經。夔芊，子，僖二十六經。秦嬴，伯，僖三十經。沈姒，子，文三傳。麇嬴，子，文十一經。郯嬴，子，宣四經。邳嬴，子，宣四傳。箕子，子，成十二傳。偪陽妘，子，襄十經。舒鳩偃，子，襄二十五經。鄅邳，子，昭十八經。

姓具爵不具

申姜，隱元傳。東虢姬，隱元傳。羅熊，桓十二傳。夷邳，莊十六傳。霍姬，閔元傳。耿姬，閔元傳。魏姬，閔元傳。黃嬴，僖二經。温姬，僖十經。任風，僖二十一傳。顓臾風，僖二十一傳。焦姬，僖二十三傳。管、雍、邗、胙、茅、蔣、聃以上七國並姬，見僖二十四傳。鄀元，文五經。蓼偃，文五經。六偃，文五傳。闞、揚姬，襄二十九傳。

爵具姓不具

譚子，莊十經。絃子，僖五經。宗子，文十二傳。萊子，襄六經。杜伯，襄二十四傳。賴子，昭四經。鍾吾子，昭二十七傳。蘇子，宣一傳。

姓爵俱失

戴隱十經。郥、貳、軫、絞以上並桓十一傳。牟桓十五經。遂莊十三經。權莊十八傳。陽閔二經。共閔二傳。冀僖二傳。道僖五傳。柏僖五傳。厲僖十五經。項僖十七經。英氏同上。江僖二經。巢文十二經。庸文十六傳。崇宣元傳。舒庸成十七經。邿襄十三經。鑄襄二十三傳。亳昭九傳。房昭十六傳。桐定二傳。

附庸

極隱二經。向隱二經。於餘邱莊二經。蕭莊二十二經。鄣莊十五經。鄟成六經。

夷狄諸種

盧桓十三傳。驪戎莊二十八傳。山戎莊三十經。北戎僖十傳。揚拒、泉臯、伊雒並僖十傳。介僖二十九經。姜戎僖三十二經。長狄文十一經。百濮文十六傳。群蠻文十六傳。陸渾宣三經。赤狄宣四經。白狄宣八經。根牟宣九經。潞宣十五經。甲氏、留吁並宣十六經。鐸辰宣十六傳。茅戎成元經。廧咎如成三經。無終襄四傳。濮、奄並昭元傳。淮夷昭四經。肅慎昭九傳。鮮虞昭十三經。肥昭十二傳。鼓昭十五傳。戎蠻哀四經。

校勘記

〔一〕旅帥　「帥」原作「師」，據局本及禮書卷三三方伯連帥之職改。

〔二〕周官大司馬　按周禮夏官司馬無「大」字。

〔三〕齊慶封之變　「慶封」原作「慶父」，據左傳襄公二十八年改。

〔四〕春朝諸侯而圖天下之事　「諸侯」二字原脱，據周禮大行人補。
〔五〕謀歸宋財　「謀」字原脱，據周禮大行人注補。
〔六〕虞夏之制　原作「唐虞之制」，據周禮王制注改。
〔七〕妃有仍氏女曰后緡　「有」字原脱，據史記卷二夏本紀正義補。
〔八〕斟尋故城在青州北海縣　「州」原作「城」，據史記卷二夏本紀正義改。
〔九〕同姓五十有餘　「同」原作「周」，據局本及漢書卷一四諸侯王表序改。
〔一〇〕自紂城而北謂之邶　「城」字原脱，據毛詩邶鄘衛譜補。
〔一一〕武之穆也　「也」字原脱，據左傳僖公二十四年補。

卷二百六十二　封建考三

春秋列國傳授本末事迹

吴　太伯與弟仲雍皆周太王之子、王季歷之兄。季歷賢，而有聖子昌，太王欲立季歷以及昌，太伯、仲雍乃奔荆蠻，文身斷髮，示不可用，以避季歷。季歷立，太伯在荆蠻自號句吴。荆蠻義之，歸者千餘家，立爲吴太伯。太伯卒，弟仲雍立，仲雍子季簡傳叔達、周章、熊遂、柯相、彊鳩夷〔一〕、餘橋疑吾、柯盧〔二〕、周繇、屈羽、夷吾、禽處、轉、頗高、句卑、去齊、壽夢、諸樊、餘祭、餘昧、僚、闔廬、夫差，凡二十五傳而吴爲越所滅。

齊　太公吕尚姜姓，蓋四岳苗裔，以漁釣干西伯，西伯立爲師。武王立，師尚父佐武王伐商有天下，乃封之於齊營邱，子丁公伋傳乙公、癸公、哀公、胡公、獻公、武公、厲公、文公、成公、莊公、釐公、襄公、桓公、孝公、昭公、懿公、惠公、頃公、靈公、莊公、景公、悼公、簡公、平公、宣公、康公，凡二十八傳而齊爲田和所併。

魯　周公，武王弟，佐武王伐紂有天下，相成王，封魯曲阜。子魯公伯禽傳考公、煬公、幽公、魏公、厲公、獻公、真公、武公、懿公、伯御、孝公、惠公、隱公、桓公、莊公、閔公、僖公、文公、宣公、成公、襄公、昭公、定公、哀公、悼公、元公、穆公、共公、康公、景公、平公、文公、頃公，凡三十五傳而魯爲楚所滅。

燕　召公奭與周同姓姬氏。文王、武王之時，自陝以西召公主之，既克商，乃封召公於北燕。自召公以下九世至惠侯傳釐侯、頃侯、哀侯、鄭侯、繆侯、宣侯、桓侯、莊公、襄公、桓公、宣公、昭公、武公、文公、懿公、惠公、悼公、共公、平公、簡公、獻公、孝公、成公、湣公、釐公、桓公、文公、易王、王噲、昭王、惠王、武成王、孝王、王喜，凡四十三傳而燕爲秦所滅。

潁濱蘇氏曰：「燕國於蠻貊之間，禮樂微矣。春秋之際，未嘗出與諸侯會盟。至於戰國，亦以耕戰自守，安樂無事，未嘗被兵。文公二十八年，蘇秦入燕，始以縱横之事説之，自是兵交中國，無復寧歲，六世而亡。吴自太伯至壽夢，十七世不通諸侯，自巫臣入吴，教之乘車戰射，與晉、楚力争，七世而亡。燕、吴雖南北絶遠，興亡之迹大略相似。彼説客策士借人之國以自快於一時可矣，而爲國者因而循之，猖狂恣行，以速滅亡，何哉？夫起於僻陋之中，奮於諸侯之上，如商、周先王以德服人則可，不然皆禍也。丹欲以一匕首斃秦，正使能害秦王，亦何救於秦之滅燕，而況不能哉？此又蘇秦所不取也。」

容齋洪氏隨筆曰：「北燕在春秋時最爲僻小，能自見於中國者，不過三四，大率制命於齊。七雄之際，爲齊所取，後賴五國之力，樂毅爲將，然後勝齊，然卒於得七十城不能守也。故蘇秦説趙王曰：『趙北有燕，燕固弱國，不足畏也。』燕王曰：『寡人國小，西迫强秦，南近齊、趙，齊、趙彊國也。』

又曰：『天下之戰國七，而燕處弱焉，獨戰則不能，有所附則無不重。』昭王謂郭隗曰：『孤極知燕弱小，不足以報齊。』蘇代曰：『一齊之彊，燕猶不能支。』奉陽君曰：『燕弱國也〔三〕，東不如齊，西不如趙。』趙長平之敗，壯者皆死，燕以二千乘攻之，爲趙所敗。太子丹謂荆軻曰〔四〕：『燕小弱，數困於兵，何足以當秦？』楚、漢之初，趙王武臣爲燕軍所得，趙廝養卒謂其將曰：『一趙尚易燕，况以兩賢王，滅燕易矣。』彭寵以漁陽叛，即時夷滅。十六國之起，戎狄亂華，稱燕稱趙者多矣，未嘗有只據燕、薊之地者也。獨安禄山以三十年節制之威，又兼領河東，乘天寶政亂，出不意而舉兵，史思明繼之，雖爲天下之禍，旋亦殄滅。至於藩鎮擅地，所謂范陽、盧龍固常受制於天雄、成德也。劉仁恭、守光父子，僭竊一方，唐莊宗遣周德威攻之，克取巡屬十餘州如拾地芥。石晉割賂契丹，仍其舊國，恃以爲强，然晉開運陽城之戰，德光幾不免。周世宗小振之，立下三關。但太平興國失於輕舉，又不治敗將喪師之罪，致令披猖以迄於今，若以謂幽燕爲用武之地則不然也。」

蔡　武王伐商，立武庚，以管叔、蔡叔監殷。管、蔡以殷叛，周公討之，殺管叔，放蔡叔。其子蔡胡率德改行，周公以爲卿士。叔卒，乃封胡於蔡〔五〕。蔡仲子蔡伯傳宮侯、厲侯、武侯、夷侯〔六〕、釐侯、共侯、戴侯、宣侯、桓侯、哀侯、繆侯、莊侯、文侯、景侯、靈侯、平侯、悼侯、昭侯、成侯、聲侯、元侯、侯齊〔七〕，凡二十四傳而蔡爲楚所滅。

曹　曹叔振鐸，武王弟。武王克殷，封振鐸於曹。振鐸子太伯傳仲君平、宮伯、孝伯、夷伯、幽伯、戴伯、惠伯、石甫、繆公、桓公、莊公、釐公、昭公、共公、文公、宣公、武公、平公、悼公、聲公、隱公、靖公、伯陽，凡二十五傳而曹爲宋所滅。

陳　舜傳禹天下，而舜子商均爲封國。夏后之時，或失或續。至周武王克殷紂，乃復求舜後，得嬀滿，封之於陳，以奉舜祀，是爲胡公。子申公傳相公〔八〕、孝公、慎公、幽公、釐公、武公、夷公、厲公、利公、莊公、宣公、穆公、共公、靈公、惠公、懷公、湣公，凡十九傳而陳爲楚所滅〔九〕。

杞　夏后禹之後。殷時或封或絶。周武王克殷，求禹之後，得東樓公，封之於杞，以奉夏后氏祀。東樓公子西樓公傳題公、謀娶公、武公、靖公、共公、德公、桓公、孝公、文公、平公、悼公、隱公、釐公、湣公、哀公、出公〔一〇〕、簡公，凡十九傳而杞爲楚所滅。

衛　康叔，周武王母弟。克商，立武庚，令管、蔡、霍叔監之。武王崩，三監挾武庚叛，周公討平之，乃封康叔於殷故墟。康叔子康伯傳考伯、嗣伯、𢈪伯、靖伯、貞伯、頃侯、釐侯、武公、莊公、桓公、宣公、惠公、懿公、戴公、文公、成公、穆公、定公、獻公、殤公〔一一〕、靈公、出公〔一二〕、莊公、悼公、敬公、昭公、懷公、慎公、聲公、成侯、平侯、嗣君、懷君、元君、君角〔一三〕，凡三十七傳而衛爲秦所滅。

宋　微子，殷帝乙元子，紂庶兄。武王崩，武庚叛，周公討誅之。乃封微子於宋，奉殷祀。微子卒，弟微仲立，傳宋公、丁公、湣公、煬公、厲公、釐公、惠公、哀公、戴公、武公、宣公、穆公、殤公、莊公、湣公、桓公、襄公、成公、昭公、文公、共公、平公、元公、景公、昭公、悼公、休公、辟公、剔成、偃，凡三十二傳而宋爲齊所滅。

晉　唐叔虞，周武王子，成王弟。成王封叔虞於唐。叔虞子燮傳武侯、成侯、厲侯、靖侯、釐侯、獻侯、穆侯、殤叔、文侯、昭侯、孝侯、鄂侯、哀侯、小子侯、湣侯、武公、獻公、惠公、懷公、文公、襄公、靈公、成公、景公、厲公、悼公、平公、昭公、頃公、定公、出公、哀公、幽公、烈公、孝公、静公，凡三十八傳而晉爲韓、趙、魏所分。

楚　其先出自帝顓頊高陽，其後爲重黎。至周成王時，舉文、武勤勞之後，而封熊繹於楚蠻，封以子男之田，姓芊氏，居丹陽。熊繹生熊艾〔一四〕、熊黚〔一五〕、熊勝、熊楊、熊渠、熊摯紅、熊延、熊勇、熊嚴、熊霜、熊徇、熊咢、若敖、霄敖、蚡冒、武王、文王、莊敖〔一六〕、成王、穆王、莊王、共王、康王、郟敖、靈王、平王、昭王、惠王、簡王、聲王、悼王、肅王、宣王、威王、懷王、頃襄王、考烈王、幽王、哀王、王負芻，自熊繹至負芻四十一傳而楚爲秦所滅。

越　其先禹之苗裔，少康之庶子。封於會稽，以奉禹祀。文身斷髮，披草萊而邑。後二十餘世，至於允常。允常子句踐傳鼫與、不壽、翁、翳、之侯、無疆，自允常以後凡八傳而越爲楚所滅。

鄭　桓公友，周厲王少子，宣王庶弟。宣王封友於鄭。桓公子武公傳莊公、厲公、昭公、子亹、子儀、文公、繆公〔一七〕、靈公、襄公、悼公、成公、釐公、簡公、定公、獻公、聲公、哀公、共公、幽公、繻公、君乙，凡二十三傳而鄭爲韓所滅。

趙　其先與秦共祖。至周幽王時，叔帶去周如晉，事晉文侯，五世而至趙夙〔一八〕。晉獻公賜趙夙耿。夙生趙衰盾、宣子。朔、武、文子。成、景叔。鞅、簡子。毋恤、襄子。浣。獻侯。烈侯籍始命爲諸侯〔一九〕，武公、敬侯、成侯、肅侯、武靈王、惠文王、孝成王、悼襄王、幽繆王遷，自烈侯籍至幽繆王遷十傳而趙爲秦所滅。

魏　其先畢公高之後，與周同姓。其後絶封，爲庶人，或在中國，或在夷狄。其苗裔曰畢萬，事晉獻公，獻公賜畢萬魏，萬生犨、武子。悼子。絳、昭子。嬴茶、獻子。侈。桓子。文侯斯始命爲諸侯，武侯、惠王、襄王、哀王、昭王、安釐王、景湣王、王假，自文侯斯至王假，凡九傳而魏爲秦所滅。

韓　其先與周同姓。其後苗裔事晉，得封於韓原，曰韓武子，或言邗、晉、應、韓，皆武王之子。韓侯在宣王時，其後國滅，而後裔事晉，復封於韓。或言韓萬是曲沃桓叔之子，萬即武子也。武子後三世有韓厥、獻子。起、宣子。頃、貞子。不信、簡子、莊子。虎、康子。啟章。武子。景侯虔始爲諸侯，烈侯、文侯、哀侯、懿侯、昭侯、宣惠王、襄王、釐王、桓惠王、王安，自景侯虔至王安十一傳而韓爲秦所滅。

齊　陳完，陳厲公佗之子。厲公爲蔡人所殺，完不得立，奔齊，爲工正。完卒，謚敬仲，敬仲生穉、湣、須無、文子。無宇、桓子。開、武子。乞、僖子。常、成子。盤、襄子。白。莊子。太公和始爲諸侯，桓王、威王、宣王、湣王、襄王、王建，自太公和至王建七傳而齊爲秦所滅。

秦　其先帝顓頊之苗裔孫曰女脩，生子大業，大業生大費。即伯益。其後至周孝王時，有非子爲王主馬於汧渭之間，孝王分土爲附庸，邑之秦，使續嬴氏祀，號曰秦嬴，秦嬴生秦侯、公伯、秦仲、莊公、襄公、文公、寧公、武公、德公、宣公、成公、繆公、康公、共公、桓公、景公、哀公、惠公、悼公、厲共公、躁公、懷公、靈公、簡公、惠公、獻公、孝公、惠文君〔二〇〕、武王、昭襄王、孝文王、莊襄王、始皇帝、二世皇帝，自秦嬴三十四傳至始皇而并天下，二世而亡。

右，春秋十二列國、戰國七雄，太史公作史記，有各國世家，叙述已爲詳備，兹不復具録，姑略叙各國得封之由與傳授之世系而已。至於邾、莒、許、滕、薛、郳以下諸國，其事實之見於春秋左氏内外傳及傳記諸書者頗詳，史記以其國小不復作世家，後來無述焉，故摭各國事實之可考者，仿世家之例，備述於後。至其世系之傳授、得封分地、受姓受爵之源委，苟有可考者則書之，難書者闕之。所叙述一依史傳元文，而不敢有所去取删潤，避不敏也。

邾

邾，曹姓，子爵，出自陸終第五子晏安之後。武王克商，封其苗裔曹挾於邾，爲附庸，國在魯國鄒縣。今濟州城南有邾婁城。國在某縣，本杜預注左傳。今爲某處，本鄭樵考今諸國地名。後同。魯隱公元年，公即位，而欲求好於邾，故與邾子克盟於蔑。十月，鄭人以王師、虢師伐衛南鄙，請師於邾，邾子使私於魯大夫公子豫，豫請往，魯公不許，遂行，及邾人、鄭人盟於翼。五年，宋人取邾田，邾告於鄭曰：「請君釋憾於宋，敝邑爲道。」鄭人以王師會之，伐宋，入其郛。七年，魯伐邾，爲宋討也。桓公八年，魯伐邾。十五年，邾人朝于魯。十七年，魯及邾子克盟於趡，尋蔑之盟。莊公十六年，邾子克卒。僖公元年，魯敗邾師於偃，虚邱之戍將歸者也。虚邱，邾地。邾人既送哀姜還，齊人殺之，因戍虚邱，欲以侵魯。公以義求齊，齊送姜氏之喪而邾人懼，乃歸，故公要而敗之。二十二年，邾滅須句，魯伐邾，取須句，反其君焉。八月，邾人以須句故伐魯。僖公卑邾，不設備，戰於升陘，魯師敗績。三十三年，魯伐邾，取訾婁，以報升陘之役。邾人不設備。秋，襄仲復伐邾。文公七年，魯伐邾，取須句，寘文公子焉。僖公取須句，反其君，後復爲邾所取，今魯再取之。邾文公子叛，在魯，故魯使之爲須句大夫。　十三年，邾文公卜遷於繹。繹，邾邑，魯國鄒縣北有繹山。史曰：「利於民不利於君。」邾子曰：「苟利於民，孤之利也。天生民而樹之君，以利之也。民既利矣，孤必與焉。」左右曰：「命可長也，君何弗爲？」邾子曰：「命在養民，死之短長，時也。民苟利矣，遷也，吉莫如之。」遂遷於繹。五月，邾文公卒，君子曰：「知命。」　十四年，邾文公之卒也，公使弔焉，不敬。邾人來討，伐魯南鄙，故惠伯伐邾。　文公元妃齊姜生定公，二妃晉姬生捷菑。文公卒，邾人立定公，捷菑奔晉。晉趙盾以諸侯之師八百乘納捷菑於邾，邾人辭曰：「齊出貜且長。」宣子曰：「辭順而弗從，不祥。」乃還。　宣公十年，魯伐邾，取繹。　成公十三年，會晉諸侯之師伐秦。　十八年，邾宣公即位，朝於魯。　襄公元年，邾子朝於魯。會晉諸侯之師圍宋彭城，伐鄭。　四年，邾、莒伐鄫，魯臧紇救鄫，侵邾，魯師敗於狐駘。　六年，魯穆叔如邾，聘且修平。平四年狐駘戰。　十一年，會晉及諸侯伐鄭，會於蕭魚。　十四年，會晉及諸侯於向，遂從晉侯及諸侯之師伐秦。　十五年，邾伐魯南鄙，魯告於晉，晉將爲會以討邾、莒。晉侯有疾，乃止。　十六年，會晉及諸侯於溴梁。晉以魯故，執邾宣公。　十七年，邾伐魯南鄙，爲齊故也。齊未得志於魯，邾故助之。　十九年，晉及諸侯盟於督楊，執邾悼公，以其伐魯故。遂次於泗上，疆魯田正邾、魯之界。取邾田自漷水，歸之於魯。邾田在漷水北，今更以漷爲界，故曰取邾田。　二十年，會晉及諸侯盟於澶淵，邾人驟伐魯，魯以諸侯之事弗能報。秋，孟莊子伐邾以報之。　二十一年，邾大夫庶其以漆、閭丘奔魯。季武子以公姑姊妻之，皆有賜於其從者。　二十二年，會晉及諸侯於沙隨。　二十三年〔三〕，邾畀我奔魯。畀我，庶其之黨。　二十五年，會晉及諸侯於夷儀。　二十七年，晉、楚及諸侯盟於宋，齊人請邾不與盟。　二十八年，邾悼公朝於魯。　昭公十一年，魯孟僖子會邾莊公，盟於祲祥。　十三年，晉會諸侯於平丘。邾、莒愬於晉曰：「魯朝夕伐我，幾亡矣。我之不共，魯故之以。」晉公不見魯公，執季孫意如。　十八年，邾襲鄅，入之，盡俘以歸。既而反鄅夫人，舍其女。　十九年，宋爲鄅故伐邾，圍蟲，三月取之，乃盡歸鄅俘。　邾人、郳人、徐人會宋公，同盟于蟲。　二十三年，邾人城翼，邾邑。還將自離姑。亦邾邑。從離姑，則道經魯之武城。公孫鉏曰：「魯將御我。」欲自武城還，循山而南。徐鉏、邱弱、茅地三子邾大夫。曰：「道下遇雨，將不出，是不歸也。」謂此山道下濕。遂自離姑。武城人塞其前，以兵塞前道。斷其後之木而弗殊。邾師過之，乃推而蹷之，遂取邾師，獲鉏、弱、地。邾人愬於晉，晉執魯行人叔孫婼，使與邾大夫坐。坐訊曲直。叔孫曰：「列國之卿，當小國之君，固周制也。邾又夷也，寡君之命介子服回在，請使當之。」乃不果坐。韓宣子使邾人聚其衆，將以叔孫與之。士彌牟曰：「子弗良圖，而以叔孫與其讎，叔孫必死之。魯亡叔孫，必亡邾。邾君亡國，將焉歸？所謂盟主，討違命也。若皆相執，焉用盟主？」乃弗與，使各居一館。士伯聽其辭而愬諸宣子，乃皆執之。士伯御叔孫，從者四人，過邾館以如吏。欲使邾人見叔孫之屈辱。先歸邾子，次年乃歸叔孫。　二十五年，會晉及諸侯于黄父。　三十一年，邾黑肱以濫奔魯。黑肱，邾大夫。濫，東海昌慮縣。　定公二年，邾莊公與夷射姑飲酒，私出。閽乞肉焉，奪之杖以敲之。其明年，邾子在門臺，臨廷，閽以缾水沃廷，邾子望見之，怒。閽曰：「夷射姑旋焉。」命執之，弗得，滋怒，自投於床，廢於鑪炭，爛，遂卒。莊公卞急而好潔，故及於是。　冬，魯仲孫何忌及邾子盟于郯。　十四年，魯大蒐於比蒲〔二二〕，邾子來會。　十五年，邾隱公朝魯，執玉高，其容仰，定公受玉卑，其容俯，子貢觀之曰：「二君者皆將死亡。」　哀公二年，魯伐邾，將伐絞。絞，邾邑。邾人愛其土，故賂以漷沂之田，乃盟於句繹。　七年，魯伐邾，及范門，邾郭門。猶聞鐘聲。邾不禦寇。大夫諫，不聽。茅成子請告於吳，成子，邾大夫。不許，曰：「魯擊柝聞於邾。吳二千里，不三月不至〔二三〕，何及於我？且國內豈不足？」言足以距魯。成子以茅叛。魯師入邾，處其公宮，師晝掠，邾衆保於繹，師宵掠，以邾子益歸獻於亳社，囚諸負瑕。負瑕故有繹。負瑕，魯邑。魯得邾之繹民〔二四〕，使在負瑕，故使相就辱之。邾茅夷鴻以束帛乘韋自請救於吳，曰：「魯弱晉而遠吳，馮恃其衆，而背君之盟，辟君之執事，以陵我小國。邾非敢自愛也，懼君威之不立。君威之不立，小國之憂也。若夏盟於鄫衍，秋而背之，成求而不違，四方諸侯其何以事君？且魯賦八百乘，君之貳也。貳，敵也。魯以八百乘賦貢於吳，言其國大。邾賦六百乘，君之私也。爲私屬。以私奉貳，唯君圖之。」吳子從之。　八年，吳爲邾故伐魯，克武城，次於泗上，取盟而還。齊侯如吳請師，將以伐魯，乃歸邾子。邾子又無道，吳子使太宰子餘討之，囚諸樓臺，栫之以棘，使諸侯奉太子革以爲政。　十年，邾隱公奔魯，齊甥也，故遂奔齊。公會吳子、邾子、郯子伐齊南鄙。　二十一年，魯哀公及齊侯、邾子盟於顧。　二十二年，邾隱公自齊奔越，曰：「吳爲無道，執父立子。」越人歸之，太子革奔越。　二十四年，邾子又無道，越人執之以歸，而立公子何。何亦無道。　二十七年，越子使后庸來聘，且言邾田，封於駘上，欲使魯還邾田，封境至駘上。盟於平陽。　邾後改曰鄒。鄒與魯鬨，鬨，鬭聲也。鄒穆公問於孟子曰：「吾有司死者三十三人，而民莫之死也。誅之則不可勝誅，不誅則疾視其長上之死而不救，如之何則可也？」孟子對曰：「凶年饑歲，君之民老弱轉乎溝壑，壯者散而之四方者幾千人矣，而君之倉廩實，府庫充，有司莫以告，是上慢而殘下也。曾子曰：『戒之戒之，出乎爾者，反乎爾者也。』夫民今而後得反之也。君無尤焉。君行仁政，斯民親其上，死其長矣。」郳後爲魯所滅。

郳世次：郳儀父克、郳子瑣、文公蘧蒢、定公貜且、宣公牼、悼公華、莊公穿、隱公益姑、桓公革、公子何、四年獲麟。穆公。

莒

莒，嬴姓，子爵，國在城陽莒縣。今密州。出自少皞之後。武王封兹輿期於莒。莒夷君無謚而有號。自兹輿期十一世至兹丕始見於春秋。魯隱公二年，莒子娶於向，向姜不安莒而歸。莒人入向，以姜氏還。冬，紀子帛〔二五〕、莒子盟於密。四年，莒伐杞，取牟婁。八年，魯公及莒人盟於浮來，成紀好也。閔公二年，魯共仲弑閔公奔莒，僖公立，以賂求共仲於莒而殺之。僖公二年，莒人來求賂於魯，以還慶父故。魯公子友敗諸酈，獲莒子之弟挐。二十五年，衛人平莒於魯，乃盟於洮，修衛好，及莒平也。二十六年，魯公會莒兹丕公、甯莊子，盟於向，尋洮之盟。文公十八年，莒紀公生太子僕，又生季佗，愛季佗而黜僕〔二六〕，且多行無禮於國。僕因國人以弑紀公，以其寶玉奔魯。宣公命與之邑，季文子使司寇出諸竟。宣公四年，魯公及齊侯平莒及郯，二國宿有怨。莒人不肯，魯伐莒取向。十三年，齊師伐莒，莒恃晉而不事齊故也〔二七〕。成公七年，晉侯及諸侯同盟於馬陵，莒服故也。莒本屬齊，齊服晉，故莒從之。八年，晉使申公巫臣如吳，假道於莒，與渠邱公立於池上曰：「城已惡。」莒子曰：「辟陋在夷，其孰以我爲虞。」對曰：「夫狡焉思啟封疆，以利社稷者，何國蔑有唯？然故，多大國矣。唯或思或縱也，世有思開封疆者，有縱其暴掠者。勇夫重閉，況國乎？」九年，楚子重自陳伐莒，圍渠邱。渠邱城惡，衆潰，奔莒。楚入渠邱，莒人囚楚公子平，楚人曰：「勿殺，吾歸而俘。」莒人殺之，楚師圍莒。莒城亦惡〔二八〕。庚申，莒潰，楚遂入鄆，莒無備故也。襄公四年，邾、莒伐鄫，魯救鄫，侵邾敗于狐駘。六年，莒滅鄫。八年，莒伐魯東鄙，以疆鄫田。莒既滅鄫，魯侵其西界，故莒伐魯東鄙，正之。九年，會晉及諸侯之師伐鄭，同盟於戲。十年，會晉及諸侯於柤，伐鄭。莒人間諸侯之有事也，故伐魯東鄙。諸侯有討鄭之事。十一年，會晉及諸侯于蕭魚。十二年，莒伐魯東鄙，圍台。魯季武子救台入鄆，取其鐘以爲公盤。十四年，會諸侯及吳於向，晉執莒公子務婁，以其通楚使也。會諸侯之師伐秦。十六年，晉會諸侯於溴梁，命歸侵田。以魯故，執邾宣公、莒黎比公，前年邾、莒伐魯，晉未能討故也。且曰：「通齊、楚之使。」二十年，魯及莒平，孟莊子會莒人，盟於向，督揚之盟故也。二十三年，齊侯還自晉〔二九〕，遂襲莒，門于且于，傷股而退。明日，將復戰，期于壽舒。莒地。杞殖、華還齊大夫。載甲，夜入且于之隧，宿於莒郊。明日，先遇莒子於蒲侯氏，近莒邑。莒子重賂之，使無死，曰：「請有盟。」以盟要二子，令無死戰。華周對曰：「貪貨棄命，君所惡也。昏而受命，日未中而棄之，何以事君？」莒子親鼓之，從而伐之，獲杞梁。莒人行成。勝大國懼，故速成。二十九年，會晉及諸侯，城杞。三十年，會晉及諸侯于澶淵，宋災故。三十一年，莒黎比公生去疾及展輿，既立展輿，又廢之。黎比公虐，國人患之。十一月，展輿因國人以攻莒子，弒之，乃立。去疾奔齊，齊出也。展輿，吴出也。昭公元年，魯季武子伐莒，取鄆。諸侯會於虢，莒人告於會。楚告於晉，曰：「尋盟未退，而魯伐莒，瀆齊盟，請戮其使。」乃執叔孫豹，趙武子爲之請於楚曰：「魯雖有罪，而執事不辟難，畏威而敬命矣。子若免之，以勸左右可也。莒、魯爭鄆爲日久矣，苟無大害於其社稷，可無亢也。」楚人許之，乃免叔孫。莒展輿立，而奪群公子秩，公子召去疾於齊。齊公子鉏納去疾，展輿奔吴。魯叔弓帥師疆鄆田，因莒亂也。於是莒務婁、瞀胡及公子滅明以大厖與常儀靡奔齊。三子展輿黨。大厖、常儀靡，莒二邑。四年，魯取鄫。莒亂，著邱公立而不撫鄫，鄫叛而歸魯。五年，莒牟夷以牟婁、及防兹奔魯。牟夷，大夫。牟婁、防兹，二邑。莒人愬於晉，魯昭公朝於晉，晉侯將止之，范獻子曰：「不可。」乃歸公。公至自晉，莒人來討，不設備。叔弓敗諸蚡泉，莒未陳也。十年，魯季平子伐莒，取郠。十二年，魯昭公如晉，至河乃復。取郠之役，莒人愬於晉。晉有平公之喪，未之治也，故辭公。十三年，爲取郠故，晉將以諸侯討魯。邾人、莒人復愬於晉，曰：「魯朝夕伐我，幾亡矣。我之不共，魯故之以。」晉侯不見公，執季孫意如。十四年，莒著邱公卒，郊公不慼。郊公，著邱公子。國人弗順，欲立著邱公之弟庚輿。庚輿，莒共公。蒲餘侯莒大夫。惡公子意恢而善於庚輿，郊公惡公子鐸而善於意恢。公子鐸因蒲餘侯而與之謀曰：「爾殺意恢，我出君而納庚輿。」許之。十二月，蒲餘侯兹夫殺意恢，郊公奔齊，公子鐸逆庚輿於齊。齊隰黨、公子鉏送之，有賂田。十九年，齊高發帥師伐莒，莒子奔紀鄣莒邑。使孫書伐之，孫書，陳無宇之子子占也。初，莒有婦人，莒子殺其夫，已爲嫠婦。及老，託於紀鄣，紡焉以度而去之。因紡纑〔三〇〕，連所紡以度城而藏之，以待外攻者，欲因以執讎者也。及師至，則投諸外，或獻諸子占。子占使師夜縋而登。登者六十人，縋絶，師鼓譟，城上之人亦譟。莒共公懼，啓西門而出，齊乃入紀。二十二年，齊北郭啓帥師伐莒，莒子將戰，苑羊牧之諫曰：「齊帥賤，其求不多，不如下之，大國不可怒也。」弗聽，敗齊師於壽餘。齊侯伐莒，莒子行成，司馬竈齊大夫。如莒涖盟。莒子如齊涖盟，盟於稷門之外。莒於是乎大惡其君。二十三年，莒子庚輿虐而好劍，苟鑄劍必試諸人，國人患之。又將叛齊。烏存莒大夫。帥國人以逐之。庚輿將出，聞烏存執殳立於道左，懼，將止死。苑羊牧之曰：「君過之，烏存以力聞可矣，何必以弒君成名？」遂奔魯。齊人納郊公。庚輿而下，微不復見，後四世而楚滅之。秦昭襄王五十二年，楚人遷魯於莒而取其地。

莒世次：兹丕公、紀公庶其、厲公季陀、渠邱公宋、黎比公密州、展輿、著邱公去疾、庚輿、郊公、莒子任、共公。是年卒，即獲麟。

許

許，姜姓，男爵，出自堯四岳伯夷之後。周武王封其苗裔文叔於許，以續太岳之嗣。地在潁川許昌縣，今許州是也。魯隱公十一年，公會鄭伯於郲，謀伐許也。秋七月，公會齊侯、鄭伯伐許。庚辰，傅於許。壬午，入許，許莊公奔衛。齊侯以許讓公，公曰：「君謂許不共，不共職貢。故從君討之。許既伏其罪矣，雖君有命，寡人弗敢與聞。」乃與鄭人。鄭伯使許大夫百里奉許叔以居許東偏，許叔，莊公之弟。曰：「天禍許國，鬼神實不逞於許君，而假手於我寡人。寡人唯是一二父兄不能共億，其敢以許自爲功乎？寡人有弟，不能和協，而使餬其口於四方，其況能久有許乎？吾子其奉許叔以撫柔此民也，吾將使獲也佐吾子。獲，鄭大夫公孫獲。若寡人得没於地，天其以禮悔禍於許，無寧茲許公，復奉其社稷。唯我鄭國之有請謁焉，如舊昏媾，其能降以相從也，無滋他族實偪處此，以與我鄭國爭此土也。吾子孫其覆亡之不暇，而況能禋祀許乎？寡人之使吾子處此，不唯許國之爲，亦聊以固吾圉也。」乃使公孫獲處許西偏，曰：「凡而器用財賄，無寘於許。我死，乃亟去之。吾先君新邑於此，王室而既卑矣，周之子孫日失其序。夫許太岳之胤也，神農之後，堯四岳也。天而既厭周德矣，吾其能與許爭乎？」莊公二十九年，鄭人侵許。僖公四年，會齊侯及諸侯之師侵蔡伐楚，次于陘。許穆公卒于師，葬之以侯禮。六年，齊侯及諸侯之師伐鄭，以其逃首止之盟故也〔三一〕。秋，楚子圍許以救鄭，諸侯救許，乃還。冬，蔡穆侯將許僖公以見楚子於武城。楚子退舍武城，猶有忿志，故蔡將許君歸楚。武城，楚地。許男面縛銜璧，大夫衰絰，士輿櫬。縛手於後，唯見其面。以璧爲贄，手縛，故銜之。將受死，故衰絰、輿櫬。楚子問諸逢伯，對曰：「昔武王克殷〔三二〕，微子啟如是，武王親釋其縛，受其璧而祓之。祓，除凶之禮。焚其櫬，禮而命之，使復其所。」楚子從之。三十三年，晉、陳、鄭伐許，討其貳於楚也。文公五年，許僖公卒。成公二年，晉伐齊，楚令尹子重爲陽橋之役以救齊。王卒盡行，彭名御戎，蔡景公爲左，許靈公爲右，二君弱，皆彊冠之。楚遂及諸侯盟于蜀，蔡侯、許男不書，乘楚車也。三年，許恃楚而不事鄭，鄭子良伐許。四年，鄭公孫申帥師疆許田，前年鄭伐許取其田。許人敗諸展陂。展陂，許地。鄭伯伐許，取鉏任、泠敦之田。晉欒書帥師救許，伐鄭，取氾、祭。楚子反救鄭，鄭伯與許男訟焉，皇戌攝鄭伯之辭，子反不能決也。五年，許靈公愬鄭伯于楚。六月，鄭悼公如楚訟，不勝。楚人執皇戌及子國，故鄭伯求成于晉。　八年，晉欒書侵蔡，遂侵楚，侵沈。鄭伯將會晉師，門于許東門，大獲焉。過許，見其無備，因攻之。　九年，鄭伯如晉，晉人討其貳於楚，執諸銅鞮。　冬，鄭人圍許，示晉不急君也。是則公孫申謀之曰：「我出師以圍許，示不畏晉。爲將改立君者，而紓晉使勿亟遣使如晉。晉必歸君。」　十四年八月，鄭子罕伐許，敗焉。　戊戌，鄭伯復伐許，入其郛〔三三〕，許人平以叔申之封。四年，鄭公孫申疆許田，許人敗之，不得定其封疆。今許以是所封田求和於鄭。　十五年，許靈公畏偪于鄭，請遷于楚。　辛丑，楚公子申遷許于葉。葉，今南陽葉縣。許畏鄭，南依楚。　襄公三年，許靈公事楚，不會于雞澤，晉知武子帥師伐許。　十六年，許男請遷于晉。許欲叛楚。　晉以諸侯會溴梁，遂遷許。　許大夫不可，晉人歸諸侯。唯以師討許之不肯遷。　鄭子蟜聞將伐許，遂相鄭伯以從諸侯之師，鄭與許有宿怨，故其君親行。　師次於棫林，伐許，次於函氏。皆許地。　晉荀偃帥師伐楚〔三四〕，敗楚，師遂侵方城之外，復伐許而還。　二十六年，許靈公如楚，請伐鄭，十六年，晉伐許，他國皆大夫，獨鄭伯自行，故許恚，欲報之。　曰：「師不興，孤不歸矣。」八月，卒于楚，楚子曰：「不伐鄭，何以求諸侯？」十月，楚子伐鄭，入南里，墮其城，涉於氾而歸，然後葬許靈公。　昭公四年，許男如楚，楚子止之，遂止鄭伯，復田江南，許男與焉。　使椒舉如晉求諸侯，二君待之。　楚以諸侯滅賴，遷賴於鄢。　楚子欲遷許於賴，使鬬韋龜與公子棄疾城之而還。爲許城也。　九年，楚公子棄疾遷許于夷，實城父。此時改城父爲夷。城父縣屬譙郡。　取州來淮北之田以益之。益，許田。　伍舉授許男田。　然丹遷城父人於陳，以夷濮西田益之。以夷田在濮水西者與城父人。　遷方城外人於許，成十五年，許遷於葉，因謂之許。今許遷於夷，故以方城外人實其處。傳言靈王使民不安。　十八年，楚左尹王子勝言於楚子曰：「許於鄭，仇敵也，而居楚地，以不禮於鄭。十三年〔三五〕，平王復遷邑，許自夷還居葉，恃楚而不事鄭。晉、鄭方睦，鄭若伐許，而晉助之，楚喪地矣。君盍遷許？許不專於楚，自以舊國，不專心以事楚。鄭方有令政。許曰『余舊國也』，許先鄭封。鄭曰：『余俘邑也。』隱十一年，鄭滅許而復存之，故曰我俘邑。葉在楚，方城外之蔽也。爲方城外之蔽障。土不可易，易，輕也。國不可小，謂鄭。許不可俘，讎不可啟，君其圖之。」楚子說，使王子勝遷許於析〔三六〕，實白羽。於傳時，白羽改爲析。十九年，許悼公瘧，飲太子止之藥卒，太子奔晉。定公四年，許遷于谷城。六年，鄭游速帥師滅許，以許男斯歸，因楚敗也。

許世次：穆公新臣、僖公業、昭公錫我、靈公甯、悼公買、許男斯、元公成。二年，獲麟。

滕

滕，姬姓，侯爵，文王子叔繡之後也。地在兗州龔邱。今徐州有故滕城。魯隱公七年，滕侯卒。未同盟，故不訃以名。十一年，滕侯、薛侯來朝，爭長。薛侯曰：「我先封。」薛祖奚仲，夏所封，在周之前。滕侯曰：「我周之卜正也。薛，庶姓也，我不可以後之。」公使羽父請於薛侯曰：「君與滕君辱在寡人。周之宗盟，異姓爲後。寡人若朝於薛，不敢與諸任齒。君若辱貺寡人，則願以滕君爲請。」薛侯許之，乃長滕侯。桓公二年，滕子來朝。滕本侯，今稱子，蓋時王所黜。僖公十九年，宋襄公以會召諸侯執滕宣公嬰齊。文公十二年，滕昭公朝魯，始朝於公也。宣公九年，滕昭公卒。宋人圍滕，因其喪也。十年，滕人恃晉而不事宋，故宋師伐滕。成公十三年，會晉侯及諸侯之師伐秦，敗秦師于麻隧。襄公元年〔三七〕，會晉及諸侯之師圍宋彭城。　二年，會晉及諸侯之師于戚，遂城虎牢。　六年，滕成公朝魯，始朝公也。　九年，會晉及諸侯伐鄭，同盟于戲。　十年，會晉及諸侯于柤，遂滅偪陽。　十一年，會晉及諸侯伐鄭，會于蕭魚。　十四年，會晉及諸侯、吳師于向，伐秦。　二十年，會晉及諸侯于澶淵。　二十五年，會晉及諸侯于夷儀。　二十七年，晉、楚諸侯會于宋，宋人請滕不與盟。　三十年，會宋及諸侯于澶淵，宋災故。　三十一年，魯襄公卒，滕成公來會葬，惰而多涕，子服惠伯曰：「滕君將死矣！怠於其位，而哀已甚，兆於死所矣，能無從乎？」　昭公三年，滕子原卒，魯叔弓如滕〔三八〕，葬滕成公。　四年，會楚子及諸侯于申。　十三年，會劉子、晉侯及諸侯盟于平邱。　二十五年，會晉及諸侯于黄父。　定公元年，晉魏舒合諸侯之大夫于狄泉，將以城成周，宋仲幾不受功，曰：「滕、薛、郳，吾役也。」欲使三國代宋受功役也。　滕文公爲世子，將之楚，過宋而見孟子。　孟子道性善，言必稱堯、舜。　世子自楚反，復見孟子，孟子曰：「世子疑吾言乎？夫道一而已矣。　成覸謂齊景公曰：『彼丈夫也，我丈夫也，吾何畏彼哉？』顔淵曰：『舜何人也，予何人也？有爲者，亦若是。』公明儀曰：『文王我師也，周公豈欺我哉？』今滕絶長補短將五十里也，猶可以爲善國。　書曰：『若藥不瞑眩，厥疾不瘳。』」　滕定公薨，世子使然友問於孟子，然後行事。　然友反命，定爲三年之喪。　問爲國，孟子曰：「民事不可緩也。　民之爲道也，有恒産者有恒心，無恒産者無恒心。　苟無恒心，放僻邪侈無不爲矣。　及陷於罪，然後從而刑之，是罔民也。　焉有仁人在位，罔民而可爲也。　是故賢君必恭儉禮下，取於民有制。　夏后氏五十而貢，殷人七十而助，周人百畝而徹，其實皆什一也。　徹者，徹也。　助者，藉也。　夫世禄滕固行之矣。　詩云：『雨我公田，遂及我私。』

由此觀之，雖周亦助也。設爲庠序學校以教之。庠者養也，校者教也，序者射也。夏曰校，殷曰序，周曰庠。學則三代共之，皆所以明人倫也。人倫明於上，小民親於下。有王者起，必來取法，是爲王者師也。」使畢戰問井地，孟子曰：「夫仁政必自經界始，經界不正，井地不均，穀祿不平，是故暴君汙吏必慢其經界。經界既正，分田制祿可坐而定也。夫滕，壤地褊小，將爲君子焉，將爲野人焉。無君子，莫治野人；無野人，莫養君子，請野九一而助，國中什一使自賦。卿以下必有圭田，圭田五十畝；餘夫二十五畝。死徙無出鄉，鄉田同井，出入相友，守望相助，疾病相扶持。則百姓親睦。方里而井，井九百畝，其中爲公田。公事畢，然後敢治私事，所以別野人也。此其大略也，若夫潤澤之，則在君與子矣。」文公問孟子曰：「滕，小國也，間於齊、楚，事齊乎，事楚乎？」對曰：「是謀非吾所能及也。無已則有一焉，鑿斯池也，築斯城也，與民守之，效死而民弗去，則是可爲也。」又問曰：「齊人將築薛，築薛以逼滕。吾甚恐，如之何則可？」孟子對曰：「昔者大王居邠，狄人侵之，去之岐山之下居焉，非擇而取之，不得已也。苟爲善，後世子孫必有王者矣。君子創業垂統，爲可繼也。若夫成功則天也，君如彼何哉？彊爲善而已矣。」周赧王二十九年，宋滅滕。上距孟子時四十餘年。

滕世次：滕侯穀、宣侯嬰齊、孝侯轔、昭公元、文侯壽、成公原、悼侯寧、頃公結、隱公虞母。四年，獲麟。

薛

薛，任姓，侯爵，黄帝之後。奚仲封於薛。地在薛縣。今徐州薛城。至獻侯始，朝魯，與諸侯盟會。隱公十一年，滕侯、薛侯來朝，争長。公使羽父請於薛侯，乃長滕侯。襄公二年，會晉及諸侯于戚，遂城虎牢。九年，會晉及諸侯伐鄭。十年，會晉及諸侯于柤，伐鄭。十一年，會晉及諸侯之師伐鄭，盟于蕭魚。十四年，會晉及諸侯于向，伐秦。十六年，會晉及諸侯于溴梁。二十年，會晉及諸侯于澶淵。二十五年，會晉及諸侯于夷儀。三十年，會晉及諸侯于澶淵，宋災故。昭公十三年，會晉及諸侯盟于平丘。二十五年，會晉及諸侯盟于黄父。定公元年，晉魏舒合諸侯之大夫于狄泉，將以城成周。宋仲幾不受功，曰：「滕、薛、郳，吾役也。」薛宰曰：「宋爲無道，絶我小國于周，以我適楚，故我常從宋。晉文公爲踐土之盟，曰：『凡我同盟，各復舊職。』若從踐土，若從宋，亦唯命。」仲幾曰：「踐土固然。」言踐土盟，薛亦宋役。薛宰曰：「薛之皇祖奚仲，居薛以爲夏車正。奚仲爲夏禹掌車服大夫。奚仲遷於邳，仲虺居薛，以爲湯左相。仲虺，奚仲之後〔三九〕。若復舊職，將承王官，何故以役諸侯？」仲幾曰：「三代各異物，薛焉得有舊。爲宋役，亦其職也。」士彌牟曰〔四〇〕：「晉之從政者新，子姑受功。歸，吾視諸故府。」仲幾曰：「縱子忘之，山川鬼神其忘諸乎？」士伯怒，謂韓簡子曰：「薛徵於人，宋徵於鬼，宋罪大矣。」乃執仲幾以歸。定公十三年，薛弑其君比。

薛世次：薛侯、獻侯穀、襄公定、薛公比、惠公夷。五年，獲麟。

容齋洪氏隨筆曰：「左傳載魯哀公大夫云：『禹合諸侯於塗山，執玉帛者萬國，今其存者無數十焉。』漢公孫卿語武帝云：『黄帝時萬諸侯〔四一〕，而神靈之封君七千。』按王制所紀九州，九千七百七十有三國，多寡殊不侔。以理推之〔四二〕，一君會朝所將吏卒，姑以百人計之，則萬國之衆，當爲百萬，塗山之下，將安所歸宿乎？其爲虚言，無可疑者。所謂存者數十，考諸經傳，可見者唯薛耳。薛之祖奚仲，爲夏禹掌車服大夫，自此受封，歷商及周末，始爲宋偃王所滅，其享國千九百餘年，傳六十四代，三代諸侯莫之與比。薛壤地褊小，以詩則不列於國風，以世家則不列於史記，而春秋二百四十二年之間，視同儕邾、杞、滕、鄫，獨未嘗受大國侵伐，則其爲邦，亦自有持守之道矣。」

小邾

小邾，曹姓，子爵，出自邾挾之後。夷父顔有功於周，周封其子友於郳，爲附庸。地在東海昌慮縣東北。郳城，今沂州。齊桓公霸，郳君附從，進爵爲子，始列諸侯，謂之小邾子。莊公五年，郳犁來來朝，名，未王命也。未受爵命爲諸侯。十五年，諸侯爲宋伐郳。郳，附庸，屬宋而叛，故齊桓伐之。鄭人間之而侵宋。僖公七年，小邾子來朝。始得王命而來朝也。襄公二年，會晉及諸侯城虎牢。七年，小邾穆公朝魯，亦始朝公也。九年，會晉及諸侯之師伐鄭。十年，會晉及諸侯于柤。十一年，會晉及諸侯伐鄭，盟于蕭魚。十四年，會晉及諸侯之師于向，伐秦。二十年，會晉及諸侯盟澶淵。二十二年，會晉及諸侯于沙隨。三十年，會晉及諸侯盟澶淵，宋災故。昭公三年，小邾穆公來朝，季武子欲卑之，不欲以諸侯禮待之。穆叔曰：「不可。曹、滕、二邾實不忘我好。敬以逆之，猶懼其貳。又卑一睦焉，一睦，謂小邾。逆群好也。其如舊而加敬焉！志曰：『能敬無災。』又曰：『敬逆來者，天所福也。』」季孫從之。四年，會楚及諸侯于申。十三年，會晉及諸侯盟于平邱。十七年，小邾穆公來朝，公與之宴，季平子賦采菽，穆公賦菁菁者莪，昭子曰：「不有以國，其能久乎？」嘉其能答賦，言其賢，故能久有國。十九年，邾人、郳人、徐人會宋公，同盟于蟲。先時，宋爲郳故，討邾取蟲。二十五年，會晉及諸侯于黃父。定公元年，晉合諸侯之大夫城成周，宋仲幾不受功，曰：「滕、薛、郳，吾役也。」欲使三國代宋受功役。哀公四年，宋人執小邾子。小邾子無道於民，故稱人以執。十四年，小邾射以句繹來奔，射，小邾大夫。句繹，地名。曰：「使季路要我，吾無盟矣。」使子路，子路辭。季康子使冉有謂之曰：「千乘之國，不信其盟而信子之言，子何辱焉？」對曰：「魯有事於小邾，不敢問故，死其城下可也。彼不臣而濟其言，是義之也。由弗能。」

校勘記

〔一〕彊鳩夷　「彊」原作「疆」，據史記卷三一吳太伯世家改。

〔二〕柯盧　「柯」原作「何」，據元本、慎本、馮本及史記卷三一吳太伯世家改。

〔三〕燕弱國也　「弱國」二字原倒，據容齋四筆卷三燕非强國乙正。

〔四〕太子丹謂荆軻曰　「謂」原作「請」，據容齋四筆卷三燕非强國改。

〔五〕乃封胡於蔡　「於」原作「爲」，據史記卷三五管蔡世家改。

〔六〕夷侯　「夷」原作「信」，據史記卷三五管蔡世家改。

〔七〕侯齊　二字原倒，據史記卷三五管蔡世家乙正。

〔八〕子申公傳相公　「相」原作「桓」，據元本、慎本、馮本及史記卷三六陳杞世家改。

〔九〕凡十九傳而陳爲楚所滅　按史記卷三六陳杞世家載陳世系，夷公之後有平公、文公、桓公，靈公之後有成公、哀公，則此處之「十九傳」不確。

〔一〇〕出公　「出」原作「幽」，據史記卷三六陳杞世家改。

〔一一〕殤公　按史記卷三七衛康叔世家載衛世系，獻公因内亂奔齊，殤公立，晉平公執殤公，獻公復立，獻公死後，襄公立，此處脱襄公。

〔一二〕出公　「出」原作「幽」，據史記卷三七衛康叔世家改。

〔一三〕君角　二字原倒，據史記卷三七衛康叔世家乙正。

〔一四〕熊艾　「艾」原作「文」，據元本、慎本、馮本及史記卷四〇楚世家改。

〔一五〕熊䵣　「䵣」原作「黠」，據元本、慎本、馮本及史記卷四〇楚世家改。

〔一六〕莊敖　「莊」原作「杜」，據史記卷四〇楚世家改。

〔一七〕繆公　「繆」原作「穆」，據史記卷四二鄭世家改。

〔一八〕五世而至趙夙　「至」原作「後生」，據史記卷四三趙世家改。

〔一九〕烈侯籍始命爲諸侯　「烈」原作「列」，據史記卷四三趙世家改。下同。

〔二〇〕惠文君 「君」原作「王」，據元本、慎本、馮本及史記卷五秦本紀改。

〔二一〕二十三年 原作「二十二年」，據左傳襄公二十三年改。

〔二二〕魯大蒐於比蒲 「比」原作「北」，據左傳定公十四年改。

〔二三〕不三月不至 「不至」原作「而至」，據左傳哀公七年改。

〔二四〕魯得邾之繹民 「之」原作「邑」，據左傳哀公七年注改。

〔二五〕紀子帛 「帛」原作「伯」，據元本、慎本、馮本及左傳隱公二年改。

〔二六〕愛季陀而黜僕 「黜」原作「出」，據左傳文公十八年改。

〔二七〕莒恃晉而不事齊故也 「恃」原作「事」，據元本、慎本、馮本及左傳宣公十三年改。

〔二八〕莒城亦惡 「城」字原脱，據左傳成公九年補。

〔二九〕齊侯還自晉 「自」下原衍「伐」字，據左傳襄公二十三年删。

〔三〇〕因紡纑 「纑」原作「瀘」，據左傳昭公十四年改。

〔三一〕以其逃首止之盟故也 「故也」二字原脱，據左傳僖公六年補。

〔三二〕昔武王克殷 「克」原作「伐」，據左傳僖公六年改。

〔三三〕入其郛 「郛」原作「俘」，據左傳成公十四年改。

〔三四〕晉荀偃帥師伐楚 按左傳襄公十六年，晉帥師伐楚者尚有欒黶。

〔三五〕十三年 「三」原作「五」，據左傳昭公十八年注改。

〔三六〕使王子勝遷許於析 「析」原作「葉」，據左傳昭公十八年改。

〔三七〕襄公元年　「元」原作「九」，據元本、慎本、馮本及左傳襄公元年改。

〔三八〕滕子原卒魯叔弓如滕　「原」原作「厚」，「叔」原作「仲」，據左傳昭公三年改。

〔三九〕奚仲之後　「後」原作「役」，據左傳定公元年注改。

〔四〇〕士彌牟曰　「牟」原作「言」，據左傳定公元年改。

〔四一〕黄帝時萬諸侯　「時」字原脱，據史記卷二八封禪書補。

〔四二〕以理推之　容齋續筆卷七薛國久長作「以環移之」。

卷二百六十三　封建考四

春秋列國傳授本末事迹

隨

隨，姬姓，侯爵，地在義陽隨縣，今隨州。　桓公六年，楚武王侵隨，使薳章求成焉，薳章，楚大夫。軍於瑕以待之。隨人使少師董成。隨大夫。董，正也。鬭伯比言於楚子曰：「吾不得志於漢東也，我則使然。我張吾三軍而被吾甲兵，以武臨之，彼則懼而協以謀我，故難間也。漢東之國，隨爲大，隨張必棄小國，小國離，楚之利也。少師侈，請羸師以張之。」熊率且比曰：「季梁在，何益？」鬭伯比曰：「以爲後圖，少師得其君。」王毁軍而納少師。少師歸，請追楚師，隨侯將許之。季梁止之曰：「天方授楚，楚之羸，其誘我也，君何急焉？臣聞小之能敵大也，小道大淫。所謂道，忠於民而信於神也。上思利民，忠也；祝史正辭，信也。今民餒而君逞欲，祝史矯舉以祭，臣不知其可也〔一〕。」詐稱功德以欺鬼神也。公曰：「吾牲牷肥腯，粢盛豐備，何則不信？」對曰：「夫民，神之主也。是以聖王先成民而後致力於神，故奉牲以告曰：『博碩肥腯』，謂民力之普存也，謂其畜之碩大蕃滋也，謂其不疾瘯蠡也，謂其備腯咸有也。謂民力適完，則六畜既大而滋，皮毛無疥癬，兼備無所缺也。奉盛以告曰：『潔粢豐盛』，謂其三時不害而民和年豐也。奉酒醴以告曰：『嘉栗旨酒』，謂其上下皆有嘉德而無違心也。所謂馨香，無讒慝也。故務其三時，修其五教，親其九族，以致其禋祀。於是乎民和而神降之福，故動則有成。今民各有心，而鬼神乏主，君雖獨豐，其何福之有！君姑修政而親兄弟之國，庶免於難。」隨侯懼而修政，楚不敢伐。八年，隨少師有寵，楚鬭伯比曰：「可矣。讎有釁，不可失也。」夏，楚子合諸侯于沈鹿。黄、隨不會。使薳章讓黄。楚子伐隨，軍於漢、淮之間。季梁請下之：「弗許而後戰，所以怒我而怠寇也。」少師謂隨侯曰：「必速戰。不然，將失楚師。」隨侯禦之，望楚師。季梁曰：「楚人尚左，君必左，君，楚王也。無與王遇。且攻其右，右無良焉，必敗。偏敗，衆乃攜矣。」少師曰：「不當王，非敵也。」弗從。不從季梁謀。戰於速杞，隨師敗績。隨侯逸，鬭丹獲其戎車，與其戎右少師。秋，隨及楚平。楚子將不許，鬭伯比曰：「天去其疾矣，謂少師見獲而死。隨未可克也。」乃盟而還。莊公四年，楚武王荆尸，授師孑焉以伐隨。尸，陳也。荆，亦楚也，更爲楚兵陣之法。孑者，戟也。楚始於此參用戟爲陣。將齊，謂授兵於廟。入告夫人鄧曼曰：「余心蕩。」鄧曼嘆曰：「王禄盡矣。盈而蕩，天之道也，先君其知之矣。故臨武事，將發大命，而蕩王心焉。若師徒無虧，王薨於行，國之福也。」王遂行，卒於樠木之下。令尹鬭祈、莫敖屈重除道梁溠，營軍臨隨。隨人懼，行成。時祕王喪，故爲奇兵更開直道。溠水在義陽厥縣西，東南入鄖水。梁，橋也。隨人不意其至也，故懼而行成〔二〕。莫敖以王命入盟隨侯，且請爲會於漢汭而還。濟漢而後發喪。楚武王即位之三十五年伐隨，隨曰：「我無罪。」楚曰：「我蠻夷也。今諸侯皆爲叛相侵，或相殺。我有敝甲，欲以觀中國之政，請王室尊吾號。」隨人爲之周，請尊楚，王室不聽，還報楚〔三〕。　三十七年，楚熊通怒曰：「吾先鬻熊，文王之師也，早終。成王舉我先公，乃以子男田令居楚，蠻服皆率服，而王不加位，我自尊耳。」乃自立爲武王，與隨人盟而去。於是始開濮地而有之。　五十一年，周召隨侯，數以立楚爲王。楚怒，以隨背己，伐隨。武王卒師中而兵罷。按此史記楚世家所紀，言伐隨，王卒而兵罷，即左傳所紀莊公四年是也。左傳不言楚脅隨請於周而自尊之説，今録之以廣異聞。　僖公二十年，隨以漢東諸侯叛楚。冬，楚鬭穀於菟帥師伐隨，取成而還。　定公四年〔四〕，吴破楚入郢，鬭辛與其弟巢以楚王奔隨，吴人從之，謂隨人曰〔五〕：「周之子孫在漢川者，楚實盡之。天誘其衷，致罰於楚，而君又竄之，周室何罪？君若惠顧周室，施及寡人，以獎天衷，君之惠也。漢陽之田，君實有之。」楚子在公宫之北，吴人在其南。子期似王，昭王兄公子結也。逃王而己爲王，曰：「以我與之，王必免。」隨人卜與之，不吉。乃辭吴曰：「以隨之辟小而密邇於楚，楚實存之，世有盟誓，至於今未改。若難而棄之，何以事君？執事之患，不唯一人。一人，楚王。若鳩楚竟，敢不聽命？」鳩，集也。吴人乃退。鑪金初宦於子期氏，實與隨人要言。要言毋以王與吴并脱子期。王使見，王喜，欲引見之，以比王臣。辭曰：「不敢以約爲利。」約爲要言也。王割子期之心，以與隨人盟。

郯

郯，嬴姓，子爵，地在今淮陽軍，有古郯城。　宣公四年，魯公及齊侯平莒及郯，莒、郯二國有宿怨，故魯、齊共平之。莒人不肯，魯伐莒取向。　成公七年，吴伐郯，郯成。季文子曰：「中國不振旅，蠻夷入伐，而莫之恤，振，整也。旅，衆也。無弔者也夫！言不能相愍恤也。詩曰：『不弔昊天，亂靡有定。』其此之謂乎！有上不弔，其誰不受亂？上謂霸主〔六〕。吾亡無日矣！」君子曰：「知懼如是，斯不亡矣。」八年〔七〕，晉士燮聘于魯，言伐郯也，以其事吴故。魯賂之，使緩師。范文子不可，曰：「君命無貳，失信不立。禮無加貨，事無二成。公私不兩成。君後諸侯，是寡君不得事君也〔八〕。燮將復之。」季孫懼，使宣伯帥師會晉人、齊人、邾人伐郯。襄公七年，郯子來朝，始朝公也。昭公十七年，郯子來朝，魯公與之宴。昭子問焉，曰：「少皞氏鳥名官，何也？」郯子曰：「吾祖也，我知之。昔者黄帝氏以雲紀，故爲雲師而雲名。炎帝氏以火紀，故爲火師而火名。共工氏以水紀，故爲水師而水名。大皞氏以龍紀，故爲龍師而龍名。我高祖少皞摯之立也，鳳鳥適至，故紀於鳥，爲鳥師而鳥名。鳳鳥氏，歷正也〔九〕；玄鳥氏，司分者也；伯趙氏，司至者也。青鳥氏，司啟者也。丹鳥氏，司閉者也。祝鳩氏，司徒也。鴡鳩氏，司馬也。鳲鳩氏，司空也。爽鳩氏，司寇也。鶻鳩氏，司事也。五鳩，鳩民者也。五雉，爲五工正，利器用，正度量，夷民者也。九扈，爲九農正，扈民無淫者也。自顓頊以來，不能紀遠，乃紀於近。爲民師而命以民事，則不能故也。言黄帝以來，受命皆有雲火水龍鳳之瑞，故就以名官。顓頊氏德不能致遠瑞，故以民事命官。仲尼聞之，見於郯子而學之。既而告人曰：「吾聞之，天子失官，學在四夷，猶信。」

虞

虞，姬姓，公爵，出自太王。子仲雍生季簡，季簡生叔達，叔達生周虞仲、章。及武王克商，求太伯、仲雍之後，得周章，已爲吴君。別封其弟虞仲於周之北。地在故夏墟河東太陽縣。今陝州平陸縣有虞城。 桓公十年，初，虞叔有玉，虞公之弟。虞公求旃。弗獻，既而悔之，曰：「周諺有之：『匹夫無罪，懷璧其罪。』吾焉用此，其以賈害也。」乃獻。又求其寶劍，叔曰：「是無厭也。無厭，將及我。」遂伐虞公，故虞公出奔共池。

僖公二年，晉荀息請以屈産之乘與垂棘之璧，假道於虞以伐虢。公曰：「是吾寶也。」對曰：「若得道於虞，猶外府也。」公曰：「宮之奇存焉。」宮之奇，虞之忠臣。對曰：「宮之奇之爲人也，懦而不能强諫，且少長於君，君暱之，雖諫，將不聽。」乃使荀息假道於虞，曰：「冀爲不道，入自顛軨，伐鄍三門，前是冀伐虞至鄍。鄍，虞邑。河東太陽縣東北有顛軨坂。冀之既病，則亦唯君故。言虞報伐冀使病。將假道，故稱虞强以悦其心也。今虢爲不道，保於逆旅，以侵敝邑之南鄙，敢請假道以請罪於虢。」虞公許之，且請先伐虢。喜於厚賂而欲求媚也。宮之奇諫，不聽，遂起師。夏，晉里克、荀息帥師會虞師伐虢，滅下陽。先書虞，賄故也。

五年，晉侯復假道於虞以伐虢。宮之奇諫曰：「虢，虞之表也。虢亡，虞必從之。晉不可啟，寇不可翫，一之謂甚，其可再乎？諺所謂『輔車相依，脣亡齒寒』者，其虞、虢之謂也。」公曰：「晉，吾宗也，豈害我哉？」對曰：「太伯、虞仲，太王之昭也。太伯不從，是以不嗣。虢仲、虢叔，王季之穆也。虢仲、虢叔，王季子，文王母弟。爲文王卿士，勳在王室，藏於盟府，將虢是滅，何愛於虞？且虞能親於桓、莊乎，其愛之也？桓、莊之族何罪，而以爲戮，不唯偪乎？親以寵偪，猶尚害之，況以國乎？」公曰：「吾享祀豐潔，神必據我。」對曰：「臣聞之，鬼神非人實親，惟德是依。周書曰：『皇天無親，惟德是輔。』又曰：『黍稷非馨，明德惟馨。』又曰：『民不易物，惟德繄物。』如是，則非德民不和，神不享矣。神所馮依，將在德矣。若晉取虞而明德以薦馨香，神其吐之乎？」弗聽，許晉使。宮之奇以其族行，曰：「虞不臘矣，在此行也，晉不更舉矣。」八月，晉侯圍上陽。十二月，晉滅虢。師還，館於虞，遂襲虞，滅之，執虞公及其大夫井伯，以媵秦穆姬。而修虞祀，且歸其職貢於王。虞所命祀。自太伯作吴，五世而武王克殷，封其後爲二：其一虞，在中國；其一吴，在蠻夷。十二世而晉滅中國之虞。中國之虞滅二世，而夷蠻之吴興。

虢

虢，姬姓，公爵，出自王季子虢仲，文王弟也。仲與虢叔爲王卿士，勳在王室，藏於盟府。而文王友愛二弟，謂之「二虢」。武王克商，封仲於弘農陜縣東南之虢城。今鳳翔府。周室東遷，虢公忌父、林父俱爲天子之相。隱公三年，鄭武公、莊公爲王卿士，王貳於虢。王欲分政於虢，不專任鄭伯。鄭伯怨王，王曰：「無之。」故周、鄭交質。王崩，周人將畀虢公政。鄭祭足帥師取温之麥。秋，又取成周之禾。周、鄭交惡。八年，虢公忌父始作卿士於周。莊公十八年，虢公、晉侯朝王，王饗醴，命之侑，王之覲群后，始則行饗禮，先置醴酒，示不忘古〔一〇〕。飲宴則命以幣物。侑，助也，所以助歡敬之意，言備設也。皆賜玉五瑴，馬三匹。非禮也。雙玉爲瑴。王命諸侯，名位不同，禮亦異數，不以禮假人。言侯不當與公同賜也。虢公、晉侯、鄭伯使原莊公逆王后於陳。陳嬀歸於京師，實惠后。十九年，王子頹作亂，衛師、燕師伐周，立子頹。二十年，鄭伯和王室，不克，遂以王歸。冬，王子頹享五大夫，樂及偏舞。鄭伯聞之，見虢叔，曰：「寡人聞之，哀樂失時，殃咎必至。今王子頹歌舞不倦，樂禍也。夫司寇行戮，君爲之不舉，而况敢樂禍乎！奸王之位，禍孰大焉？臨禍忘憂，憂必及之，盍納王乎？」虢公曰：「寡人之願也。」二十一年，胥命於弭。同伐王城。鄭伯將王，自圉門入，虢叔自北門入，殺王子頽及五大夫。鄭伯享王於闕西辟。王巡虢守，虢公爲王宮於玤，虢地。王與之酒泉。鄭伯之享王也，王以后之鞶鑑予之，鞶，帶而以鑑爲飾也。今西方羌胡爲然。虢公請器，王予之爵。鄭伯由是始惡於王。二十六年，秋，虢人侵晉。冬，虢人又侵晉。三十年，樊皮叛王。周大夫。王命虢公討樊皮。虢公入樊，執樊仲皮，歸於京師。三十二年，有神降於莘。有神聲以接人。莘，虢地也。惠王問之内史過曰：「若之何？」對曰：「以其物享焉，其至之日，亦其物也。」享，祭也。若以甲、乙日至，祭先脾，玉用蒼，服尚青。以此類祭之。王從之。内史過往，聞虢請命，虢請於神，求賜土田之命。反曰：「虢必亡矣，虐而聽於神。」神居莘六月，虢公使祝應、宗區、史嚚享焉。神賜之土田。史嚚曰：「虢其亡乎！吾聞之，國將興，聽於民；將亡，聽於神。神，聰明正直而壹者也，依人而行。唯德是予。虢多凉德，其何土之能得！」虢公夢在廟，有神人面白毛虎爪，執鉞立於西阿。西榮也。公懼而走。神曰：「無走！帝命曰：『使晉襲於爾門。』」公拜稽首，覺，召史嚚占之，對曰：「如君之言，則蓐收也。天之刑神也，天事官成。」官成，禍福各以官象成也〔一一〕。公使囚之，且使國人賀夢。舟之僑告其族曰：「衆謂虢不久，吾乃今知之。君不度而賀大國之襲，於己也何瘳？吾聞之也：『大國道，小國襲焉曰服；小國傲，大國襲焉曰誅。』民疾君之侈也，是以遂於逆命。今嘉其夢，侈必展，是天奪其鑒而益其疾也。民疾其態，天又誑之；大國來誅，出令而逆；宗國既卑〔一二〕，諸侯遠己。内外無親，其誰云救之？吾不忍俟也！」將行，以其族適晉。閔公二年，虢公敗犬戎於渭汭，舟之僑曰：「無德而禄，殃也。殃將至矣。」僖公二年，晉假道于虞以伐虢，虞公許之。晉里克、荀息帥師會虞師伐虢，滅下陽。下陽，虢邑。虢公敗戎於桑田。晉卜偃曰：「虢必亡矣，亡下陽而不懼，而又有功，是天奪之鑒而益其疾也。必易晉而不撫其民矣，不可以五稔。」五年，晉復假道於虞以伐虢。八月，晉侯圍上陽。問於卜偃曰：「吾其濟乎？」對曰：「克之。」公曰：「何時？」對曰：「童謡云：『丙之晨，龍尾伏辰，龍尾，尾星也。日月之會曰辰。日在尾，故尾星伏不見。均服振振，取虢之旂。戎事上下同服。振振，盛貌也。鶉之賁賁，天策焞焞，火中成軍，虢公其奔。』鶉，鶉火星也〔一三〕。賁賁，鳥星之體也。天策，傅説星。時近日，星微。焞焞，無光耀也。言丙子平旦，鶉火中，軍事有成功也。已上皆童謡言。童齔之子，未有念慮之感〔一四〕，而會成嬉戲之言，似若有馮者〔一五〕，或中或否。其九月、十月之交乎！謂夏之九月、十月也。丙子旦，日在尾，月在策，是夜日月合朔於尾，月行疾，故至旦而過在策。鶉火中，必是時也。」冬，十二月，晉滅虢，虢公醜奔京師。

紀

紀，姜姓，侯爵，地在東莞劇縣。今臨朐縣東，壽光縣西。周夷王時，紀侯譖齊哀公於周，周烹哀公。隱公元年，紀人伐夷。夷國在城陽莊武縣。二年，紀裂繻逆女于魯。紀大夫。冬，魯伯姬歸于紀。紀子帛、莒子盟于密。桓公五年，齊侯、鄭伯朝于紀，欲以襲之。紀人知之。六年，魯會紀侯于成。紀來諮謀齊難也。冬，紀侯來朝魯，請王命以求成于齊，公告不能。紀微弱，不能自通於天子，欲因公以請王命，公無寵於王，故告不能。莊公元年，齊師遷紀郱、鄑、郚。齊欲滅紀，故徙其三邑之民而取其地。三年，紀季以酅入于齊，紀於是乎始判。季，紀侯弟。酅，紀邑。判，分也。分爲附庸始此。魯公次于滑，將會鄭伯，謀紀故也。鄭伯辭以難。四年，紀侯不能下齊，以與紀季。盡以國與季。夏，紀侯大去其國，違齊難也。公羊傳：「『大去者何？』『滅之。』『孰滅之？』『齊滅之。』『曷爲不言齊滅之？』『爲襄公諱故也。』『春秋爲賢者諱，何賢乎襄公？』『復讎也。』『何讎爾？』『遠祖也，哀公亨乎周，紀侯譖之。以襄公之爲於此焉者，事祖禰之心盡矣。』『遠祖者，幾世乎？』『九世矣。』『九世猶可以復讎乎？』『雖百世可也。』」

邢

邢，姬姓，侯爵，地在廣平襄國縣。隋改曰龍岡，今邢州。隱公五年，曲沃莊伯以鄭人、邢人伐翼。閔公元年，狄人伐邢。管敬仲言於齊侯曰：「戎狄豺狼，不可厭也。諸夏親暱，不可棄也。宴安酖毒，不可懷也。詩云：『豈不懷歸，畏此簡書。』簡書，同惡相恤之謂也。請救邢以從簡書。」齊人救邢。僖公元年，齊師及諸侯救邢。邢人潰，出奔師。師遂逐狄人，具邢器用而遷之，師無私焉。夏，邢遷于夷儀，諸侯城之。十八年，邢人、狄人伐衛，圍菟圃。衛侯以國讓父兄子弟及朝衆曰：「苟能治之，燬請從焉。」衆不可，而後師於訾婁。狄師還。狄還，邢獨留拒衛。十九年，衛人伐邢，以報菟圃之役。於是衛大旱，卜有事於山川，不吉。甯莊子曰：「昔周饑，克殷而年豐。今邢方無道，諸侯無伯，天其或者欲使衛討邢乎？」從之。師興而雨。二十年，齊、狄盟于邢，爲邢謀衛難也。於是衛方病邢。二十四年，衛人將伐邢，禮至曰：「不得其守，國不可得也。禮至，衛大夫。守謂邢正卿國子。我請昆弟仕焉。」乃往，得仕。二十五年，春，衛人伐邢，二禮從國子巡城，掖以赴外，殺之。正月丙午，衛滅邢。禮至爲銘曰：「余掖殺國子，莫余敢止。」惡其不知耻，詐以滅同姓，而反銘功。

芮

芮，姬姓，伯爵，國在馮翊臨晉縣芮鄉，今陝州芮城縣。武王時，巢伯來朝，芮伯作旅巢命。成王時，芮伯爲司徒，與太保彤伯、畢公、衛侯、毛公同受顧命立康王。厲王説榮夷公，芮良夫曰：良夫即芮伯。「王室其將卑乎！夫榮夷公好專利而不知大難。夫利，百物之所生也，天地之所載也，而或專之，其害多矣。天地百物，皆將取焉，胡可專也？所怒甚多，而不備大難。以是教王，王能久乎？」又作桑柔之詩以刺王。桓公三年，芮伯萬之母惡芮伯之多寵人也，故逐之，出居於魏。四年，秋，秦師侵芮，敗焉，小之也。冬，王師、秦師圍魏，執芮伯以歸。秦爲芮所敗，故伐魏執芮伯，將欲納之〔一六〕。九年，秋，虢仲、芮伯、梁伯、荀侯、賈伯伐曲沃。十年，秋，秦人納芮伯萬於芮。

申

申，姜姓，侯爵，其先神農之後，爲唐虞四岳，受封於申，國在南陽宛縣，今信陽軍。宣王時，入爲王卿士，出爲南方侯伯，尹吉甫作崧高之詩，以美其事。幽王娶申女爲后，生太子宜臼。後寵褒姒，廢申后及太子。申侯怒，與繒、繒，姒姓之國。西夷、犬戎攻殺幽王驪山下，虜褒姒，盡取周賂以去。諸侯乃即申侯，共立故幽王太子宜臼爲平王，東遷洛邑。平王遣兵戍申，周人怨思，作揚之水之詩以刺之。魯莊公六年，楚武王伐申，過鄧。　十八年，楚文王與巴人伐申而驚其師。　申後爲楚所滅。楚滅申，春秋無明文。然僖公二十五年，楚以申、息之師伐商密，其時息已亡，則所謂申、息皆楚邑也，申滅於楚可知。二十八年，楚師敗於城濮，楚子使謂子玉曰：「大夫若入，其若申、息之老何？」亦一證。

按：申伯爲蕃翰於宣王之時，及幽王廢申后，而申侯召犬戎伐周弒王。然則以世考之，召戎弒君之申侯，即爲蕃翰者之子也。平王東遷，王室微弱，而方且遣兵戍申以召譏刺。蓋申侯忘父之忠，而召犬戎以禍王室，平王復忘父之讎，而勤兵師以戍母家，皆非善繼志之孝子也。

鄫

鄫，姒姓，子爵，夏后氏之後，地在琅琊鄫縣。今襄邑縣東南。　幽王末，申侯與鄫人召西夷犬戎攻王，殺王驪山下。　僖公十四年，鄫季姬來寧于魯，季姬魯女，鄫夫人。公怒，止之，以鄫子之不朝也。夏，遇于防，而使來朝。　十六年，齊會諸侯于淮，謀鄫，且東略也。鄫爲淮夷所病故。城鄫，役人病，有夜登邱而呼曰：「齊有亂！」不果城而還。　十九年，宋襄公使邾文公用鄫子於次睢之社，欲以屬東夷。睢水受汴，東經陳留、梁、譙、沛、彭城縣入泗，此水次有妖神，東夷皆社祠之，用人以祭。　宣公十八年，邾人戕鄫子于鄫。自虐其君曰弒，自外曰戕。　襄公四年，公如晉聽政。　晉侯享公，公請屬鄫。鄫，小國，欲得使屬魯，如須句、顓臾之比，使助魯出貢賦也。　晉侯不許，孟獻子曰：「以寡君之密邇於仇讎，而願固事君，無失官命。晉官徵發之命也。鄫無賦於司馬。晉司馬掌諸侯賦。爲執事朝夕之命敝邑，敝邑褊小，闕而爲罪，寡君是以願借助焉。」晉侯許之。　冬十月，邾人、莒人伐鄫。魯臧紇救鄫，侵邾，敗于狐駘。五年，魯穆叔覿太子於晉，以成屬鄫。書曰：「叔孫豹、鄫太子巫如晉。」言比諸魯大夫也。九月，穆叔以屬鄫爲不利，使鄫大夫聽命於會。鄫近魯境，故欲以爲屬國，既而與莒有忿，魯不能救，恐致譴責，故復乞還之。六年，莒人滅鄫，鄫恃賂也。晉人以鄫故討魯，曰：「何故亡鄫？」季武子如晉見，且聽命。八年，莒人伐魯東鄙，以疆鄫田。莒既滅鄫，魯侵其西界，故伐魯東鄙，以正其封也。昭公四年，九月，取鄫。言易也。莒亂，著邱公立而不撫鄫，鄫叛而來，故曰「取」。凡克邑不用師徒曰「取」。

右，以上言鄫亡事，本左氏傳，如公羊、穀梁二家，於襄公四年所書莒人滅鄫，則以爲莒女爲鄫夫人，而無子有女，還嫁之於莒。有外孫，遂取以爲鄫太子而立之。蓋莒未嘗取鄫之地，鄫未嘗滅，特以外姓主國祀，故以滅書。而鄫之亡在昭公四年，蓋魯滅之，非莒也。上距春秋所書莒人滅鄫，凡二十九年。

郕

郕，姬姓，伯爵，東平剛父縣西南有郕鄉〔一七〕。隱公五年，衛之亂也，郕人侵衛，故衛師入郕。十年，齊人、鄭人入郕，討違王命也。莊公八年，魯師、齊師圍郕，郕降於齊師。仲慶父請伐齊師，公曰：「不可。我實不德，齊師何罪？罪我之由。夏書曰：『皋陶邁種德，德乃降。』姑務修德以待時乎。」秋，師還。文公十二年，郕伯太子朱儒自安于夫鍾，郕邑。國人弗徇。弗順也。十二年，郕伯卒，郕人立君。太子以夫鍾與郕邽來奔。公以諸侯逆之，非禮也，故書曰：「郕伯來奔。」

巴

巴，姬姓，子爵，地在巴郡江州縣，今渝州江津。　桓公九年，巴子使韓服告於楚，請與鄧爲好。楚子使道朔楚大夫。將巴客以聘於鄧。鄧南鄙鄾人攻而奪之幣，殺道朔及巴行人。楚子使薳章讓於鄧，鄧人弗受。言非鄾人所攻。夏，楚使鬬廉及巴師圍鄾。鄧養甥帥師救鄾，三逐巴師，不克。鬬廉衡陳其師於巴師之中以戰而北，僞北走也。鄧人逐之，背巴師而夾攻之。鄧師大敗，鄾人宵潰。　十八年〔一八〕，楚文王即位，與巴人伐申而驚其師。巴人畔楚而伐那處，取之，遂門於楚。閻敖楚大夫。游涌而逸，楚子殺之，其族爲亂。巴人因之以伐楚，楚子禦之，大敗於津。　文公十六年，楚大饑，戎伐之。庸人帥群蠻叛楚。楚子伐庸，秦人、巴人從楚師。遂滅庸。　哀公十八年，巴人伐楚，圍鄾。楚邑。初，右司馬子國之卜也，觀瞻曰：「如志。」子國未爲令尹時，卜爲右司馬，得吉兆，如其志。觀瞻，楚開卜大夫觀從之後也。故命之。命以爲右司馬。及巴師至，將卜帥。王曰：「寧如志，何卜焉？」寧，子國也。使帥師而行，請承。承，佐。王曰：「寢尹、工尹，勤先君者也。」柏舉之役，寢尹吳由于以背受戈，工尹固執燧象奔吳師。三月，楚公孫寧、吳由于、薳固敗巴師於鄾，故封子國於析。君子曰：「惠王知志。」

江

江，姓爵未詳，國在汝南安陽縣，今信陽縣之東南，新息縣之西。　僖公二年，齊侯、宋公、江人、黃人盟于貫，服江、黄也。江、黄，楚與國，始來服齊，不召而至。三年，及齊、宋會于陽穀。四年，及齊侯及諸侯之師侵蔡，蔡潰，遂伐楚，盟于召陵。文公三年，楚師圍江，晉先僕伐楚以救江。冬，晉以江故告于周。欲假天子之威以伐楚。王叔桓公、晉陽處父伐楚以救江，門于方城，遇息公子朱而還。子朱，楚大夫，伐江之帥也。聞晉師起而江兵解，故晉亦還。四年，楚人滅江，秦伯爲之降服、出次、不舉、過數，降服，素服也。出次，辟正寢。不舉，去盛饌。鄰國之禮有數，今秦伯過之。大夫諫公曰：「同盟滅，雖不能救，敢不矜乎！吾自懼也。」秦、江同盟，不見於春秋，不告故不書。

黄

黄，嬴姓，爵未詳，國在光州定城，有黄故城，又云登州黄縣。桓公八年，楚子合諸侯于沈鹿，楚地。黄、隨不會，使薳章讓黄。莊公十九年，楚子禦巴師，大敗于津。還，鬻拳弗納，遂伐黄，敗黄師於踖陵。黄地。僖公二年，齊、宋、江、黄盟于貫，始服齊也。三年，及齊、宋會于陽穀。四年，齊會諸侯及江、黄伐陳。十一年，黄人不歸楚貢，楚人伐黄。黄恃齊故。十二年，黄人恃諸侯之睦於齊也，不共楚職，曰：「自郢及我九百里，焉能害我？」夏，楚滅黄。

息

息，姬姓，侯爵，國在汝南，今蔡州新息縣。隱公十一年，鄭、息有違言，以言語相違恨。息侯伐鄭，鄭伯與戰於竟，息師大敗而還。君子是以知息之將亡也。不度德，不量力，不親親，不徵辭，不察有罪，言語相恨，當明徵其辭以審曲直，不宜轉鬭。犯五不韙而以伐人，其喪師也，不亦宜乎！　十年〔一九〕，蔡哀侯娶於陳，息侯亦娶焉。息嬀將歸，過蔡。蔡侯曰：「吾姨也。」止而見之，弗賓。不禮敬也。息侯聞之，怒，使謂楚文王曰：「伐我，吾求救於蔡而伐之。」楚子從之。九月，楚敗蔡師於莘，以蔡侯獻舞歸。十四年，蔡哀侯爲莘故，繩息嬀以語楚子。繩，譽也。楚子如息，以食入享，遂滅息，以息嬀歸。

鄧

鄧，曼姓，侯爵，國在河南新野，今潁川陵縣。桓公七年，鄧侯吾離朝于魯。九年，巴子使韓服告於楚，請與鄧爲好。楚子使道朔將巴客聘於鄧，鄧南鄙鄾人攻而奪之幣，殺道朔及巴行人。楚子使薳章讓鄧，鄧人弗受。夏，楚及巴師圍鄾，鄧師大敗。莊公六年，楚文王伐申，過鄧。鄧祁侯曰：「吾甥也。」止而享之。騅甥、聃甥、養甥皆鄧甥仕於舅氏者。請殺楚子，鄧侯弗許。三甥曰：「亡鄧國者，必此人也。若不早圖，後君噬臍，其及圖之乎？圖之，此爲時矣。」鄧侯曰：「人將不食吾餘。」對曰：「若不從三臣之言，抑社稷實不血食，而君焉取餘。」弗從。還年〔二〇〕，楚子伐鄧。十六年，楚復伐鄧，滅之。

梁

梁，嬴姓，伯爵，國在馮翊夏陽縣，今同州。桓公九年，虢仲、芮伯、梁伯、荀侯、賈伯伐曲沃。僖公六年，晉侯使賈華伐屈〔二〕，夷吾不能守，盟而行。將奔狄，郤芮曰：「後出同走，罪也。不如之梁。梁近秦而幸焉。」乃之梁。以梁爲秦所親幸，秦既大國，且穆姬在焉，欲因以求入。十八年，梁伯益其國而不能實也，多築城邑，而無民以實之。命曰新里，秦取之。十九年，遂城而居之。冬，梁亡。不書其主，自取之也。初，梁伯好土功，亟城而不處，民罷而弗堪，則曰：「某寇將至。」乃溝公宮，曰：「秦將襲我。」民懼而潰，秦遂取梁。

滑

滑，姬姓，伯爵，國在河南緱氏縣。僖公二十年，滑人叛鄭而服於衛。鄭公子士、洩堵寇帥師入滑。二十四年，鄭之入滑也，滑人聽命。師還，又即衛。鄭公子士、洩堵俞彌帥師伐滑。王使伯服、游孫伯如鄭請滑。鄭伯怨王之與衛、滑，乃不聽王命而執二子。三十三年〔三〕，秦師襲鄭及滑，鄭商人絃高以乘韋先牛十二犒師，孟明曰：「鄭有備矣，不可冀也。攻之不克，圍之不繼，吾其還也。」滅滑而還。

鄀

鄀，元姓，爵未詳，國本在商密。秦、楚界上小國，其後遷於南郡鄀縣。僖公二十五年，秦、晉伐鄀，楚鬭克、屈禦寇以申、息之師戍商密。即鄀別邑。秦人過析隈，入而係輿人以圍商密，昏而傅焉。析，楚邑。限，隱蔽之處。係縛輿人，詐爲克析得其囚俘者。昏而傅城，不欲令商密知囚非析人。宵，坎血加書，僞與子儀、子邊盟者。商密人懼曰：「秦取析矣，戍人反矣。」乃降秦師。秦師囚申公子儀、息公子邊以歸。即鬭克、屈禦寇。文公五年，初，鄀叛楚即秦，又貳於楚。夏，秦人入鄀。

頓

頓，姬姓，子爵，國在汝陰，今陳州南頓縣。僖公二十五年，秦、晉伐鄀。楚令尹子玉追秦師，弗及，遂圍陳，納頓子於頓。頓子迫於陳而出奔楚〔三〕，故楚圍陳納頓子。襄公四年，楚人使頓間陳而侵伐之，故陳人圍頓。定公十四年，頓子牂欲事晉，背楚而絕陳好，楚公子結、陳公孫佗帥師滅頓。

胡　沈

胡，姬姓，子爵，國在汝陰縣西北胡城，今潁川西。沈，姒姓，子爵，國在汝南平輿縣，今蔡州汝陽縣東。文公三年，晉率諸侯之師伐沈，以其服於楚也。沈潰。成公八年，晉欒書侵蔡，遂侵楚。楚師之還也，謂六年與晉遇繞角時。晉侵沈，獲沈子嘉。襄公二十八年，胡子、沈子朝于晉，宋之盟故也。胡、沈，楚屬。宋之盟曰：「晉、楚之從交相見。」故朝晉。昭公二十三年，吳伐州來，楚以諸侯之師救州來。吳公子光曰：「諸侯之從於楚者衆，而皆小國。胡、沈之君幼而狂，陳大夫齧壯而頑，頓與許、蔡疾楚政。七國同役而不同心，乃分師以先犯胡、沈及陳，三國敗，獲胡子髡、沈子逞及陳夏齧。舍胡、沈之囚，使奔許與蔡、頓，曰：「吾君死矣！」師譟而從之，三國奔，楚師大奔。定公四年，晉會諸侯于召陵。沈人不會，晉人使蔡伐之。蔡公孫姓帥師滅沈，以沈子嘉歸，殺之。

麇

麇，嬴姓〔二四〕，子爵，國近楚，在今均州鄖鄉。文公十年，楚子、陳侯、鄭伯、蔡侯次于厥貉，將伐宋。麇子逃歸。十一年，楚子伐麇，成大心敗麇師于防渚。潘崇復伐麇，至於錫穴。皆麇地。十六年，楚大饑。麇人率百濮聚於選，將伐楚，選，楚地。百濮，夷也。〔二五〕蔿賈曰：「麇與百濮謂我饑不能師，故伐我也。若我出師，必懼而歸。百濮離居，將各走其邑，誰暇謀人？」乃出師。旬有五日，百濮乃罷。濮夷無屯聚，見難則散歸。

萊

萊，姓未詳，子爵，國在東萊黃縣。宣公七年，魯公會齊侯伐萊。九年，齊侯伐萊。襄公二年，齊侯伐萊，萊人使正輿子賂夙沙衛以索馬牛皆百匹，夙沙衛，齊寺人。索，揀好者。師乃還。齊侯使諸姜宗婦來魯送齊姜葬。召萊子，萊子不會，故晏弱城東陽以偪之。東陽，齊境上。六年，齊侯滅萊，萊恃謀也。恃賂夙沙衛。

唐

唐，姬姓，侯爵，屬楚之小國，地在義陽安昌縣東南，今隨州唐城縣。　宣公十二年，楚子圍鄭，晉師救鄭，楚子使唐狡與蔡鳩居告唐惠侯曰：「不穀不德而貪，以遇大敵，不穀之罪也。然楚不克，君之羞也。敢藉君靈以濟楚師。」使潘黨率游闕四十乘，從唐侯以爲左拒，以從上軍，乃敗晉師於邲。　定公三年，唐成公如楚，有兩肅爽馬〔二六〕，楚令尹子常欲之，弗與，亦三年止之。肅爽，駿馬名。唐人或相與謀，請代先從者，許之。飲先從者酒，醉之，竊馬而獻之子常。子常歸唐侯。自拘於司敗，竊馬者自拘。曰：「君以弄馬之故，隱君身，隱，憂也。棄國家群臣。請相夫人以償馬，必如之。」相，助也。夫人，謂養馬者。唐侯曰：「寡人之過也，二三子毋辱。」皆賞之。　四年，冬，蔡侯、吳子〔二七〕、唐侯伐楚，五戰入郢，楚子奔隨，申包胥如秦乞師。　五年，秦子蒲、子虎帥師救楚，大敗吳師，遂滅唐。

舒 群舒　巢

舒，偃姓，子爵，國在廬江舒縣。　舒鳩，偃姓，子爵，舒之別封。廬江南有舒城，東夷也。　舒庸，姓爵俱失，其國亦在廬江。　巢，姓爵俱失，國在廬江六縣東。　舒、巢皆楚屬國。　文公十二年，楚成嘉爲令尹，群舒叛楚。夏，子孔執舒子平及宗子，遂圍巢。子孔即成嘉。平，舒君名。宗、巢二國，群舒之屬。　十四年，楚莊王立，子孔、潘崇將襲群舒，使公子燮與子儀守，而伐舒、蓼。即群舒。二子作亂，城郢而使賊殺子孔，不克而還。八月，二子以楚子出，將如商密。廬戢黎及叔麇誘之，遂殺鬬克及公子燮。廬，楚地。戢黎，廬大夫。鬬克，即子儀也。　宣公八年，楚爲衆舒叛，故伐舒、蓼，滅之。二國名。楚子疆之，正其界也。及滑汭，盟吳、越而還。　成公七年，楚申公巫臣奔晉，使於吳，教之叛楚，吳始伐楚，伐巢，伐徐。成公十七年〔二八〕，舒庸人以楚師之敗也，敗於鄢陵。道吳人圍巢，伐駕，圍釐、虺，巢、駕、釐、虺，楚四邑。遂恃吳而不設備。楚公子橐師襲舒庸，滅之。　襄公二十四年，吳人爲楚舟師之役故，此年夏，楚爲舟師以伐吳。召舒鳩人，舒鳩人叛楚。楚子師於荒浦，舒鳩地。使沈尹壽與祁犁讓之。二人楚大夫。舒鳩人敬逆二子，而告無之，且請受盟。二子復命，王欲伐之。薳子曰：「不可。彼告不叛，且請受盟，而又伐之，伐無罪也。姑歸息民，以待其卒，卒而不貳，吾又何求？若猶叛我，無辭有庸。」乃還。　二十五年，舒鳩人卒叛，楚令尹子木伐之，及離城，舒鳩城。吳人救之，子木遽以右師先，先至舒鳩。子强、息桓、子捷、子駢、子盂帥左師以退〔二九〕。五人不及子木與吳相遇而退。吳人居其間七日，子强曰：「久將墊隘〔三〇〕，慮水雨。隘乃禽也。不如速戰！請以私卒誘之，簡師陳以待我。簡閱精兵，駐後爲陳。我克則進，奔則亦視之，視其形勢而救助之。乃可以免。不然必禽。」從之。大敗吳師。遂圍舒鳩，舒鳩潰。八月，楚滅舒鳩。

戴

戴，姓爵俱未詳，國在陳留外黃縣，今開封封邱縣。　隱公十年，宋人、衛人入鄭，蔡人從之伐戴。八月，鄭伯圍戴，克之，取三師焉。三國之軍在戴，故鄭合圍之。宋、衛既入鄭，而以伐戴召蔡人，蔡人怒，故不和而敗。

南燕

南燕，姞姓，伯爵，國在東郡燕縣，今滑州胙城。　隱公五年，鄭人侵衛牧，牧，衛地。以報東門之役，衛人以燕師伐鄭。　鄭祭足、原繁、洩駕以三軍軍其前，使曼伯與子元潛軍軍其後。　燕人畏鄭三軍而不虞制人。北制，鄭邑。　六月，鄭二公子以制人敗燕師于北制。　莊公十九年〔三一〕，衛師、燕師伐周，立王子頹〔三二〕。

宿

宿，風姓，男爵，國在東平無鹽縣，今鄆州須城東。　隱公八年，宿男卒。　莊公十年〔三三〕，宋人遷宿。宋强遷之而取其地，文異於邢遷。

州

州，姜姓，公爵，國在濟陰定陶縣，今京南府。　桓公五年，州公如曹，度其國危，遂不復。　六年，自曹來朝，書曰「實來，不復其國也」。

穀

穀，嬴姓，伯爵，國在南陽筑鄉縣，今襄陽穀城。　桓公七年〔三四〕，穀伯綏來朝于魯。

荀　賈

荀，姬姓，侯爵，國在絳州荀城，又云漢栒邑。　賈，姬姓，伯爵，國在同州蒲城縣。　桓公九年，虢仲、芮伯、梁伯、荀侯、賈伯伐曲沃。

遂

遂，姓爵俱未詳，國在濟北蛇邱縣，今濟州鉅野。　莊公十三年，齊侯會諸侯于北杏以平宋亂，宋厲殺閔公。遂人不至。夏，齊侯滅遂而戍之。　十七年，遂因氏、頜氏、工婁氏、須遂氏四族，遂之强宗也。饗齊戍，醉而殺之，齊人殲焉。

貳　軫　鄖　絞　州　蓼

貳、軫、鄖、絞、州，爵姓俱未詳。　蓼，偃姓，皋陶之後，爵未詳。　貳、軫、絞，地缺。　鄖，國在江夏鄖杜縣東南，今秦州。　州在南郡華容縣東南。　蓼在義陽棘縣東南湖陽城，今壽州霍邱縣。　桓公十一年，楚屈瑕將盟貳、軫。鄖人軍於蒲騷，即鄖邑。將與隨、絞、州、蓼伐楚師。莫敖患之。鬬廉曰：「鄖人軍其郊，必不誡，且日虞四邑之至也。四邑：隨、絞、州、蓼。君次於郊郢，以禦四邑。郊郢，楚地。我以鋭師宵加於鄖，鄖有虞心而恃其城，莫有鬬志〔三五〕。若敗鄖師，四邑必離。」從之。遂敗鄖師於蒲騷，卒盟而還。

十二年，楚伐絞，軍其南門。莫敖屈瑕曰：「絞小而輕，輕則寡謀，請無扞采樵者以誘之。」扞，衛也。從之。絞人獲三十人。明日，絞人争出，驅楚役徒於山中。楚人坐其北門而覆諸山下，大敗之，爲城下之盟而還。

羅

羅，熊姓，爵未詳，國在南郡枝江縣，今襄陽宜城。桓公十二年，楚伐絞，師分涉於彭。彭水在新城昌魏縣。羅人欲伐之，使伯嘉諜之，三巡，數之。伯嘉，羅大夫。諜，伺也。巡，徧也。十三年，楚屈瑕伐羅，鬬伯比送之。還，謂其禦曰：「莫敖必敗，舉趾高，心不固矣。」遂見楚子曰：「必濟師。」難言將敗，故只請益師。楚子辭焉。不解其旨，故拒之。入告夫人鄧曼，鄧曼曰：「大夫其非衆之謂，其謂君撫小民以信，訓諸司以德，而威莫敖以刑也。莫敖狃於蒲騷之役，將自用也，必小羅。君若不鎮撫，其不設備乎！夫故謂君訓衆而好鎮撫之，召諸司而勸之以令德，見莫敖而告諸天之不假易也。不然，夫豈不知楚師之盡行也。」楚子使賴人追之，不及。莫敖使徇於師曰：「諫者有刑。」及鄢，亂次以濟，遂無次，且不設備。及羅，羅與盧戎兩軍之，盧戎，南蠻。大敗之。

譚

譚，姓未詳，子爵，國在濟南平陵縣，今齊州歷城。　莊公十年，齊侯之出也，過譚，譚不禮焉。及其入也，諸侯皆賀，譚又不至。冬，齊師滅譚，譚子奔莒。

弦　道　柏

弦，子爵，姓未詳。　道、柏，姓爵俱未詳。弦，國在弋陽軑縣，今光州仙居北。道，國在汝南安陽縣南〔三六〕，今蔡州確山有故道城。柏，國在汝陽西平縣柏亭，今蔡州西平縣。　僖公五年，楚鬬穀於菟滅弦，弦子奔黃。於是江、黃、道、柏方睦於齊，皆弦姻也。弦子恃之而不事楚，又不設備，故亡。

權

權，姓爵俱未詳，國在南郡當陽縣，今荆門軍。　莊公十八年，楚武王克權，使鬬緡尹之，以叛，圍而殺之。遷權於那處，楚地。使閻敖尹之。及文王即位，與巴人伐申而驚其師。巴人叛楚而伐那處，取之，遂門于楚。攻楚城門。閻敖游涌而逸，涌水在南郡華容縣。楚子殺之，其族爲亂。冬，巴人因之以伐楚。　十九年，楚子禦之，大敗于津。

須句

須句，風姓，子爵，國在東平須昌縣西北〔三七〕，今鄆州舒城。僖公二十一年，任、宿、須句、顓臾，風姓也，實司太皞與有濟之祀，太皞，伏羲。四國伏羲之後，故主其祀。任，今任城縣。顓臾在泰山南，武陽縣東北。四國封近於濟，故世祀之。以服事諸夏。與諸夏同服王事。邾人滅須句，須句子奔魯，因成風也。成風爲之言於公曰：「崇明祀，保小寡，周禮也。蠻夷滑夏，周禍也。」邾迫近諸戎，雜用夷禮。若封須句，是崇皞、濟而修祀、紓禍也。」二十二年，伐邾，取須句，反其君焉，禮也。文公七年，魯伐邾，取須句，寘文公子焉，非禮也。須句爲邾所滅，僖公取其地再封之，復爲邾所取，今魯再取之。邾文公之子叛在魯，故使爲須句大夫。

夔

夔，芈姓，子爵，國在建平秭歸縣。今歸州。僖公二十六年，夔子不祀祝融與鬻熊。祝融，高辛之火正，楚之遠祖。鬻熊，祝融之十二世孫也。夔乃爲楚之別封，故亦世紹其祀也。楚人讓之，對曰：「我先王熊摯有疾，鬼神弗赦而自竄於夔。熊摯，楚嫡子，有疾不能位，故別封爲夔子。吾是以失楚，又何祀焉？」廢其常祀而飾詞文過。秋，楚成得臣、鬬宜申帥師滅夔，以夔子歸。

庸

庸，姓爵俱未詳，國在上庸縣，今房州庸縣。　文公十六年，楚大饑，庸人率群蠻以叛楚，楚人謀徙於阪高，蔿賈曰：「不可。我能往，寇亦能往，不如伐庸。」乃出師。使廬戢黎侵庸，戢黎，廬大夫。及庸方城。方城，庸地。庸人逐之，囚子揚窗。黎官屬。三宿而逸，曰：「庸師衆，群蠻聚焉，不如復大師，還復句澨師。且起王卒〔三八〕，合而後進。」師叔曰：「不可。楚大夫。姑又與之遇以驕之，彼驕我怒，而後可克，先君蚡冒所以服陘隰也。」又與之遇，七遇皆北，唯裨、鯈、魚人實逐之。裨、鯈、魚，庸三邑。庸人曰：「楚不足與戰矣。」遂不設備。楚子乘馹，會師於臨品，馹，傳車也。分爲二隊：子越自石溪，子貝自仞，以伐庸。秦人、巴人從楚師，群蠻從楚子盟。遂滅庸。

崇

崇，姓爵俱未詳，國在今雍州鄠縣東。　宣公元年，晉欲求成於秦，趙穿曰：「我侵崇，秦急崇，必救之。吾以求成焉。」冬，趙穿侵崇，秦弗與成。

蕭

蕭，姓爵俱未詳，宋附庸國，地今徐州蕭縣。　宣公十二年，楚子伐蕭，宋華椒以蔡人救蕭。蕭人囚熊相宜僚及公子丙，王曰：「勿殺，吾退。」蕭人殺之。王怒，遂圍蕭。蕭潰。申公巫臣曰：「師人多寒。」王巡三軍，拊而勉之。三軍之士，皆如挾纊，遂傳於蕭。還無社與司馬卯言，號申叔展。還無社，蕭大夫。司馬卯、申叔展，皆楚大夫。無社素識叔展，故因卯呼之。叔展曰：「有麥麴乎？」曰：「無。」「有山鞠窮乎？」曰：「無。」麥麴，鞠窮，所以禦濕。欲使無社逃泥水中，無社不解，故曰無。軍中不敢正言，故繆語。「河魚腹疾奈何？」叔展言以無禦濕藥將病〔三九〕。」曰：「目於眢井而拯之。」無社意解，欲入井，故使叔展視廢虛井而求拯也。「若爲茅絰，哭井則已。」叔展又教結茅以表井，須哭乃應以爲信。明日，蕭潰，申叔視其井，則茅絰存焉，號而出之。傳言蕭人無守心。

偪陽

偪陽，妘姓，子爵，國在彭城偪陽縣，今沂州承縣。襄公十年，晉會諸侯於柤，荀偃、士匄請伐偪陽，而封宋向戌焉。以宋常事晉，而向戌有賢行，故欲封之。荀罃曰：「城小而固，勝之不武，弗勝爲笑。」固請。丙寅，圍之，弗克。孟氏之臣秦堇父輦重如役。步挽重車從師〔四〇〕。偪陽人啟門，諸侯之士門焉。見啟門，故攻之。縣門發，郰人紇抉之以出門者〔四一〕。門者，諸侯之士在門內者。紇，郰邑大夫，仲尼父。紇多力，抉舉縣門，出在內者。狄虒彌建大車之輪，而蒙之以甲以爲櫓，彌，魯人也。蒙，覆也。櫓，大盾。左執之，右拔戟，以成一隊。百人爲隊。孟獻子曰：「詩所謂『有力如虎』者也。」主人縣布，堇父登之，及堞而絕之。偪陽人縣以試外勇者。隊則又縣之，蘇而復上者三。主人辭焉，乃退，嘉其勇，故辭謝不復縣。帶其斷以徇於軍三日。帶其斷布以示勇。諸侯之師久於偪陽，荀偃、士匄請於荀罃曰：「水潦將降，懼不能歸，請班師。」知伯怒，投之以機，出於其間，出偃、匄之間。曰：「汝成二事而後告余。二事：伐偪陽，封向戌。余恐亂命，以不女違。汝既勤君而興諸侯，牽帥老夫以至於此，既無武守，而又欲易余罪，曰：『是實班師，不然克矣。』余羸老也，可重任乎？不任受如此責。七日不克，必爾乎取之！」五月庚寅，荀偃、士匄帥卒攻偪陽，親受矢石〔四二〕。甲午，滅之。以與向戌，向戌辭曰：「君若辱鎮撫宋國，而以偪陽光啟寡君，群臣安矣，其何貺如之？若專賜臣，是臣興諸侯以自封也，其何罪大焉？敢以死請。」乃予宋公。以偪陽子歸，獻於武宮，謂之夷俘。諱俘中國，故謂之夷。偪陽，妘姓也。使周內史選其族納諸霍人，禮也。霍，晉邑。內史〔四三〕，掌爵祿廢置者。使選偪陽宗族賢者，令居霍，奉妘姓之嗣。善不滅姓，故曰禮也。使周史者〔四四〕，示有王命。

賴

賴，姓未詳，子爵，國在義陽隨縣，今蔡州褒信縣。昭公四年，楚子會諸侯伐吳，執齊慶封，殺之。遂以諸侯滅賴。賴子面縛銜璧，肉袒，輿櫬從之，造於中軍。王問諸椒舉，對曰：「成王克許，許僖公如是。王親釋其縛，受其璧，焚其櫬。」王從之。遷賴於鄢。鄢，楚邑。楚子欲遷許於賴，使鬬韋龜與公子棄疾城之而還。爲許城也。

鄅

鄅，妘姓，子爵，國在琅琊開陽縣，今臨沂縣。昭公十八年，鄅人藉稻，其君出自藉稻，蓋履行之。郲人襲鄅，鄅人將閉門，邾人羊羅攝其首焉，斬得閉門者頭〔四五〕。遂入之，盡俘以歸〔四六〕。鄅子曰：「余無歸矣，從帑於邾。」邾莊公反鄅夫人，而舍其女。十九年，鄅夫人，宋向戌之女也，故向寧請師。二月，宋公伐邾圍蟲。邾邑。三月，取之，乃盡歸鄅俘。

耿　霍　魏　焦　滑　揚

耿，姬姓，爵未詳，國在平陽皮氏縣，今河中府龍門縣。霍，姬姓，爵未詳，國在平陽永安縣，今晉州霍邑。魏，姬姓，爵未詳，國在河東北縣，今陝州平陸有魏城。焦，姬姓，爵未詳，國在弘農陝縣，今陝州有焦城。滑，姬姓，伯爵，國在河南緱氏縣，今拱州。揚，姬姓，爵未具，國在河東，今晉州洪洞縣。閔公元年，晉侯作二軍，晉本一軍。公將上軍，太子申生將下軍，趙夙御戎，畢萬爲右，以滅耿，滅霍，滅魏。還，爲太子城曲沃，賜趙夙耿，賜畢萬魏，以爲大夫。襄公二十九年，晉司馬女叔侯曰：「虞、虢、焦、滑、霍、揚、韓、魏，皆姬姓也，晉是以大。若非侵小，將何所取？」

按：如司馬女叔侯之説，則滑爲晉所滅。然僖公三十二年，秦穆公襲鄭，以鄭有備，滅滑而還，則滅滑者秦，非晉也。吕相絶秦書有「殄滅我費、滑，散離我兄弟」之語，則方以是聲秦滅姬姓諸侯之罪，豈晉所滅者又別一滑邪？當考。

校勘記

〔一〕臣不知其可也　六字原脱，據左傳桓公六年補。
〔二〕故懼而行成　「懼」原作「瞿」，據元本、慎本、馮本、局本及左傳莊公四年改。
〔三〕還報楚　「楚」字原脱，據史記卷四〇楚世家補。
〔四〕定公四年　「四」原作「五」，據左傳定公四年改。
〔五〕謂隨人曰　「隨」原作「徐」，據局本及左傳定公四年改。
〔六〕上謂霸主　「主」原作「王」，據左傳成公七年注改。
〔七〕八年　「八」原作「九」，據左傳成公八年改。
〔八〕是寡君不得事君也　「也」原作「者」，據左傳成公八年改。
〔九〕歷正也　「歷正」原作「司歷」，據左傳昭公十七年改。
〔一〇〕示不忘古　「古」原作「故」，據左傳莊公十八年注改。
〔一一〕禍福各以官象成也　「各」原作「名」，據國語卷八晉語二改。
〔一二〕宗國既卑　「卑」原作「畢」，據國語卷八晉語二改。
〔一三〕鶉鶉火星也　「鶉鶉」原作「焞焞」，據元本、慎本、馮本及左傳僖公五年注改。
〔一四〕童齔之子未有念慮之感　「之子」二字原脱，據左傳僖公五年注補。
〔一五〕似若有馮者　「馮」原作「鄉」，據左傳僖公五年注改。

〔一六〕將欲納之　「欲」字原脱，據左傳桓公四年注補。

〔一七〕東平剛父縣西南有郕鄉　「東」上原衍「地在」二字，據左傳隱公五年注删。

〔一八〕十八年　按：此下所叙事見左傳莊公十八年，「十」上有脱文。

〔一九〕十年　按：此下所叙事見左傳莊公十年，「十」上有脱文。

〔二〇〕還年　「還」下原衍「明」字，據元本、慎本、馮本、局本及左傳莊公六年删。

〔二一〕晉侯使賈華伐屈　「賈」原作「費」，據元本、慎本、馮本、局本及左傳莊公六年改。

〔二二〕三十三年　原作「二十二年」，據左傳僖公三十三年改。

〔二三〕頓子迫於陳而出奔楚　「子」字原脱，據左傳僖公二十五年疏補。

〔二四〕嬴姓　二字原倒，據本書本卷文例乙正。

〔二五〕選楚地百濮夷也　「楚」原在「濮」下，據元本、慎本、馮本、局本及左傳文公十六年注乙正。

〔二六〕有兩肅爽馬　「兩」字原脱，據左傳定公三年補。

〔二七〕吴子　「吴」原作「吾」，據局本及左傳定公四年改。

〔二八〕成公十七年　「七」原作「八」，據左傳成公十七年改。

〔二九〕子盂帥左師以退　「帥」原作「師」，據局本及左傳襄公二十五年改。

〔三〇〕久將墊隘　「久」原作「之」，據元本、慎本、馮本、局本及左傳襄公二十五年改。

〔三一〕莊公十九年　「十九」原作「二十」，據左傳莊公十九年改。

〔三二〕立王子頽　「立」原作「納」，據左傳莊公十九年改。

〔三三〕莊公十年　「十」原作「七」，據左傳莊公十年改。

〔三四〕桓公七年　「七」原作「八」，據左傳桓公七年改。

〔三五〕莫有闘志　「志」原作「心」，據左傳桓公十一年改。

〔三六〕國在汝南安陽縣南　「安陽」原作「陽皮」，「縣」下原衍「道亳」二字，據左傳僖公五年注改删。

〔三七〕國在東平須昌縣西北　「須」字原脱，「西」原作「東」，據左傳僖公二十一年注補改。

〔三八〕且起王卒　「且」字原脱，據左傳文公十六年補。

〔三九〕叔展言以無禦濕藥將病　「藥」字原脱，據左傳宣公十二年注補。

〔四〇〕步挽重車從師　「從」原作「如」，據左傳襄公十年注改。

〔四一〕郰人紇抉之以出門者　「郰」原作「鄒」，據左傳襄公十年改。注同。

〔四二〕親受矢石　「受」原作「犯」，據左傳襄公十年改。

〔四三〕内史　「史」原作「使」，據元本、慎本、馮本及左傳襄公十年注改。

〔四四〕故曰禮也使周史者　「故曰禮也使」與「者」六字原脱，據左傳襄公十年注補。

〔四五〕斬得閉門者頭　「得」原作「復」，據元本、慎本、馮本、局本及左傳昭公十八年注改。

〔四六〕盡俘以歸　「俘」原作「郛」，據局本及左傳昭公十八年改。

卷二百六十四　封建考五

春秋列國傳授本末事迹

周

周，姬姓，公爵，國在王畿内扶風雍縣，唐改爲天興。成王封周公於魯。周公元子伯禽就封於魯，次子留相王室，代爲周公。桓公五年，鄭伯不朝，王以諸侯伐鄭，鄭禦之。王爲中軍；虢公林父將右軍，蔡、衛屬焉〔一〕；周公黑肩將左軍，陳人屬焉。黑肩，即周桓公也。王卒大敗。十八年，周公欲弑莊王而立王子克，莊王弟。辛伯告王，遂與王殺周公黑肩。王子克奔燕。初，子儀有寵於桓王，子儀即王子克。桓王屬諸周公。辛伯諫曰：「並后，妾如后。匹嫡，庶如嫡。兩政，臣擅命。耦國，都如國。亂之本也。」周公弗從，故及。僖公九年，周公會齊侯及諸侯盟于葵丘。周公，宰孔也。王使宰孔賜齊侯胙。二十四年，頹叔、桃子奉太叔以狄師伐周，大敗周師，獲周公忌父、原伯、毛伯、富辰。三十年，王使周公閲來聘，饗有昌歜、白黑、形鹽。昌歜，昌蒲菹。白，熬稻。黑，熬黍。形鹽，鹽形象虎。辭曰：「國君，文足昭也，武可畏也，則有備物之饗以象其德。薦五味，羞嘉穀，鹽虎形，以獻其功。吾何以堪之？」文公十四年，頃王崩，周公閲與王孫蘇争政，故不赴。周公與王孫蘇訟於晉，王叛王孫蘇，王，匡王。而使尹氏與聃啟訟周公於晉。趙宣子平王室而復之。成公十一年，周公楚惡惠、襄之偪也，惠王、襄王之族。且與伯輿争政，伯輿，周卿士。不勝，怒而出。及陽樊，王使劉子復之，盟於鄄而入。三日，復出奔晉。王既復之而復出，所以自絶於周。

召

召，姬姓，伯爵，國在王畿内雍縣東南，今王屋縣。召康公奭受封於燕而食采於召，其後世世輔王室。厲王行暴虐，國人謗王。召穆公虎諫曰：「民不堪命矣。」王怒，得衛巫使監謗者，以告，則殺之，國人莫敢言，道路以目。王告召公曰：「吾能弭謗矣。」召公曰：「是鄣之也。防民之口，甚於防川。川壅而潰，傷人必多，民亦如之。」王不聽，國人畔，襲王，王出奔彘，太子静匿召公之家，國人圍之。召公曰：「昔吾驟諫王，王不從，是以及此難也〔二〕。今殺王太子，王其以我爲讎而懟怒乎！」乃以其子代王太子，太子得脱。周公、召公二相行政，號曰「共和」。共和十四年，厲王死於彘，太子静長於召公家，二相共立之，是爲宣王。宣王即位，命穆公平淮夷，告成於王。王錫以圭瓚、秬鬯、一卣，錫之土田。穆公作常武之詩，以美宣王。僖公十一年，王使召武公賜晉惠公命。宣公十五年，王孫蘇與召氏、毛氏争政，使王子捷殺召戴公及毛伯衛。卒立召襄。襄，召戴公之子。

成公八年，王使召桓公來賜魯公命。昭公二十二年，景王崩，既葬，王子朝因舊官、百工之喪職秩者，與靈、景之族以作亂，逐劉子。單子出〔三〕。王子還與召莊公謀殺單子。還及召莊公奂，皆子朝黨。二十六年，召伯盈逐王子朝。伯盈本子朝黨，晉師克鞏，知子朝不成，更逐之而立敬王。王子朝及召氏之族、毛伯得、尹氏固、南宮嚚奉周之典籍以奔楚。召伯逆王於尸，及劉子、單子盟。召伯新還，故盟。二十九年，三月，京師人殺召伯盈、尹氏固及原伯魯之子。皆子朝黨也。

劉

劉，姬姓，子爵，國在畿内河南緱氏縣西北，今緱氏西城舊有劉亭。劉子世爲王卿士。宣公十年，劉康公報聘於魯。去年王來徵聘，孟獻子聘於周也。成公元年，晉侯使瑕嘉平戎於王，劉康公徼戎，將遂伐之，叔服曰：「背盟而欺大國，必敗。」不聽，遂伐茅戎，敗績於徐吾氏。十一年，晉郤至與周爭鄇田，王命劉康公、單襄公訟諸晉。郤至曰：「温，吾故也，故不敢失。」劉子、單子曰：「昔周克商，使諸侯撫封，蘇忿生以温爲司寇，與檀伯達封於河。蘇氏即狄，又不能於狄而奔衛。襄王勞文公而賜之温，狐氏、陽氏先處之，而後及子。若治其故，則王官之邑也，子安得之？」晉侯使郤至勿敢爭。十三年，劉康公會晉侯及諸侯伐秦。成肅公受脤於社，不敬，劉子曰：「吾聞之，民受天地之中以生，所謂命也。是以有動作禮義威儀之則，以定命也。能者養之以福，不能者敗以取禍。是故君子勤禮，小人盡力，勤禮莫如致敬，盡力莫如敦篤，敬在養神，篤在守業。國之大事，在祀與戎，祀有執膰，戎有受脤，神之大節也。今成子惰，棄其命矣，其不反乎！」十四年〔四〕，王使劉定公賜齊侯命。昭公元年，晉趙武、楚公子圍會諸侯于虢。王使劉定公勞趙孟於潁，館於洛汭。劉子曰：「美哉禹功，明德遠矣！微禹，吾其魚乎！吾與子弁冕、端委以治民、臨諸侯，禹之力也。子盍亦續禹功，而大庇民乎？」對曰：「老夫罪戾是懼，焉能恤遠？吾儕偷食，朝不謀夕，何其長也？」劉子歸，以語王曰：「諺所謂老將至而耄及之者，其趙孟之謂乎！爲晉正卿，以主諸侯，而儕於隸人，朝不謀夕，棄神人矣。神怒，民叛，何以能久？趙孟不復年矣。」

昭公二十二年，初，王子朝、賓起有寵於景王。子朝，景王長庶子。賓起，子朝傅。王與賓孟説之，孟即賓起。欲立之。劉獻公之庶子伯蚠事單穆公，獻公，劉摯。伯蚠，劉狄。穆公，單旗。惡賓孟之爲人也，願殺之。又惡王子朝之言，以爲亂，願去之。子朝有欲立之言。夏，王田北山，使公卿皆從，將殺劉子、單子。王知劉、單不欲立子朝，欲先期殺之。王有心疾，乙丑，崩於榮錡氏。戊辰，劉子摯卒，無子，單子立劉蚠。五月庚辰，見王。見王猛。遂攻賓起，殺之，盟群王子于單氏。丁巳，葬景王。王子朝因舊官、百工之喪職秩者，與靈、景之族以作亂。靈王，景王之子也。帥郊、要、餞之甲，三邑，周地。以逐劉子，劉子奔揚。單子逆悼王于莊宮以歸。王子還夜取王以如莊宮。王子還，子朝黨。不欲使單子得王猛，故取之。癸亥，單子出。失王故出奔。王子還與召莊公謀曰：「不殺單旗，不捷。」遂奉王以追單子，及領，大盟而復。領，周地。欲重盟，令單子、劉子復歸。然後背盟，殺之。殺摯荒以説。劉子如劉，單子亡，奔于平畤。知還欲背盟，故奔。群王子追之。單子殺還、姑、發、弱、鬷、延、定、稠，八子，靈、景之族，因戰而殺之。子朝奔京。其黨死故。丙寅，伐之。單子伐京。京人奔山，劉子入於王城。子朝奔京，故得入。辛未，鞏簡公敗績於京。乙亥，甘平公亦敗焉。甘、鞏二公，周卿士，爲子朝所敗。單子欲告急於晉，以王如平畤，遂如圃車，次於皇。出次以示急。劉子如劉。單子使王子處守於王城，守王城，距子朝。盟百工於平宮。鄩肸伐皇〔五〕，大敗。子朝黨。司徒醜以王師敗績於前城，百工叛。司徒醜敗故。伐單氏之宮，敗焉。百工伐單氏，爲單氏所敗。庚午，反伐之。單氏反伐百工。辛未，伐東圉。百工所在。冬十月丁巳，晉籍談、荀躒帥九州之戎及焦、瑕、溫、原之師，以納王於王城。庚申，單子劉盆以王師敗績於郊，爲子朝之黨所敗。前城人敗陸渾於社。前城，子朝衆。十一月乙酉，王子猛卒，不成喪也。未即位，周人謚曰悼王，所以不稱崩。己丑，敬王即位，子猛母弟。館于子旅氏。周大夫。二十三年四月，單子取訾，劉子取墻人、直人。二邑，屬子朝。六月，王子朝入於尹。自京入尹氏之邑。癸未，尹圉誘劉佗殺之。尹圉，尹文公也。劉佗，劉盆族，敬王黨。丙戌，單子從阪道，劉子從尹道伐尹。單子先至而敗，劉子還。己丑，召伯奐、南宮極以成周人戍尹。二子，周卿士，子朝黨。庚寅，單子、劉子、樊齊以王如劉。辟子朝，出居劉子邑。甲午，王子朝入於王城，次於左巷。鄩羅納諸莊宮。周大夫。尹辛敗劉師於唐。丙辰，又敗諸鄩。甲子，尹辛取西闈。西闈，周地。丙寅，攻蒯，蒯潰。

二十六年，單子如晉告急。劉人敗王城之師於尹氏。劉人，劉盆之族。王城，子朝之徒。戊辰，王城人、劉氏戰于施谷，劉氏敗績。七月，劉子以王出，師敗故。次於渠。周地。王城人焚劉。王宿於褚氏。晉知躒、趙鞅帥師納王。召伯盈逐王子朝，子朝奔楚。召伯逆王於尸，及劉子、單子盟。癸酉，王入于成周。定公四年，劉文公會晉及諸侯于召陵，謀伐楚也。七年，周儋翩入於儀粟以叛。儀粟，周邑。單武公、劉桓公敗尹氏於窮谷。尹氏復黨儋翩，共爲亂也。八年，劉子伐儀粟，伐盂，以定王室。討儋翩之黨。哀公三年，初，劉氏、范氏世爲婚姻，萇弘事劉文公，故周與范氏。趙鞅以爲討。六月，周人殺萇弘。及定王時，劉氏亡。國語。

單

單，姬姓，伯爵，國在畿内，單伯世爲王卿士。　莊公十四年，齊侯以諸侯伐宋，以其背北杏之會故也。請以齊請師於周。欲崇天子，假王命以示大順。　單子會之，取成於宋而還。　文公十四年，魯襄仲使告於王，請以王寵求叔姬於齊，叔姬，魯女，齊昭公夫人，生子舍，無寵，爲公子商人弑之而自立。　曰：「殺其子，焉用其母，請受而罪之。」冬，單子如齊，請子叔姬，齊人執之，恨魯恃王勢求女。　又執子叔姬。　十五年，齊人許單伯請而赦之，使致命於魯。　成公元年，晉侯使瑕嘉平戎於王，單襄公如晉拜成。　十一年〔六〕，郤至與周爭鄇田，王命劉康公、單襄公訟諸晉。語見劉子。　十七年，單子會晉侯及諸侯之師伐鄭。　襄公三年，公會單頃公及諸侯，同盟于雞澤。　十年，王叔陳生與伯輿爭政。二子，王卿士。　晉侯使士匄平王室，王使叔氏與伯輿合要，要，辭也。　王叔氏不能舉其契。　王叔奔晉。　單靖公爲卿士，以相王室。代王叔。　昭公十一年，單子會韓宣子于戚，視下言徐。　叔向曰：「單子其將死乎！　朝有著定，著定，朝内列位常處謂之表著〔七〕。會有表，野會，設表以爲位。　衣有襘，帶有結。襘，領會。結，帶結。　會朝之言，必聞於表著之位，所以昭事序也。　視不過結、襘之中，所以道容貌也。　言以命之，容貌以明之，失則有闕。　今單子爲王官伯，而命事於會，視不登帶，言不過步，貌不道容，而言不昭矣。　不道不共，不昭不從，無守氣矣。」冬，單成公卒。　景王鑄大錢及無射，單穆公諫，不聽。　二十二年，景王崩，劉子、單子立王子猛。　王子朝作亂。語見劉子。　定公八年，單子伐穀城、簡城，以定王室。討儋翩之亂。

祭

祭，姬姓，伯爵，周公之後，國於畿内，在陳留長垣縣，今鄭州管城有祭城。世爲王卿士。穆王將征犬戎，祭公謀父諫曰：「不可。先王耀德不觀兵。夫兵戢而時動，動則威，觀則玩，玩則無震。韋昭曰：「震，懼也。」是故周文公之頌韋昭曰：「文公，周公旦之謚。」曰：『載戢干戈，載櫜弓矢。唐固曰：「櫜，韜也。」我求懿德，肆于時夏，允王保之。』韋昭曰：「言武王常求美德，故陳其功，於是夏而歌之：『信哉，武王能保此時夏之美。』樂章大者曰夏。」先王之於民也，茂正其德而厚其性，阜其財求而利其器用，明利害之鄉，韋昭曰：「鄉，方也。」以文修之，使之務利而辟害，懷德而畏威，故能保世以滋大。昔我先王世后稷，韋昭曰：「謂棄與不窋也。」唐固曰：「父子相繼曰世。」以服事虞、夏。及夏之衰也，正義曰：「謂太康也。」棄稷不務，正義曰：「言大康棄廢稷官。」我先王不窋用失其官，而自竄於戎、狄之間。不敢怠業，時序其德，遵修其緒，徐廣曰：「遵，一作纂。」修其訓典，朝夕恪勤，守以敦篤，奉以忠信，奕世載德，不忝前人。正義曰：「前人謂后稷也。言不窋亦世載德，不忝后稷。及文王、武王，無不務農事。」至於文王、武王〔八〕，昭前之光明而加之以慈和，事神保民，無不欣喜。商王帝辛大惡於民。庶民不忍，訢戴武王，以致戎於商牧。正義曰：「紂近郊地，名牧野。」是故先王非務武也，勤恤民隱而除其害也。夫先王之制，邦内甸服，邦外侯服，侯、衛賓服，韋昭曰：「此總言之也。侯，侯圻。衛，衛圻也。」夷、蠻要服，戎、翟荒服。甸服者祭，韋昭曰：「供日祭。」侯服者祀，韋昭曰：「供月祀。」賓服者享，韋昭曰：「供時享。」要服者貢，韋昭曰：「供歲貢。」荒服者王。韋昭曰：「王，王事天子也。詩曰：『莫敢不來王。』」日祭，月祀，時享，歲貢，終王。先王之順祀也。徐廣曰：「外傳云：『先王之訓。』」有不祭則修意，韋昭曰：「先修志意以自責也。畿内近，知王意也。」有不祀則修言，韋昭曰：「言，號令也。」有不享則修文，韋昭曰：「文，典法也。」有不貢則修名，韋昭曰：「名謂尊卑職貢之名號也〔九〕。」有不王則修德，韋昭曰：「遠人不服，則修文德以來之。」序成而有不至則修刑。韋昭曰：「序成謂上五者次序已成，有不至，則有刑罰也。」於是有刑不祭，伐不祀，征不享，讓不貢，告不王。於是有刑罰之辟，有攻伐之兵，有征討之備，有威讓之命，有文告之辭。布令陳辭而有不至，則增修於德，無勤民於遠。是以近無不聽，遠無不服。今自大畢、伯士之終也，徐廣曰：「犬戎之君。」犬戎氏以其職來王，正義：「賈逵云：『大畢、伯士，犬戎氏之二君也。白狼、白鹿，犬戎之職貢也。』按：大畢、伯士終後，犬戎氏常以其職來王。」天子曰：正義曰：「祭公言穆王之意，故云天子曰。」『予必以不享征之，且觀之兵。』無乃廢先王之訓而王幾頓乎？正義曰：「幾音祈。」吾聞犬戎樹敦，徐廣曰：「樹，一作『㯮』。」駰案：韋昭曰：「樹，立也。言犬戎立性敦篤也。」率舊德而守終純固，其有以禦我矣！」王遂征之，得四白狼、四白鹿以歸。自是荒服者不至。王欲肆其心，周行天下，將必有車轍馬迹焉。祭公謀父作祈招之詩以止王心。祈父，周司馬，世掌甲兵之職。招其名，祭公方諫游行，故指司馬官而言。其詩曰：「祈招之愔愔，式昭德音，思我王度，式如玉，式如金，形民之力，而無醉飽之心。」王是以獲没於祇宮。獲没，不見篡弒。

隱公元年，祭伯來，非王命也。釋所以不稱使。　桓公八年，祭公來，遂逆王后于紀。

凡

凡，姬姓，伯爵，周公之後，國於畿内，在汲郡共縣，今衛州共城縣，世爲王卿士。厲王、幽王之時，凡伯作板、瞻卬、召旻諸詩以刺王。　隱公七年，戎朝於周，發幣於公卿，凡伯弗賓。冬，王使凡伯來聘。還，戎伐之于楚邱以歸。

蘇

蘇，其姓未詳，子爵，周武王時，蘇忿生爲司寇，封於温，爲畿内之國，地在河内温縣。　幽王時，蘇成公與暴辛公共爲卿士，爲暴公所譖，作何人斯。　隱公十一年，王取鄔、劉、蔿、邘之田于鄭，而與鄭人蘇忿生之田温、原、絺、樊、隰郕、欑茅、向、盟、州、陘、隤、懷。時蘇氏叛王，十二邑王不能有，故以與鄭。　莊公十九年，蔿國邊伯、石速、詹父、子禽、祝跪作亂，因蘇氏。桓王奪蘇十二邑以與鄭〔一〇〕，自此以來遂不和。　秋，五大夫奉子頽以伐王，不克，出奔温。蘇邑。　蘇子奉子頽以奔衛，衛、燕伐周，立子頽〔一一〕。　僖公十年，狄滅温，蘇子無信也。　蘇子叛王即狄，不能於狄，狄人伐之，王不救，故滅。　蘇子奔衛。　文公十年，及蘇子盟于女栗，頃王立故也。僖十年，狄滅温，今復見，蓋王復之。　成公十一年〔一二〕，晉郤至與周爭鄇田，王命劉康公、單襄公訟諸晉。　郤至曰：「温，吾故也，故不敢失。」言温郤氏舊邑。　劉子、單子曰：「昔周克商，使諸侯撫封，各撫有其封内之地。　蘇忿生以温爲司寇，與檀伯達封於河。謂俱封於河内。　蘇氏即狄，又不能於狄而奔衛。襄主勞文公而賜之温，狐氏、陽氏先處之，狐溱、陽處父先食温也。　而後及子。　若治其故，則王官之邑也，子安得？」晉侯使郤至勿敢爭。

毛

毛，姬姓，伯爵，文王之後，封於毛，地在畿内。成王時爲卿士，與召公、芮伯、彤伯、畢公、衛侯同受顧命立康王，自此世爲王卿士。文公元年，王使毛伯衛來賜公命。九年，毛伯衛來求金，襄王崩，求金以共葬事。宣公十五年，王孫蘇與召氏、毛氏争政，使王子捷殺召戴公及毛伯衛。昭公十八年，二月乙卯，周毛得殺毛伯過得，過之族。而代之。萇弘曰：「毛得必亡，是昆吾稔之日也。侈故之以。昆吾，夏伯。稔，熟。侈惡積熟，以乙卯日與桀同誅。而毛得以濟侈於王都，不亡何待！」二十六年，尹氏、召伯、毛伯以王子朝奔楚。語見劉子。

右，周、召、劉、單、祭、凡、蘇、毛皆王畿内之國，世爲王卿士。先王之時，諸侯之有功德者，則入輔王室。如成王時，召太保、芮伯、彤伯、畢公、衛侯、毛公爲六卿，召、畢、毛皆兼三公，齊侯吕伋爲王虎賁氏。後來如衛、鄭二武公亦入爲王卿士，皆外諸侯也。東遷而後，王室微弱，號令不能行於畿外。春秋之初，鄭與虢尚迭爲卿士，然争政怨怒，至於交質、交惡，稱兵構逆，王夷師熸，而名義蕩然矣。其後虢爲晉所滅，鄭亦不復聽王室之令。齊、晉迭伯，而列國之所爲奔走後先者，知有盟主而已。王室之政，付之畿内食采邑之小國。然温已叛去，其地入於狄與晉。凡、祭僅再見於隱、桓之間而已，後不復聞，惟周、召、劉、單世執王室之政柄云。

徐

徐，嬴姓，子爵，出自柏翳國，始封於夏，歷殷、周，國在下邳僮縣，今泗州臨淮有徐城。　武王崩，成王幼，周公攝政，三監及徐、商、奄叛周，周公討之，殺管、蔡、武庚，踐奄，踐，滅也。寧東土。　及伯禽封於魯，而徐戎、淮夷復寇東郊，伯禽討之，作費誓。　穆王西巡守，樂而忘歸。　徐君誕僭稱偃王，行仁義，除刑争，四方諸侯争辯者無所質正，咸賓祭於徐，贄玉帛、死生之物於徐庭者三十六國，得朱弓赤矢之瑞。穆王聞之，乃命造父御長驅而歸，與楚連謀伐徐。　偃王失國，走死彭城武原山下。　宣王時，徐方不庭，王命太師皇父、程伯休甫總六師以討之。　僖公三年，徐人取舒。舒國亦廬江舒縣。勝國而不用大師〔一三〕，亦曰取。　十五年，春，楚人伐徐，徐即諸夏故也。　三月，齊侯及諸侯盟于牡邱，尋葵邱之盟，且救徐也。　孟穆伯帥師及諸侯之師救徐，諸侯次于匡以待之。　冬，楚敗徐于婁林，徐恃救也。恃齊救。　十七年，春，齊人爲徐伐英氏，以報婁林之役也。　文公七年，徐伐莒。　成公七年，吴伐巢，伐徐。　楚子重奔命，救巢、徐。　昭公四年，楚子會諸侯于申。　徐子，吴出也，以爲貳焉，故執諸申。　六年，徐儀楚聘於楚。儀楚，徐大夫。　楚子執之，逃歸。　懼其叛也，使薳洩伐徐。　吴救徐，敗楚師於房鍾。　十二年，楚子狩於州來，次於潁尾〔一四〕，使蕩侯、潘子、司馬督、囂尹午、陵尹喜帥師圍徐以懼吴。　楚子次於乾溪，以爲之援。　十六年，齊侯伐徐，師至於蒲隧。徐地。　徐人行成。　徐子及郯人、莒人會齊侯，盟於蒲隧，賂以甲父之鼎。　叔孫昭子曰：「諸侯之無伯，害哉！爲小國害。　齊君之無道也，興師而伐遠方，會之有成而還，莫之亢也。亢，禦也。無伯也夫。」三十年，吴子伐徐，防山以水之。防壅山水以灌徐。己卯，滅徐。徐子章禹斷其髮，自刑示懼。攜其夫人以逆吴子。吴子唁而送之，使其邇臣從之，遂奔楚。楚沈尹戌帥師救徐，弗及，遂城夷，使徐子處之。夷，城父也。

先儒林少穎言：「周自文、武興於西土而化行於南，故西夷最先服，而東夷之服爲最後。是以武王牧野之戰，方與商師决勝負於行陣之間，而西南夷之邦，所謂庸、蜀、羌、髳、微、盧、彭、濮者已皆作使。而成王之即政，天下已太平矣，東夷之徐、奄猶興兵以叛也。」愚按徐雖柏翳之後，有國已久，而俗流於夷。周初，一叛於三監流言之時，再叛於伯禽撫封之日，周公、魯公僅能定之。至穆王稍有荒縱遠狩之失，而偃王者遽爾僭號，侈然有朝諸侯，有天下之意。洎厲王無道，宣王撥亂之始，而繹騷於南國者，又徐也。然則徐於西周之時，蓋常常稱亂於東南，及東遷之後，徐始微弱。而東南之鴟張，僭竊北向，以争諸侯者，荆、楚、吴、越相繼興矣。其後徐益以弱，服屬於吴、楚之間，而卒不得免焉。然吴、楚倔强於東周衰微之後，而徐倔强於西周鼎盛之時，則其初本非弱國也。

戎

隱公二年，公會戎于潛，修惠公之好也。戎請盟，公辭。陳留濟陽縣東南有戎城。戎請盟。秋，盟于唐，復修戎好也。七年，初，戎朝於周，發幣於公卿，凡伯弗賓。冬，王使凡伯聘于魯。還，戎伐之于楚邱以歸。九年，北戎侵鄭，鄭伯禦之。患戎師，曰：「彼徒我車，懼其侵軼我也。」公子突曰：「使勇而無剛者嘗寇，而速去之。突，鄭厲公。嘗，試也。勇則能往，無剛不耻退。君爲三覆以待之。覆，伏兵。戎輕而不整，貪而無親，勝不相讓，敗不相救。先者見獲必務進，進而遇覆必速奔，後者不救，則無繼矣。乃可以逞。」從之。戎人之前遇覆者奔。祝聃逐之。衷戎師，戎前後及中遇三覆，皆受敵，故曰衷戎師。前後擊之，盡殪，戎師大奔。十一月甲寅，鄭人大敗戎師。桓公六年，北戎伐齊，齊侯使乞師於鄭。鄭太子忽帥師救齊。六月，大敗戎師，獲其二帥大良、少良，甲首三百，以獻於齊。於是諸侯之大夫戍齊。莊公十八年，公追戎于濟西。不言其來，諱之也。戎來侵魯，魯不知去，乃追之，故諱不言其來。二十年，齊人伐戎。三十年，魯公及齊侯遇于魯濟，謀山戎也。以其病燕故也。北燕，幽薊。齊人伐山戎。山戎，北狄。三十一年，齊侯來獻戎捷。穀梁傳曰：「桓內無因國，外無從諸侯，而越千里之險，北伐山戎，危之也。內無因緣山戎左右之國爲內間者。外無諸侯者，不煩役寮國。則非之乎？善之也。何善乎爾？燕，周之分子也。召康公之後，周之別子孫。貢職不至，山戎爲之伐矣。」閔公二年，虢公敗犬戎於渭汭。犬戎，西戎別在中國者。僖公二年，虢公敗戎於桑田。桑田，虢地，在弘農陝縣。十年，齊侯、許男伐北戎。十一年，揚拒、泉皋、伊雒之戎同伐京師，入王城，焚東門。揚拒、泉皋皆戎邑，及諸戎雜居伊水、洛水之間者〔一五〕，今伊闕北有泉亭。王子帶召之也。子帶召戎，欲因以篡位。秦、晉伐戎以救周。秋，晉侯平戎於王。十二年，王以戎難故，討王子帶，王子帶奔齊。冬，齊侯使管夷吾平戎於王，使隰朋平戎于晉。平，和也。前年晉救周伐戎，故戎與周、晉不和。十三年，爲戎難故，諸侯戍周，齊仲孫湫致之。十六年，王以戎難告於齊，齊徵諸侯而戍周。二十二年，初，平王之東遷也，辛有適伊川，見被髮而祭於野者，曰：「不及百年，此其戎乎！其禮先亡矣。」秋，秦、晉遷陸渾之戎於伊川。允姓之戎居陸渾，在秦、晉西北。二國誘而徙之，遂去戎號，至今爲陸渾縣也。　三十三年，晉及姜戎敗秦師於殽。文公八年，魯公子遂會伊、雒之戎，盟于暴。暴，鄭地。　十六年，楚大饑，戎伐其西南，至於阜山，師於大林。又伐其東南，至於陽邱，以侵訾枝〔一六〕。戎，山夷也。大林、陽邱、訾枝皆楚邑也。　十七年，周甘歜敗戎於郊垂，乘其飲酒也。歜，周大夫。郊垂，周地，在河南新城縣北。　宣公三年，楚子伐陸渾之戎，遂至於雒，觀兵於周疆。　定王使王孫滿勞楚子。　成公元年，晉侯使瑕嘉平戎於王。平文十七年郊垂之役。　單襄公如晉拜成。劉康公徼戎，將遂伐之。欲要其無備。　叔服曰：「背盟而欺大國，此必敗。背盟不祥，欺大國不義，將何以勝？」不聽，遂伐茅戎。　三月癸未，敗績於徐吾氏。徐吾氏，茅戎之別也。　六年，晉伯宗、夏陽說、衛孫良夫、甯相、鄭人、伊雒之戎、陸渾蠻氏侵宋，蠻氏，戎別種也。河南新城縣東南有蠻城。　以其辭會也。前年宋辭蟲牢之盟。　襄公四年，無終子嘉父使孟樂如晉，無終，山戎國名。孟樂，其使臣。　因魏莊子納虎豹之皮，以請和諸戎。莊子，魏絳。　晉侯曰：「戎狄無親而貪，不如伐之。」魏絳曰：「諸侯新服，陳新來和，將觀於我，我德則睦，否則攜貳。勞師於戎，而楚伐陳必不能救，是棄陳也，諸華必叛。戎，禽獸也，獲戎失華，無乃不可乎？和戎有五利焉：戎狄薦居，貴貨易土，土可賈焉，一也。邊鄙不聳，民狎其野，穡人成功，二也。戎狄事晉，四鄰震動，諸侯威懷，三也。以德綏戎，師徒不勤，甲兵不頓，頓，壞也。四也。鑒於后羿，而用德度，遠至邇安，五也。君其圖之。」公說，使魏絳盟諸戎，修民事，田以時。　五年，王使王叔陳生愬戎于晉。戎陵虣周室，故告愬於盟主。　晉人執之，士魴如京師，言王叔之貳於戎也。王叔反有貳心於戎，失奉使之義，故晉執之。　十四年，晉及諸侯會于向，將執戎子駒支，范宣子親數諸朝，行之所在，亦設朝位。　曰：「來，姜戎氏，昔秦人迫逐乃祖吾離於瓜州，四嶽之後，皆姓姜，又別爲允姓。瓜州地在今燉煌。燉，徒門反。乃祖吾離被苫蓋，蒙荆棘，以來歸我先君。蓋，苫之別名。蒙，冒也。我先君惠公有不腆之田，腆，厚也。與女剖分而食之。中分爲剖〔一七〕。今諸侯之事我寡君不如昔者，蓋言語漏泄，則職女之由。職，主也。詰朝之事，爾無與焉，詰朝，明旦。不使復得與會事也。與將執女。」對曰：「昔秦人負恃其衆，貪於土地，逐我諸戎，惠公蠲其大德，蠲，明也。謂我諸戎是四嶽之裔胄也，四嶽，堯時方伯，姜姓也。裔，遠也。胄，後也。毋是翦棄，翦，削也。賜我南鄙之田，狐狸所居，豺狼所嗥。我諸戎除翦其荆棘，驅其狐狸豺狼，以爲先君不侵不叛之臣，至於今不貳。不内侵，亦不外叛。昔文公與秦伐鄭，秦人竊與鄭盟而舍戍焉，在僖三十年。於是乎有殽之師。在僖三十三年。晉禦其上，戎亢其下，亢，猶當也。秦師不復，我諸戎實然。譬如捕鹿，晉人角之，諸戎犄之，犄其足也。犄，居綺反。與晉踣之，踣，僵也。踣，蒲北反，又敷豆反。戎何以不免？自是以來，晉之百役與我諸戎相繼於時，言給晉役不曠時。以從執政，猶殽志也，意常如殽，無有二也。豈敢離遏？今官之師旅，無乃實有所闕，以携諸侯而罪我諸戎！我諸戎飲食衣服不與華同，贄幣不通，言語不達，何惡之能爲？不與於會，亦無瞢焉！」瞢，悶也。賦青蠅而退。青蠅，詩小雅。取其「愷悌君子，無信讒言。」宣子辭焉，使即事於會，成愷悌也。成愷悌，不信讒也。不書者，戎爲晉屬，不肯特達。昭公九年，周甘人與晉閻嘉爭閻田。甘人，甘大夫襄也。閻嘉，晉閻縣大夫。晉梁丙、張趯率陰戎伐潁〔一八〕。陰戎，陸渾之戎。潁，周邑。王使詹桓伯辭於晉，辭，責讓之。桓伯，周大夫。曰：「我自夏以后稷，魏、駘、芮、岐、畢，吾西土也。在夏世以后稷功受此五國，爲西土之長。駘在始平武功縣所治斄城，岐在扶風美陽縣西北。及武王克商，蒲姑、商奄，吾東土也。樂安博昌縣北有蒲姑城。巴、濮、楚、鄧，吾南土也。肅慎、燕、亳，吾北土也。肅慎，北夷，在玄菟北計三千餘里。吾何邇封之有？邇，近也。文、武、成、康之建母弟，以蕃屏周，亦其廢墜是爲，爲後世廢墜，兄弟之國當救濟之。豈如弁髦而因以敝之。童子垂髦始冠，必三加冠，成禮而棄其始冠，故言弁髦因以敝之。先王居檮杌於四裔，以禦魑魅，言檮杌略舉四凶之一，下言四裔，則三苗在其中。故允姓之姦，居於瓜州。允姓，陰戎之祖，與三苗俱放三危者。瓜州，今燉煌。伯父惠公歸自秦而誘以來，僖十五年，晉惠公自秦歸。二十二年，秦、晉遷陸渾之戎於伊川。使偪我諸姬，入我郊甸，則戎焉取之？邑外爲郊，郊外爲甸。言戎取周郊甸之地。戎有中國，誰之咎也？咎在晉。后稷封殖天下，今戎制之，不亦難乎？后稷修封疆，埴五穀，今戎得之，唯以畜牧。伯父圖之。我在伯父，猶衣服之有冠冕，木水之有本源，民人之有謀主也。民人謀主，宗族之師長。伯父若裂冠毀冕，拔本塞源，專棄謀主，雖戎狄其何有余一人？」伯父猶然，則雖戎狄無所可責。晉率陰戎伐周邑，故云然。叔向謂宣子曰：「文之伯也，豈能改物？晉文公雖霸，未能改正朔，易服色。翼戴天子而加之以共。翼，佐也。自文以來，世有衰德而暴滅宗周，宗周，天子。以宣示其侈，諸侯之貳，不亦宜乎？且王辭直，子其圖之。」宣子說。王有姻喪，外親之喪。使趙成如周弔，且致閻田與襚，襚，送死衣。反潁俘。王亦使賓滑執甘大夫襄以説於晉。晉人禮而歸之。賓滑，周大夫。十六年，楚子聞蠻氏之亂也，與蠻子之無質也，質，信也。使然丹誘戎蠻子嘉殺之，遂取蠻氏。既而復立其子，禮也。河南新城縣東南有蠻城。十七年，晉侯使屠蒯如周，請有事於雒及三塗，屠蒯，晉之膳宰，以忠諫見進。雒，雒水也。三塗，山名，在陸渾南。萇弘謂劉子曰：「客容猛，非祭也。其伐戎乎？陸渾氏甚睦於楚，必是故也。君其備之。」乃警戎備。警戎以備戎，欲因晉合勢。九月丁卯，晉荀吴帥師涉自棘津，使祭史先用牲於雒。陸渾人弗知，師從之。庚午，遂滅陸渾，數之以其貳於楚也。陸渾子奔楚，其衆奔甘鹿。甘鹿，周地。周大獲。先獲戎備，攻獲。范宣子夢文公攜荀吴而授之陸渾，故使穆子帥師獻俘於文宫。哀公四年，夏，楚人既克夷虎，夷虎，蠻夷叛楚者。乃謀北方。左司馬眅、申公壽餘、葉公諸梁致蔡於負函，三子，楚大夫也。此蔡之故地人民，楚因以爲邑。致之者，會其衆也。致方城之外於繒關，負函、繒關，皆楚地。曰：「吴將泝江入郢，逆流曰泝。將奔命焉。」爲一昔之期，襲梁及霍。僞辭當備吴，夜結期，明日便襲梁、霍，使不知之。梁，河南梁縣西南故城也。梁南有霍陽山，皆蠻子之邑也。單浮餘圍蠻氏，蠻氏潰。浮餘，楚大夫也。單音善。蠻子赤奔晉陰地。陰地，河南山北自上雒以東至陸渾。司馬起豐、析與狄戎，楚司馬眅也。析縣屬南鄉郡。析南有豐鄉，皆楚邑。發此二邑人及戎狄。以臨上雒。左師軍於菟和，菟和山在上雒東也。菟音徒。右師軍於蒼野，蒼野在上雒縣。使謂陰地之命大夫士蔑命大夫，别縣監尹。曰：「晉、楚有盟，好惡同之。若將不廢，寡君之願也。不然，將通於少習以聽命。少習，商縣武關也。將大開武關道以伐晉。」士蔑請於趙孟，趙孟曰：「晉國未寧，安能惡於楚，必速與之。」未寧，時有范、中行之難〔一九〕。士蔑乃致九州之戎，九州戎，在晉陰地、陸渾者〔二〇〕。將裂田以與蠻子而城之，以許蠻子。且將爲之卜。卜城。蠻子聽卜，遂執之，與其五大夫，以畀楚師於三户。今丹水縣北三户亭。司馬致邑，立宗焉，以誘其遺民，楚復詐爲蠻子作邑，立其宗主。而盡俘以歸。

狄

莊公三十一年，狄伐邢。閔公元年，狄人伐邢，管敬仲言於齊侯曰：「戎狄豺狼，不可厭也。諸夏親暱，不可棄也。宴安酖毒，不可懷也。詩云『豈不懷歸，畏此簡書』，同惡相恤之謂也。請救邢以從簡書。」齊人救邢。　二年，冬，狄人伐衛，衛及狄戰於熒澤〔二〕，衛師敗績，遂滅衛。此熒澤當在河北。　狄人囚史華龍滑與禮孔以逐衛人。二人曰：「我太史也，實掌其祭，不先，國不可得也。」夷狄畏鬼，故恐言當先白神。乃先之。至則告守者曰：「不可待也。」守者石祁子、甯莊子，公與之玦與矢，令守而自禦狄，戰敗，君死而衆散。　夜與國人出。狄入衛，遂從之，又敗諸河。衛將東走渡河，狄復逐而敗之。　宋桓公逆諸河，迎衛敗衆。宵濟。夜渡，畏狄。　衛之遺民男女七百有三十人，益之以共、滕之民爲五千人，共、滕，衛別邑。　立戴公以廬於曹。曹，衛下邑。　戴公名申，其年卒，文公燬立。　齊師戍曹。　晉侯使太子申生伐東山皋落氏。赤狄別種也。皋落，其氏族。　僖公元年，春，諸侯救邢。邢潰，出奔師，師遂逐狄人，具邢器用而遷之，師無私焉。　八年，晉里克帥師，梁由靡御，虢射爲右，以敗狄於采桑。傳言前年事也。平陽北屈縣西南有采桑津。　梁由靡曰：「狄無耻，從之必大克。」不耻走，故可逐。　里克曰：「懼之而已，無速衆狄。」恐怨深而群黨來報。　虢射曰：「期年，狄必至，示之弱矣。」夏，狄伐晉，報采桑之役也。復期月。明期年之言驗。　十年，狄滅温，蘇子無信也。蘇子叛王即狄，又不能於狄，狄人伐之，王不救，故滅。蘇子奔衛。　十三年，狄侵衛。　十六年，狄侵晉，取狐厨、受鐸，涉汾，及昆都，因晉敗也。狐厨、受鐸、昆都，晉三邑。平陽臨汾縣西北有狐谷亭。汾水出太原，南入河。時秦敗晉於韓。　十八年，邢人、狄人伐衛，圍菟圃。　二十一年，狄侵衛。爲邢故。　二十四年，鄭伐滑，王使伯服、游孫伯如鄭請滑。鄭伯怨王，不聽命而執二子。　王怒，將以狄伐鄭。　富辰諫，不聽，使頹叔、桃子出狄師。　夏，狄伐鄭，取櫟。王德狄人，將以其女爲后。　富辰諫曰：「不可。　臣聞之曰：『報者倦矣，施者未厭。』狄固貪惏，王又啟之，女德無極，婦怨無終，狄必爲患。」王弗聽。　初，甘昭公有寵於惠后，惠后將立之，未及而卒。　昭公奔齊，王復之。又通於隗氏，王替隗氏。頽叔、桃子曰：「我實使狄，狄其怨我。」遂奉太叔，以狄師攻王。王御士將禦之，王曰：「先后其謂我何？寧使諸侯圖之。」王遂出，及坎欿，國人納之。秋，頽叔、桃子奉太叔以狄師伐周，大敗周師。王出適鄭，處於氾。太叔以隗氏居於温。二十五年，晉侯納王，殺太叔。二十八年，晉侯作三行以禦狄，荀林父將中行，屠擊將右行，先蔑將左行。晉置上、中、下三軍，今復增置三行，以避天子六軍之名。三十年，晉人侵鄭，狄間晉之有鄭虞也。夏，狄侵齊。三十一年，晉蒐于清原，作五軍以禦狄。二十八年作三行，今罷之，更爲上下新軍。冬，狄圍衛，衛遷于帝邱。三十二年，夏，狄有亂，衛人侵狄，狄請平焉。秋，衛人及狄盟。三十三年，狄侵齊，因晉喪也。晉文公薨。狄伐晉，及箕。晉侯敗狄于箕。郤缺獲白狄子。白狄，狄別種也。故西河郡有白部胡。先軫死於狄師。文公七年，狄侵魯西鄙，公使告於晉。趙宣子使因賈季問酆舒，且讓之。酆舒，狄相。讓其伐魯。時賈季奔狄，故就使讓之。九年，狄侵齊。十年，狄侵宋。十三年，狄侵衛。宣公三年，赤狄侵齊。四年，赤狄侵齊。六年，秋，赤狄伐晉，圍懷及邢邱。邢邱，今河内平皋縣。晉侯欲伐之，中行桓子曰：「使疾其民，爲民所疾。以盈其貫，將可殪也。周書曰：『殪戎殷。』此之謂也。」七年，赤狄侵晉，取向陰之禾。八年，白狄及晉平，會晉伐秦。十一年，晉郤成子求成於衆狄，衆狄疾赤狄之役，遂服於晉。赤狄潞氏最强，故服役衆狄。秋，會于欑函，衆狄服也。是行也，諸大夫欲召狄，郤成子曰：「吾聞之，非德莫如勤，非勤何以求於人？能勤有繼，其從之也。勤則功繼之。詩曰：『文王既勤止。』文王猶勤，況寡德乎？」十三年，赤狄伐晉，及清，先穀召之也。邲戰不得志，故召狄欲爲變。晉人討先穀，殺之。十五年，潞子嬰兒之夫人，晉景公之姊也。酆舒爲政而殺之，又傷潞子之目。酆舒，潞相。晉侯將伐之，諸大夫皆曰：「不可。酆舒有三儁才，儁，絶異也。言有才藝絶人者三。不如待後之人。」伯宗曰：「必伐之。狄有五罪，儁才雖多，何補焉？不祀，一也。耆酒，二也。棄仲章而奪黎氏地，三也。仲章，潞賢人也。黎氏，黎侯之國，上黨壺關縣有黎亭。虐我伯姬，四也。傷其君目，五也。怙其儁才，而不以茂德，兹益罪也。後之人或者欲敬奉德義以事神人，而申固其命，若之何待之？不討有罪，曰『將待後』，後有辭而討焉，毋乃不可乎？夫恃才與衆，亡之道也。商紂由之，故滅。由，用也。天反時爲災，寒暑易節。地反物爲妖，群物失性。民反德爲亂，亂則妖災生，故文反正爲乏，盡在狄矣。」晉侯從之。六月癸卯，晉荀林父敗赤狄於曲梁。辛亥，滅潞。曲梁，今廣平曲梁縣也。書癸卯，從赴。酆舒奔衛，衛人歸諸晉，晉人殺之。公羊傳：「潞何以稱子？潞子之爲善也。躬足以亡爾！雖然，君子不可不記也。離於夷狄，疾夷狄之俗而去離之，故稱子。而未能合乎中國。」未能與中國合同禮義相親比也，故猶繫赤狄。立黎侯而還。狄奪其地，故晉復立之。晉侯賞桓子狄臣千室，千家。亦賞士伯以瓜衍之縣，曰：「吾獲狄土，子之功也。微子，吾喪伯氏矣。」邲之敗，晉侯將殺桓子，士伯請而逸之。十六年，晉士會帥師滅赤狄甲氏及留吁、鐸辰。甲氏、留吁，赤狄別種。晉既滅潞氏，今又盡并其餘黨。獻狄俘於王。成公三年，晉郤克、衛孫良夫伐廧咎如，討赤狄之餘焉。晉滅赤狄潞氏，其餘黨散入廧咎如。廧咎如潰，上失民也。九年，秦人、白狄伐晉，諸侯貳故也。十二年，狄人間宋之盟以侵晉而不設備。秋，晉人敗狄於交剛。襄公十八年，白狄始來。白狄，狄之別名，未嘗與魯接，故曰始來，不能行朝禮，故不曰朝。二十八年，白狄朝于晉。昭公元年，晉中行穆子敗無終及群狄於太原，即大鹵也。無終，山戎。崇卒也。崇，聚也。將戰，魏舒曰：「彼徒我車，所遇又阨，地險不便車。以什共車必克。更增十人以當一車之用。困諸阨，又克，車每困於阨道，今去車，故爲必克。請皆卒，去車爲步卒。自我始。」乃毀車以爲行五，乘爲三位。乘車者，車三人，五乘十五人。今改去車，更以五人爲伍，分爲三伍。荀吴之嬖人不肯即卒，斬以徇。魏舒輒斬之，荀吴不恨，所以能立功。爲五陳以相離，兩於前，伍於後，專爲右角，參爲左角，偏爲前拒皆臨時處置之名。以誘之。翟人笑之，笑其失常。未陳而薄之，大敗之。十二年，晉荀吴僞會齊師者〔三二〕，假道於鮮虞，遂入昔陽。鮮虞，白狄别種，在中山新市縣。昔陽，肥國都，樂平沾縣東有昔陽城。秋，八月壬午，滅肥，以肥子緜皋歸，肥，白狄也。緜皋，其君名。鉅鹿下曲陽縣西有肥累城。晉伐鮮虞，因肥之役也。十三年，鮮虞人聞晉師之悉起也，平邱盟。甲車四千乘。而不警邊，且不修備。晉荀吴自著雍，以上軍侵鮮虞，及中人，驅衝競，中山望都縣西北有中人城，驅衝車與狄逐。大獲而歸。十五年，晉荀吴帥師伐鮮虞，圍鼓，鼓，白狄之别。鉅鹿下曲陽縣有鼓聚〔三三〕。鼓人或請以城叛，穆子弗許。左右曰：「師徒不勤而可以獲城，何故不爲？」穆子曰：「吾聞諸叔向曰：『好惡不愆，民知所適，事無不濟。』或以吾城叛，吾所甚惡也。人以城來，吾獨何好焉。賞所甚惡，若所好何？無以復加所好。若其弗賞，是失信也，何以庇民？力能則進，否則退，量力而行。吾不可以欲城而邇姦，所喪滋多。」使鼓人殺叛人而繕守備。圍鼓三月，鼓人或請降，使其民見，曰：「猶有食色，姑修而城。」軍吏曰：「獲城而弗取，勤民而頓兵，何以事君？」穆子曰：「吾以事君也。獲一邑而教民怠，將焉用邑？邑以賈怠，不如完舊。賈音古。賈怠無卒，卒，終也。棄舊不祥〔三四〕，鼓人能事其君，我亦能事吾君，率義不爽，好惡不愆，城可獲而民知義所，知義所在也，荀吴必其能獲，故因以示義。有死命而無二心，不亦可乎！」鼓人告食竭力盡，而後取之。克鼓而反，不戮一人，以鼓子鳶鞮歸。二十二年，晉之取鼓也，既獻，而反鼓子焉，又叛於鮮虞。叛晉屬鮮虞。六月，荀吴略東陽，略，行也。東陽，晉之小東邑也。使師僞糴者負甲以息於昔陽之門外，昔陽，故肥子所都。遂襲鼓滅之。以鼓子䳒鞮歸，使涉陀守之。守鼓之地。陀，晉大夫。中行伯既克鼓，以鼓子苑支來。苑支，鼓子䳒鞮也。穆子既克鼓，以䳒鞮歸，既獻而反之。其後又叛。魯昭二十二年〔二五〕，荀吴襲鼓，滅之，以䳒鞮歸，使涉陀守之。令鼓人各復其所，非僚勿從。僚，官也。鼓子之臣曰夙沙釐，以其孥行，釐將妻子從鼓子也。軍吏執之〔二六〕，辭曰：「我君是事，非事土也。名曰君臣，豈曰土臣？今君實遷，徙也。臣何賴於鼓？」賴，利也。穆子召之，曰：「鼓有君矣，君謂涉佗。爾心事君，吾定而禄爵。」而，女也。定，安也。對曰：「臣委質於狄之鼓，未委質於晉之鼓也。質，贄也。士贄以雉，委贄而退。臣聞之：委質爲臣，無有二心。委質而策死，古之法也。言委贄於君，書名於策，示必死也。君有列名，臣無叛質。敢即私利以煩司寇而亂舊法，其若不虞何！」即，就也。虞，度也。若就私利，是謂叛君。叛君有罪，故煩司寇。舊法，策死之法。若臣皆如是，將有不意度而至之患者，晉其如之何也。穆子嘆而謂其左右曰：「吾何德之務而有是臣也？」吾當修務何德，而得若此之臣也。乃使行。既獻，既獻功也。言於公，言釐之賢於公。公，昭公之子去疾也。與鼓子田於河陰，河陰，晉河南之田，使君而田也。使夙沙釐相之。定公三年，鮮虞敗晉師於平中〔二七〕，平中，晉地。獲晉觀虎，恃其勇也。五年，晉士鞅圍鮮虞，報觀虎之役也。哀公六年，晉趙鞅伐鮮虞，治范氏之亂也。四年，鮮虞納荀寅於柏人〔二八〕。

項氏曰：「大抵桓、文皆畏狄而不問者。齊桓之世，狄伐邢，齊以微者救之，而不能却狄入衛。齊强鄭使赴之而棄其師，城夷儀而遷邢，城楚邱而遷衛，皆以避狄也。桓公召陵服楚，首止定王室，五年間，狄爲少止。八年，僖。狄始伐晉，以威齊也。十年，狄滅温。温，王畿也。温子奔衛，狄侵衛以討之。其後宋伐齊，而狄反救之矣。晉文之世，其初，僖二十四年。狄伐鄭，逐天王也。其後也，晉文公。狄侵齊，以嘗晉也。狄圍衛，衛遷於帝邱，狄再逐衛也。衛侵狄而與狄盟，晉不能討，故衛自報之，而自與之平也。亦見晉伯之不終矣。自是，文公且卒，狄再侵齊，而公亦終身不討狄矣。晉文既縱狄，又復導秦，故晉之子孫世有秦、狄之禍。其後狄常與中國争衡，而秦遂伐周，亦秦將興，而天遺楚以牽制齊、晉於南方而不暇北顧與！按戎之種類不一，其在西方者曰犬戎，最强盛，攻殺幽王於驪山下，取周之地，居涇、渭之間，周於是東遷，以其地畀秦。秦攻戎，却之，而取周之故地。入春秋時，虢公敗犬戎於渭汭，則其遺種之在中國者也。其在北方者曰山戎，亦曰北戎，侵鄭、侵齊，病焉者是也。其在南方者曰徐戎，居淮、泗之間，公會戎於潛，追戎於濟，西者是也。其在伊、雒之間者曰姜戎，亦曰陸渾之戎，本三苗之裔，出自太岳，世居瓜州。燉煌。僖公二十二年，秦、晉遷其族於伊川，自是世服屬於晉，戎子支駒之屬是也。其姓氏史所不載。惟姜戎姜姓，驪戎姬姓，犬戎亦姬姓，小戎子姓僅可考，而他則未詳。狄之種亦不一，有赤狄，有白狄。曰皋落氏，曰潞，曰甲氏，曰留吁，皆赤狄之類也。曰鼓，曰鮮虞，曰肥，皆白狄之類也，其姓曰隗氏。而潞爲潞氏，餘未之詳。然戎狄與春秋相爲始終，而齊、晉之伯也，亦必先能制戎狄，而後可以爲盟主。齊桓之時，戎病周，病燕，狄伐邢，伐衛，俱爲齊所攘却，不得以逞。夫子所以有『微管仲』之言也。至晉都冀北，則立國於戎狄之間，祝鮀所謂『疆以戎索』，籍談所謂『晉居深山，戎狄之與鄰』，故其所以待戎狄者，尤不容以無策。自獻、惠、文、襄以來，其規模之大概可見。戎易服，故懷之德，如遷姜戎分南鄙之田，世修其職，及命魏絳和諸戎是也。狄難服，故威之以刑，如作三行，作新軍，皆以禦狄，後來至於滅潞、滅鼓、滅肥。范文子〔二九〕言：『吾先君之亟戰也有故，秦、狄、齊、楚皆强，不盡力，子孫將弱。』以狄儕之秦、齊、楚，其强可知。古稱西戎、北狄，今考春秋之時，戎散居於四方，惟狄獨倔强於北。散居，故其勢易弱；聚在一方，并力倔强，故其慓悍飄忽之勢，雖誅鋤之，未易帖服。兩漢以來，匈奴常盛於羌戎，蓋有由來矣。」

校勘記

〔一〕蔡衛屬焉　「蔡」原作「秦」，據局本及左傳桓公五年改。

〔二〕是以及此難也　「是」字原脱，據國語卷一周語上補。

〔三〕單子出　「出」字原脱，據左傳昭公二十二年補。

〔四〕十四年　按此下所叙事見左傳襄公十四年，疑「十」上有脱文。

〔五〕鄩肸伐皇　「肸」原作「盻」，據局本及左傳昭公二十二年改。

〔六〕十一年　「一」原作「二」，據左傳成公十一年改。

〔七〕朝内列位常處謂之表著　「常處」二字原在「朝」下，「謂」字原脱，「表」下原衍「爲」字，據元本、慎本、馮本、局本及左傳昭公十一年注乙正補删。

〔八〕至於文王武王　史記卷四周本紀同。國語卷一周語上無「文王」二字。
〔九〕名謂尊卑職貢之名號也　「也」原作「令」，據元本、慎本、馮本及史記卷四周本紀集解、國語卷一周語上注改。
〔一〇〕桓王奪蘇十二邑以與鄭　「二」原作「三」，據局本及左傳隱公十一年注改。
〔一一〕立子頹　「立」原作「納」，據左傳莊公十九年改。
〔一二〕成公十一年　「公」字原脱，據本書本卷文例補。
〔一三〕勝國而不用大師　「不」原作「大」，據局本及左傳僖公三年注改。
〔一四〕次於潁尾　「潁」原作「穎」，據局本及左傳昭公十二年改。
〔一五〕及諸戎雜居伊水洛水之間者　「戎」字原脱，據左傳僖公十一年注補。
〔一六〕以侵訾枝　「枝」原作「枚」，據局本及左傳文公十六年改。注同。
〔一七〕中分爲剖　「分」原作「公」，據元本、局本及左傳襄公十四年改。
〔一八〕晉梁丙張趯率陰戎伐潁　「潁」原作「穎」，據元本、局本及左傳昭公九年改。注同。下同。
〔一九〕時有范中行之難　「時有」原作「自」。據左傳哀公四年注改。
〔二〇〕在晉陰地陸渾者　「晉」字原脱，據左傳哀公四年注補。
〔二一〕熒澤　原作「滎澤」，據左傳閔公二年改。注同。
〔二二〕晉荀吳僞會齊師者　「師」原作「侯」，據左傳昭公十二年改。
〔二三〕鉅鹿下曲陽縣有鼓聚　「縣」字原脱，據局本及左傳昭公十五年注補。
〔二四〕棄舊不祥　「舊」原作「怠」，據局本及左傳昭公十五年改。

〔二五〕魯昭二十二年　「二十二」原作「二十三」，據上文及國語卷一五晉語九注改。

〔二六〕軍吏執之　「吏」原作「使」，據國語卷一五晉語改。

〔二七〕鮮虞敗晉師於平中　「敗」原作「入」，據元本、慎本、馮本、局本及左傳定公三年改。

〔二八〕鮮虞納荀寅於柏人　「寅」原作「吴」，「柏」原作「桓」，據局本及左傳哀公六年注改。

〔二九〕范文子　原作「范宣子」，據左傳成公十六年改。

卷二百六十五　封建考六

秦楚之際諸侯王

秦制，侯以下二十等爵，罷封建。

秦制，爵二十等以賞功，二十徹侯，徹侯金印紫綬，功大者食縣，小者食鄉、亭，得臣其所食吏民。後避漢武帝諱，乃改曰通侯，或曰列侯。十九關内侯，雖有侯號而居京畿，無國邑。時六國未平，將帥皆家關中，故以爲號。劉昭曰〔一〕：「關内侯無土，寄食在所縣，民租多少，各有户數爲限。」如淳釋曰：「列侯出關就國。侯但爵其身〔二〕，有家累者，與之關内之邑，食其租税。」又有倫侯，建成侯趙亥、武信侯馮無擇是也。但有封名，而無食邑。十八大庶長，劉昭曰：〔三〕「自左庶長以上至大庶長，皆將軍也〔四〕。所將庶人更卒，故以爲名〔五〕。大庶長即大將軍也。左右庶長即左右偏裨將軍也〔六〕。十七駟車庶長，言乘駟馬之車而爲衆庶之長。十六大上造，言皆主上造之士。十五少上造，十四右更，言主領更卒〔七〕，部其役事。十三中更，十二左更，十一右庶長，言爲衆列之長。十左庶長，九五大夫，大夫之尊者也。劉昭曰：「自公士至五大夫〔八〕，皆軍吏也。」八公乘，言得乘公家之車也。劉昭曰：「自吏民爵不得過公乘，過者得貰與子若同産〔九〕，然則公乘者，軍吏之爵最尊者。」七公大夫，與下同。六官大夫，加官者，示稍尊也，亦謂之國大夫。五大夫，列位從大夫。四不更，言不領更卒之事〔一〇〕。三簪裹，以組帶馬曰裹。簪裹者，主飾此馬。二上造，造，成也。言有成命於上。一公士。言有爵命，異於士卒。劉昭曰：「步卒之有爵爲士者也。」戰國之際，秦、項之間，權設班寵，有加賜邑君者，蓋假其位號，或空受其爵耳。如田嬰爲靖郭君〔一二〕，白起爲武安君，魏冉弟爲華陽君，秦昭王弟爲涇陽君，及高陵君蔡澤爲剛成君。其後項梁爲武信君，陳餘爲成安君，李左車爲廣武君之類是也。至漢尚多，蓋封爵之外，別加美號也。

秦爵二十等起於孝公之時，商鞅立此法以賞戰功。

按古之所謂爵者，皆與之以土地，如公侯伯子男以至附庸及孤卿大夫，亦俱有世食禄邑。若秦法則惟徹侯有地，關内侯則虛名而已，庶長以下不論也。始皇遣王翦擊楚，翦請美田宅甚衆〔一三〕，曰：「爲大王將，有功終不得封侯。」然則秦雖有徹侯之爵，而受封者蓋少。考之於史，惟商鞅封商、於，魏冉封穰侯，范雎封應侯，吕不韋封文信侯，嫪毐封長信侯。及始皇既稱皇帝，東游海上，至瑯琊，群臣議頌功德，惟列侯武成侯王離、通武侯王賁、倫侯索隱曰：「爵卑於列侯，無封邑者。倫，類也。亦列侯之類。」建成侯趙亥、倫侯昌武侯成、倫侯武信侯馮無擇，如是者不數人而已。然鞅、冉、不韋、毐皆身坐誅廢，雎雖幸善終而亦未聞傳世，王離以下俱無聞焉。蓋秦之法未嘗以土地予人，不待李斯建議而後始罷封建也。

始皇二十六年，王初并天下，丞相王綰等言：「諸侯初破，燕、齊、荆地遠，不爲置王，毋以填之，請立諸子。」始皇下其議群臣，群臣皆以爲便。廷尉李斯議曰：「周文武所封子弟同姓甚衆，然後屬族疏遠，甚相攻擊如仇讎，周天子弗能禁止。今海内賴陛下神靈一統，皆爲郡縣，諸子功臣以公賦税重賞賜之，甚足易制。天下無異意，則安寧之術也。置諸侯不便。」始皇曰：「天下共苦戰鬬不休，以有侯王。賴宗廟，天下初定，又復立國，是樹兵也，而求其寧息，豈不難哉！廷尉議是。」分天下爲三十六郡，郡置守、尉、監。

秦既并天下，丞相綰請分王諸子，廷尉斯請罷封建，置郡縣，始皇從之。自是諸儒之論封建、郡縣者，歷千百年而未有定説，其論之最精者，如陸士衡、曹元首則主綰者也，李百藥、柳宗元則主斯者也。二説互相排詆，而其所發明者，不過公與私而已。曹與陸之説曰：「唐、虞、三代公天下以封建諸侯，故享祚長。秦私天下以爲郡縣，故傳代促。」柳則反之曰：「秦公天下者也。」眉山蘇氏又從而助之曰：「封建者，争之端，亂之始，篡殺之禍，莫不由之。李斯之論當爲萬世法。」而世之醇儒力詆之，以爲二氏以反理之評、詭道之辨而妄議聖人。然則後之立論者，宜何從以封建爲非邪？是帝王之法，所以禍天下後世也。以封建爲是邪？則柳、蘇二子之論，其剖析利害，指陳得失，莫不切當，不可廢也。愚嘗因諸家公私之論而折衷之曰：「封建、郡縣皆所以分土治人，未容遽曰此公而彼私也。然必有公天下之心，然後能行封建，否則莫如郡縣。無公天下之心，而欲行封建，是授之以作亂之具也。」嗚呼，封建之難行久矣，蓋其弊不特見於周、秦之際，而已見於三代之初。何也？昔者唐虞之世，建國至衆也。天子巡狩而諸侯述職，然後「敷納以言，明試以功，車服以庸」，書之所載如此而已，不聞其争土地以相侵伐，干王略以勤六師也。舜之時，蠻夷嘗猾夏矣，而命皋陶以修五刑五流之法。有苗嘗弗率矣，雖命禹以徂征，卒之以舞干羽而格，則是亦不戰而屈之也。夫蠻夷、有苗皆要荒之外，王政所不加者也，而士師足以治之，不戰足以服之，則當時四岳十二牧所統之國，其謹侯度以奉其上，而不勤征討也審矣。又安得如柳氏所謂群之分，其争必大，大而後有兵。

如蘇氏所謂争之端而亂之始乎？所以然者，何也？則堯舜公天下之心，有以服之也。蓋堯在位七十載，詢於衆庶，以帝位授之舜。舜在位三十有三載，詢於衆庶，以帝位授之禹。而當時之衆建諸侯也，有德者爵之，功加於民者爵之，堯舜無容心也。居天下之上而與天下之賢且能者分治之，逮其倦勤，則必求天下之有聖德者而禪之。夫惟天子不以天下自私，而後諸侯不敢以其國自私，是以雖有土地之廣，人民之衆，甲兵之强，其勢足以爲亂而莫不帖服於其下，如臂指之相使，以爲當然。是則唐虞以公天下之心行封建，而當時封建所以無敝也。蓋家天下自夏始，大封同姓而命之曰藩屏王室自周始，二者皆聖人隨時制變以綱維，斯世未容以私議之也。然上視堯舜則少褊矣。故封建之敝，始於夏而成於周。是以禹一傳而啟有有扈氏之征，再傳而仲康有羲、和之征。夫以天子而征諸侯，諸侯弗率而上干天子之征，禹之前無有也，而始於有扈。夫有扈之罪曰「威侮五行，怠棄三正」而已。羲、和之罪曰「沈湎於酒，畔官離次」而已。二罪者以法議之，則誅止其身，而二人生於漢世，則一廷尉足以定其罪矣。而啟與仲康必命六師以征之者，則必恃其土地、甲兵，不即引咎而悍然以抗其上矣。書紀其事曰大戰，曰徂征，而觀其誓師之辭，有不用命之戮焉，有愛克厥威之戒焉，殲渠魁、釋脅從之令焉，則兵師之間，所傷衆矣。夫治一人之罪而至於興師，使無辜之人受用兵之禍，則封建之敝也，故曰已見於三代之初，此之謂也。夫有扈、羲、和之罪，雖王政所必討，而比之猾夏則有間矣。舜之時，士師明刑，足以正蠻夷猾夏之罪，而啟、少康之時，非天子總六師，不足以治諸侯怠慢沈湎之過，則可以見當時諸侯擅其富强，非文告刑禁之所能詰也。自是而後，天子私其天位，而世守之諸侯亦私其國之土地、甲兵而擅用之。幸而遇賢聖之君，德足以懷，而威足以制，則猶可攝服，而其中衰之際，人心未離，而諸侯先叛之。至於周列五等邦，群后雖曰親賢並建，而終不以異姓先諸姬。文昭武穆之封遍於天下，封建之法益詳，經制益密而示人益褊矣。是以夏商有國數百年苟未至於桀、紂之暴，猶足以制宇内而朝諸侯，而周數傳而後，即有末大不掉之憂。故景王之責晉曰：「文、武、成、康之建母弟，以藩屏王室，亦其廢隊是爲。豈如弁髦而因以敝之。」而李斯之説亦曰：「周文、武所封子弟，同姓甚衆，然後屬疏遠，相攻擊如仇讎。周天子弗能禁也。」然則其效可睹矣。蓋時不唐虞，君不堯舜，終不可復行封建。謂郡縣之法出於秦而必欲易之者，則書生不識變之論也。夫置千人於聚貨之樞，授之以挺與刃，而欲其不爲奪攘矯虔，則爲之主者必有伯夷之廉，伊尹之義，使之靡然潛消其不肖之心而後可。苟非其人，則不若藏挺與刃，嚴其撿制，而使之不得以逞。此後世封建之所以不可行，而郡縣所以爲良法也。而王綰、淳于生之徒乃欲以三代不能無敝之法，使始皇行之，是教盗跖假其徒以利器而與之共處也，則亦不終日而刃劘四起矣。或曰禹之傳子，周之封同姓，皆聖人之經制也，而子顧妄議其私天下而以爲劣，於唐虞何哉？曰：世之不古久矣，聖人不能違時，不容復以上古之法治之也。而世固不能知聖人之心也。記曰：「有虞氏未施信於民而民信之，夏后氏未施敬於民而民敬之，殷人作誓而民始畔，周人作會而民始疑。」然則殷周豈果劣於虞夏乎？而或畔或疑，起於誓會者，以時人之不皆聖人也。禮運載夫子言：「大道之行，天下爲公，選賢與能，講信修睦。」而繼之以：「謀閉而不興，盗竊亂賊而不作。」以爲大同。「大道既隱，天下爲家，各親其親，各子其子」，而繼之以：「謀用是作，而兵由此起。禹、湯、文、武、成王、周公由此其選。」以爲小康。然則官天下與家天下者其規模之廣隘，治效之優劣，雖聖人不能比而同之矣。萬章曰：「人有言，至於禹而德衰，不傳於賢，而傳於子。」而孟子累數百言辨之，以爲皆天也。然則知禹之傳子非私者，千載而下一孟子而已，豈可復望之當時諸侯乎？世本稱：「有扈氏以堯舜傳賢，而禹傳啟，故啟立而不服，遂征之。」然則非愚之臆説也。或曰：「子謂唐虞以前，諸侯無戰爭侵奪之事，然則涿鹿、阪泉非歟？既取其事列於封建之前，則與此論自爲牴牾矣。」曰：「黃帝紀乃太史公取傳記百家之言。孔子定書斷自唐虞。三皇之事，若亡若存。傳記所載，姑採之以廣異聞耳。至於立論，當以六經所取爲斷。」

秦、楚之際起兵自立者凡六國。

楚　陳勝，陽城人。爲閭左戍屯長，屯大澤鄉。二世元年七月，起兵於蘄，據陳自立爲王，號張楚。至二年十二月兵敗，其御莊賈殺陳王以降。自起兵至亡凡六月，秦以十月爲歲首，二年十二月，乃建亥之三月也。　襄彊，陳涉既起兵，令苻離人葛嬰徇地。時楚兵數千人爲聚者，不可勝數。嬰至東城，立彊爲楚王〔一三〕。後聞陳王已立，因殺襄彊。　景駒，陳王初立時，陳人秦嘉等皆特起，將兵圍東海，今海州。自爲大司馬。二世二年正月，嘉聞陳王兵破出走，乃立景駒爲楚王，引兵之方與。兖州縣。三月，項梁擊秦嘉，嘉軍敗，死。景駒走，死梁地。　義帝，秦二世二年三月，范增説項梁立楚後，梁求得楚懷王孫心於民間，六月，立以爲楚懷王，都盱眙。漢王九年正月，項羽尊懷王爲義帝，徙於江南，都郴。二年，項羽密使九江、衡山、臨江王擊義帝，殺之江中。自立至弒，凡二年零四月。

趙　武臣，陳人。爲陳王將軍，將兵徇趙，下趙七十餘城，二世元年八月〔一四〕，自立爲趙王。二年十一月，其將李良襲邯鄲，殺趙王。自立至亡，凡五月。趙王歇、李良既殺武臣，張耳、陳餘收趙散兵擊良，敗之。二世二年春正月，耳、餘立歇爲趙王。漢元年，項羽徙歇爲代王，以張耳爲常山王，分趙爲二。陳餘擊耳，耳敗走歸漢，迎趙王於代，復爲趙王。漢三年，韓信、張耳擊趙，禽王歇。自立至亡，凡三年零九月。

燕　韓廣，趙人，爲趙王武臣將兵徇燕。二世元年九月至薊，自立爲燕王。漢王元年正月，項羽分燕爲二，徙廣爲遼東王，都無終。以臧荼爲燕王。廣不肯徙，臧荼殺廣，併其地。自立至亡，凡二年零十一月。

齊　田儋，故齊王族。二世元年九月，陳王令將周市徇地至狄〔一五〕，儋因殺狄令，自立爲齊王，發兵擊周市。市還。二年六月，章邯擊魏，儋救魏，邯大破齊、魏軍，殺儋。田榮收儋餘兵走東阿。齊人立故齊王建弟假爲王，榮逐假立儋子市爲王。漢王元年正月，項羽分齊爲三，徙市爲膠東王，都即墨。六月，田榮殺市而自立，并取三齊之地。二年，項王北擊齊，齊王榮戰敗死。項王復立田假爲齊王，榮弟橫立榮子廣爲王，攻田假。假走死，橫復定三齊之地。四年，韓信襲破齊，虜王廣。自儋至廣凡四傳，共六年。

魏　甯陵君咎本魏公子，在陳。二世元年九月，陳王將周市徇地至魏。魏地已定，乃迎咎於陳，立爲魏王。二年六月，章邯擊破魏，咎自殺。其弟豹亡走楚，楚懷王與豹兵，復徇魏地。九月，豹自立爲王，都平陽。漢王元年正月，項羽自取梁地，徙豹爲西魏王，王河東。二年八月，韓信擊魏虜豹。凡二傳四年。

韓　橫陽君成，本韓諸公子。二世二年六月，項梁已立楚懷王，張良説梁立韓後，謂成最賢，乃立爲韓王，西略韓地得數城。漢王元年十月，從項羽略地入關。二年，羽分韓爲河南，令韓王成因故都都陽翟。羽以韓王成無功，故不遣之國，與俱至彭城，廢以爲穰侯，已又殺之。自立至亡凡三年。

項王所立諸侯王凡十四國。

楚　漢元年正月，項羽分天下，王諸將，自立爲西楚霸王，王梁、楚地九郡，都彭城。五年十二月，漢滅之。自立至滅凡五年〔一六〕。

雍　秦將章邯降項羽，羽立爲雍王，王咸陽以西，都廢丘。漢二年二月，漢王取雍地，殺邯。自立至亡凡一年零五月。

塞　秦長史司馬欣故爲櫟陽獄掾，嘗有德於項梁，故羽立爲塞王，王咸陽以東至河，都櫟陽。漢元年八月，漢王襲雍，遣諸將略地，塞王欣降。自立至亡凡七月。

翟　秦都尉董翳本勸章邯降楚，故羽立翳爲翟王，王上郡，都高奴。漢元年八月，漢王遣兵至咸陽，翟王翳降。自立至亡凡七月。

河南　瑕丘申陽者，張耳嬖臣也。先下河南〔一七〕，迎楚河上，故羽分韓地，立申陽爲河南王，都洛陽。漢二年十月，河南王申陽降漢，爲河南郡。自立至亡凡九月。

殷　趙將司馬卬定河内〔一八〕，數有功，故羽立卬爲殷王，王河内，都朝歌。二年春三月，漢王自臨晉渡河，魏王豹降〔一九〕，將兵從。下河内，虜殷王卬，置河内郡。自立至亡凡十四月。

常山　羽以趙相張耳素賢，從入關，故立耳爲常山王，王趙，地治襄國。漢二年十月，陳餘以趙兵與齊共襲常山王張耳。耳敗走歸漢〔二〇〕。自立至敗凡九月。後漢以耳爲趙王。

九江　當陽君黥布爲楚將，常冠軍，故羽立布爲九江王，都六。漢三年十一月，使謁者隨何説布叛楚，間行歸漢。楚收九江兵，殺布妻子。自立至歸漢凡一年零十月。

衡山　番君吴芮率百越佐諸侯，又從入關，故羽立芮爲衡山王，都邾。項籍死，高祖以芮將梅鋗有功，從入武關，故德芮，徙爲長沙王，都臨湘。一年薨，謚文王。成王臣、哀王回、共王右、靖王差，孝文後七年薨，無子國除，凡五傳共五十年。

臨江　義帝柱國共敖將兵擊南郡，功多，故羽立敖爲臨江王，都江陵。漢三年八月薨，子尉嗣。五年，漢既定天下，尉不降，遣盧綰、劉賈擊虜尉。凡再傳共五年。

燕　燕將臧荼從楚救趙，因從入關，故羽立荼爲燕王，都薊。五年，漢既誅項籍，荼反，使盧綰、劉賈擊荼取燕。自立至亡凡五年。

齊　齊將田都從楚救趙，因從入關，故羽立都爲齊王，都臨菑。五月，田榮發兵距擊田都，都亡走楚。榮取齊地爲王。自立至亡凡五月。

濟北　羽方渡河救趙，田安下濟北數城，引其兵降羽，故立安爲濟北王，都博陽。六月，田榮遣彭越擊殺安，并其地。自立至亡凡六月。

韓　項羽既殺韓王成，以故吴令鄭昌爲韓王。時漢元年八月也。二年十月，漢以韓襄王孫信爲韓太尉，將兵略韓地，擊韓王昌於陽城，昌降。自立至亡凡三月。

西漢異姓諸侯王

高帝所立異姓諸侯王凡八國。

韓　二年，漢既取韓王昌地，十一月，立韓襄王孫信爲韓王，常將韓兵從漢王。五年，與信剖符王潁川。六年，更以太原郡爲韓國，徙信以備胡，信請治馬邑，從之。秋，匈奴入寇，信以馬邑降匈奴。七年，上自擊破之，信亡走匈奴。自立至亡凡五年。

趙　常山王張耳爲陳餘所擊，敗走歸漢。四年十一月，立耳爲趙王。五年薨，謚景王。子敖嗣。九年，坐貫高反，降爲宣平侯。凡再傳六年。

淮南　九江王英布叛楚歸漢，楚收其兵，取其地。四年七月，立布爲淮南王，都六。十一年夏〔三〕，謀反，兵敗滅。自立至亡凡八年。

齊　韓信既取齊，請爲假王。四年春二月，立信爲齊王。五年，平項籍，徙信爲楚王，都下邳。六年，人言信謀反，執之，降爲淮陰侯。復坐誅。自立至執凡二年。

梁　彭越爲梁相國，定梁地。漢五年，以睢陽以北至穀城封越爲梁王，都定陶。十一年，人告越反，廢爲庶人。後誅之。自立至亡凡六年。

燕　盧綰從擊項籍，籍亡，擊燕王臧荼，破之。五年九月，立綰爲燕王。十二年，綰反，亡入匈奴。自立至亡凡七年。

閩越　漢五年，以閩越王無諸身帥閩中兵以佐滅秦，封爲閩越王，王閩中地，傳郢、丑、餘善。武帝元封元年，餘善反，漢遣兵誅之，取其地。自受漢封至亡，凡四傳九十二年。

南粤　漢十一年，遣陸賈立南海尉趙佗爲南粤王，與剖符通使，使和輯百粤。傳胡、嬰齊、興、建德。武帝元鼎六年，粤相呂嘉以粤反，漢遣兵擊滅之。自受漢封至亡，凡五傳八十五年。

呂后立異姓呂氏王及所名孝惠子王凡八國。

呂　周呂侯呂澤以客從高祖定三秦，子台嗣爲侯。高后元年，以兄子呂台爲呂王，割齊濟南郡爲呂王奉邑，二年薨，子嘉嗣，六年，坐驕恣廢。自立至廢，再傳凡六年。

梁　高后稱制六年，以呂台弟洨侯産爲呂王。七年，徙爲梁王。八年，呂后崩，作亂，周勃等誅之。自立至誅凡三年。

趙　高后稱制七年，以建成侯呂釋之子禄爲趙王〔三〕。八年，呂后崩，作亂，周勃等誅之。自立至誅凡二年。

燕　高后稱制八年，冬十月，立呂肅王子東平侯通爲燕王。其年九月，呂后崩，諸呂謀亂，坐誅。

淮陽　高后稱制元年，立所名孝惠子强爲淮陽王。如淳曰：「外戚恩澤侯表言强等皆呂氏之子也。」五年，强薨，謚曰懷，以壺關侯武爲淮陽王。八年，高后崩，大臣誅諸吕，立文帝。武坐非孝惠子誅。自立至誅，凡再傳八年。

恒山　高后稱制元年，立所名孝惠子不疑爲恒山王，二年，不疑薨，謚曰哀，更立襄城侯山爲恒山王，更名義。四年，以恒山王爲帝，更名弘，以軹侯朝爲恒山王。武、弘、朝亦所立名孝惠子，先封侯。八年，高后崩，文帝立，坐非孝惠子誅。自立至誅，凡三傳八年。

濟川　高后稱制七年七月，立所名孝惠子平昌侯太爲濟川王。八年九月，文帝即位，坐非孝惠子誅。

按：吕后剿除高皇側室之子，三趙王皆不得其死，齊、代僅免，而獨以其外孫張后之故。取他人子名爲孝惠子，嗣帝位者二人，封王者五人，何其多也？然少帝稍長，則銜殺母之冤，坐廢以死。强、不疑亦皆夭折。弘、朝、武、太皆見誅於事久論定之後。所謂非所據而據焉，不有天刑，必有人禍，竟何益哉？

魯　高后稱制元年，封魯元公主子張偃爲魯王。八年誅諸吕，坐廢爲侯。自立至廢凡八年。

漢初，諸侯王其顛末，見於太史公秦楚之際月表及班孟堅異姓諸侯王表。然有自立者，陳涉、武臣之徒是也。有爲項王所立者，三秦、常山、九江之類是也。有高帝所立者，韓、彭之徒是也。有吕后所立者，禄、産及所名孝惠子是也。楚一也而有陳涉焉，有襄彊、景駒焉，有懷王焉，有項羽焉，有韓信焉。蓋八年之間，楚凡五易姓也。趙一也而有武臣焉，有趙歇焉，有張耳焉，有吕禄焉，蓋二十九年之間，趙凡四易姓也。燕一也而有韓廣焉，有臧荼焉，有盧綰焉，有呂通焉，蓋三十年之間，燕凡四易姓也。韓一也而有韓成焉，有鄭昌焉，有韓信焉，蓋四年之間，韓凡三易姓也。馬、班二表只以各國譜其年世，而於其受封之異，易姓之殊，稍欠分別。故今叙秦、楚之際所立者六國，項王所立者十四國，高帝所立者八國，呂后所立者八國，而於五楚、四燕、四趙、三韓，叙其受封之本而各稽其興廢之歲月焉。又有亡而復封者，如張耳，項羽初封爲常山王，後失國，漢再封爲趙王。英布，項羽初封爲九江王，後失國，漢再封爲淮南王。蓋人同而國異，凡再受封，故亦分而二之。至吴芮之自衡山王爲長沙王，韓信之自齊王爲楚王，則元未嘗失國，再封不過遷徙，故不復再著云。

西漢同姓皇子諸侯王

高祖昆弟子孫爲王者凡二十國。

楚　元王交，高祖同父少弟，從帝起兵入武關。漢六年〔三〕，既廢楚王信，分其地爲二國，封交爲楚王，王薛郡、東海、彭城三十六縣。立二十三年薨，夷王郢客嗣。四年薨，子王戊嗣。立二十一年，謀反，兵敗自殺。景帝立宗正平陸侯禮（元王寵子）。奉元王後，是爲文王。三年薨，子安王道嗣。二十二年薨，子襄王注嗣。十四年薨，子節王純嗣。十六年薨，子延壽嗣。立三十二年，有罪，自殺，國除。楚凡八傳一百三十五年。

代　高祖兄仲，六年，以雲中、雁門、代郡五十三縣封爲代王。七年，爲匈奴所攻，棄國自歸，廢爲郃陽侯。子濞，黥布反時，以沛侯爲騎將，從破布軍，乃立濞爲吴王，王東陽、章郡、吴郡三郡五十三城。景帝三年謀反，兵敗死，國除。代二年，吴四十二年。

齊　悼惠王肥，高祖微時外婦之子。六年，以七十餘城封肥爲齊王〔二四〕。立十三年薨，子哀王襄嗣。立十一年薨，子文王則嗣。立十四年薨，無子，文帝憐悼惠王適嗣之絶，乃分齊爲六國，盡立前所封悼惠王子列侯見在者六人爲王，楊虚侯將閭爲齊王。立十一年，吴、楚反，坐陰通謀，自殺，謚孝王。景帝愍其無罪，復封其太子壽，是爲懿王。二十三年薨，子厲王次昌立。四年，爲主父偃所構，自殺，無子，國除。齊凡六傳七十六年。

城陽　景王章，悼惠王子也，以朱虚侯入宿衛。孝文二年，以誅諸吕功，割齊一郡封章爲城陽王。二年薨，子共王喜立。三十三年薨，子頃王延立。二十六年薨，子敬王義嗣。九年薨，子惠王武立。十一年薨，子荒王順立。四十六年薨，子戴王恢嗣。八年薨，子孝王景嗣。二十四年薨，子哀王雲嗣。一年薨，無子，國絶，成帝復封雲兄俚爲城陽王，王莽時絶。城陽凡十傳一百八十六年。

濟北　東牟侯興居，齊悼惠王子。高后時入宿衛，與大臣迎立文帝。二年，割齊一郡封興居爲濟北王。三年，謀反，兵敗自殺。上憫濟北王逆亂自滅，十五年，分齊爲六國，盡封悼惠王諸子，復以安都侯志爲濟北王。亦悼惠王子。復徙王菑川，地比齊。志立三十五年薨〔二五〕，謚懿王，子靖王建嗣。二十年薨，子頃王遺嗣。三十五年薨，子思王終古嗣。二十八年薨，子考王尚嗣。五年薨，子孝王横嗣。三十一年薨，子懷王交嗣〔二六〕。六年薨，子永嗣，王莽時絶。濟北興居一年，懿王志以下八傳一百七十四年。

濟南　扐侯辟光，齊悼惠王子。孝文十五年，分王濟南。孝景三年，同吴、楚反，坐誅，國除。凡十一年。

菑川　武城侯賢，齊悼惠王子。孝文十五年，分王菑川。孝景三年，同吴、楚反，坐誅，國除。凡十一年。

膠東　白石侯雄渠，齊悼惠王子。孝文十五年，分王膠東。孝景三年，同吴、楚反，坐誅，國除。凡十一年。

膠西　平昌侯卬，齊悼惠王子。孝文十五年，分王膠西。孝景三年，同吴、楚反，坐誅，國除。凡十一年。

班固贊曰：「悼惠之王齊，最爲大國。以海内初定，子弟少，懲秦孤立無藩輔，故大封同姓，以鎮天下。時諸侯得自除御史大夫群卿以下衆官，如漢朝，漢獨爲置丞相。自吴、楚誅後，稍奪諸侯權，左官附益阿黨之法設。張晏曰：「諸侯有罪，傅相不舉奏爲阿黨。」師古曰：「皆新制律令之條也。左官，解在諸侯王表。附益，言欲增益諸侯王也。」其後諸侯唯得衣食租税，貧者或乘牛車。」

文帝六年，梁太傅賈誼上疏曰：「夫樹國固必相疑之勢〔二七〕，下數被其殃，上數爽其憂，甚非所以安上而全下也。今或親弟謀爲東帝，親兄之子西鄉而擊，今吴又見告矣。天子春秋鼎盛，行義未過，德澤有加焉，猶尚如是，況莫大諸侯，權力且十此者乎！然而天下少安，何也？大國之王幼弱未壯，漢之所置傅相方握其事，數年之後，諸侯之王大抵皆冠，血氣方剛，漢之傅相稱病而賜罷，彼自丞尉以上偏置私人，如此，有異淮南、濟北之爲耶！此時而欲爲治安，雖堯、舜不治。黄帝曰：『日中必熭，操刀必割。』今令此道順而全安，甚易，不肯早爲，已乃墮骨肉之屬而抗剄之，豈有異秦之季世乎！其異姓負强而動者，漢已幸而勝之矣，又不易其所以然。同姓襲是迹而動，既有徵矣，其勢盡又復然。殃禍之變，未知所移，明帝處之尚不能以安，後世將如之何！臣竊迹前事，大抵强者先反。長沙乃二萬五千户耳，功少而最完，勢疏而最忠，非獨性異人也，亦形勢然也。曩令樊、酈、絳、灌據數十城而王，今雖以殘亡可也。令信、越之倫列爲徹侯而居，雖至今存可也。然則天下之大計可知已。欲諸王之皆忠附，則莫若令如長沙王。欲臣子勿菹醢，則莫若令如樊、酈等。欲天下之治安，莫若衆建諸侯而少其力。力少則易使，國小則亡邪心。令海内之勢如身之使臂，臂之使指，莫不制從。諸侯之君不敢有異心，輻湊並進，而歸命天子。割地定制，令齊、趙、楚各爲若干國，使悼惠王、幽王、元王之子孫畢以次各受祖之分地，地盡而止。其分地衆而子孫少者，建以爲國，空而置之，須其子孫生者，舉使君之。一寸之地，一人之衆，天子無所利焉，誠以定治而已，如此則卧赤子天下之上而安，植遺腹，朝委裘，而天下不亂，當時大治，後世頌聖。陛下誰憚而久不爲此？天下之勢方病大瘇，一脛之大，幾如腰，一指之大幾如股，平居不可屈伸，一二指搐，身慮亡聊。失今不治，必爲痼疾，後雖有扁鵲，不能爲已。病非徒瘇也，又苦蹊盭。元王之子，帝之從弟也，今之王者，從弟之子也。惠王之子，親兄子也。今之王者，兄子之子也。親者或無分地以安天下，疏者或制大權以偪天子，臣故曰非徒病瘇也〔二八〕。又苦蹊盭。可痛哭者，此病是也。」

按：孝文之時，山東之國，齊七十二城，楚四十城，吳五十城，鼂錯所謂封三庶孽，分天下半是也。三國之中，齊爲尤大，悼惠王復子多而材。呂氏之亂，哀王襄欲舉兵西向，則關中爲之震恐，且有自帝之謀。其弟朱虛、東牟且將爲内應，幸諸呂已誅，文帝正位，而其謀遂寢。然則帝即位之後，諸侯之勢疏而逼，地大而可忌者，莫如齊、吳、楚，而齊尤甚，帝之慮豈不及此？故雖盡復呂后所奪齊地，而即割其二郡以王城陽、濟北，逮濟北以構逆誅，文王絶世，則盡以齊地分王悼惠之六子，即賈誼所謂「各受其祖之分地，地盡而止，天子無所利焉」者也。及孝景之時，吳、楚爲逆，悼惠王之子孫所謂六王者，皆預其謀，然俱以國小兵弱，故齊與濟北雖預密謀而終不敢發，膠東、膠西、濟南、菑川僅能出兵圍齊，及漢兵出，則各已潰散。吳、楚既無鉅援，宜其速敗。使齊地不早分，以一壯王全據七十二城之甲兵，與吳、楚合從西向，漢之憂未艾也，孰謂誼言不見用，而文帝爲無謀哉？

荆　將軍劉賈，高祖從父兄〔二九〕，爲將有功，六年，以故東陽郡、鄣郡、吳郡東陽，今下邳。鄣，丹陽。吳郡，會稽也。五十三縣立賈爲荆王。十一年，黥布反，擊荆，賈弗勝，爲布所殺。無後，國除。荆凡六年。

淮南　厲王長，高祖少子。十一年，淮南王布反，上擊滅之，乃立長爲淮南王。文帝六年，坐謀反，廢死。十六年〔三〇〕，上分淮南故地立厲王三子，以阜陵侯安爲淮南王〔三一〕。武帝元狩元年，坐謀反，自殺，國除爲九江郡。淮南凡再傳，長二十二年，安四十二年，共六十四年。

衡山後爲濟北。安陽侯勃，淮南厲王子。文帝十六年，分淮南地，以勃爲衡山王。孝景三年，吳、楚反，以書招勃，勃不應，景帝嘉之，徙爲濟北王。立十四年薨，謚貞王，子式王胡嗣。五十四年薨，子寬嗣。十二年，有罪，自殺，國除爲泰山郡北安縣。衡山凡三傳共八十年。

廬江後爲衡山。 陽周侯賜，淮南厲王子。文帝十六年，分淮南地，以賜爲廬江王，後徙爲衡山王。立三十三年，坐謀反，自殺。

趙 隱王如意，高帝子。九年立。凡四年，爲吕太后所殺，亡後。

共王恢，高帝子。十一年，誅彭越，立恢爲梁王。立凡十六年，高后七年，徙王趙，其年自殺，無後。

幽王友，高帝子。十一年，立爲淮陽王。趙隱王如意死，孝惠元年，徙王趙。立十年，幽死。孝文即位，立幽王子遂爲趙王。立二十六年，孝景時與吴、楚謀反敗，自殺，國除。趙凡四王五十六年。

河間 文帝二年，以趙之河間郡立趙幽王次子辟彊爲河間王〔三〕。立十三年薨，謚文王，子哀王福嗣。一年薨，無子，國除。河間再傳凡十四年。

燕 靈王建，高帝子。十一年，燕王盧綰亡入匈奴。明年，立建爲燕王。立十五年薨，吕后殺其子，無後。

瑯琊後爲燕。 營陵侯劉澤，高祖從祖昆弟也。以擊陳豨有功，高后七年，封爲瑯琊王。文帝元年，徙澤爲燕王，復以瑯琊歸齊。二年薨，謚敬王，子康王嘉嗣。九年薨，子定國嗣位。四十二年，有罪，自殺，國除。凡三傳五十三年。

文帝子孫爲王者凡七國。

代後爲梁。孝王武，景帝同母弟。孝文二年，立爲代王。四年〔三三〕，徙爲淮陽王。十二年〔三四〕，徙爲梁王。立三十五年薨，景帝分梁爲五國，盡立孝王男五人爲王。太子買嗣。十年薨，子平王襄嗣。立四十年薨，子頃王無傷嗣〔三五〕。十一年薨，子敬王定國嗣。四十年薨，子夷王遂嗣。六年薨，子荒王嘉嗣。十五年薨，子立嗣。二十七年，元始中，坐與平帝外家衞氏交通，王莽奏廢爲庶人，自殺，國除。梁凡八傳一百八十四年。

太原後爲代。孝王參，文帝諸姬子。二年，封太原王。四年，徙爲代王，并得太原，都晉陽如故。十七年薨，子共王登立。二十九年薨，子剛王義立。元鼎中，徙代王於清河。四十年薨，子頃王湯立。二十四年薨，子年立〔三六〕，三年，坐淫亂，廢爲庶人，國除。凡五傳一百一十三年。元始二年，封孝王玄孫之子如意爲廣宗王。立七年，王莽時絶。

梁　懷王揖，文帝少子。二年，封梁王，立十年，入朝墮馬死，無子，國除。

文帝十一年，賈誼上疏曰："陛下即不定制，如今之勢，不過一傳再傳，諸侯猶且人恣而不制，豪植而大强，漢法不得行矣。陛下所以爲藩捍及皇太子之所恃者，唯淮陽、代二國耳。代，北邊匈奴，與强敵爲鄰，能自完則足矣。而淮陽之比大諸侯，僅如黑子之著面，適足以餌大國而不足以有所禁禦〔三七〕。方今制在陛下，制國而令子適足以爲餌，豈可謂工哉！臣之愚計，願舉淮南地以益淮陽，而爲梁王立後，割淮陽北邊二三列城與東郡以益梁。不可者，可徙代王而都睢陽。梁起於新鄆以北著之河，淮陽包陳以南揵之江，則大諸侯之有異心者，破膽而不敢謀。梁足以捍齊、趙，淮陽足以禁吳、楚，陛下高枕，終無山東之憂矣，此二世之利也。當今恬然，適遇諸侯之皆少，數歲之後，陛下且見之矣。夫秦日夜苦心勞力以除六國之禍，今陛下力制天下頤指如意，高拱以成六國之禍，難以言智。苟身無事，畜亂速禍，孰視而不定，萬年之後，傳之老母弱子，將使不寧，不可謂仁。」帝於是從誼計，徙淮陽王武爲梁王，北界泰山，西至高陽，得大縣四十餘城。

先公曰：「誼之意甚勤，而謀甚忠矣。雖然，此不過以親疏爲强弱耳。疏者難防，親者可倚，固也。然今日之疏，本前日之親，今日之親，又他日之疏也。不以德義相維，而專以親戚相制，豈得爲萬世之良策乎？親以寵偪，則又如之何？高皇帝立諸子，一傳文帝，而高帝諸子已足爲文帝憂，帝又專以大城名都畀其子孫，將不復爲後人憂乎？」

濟川　垣邑侯明，梁孝王次子。孝王薨，景帝分梁立明爲濟川王。立七年，有罪，廢爲庶人，國除。

濟東　彭離，梁孝王子。孝王薨，分梁地王之。立二十九年，有罪，廢爲庶人，國除。

山陽　哀王定，亦梁孝王子。孝王薨，分梁地王之。立九年薨，無子，國除。

濟陰　哀王不識，亦梁孝王子。孝王薨，分梁地王之。立二年薨，無子，國除。

景帝子孫爲王者凡十七國。

河間　獻王德，景帝子。二年封，立二十六年薨，子共王不害嗣。四年薨，子剛王堪嗣。十二年薨，子頃王授嗣。十七年薨，子孝王慶嗣。四十三年薨，子元嗣。十七年，坐淫亂殘賊廢，國除。成帝建始元年，立元弟良爲河間王。二十七年薨，謚惠王，子尚嗣，王莽時絶。凡八傳百六十年。

臨江　哀王閼，景帝子。二年封，立三年薨，無子，國除。

閔王榮，景帝子。前四年立爲皇太子，四歲廢爲臨江王，坐侵廟壖地，自殺，無子，國除。

魯　恭王餘，景帝子。前二年封爲淮陽王。吳、楚反破後，徙王魯。立二十八年薨，子安王光嗣。四十年薨，子孝王慶忌嗣。三十七年薨，子頃王勁嗣。二十八年薨，子文王晙嗣。十八年薨，無子，國除。哀帝建平三年，立頃王子晙弟閔爲魯王，王莽時絶。凡六傳一百六十四年。

江都　易王非，景帝子。以前二年立爲汝南王〔三八〕，吳、楚反，討平之，徙王江都，治故吳國。二十七年薨，子建嗣。六年，坐淫亂，殘酷不道，自殺。國除爲廣陵郡。

膠西　于王端，景帝子。以前三年封，立四十七年薨，無子，國除爲膠西郡。

趙　敬肅王彭祖，景帝子。以前二年封廣川王。趙王遂反破後，徙王趙。立六十三年薨。子頃王昌嗣。十九年薨。子懷王尊嗣。五年薨，無子，國絶二歲。宣帝立尊弟高爲哀王。數月薨，子共王充嗣。五十六年薨，子隱嗣。十九年，王莽時絶。凡六傳一百六十二年。

平干今廣平。武帝以親親故，立趙敬肅王小子偃爲平干王。十一年薨，爲頃王，子繆王元嗣。二十五年薨，有司奏其罪，國除。凡再傳三十六年。

中山　靖王勝，景帝子。以前三年封，立四十三年薨，子哀王昌嗣。一年薨，子康王昆侈嗣。二十一年薨，子頃王輔嗣。四年薨，子憲王福嗣。十七年薨，子懷王循嗣。十五年薨，無子，絶四十五歲，成帝鴻嘉二年復立憲王弟孫利鄉侯子雲客爲廣德夷王。三年薨〔三九〕，無子，絶十四歲，哀帝復立雲客弟廣漢爲廣平王。四年薨，無後，平帝元始二年〔四〇〕，立廣川惠王曾孫倫爲廣德王，奉靖王後。立九年，王莽時絶。凡九傳一百一十六年。

長沙　定王發，景帝子。前二年封〔四一〕，二十八年薨，子戴王庸嗣。二十七年薨，子頃王鮒鮈嗣。十七年薨，子剌王建德嗣。三十四年薨，子煬王旦嗣。二年薨，無子絶。元帝初元三年，立旦弟宗，是爲孝王。五年薨，子魯人嗣。四十八年，王莽時絶。凡七傳一百六十一年。

廣川　惠王越，景帝子。以中二年封，十三年薨，子繆王齊嗣。四十四年薨，子去嗣立。二十二年坐殘酷廢，自殺，國除。後四歲，宣帝復立去兄文。二年薨，子海陽嗣。十五年，坐罪廢，國除。平帝元始二年，復立戴王弟子瘉爲廣德王，奉惠王後。二年薨，子赤嗣。七年，王莽時絶。凡七傳一百零五年。

膠東　康王寄，景帝子。中二年封，立三十八年薨，子哀王賢嗣。十五年薨，子戴王通平嗣。二十四年薨，子頃王音嗣。五十四年薨，子共王授嗣。十四年薨，子殷嗣。二十三年，王莽時絶。凡六傳一百五十八年。

六安　膠東康王寄少子慶，母愛幸〔四二〕，寄常欲立之。寄薨，上憐之，立慶爲六安王，王故衡山地。寄母王夫人即武帝母王太后之妹，寄於上最親。立三十八年薨，子夷王禄嗣。十年薨，子繆王定嗣。二十二年薨，子頃王光嗣。二十七年薨，子育嗣。三十三年，王莽時絶。凡五傳一百三十年。

清河　哀王乘，景帝子。中三年封，立十二年薨，無子，國除。

常山　憲王舜，景帝子。中五年立，三十三年薨，子勃嗣。數月坐罪廢，國除。

真定　頃王平，常山憲王之子。憲王薨，太子坐罪廢，天子以憲王最親，母亦王夫人。閔其滅國，乃以三萬户封平爲真定王。立二十五年薨，子烈王偃立。十八年薨，子孝王由立。二十二年薨，子安王雍立。二十六年薨，子共王普立。十五年薨，子陽立。十六年，王莽時絶。凡六傳一百三十三年。

泗水　思王商，亦常山憲王子，與真定王同時封，立十二年薨，子哀王安世立。十年薨，無子，武帝立其弟賀，是爲戴王。立二十二年薨，子勤王煖立。三十九年薨，子戾王駿立。三十一年薨，子靖立，十九年，王莽時絶。凡六傳一百三十三年。

武帝子孫王者凡六國。

齊　懷王閎，武帝子。元狩六年封，立八年薨，無子，國除。

燕　剌王旦，武帝子。元狩六年封，立三十七年，坐謀反，自殺，國除。

廣陽　頃王建，燕剌王旦太子。旦反，赦爲庶人。宣帝即位，乃封建爲廣陽王。立二十九年薨，子穆王舜嗣。二十一年薨，子思王璜嗣。二十年薨，子嘉嗣。十二年，王莽時絶。凡四傳八十二年。

廣陵　厲王胥，武帝子。元狩六年立，六十四年，坐詛祝上，自殺，國除。後七年，宣帝復立胥太子霸，是爲孝王。十三年薨，子共王意嗣。三年薨，子哀王護嗣。十六年薨，無子絶。成帝復立孝王子守，是爲靖王。立十七年薨〔四三〕，子宏嗣。三年，王莽時絶。凡六傳一百一十九年。

高密　哀王弘，廣陵厲王小子。宣帝本始元年封爲高密王。八年薨，子頃王章嗣。三十四年薨，子懷王寬嗣。十一年薨，子慎嗣。二十九年，王莽時絶。凡四傳八十二年。

昌邑　哀王髆，武帝子。天漢四年立，十一年薨，子賀嗣。十三年，昭帝崩，無嗣，徵典喪，即皇帝位，二十七日，以淫亂廢歸故國，賜湯沐邑二千户〔四四〕，國除爲山陽郡。凡再傳一十四年。

宣帝子爲王者凡四國。

淮陽　憲王欽，宣帝子。元康三年封，立三十六年薨，子文王玄嗣。二十六年薨，子縯嗣。九年，王莽時絶。凡三傳七十一年。

楚　孝王囂，宣帝子。甘露二年立爲定陶王，三年徙王楚。二十八年薨，子懷王文嗣〔四五〕。一年薨，無子，國絶。成帝復立文弟平陸侯衍，是爲思王。二十一年薨，子紆嗣。十年，王莽時絶。凡四傳六十年。

東平　思王宇，宣帝子。甘露二年封，立三十三年薨〔四六〕，子煬王雲嗣。十六年，坐息夫躬告祝詛廢，自殺，國除。元始元年，立雲子開明爲東平王。三年薨，無子，復立開明兄信子匡爲東平王。王莽居攝，東郡太守翟義舉兵立信爲天子，兵敗，爲莽所滅。凡四傳五十一年。

中山　哀王竟，宣帝子〔四七〕。初元二年立爲清河王，三年，徙中山，立十三年薨，無子，國除。

元帝子爲王者凡二國。

定陶　共王康，元帝子。永光三年〔四八〕，立爲濟陽王。八年，徙爲山陽王。八年，徙王定陶。十九年薨，子欣嗣。十五年，成帝徵爲皇太子。成帝崩，即位，是爲哀帝。成帝立楚思王子景爲定陶王，奉共王後。哀帝追尊共王爲共皇，置寢廟京師，乃徙定陶王景爲信都王。十三年，王莽時絶。凡三傳四十七年。

中山孝王興，元帝子。建昭二年封爲信都王，十四年，徙中山。三十年薨，子衎嗣。七年，哀帝崩，無子，徵中山王衎入即位，是爲平帝。立東平思王孫桃鄉頃侯子成都爲中山王，奉孝王祀。八年，王莽時絶。凡三傳四十五年。

漢諸侯王金璽盭綬。

諸侯王朝見天子，漢法凡當四見。始到，入小見。到正月朔旦，奉皮薦璧玉賀正月，法見。後三日，爲王置酒，賜金錢財物。後二日，復入小見，辭去。凡留長安不過二十日。小見者，燕見於禁門内，飲於省中，非士人所得入也。梁孝王西朝，因留，且半歲。入與人主同輦，出與同車。示風以大言而實不與，令出怨言，謀畔逆，乃隨而憂之，不亦遠乎！非大賢人不知退讓。今漢之儀法，朝見賀正月者，常一王與四侯俱朝見，十餘歲一至。今梁王常比年入朝見，久留。鄙語曰「驕子不孝」，非惡言也。

右，褚先生爲郎時，聞於宫殿中老郎吏好事者之語，然足以見漢諸王朝見之典云。

景帝中五年，令諸侯王不得復治國，天子爲置吏。

武帝初即位，大臣懲吴、楚七國行事，議者多寃鼂錯之策，皆以諸侯連城數十泰强，欲稍侵削，數奏暴其過惡。諸侯王自以骨肉至親，先帝所以廣封連城，犬牙相錯者，爲磐石宗也。今或無罪爲臣下所侵辱，有司吹毛求疵，笞服其臣，使證其君，多自以侵寃。建元三年，代王登、長沙王發、中山王勝、濟川王明來朝，天子置酒，勝聞樂聲而泣。問其故，勝對曰：「臣聞悲者不可爲絫欷，思者不可爲嘆息。故高漸離擊筑易水之上，荆軻爲之低而不食。雍門子壹微吟，孟嘗君爲之於邑。今臣心結日久，每聞幼眇之聲，不知涕泣之横集也。夫衆噓漂山〔四九〕，聚蚊成靁，朋黨執虎，十夫撓椎〔五〇〕，是以文王拘於羑里，孔子阨於陳、蔡。此乃烝庶之成風，增積之生害也。臣身遠與寡，莫爲之先，衆口爍金，積毁銷骨，叢輕折軸，羽翮飛肉，紛驚逢羅，潸然出涕。臣聞白日曬光，幽隱皆照。明月耀夜，蚊虻宵見。然雲烝列布，杳冥晝昏。塵埃抪覆，昧不見泰山。何則？物有蔽之也。今臣雍閼不得聞，讒言之徒蜂生，道遼路遠，曾莫爲臣聞，臣竊自悲也。臣聞社鼷不灌，屋鼠不熏。何則？所託者然也。臣雖薄也，得蒙肺腑；位雖卑也，得爲東藩，屬又稱兄。今群臣非有葭莩之親，鴻毛之重，群居黨議，朋友相爲，使夫宗室擯卻，骨肉冰釋。斯伯奇所以流離，比干所以横分也。詩云『我心憂傷，惄焉如擣。假寐永嘆，惟憂用老。心之憂矣，疢如疾首』，臣之謂也。」具以吏所侵聞。於是上乃厚諸侯之禮，省有司所奏諸侯事，加親親之恩焉。其後更用主父偃謀〔五一〕，令諸侯以私恩自裂地分其子弟，而漢爲定制封號，輒別屬漢郡。漢有厚恩，而諸侯稍自分析弱小云。

班固諸侯王表序曰：「漢興之初，海内新定，同姓寡少，懲戒亡秦孤立之敗，於是剖裂疆宇，立二等之爵〔五二〕。韋昭曰〔五三〕：「漢封功臣，大者王，小者侯也。」功臣侯者百有餘邑，尊王子弟，大啟九國。師古曰：「九國之數在下也。」自鴈門以東，盡遼陽，爲燕、代。師古曰：「遼陽，遼水之陽也。」常山以南，太行左轉，渡河、濟，漸於海，爲齊、趙。師古曰：「太行，山名也。左轉，亦謂自太行而東也。漸，入也。一曰浸也。行音胡剛反〔五四〕。

漸音子廉反。亦讀如本字。」穀、泗以往，奄有龜、蒙，爲梁、楚。晉灼曰：「水經云泗水出魯卞縣。」臣瓚曰：「穀在彭城，泗之下流爲穀水。」師古曰：「奄，覆也。龜、蒙，二山名。」東帶江、湖，薄會稽，爲荆吳。文穎曰：「即今吳也。高帝六年爲荆國，十年更名吳。」師古曰：「荆吳，同是一國也。」北界淮瀕，略廬、衡，爲淮南。師古曰：「瀕，水涯也，音頻，又音賓。廬、衡，二山名也。」波漢之陽，亘九嶷，爲長沙。鄭氏曰：「波音陂澤之陂。」孟康曰：「亘，竟也，音古贈反。」師古曰：「波漢之陽者，循漢水之往也。水北曰陽。波音彼皮反，又音彼幾反。九嶷，山名，有九峰，在零陵營道。嶷音疑。」諸侯比境，周帀三垂，外接胡越。師古曰：「比謂相接次也。三垂，謂北東南也。比音頻寐反。」天子自有三河、東郡、潁川、南陽，師古曰：「三河，河東、河南、河内也。」自江陵以西至巴蜀，北自雲中至隴西，與京師内史凡十五郡，公主、列侯頗邑其中。師古曰：「十五郡中又往往有列侯、公主之邑。」而藩國大者夸州兼郡，連城數十，師古曰：「夸音跨。」宮室百官同制京師，可謂撟枉過其正矣。師古曰〔五五〕：「撟與矯同。枉，曲也。正曲曰矯。言矯秦孤立之敗而大封子弟，過於强盛，有失中也。」雖然，高祖創業，日不暇給，孝惠享國又淺，高后女主攝位，而海内晏如，師古曰：「晏如，安然也。」亡狂狡之憂，卒折諸吕之難，成太宗之業者，亦賴之於諸侯也。然諸侯原本以大，末流濫以致溢，小者淫荒越法，大者睽孤横逆，以害身喪國。師古曰：「易睽卦九四爻辭曰『睽孤，見豕負塗』。睽孤，乖剌之意。」故文帝采賈生之議分齊、趙，景帝用鼂錯之計削吳、楚。武帝施主父之策，下推恩之令，使諸侯王得分户邑以封子弟，不行黜陟而藩國自析。自此以來，齊分爲七，師古曰：「謂齊、城陽、濟北、濟南、淄川、膠西、膠東是也。」趙分爲六，師古曰：「謂趙、平原、真定、中山、廣川、河間也。」梁分爲五，師古曰：「謂梁、濟川、濟東、山陽、濟陰也。」淮南分爲三。師古：「謂淮南、衡山、廬江。」皇子始立者，大國不過十餘城。長沙、燕、代雖有舊名，皆亡南北邊矣。如淳曰：「長沙之南更置郡，燕、代以北更置緣邊郡。其所有饒利、兵馬、器械，三國皆失之也。」景遭七國之難，抑損諸侯，減黜其官。師古曰：「謂改丞相曰相，省御史大夫、廷尉、少府、宗正、博士，損大夫、謁者諸官長丞員等也。」武有衡山、淮南之謀，作左官之律，服虔曰：「仕於諸侯爲左官，絶不得使仕於王侯也〔五六〕。」應劭曰：「人道上右，今舍天子而仕諸侯，故謂之左官也。」師古曰：「左官猶言左道也。皆僻左不正，應説是也。漢時依上古法，朝廷之列以右爲尊，故爲降秩爲左遷，仕諸侯爲左官也。」設附益之法，張晏曰：「律鄭氏説，封諸侯過限曰附益。或曰阿媚王侯，有重法也。」師古曰：「附益者，蓋取孔子云『求也爲之聚斂而附益之』之義也，皆背正法而厚於私家也。」諸侯惟得衣食租税，不與政事。至於哀、平之際，皆繼體苗裔，親屬疏遠，師古曰：「言非始封之君，皆其後裔也，故於天子益疏遠矣。」生於帷墻之中，不爲士民所尊，勢與富室亡異。而本朝短世，國統三絶，師古曰：「謂成、哀、平皆早崩，又無繼嗣。」是故王莽知漢中外殫微，本末俱弱，師古曰：「殫，盡也。音單。」亡所忌憚，生其姦心。因母后之權，假伊周之稱，顓作威福廟堂之上，不降階序而運天下。師古曰：「序謂東西廂。」詐謀既成，遂據南面之尊，分遣五威之吏，馳傳天下，班行符命。漢諸侯王厥角䭫首，應劭曰：「厥者，頓也。角者，額角也。稽首，首至地也〔五七〕。言王莽漸漬威福日久，亦值漢之單弱，王侯見莽篡弒，莫敢怨望，皆頓角稽首至地而上其璽綬也。」晉灼曰：「厥猶豎也，叩頭則額角豎。」師古曰：「應説是也。䭫與稽同。」奉上璽韍，惟恐在後，師古曰：「韍音弗，璽之組也。」或迺稱美頌德，以求容媚，豈不哀哉！是以究其終始强弱之變，明監戒焉。

漢興，設爵二等，曰王曰侯。皇子而封爲王者，其實古諸侯也，故謂之諸侯王。王子封爲侯者，謂之諸侯。群臣異姓以功封者〔五八〕，謂之徹侯。大者不過萬家，小者五六百户，以爲差降。古分土而無分民，自漢始分民，而諸王國皆連城數十，踰於古制。其諸侯功德優盛，朝廷所敬異，有賜特進者，其位在三公下。其次，列侯有功德，天子命爲諸侯者，謂之朝侯，其位次九卿下。皆平冕文衣，侍祠郊廟。其稱侍祠侯者，但侍祠而無朝位。其非朝侯、侍祠，而以下土小國〔五九〕，或以肺腑宿親若公主子孫，或奉先侯墳墓在京師者，亦隨時見會，謂之猥諸侯。凡諸王侯，皆金璽盭綬。古者印璽通名，今則尊卑有別。漢舊儀云：「諸侯王金印，黃金橐駝鈕〔六〇〕，文曰璽，謂刻曰某王之璽，赤地綬。列侯黃金印，龜鈕，文曰某侯之印，紫綬。」掌治其國。王常冠遠遊冠，綬五采而多朱。自稱曰寡人，教曰令。凡諸侯王官，其傅爲太傅，相爲丞相。又有御史大夫、諸卿，皆秩二千石，百官皆如漢朝。漢朝惟爲置丞相，其御史大夫以下皆自置之。及七國作亂之後，景帝懲之，遂令諸侯王不得治民，令內史治之。改丞相曰相，省御史大夫、廷尉、少府、宗正、博士官。武帝改漢內史、中尉、郎中令之名，內史爲京兆尹，中尉爲執金吾，郎中令爲光禄勳。而王國如故，員職皆不得自置。又令諸王得推恩封子弟爲列侯，於是齊分爲七，趙分爲六，梁分爲五，淮南分爲三。又令諸侯十月獻酎金，不如法者，國除。其縣邑皆別屬他郡。千户置家丞，不欲者聽之。作左官之律，附益之法。自後諸侯王唯得衣食租稅。至成帝綏和元年，省內史，更令相治民，大司空何武奏罷內史，相如太守，中尉如都尉，參職。是後中尉爭權，與王相奏，常不和。太傅但曰傅。史記：「梁孝王，景帝母弟，竇太后少子。築東苑，方三百餘里。爲複道，自宮連屬於平臺四十餘里。賜天子旌旗，千乘萬騎，擬於天子，出蹕入警。招延四方豪傑，山東遊士莫不至焉。」又曰：「河間獻王，景帝子也。好儒學，被服造次必於儒者，山東諸儒多從之遊。」漢初，論功封列侯者，凡百四十有三人。蕭何爲冠。外戚與定天下，侯者二人〔六一〕。凡列侯，金印紫綬，大者食縣，小者食鄉、亭，得臣所食吏民。凡皇帝之女爲公主，皆列侯尚之。

周制，王姬下嫁於諸侯，以同姓諸侯主之。公者，諸侯之尊稱，故謂之公主。後漢荀爽上疏曰：「漢承秦法，設尚主之儀，以妻制夫，以卑臨尊者，宜改尚主之制，以稱乾坤之性。」王國有傅、掌輔導王，初曰太傅，後除「太」字。史記曰：「賈誼爲梁懷王太傅，王墮馬死，無後。賈生自傷爲傅無狀，哭泣歲餘亦死。」相、主統衆官，後省内史，而相理民如郡太守。史記曰：「曹參相齊，聞膠西有蓋公，善治黄老言〔六二〕，乃厚請之。蓋公曰：『治道貴清浄，清浄民自定。』參用其術，齊國安集。及入爲漢相，屬其後相曰：『以齊獄市爲寄，慎勿擾也。夫獄市者，所并容也，今若擾之，姦人安所容乎？吾是以先之也。』」又曰：「石慶爲齊相，舉國皆慕其家行，不言而齊國大治，爲立石相社也。」内史、治國民。中尉、掌武事。郎中令、秩千石，墨綬。僕、本曰太僕，改曰僕，墨綬。文學、宋志云：「前漢王國已置文學。」大司農、衛士長、太倉長。齊善鹽，淳于意爲之。列侯國亦有相，改所食國令長爲之。漢初，侯王有丞相，兼有相國。按史記，周勃破燕王盧綰，得相國一人，丞相二人。景帝省之。餘略與王國同。公主有家令〔六三〕，門尉，其有賜重封者。張晏曰：「重封，益禄也。」臣瓚曰：「增封。」顔師古曰：「重封，謂加二號耳。」成帝鴻嘉三年，詔七大夫以上皆令食邑，秦本制，列侯乃得食邑。七大夫即公大夫。非七大夫以下皆復其身及户勿事。一户之内皆不徭賦。是歲，又令吏民得買爵，賈級千錢。

校勘記

〔一〕劉昭曰　按此下自「關内侯」至「爲限」二十字係後漢書百官志五史文，通典卷三一職官典十三冠以「劉昭曰」，不確。本書沿用通典之文，未曾改正。

〔二〕侯但爵其身　「侯」字原脱，據通典卷三一職官典十三補。

〔三〕劉昭曰　按此下自「自左庶長」至「左右偏裨將軍也」四十四字係後漢書百官志五劉昭注引劉劭爵制中文字，通典冠以「劉昭曰」，不確。本書沿用通典之文，未曾改正。下同。

〔四〕皆將軍也　「皆」原作「者」，據通典卷三一職官典十三改。

〔五〕故以爲名　「名」字原脱，據通典卷三一職官典十三補。

〔六〕左右庶長即左右偏裨將軍也　「將軍」二字脱，據後漢書百官志五注引劉劭爵制補。

〔七〕言主領更卒　「領」原作「預」，「卒」原作「率」，據通典卷三一職官典十三改。

〔八〕自公士至五大夫　「士」原作「七」，據通典卷三一職官典十三改。

〔九〕過者得貰與子若同産　「過」原作「則公乘」，「子」下原衍「君」字，據通典卷三一職官典十三改删。

〔一〇〕言不領更卒之事　「領」原作「預」，「卒」原作「率」，據通典卷三一職官典十三改。

〔一一〕如田嬰爲靖郭君　「如」原作「則」，點校本通典卷三一職官典十三據古本通典改，今從之。

〔一二〕翦請美田宅甚衆　按史記卷七三白起王翦列傳「田宅」下有「園池」二字。

〔一三〕立彊爲楚王　「王」字原脱，據史記卷四八陳涉世家補。

〔一四〕二世元年八月　「元年」二字原脱，據史記卷六秦始皇本紀補。

〔一五〕徇地至狄　「至」原作「王」，據元本、慎本、馮本及史記卷四八陳涉世家改。

〔一六〕自立至滅凡五年　「五」原作「四」。按依上文及漢書卷一上、下高祖紀，楚自立至滅凡五年，據改。

〔一七〕先下河南　「南」下原衍「郡」字，據史記卷七項羽本紀删。

〔一八〕趙將司馬卬定河内　「内」原作「南」，據史記卷七項羽本紀改。

〔一九〕魏王豹降　「魏」上原衍「取」字，「王豹降」三字原脱，據漢書卷一上高祖紀上删補。

〔二〇〕耳敗走歸漢　「耳」字原脱，據漢書卷一上高祖紀上補。

〔二一〕十一年夏　漢書卷一下高祖紀下繫英布謀反事於十一年秋七月，疑此處「夏」爲「秋」之誤。

〔二二〕以建成侯吕釋之子禄爲趙王　「建成」原作「建城」，據漢書卷一八外戚恩澤侯表、卷九七上外戚傳上改。

〔二三〕漢六年　「漢」字原脱，據漢書卷三六楚元王傳補。

〔二四〕以七十餘城封肥爲齊王　「餘」字原脱，據漢書卷三八高五王傳補。

〔二五〕志立三十五年薨　「五」原作「六」，據漢書卷三八高五王傳改。

〔二六〕子懷王交嗣　漢書卷三八高五王傳同。「交」，漢書卷一四諸侯王表作「友」，疑是。

〔二七〕夫樹國固必相疑之勢　「固」字原脱，據漢書卷四八賈誼傳補。

〔二八〕臣故曰非徒病瘇也　「徒」字原脱，據漢書卷四八賈誼傳補。

〔二九〕高祖從父兄　「兄」原作「弟」，據漢書卷三五荆燕吴傳改。

〔三〇〕十六年　「六」原作「二」，據漢書卷四四淮南衡山濟北王傳改。下文「衡山」、「廬江」同。

〔三一〕以阜陵侯安爲淮南王　「侯」原作「王」，據漢書卷四四淮南衡山濟北王傳改。

〔三二〕趙幽王次子辟彊爲河間王　「辟彊」原作「辟疆」，據漢書卷四文帝紀、卷三八高五王傳改。

〔三三〕四年　「四」原作「十二」，據漢書卷四七文三王傳改。

〔三四〕十二年　「二」原作「三」，據元本、慎本、馮本及漢書卷四七文三王傳改。

〔三五〕子頃王無傷嗣　「頃」原作「項」，據漢書卷四七文三王傳改。

〔三六〕子年立　「年」原作「牟」，據漢書卷四七文三王傳改。

〔三七〕不足以有所禁禦　「所」字原脱，據漢書卷四八賈誼傳補。

〔三八〕立爲汝南王　「王」原作「國」，據漢書卷五三景十三王傳改。

〔三九〕三年薨　「三」原作「二」，據漢書卷五三景十三王傳改。

〔四〇〕平帝元始二年　「二」原作「元」，據漢書卷一二平帝紀、卷五三景十三王傳改。

〔四一〕前二年封　「二」原作「三」，據漢書卷五景帝紀、卷五三景十三王傳改。

〔四二〕母愛幸　「母」字原脱，據漢書卷五三景十三王傳補。

〔四三〕立十七年薨　「十七」原作「二十」，據漢書卷一四諸侯王表改。

〔四四〕賜湯沐邑二千户　「邑二」二字原脱，據漢書卷六三武五子傳、卷六八霍光金日磾傳補。

〔四五〕子懷王文嗣　漢書卷八〇宣元六王傳同。「文」，漢書卷一四諸侯王表作「芳」。

〔四六〕立三十三年薨　漢書卷八〇宣元六王傳同。「三十三」，元本、慎本、馮本及漢書卷一四諸侯王表作「三十二」。

〔四七〕宣帝子　「帝」原作「弟」，據漢書卷八〇宣元六王傳改。

〔四八〕永光三年　「永光」原作「元光」，據漢書卷八〇宣元六王傳改。

〔四九〕衆噓漂山　「噓」，漢書卷五三景十三王傳作「煦」。

〔五〇〕十夫撓椎　「椎」原作「權」，據漢書卷五三景十三王傳改。

〔五一〕其後更用主父偃謀　「用」原作「爲」，據漢書卷五三景十三王傳改。

〔五二〕立二等之爵　「立」字原脱，據漢書卷一四諸侯王表序補。
〔五三〕韋昭　原作「項羽」，據漢書卷一四諸侯王表序注改。
〔五四〕行音胡剛反　「剛」原作「郎」，據漢書卷一四諸侯王表序師古注改。
〔五五〕師古曰　「曰」字原脱，據漢書卷一四諸侯王表序師古注補。
〔五六〕絶不得使仕於王侯也　「侯」原作「朝」，據漢書卷一四諸侯王表序服虔注改。
〔五七〕首至地也　「首」字原脱，據漢書卷一四諸侯王表序應劭注補。
〔五八〕群臣異姓以功封者　「者」原作「之」，據通典卷三一職官典十三改。
〔五九〕而以下土小國　「國」原作「民」，據通典卷三一職官典十三改。
〔六〇〕黄金橐駝鈕　「橐」原作「索」，據通典卷三一職官典十三改。
〔六一〕侯者二人　「侯」字原脱，據通典卷三一職官典十三補。
〔六二〕善治黄老言　「治」下原衍「著」字，據史記卷五四曹相國世家、漢書卷三九蕭何曹參傳删。
〔六三〕公主有家令　「家」原作「公」，據通典卷三一職官典十三改。

卷二百六十六　封建考七

西漢王子侯

高祖兄及兄子侯者三人。

羹頡侯信〔一〕，帝兄子。七年封，立十三年，有罪，削爵一級，爲關内侯。

合陽侯喜，帝兄。爲代王，匈奴攻代，棄國，廢爲侯。六年封，七年薨。濞後封吴王。

德哀侯廣，帝兄子。十二年封。通、齕、何坐酎金免。

楚元王子侯者六人。郢客、禮二人嗣，封王已見前。

休侯富，景帝時封。登、嘉、章亡後國除。

沈猷侯歲，景帝時封。受坐爲宗正有罪免。

宛朐侯埶，景帝時封。三年，反誅。

棘樂侯調，景帝時封。應、慶坐酎金免。

齊悼惠王子侯者十二人。章、興居、將閭、辟光、志、卬、賢、雄渠八人，封王見前。

管共侯罷軍，罷音皮。孝文時封。戎奴坐反誅。

氏邱侯甯國，孝文時封。　偃坐反誅。
營平侯信都，孝文時封。　廣坐反誅。
楊邱侯安，孝文時封。　偃坐出國界，削爲司寇。
淮南厲王子侯者四人。安、教、賜三人，後爲王，見前。
東城侯良，孝文時封。無子，國除。
梁孝王子侯者二人。
乘氏侯買　桓邑侯明，俱景帝時封，後爲王，見前。
河間獻王子侯者十六人。
旁光侯殷，武帝時封。坐罪免。
兹侯明，武帝時封。坐殺人，自殺，國除。
距陽侯匄，武帝時封。　湊坐酎金免。
蔞侯退，武帝時封。　嬰、益壽、充世、遺亡後，國除。
阿武侯豫，武帝時封。　宣、信、嬰齊、黄、長久，王莽時絶。
參户侯免，武帝時封。　嚴、元、利親、度。
州鄉侯禁，武帝時封。　齊、惠、商、伯、禹，王莽時絶。
平成侯禮，武帝時封。坐罪免。

廣侯順，武帝時封。坐酎金免。

蓋侯讓，武帝時封。坐酎金免。

重侯檐，武帝時封。坐罪免。

沈陽侯自爲，不得封年。

景成侯雍，宣帝時封。歐、禹、福。

平隄侯昭〔二〕，宣帝時封。榮、曾世、育、迺始。

樂鄉侯終〔三〕，宣帝時封。蒯、鄧、勝、地緒。

高郭侯𧅏，宣帝時封。久長、菲、稱、霸，亡後。

長沙定王子侯者凡十五人。

安城侯蒼，武帝時封。自當、壽光，坐罪廢。

宜春侯成，武帝時封。坐酎金免。

句容侯黨，武帝時封。亡後。

容陵侯福，武帝時封。坐酎金免。

路陵侯童，武帝時封。坐殺人，自殺。

攸輿侯則，武帝時封。坐篡死罪囚，棄市。

茶陵侯訢，武帝時封。湯，亡後。

建成侯拾，武帝時封。坐罪免。

安衆侯丹，武帝時封。山柎、母妨、褒、欵、崇，王莽時舉兵，爲莽所害。

寵，建武二年紹封。松。

葉平侯喜，武帝時封。坐酎金免。

夫夷侯義，武帝時封。禹、奉宗、慶、福、商，王莽時絶。

舂陵侯買，武帝時封。熊渠、仁、敞、祉，建武二年，立爲城陽王。

都梁侯定，武帝時封。傒、弘、順懷、容、佗人，王莽時絶。

洮陽侯狩燕，武帝時封。亡後。

衆陵侯賢，武帝時封。真定、慶、骨，王莽時絶。

楚安王子侯者凡二人。

浮邱侯不害，武帝時封。坐酎金免。

杏山侯成，武帝時封。坐酎金免。

魯共王子侯者凡六人。

廣戚侯將，武帝時封。坐酎金免。

寧陽侯恬，武帝時封。慶忌、信、扈、方。

瑕邱侯政，武帝時封。國、湯、奉義、遂成、禹。

公邱侯順，武帝時封。　置、延壽、賞、元，王莽時絶。
郁根侯驕，武帝時封。坐酎金免。
西昌侯敬，武帝時封。坐酎金免。
江都易王子侯者凡五人。
丹陽侯敢，武帝時封。亡後。
盱眙侯蒙之，武帝時封。坐酎金免。
胡孰侯胥行，武帝時封。　聖，犯罪免。
秣陵侯纏，武帝時封。亡後。
淮陵侯定國，武帝時封。坐酎金免。
梁共王子侯者凡一人。
張梁侯仁，武帝時封。　順爲奴所殺〔四〕。
菑川懿王子侯者凡十三人。
龍邱侯代，武帝時封。坐酎金免。
劇原侯錯，武帝時封。　廣昌、貴、吉嚚、勝容。
懷昌侯高遂，武帝時封。　延年、勝時、可置。
平望侯賞，武帝時封。　楚人、光、起、始、旦。

臨衆侯始昌，武帝時封。　革生、廣平、農、理、賢、商，王莽時絶。

葛魁侯寬，武帝時封。　戚，坐縛家吏恐猲受賕，棄市。

益都侯胡，武帝時封。　廣、嘉，坐非廣子免。

平的侯强，武帝時封。　中時、福、鼻、利親、宣。

劇魁侯黑，武帝時封。　招、德、利親、嬰、向。

壽梁侯守，武帝時封。　坐酎金免。

平度侯行，武帝時封。　慶忌、帥軍、欽、宗、嘉。

宜城侯偃，武帝時封。　福，坐殺弟，棄市。

臨朐侯奴，武帝時封。　乘、賞〔五〕、信、禕、岑。

城陽共王子侯者凡十三人。

雷侯豨，武帝時封。　坐酎金免。

東莞侯吉，武帝時封。　坐病不任朝，免。

辟土侯壯，武帝時封。　明，坐酎金免。

利鄉侯嬰，武帝時封。　有罪免。

有利侯釘，武帝時封。　坐罪誅。

東平侯慶，武帝時封。　坐姦廢。

運平侯記，武帝時封。坐酎金免。
山州侯齒，武帝時封。坐酎金免。
海常侯福，武帝時封。坐酎金免。
騶邱侯寬，武帝時封。報德、毋害，坐罪誅。
南城侯貞，武帝時封。猛、尊、充國、遂、友，王莽時絶。
廣陵侯裘，武帝時封。成，坐酎金免。
杜原侯皋，武帝時封。坐酎金免。
趙敬肅王子侯者凡二十四人。
尉文侯丙〔六〕，武帝時封。犢，坐酎金免。
封斯侯胡傷，武帝時封。如意、宫、仁。
榆邱侯受福，武帝時封。坐酎金免。
襄侯建，武帝時封。坐酎金免。
邯會侯仁，武帝時封。慧、賀、張、康、重、蒼。
朝節侯義，武帝時封。禄、固城，坐酎金免。
東城侯遺，武帝時封。爲妾所殺，亡後。
陰城侯蒼，武帝時封。嗣子有罪，不得立。

邯平侯順，武帝時封。坐酎金免。

武始侯昌，武帝時封。三十四年嗣爲趙王。

烏氏侯賀，武帝時封。安意、千秋、漢强、酆。

易安侯平，武帝時封。種、德，坐殺人免。

柏暢侯終古，武帝時封。朱，亡後。

歒安侯延年，武帝時封。坐酎金免。

漳北侯寬，武帝時封。爲奴所殺〔七〕。

南緣侯佗，武帝時封。坐酎金免。

南陵侯慶，武帝時封。坐爲沛郡太守有罪，下獄死。

鄗侯舟，武帝時封。坐祝詛誅。

安檀侯福，武帝時封。坐爲常山太守祝詛，死。

爰戚侯當，武帝時封。坐謀反，自殺。

栗節侯樂，武帝時封。忠、終根、況。

洨夷侯周舍，武帝時封。惠、迺始、勳、承。

猇侯起，武帝時封。充國、廣明、固、鉅鹿。

揤裴侯道，武帝時封。尊、章、景、發。

中山靖王子侯者凡二十人。

廣望侯忠，武帝時封。中、何齊、遂、閣。

將梁侯朝平，武帝時封。坐酎金免。

薪館侯未央，武帝時封。坐酎金免。

陸城侯貞，武帝時封。坐酎金免。

薪處侯嘉，武帝時封。坐酎金免。

陸地侯義〔八〕，武帝時封。坐酎金免。

臨樂侯光，武帝時封。建、固、萬年、廣都，王莽時絶。

東野侯章，武帝時封。中時，亡後。

高平侯喜，武帝時封。坐酎金免。

廣川侯頗，武帝時封。坐酎金免。

乘邱侯將夜〔九〕，武帝時封。德、外人，坐罪死。

高邱侯破胡，武帝時封。亡後。

柳宿侯蓋，武帝時封。蘇，坐酎金免。

戎邱侯讓，武帝時封。坐酎金免。

樊輿侯修，武帝時封。過倫、異衆、土生、自予，王莽時絶。

曲成侯萬歲，武帝時封。坐酎金免。
安郭侯傳富〔一〇〕，武帝時封。偃、崇，坐罪死〔一一〕。
安險侯應，武帝時封。坐酎金免。
安道侯恢，武帝時封。坐酎金免。
澎侯屈釐，武帝時封。爲丞相，坐祝詛，要斬。

廣川惠王子侯者六人。

蒲領侯嘉，武帝時封。有罪絶。
西熊侯明，武帝時封。亡後。
棗强侯晏，武帝時封。亡後。
畢梁侯嬰，武帝時封。坐罪免。
參戶侯則，武帝時封。坐酎金免。
沂陵侯喜，武帝時封。坐酎金免。

濟北貞王子侯者六人。

陰安侯不害，武帝時封。秦客，亡後。
榮關侯騫〔一二〕，武帝時封。坐罪免。
周望侯何〔一三〕，武帝時封。當時，坐酎金免。

陪侯則，武帝時封。　邑。

前侯信，武帝時封。坐酎金免。

安陽侯樂，武帝時封。　延年、記、戚、得，亡後。

濟北式王子侯者五人。

五據侯臞邱，武帝時封。坐酎金免。

富侯龍，武帝時封。坐罪免。

平侯遂，武帝時封。坐罪免。

羽康侯成，武帝時封。　係、棄，王莽時絶。

胡母侯楚，武帝時封。坐酎金免。

代共王子侯者凡九人。

離石侯綰，武帝時封。坐罪免。

邵侯順，武帝時封。坐殺人免。

利昌侯嘉，武帝時封。　樂、萬世、光禄、殷、煥，王莽時絶。

藺侯罷軍，武帝時封。坐罪免。

臨河侯賢，武帝時封。坐酎金免。

温成侯忠，武帝時封。亡後。

土軍侯郢客〔一四〕，武帝時封。坐酎金免。

皋琅侯遷，武帝時封。亡後。

千章侯遇，武帝時封。坐酎金免。

齊孝王子侯者十一人。

博陽侯就，武帝時封。終古，坐酎金免。

被陽侯燕〔一五〕，武帝時封。偃、壽、定、閎、廣，王莽時絶。

定侯越，武帝時封。德、福、湯、乘，王莽時絶。

稻侯定，武帝時封。陽都、咸、閔、永，王莽時絶。

山原侯國，武帝時封。棄、守、發、外人。

繁安侯忠，武帝時封。守、壽漢、嘉、光、起。

柳侯陽巳，武帝時封。罷師、自爲、携〔一六〕、軻、守。

雲侯信，武帝時封。茂發、遂、終古、得之，王莽時絶。

牟平侯渫，武帝時封。奴、更生、建、齕、威、隆，王莽時絶。

柴侯代，武帝時封。勝之、賢、齊、莫如，亡後。

高樂康侯，史失其名。武帝時封。亡後。

衡山賜王子侯者一人。

終弋侯廣置，武帝時封。坐酎金免。

城陽頃王子侯者二十人。

麥侯昌，武帝時封。坐酎金免。

鉅合侯發，武帝時封。坐酎金免。

昌侯差，武帝時封。坐酎金免。

蕢侯方，武帝時封。坐酎金免。

虖葭侯澤，武帝時封。舞、閣。

原洛侯敢，武帝時封。坐殺人，棄市。

挾術侯昆景，武帝時封。亡後。

挾侯霸，武帝時封。戚、賢、思、衆，亡後。

�侯讓〔一七〕，武帝時封。興。

文成侯光，武帝時封。坐酎金免。

校靖侯雲〔一八〕，武帝時封。坐酎金免。

庸侯餘，武帝時封。有罪死。

翟侯壽，武帝時封。坐酎金免。

鱣侯應，武帝時封。坐酎金免。

彭侯强，武帝時封。坐酎金免。

瓡侯息，武帝時封。守。

虚水侯禹，武帝時封。爵、敞，王莽時絶。

東淮侯類，武帝時封。坐酎金免。

拘侯賢，武帝時封。坐酎金免。

淯侯不疑，武帝時封。坐酎金免。

菑川靖王子侯者四人。

陸侯何〔一九〕，武帝時封。賈、延壽，坐罪死〔二〇〕。

廣饒侯國，武帝時封。坊、麟。

缾侯成，武帝時封。龍、融、閔，王莽時絶。

俞間侯毋害，武帝時封。況、瞵，亡後。

廣川繆王子侯者九人

甘井侯光，武帝時封。坐殺人，棄市。

襄隄侯聖，武帝時封。坐酎金斤八兩少四兩，免。

新市侯吉，昭帝時封。義、欽。

東襄侯寬，宣帝時封。使親，亡後。

欒信侯强，宣帝時封。　何、賀、涉。

昌成侯元，宣帝時封。　齒、應、江，亡後。

歷鄉侯必勝，宣帝時封。　長壽、宫、東之。

武陶侯朝，宣帝時封。　弘、勳、京。

桃侯良，元帝時封。　敞、狗。

膠東康王子侯者三人。

皋虞侯建，武帝時封。　定、哀、勳、顯、樂，王莽時絶。

魏其侯昌，武帝時封。　傅光、禹、蟜、嘉，王莽時絶。

祝兹侯延年，武帝時封。　坐棄印綬出國免。

六安共王子侯者一人。

松兹侯霸，昭帝時封。　始、緹、均，王莽時絶。

膠東哀王子侯者一人。

温水侯安國，昭帝時封。　坐上書妖言免。

魯安王子侯者三人。

藺旗侯臨朝，昭帝時封。　去疾、嘉、位。

容邱侯方山，昭帝時封。　未央、昭。

良成侯文德，昭帝時封。　舜、原、元、閔。

清河剛王子侯者七人〔二〕。

蒲領侯禄，昭帝時封。　推、不識、京。

南曲侯遷，昭帝時封。　江、尊。

修市侯寅，宣帝時封。　千秋、元、雲。

東昌侯成，宣帝時封。　親、霸、祖。

新鄉侯豹，宣帝時封。　步可、尊。

修故侯福，宣帝時封。　坐匿群盜，棄市。

東陽侯弘，宣帝時封。　縱、迺始、封親、伯造。

長沙頃王子侯者四人〔三〕。

高城侯梁，昭帝時封。　景、諸士〔三〕、馮。

復陽侯延年，宣帝時封。　漢、道。

鍾武侯度，宣帝時封。　宣、霸、則。

高城侯梁，宣帝時封。　景、諸士、馮。

中山康王子侯者二人。

成侯喜，昭帝時封。　得疵、偳、貴。

宣處侯章，宣帝時封。　衆。

城陽惠王子侯者二人〔二四〕。

江陽侯仁，昭帝時封。坐罪免。

高鄉侯休，宣帝時封。　興、革始〔二五〕。

廣陵厲王子侯者三人。

朝陽侯聖，宣帝時封。　廣德、安國。

平曲侯曾，宣帝時封。　臨、農。

南利侯昌，宣帝時封。坐賊殺人免。

燕剌王子侯者二人。

安定侯賢，宣帝時封。　延年、昱。

新昌侯慶，宣帝時封。　稱、未央。

趙頃王子侯者四人。

邯蕁侯偃，宣帝時封。　勝、度、定。

樂陽侯説，宣帝時封。　宗、崇、鎮。

桑中侯廣漢，宣帝時封。　縱、敬、舜〔二六〕。

張侯嵩，宣帝時封。坐罪廢。

膠東戴王子侯者四人。

樂望侯光，宣帝時封。　林、起。

成康侯饒，宣帝時封。　新。

柳泉侯强，宣帝時封。　建、萬年、永昌。

新利侯偃，宣帝時封。　坐罪免。

六安夷王子侯者一人。

富陽侯賜〔二七〕，宣帝時封。　坐罪免。

平干頃王子侯者九人。

曲梁侯敬，宣帝時封。　時光、瓠辯。

廣鄉侯明，宣帝時封。　安、周齊、充國。

成鄉侯慶，宣帝時封。　霸、果。

平利侯世，宣帝時封。　嘉、禹、旦。

平鄉侯壬〔二八〕，宣帝時封。　成、陽。

平纂侯梁，宣帝時封。　亡後。

成陵侯充，宣帝時封。　坐罪免。

陽成侯田，宣帝時封。　賢、説、報。

祚陽侯仁，宣帝時封。坐罪免。

真定列王子侯者一人。

遽鄉侯宣，宣帝時封。亡後。

廣川戴王子侯者一人。

西梁侯闢兵，宣帝時封。廣、宮、敞。

河間孝王子侯者六人〔二九〕。

陽興侯昌，宣帝時封。坐罪誅。

廣昌侯賀，成帝時封。

都安侯普，成帝時封。胥。

樂平侯永，成帝時封。

宜禾侯得，哀帝時封。恢。

富春侯玄，哀帝時封。

中山頃王子侯者一人。

利鄉侯安〔三〇〕，宣帝時封。遂、固。

魯孝王子侯者八人。

昌盧侯弘，宣帝時封。奉世、蓋。

平邑侯敞，宣帝時封。坐殺人，棄市。
山鄉侯綰，宣帝時封。邱。
建陵侯遂，宣帝時封。魯、連文。
合陽侯平，宣帝時封。安上。
東安侯强，宣帝時封。拔。
承鄉侯當，宣帝時封。坐罪免。
建陽侯咸，宣帝時封。霸、並。

城陽荒王子侯者十四人。

茲鄉侯弘，宣帝時封。昌、應、宇。
籍鄉侯顯，宣帝時封。坐罪免。
都平侯邱，宣帝時封。訢、堪。
棗原侯山，宣帝時封。芻、安得。
箕侯文，宣帝時封。瞵、褒。
高廣侯勳，宣帝時封。賀、福、吴。
即來侯佼，宣帝時封。欽。
庸釐侯談，元帝時封。端，坐罪免。

昆山侯光，元帝時封。　儀。
折泉侯根，元帝時封。　詡。
博石侯淵，元帝時封。　獲。
要安侯勝，元帝時封。　守。
房山侯勇，元帝時封。
式侯憲，元帝時封。　霸、萌。
高密哀王子侯者一人。
膠鄉侯漢，元帝時封。　成。
長沙孝王子侯者三人。
安平侯習，元帝時封。　嘉。
陽山侯宗，元帝時封。　買奴。
湘鄉侯昌，哀帝時封。
廣陽頃王子侯者四人。
臨鄉侯雲，元帝時封。　交。
西鄉侯容，元帝時封。　景。
陽鄉侯發，元帝時封。　慶。

益昌侯嬰，元帝時封。　政、福。

膠東頃王子侯者十人。

羊石侯回，元帝時封。　成、順。

石鄉侯理，元帝時封。　建國。

新城侯根，元帝時封。　霸。

上鄉侯歙，元帝時封。

昌鄉侯憲，成帝時封〔三二〕。　坐罪免。

順陽侯共〔三三〕，成帝時封。

樂陽侯獲，成帝時封。

平城侯邑，成帝時封。　珍、理。

密鄉侯林，成帝時封。　欽、敞。

樂都侯訢，成帝時封。　臨、延年。

泗水勤王子侯者二人。

于鄉侯定，元帝時封。　聖。

就鄉侯瑋，元帝時封。　亡後。

城陽戴王子侯者四人。

石山侯玄，元帝時封。嘉。

都陽侯音，元帝時封。閎。

參封侯嗣，元帝時封。殷。

伊鄉侯遷，元帝時封。亡後。

梁敬王子侯者十四人。

貰鄉侯平〔三〕，元帝時封。病狂，自殺。

樂侯義，元帝時封。坐罪免。

中鄉侯延年，元帝時封。

鄭侯罷軍，元帝時封。駿、良。

黄侯順，元帝時封。申，亡後。

平樂侯遷，元帝時封。寶。

菑鄉侯就，元帝時封。逢喜。

東鄉侯方，元帝時封。護。

陵鄉侯訢，元帝時封。坐罪免。

溧陽侯欽，元帝時封。畢。

釐鄉侯固，元帝時封。

高柴侯發，元帝時封。　賢、隱。
臨都侯未央，元帝時封。　息。
高侯舜，元帝時封。　始、便翁。
菑川孝王子侯者四人。
北鄉侯譚，元帝時封。
廣侯便，元帝時封。　護、宇。
平侯服，元帝時封。　嘉。
臺鄉侯畛，成帝時封〔三四〕。
廣陵孝王子侯者二人。
蘭陵侯宜，元帝時封。　譚、便强。
廣平侯德，元帝時封。
六安繆王子侯者一人。
博鄉侯交，元帝時封。　就。
趙哀王子侯者二人。
柏鄉侯買，元帝時封。　雲、譚。
安鄉侯喜，元帝時封。　胡、合衆。

高密頃王子侯者六人。

卑梁侯都，成帝時封。

膠陽侯恁〔三五〕，成帝時封。

武鄉侯慶，成帝時封。勁。

成鄉侯安，成帝時封。德。

麗兹侯賜，成帝時封。放。

安邱侯常，成帝時封。

楚孝王子侯者二人。

廣戚侯勳，成帝時封。顯、嬰，居攝元年爲孺子，王莽簒位，爲定安公，莽敗，死。

陰平侯回，成帝時封。詩。

淮陽憲王子侯者一人，孫侯者三人。

樂平侯訢，成帝時封。坐狂易，免。

外黄侯圉，平帝時封〔三六〕。

高陽侯並，平帝時封。

平陸侯寵，平帝時封。

魯頃王子侯者三人。

郜鄉侯閔，成帝時封。　延。

建鄉侯康，成帝時封。　自當。

新陽侯永，成帝時封。　級。

東平思王子侯者五人，孫侯者十七人。

栗鄉侯護，成帝時封。　玄成。

桑邱侯頃，成帝時封。

桃鄉侯宣，成帝時封。　立。

富陽侯萌，成帝時封。

西陽侯並，成帝時封。　偃。

金鄉侯不害，平帝時封〔三七〕。

平通侯旦，平帝時封。

西安侯漢，平帝時封。

湖鄉侯開，平帝時封。

重鄉侯少伯，平帝時封。

陽興侯寄生，平帝時封。

陵陽侯嘉，平帝時封。

高樂侯修，平帝時封。

平邑侯閔，平帝時封。

平纂侯況，平帝時封。

合昌侯輔，平帝時封。

伊鄉侯開，平帝時封。

就鄉侯不害，平帝時封。

膠鄉侯武，平帝時封。

宜鄉侯恢，平帝時封。

昌城侯豐，平帝時封。

樂安侯禹，平帝時封。

膠東共王子侯者四人。

陵石侯慶，成帝時封。

臨安侯閔，成帝時封。

徐鄉侯炔，成帝時封。王莽建國元年，坐舉兵欲誅莽，死。

堂鄉侯恢，成帝時封。亡後。

梁夷王子侯者一人。

祁鄉侯賢，成帝時封。富。

梁荒王子侯者一人。

曲鄉侯鳳，成帝時封。

城陽孝王子侯者一人。

桃山侯欽，成帝時封。

泗水戾王子侯者一人。

昌陽侯霸，成帝時封。

趙共王子侯者五人。

安國侯吉，成帝時封。

梁鄉侯交，成帝時封。

襄鄉侯福，成帝時封。章。

容鄉侯强，成帝時封。弘。

緼鄉侯固，成帝時封。

廣陽思王子侯者三人。

方鄉侯常得〔三八〕，成帝時封。

廣成侯疌，平帝時封。

當陽侯益，平帝時封。

六安頃王子侯者一人。

庸鄉侯宰，成帝時封。

河間惠王子侯者一人。

南昌侯宇，哀帝時封。

東平煬王子侯者七人。

嚴鄉侯信，哀帝時封。後坐罪免，王莽時，翟義舉兵，立信爲天子，兵敗，死。

武平侯璜，哀帝時封。坐罪免，翟義舉兵敗，死。

陶鄉侯恢，平帝時封。

釐鄉侯褒，平帝時封。

昌鄉侯且，平帝時封。

新鄉侯鯉〔三九〕，平帝時封。

春城侯胤，平帝時封。

楚思王子侯者十八人。

陵鄉侯曾，哀帝時封。後坐舉兵欲誅王莽，死。

武安侯慢〔四〇〕，哀帝時封。坐罪免。

郚鄉侯光，平帝時封。
新城侯武，平帝時封。
宜陵侯豐〔四一〕，平帝時封。
堂鄉侯護，平帝時封。
成陵侯由，平帝時封。
成陽侯衆，平帝時封。
復昌侯休，平帝時封。
安陸侯平，平帝時封。
梧安侯譽，平帝時封。
朝鄉侯充，平帝時封。
扶鄉侯普，平帝時封。
呂鄉侯尚，平帝時封。
李鄉侯殷，平帝時封。
宛鄉侯隆，平帝時封。
壽泉侯承，平帝時封。
杏山侯遵，平帝時封。

廣陵繆王子侯者二人。

方樂侯嘉，哀帝時封。

方城侯宣，平帝時封。

河間孝王子侯者二人。

宜禾侯得，哀帝時封。

富春侯玄〔四二〕，哀帝時封。

長沙剌王子侯者二人。

昭陽侯賞，平帝時封。

承陽侯景，平帝時封。

真定共王子侯者一人。

信昌侯廣，平帝時封。

武帝元朔二年，主父偃說上曰：「古者諸侯地不過百里，强弱之形易制。今諸侯或連城數十，地方千里，緩則驕奢易爲淫亂，急則阻其强而合從以逆京師。今以法割削，則逆節萌起，前日鼂錯是也。今諸侯子弟或十數，而嫡嗣代立，餘雖骨肉，無尺地之封，則仁孝之道不宣。願陛下令諸侯得推恩分子弟，以地侯之。彼人人喜得所願，上以德施，實分其國，必稍自銷弱矣。」於是上從其計，乃制詔御史：「諸侯王或欲推私恩分子弟邑者，令各條上，朕且臨定其號名。」自是支庶畢侯矣。

先公曰：「主父偃之説，即賈誼衆建諸侯之遺意也。然衆建則自上令而行之，爲儉爲吝。推恩則本下情而行之，爲恕爲仁。且其事勢之難易，德意之廣狹居然不同，豈可以人廢言哉？」

班固表序曰：「孝元之世，亡王子侯者，盛衰終始，豈非命哉！元始之際，王莽擅朝〔四三〕，僞褒宗室，侯及王之孫焉。師古曰：「王之孫亦得封侯，謂承鄉侯閎以下是也〔四四〕。」居攝而愈多，非其正，故弗録。旋踵亦絶，悲矣。」

校勘記

〔一〕羹頡侯信　「羹頡」二字原倒。據漢書卷三六楚元王傳乙正。

〔二〕平隄侯昭　「昭」，漢書卷一五下王子侯表下、册府元龜卷二六三宗室部封建一作「招」。

〔三〕樂鄉侯終　「終」，漢書卷一五下王子侯表下、册府元龜卷二六三宗室部封建一作「佟」。

〔四〕順爲奴所殺　「爲」下原衍「匈」字，據漢書卷一五上王子侯表上删。

〔五〕賞　原作「質」，據元本、慎本、馮本及漢書卷一五上王子侯表上改。

〔六〕尉文侯丙　「文」字原脱，據漢書卷一五上王子侯表上、册府元龜卷二六三宗室部封建一補。

〔七〕爲奴所殺　「爲」下原衍「匈」字，據漢書卷一五上王子侯表上删。

〔八〕陸地侯義　「陸地」原作「陸城」，據元本、慎本、馮本及漢書卷一五上王子侯表上、册府元龜卷二六三宗室部封建二改。

〔九〕乘邱侯將夜　「乘」原作「東」，據漢書卷一五上王子侯表上、册府元龜卷二六三宗室部封建二改。

〔一〇〕安郭侯傳富　「傳富」原作「傅富」，據漢書卷一五上王子侯表上改。

〔一一〕崇坐罪死　漢書卷一五上王子侯表上作「坐首匿死罪免」，疑此處「死」爲「免」之誤。

〔一二〕榮關侯騫　「榮」原作「營」，據漢書卷一五上王子侯表上、册府元龜卷二六三宗室部封建二改。

〔一三〕周望侯何　「周」原作「庯」，據漢書卷一五上王子侯表上、册府元龜卷二六三宗室部封建二改。

〔一四〕土軍侯郢客　「客」字原脱，據漢書卷一五上王子侯表上、册府元龜卷二六三宗室部封建二補。

〔一五〕被陽侯燕　「被」原作「陂」，據漢書卷一五上王子侯表上、册府元龜卷二六三宗室部封建二改。

〔一六〕㩗　原作「槜」，據漢書卷一五上王子侯表上改。

〔一七〕朸侯讓　「朸」原作「扐」，據漢書卷一五上王子侯表上改。

〔一八〕挍靖侯雲　「靖」原作「清」，據漢書卷一五上王子侯表上、册府元龜卷二六三宗室部封建二改。

〔一九〕陸侯何　據漢書卷一五上王子侯表上作「陸元侯何」，疑是。

〔二〇〕延壽坐罪死　據漢書卷一五上王子侯表上作「延壽嗣，五鳳三年，坐如女妹夫亡命笞二百，首匿罪，免」，疑此處「死」爲「免」之誤。

〔二一〕清河剛王子侯者七人　漢書卷一四諸侯王表同。「剛」，漢書卷一五下王子侯表下作「綱」。

〔二二〕長沙頃王子侯者四人　按高城侯梁，昭帝時始封，宣帝時再封，一人兩見，長沙頃王子侯者實爲三人。

〔二三〕諸士　「諸」，元本、慎本、馮本及漢書卷一五下王子侯表下作「請」，與下文之「諸士」不同。

〔二四〕城陽惠王子侯者二人　「惠」原作「慧」，據漢書卷一五下王子侯表下改。

〔二五〕革始　「始」原作「如」，據漢書卷一五下王子侯表下改。

〔二六〕舜　「舜」上原衍「侯」字，據漢書卷一五下王子侯表下删。

〔二七〕富陽侯賜　「富陽」原作「宣陽」，據漢書卷一五下王子侯表下、册府元龜卷二六三宗室部封建二改。

〔二八〕平鄉侯壬　「平鄉」原作「平陽」，據漢書卷一五下王子侯表下、册府元龜卷二六三宗室部封建二改。

〔二九〕河間孝王子侯者六人　按漢書卷一五下王子侯表下所載河間孝王子封侯者除表列之六人外，尚有竇梁懷侯强。

〔三〇〕利鄉侯安　「利鄉」原作「和陽」，據漢書卷一五下王子侯表下、册府元龜卷二六三宗室部封建二改。

〔三一〕成帝時封　「成帝」原作「元帝」。漢書卷一五下王子侯表下、册府元龜卷二六三宗室部封建二載，昌鄉侯憲受封于成帝建始二年，據改。

〔三二〕順陽侯共　「順陽」原作「頃陽」，據元本、慎本、馮本及漢書卷一五下王子侯表下、册府元龜卷二六三宗室部封建二改。

〔三三〕貰鄉侯平　「貰」原作「貫」，據元本、慎本、馮本及漢書卷一五下王子侯表下改。

〔三四〕成帝時封　「成帝」原作「元帝」。漢書卷一五下王子侯表下、册府元龜卷二六三宗室部封建二載，台鄉侯畛受封于成帝元延二年正月，據改。

〔三五〕膠陽侯恁　「膠陽」原作「膠東」，據漢書卷一五下王子侯表下、册府元龜卷二六三宗室部封建二改。

〔三六〕平帝時封　「平帝」原作「成帝」。漢書卷一五下王子侯表下、册府元龜卷二六三宗室部封建二載，平帝元始元年二月封淮陽憲王孫三人分別爲外黄侯、高陽侯、平陸侯，據改。下同。

〔三七〕平帝時封　「平帝」原作「成帝」。按漢書卷一五下王子侯表下、册府元龜卷二六三宗室部封建二載，此下十七人皆於平帝元始元年二月以東平思王孫受封，據改。下同。

〔三八〕方鄉侯常得　按漢書卷一五下王子侯表下、册府元龜卷二六三宗室部封建二載，方鄉侯常得係廣陽惠王子。

〔三九〕新鄉侯鯉　「鯉」原作「鰓」，據漢書卷一五下王子侯表下、册府元龜卷二六三宗室部封建二改。

〔四〇〕武安侯㥮　「安」原作「受」，據漢書卷一五下王子侯表下、册府元龜卷二六三宗室部封建二改。

〔四一〕宜陵侯豐　「豐」原作「置」，據漢書卷一五下王子侯表下、册府元龜卷二六三宗室部封建二改。

〔四二〕富春侯玄　「玄」原作「賢」，據漢書卷一五下王子侯表下、册府元龜卷二六三宗室部封建二改。

〔四三〕王莽擅朝　「擅」原作「攝」，據漢書卷一五下王子侯表下序改。

〔四四〕承鄉侯闓以下是也　「闓」原作「閔」，據漢書卷一五下王子侯表下序師古注改。

卷二百六十七　封建考八

西漢功臣侯

平陽懿侯曹參，以中涓從起沛，至霸上，侯。以將軍入漢，以假左丞相定魏、齊，以右丞相侯，萬六百戶。師古曰：「中涓，親近之臣。涓，潔也。主居中掃潔。」　窋、奇、時、襄、宗、喜、八世絶。本始、九世。宏、建武初，以舉兵佐軍，紹封。曠。

信武肅侯靳歙，以中涓從起宛朐，入漢，以騎都尉定三秦，擊項籍，別定江漢，侯，五千三百戶，以將軍攻豨、布。亭、坐事國人過律，免。師古曰：「事，役使之也。」安漢。六世復家。孟康曰：「諸復家皆世世無所與，得傳同産子。」

汝陰文侯夏侯嬰，以令史從降沛，爲太僕，常奉車，竟定天下，及全皇太子、魯元公主，侯，六千九百戶。竈、賜、頗、坐姦自殺。信。六世孫復家。

清河定侯王吸，以中涓從起豐，至霸上，爲騎郎將，入漢，以將軍擊項籍侯，二千二百戶。彊、伉、不害、充國。玄孫復家。

陽陵景侯傅寬，以舍人從起橫陽，至霸上，爲騎將，入漢，定三秦，屬淮陰，定齊，爲齊丞相，侯，二千六百戶。清、明、偃、坐與淮南王謀反，誅。景。六世孫復家。

廣嚴侯召歐，以中涓從起沛，至霸上，爲連敖，入漢，以騎將定燕、趙，得燕將軍，侯，二千二百户。勝、嘉、亡後。不識。玄孫復家。

廣平敬侯薛歐，以舍人從起豐，至霸上，爲郎，入漢，以將軍擊項籍將鍾離昧，侯，四千五百户。山、澤、穰、坐罪免。去病。玄孫復家。

博陽嚴侯陳濞，以舍人從碭，以刺客將入漢，以都尉擊項羽，殺士卒，侯。始、坐謀殺人，免。壽。曾孫復家。

堂邑安侯陳嬰，初起兵屬楚，後屬漢，侯，六百户。復相楚元王。禄、午、季須、坐罪自殺。尊。六世復家。

曲逆獻侯陳平，以故楚都尉歸漢，爲護軍，出奇計定天下，侯，五千户。買、悝、何、坐略人妻，棄市。莫。六世復家。鳳，元始時始爵關内侯。

留文成侯張良，以厩將從起下邳，入武關，設策降秦王嬰，解上與項羽隙〔一〕，及破羽鴻溝，封萬户。不疑、坐與門大夫殺故楚内史，贖爲城旦。千秋。玄孫之子，六世復家。

射陽侯劉纏，初起兵，與諸侯擊秦，即項伯也。後賜姓劉。漢王與項羽有隙，伯解之，後降漢，封侯。睢。有罪，不得代。

酇文終侯蕭何，以客初從入漢，爲丞相，守蜀及關中，給軍食，佐定諸侯，爲法令，侯，八千户。禄、亡後。延、何少子更封。遺、亡後。則、以何孫遺弟紹封武陽。嘉、則弟。勝、坐罪免。慶、何曾孫紹封。壽成、坐罪免。建世、何玄孫紹封。輔、獲、坐罪免。喜、何玄孫之子紹封。尊、七世。章、禹。王莽敗絶。

絳武侯周勃，以中涓從起沛，至霸上，侯。定三秦，食邑，爲將軍，入漢，定隴西，擊項籍，守嶢關，定泗水、東海，侯，八千一百户。勝之、坐罪免。亞夫、以勃次子紹封條侯。堅、以勃次子紹封平曲〔二〕。建德、坐酎金免。廣漢、曾孫復家。共。玄孫紹封，千户。

舞陽武侯樊噲，以舍人起沛，從至霸上，爲侯。以郎入漢，定三秦，爲將軍，擊項籍，再益封。從破燕，執韓信，侯，五千户。伉、坐吕氏誅。市人、以噲子紹封。它廣、坐罪免。勝客。曾孫復家。章，元始時，以玄孫之子紹封，千户。

曲周景侯酈商，以將軍從起岐，攻長社以南，定漢、蜀，三秦，擊項羽，侯，四千八百户。寄、有罪免。堅、遂成、世宗、終根、坐罪誅。共。六世復家。猛，元始時，賜爵關内侯。

潁陰懿侯灌嬰，以中涓從起碭，至霸上，入漢，定三秦。以將軍屬韓信，定齊、淮南及八邑，殺項籍，侯，五千户。何、强、有罪免。賢、以嬰孫紹封，後坐罪免。匿。曾孫復家。誼，元始時賜爵關内侯。

汾陰悼侯周昌，以職志擊秦，入漢，出關，以内史堅守敖倉，以御史大夫侯。如淳曰：「職志，官名，主旗幟。」開方、意、坐罪免。左車、以昌孫紹封爲安陽侯，後坐罪免。明。曾孫復家。

梁鄒孝侯武虎，以謁者從破秦，入漢，定三秦，以將軍擊定諸侯，比博陽侯，三千八百户。最、嬰齊、山拊、坐酎金免。充。玄孫之子復家。

成敬侯董諜，以舍人從擊秦，入漢，定三秦，出關，以將軍定諸侯，封二千八百户。赤、有罪免，後復封節氏。　罷軍、朝、坐罪爲鬼薪。　詘。玄孫復家。

蓼夷侯孔聚，以執盾從起碭，以左司馬入漢，爲將軍，三以都尉擊項籍，屬韓信，侯。　臧、坐罪免。　宣。玄孫復家。

費侯陳賀，以舍人從起碭，後屬韓信，爲將軍，定會稽、浙江、湖陵，侯。　常、最、偃、坐罪免。　僑。曾孫復家。

陽夏侯陳豨，以特將軍起宛朐〔三〕至霸上，定代，破臧荼，侯。　爲趙相國，反，兵敗，坐誅。

隆慮克侯周竈，以連敖入漢，擊項籍，侯。連敖，楚官號。　通、有罪免。　某。玄孫復家。

陽都敬侯丁復，以越將從起薛，至霸上，定三秦，破龍且、項籍，侯。七千八百户。　甯、安城〔四〕、有罪免。　賜。曾孫復家。

陽信胡侯呂青，以漢五年用令尹初從，功比堂邑侯，千户。　臣、義、它、善、談、坐酎金免。　陽。玄孫復家。

東武貞侯郭蒙，以户衛起薛，破秦軍，入漢，定三秦，堅守敖倉，破項籍，侯，三千户。　它、有罪，棄市。　廣漢。玄孫復家。

汁防肅侯雍齒〔五〕，以趙將從定諸侯，侯，二千五百户。　齒故沛豪，與上有隙，故晚從。　鉅鹿、野、桓、坐酎金免。　章。玄孫復家。

棘蒲剛侯陳武，以將軍從起薛，擊齊歷下，侯。　奇、反，誅。　嘉。曾孫復家。

都昌嚴侯朱軫，以舍人從起沛，降翟王，虜章邯，侯。　率、詘、偃、辟彊〔六〕、亡後。先。玄孫復家。

武彊嚴侯嚴不識，以舍人從起沛，入漢，擊項籍，用將軍擊黥布，侯。　嬰、青翟、爲丞相，坐張湯事，自殺。仁。曾孫復家。

貰齊合侯傅胡害〔七〕，以越户將從破秦，入漢，定三秦，擊項籍，侯，六百户。　方山、赤、遺、猜、坐殺人，棄市。世。

海陽齊信侯搖母餘，以越隊將從破秦，入漢，定三秦，擊項籍，侯，千七百户。　昭襄、建、省、亡後。不更未央。玄孫之子復家〔八〕。賢，元壽二年，爵關内侯。

南安嚴侯宣虎，以河南將軍降晉陽，破臧荼，侯，九百户。　戎、千秋、坐罪免。護。曾孫復家。

肥如敬侯蔡寅，以魏太僕從破龍且及彭城，侯，千户。　戎、奴、亡後。福。曾孫復家。

曲成圉侯蟲達，以西城户將從起碭，入漢，定三秦，破項籍，侯，四千户。　捷、皇柔、坐罪論鬼薪。宣。玄孫復家。

河陽嚴侯陳涓，以卒從起碭，入漢，擊項籍，定齊，侯。　信、坐罪免。元。玄孫復家。

淮陰侯韓信，以卒從項氏，後歸爲大將軍，定魏、趙、齊，封齊王。後徙楚，人告反，廢爲侯。後坐反，誅夷。

芒侯耏跖，以門尉起碭，入漢，定三秦，擊項籍，功封侯。　昭、申。坐罪免。

敬市侯閻澤赤，以執盾從入漢，擊項籍，侯，千户。　無害、續、穀、坐酎金免。章世。六世復家。

柳邱齊侯戎賜，以連敖從入漢，定三秦，破項羽，侯，八千户。　安國、嘉成、角、坐罪免。元生。玄孫復家。

魏其嚴侯周止，以舍人從起沛，入漢，定三秦，破項羽東城，侯，千户。　簡、謀反誅。廣世。玄孫復家。

祁穀侯繒賀，以執盾從晉陽，以連敖擊項籍。漢王敗走，賀擊楚追騎，以故不得進。漢王顧謂賀祁王。戰彭城，斬項籍，争惡，絶延壁〔九〕，侯，千四百户。　胡、它、坐射擅罷，免。賜。曾孫復家。

平悼侯工師喜，以舍人從破秦，入漢，定諸侯，封千三百户。　奴、執。坐罪，免。

魯侯奚涓，以舍人從起沛，破秦，入漢，以將軍定諸侯，封四千八百户。　毋底。

城父嚴侯尹恢，以謁者從入漢，擊定諸侯，封二千户。　開方，奪爵爲關内侯。　殷。六世復家。

任侯張越，以騎都尉從擊燕、代，功封，坐匿死罪，免。

棘邱侯襄，以執盾從起碭，破秦，入漢，定魏地，功封，後坐罪免。

河陵頃侯郭亭，以連敖從入漢，定三秦，擊項羽功侯。　歐、客、坐罪免。延居、紹封。則、坐酎金免。賢。玄孫復家。

昌武靖信侯單究，以舍人從入漢，定三秦，擊諸侯，封九百户。　如意、賈成、德、坐殺人，棄市。萬。玄孫之孫復家。

高宛制侯丙猜，以客從入漢，定三秦，破項籍，侯，千六百五户。　得、武、信、坐罪免。齮。玄孫之孫復家。

宣曲齊侯丁義，以卒從入漢，定三秦，破項羽，軍固陵，侯，六百七十户。通、坐罪免。年。曾孫復家。

終陵齊侯華毋害，以越將從入漢，定三秦，擊臧荼，侯，七百四十户。勃、禄、坐罪免。告。曾孫復家。

東茅敬侯劉到，以舍人從起碭，至霸上，入漢，定三秦，擊項籍，封千户。告、坐罪免。咸。曾孫復家。

斥邱懿侯唐厲，以舍人從入漢，擊項籍，破之，侯，千户。朝、賢、尊、坐酎金免。廣意。曾孫復家。

臺定侯戴野，以舍人從起碭，入漢，擊項籍，燕、代封。午、坐謀反誅。安昌。玄孫復家。

安國武侯王陵，起兵定南陽，屬漢王，擊項羽，封五千户。忌、斿、辟方、定、坐酎金免。襄。玄孫復家。

樂成節侯丁禮，以中涓從起碭，入漢，定三秦，擊項籍，殺龍且，封千户。馬從、吾客、義、坐言事誅。禹。七世復家。

辟陽幽侯審食其，以舍人從侍呂后、孝惠，入楚一歲，侯。平、坐謀反誅。非。曾孫復家。

鄘成制侯周緤〔一〇〕，以舍人從起沛，至霸上，入漢，定三秦，擊項籍，絶甬道，侯，三千二百户。昌、坐罪免。應、昌弟紹封。居、坐罪免。禹。曾孫復家。

安平敬侯鄂秋〔一一〕，以謁者從，定諸侯功，舉蕭何，侯，二千户。嘉、應、寄、但、坐罪，棄市。后。六世復家。

北平文侯張蒼，以客從，至霸上，得陳餘，封千二百户。奉、類、坐罪免。蓋宗。六世復家。

高胡侯陳夫乞，以卒從擊項籍，定燕，封千户。程、亡後。勝之。玄孫復家。

厭次侯爰類，以將從入漢，守廣武，功封。賀〔一二〕、謀反誅。世。六世復家。

平皋煬侯劉它，以碭郡長初從，功實項氏，賜姓。侯，五百八十户。遠、光、勝、坐酎金免。勝之。七世復家。

復陽剛侯陳胥，以卒從入漢，擊項籍，侯，千户。嘉、拾、强、坐罪免。幸。曾孫復家。

河陽齊侯其石，以中謁者從入漢，定諸侯，封五百户。安國、午、章、仁、坐祝詛誅。益壽。六世復家。

柏至靖侯許盎，以駢鄰從起昌邑，以説衛入漢，擊籍，封千户。禄、昌、安和、福、坐姦論鬼薪。建。六世復家。

中水嚴侯吕馬童，以郎騎將從，擊龍且，斬項籍，侯，千五百户。瑕、青眉、德、宜城、坐酎金免。建明。七世復家。

杜衍嚴侯王翥，以中郎騎從，斬項籍，侯，千七百户。福、市臣、舍〔一三〕、有罪免。安樂。曾孫復家。

赤泉嚴侯楊喜，以郎中騎從，斬項籍，侯，千九百户。敷、毋害、坐罪免。孟嘗。玄孫復家。

朝陽齊侯華寄，以舍人從起薛，入漢，擊項籍，討韓信，封千户。要、當、坐罪免。定國。玄孫復家。

棘陽嚴侯杜得臣，以卒從入漢，擊項籍，侯，二千户。但、武。亡後。

涅陽嚴侯吕騰，以騎士從出關，擊斬項羽，侯，千五百户。成、實非子不得代〔一四〕。忠。六世復家。

平棘懿侯林摯，以客從斬章邯所置蜀守，侯，千户。辟彊〔一五〕、有罪免。常驩。曾孫復家。

深澤齊侯趙將夕，以趙將降，屬淮陰侯，定趙、齊、楚，侯，七百户。頭、修、坐罪免。胡、紹封，亡後。延世。玄孫復家。

𢳚頃侯温疥，以燕將軍從破曹咎，告燕王荼反〔一六〕，封千九百户。仁、何、福。玄孫復家。

歷簡侯程黑，以趙衛將軍從擊項羽敖倉，攻臧荼，封千户。　釐、竈、坐罪免。　弘六世復家。

武原靖侯衛胠，以梁將軍從擊韓信、陳豨、黥布，封二千八百户。　寄、不害、坐罪免。　堯。玄孫復家。

稾祖侯陳鍇，以將從擊陳豨功侯，六百户。　嬰、應、安、千秋、坐酎金免。　主儒〔一七〕。六世復家。

宋子惠侯許瘛，以趙將從擊定諸侯，封五百三十六户。　留、九、坐罪免。　迺。七世復家。

猗氏敬侯陳遬，以舍人從起豐，入漢，擊項羽，侯，一千一百户。　支、羌、亡後。　胡。曾孫復家。

清簡侯室中同，以弩將從入漢，擊項羽，代，侯，封千户。　聖、鮒、古、生、坐酎金免。　武。玄孫復家。

彊圉侯留肹，以客吏從入漢，擊項羽，侯，千户。　章、復、坐罪免。　定。曾孫復家。

彭簡侯秦同，以卒從入漢，擊項羽，侯，千户。　執、武、坐罪免。　壽。玄孫復家。

吴房嚴侯楊武，以郎中騎從擊陽夏，斬項籍，封七百户。　去疾、坐罪免。　談。孫復家。

甯嚴侯魏遬，以舍人從碭，擊臧荼功侯，千户。　連、指、坐罪免。　都。玄孫復家。

昌圉侯旅卿，以齊將從韓信定齊，擊項羽、韓王信，侯，千户。　通、坐謀反誅。　光。玄孫復家。

共嚴侯旅罷師，以齊將從擊項羽及韓王信，封千二百户。　黨、高、信。曾孫復家。

閼氏節侯馮解散，以代主爵降，爲鴈門守，平代寇，侯，千户。　它、亡後。　遺、以遺腹子嗣。　勝之、平。坐酎金免。

安邱懿侯張説，以卒初屬魏豹，入漢，擊項羽，定代，侯，二千户。　奴、執、新、拾、坐罪免。　舜。六世復家。

襄平侯紀通，父城以將軍從破秦，入漢，定三秦，戰死，子侯。　相夫、夷吾、亡後。　萬年。玄孫復家。

龍陽敬侯陳署，以卒從霸上，擊項籍，斬曹咎，侯，千户。　堅。有罪免。

平嚴侯張瞻師，以趙騎將從擊諸侯，封千五百户。　惇、寄、安國、爲人所殺。　連城。六世復家。

陸量侯須無〔一八〕，詔以爲列侯，自置吏，受令長沙王。　桑、慶忌、冉、坐酎金免。　聖。曾孫復家。

高景侯周成，父苛以内史從破秦，守滎陽，罵項籍，死事，子封侯，後謀反，誅。　繩、以孫紹封。　平、坐罪免。　賜。玄孫復家。

離侯鄧弱，以長沙將兵侯。

義陵侯吳郢，以長沙柱國侯，千五百户。　重。亡後。

宣平武侯張敖，嗣父耳爲趙王，坐相貫高反，廢爲侯。

偃，高后時爲魯王，後降紹侯。　歐、生〔一九〕、有罪免。　廣國〔二〇〕、以弟紹侯。　昌。坐罪免。　侈以魯元太后子封信都侯，孝文時免。　受以魯元子封樂昌侯〔二一〕，孝文時免。　慶忌以敖玄孫紹封千户。　遂。玄孫復家。

東陽武侯張相如，以河間守擊陳豨功封一千三百户。　殷、安國、强、亡後。　宣。六世復家。

慎陽侯樂説，淮陰侯韓信舍人，告信反，侯，二千户。　願、買之、坐鑄白金，棄市。　通。六世復家。

開封愍侯陶舍，以右司馬從擊燕、代，侯，二千户。　青、偃、睢、坐酎金免。　元始。七世復家。

禾成孝侯公孫昔，以卒從，以郎中擊陳豨，侯，千九百户。　漸、亡後。　廣意。曾孫復家。

堂陽哀侯孫赤，以中涓從起沛，入漢，擊項籍、陳豨，侯，八百户。　德、有罪免。明。曾孫復家。

祝阿孝侯高色，以客從，入漢，擊魏，破項籍、陳豨，封千八百户。　成、坐罪免。弘。玄孫復家。

長修平侯杜恬，以御史從出關，擊諸侯，死事，侯，千九百户。　中、意、坐罪免。相夫。孝景時紹封〔二二〕，後坐罪免。

江邑侯趙堯，以御史爲趙相，擊陳豨，封六百户。　高后時，坐罪免。

營陵侯劉澤，以郎中擊項籍、陳豨封。　高后時，爲瑯琊王。

土軍式侯宣義，爲中地守，以廷尉擊陳豨，侯，一千一百户。　莫如、平、生、坐罪免。寄。六世復家。

廣阿懿侯任敖，以客從起沛，擊項籍、陳豨，侯，千八百户。　敬、但、越人、坐罪免。定。玄孫復家。

須昌貞侯趙衍，以謁者從擊陳豨功侯，千四百户。　福、不害、坐罪免。步昌。七世復家。

臨轅堅侯戚鰓，爲郎守蘄，以中尉侯，五百户。　觸龍、中、賢、坐酎金免。常。玄孫復家。

汲紹侯公上不害，爲太僕擊代、豨功封千三百户。　武、通、廣德、坐罪免。常。玄孫復家。

甯陵夷侯吕臣，以舍人從，入漢，破曹咎，擊陳豨功侯，千户。　謝、始、得。玄孫復家。

汾陽嚴侯靳强，以郎中騎從擊項羽，破鍾離眛功封。　解、胡、石〔二三〕、坐罪免。忠。玄孫復家。

戴敬侯秘彭祖，以卒從起沛，擊陳豨，封千一百户。　憚〔二四〕、安國、軫、蒙、坐祝詛誅。政。七世復家。

衍簡侯翟盱，爲燕令，以都尉下楚九城，堅守燕，侯，九百户。　山、嘉、不疑、坐罪免。光。玄孫復家。

平州共侯昭涉掉尾，以燕相從擊項籍，還擊臧荼，侯，千户。　種、它人、馬童、昧、坐罪免。福。玄孫復家。

中牟共侯單右車，以卒從沛，入漢。高祖微時有急，給高祖馬，故得封侯。繒、終根、舜、坐酎金免。充國。六世復家。

邔嚴侯黄極忠，以群盜長爲臨江將，爲漢擊臨江王，破布，封千户。榮成、明、遂、坐罪免。調。六世復家。

博陽節侯周聚，以卒從豐，入漢，擊項籍成皋，功封。遬、坐罪免。萬年。曾孫復家。

陽羨定侯靈常，以荆令尹從，擊鍾離昧及利幾、英布，侯，二千户。賀、勝、無後。横。玄孫復家。

下相嚴侯泠耳，以客從起沛，入漢，堅守彭城拒布軍，侯，二千户。順、謀反誅。安。玄孫復家。

高陵圉侯王虞人，以騎司馬從，破田横、追項籍，侯，九百户。弄弓、行。坐謀反誅。

期思康侯賁赫，淮南王英布中大夫，告布反，封二千户。亡後。充。玄孫復家。

戚圉侯季必，以騎都尉從，擊項籍，破齊，攻燕，擊韓，封千五百户。長、瑕、信成、坐罪免。買之。玄孫復家。

穀陽定侯馮谿，以卒從擊項籍，定代，爲將軍封。熊、卬、解中、偃、亡後。武。七世復家。

嚴敬侯許猜，以楚將降，擊項羽、陳豨，侯，六百户。恢、則、周、廣宗、坐酎金免。任壽。六世復家。

成陽侯奚意，以魏郎從，屬彭越，定代，侯，六百户。信、有罪誅。通。曾孫復家。

桃安侯劉襄，以客從，起定陶，擊布，侯，千户。舍、由、自爲、坐酎金免。益壽。六世復家。

高粱共侯酈疥，父食其以客從，約和諸侯，説齊死事，子侯。勃、平，坐罪免。賜。玄孫復家。

紀信匡侯陳倉，以中涓從，入漢，擊項籍，攻盧綰，侯，七百户。開、煬，坐反誅。千秋。玄孫復家。

景嚴侯王競，以車司馬從，屬劉賈，侯，五百户。真粘、嬩，有罪免。昌。玄孫復家。

張節侯毛釋之，以中涓從起豐，入漢，從擊諸侯，封七百户。鹿、舜，坐罪免。景。玄孫復家。

煮棗端侯革朱，以越連敖從擊諸侯，功封，九百户。式、昌，坐罪免。奉。玄孫復家。

鄢陵嚴侯朱濞，以卒從起豐，入漢，擊項籍，臧荼，侯，二千七百户。慶，亡後。言。曾孫復家。

鹵嚴侯張平，以中尉從，不入關〔二五〕，擊項籍、黥布、盧綰，封二千七百户。勝，坐罪免。常。六世復家。

右，高祖百四十七人，周呂、建成二人在外戚，羹頡、合陽〔二六〕、沛、德四人在王子，凡百四十三人〔二七〕。

便頃侯吳淺，以父長沙王功侯，二千户。信、廣志、千秋，坐酎金免。長樂。玄孫復家。

軑侯黎朱蒼，以長沙相侯，七百户。豨、彭祖、扶，坐罪免。漢。六世復家。

平都孝侯劉到，以齊將定齊降，封千户。成，坐罪免。如意。曾孫復家。

右，孝惠三人。

南宮侯張買，以父越人爲高祖騎將從軍，以中大夫侯。生。坐罪免。

梧齊侯陽城延，以軍匠從入漢，爲少府，作長樂、未央，築長安城，侯，五百户。去疾、偃、戎奴，坐殺人，棄市。注。六世復家。

平定敬侯齊受，以卒從，擊項籍，用齊丞相侯。市人、應、延居、昌、坐罪免。安德。玄孫復家。

博成敬侯馮無擇，以吕澤郎中從高祖起豐，擊項籍，奉澤出滎陽，侯〔二八〕。代。坐吕氏誅。

沅陵頃侯吴陽，以父長沙王功封侯。福、周。亡後。

中邑貞侯朱進，以執矛從入漢，破曹咎，侯，六百户。悼。坐罪免。

樂平簡侯衛毋擇，以隊卒從起沛，擊陳餘，侯，六百户。勝、侈。坐罪免。

山都貞侯王恬啓，以郎中柱下令，擊陳豨，用梁相侯。中黄、觸龍、當。坐罪免。

祝兹夷侯徐厲，以舍人從沛，入漢，得雍王家屬，用常山丞相侯。悼、偃。有罪免。

成陰侯周信，以卒從，爲吕后舍人，爲河南守，封五百户。勃。有罪免。

俞侯吕它，父嬰以連敖從高祖破秦，入漢，定諸侯，死事，子侯。後坐吕氏誅。

醴陵侯越，以卒從，擊項羽，用長沙相侯，六百户。

右，高后十二人。扶柳、襄城、軹、壺關、昌平、贅其、滕、吕成、祝兹、建陵十一人在恩澤外戚〔二九〕，汶、沛、信都、樂昌、東平五人隨父，上邳、朱虚、東牟三人在王子，凡三十一人。

陽信夷侯劉揭，爲典客奪吕禄印，閉殿門止産等，立帝，侯，二千户。中意。有罪免。

壯武侯宋昌，以家吏從高祖起山東，爲代中尉勸帝，驂乘入即位，侯，千四百户。孝景中四年，有罪，奪爵爲關内侯。

樊侯蔡兼，以睢陽令高祖初從阿，還定北地，用常山相侯，千二百户。　客、平、辟方。坐罪免。

洨陵康侯魏泗，以陽陵君侯，亡後。

南鄭侯起，以信平君侯，坐罪，削爵爲關内侯。

黎頃侯召奴，召平之子，以父齊相侯。　潰、延。坐罪誅。

缾侯孫單，父卬以北地都尉死事匈奴，子侯，後坐反誅。

弓高壯侯韓隤當，故韓王子，以匈奴相國降，侯。　則、亡後。　譊、以都尉擊匈奴得王，封龍頟侯，後坐酎金免。

説、以横海將軍擊東越，後爲衛太子所殺。　興、嗣侯，坐詛祝誅。　曾、興弟，紹侯。　賓、亡後。　共。賓從父昆弟，紹封。

襄城哀侯韓嬰，故韓王信太子之子〔三〇〕，以匈奴相國降，侯。　釋之。坐罪免。

故安節侯申屠嘉，從高祖功，食邑五百。　文帝時用丞相侯。　共、臾。坐罪免。

右，孝文十人。　軹、鄔、周陽三人在外戚，管、氏邱〔三一〕、營平、陽虚、陽邱、朸〔三二〕、安都、平昌、武成、白石、阜陵、安陽、陽周〔三三〕、東城十四人在王子，凡二十七人。

俞侯欒布，以將軍吴、楚反擊齊，侯。　賁。坐罪免。

建陵哀侯衛綰，以將軍擊吴、楚，用中尉侯。　信。坐酎金免。

建平敬侯程嘉，以將軍擊吴、楚，用江都相侯。　横、回。亡後。

平曲侯公孫渾邪，以將軍擊吴、楚，用隴西太守侯，後有罪免。　賀。以擊匈奴復侯，爲丞相，坐子罪，下獄死。

江陽康侯蘇息，以將軍擊吴、楚，用趙相侯。　盧、朋、雕。坐酎金免。

遽侯横，史失其姓，父建德以趙相不聽王遂反，死事，子侯，千一百七十户。

新市侯王棄之，父悍以趙内史，王遂反不聽，死事，子侯。始昌。爲人所賊殺。

商陵侯趙周，父夷吾以楚太傅，王戊反不聽，死事，子侯。後爲丞相，坐罪自殺。

山陽侯張當居，父尚以楚相，王戊反不聽，死事，子侯。後坐罪免。

安陵侯于軍，以匈奴王降侯，千五百五十户。亡後。

桓侯賜，以匈奴王降侯，史不言所終。

遒侯陸强，以匈奴王降侯，千五百七十户。則。坐祝詛誅。

容城攜侯徐盧，以匈奴王降侯，七百户。纏、光。坐祝詛上，誅。

易侯僕黥，以匈奴王降侯，千一百十户。亡後。

范陽靖侯范代，以匈奴王降侯，六千二百户。德，亡後。政，玄孫，賜關内侯。

翕侯邯鄲，以匈奴王降侯。坐罪免。

亞谷簡侯盧它之，故燕王綰子，以匈奴東胡王降侯，千户。種、漏、賀。坐罪死。

塞侯直不疑，以御史大夫侯，前有將兵擊吴、楚功。相如、堅。坐酎金免。

右，孝景十八人。平陸、休、沈猷、紅、宛朐、棘樂、乘氏、桓邑八人在王子，魏其、蓋靖二人在外戚，隆慮一人隨父，凡二十九人。

翕侯趙信，以匈奴相國降侯〔三四〕，擊匈奴，益封千六百八十户。後兵敗，降匈奴。

特轅侯樂，以匈奴都尉降侯，六千五十户。亡後。
親陽侯月氏，以匈奴相降侯，六百八十户。後坐謀反誅。
若陽侯猛，以匈奴相降侯，五百三十户。後坐謀反誅。
平陵侯蘇建，以都尉從大將軍擊匈奴，封凡一千户〔三五〕。後坐敗師免。
岸頭侯張次公，以都尉從大將軍擊匈奴，益封，凡二千户。後坐罪免。
涉安侯於單，以匈奴單于太子降侯，亡後。
昌武侯趙安稽，以匈奴王降侯，從驃騎擊虜，益封。充國。亡後。
襄城侯桀龍，以匈奴相國降侯，四百户。病已。坐詛祝死。
安樂侯李蔡，以將軍再擊匈奴得王，侯，二千户。坐罪自殺。
合騎侯公孫敖，以護軍都尉三從大將軍擊匈奴，至右王庭得王，侯，益封，共九千五百户。後坐出軍後期免。
軹侯李朔，以校尉三從大將軍擊匈奴，虜閼氏，侯。後坐罪免。
從平侯公孫戎奴，以校尉三從大將軍擊匈奴，侯，一千一百户。後坐罪免。
隨成侯趙不虞，以校尉三從大將軍擊匈奴，先登，侯，七百户。後坐罪免。
博望侯張騫，以校尉從大將軍擊匈奴及使西域大夏侯。後坐出軍畏愞免。
衆利侯郝賢，以上谷太守從大將軍擊匈奴侯，一千一百户。後坐罪免。

潦悼侯王援訾，以匈奴趙王降侯，五百六十户，亡後。

從票侯趙破奴，以司馬從驃騎將軍擊匈奴，得兩王，侯，二千户。後坐酎金免。

宜冠侯高不識，以校尉從驃騎將軍擊匈奴侯，一千一百户。後坐罪免。

煇渠忠侯僕朋，以校尉從驃騎將軍擊匈奴得王，侯封。雷電。擊匈奴没。

下摩侯謼毒尼，以匈奴王降封，七百户。伊即軒、冠支。

濕陰定侯昆邪，以匈奴昆邪王將衆十萬降侯，萬户。蘇。亡後。

煇渠慎侯應疕，以匈奴王降侯。亡後。

河綦康侯烏黎，以匈奴右王與渾邪降侯，六百户。餘利鞮。亡後。

常樂侯稠雕，以匈奴大當户與渾邪降侯，五百五十户，當户，匈奴官名。廣漢。亡後。

邳離侯路博德，以右北平太守從驃騎擊匈奴侯，千六百户。坐罪免。

義陽侯衛山，以北地都尉從驃騎擊匈奴得王，侯，千一百户。坐罪免。

杜侯復陸支，以匈奴歸義，從驃騎擊虜侯，一千三百户。偃、屠耆〔三六〕、宣平、福。坐罪免。

衆利侯伊即軒，匈奴歸義，從驃騎擊虜侯，千一百户。當時、輔宗。亡後。

湘成侯敞屠洛，以匈奴符離王降侯，千八百户。坐酎金免。

散侯董舍吾，以匈奴都尉降侯，一千一百户。安漢、賢。坐祝詛死。

臧馬康侯雕延年，以匈奴王降侯，八百七十户。亡後。

瞭侯次公，以匈奴歸義王降侯，七百九十户。坐酎金免。

術陽侯建德，以南越王兄越高昌侯侯，三千户。坐罪誅。

龍侯樛廣德，父樂以校尉擊南粤死事，子侯，六百七十户。坐酎金免。

武安侯韓延年，父千秋以校尉擊南越死事，子侯，千三百十户。

昆侯渠復絫，以屬國大首渠擊匈奴侯。乃始。無後。

騏侯駒幾，以屬國騎擊匈奴侯，五百二十户。督、崇、詩。以弟紹封。

梁期侯任破胡，以屬國都尉間出擊匈奴侯。當千。坐罪免。

瞭侯畢取，以南越將軍降侯，五百一十户。奉義。坐祝詛誅。

將梁侯楊僕，以樓船將軍擊南越侯。坐罪免。

安道侯揭陽定，以南越揭陽令降侯〔三七〕，六百户 當時。坐殺人，棄市。

隨桃頃侯趙光，以南越蒼梧王降侯，三千户。昌樂、嗣子有罪，不得代。放光玄孫，紹封千户。

湘成侯監居翁，以南越桂林監降侯，八百三十户。益昌。坐贓誅。

海常嚴侯蘇弘，以伏波司馬得南越王建德侯。亡後。

外石侯吴陽，以故東越衍侯佐繇王功侯，千户。首。坐祝詛誅。

下鄜侯左將黄同，以故歐駱左將斬西于王功侯，七百户。奉漢。坐祝詛誅。

繚嫈侯劉福，以校尉從横海將軍擊南越侯。坐罪免。

蓹兒嚴侯轅終古，以軍卒斬東越徇北將軍侯。亡後。

開陵侯建成，以故東粵建成侯與繇王斬餘善侯，二千户。禄。坐祝詛誅。

臨蔡侯孫都，以南粵郎得粵相吕嘉侯，千户。襄。坐罪死。

東城侯居股，以故東粵繇王斬東粵王餘善侯，萬户。坐謀反誅。

無錫侯多軍，以東粵將軍，漢兵至，棄軍降，侯，千户。卯。坐罪免。

涉都侯喜，父粵南海守，漢兵至，以越邑降，子侯，二千四十户。亡後。

平州侯王唊，以朝鮮將降漢侯，千四百八十户。亡後。

荻苴侯韓陶，以朝鮮相降漢侯，五百四十户。不得嗣。

澅清侯參，以朝鮮尼谿相降侯，千户。坐罪死。

騠兹侯稽谷姑，以小月氏右苴王將衆降侯，千九百户。亡後。

浩侯王恢，以故中郎將將兵捕得車師王侯。坐罪免。

瓡讘侯杆者，以小月氏將軍衆降，侯，七百六十户。勝。不得嗣。

幾侯張路，以朝鮮王子降侯，坐罪死。

涅陽康侯最，以父朝鮮相路人，漢兵至，首降，道死，子侯。亡後。

海西侯李廣利，以貳師將軍擊大宛侯，八千户。後兵敗，降匈奴。

新時侯趙弟，以貳師將軍騎士斬郁成王侯〔三八〕。坐罪免。

承父侯續相如，以使西域，斬扶樂王首，虜其人，侯，千百十户。坐罪誅。

開陵侯成娩，以故匈奴介和王擊車師侯。　順、褒、級，褒弟紹封。　參。王莽敗，絶。

秺侯商邱成，以大鴻臚擊衛太子，力戰，侯，二千一百二十户。坐罪自殺。

重合侯莽通，以侍郎發兵擊反者侯，四千八百七十户。後坐謀反誅。

德侯景建，以長安大夫從莽通殺少傅石德侯，三千七百十五户。後坐謀反誅。

題侯張富昌，以山陽卒與李壽同得衛太子侯，八百五十八户。後爲人所殺。

邘侯李壽，以新安令史得衛太子侯，一百五十户。後坐罪誅。

轑陽侯江喜，以圉嗇夫捕反者公孫勇侯，千一百二十户。　仁。坐罪免。

當塗康侯魏不害，以圉守尉捕反者侯，二千二百户。　聖、楊、向、堅居。王莽敗，絶。

蒲侯蘇昌，以圉小史捕反者侯，千二十六户。　夷吾。坐罪免。

丞父侯孫王，以告反者太原白義等侯，千一百五十户。後坐罪免。

右，孝武七十五人。　武安、周陽、長平、冠軍、平津、周子南、樂通、牧邱、富民九人在外戚恩澤，南奅、龍頟、宜春、陰安、發干五人隨父，凡八十九人。王子不在其中。

秺敬侯金日磾，以駙馬都尉發覺莽何羅反侯，二千三百二十户。　賞，亡後。當。以日磾曾孫紹侯，千户，王莽敗，絶。

建平敬侯杜延年，以諫大夫告左將軍反侯，以太僕與大將軍定策，益封，二千三百六十户。　緩、業、輔、憲。

宜城戴侯燕倉，以假稻田使者發覺左將軍桀等反，封七百户。　安、尊、武、級、舊。王莽敗，絶。

弋陽節侯任宮，以故丞相徵事手捕反者上官桀侯，九百一十五户。　千秋、惲、岑、固。

商利侯王山壽，以丞相少史誘反者安入相府，侯，九百一十五户。後坐罪免。

成安嚴侯郭忠，以張掖屬國與匈奴戰，斬王，侯，七百二十四户。　遷、賞、長、萌、每。王莽敗，絶。

平陵侯范明友，以校尉擊反氐，獲首虜，侯，與定策，益封，凡二千九百二十户。坐反誅。

義陽侯傅介子，以平樂厩監使誅樓蘭王，斬首，侯，七百五十九户。子有罪，不得嗣。　長。曾孫紹封。

右，孝昭八人。博陸、安陽、宜春、安平、富平、陽平六人在恩澤外戚，桑樂一人隨父，凡十五人。

長羅壯侯常惠，以校尉、光禄大夫擊匈奴，獲首虜，侯，二千八百五十户。　成、邯、翕。亡後。

爰戚靖侯趙長平，以平陵大夫告楚王延壽反侯，千五百三十户。　訢、牧。

博成侯張章，以長安男子發覺霍禹侯〔三九〕，三千九百一十三户。　建。坐罪免。

高昌壯侯董忠，以期門受張章言告霍禹反侯，一千一百户。　宏、武。

平通侯楊惲，以左曹中郎受董忠等言霍禹反侯，二千五百户。後坐誹謗不道誅。

都成敬侯金安上，以侍中中郎將受楊惲等言霍禹反侯，七百七十七户。　常、亡後。　欽、以安上孫紹。

楊。王莽敗，絶。

合陽愛侯梁喜，以平陽大夫告反者侯，一千五百户。　放、萌。王莽敗，絶。

安遠繆侯鄭吉，以校尉光禄大夫將兵迎日逐王降，又破車師，侯，七百九十户。　光、亡後。　永〔四〇〕。曾孫紹封，王莽敗，絶。

歸德靖侯先賢撣，以匈奴單于從兄日逐王降，侯，二千二百五十户。　富昌、諷、襃、霸。永平十四年，坐罪免。

信成侯王定，以匈奴烏桓單于子率衆降侯，一千六百户。　坐削一百五户。　廣漢、亡後。　楊。以定孫紹。

義陽侯厲溫敦，以匈奴呼連累單于率衆降侯〔四一〕，一千五百户。後坐子謀反，削爵爲關内侯。

右，孝宣十一人。　陽都、營平、平邱、昌水、陽城、爰氏、扶陽、高平、陽城、博陽、邛成、將陵、建成、西平、平恩、平昌、樂陵〔四二〕、平臺、樂昌、博望、樂成二十一人在恩澤外戚，樂平、冠陽、酇、周子、南君四人隨父，凡三十六人。

義成侯甘延壽，以使西域，討郅支單于斬王以下侯，益封，共二千户。　建、遷、相。建武四年，爲兵所殺。

騶望忠侯冷廣，以濕沃公士告男子馬政反侯〔四三〕，千八百户。　何、齊。王莽敗，絶。

延鄉節侯李譚，以尉氏男子捕得反者樊並侯，千户。　成。王莽敗，絶。

新山侯稱忠，以捕得反者樊並侯，千户。

童鄉釐侯鍾祖，以捕得反者樊並侯，千户。　亡後。　匡。以祖子紹封，王莽敗，絶。

樓虛侯訾順，以捕得反者樊並侯，千户。

右，孝元一人〔四四〕。安平、平恩、扶陽三人隨父，陽平、樂安二人在恩澤外戚，凡六人〔四五〕。孝成五人，安昌、高陽、安陽、城陽、高陵、定陵、殷紹嘉、宜鄉、氾鄉、博山十人在恩澤外戚，武陽、博陽、贊、騏、龍頟、開陵、樂陵、博望、樂成、安平、平阿、成都、紅陽、曲陽、高平十五人隨父，凡三十人。

西漢外戚恩澤侯

臨泗侯呂公，以漢王后父賜號，高后追尊曰呂宣王。

周呂令武侯澤，以客從入漢，定三秦，佐定天下。台初襲周呂侯〔四六〕，高后時封爲呂王。嘉。

建成康侯釋之，以客從擊秦，漢王入漢，使釋之歸豐衛太上皇。則。坐罪誅。

坐驕廢。

右，高祖三人。

扶柳侯呂平，以皇太后姊子侯，史據其母姓。坐反誅。

襄城侯義、壺關侯武、軹侯朝、昌平侯大，俱以孝惠子侯，後爲王。見諸侯王。

贅其侯呂勝，以皇太后昆弟子淮陽丞相侯。後坐反誅。

滕侯呂更始，爲舍人郎中，以都尉屯霸上，用楚丞相侯。後坐反誅。

呂成侯呂忿，以皇太后昆弟子侯。後坐反誅。

祝兹侯吕瑩，以皇太后昆弟子侯。後坐反誅。

建陵侯張釋，寺人。以大謁者勸王諸吕侯。後坐免。

右，高后十人。五人隨父，凡十五人。

軹侯薄昭，高祖時，以郎從軍。文帝立，以車騎將軍迎太后，侯，萬户。　戎奴、梁。

鄔侯駟鈞，以齊王舅侯。後坐罪免。

周陽侯趙兼，以淮南王舅侯。後坐罪免。

右，孝文三人。

章武景侯竇廣國，以皇太后弟侯，萬一千户。　定、常生。坐罪免。

南皮侯竇彭祖，以皇太后兄子侯。　良、桑林。坐酎金免。

魏其侯竇嬰，以將軍屯滎陽，扞破吴、楚七國侯。皇太后昆弟子，後坐罪，棄市。

蓋靖侯王信，以皇后兄侯。　充、受。坐酎金免。

右，孝景四人。

武安侯田蚡，以皇太后同母弟侯。　恬。坐罪免。

周陽懿侯田勝，以皇太后同母弟侯。　祖。坐罪免。

長平烈侯衛青，以大將軍擊匈奴取朔方侯，後破右賢王，益封，又封三子。皇后弟。　伉以青功封宜春侯，後坐罪免。　不疑以青功封陰安侯，後坐酎金免。　登以青功封發干侯。後坐酎金免。　玄、青曾孫復家。　賞，玄孫。

爲關内侯。

平津獻侯公孫弘，以丞相侯，三百七十三户。度。坐罪免。

冠軍景桓侯霍去病，以校尉擊匈奴侯，後以將軍破祁連迎昆邪王，益封，后姊子。嬗，亡後。山以從祖父大將軍光功封樂平侯，三千户。後反誅。雲，山弟。以大將軍光功封冠陽，一千八百户。後坐反誅。

周子南君姬嘉，以周後侯，三千户。置、當，坐罪誅。延年，以當弟紹封。安、世、黨、常，建武初，更爲周承休侯。武更爲衛公。

樂通侯欒大，以方術侯，三千户。後坐罔上，要斬。

牧邱恬侯石慶，以丞相及父萬石積行侯。德。坐罪免。

富民定侯車千秋，以丞相侯，八百户，遺詔益封，凡千六百户。順。坐罪免。

右，孝武九人。三人隨父，凡十二人。

博陸宣成侯霍光，以奉車都尉捕反者莽何羅侯，二千三百五十户。後以大將軍益封，萬七千二百户。禹，坐謀反，要斬。陽，元始初，以光從父昆弟之曾孫紹封，王莽時絶。

安陽侯上官桀，以騎都尉捕反者莽何羅侯，二千三百户。後坐反誅。安，以皇后父封，千五百户。後反誅。

宜春敬侯王訢，以丞相侯。子譚與大將軍定策，益封，定六百八户。譚、咸、章、强。更始元年，爲兵所殺。

安平敬侯楊敞，以丞相侯，七百户。以定策益封，共五千五百四十七户。 忠、譚。坐罪免〔四七〕。

富平敬侯張安世，以右將軍輔政及定策益封，共一萬三千六百四十户。 延壽、敞、臨、放。純，建武中，爲武始侯。

陽都侯張彭祖〔四八〕，以世父故掖庭令賀有舊恩封，千六百户。後爲小妻所殺。

陽平節侯蔡義，以丞相侯，前爲御史大夫與大將軍定策，共封七百户。

右，孝昭六人。一人桑樂侯隨父，凡七人。

營平壯侯趙充國，以後將軍與大將軍定策功侯，千二百七十九户。 弘、欽、岑。坐罪免〔四九〕。

平丘侯王遷，以光禄大夫與大將軍定策功侯，千二百五十三户。坐贓免。

昌水侯田廣明，以鴻臚擊反氐，賜關内侯，與定策侯，二千七百户。坐擊匈奴失期，自殺。

陽城侯田延年，以大司農與定策功侯，二千四百五十三户。坐盗都内錢，自殺。

爰氏肅侯便樂成，以少府與定策功侯，二千三百二十七户。 輔、臨、亡子。鳳。曾孫紹封，王莽敗，絶。

扶陽節侯韋賢，以丞相侯，七百一十二户。 玄成、寬育、湛。王莽敗，絶。

平恩戴侯許廣漢，以皇太子外祖父昌成君侯，五千六百户。亡後。 嘉、以廣漢弟嗣。況、旦、敬。王莽敗，絶。

高平憲侯魏相，以丞相侯，八百一十三户。 弘，坐不敬，削爲關内侯。

樂昌共侯王武，以帝舅關内侯侯，六千户。 商、安。爲王莽所殺。

平昌節侯王無故，以帝舅關内侯侯，六百户。　接、臨、獲。建武五年，復爵。

陽城繆侯劉德，以宗正、關内侯、行謹重爲宗室率，侯，子安民以户五百贖弟更生罪，定户六百四十户。　安民、慶忌、颯。王莽敗，絶。

樂陵安侯史高，以悼皇考舅子、侍中與發霍氏姦侯，二千三百户。　術、崇、亡後。岑、以高曾孫紹，王莽敗，絶。

武陽頃侯史丹〔五〇〕，以帝爲太子時輔導有舊恩侯，一千三百户。　邯、獲。更始時，爲兵所殺。

邛成共侯王奉光，以皇后父、關内侯侯，二千七百五十户。　敞、勳、坐罪免。堅固。以曾孫紹封，王莽敗，絶。

安平夷侯王舜，以皇太后兄、侍中、中郎將封千四百户〔五一〕。　章、淵、買。王莽敗，絶。

將陵哀侯史曾，以悼皇考舅子、侍中、中郎將、關内侯舊恩侯，二千二百户。亡後。

平臺康侯史玄，以悼皇考舅子、侍中、中郎將、關内侯有舊恩侯，千九百户。　恁、習。

博望頃侯許舜，以皇太子外祖父同産弟、長樂衛尉有舊恩侯，千五百户。　敞、黨、並、亡後。報子。並弟紹封，王莽敗，絶。

樂成敬侯許延壽，以皇太子外祖父同産弟、侍中、關内侯有舊恩侯，千五百户。　湯、常、恭、以弟紹封。去疾。王莽敗，絶。

博陽定侯丙吉，以御史大夫、關内侯有舊恩侯，千三百三十户。　顯，坐罪，奪爵爲關内侯。　昌、吉孫紹封。並、勝客。王莽敗，絶。

建成定侯黄霸，以丞相侯，六百户。後益封一千二百户。賞、輔〔五二〕。

西平安侯于定國，以丞相侯，六百六十户。永、恬。王莽敗，絶。

右，孝宣二十一人。一人陽都侯隨父，凡二十二人。

陽平頃侯王禁，以皇后父侯，二千六百户。以子鳳大將軍益封八千户。鳳、襄、岑、莫。更始時，爲兵所殺。

安成共侯王崇，以皇太后母弟關内侯封，凡萬户。奉世、持弓。王莽敗，絶

平阿侯王譚，以皇太后弟關内侯封，二千一百户。仁，爲莽所殺。述。建武初，絶。

成都景成侯王商，以皇太后弟關内侯侯〔五三〕，後益封，共四千户〔五四〕。況、坐罪免。邑。以況弟紹，王莽篡，爲隆信公〔五五〕，莽敗，死。

紅陽荒侯王立，以皇太后弟關内侯侯。二千一百户。柱。王莽敗，絶。

曲陽煬侯王根，以皇太后弟關内侯侯〔五六〕，凡再益封，共萬二千四百户。涉，王莽時，爲直道公，爲莽所殺。

高平侯王逢時，以皇太后弟關内侯侯，三千户。置。王莽敗，絶。

新都侯王莽，以帝舅曼子侯，千五百户。後篡位，誅。

褒新侯王安，以莽功侯，二千户。莽篡位，爲信遷公。病死，無後。

賞都侯王臨，以莽功侯，二千户。篡位後，爲統義陽王。自殺。

樂安侯匡衡，以丞相侯，六百四十七户。後坐罪免。

右，孝元二人。一人安平侯隨父，凡三人。二人：王禁、匡衡。崇、譚以下皆附禁。

安昌節侯張禹，以丞相侯，後增封，共四百户〔五七〕。宏。更始時，爲兵所殺。

高陽侯薛宣，以丞相侯，千九十户。後坐罪免。

安陽敬侯王音，以皇太后從弟大司馬侯，千六百户。舜，莽篡位爲安新公。揖。莽敗，死。

成陽節侯趙臨，以皇后父侯，二千户。訢、後坐罪徙。欽。以后弟封，後坐罪徙。

高陵共侯翟方進，以丞相侯，并益封，共千五百户。宣。坐弟義舉兵誅王莽，爲莽所殺。

定陵定侯淳于長，以皇太后姊子封千户，坐大逆死。

殷紹嘉侯孔何齊，以殷後孔子世吉適子侯，千六百七十户。後進爵公，地百里，益九百户。元始二年，爲宋公。

宜鄉侯馮參，以中山王舅侯，千户。後坐罪死。

氾鄉侯何武，以大司空侯，後益封共二千户。況。

博山簡烈侯孔光，以丞相侯，後益封至萬户。放。王莽敗，絶。

右，孝成十人。安成、平阿、成都、紅陽、曲陽、高平、新都、武陽侯八人隨父，凡十八人。

陽安侯丁明，以帝舅侯，五千户。後爲王莽所殺。

孔鄉侯傅晏，以皇后父侯，共益封至五千户〔五八〕。後坐罪徙。

平周侯丁滿，以帝舅子侯，千一百三十九户。後坐罪免。

高樂節侯師丹，以大司馬侯，二千三十六户。業。王莽敗，絶。

高武貞侯傅喜，以帝祖母從父弟大司馬侯，二千三十户。勁。王莽敗，絶。

楊鄉侯朱博，以丞相侯，千户。後坐罪死。

新甫侯王嘉，以丞相侯，千六十八户。後坐罪死。崇。王莽敗，絶。

汝昌侯傅商，以太后父弟益封，至五千户。子昌後坐非正免。

陽新侯鄭業，以皇太后同母弟侯，千户。後坐非正免。

高安侯董賢，以駙馬都尉告東平王雲祝詛侯，益封至二千户。後坐罪，自殺。

方陽侯孫寵，以騎都尉告東平王謀反侯，千户。後坐罪徙。

宜陵侯息夫躬，以博士弟子告東平王祝詛逆謀侯，千户。後坐詛祝下獄死。

長平頃侯彭宣，以大司空侯，二千四十七户。聖、業。王莽敗，絶。

右，孝哀十三人。新成、新都、平陽、營陵、德五人隨父，凡十八人。

扶德侯馬宫，以大司徒侯，二千户。

扶平侯王崇，以大司空侯，二千户。

廣陽侯甄豐，以左將軍光禄勳定策功侯，五千三百六十五户。莽篡位，爲廣新公，後爲莽所殺。

承陽侯甄邯，以侍中、奉車都尉定策功侯，二千四百户。莽篡位，爲承新公。

褒魯節侯公子寬，以周公世魯頃公玄孫之玄孫奉周祀侯，二千户。　相如，更姓公孫氏，後更爲姬氏。

褒成侯孔均，以孔子世褒成烈君霸曾孫奉孔子祀侯，二千户。

防鄉侯平晏，以長安少府與劉歆、孔永、孫遷四人治明堂辟雍，得萬國歡心功侯〔五九〕，各千户。莽篡位，爲就新公。

紅休侯劉歆，以侍中羲和與平晏同功侯。莽篡位，爲國師公，後爲莽所殺。

寧鄉侯孔永，以侍中五官中郎將與平晏同功侯。莽篡位，爲大司馬。

定鄉侯孫遷，以常侍謁者與平晏同功侯。

常鄉侯王惲，以太僕與閻遷、陳崇等八人使行風俗齊同萬國功侯，各千户。

望鄉侯閻遷，以鴻臚與王惲同功侯。

南鄉侯陳崇，以大司徒司直與王惲同功侯。

邑鄉侯李翕，以水衡都尉與王惲同功侯。

亭鄉侯郝黨，以中郎將與王惲同功侯。

章鄉侯謝殷，以中郎將與王惲同功侯。

蒙鄉侯逯普〔六〇〕，以騎都尉與王惲同功侯。莽篡位，爲大司馬。

盧鄉侯陳鳳，以中郎將與王惲同功侯。

成武侯孫建，以强弩將軍有折衝之威侯。莽篡位，爲成新公。

明統侯侯輔，以騎都尉明爲人後一統之義侯。

破胡侯陳馮，以父湯前爲副校尉討郅支單于侯，千四百户。

討狄侯杜勳，以前爲軍假丞手斬郅支單于侯〔六一〕，千户。

右，孝平二十二人。邛成、博陸、宣平、紅、舞陽、秺、樂陵、都成、新甫、爰氏、合陽、義陽、章鄉、信成、隨桃、褒新、賞都十七人隨父繼世，凡三十九人。

高祖六年，始剖符封功臣曹參等爲通侯。

已上封大功臣二十餘人，其餘日夜争功不決，未得行封。上在洛陽南宫，從複道望見諸將，往往相與坐沙中語。上曰：「此何語？」留侯曰：「陛下不知乎？此謀反耳！」上曰：「天下屬安定，何故反乎？」留侯曰：「陛下起布衣，以此屬取天下。今陛下爲天子，而所封皆故人所親愛，所誅皆生平所仇怨。今軍吏計功，以天下不足徧封。此屬畏陛下不能盡封，恐又見疑平生過失及誅〔六二〕，故即相聚謀反耳！」上乃憂曰：「爲之奈何？」留侯曰：「上平生所憎，群臣所共知，誰最甚者？」上曰：「雍齒與我有故怨，數嘗窘辱我，我欲殺之，爲其功多，故不忍。」留侯曰：「今急先封雍齒，則群臣人人自堅矣。」於是上乃置酒，封雍齒爲什方侯，而急趣丞相、御史定功行封。群臣罷酒，皆喜曰：「雍齒尚爲侯，我屬無患矣！」

列侯畢已受封，詔定功臣十八人位次。上從鄂秋言〔六三〕，以蕭何第一，曹參次之，賜何帶劍履上殿，入朝不趨。

十二年，詔：「列侯皆令自置吏，得賦斂，女子公主。爲列侯食邑者，佩之印，賜大第室。」

秦漢之制，列侯封君食租衣税，率户二百。千户之君則二十萬，朝覲聘享出其中。徹侯金印紫綬，改所食國令長名相，又有家丞、門大夫、庶子。

高后二年，詔：「差次列侯功以定朝位，藏於高廟，世世勿絶，嗣子各襲其功位。」

文帝二年，詔曰：「朕聞古者諸侯建國千餘，各守其地，以時入貢，民不勞苦，上下歡欣，靡有違德。今列侯多居長安，邑遠，吏卒給輸費苦，而列侯亦無繇教訓其民。其令列侯之國，爲吏及詔所止者，遣太子。」

三年，詔曰：「前日詔遣列侯之國，辭未行。丞相，朕之所重，其爲朕率列侯之國。」遂免丞相勃，遣就國。

景帝後二年，省列侯就國。

先公曰：「初封列侯猶有君國子民之意，故文帝遣列侯就國之詔，謂其居長安無繇教訓其民也。景帝既不令諸侯王治事，故亦省徹侯之國。蓋事權皆在其相，所謂侯國者，與郡邑無異矣。」

按：文帝二年詔列侯就國，而多辭未行，三年乃免絳侯相印，令率列侯就國，是强之使行也。絳侯既就國，每河東守尉行縣至絳，勃自畏恐誅，常被甲，令家人持兵以見。人遂言其欲反。夫既曰畏罪恐誅，而乃被甲持兵以待，守尉欲何爲邪？勃不學無術，不能處功名之際，而徒以來讒賊之口，倘非遇孝文長者，則不能全之矣。然即此可以見當時功臣侯之就國者，憂讒畏譏，不能不見陵於守尉。方其身都將相，則聲勢赫奕，與人主朋儔。及其退就國邑，則心懷畏懼，視守尉如官長。蓋封爵之寵，同乎黜徙，迫之乃行，與古人建侯之意異矣。

武帝元鼎五年，列侯坐獻黃金酎祭宗廟不如法奪爵者百六人，丞相趙周下獄死。服虔曰：「因八月獻酎祭宗廟時，使諸侯各獻金助祭也。」如淳曰：「漢儀注，諸侯王歲獻户口酎金於漢廟，皇帝臨受獻金，金少不如斤兩，色惡，王削縣，侯免國。」臣瓚曰：「食貨志南越反時，卜式上書願死之。天子下詔褒揚，布告天下，天下莫應。列侯以百數，莫求從軍。至酎飲酒，少府省金，而列侯坐酎金失侯者百餘人。而表云趙周坐爲丞相，知列侯酎金輕，下獄自殺。然則知其輕而不糾擿之也。」師古曰：「酎，三重釀醇酒也。」

容齋洪氏隨筆曰：「漢自武帝以後，丞相無爵者乃封侯，其次雖御史大夫，亦不以爵封爲間。唯太常一卿，必以見侯居之，而職典宗廟園陵，動輒得咎，由元狩以降，以罪廢斥者二十人。意武帝陰欲損侯國，故使居是官以困之爾。表中所載：鄼侯蕭壽成，坐犧牲瘦；蓼侯孔臧，坐衣冠道橋壞；鄲侯周仲居，坐不收赤側錢；繩侯周平，坐不繕園屋；睢陵侯張昌，坐乏祠；陽平侯杜相，坐擅役鄭舞人；廣阿侯任越人，坐廟酒酸；江鄒侯靳石，坐離宫道橋苦惡；戚侯李信成，坐縱丞相侵神道；俞侯欒賁，坐雍犧牲不如令；山陽侯張當居，坐擇博士弟子不以實；成安侯韓延年，坐留外國文書；新時侯趙弟，坐鞫獄不實；牧丘侯石德，坐廟牲瘦；當塗侯魏不害，坐孝文廟風發瓦；轑侯江德，坐廟郎夜飲失火；蒲侯蘇昌，坐泄官書；弋陽侯任宫，坐人盗茂陵園物；建平侯杜緩，坐盗賊多。自鄼侯至牧邱十四侯，皆奪國，武帝時也。自當塗至建平五侯，但免官，昭、宣時也。下及晉世，此風猶存，惠帝元康四年，大風，廟闕屋瓦有數枚傾落，免太常荀寓。五年，大風，蘭台主者求索阿棟之間，得瓦小邪十五處，遂禁止太常，復興刑獄。陵上荆一枝，圍七寸二分者被斫，司徒太常，奔走道路，太常禁止不解，蓋循習漢事云。按：漢之所謂封建，本非有公天下之心，故其予之甚艱，而奪之每亟。至孝武之時，侯者雖衆，率是不旋踵而褫爵奪地。方其外事四夷，則上遵高帝非功不侯之制，於是以有功侯者七十五人，然終帝之世失侯者已六十八人，其能保者七人而已。及其外削諸侯，則采賈誼各受其祖之分地之説，於是以王子侯者一百七十五人，然終帝之世失侯者已一百一十三人，其能保者五十七人而已。外戚恩澤侯者九人，然終帝之世失侯者已六人，其能保者三人而已。功臣、外戚恩澤之失侯也，諉曰予奪自我，王子之失侯則是姑假推恩之名以析之，而苛立黜爵之罰以奪之，與賈誼所謂一寸之地，一人之衆，無所利焉者異矣。禁網既苛，動輒得咎，而坐宗廟酎金失侯者尤衆。食貨志言，帝因卜式上書願輸財助邊，下詔褒美，以諷天下，而莫有應者，於是列侯坐酎金失侯者百餘人。蓋當時國計不給，方事誅求，雖庶人之多貲者，亦必立告緡之酷法以取之，宜其不容列侯坐享封君之富也。」

宣帝元康四年，上令有司求高祖功臣子孫失侯者，得槐里公乘周廣漢等百三十六人，皆賜黄金二十斤，復其家，令奉祭祀，世世勿絶。

按：高帝功臣至武帝時失侯者衆，至是方訪求其後而褒錫之，然纔得復除租役、免同編氓而已。孝惠而後侯而失爵者，則不復省録矣。

班固功臣侯表序曰：「自古帝王之興，曷嘗不建輔弼之臣所與共成天功者乎！師古曰：「天功，天下之功業也。虞書舜典曰：『欽哉，惟時亮天功』也。」漢興自秦二世元年之秋，楚陳之歲，師古曰：「謂陳涉自稱楚王之時也。」初以沛公總帥雄俊，三年然後西滅秦，立漢王之號，五年東克項羽，即皇帝位，八載而天下乃平，始論功而定封。訖十二年，侯者百四十有三人，時大城名都民人散亡，户口可得而數裁什二三，師古曰：「裁與纔同，十分之内纔有二三也。」是以大侯不過萬家，小者五六百户。封爵之誓曰：「使黄河如帶，泰山若厲，國以永存，爰及苗裔。」應劭曰：「封爵之誓，國家欲使功臣傳祚無窮也。帶，衣帶也。厲，砥礪石也。河當何時如衣帶，山當何時如礪石，言如帶礪，國猶永存，以及後世之子孫也。」於是申以丹書之信，重以白馬之盟，師古曰：「丹書解在高紀。白馬之盟，謂刑白馬歃其血以爲盟也。」又作十八侯之位次。孟康曰：「唯作元功蕭、曹等十八人位次耳。高后乃詔作位次下竟。」師古曰：「謂蕭何、曹參、張敖、周勃、樊噲、酈商、奚涓、夏侯嬰、灌嬰、傅寬、靳歙、王陵、陳武、王吸、薛歐、周昌、丁復、蟲達，從第一至十八也。」高后二年，復詔丞相陳平盡差列侯之功，録第下竟，藏諸宗廟，副在有司。師古曰：「副，貳也。其列侯功籍已藏於宗廟，副貳之本又在有司。」始未嘗不欲固根本，而枝葉稍落也。故逮文、景四五世間，流民既歸，户口亦息，列侯大者至三四萬户，小國自倍，師古曰：「自倍者，謂舊五百户，今者至千也。曹參初封萬六百户，至後嗣侯宗免時，有户二萬三千，是爲户口蕃息故也。他皆類此。」富厚如之。師古曰：「言其貲財亦稍富厚〔六四〕，各如户口之多也。」子孫驕逸，忘其先祖之艱難，多陷法禁，隕命亡國，或亡子孫〔六五〕。訖於孝武後元之年，靡有孑遺，耗矣。師古曰：「孑然，獨立貌，言無有獨存者，至於耗盡也。」罔亦少密焉。故孝宣皇帝愍而録之，乃開廟藏，覽舊籍，詔令有司求其子孫，或出庸保之中，師古曰：「庸，賣功庸也。保，可安信也。皆賃作者也。」並受復除，或加以金帛，用章中興之德。降及孝成，復加恤問，稍益衰微，不絶如綫。善乎，杜業之納説也！曰：「昔唐以萬國致時雍之政，虞、夏以多群后享共己之治〔六六〕，師古曰：「群后，謂諸侯也。恭己，無爲也。」湯法三聖，殷氏太平。周封八百，重譯來賀，是以内恕之君樂繼絶世，隆名之主安立亡國。師古曰：「以立亡國之後爲安泰也。」至於不及下車，德念深矣。張晏曰：「謂武王入殷，未及下車，封黄帝之後於薊，虞舜之後於陳也。」成王察牧野之克，顧群后之勤，知其恩結於民心，功光於王府也，故追求先父之志，録遺老之策，高其位，大其寓，師古曰：「寓謂啟土所居也。」愛敬飭盡，命賜備厚。師古曰：「飭，謹也。」大孝之隆，於是爲至。至其没也，世主嘆其功，無民而不思。所息之樹且猶不伐，師古曰：「謂召伯止於甘棠之下而聽訟，人思其德，不伐其樹，召南甘棠之詩是也。」況其廟乎？是以燕、齊之祀與周並傳，子繼弟及，歷載不墮。豈無刑辟，繇祖之竭力，故支庶賴焉。師古曰：「言國家非無刑辟，而功臣子孫得不陷罪辜〔六七〕，而能長常存者，思其先人之力，令有嗣續也。繇讀與由同。」迹漢功臣，亦皆割符世爵，受山河之誓，存以著其號，亡以顯其魂，賞亦不細矣。百餘年間而襲封者盡，或絶失姓，或乏無主，朽骨孤於墓，苗裔流於道，生爲愍隸，死爲轉屍。以往況今，甚可悲傷。聖朝憐閔，詔求其後，四方忻忻，靡不歸心。出入數年而不省察，恐議者不思大義，設言虚亡，則厚德掩息，遴柬布章，晉灼曰：「許慎云『遴，難行也。』柬，古簡字也。簡，少也。言今難行封，則得繼絶者少，若然，此必布聞彰於天下也。」師古曰：「遴讀與吝同。」非所以視化勸後也。三人爲衆，雖難盡繼，宜從尤功。孟康曰：「言人三爲衆，雖難盡繼，取其功尤高者一人繼之，於名爲衆矣。」服虔曰：「尤功，封重者一人也。」於是成帝復紹蕭何。哀、平之世，增修曹參、周勃之屬，得其宜矣。以綴續前記，究其本末，并序位次，盡於孝文，以昭元功之侯籍云。」

外戚恩澤侯表序曰：「孝武時，元功宿將略盡。會上亦興文學，進拔幽隱，公孫弘自海瀕而登宰相，於是寵以列侯之爵。又疇咨前代，詢問耆老，初得周後，復加爵邑。自是之後，宰相畢侯矣。元、成之際，晚得殷世，以備賓位。漢興，外戚與定天下，侯者二人，服虔曰：「呂后兄周呂侯澤、建成侯釋之。」師古曰：「與讀曰豫，言豫其功也。」故誓曰：『非劉氏不王，若有亡功非上所置而侯者，天下共誅之。』是以高后欲王諸呂，王陵廷爭。孝景將侯王氏，脩侯犯色，師古曰：「脩音條。」卒用廢黜。是後薄昭、竇嬰、上官、衛、霍之侯，以功受爵。其餘后父據春秋褒紀之義，應劭曰：「春秋，天子將納后於紀，紀本子爵也，故先褒爲侯，言王者不取於小國。」帝舅緣大雅申伯之意，應劭曰：「申伯，周宣王元舅也，爲邑於謝。後世欲光寵外親者，緣申伯之恩，援此義以爲諭也。」寖廣博矣。是以別而敘之。」

按：班孟堅述西都列侯，除王子之外，以功臣爲一表，外戚恩澤爲一表。蓋功臣者，以勳績顯著而得之者也。外戚恩澤者，以遭逢忝竊而得之者也。然裔夷之降虜，有何勳庸，乃儕之功臣？宰相而封侯，未爲恩倖，乃儕之恩澤？又博陸之定大策，輔幼主；長平、冠軍之征匈奴、取朔方、破祁連，其殊勳偉績，本不緣椒房。至李貳師，則祇緣女寵以進，伐大宛、得名馬之事又不足言，且不能終守臣節。今列貳師於功臣，列博陸、長平、冠軍於外戚，抑揚之意，殊所未喻。

容齋洪氏隨筆曰：「周之初，諸侯千八百國，至赧王之亡，所存者才八國耳，七戰國與衛也。然趙、韓、魏分晉而立，齊田氏代姜而興，其有土各不及二百年，俱非舊邦。秦始皇乃呂氏子，楚幽王乃黄氏子，所謂嬴、芊之先，當不歆非類。然則惟燕、衛二姬姓存，而衛至胡亥世乃絶，若以爲召公、康叔之德，則周公豈不及乎！漢列侯八百餘人，及光武而存者，平陽、建平、富平三侯耳。建平以先降梁王，永奪國。平陽爲曹參之後，富平爲張安世之後。參猶有創業之功，若安世則湯子也，史稱其推賢揚善，固宜有後，然輕重其心，殺人則多矣，獨無餘殃乎！漢侯之在王莽朝，皆不奪國，光武乃但許宗室復故，餘皆除之，雖酇侯亦不紹封，不知曹、張兩侯何以能獨全也？」

校勘記

〔一〕解上與項羽隙　「上與」二字原脱，據漢書卷一六高惠高后文功臣表補。

〔二〕以勃次子紹封平曲　「曲」原作「由」，據漢書卷一六高惠高后文功臣表改。

〔三〕以特將軍起宛朐　「朐」字原脱，據漢書卷一六高惠高后文功臣表補。

〔四〕安城　原作「安成」，據元本、慎本、馮本及漢書卷一六高惠高后文功臣表改。

〔五〕汁防肅侯雍齒　「汁防」原作「什防」，據漢書卷一六高惠高后文功臣表改。

〔六〕辟彊　漢書卷一六高惠高后文功臣表作「辟彊」。

〔七〕貰齊合侯傅胡害　「合侯」二字原倒，據漢書卷一六高惠高后文功臣表乙正。

〔八〕不更未央玄孫之子復家　「未央」與「之子」四字原脱，據漢書卷一六高惠高后文功臣表補。

〔九〕絶延壁　「絶」字原脱，據漢書卷一六高惠高后文功臣表補。

〔一〇〕鄘成制侯周緤　「鄘」原作「蒯」，據漢書卷一六高惠高后文功臣表改。

〔一一〕安平敬侯鄂秋　「鄂」下原衍「千」字，據元本、慎本、馮本及漢書卷一六高惠高后文功臣表删。

〔一二〕賀　原作「嗣」，點校本漢書卷一六高惠高后文功臣表據王先謙説改，今從之。

〔一三〕舍　原作「全」，據元本、慎本、馮本及漢書卷一六高惠高后文功臣表改。

〔一四〕實非子不得代　「實」原作正文，據漢書卷一六高惠高后文功臣表改。

〔一五〕辟彊　原作「辟疆」，據元本、慎本、馮本及漢書卷一六高惠高后文功臣表改。

〔一六〕告燕王荼反　「王」字原脱，據漢書卷一六高惠高后文功臣表補。

〔一七〕主儒　「主」字原脱，據漢書卷一六高惠高后文功臣表補。

〔一八〕陸量侯須無　「須無」原作「頃無」，據漢書卷一六高惠高后文功臣表改。

〔一九〕生　原作「壬」，據漢書卷三二張耳傳改。

〔二〇〕廣國　「國」原作「孫」，據漢書卷一六高惠高后文功臣表改。

〔二一〕受以魯元子封樂昌侯　「受」，漢書卷三二張耳傳作「壽」。

〔二二〕孝景時紹封　「景」原作「梁」，據漢書卷一六高惠高后文功臣表改。

〔二三〕石　原作「右封」，據漢書卷一六高惠高后文功臣表改。

〔二四〕憚　原作「惲」，據漢書卷一六高惠高后文功臣表改。

〔二五〕不入關　「不」字原脱，據漢書卷一六高惠高后文功臣表補。

〔二六〕合陽 「合」上原衍「舍」字，據元本、慎本、馮本及漢書卷一六高惠高后文功臣表刪。
〔二七〕凡百四十三人 「四」原作「五」，據漢書卷一六高惠高后文功臣表序改。
〔二八〕奉澤出滎陽侯 「滎」原作「榮」，據元本、慎本、馮本及漢書卷一六高惠高后文功臣表改。按「澤」，同書師古注「周呂侯呂澤也」。
〔二九〕建陵十一人在恩澤外戚 按此處所舉侯名僅十人，漢書卷一六高惠高后文功臣表除此十人外尚有腄，而「勝」作「騰」，「呂成」作「昌城」，漢書卷一八外戚恩澤侯表無腄而有建成，餘同本書。
〔三〇〕故韓王信太子之子 「之子」二字原脱，據漢書卷一六高惠高后文功臣表補。
〔三一〕氏邱 「氏」下原衍「營」字，據漢書卷一五上王子侯表上刪。
〔三二〕朸 原作「扐」，據漢書卷一六高惠高后文功臣表改。
〔三三〕陽周 「陽」字原脱，據漢書卷一六高惠高后文功臣表補。
〔三四〕以匈奴相國降侯 「侯」字原脱，據漢書卷一七景武昭宣元成功臣表補。
〔三五〕封凡一千户 漢書卷一七景武昭宣元成功臣表「凡」上有「元朔五年用遊擊將軍從大將軍益封」十五字。
〔三六〕屠耆 「屠」字原脱，據漢書卷一七景武昭宣元成功臣表補。
〔三七〕以南越揭陽令降侯 「揭陽」原作「揭楊」，據漢書卷一七景武昭宣元成功臣表改。
〔三八〕以貳師將軍騎士斬郁成王侯 「郁」下原衍「都」字，據漢書卷六一李廣利傳刪。
〔三九〕以長安男子發覺霍禹侯 漢書卷一七景武昭宣元成功臣表作「以長安男子先發覺大司馬霍禹等謀反」，疑此處「霍禹」下脱「反」字。

〔四〇〕永　「永」下原衍「吉」字，據漢書卷一七景武昭宣元成功臣表删。

〔四一〕以匈奴呼連累單于率衆降侯　「降」字原脱，據漢書卷一七景武昭宣元成功臣表補。

〔四二〕樂陵　「陵」下原衍「武陽」二字，據漢書卷一七景武昭宣元成功臣表删。

〔四三〕以濕沃公士告男子馬政反侯　「濕」原作「温」，據漢書卷一七景武昭宣元成功臣表改。

〔四四〕右孝元一人　「一」原作「六」，據漢書卷一七景武昭宣元成功臣表改。

〔四五〕凡六人　「六」原作「十一」，據漢書卷一七景武昭宣元成功臣表改。

〔四六〕台初襲周吕侯　「吕」字原脱，據册府元龜卷三〇一外戚部封拜補。

〔四七〕坐罪免　「免」原作「反」，據漢書卷一八外戚恩澤侯表改。

〔四八〕陽都侯張彭祖　按張彭祖于宣帝元康三年三月受封爲陽都侯，見漢書卷八宣帝紀，此處列於孝昭時期不確。

〔四九〕坐罪免　「免」原作「反」，據漢書卷一八外戚恩澤侯表改。

〔五〇〕武陽頃侯史丹　按史丹於成帝鴻嘉元年受封爲武陽侯，見漢書卷八二史丹傳，此處列於宣帝時期不確。

〔五一〕以皇太后兄侍中中郎將封千四百户　「兄」原作「元」，「郎將」前原脱「中」字，據漢書卷一八外戚恩澤侯表改補。

〔五二〕輔　按輔死後，子忠嗣侯，訖王莽乃絶，見漢書卷八九循吏傳。

〔五三〕以皇太后弟關内侯侯　下「侯」字原脱，據漢書卷一八外戚恩澤侯表補。

〔五四〕共四千户　「四」原作「三」。按王商先受封二千户，又益封二千户，共四千户，見漢書卷一八外戚恩澤侯表，據改。

〔五五〕爲隆信公　「隆」原作「陰」，據漢書卷一八外戚恩澤侯表改。

〔五六〕以皇太后弟關内侯侯　下「侯」字原脱，據漢書卷一八外戚恩澤侯表補。

〔五七〕共四百户　漢書卷一八外戚恩澤侯表作「以丞相侯六百一十七户，益户四百」。

〔五八〕共益封至五千户　「五」字原脱。漢書卷一八外戚恩澤侯表作「以皇后父侯三千户，又益封二千户」，據補。

〔五九〕得萬國歡心功侯　「功」下原衍「臣」字，據漢書卷一八外戚恩澤侯表删。

〔六〇〕蒙鄉侯逯普　「普」原作「晉」，據漢書卷一八外戚恩澤侯表改。

〔六一〕以前爲軍假丞手斬郅支單于侯　「軍」上原衍「將」字，「假」原作「侯」，「手」原作「平」，據漢書卷一八外戚恩澤侯表删改。

〔六二〕恐又見疑平生過失及誅　「失」原作「少」，據漢書卷一下高祖紀下改。

〔六三〕上從鄂秋言　「鄂」下原衍「千」字，據漢書卷一六高惠高后文功臣表删。

〔六四〕言其貲財亦稍富厚　「財」原作「時」，據漢書卷一六高惠高后文功臣表序師古注改。

〔六五〕或亡子孫　「亡」原作「云」，據漢書卷一六高惠高后文功臣表序改。

〔六六〕虞夏以多群后享共己之治　「以」下原衍「之」字。前漢紀卷二七成帝紀四無「之」字，據删。

〔六七〕而功臣子孫得不陷罪辜　「罪辜」原作「師嘉」，據漢書卷一六高惠高后文功臣表序師古注改。

卷二百六十八　封建考九

東漢王侯

更始二年，既誅王莽，遷都長安，李崧、趙萌説更始，宜悉王諸功臣，朱鮪争之，以爲高祖約，非劉氏不王。更始乃先封諸宗室：祉爲定陶王，慶爲燕王，歙爲元氏王，嘉爲漢中王，賜爲宛王，信爲汝陰王。然後立王匡爲沘陽王，王鳳爲宜城王〔一〕，朱鮪爲膠東王，王常爲鄧王，申屠建爲平氏王，陳牧爲陰平王，衛尉大將軍張卬爲淮陽王，執金吾大將軍廖湛爲穰王，尚書胡殷爲隨王，柱天大將軍李通爲西平王，五威中郎將李軼爲舞陰王，水衡大將軍成丹爲襄邑王，驃騎大將軍宋佻爲潁陰王〔二〕，尹尊爲郾王，唯朱鮪辭不受。

定陶王祉，光武族兄、春陵康侯敞之子。漢兵起，祉兄弟相率從軍。更始立，以祉爲太常將軍，紹封春陵侯。入關，封定陶王。建武二年改封城陽王。十一年薨，謚恭王。子平爲蔡陽侯，奉祉祀。真、禹、嘉。

燕王慶，春陵侯敞同産弟。更始入關，封燕王。更始敗，爲亂兵所殺。子順歸光武，封成武侯。十一年卒。遵、弇，亡嗣，國除。

元氏王歙，光武族父。更始入關，封元氏王，爲侍中〔三〕。更始敗，歸洛陽。建武二年，改封歙爲泗水王。十年薨。子終封淄川王，薨，子柱爲邵侯，奉終祀。鳳終子。別封曲陽侯。

漢中王嘉，光武族兄，舂陵侯敞同産弟。漢兵起，從軍破宛，封興德侯〔四〕。入長安，爲漢中王。鄧禹西征，嘉自歸，到洛陽從征伐，後封順陽侯。十五年卒，子參嗣。循、章。

宛王賜，光武族兄蒼梧太守利之孫。伯升起兵隨衆攻諸縣。更始立，以爲光禄勳，代伯升爲大司徒，都長安，封宛王。光武即位，歸洛陽。建武二年，封慎侯。十三年，更户邑，爲安成侯。二十八年卒，子閔嗣。商、昌。

汝陰王信，賜之兄子。從伯升起兵，更始即位，爲奮威大將軍。入長安，封爲汝陰王，將兵平定江南，據豫章。光武即位，詣洛陽，封爲汝陰侯。永平十三年，坐楚王英事，國除。

王匡，新市人。王莽末，南方饑饉，人庶入野澤掘鳧茈而食之，更相侵奪。匡與王鳳爲平理争訟，遂推爲渠帥，衆數百人，藏於绿林中，號新市兵。更始立，以匡爲定國上公，遣攻洛陽，拔之。更始入長安，封爲泚陽王。匡與張卬横暴三輔，所授官爵，皆群小賈豎，關中離心。與張卬守河東，爲鄧禹所破。後叛更始，降赤眉。

王鳳，新市人。與王匡共起绿林中。更始立，以鳳爲成國上公。入長安，封爲宣城王。

朱鮪，新市人。王莽地皇三年，與王匡等起兵，北入南陽，號新市兵，皆自稱將軍。更始立，以鮪爲大司馬。入長安，封爲膠東王。鮪以爲非劉宗不受封，乃徙爲左大司馬，與李通、王常等鎮撫關東。光武即位，鮪以伯升被害時預其謀，又諫更始無遣蕭王北征，遂堅守洛陽，不敢降，帝令岑彭説之，鮪乃降，拜平狄將軍，封扶溝侯。後爲少府，傳封累世。

王常，潁川舞陽人。王莽末，與王鳳等起兵，入南郡，號下江兵。時漢兵敗，新市、平林兵各欲解去，伯升乃造下江壁，説常以合從之利。常即率諸將引兵與漢兵合，遂破殺莽將，更始立，以常爲廷尉、大將軍。入昆陽，與光武共破尋、邑。都長安，封爲鄧王。更始敗，常自歸於光武，封山桑侯，遷爲漢忠將軍。後拜常爲横野大將軍，位次與諸將絶席。十二年薨，謚節侯。子廣嗣，徙封石城侯。後坐楚王事，國除。

申屠建，不知何許人。漢兵起，更始立爲西屏大將軍，將兵攻武關。莽既誅，自長安奉迎，遷都，封爲平氏王。赤眉西入關，更始遣兵拒之，師敗，張卬、廖湛等與建謀共劫更始，掠城中，東歸南陽。謀泄，爲更始所殺。

陳牧，平林人。王莽地皇三年，與廖湛聚衆數千人，號平林兵。劉聖公因往從牧等，爲其軍安集掾。光武及伯升亦起舂陵，與諸部合兵而進。更始即位，以牧爲大司空。入長安，封爲陰平王。赤眉西入關，立劉盆子，更始使牧與王匡等屯新豐拒之。張卬、申屠建等謀劫更始東奔，事覺，更始殺建，卬遂勒兵攻更始。更始兵敗，奔新豐，疑匡、牧等與卬同謀，乃收斬之。

張卬，新市人。地皇三年，與王匡、朱鮪等共起兵，號新市兵，自稱將軍，後屬漢兵。更始即位，以卬爲衛尉大將軍。入長安，封淮陽王。與王匡等輔政，横暴三輔，所授官爵，皆群小賈豎，四方怨叛。赤眉西入關，卬與王匡守河東，爲鄧禹所破，還奔長安。欲掠城中，轉攻所在，東歸南陽，復爲群盜。更始不從，卬等謀劫更始，謀泄，遂勒兵掠東西市，戰於宫中，更始大敗。赤眉至高陵，匡、卬迎降之。更始降赤眉，卬與謝禄謀縊更始，殺之。

廖湛，平林人。下江、新市兵起，湛與陳牧聚衆千餘人，號平林兵以應之。聖公爲其軍安集掾。聖公立，拜湛爲執金吾大將軍。入長安，封爲穰王。及赤眉西入關，王匡、張卬謀東奔，申屠建及湛以爲然，入説更始，不從，乃謀劫更始成前計。事覺，遂勒兵掠東西市，更始與戰，大敗。後與王匡等同降赤眉，爲赤眉將兵攻順陽侯嘉，兵敗，爲嘉所殺。

胡殷，不知何許人。更始即位，以爲尚書。入長安，封隨王。赤眉西入關，更始兵敗，王匡、張卬等欲勒兵掠城中以自富，東歸南陽。更始不從，卬乃與殷等謀，欲劫更始，謀泄，卬、殷等遂勒兵掠東西市，更始與戰，大敗。後與王匡等降赤眉。

李通，南陽宛人。王莽時，爲五威將軍從事，不樂爲吏，自免歸。下江、新市兵起，通陳讖文勸光武起兵。更始立，以通爲柱國大將軍、輔漢侯。至長安，封西平王，持節還鎮荆州。光武即位，徵爲衛尉。建武二年，封固始侯，拜大司空。十八年卒，謚恭侯，子音嗣。定、黄、壽。

李軼，南陽宛人，通之從弟。與通共謀起兵，更始立，軼爲五威中郎將。入長安，封舞陰王。後與朱鮪共守洛陽，爲鮪所殺。

成丹，不知何許人。亡命緑林中，聚衆至七八千人，號下江兵。後從漢軍。更始立，以爲水衡大將軍。入長安，封襄邑王。赤眉西入關，立劉盆子，更始遣丹與王匡等屯新豐以拒之。後爲更始所殺。

尹尊，不知何許人。更始封爲郾王。光武時據地最强，帝使執金吾賈復擊降之。

宋佻〔五〕。事迹首尾，史所不載。

宗姓王 王子侯附

齊武王縯，光武長兄。與光武共起兵。更始即位，爲大司徒，更始忌而殺之。光武建武二年，立縯長子章爲太原王。十一年徙爲齊王。二十一年薨，謚曰哀王。

煬王石〔六〕、晃，坐罪，貶蕪湖侯。　無忌，石子，復封齊王。　喜、承，建安十一年，國除〔七〕。

魯王興，齊武王次子。建武二年封，嗣光武兄仲後。後徙爲北海王。立三十九年薨，謚靖王，子敬王睦。　哀王基、威，坐罪死。　頃王普、恭王翼、康王，亡後。

下博侯張，齊武王孫，煬王石弟。建武三十年封。　它人〔八〕。

臨邑侯復，北海靖王子。建武三十年封。　騊駼。

趙孝王良，光武叔父。更始立，以良爲國三老。更始敗，亡奔洛陽。建武二年，封廣陽王。五年，徙趙王。十三年，降爲趙公。立十六年薨。子節王栩。　頃王商，靖王宏，惠王乾，懷王豫，獻王赦。珪，魏受禪，降爲崇德侯。

城陽恭王祉、泗水王歙、安成孝侯賜、順陽懷侯嘉、成武孝侯順。事迹並見更始所封諸王下。

高鄉侯壁，城陽恭王子。建武十三年封。

中山王茂，歆從父弟。王莽末起兵，後降光武，封中山王。十三年，以疏屬降爲穰侯。

宜春侯匡，茂弟。亦起兵附漢，建武二年封。浮、護、瓌，坐罪貶爲亭侯。

白牛侯嵩，安成孝侯賜之子。建武三十年封。後坐楚事，國除。

甘里侯敏〔九〕、弋陽侯國，成武孝侯順叔父弘之子。建武二年封。

黄李侯歷〔一〇〕，順陽侯嘉之子。建武十三年封。

襄邑侯劉求，更始長子。更始降赤眉，爲謝禄所殺。明年，求兄弟與母詣洛陽，帝封求爲襄邑侯，奉更始祀。後徙封成陽侯，卒，子巡嗣，復徙封濩澤侯〔一一〕。

姚。

穀孰侯歆、壽光侯鯉，俱更始子，求弟。與求同時封。

建武二年，詔曰：「惟宗室列侯爲王莽所廢，先靈無所依歸，朕愍之。其並復故國。若侯身已歿，屬所上其子孫見名尚書封拜。」

十三年，詔曰：「長沙王興、真定王得、河間王邵、中山王茂，皆襲爵爲王，不應經義。其以興爲臨湘侯，得爲真定侯，邵爲樂成侯，茂爲單父侯。」其宗室及絶國封侯者凡一百三十七人。降趙王良爲趙公，太原王章爲齊公，魯王興爲魯公。長沙王興、河間王邵事迹首尾史不載，餘並見前。

右，光武時封宗室王侯。

東海恭王彊，建武二年，立爲皇太子。十七年，母郭后廢，彊陳懇誠，願備蕃國。十九年，封爲東海王。二十八年，就國。帝以彊廢不以過，去就有禮，故優以大封，兼食魯郡，合二十九縣，都魯。立十八年薨，子靖王政嗣。立四十四年薨，子頃王肅嗣。立二十三年薨，子孝王臻嗣。立三十一年薨，子懿王祇嗣。立四十四年薨，子羨嗣。二十年，魏受禪，以爲崇德侯。

永元十六年，封頃王肅弟二十一人皆爲列侯。永建二年，封孝王臻二弟敏、儉爲鄉侯。初平四年，封懿王祇子琬爲汶陽侯。

沛獻王輔，建武十五年，封右翊公〔一二〕。十七年，郭后廢爲中山太后，故徙輔爲中山王，并食常山郡。二十年，徙封沛王。二十八年，就國。立四十六年薨，子釐王定嗣。立十一年薨，子節王正嗣。立十四年薨，子孝王廣嗣。立三十五年薨，子幽王榮嗣。立二十年薨，子孝王琮嗣。薨，子恭王曜嗣。薨，子契嗣。魏受禪，廢爲侯。

中元二年，封獻王輔子寶爲沛侯。永平元年，封寶弟嘉爲僮侯。元和二年，封釐王定弟十二人爲鄉侯。元興元年，封節王正弟二人爲縣侯。

楚王英，以建武十五年封爲楚公，十七年進爵爲王，二十八年就國。英母許氏無寵，故英國最貧小。三十年，以臨淮之取慮、須昌二縣益楚國。永平十三年〔一三〕，坐交方士造作圖書，有逆謀廢，徙丹陽，自殺。立三十三年，國除。建初元年，封英子种楚侯〔一四〕，五弟皆爲列侯，並不得置相臣吏人。种後徙封六侯〔一五〕。子度、拘。

濟南安王康，建武十五年封濟南公，十七年爲王，二十八年就國。三十年，以祝阿、安德、朝陽、平昌、隰陰、重邱六縣益濟南國。立五十九年薨，子簡王錯嗣。立六年薨，子孝王香嗣。立二十年薨，無子，國絶。

永建元年，順帝立，錯子阜陽侯顯爲嗣，是爲鼇王。立三年薨，子悼王廣嗣。立二十五年薨，無子，國除。中元二年，封安王康子德爲東武城侯。永元十一年，封簡王錯弟七人爲列侯。永初二年，封孝王香弟四人爲列侯。香又上書分爵土封叔父篤子九、西平昌侯昱子嵩皆爲列侯。

東平憲王蒼，建武十五年封東平公，十七年進爲王。顯宗即位，拜爲驃騎將軍，置長史掾史員四十人，位在三公上。以東郡之壽張、須昌，山陽之南平陽、橐、湖陵五縣益東平國。立四十五年薨，子懷王忠嗣。明年，帝乃分東平國封忠弟讓爲任城王，餘五人爲列侯。忠立一年薨〔一六〕，子孝王敞嗣。立四十八年薨，子頃王端嗣。立四十七年薨，子凱嗣。立四十一年，魏受禪，降爲侯。

永平二年，封憲王蒼子二人爲縣侯。十一年，賜蒼列侯印十九枚，諸王子年五歲已上能趨拜者，令帶之。永元十年，封蒼孫梁爲矜陽亭侯，敞弟六人爲列侯。永寧元年，封蒼孫二人爲亭侯。

任城孝王尚，東平憲王蒼之子，懷王忠之弟。元和元年封，食任城、亢父、樊三縣。立十八年薨，子貞王安嗣。立十九年薨，子節王崇嗣。立三十一年薨，無子，國絶。延熹四年〔一七〕，桓帝立河間孝王子參户亭侯博爲任城王〔一八〕，以奉其祀。立十三年薨，無子，國絶。熹平四年，靈帝復立河間貞王建子新昌侯佗爲任城王〔一九〕，奉孝王後。立四十六年，魏受禪，廢爲侯。

永元十四年，封孝王尚子福爲桃鄉侯。亢爲當塗鄉侯〔二〇〕。

阜陵質王延，建武十五年封淮陽公，十七年進爵爲王，二十八年就國，三十年以汝南之長平、西華、新陽、扶樂四縣益淮陽國。後坐罪徙爲阜陵王。立五十一年薨，子殤王沖嗣。二年薨，無嗣，和帝復封沖兄魴，是爲頃王。立三十年薨，子懷王恢嗣。立十年薨，子節王代嗣。立十四年薨，無子，國絶。桓帝立勃遒亭侯便親爲恢嗣，是爲恭王。立十三年薨，子孝王統嗣。立八年薨，子王赦立〔二〕。建安中薨，無子，國除。

永元八年，封頃王魴弟十二人爲鄉、亭侯。延光三年，封懷王恢兄弟五人爲鄉、亭侯。

廣陵思王荆，建武十五年封山陽公，十七年進爵爲王。立二十九年，坐使巫祭祀祝詛，自殺。十四年封荆子元壽爲廣陵侯，又封元壽弟三人爲鄉侯。元壽卒，子商嗣。商卒，子條嗣。

臨淮懷公衡，建武十五年立，未及進爵爲王而薨，無子，國除。

中山簡王焉，建武十五年封左翊公〔三〕，十七年進爵爲王，三十年徙封中山王。立五十二年薨，子夷王憲嗣。立二十一年薨，子孝王弘嗣。立二十八年薨，子穆王暢嗣。立三十四年薨，子節王稚嗣，無子，國除。

永元四年，封夷王憲弟列侯十一人。永寧元年〔三〕，封孝王弘二弟爲亭侯。永和六年，封穆王暢弟荆爲南鄉侯。

瑯琊孝王京，建武十五年封瑯琊公，十七年進爵爲王。永平二年，以泰山之蓋、南武陽、華，東萊之昌陽、盧鄉、東牟六縣益瑯琊。立三十一年薨，子夷王宇嗣。立二十年薨，子恭王壽嗣。立十七年薨，子貞王尊嗣。立十八年薨，子安王據嗣。立四十七年薨，子順王容嗣。立八年薨，子熙嗣。在位十一年，建安時，坐謀欲過江，被誅。

建初七年，封夷王宇弟十三人爲列侯。　永初元年，封恭王壽弟八人爲列侯。　延光元年，封貞王尊弟四人爲鄉侯。　永和五年，封安王據弟三人爲鄉侯。

右，光武子十王。

千乘哀王建，永平三年封。明年薨。年少，無子，國除。

陳敬王羨，永平三年封廣平王，七年徙爲西平王。肅宗崩，遺詔徙爲陳王，食淮陽郡。立三十七年薨，子思王鈞嗣。立二十一年薨，子懷王竦嗣。立二年薨，無子。永寧元年，立敬王子安壽亭侯崇爲陳王，是爲頃王。立五年薨，子孝王承嗣。薨，子愍王寵嗣。後爲袁術殺其國相駱俊，陳由此敗〔二四〕。

永元十二年，封思王鈞六弟爲列侯。　永初七年，封敬王孫安國爲耕亭侯。

彭城靖王恭，永平九年賜號靈壽王，取其美名，未有國邑。十五年，封爲鉅鹿王。建初三年，徙封江陵王，改南郡爲國。元和二年，徙爲六安王，以廬江郡爲國。肅宗崩，遺詔徙封彭城王，食楚郡。立四十六年薨，子考王道嗣。立二十八年薨，子頃王定嗣。立四年薨，子孝王和嗣。立六十四年薨，孫祗嗣。七年，魏受禪，降爲侯。

永初六年，封靖王恭子阿奴爲竹邑侯。　元初五年，封考王道弟三人爲鄉侯。　本初元年，封定兄弟九人皆爲亭侯。

樂成靖王黨，永平九年賜號重熹王，十五年封樂成王。建初四年，以清河之游、觀津，渤海之東光、成平，涿郡之中水、饒陽、安平、南深澤八縣益樂成國。立二十五年薨，子哀王崇嗣。立二月薨，無子。明年，和帝立崇兄修侯巡爲樂成王，是爲釐王。立十五年薨，子隱王賓嗣。立八年薨，無子。明年，立濟北惠王子萇爲樂成王後。坐罪貶臨湖侯。延光元年，以河間孝王子得嗣靖王後。以樂成比廢絶，故改國曰安平。孝王立三十年薨，子續嗣。立三十四年，坐不道誅，國除。

下邳惠王衍，永平十五年封。四年，以臨淮郡及九江之鍾離、當塗、東城、歷陽、全椒合十七縣益下邳國。立五十四年薨，子貞王成嗣。立二年薨，子愍王意嗣。立五十七年薨，子哀王宜嗣。薨，無子，國除。

永建元年，封貞王成兄二人及惠王孫二人皆爲列侯。陽嘉元年，封愍王意弟八人爲鄉、亭侯。

梁節王暢，永平十五年封爲汝南王，建初四年徙爲梁王，以陳留之鄢、寧陵，濟陰之薄、單父、己氏、成武凡六縣益梁國〔二五〕。立二十七年薨，子恭王堅嗣。立二十七年薨〔二六〕，子懷王匡嗣。立十一年薨，無子，順帝封匡弟孝陽亭侯成爲梁王，是爲夷王。立二十九年薨，子敬王元嗣。立十六年薨，子彌嗣。立四十年，魏受禪，降爲侯。

永元十六年，封恭王堅弟二人爲鄉侯。

淮陽頃王昞，永平五年封常山王，建初四年徙爲淮陽王，以汝南之新安、西華益淮陽國。立十六年薨，子殤王側嗣。立十三年薨，無子，立兄防子侯章爲常山王。立二十五年薨，是爲靖王。子頃王儀嗣。

立十七年薨，子節王豹嗣。立八年薨，子嵩嗣。三十二年，遭黄巾賊，棄國走，建安十一年國除。

永建二年，封頃王儀兄二人爲亭侯。元嘉元年〔二七〕，封節王豹兄四人爲亭侯。

濟陰悼王長，永平十五年封。建初四年，以東郡之離狐、陳留之長垣益濟陰國。立十三年，薨於京師，無子，國除。

右，孝明子八王。

千乘貞王伉，建初四年封。立十五年薨，子寵嗣。永元七年，改國名樂安。立二十八年薨，是爲夷王。子鴻嗣。鴻生質帝，梁太后詔以樂安國土卑濕，租委鮮薄，改封鴻渤海王〔二八〕。立二十六年薨，是爲孝王。無子，太后立桓帝弟蠡吾侯悝爲渤海王，奉鴻祀〔二九〕。立二十五年，爲王甫誣以大逆，自殺，國除。

平春悼王全，以建初四年封。其年薨，葬京師。無子，國除。

清河孝王慶，建初四年立爲皇太子，後廢爲清河王。立二十五年薨。長子祜嗣殤帝，是爲安帝。鄧太后崩，安帝乃上慶尊號曰孝德皇。子愍王虎威嗣。立三年薨，無子，鄧太后立樂安王寵子延平爲清河王，是爲恭王。立三十五年薨，子蒜嗣〔三〇〕。質帝崩，太尉李固等議徵立之，梁冀及曹騰等不從，遂立桓帝。甘陵人劉文等謀立蒜事覺，坐奪爵，自殺，國除。明年，立安平孝王子經爲甘陵王，奉孝德皇祀，是爲威王。立二十五年薨，子貞王定嗣。立四年薨，子獻王忠嗣。立十三年薨，嗣子爲黄巾所害，無後，國除。

永初元年，封孝王慶少子常保爲廣川王。

濟北惠王壽，以永元二年封，分太山郡爲國。立三十一年薨，子節王登嗣。立十五年薨，子哀王多嗣。立三年薨，無子，立戰鄉侯安國爲濟北王〔三〕，是爲釐王。立十年薨，子孝王次嗣。立七年薨，子鸞嗣。薨，子政嗣。薨，無子，國除。

永寧元年，封節王登弟五人爲鄉侯。

河間孝王開，以永元二年封，分樂成、渤海、涿郡爲國。立四十二年薨，子惠王政嗣。立十年薨，子貞王建嗣。立十年薨，子安王利嗣。立二十八年薨，子陔嗣。立四十一年，魏受禪爲侯。

陽嘉元年〔三〕，封惠王政弟十三人爲亭侯。

蠡吾侯翼，河間孝王開子。元初六年，鄧太后徵濟北、河間王諸子詣京師，以翼爲平原懷王後。懷王勝，和帝子，後爲王聖、江京等所譖，貶爲都鄉侯，父開上書，願分蠡吾縣以封翼，順帝從之。翼卒，子志嗣，爲大將軍梁冀所立，是爲桓帝。梁太后詔追尊河間孝王爲孝穆皇，蠡吾先侯曰孝崇皇，皆立陵廟，置令、丞。更封帝弟都鄉侯碩爲平原王〔三〕，留博陵，奉翼後。建安十一年，國除。

解瀆亭侯淑，以河間孝王子封。淑卒，子萇嗣〔三〕。萇卒，子宏嗣，爲大將軍竇武所立，是爲靈帝。追尊皇祖淑爲孝元皇，皇考萇爲孝仁皇，立陵廟，置令、丞，拜河間安王利子康爲濟南王奉孝仁皇祀。康薨，子贇嗣。贇薨，子開嗣。立十三年，魏受禪，降爲侯。

城陽懷王淑，以永元二年分濟陰爲國。立五年，薨於京師。無子，國除。

廣宗殤王萬歲，以永元五年封，分鉅鹿爲國。其年薨，無子，國除。

右，孝章子七王。

平原懷王勝，和帝長子。少有痼疾，延平元年封。立八年薨，葬於京師。無子，鄧太后立樂安夷王寵子得爲平原王，奉勝後，是爲哀王。立六年薨，無子，太后又立河間王開子都鄉侯翼爲平原王嗣。安帝廢之，國除。

右，孝和子一王。

按范蔚宗東漢書叙諸王止於和帝，蓋自孝和以後，殤、冲、質三帝皆早世，安、順、桓三帝皆無子。惟靈帝二子：皇子辯，陳留王協。辯嗣位，爲董卓廢而殺之，立協，是爲獻帝。獻帝六子，其二爲曹操所殺。建安十七年，封熙爲濟陰王，懿爲山陽王，邈爲濟北王，敦爲東海王。然是時政在曹氏，天下三分，雖有封爵之名，而實無所謂土地租食矣。既封後九年，魏始受禪，四王皆降爲列侯云。

世祖初，大司馬吴漢請封皇子，不許，重奏連歲。建武十五年三月〔三五〕，乃詔令群臣議，大司空融、固始侯通、膠東侯復、高密侯禹、太常登等奏議曰：「古者封建諸侯，以藩屏京師。周封八百，同姓諸姬並爲建國，夾輔王室，尊事天子，享國永長，爲後世法。故詩云：『大啟爾宇，爲周室輔。』高祖聖德，光有天下，亦務親親〔三六〕，封立兄弟諸子，不違舊章。陛下德橫天地，興復宗統，褒德賞勳，親睦九族，功臣宗室，咸蒙封爵，多受廣地，或連屬縣。今皇子賴天，能勝衣趨拜，陛下恭謙克遜，抑而未議，群臣百姓，莫不失望。宜因盛吉時，定號位以廣藩輔，明親親，尊宗廟，重社稷，應古合舊，厭塞衆心。臣請大司空上輿地圖，太常擇吉日，具禮儀。」制曰：「可。」夏四月戊申，以太牢告祀宗廟。丁巳，使大司空融告廟，封皇子輔爲右翊公，英爲楚公，陽爲東海公，康爲濟南公，蒼爲東平公，延爲淮陽公，荆爲山陽公，衡爲臨淮公，焉爲左翊公，京爲瑯琊公。

按：秦罷侯置守，曾不數年，始皇死而群雄蜂起，六國之裔與其强宗，大概皆逐秦守宰而自王故地。秦亡之後，項羽主約，霸天下，然所建置諸侯亦多是已自王之人。及漢東出并三秦，討項羽，劉、項之勢既分，而諸侯多附漢。其中立懷兩端者，皆爲漢所擊滅，如趙歇、魏豹、田横之類是也。既滅項氏之後，羽所建諸侯，其存者惟共敖、臧荼，然亦不旋踵而俘之。然後裂土以封韓、彭、英、盧、張耳、韓信、吴芮之徒。蓋自是非漢之功臣不得王矣。逮數年之後，反者九起，異姓諸侯王多已夷滅，於是悉取其地以王子弟親屬，如荆、吴、齊、楚、淮南之類。蓋自是非漢之同姓不得王矣。然一再傳而後，賈誼、鼂錯之徒，拳拳有諸侯强大之慮，蓋以爲親者無分地，而疏者偪天子，必爲子孫之憂。於是或分其國，或削其地。其負强而動者，則六師夷之。蓋西漢之封建，其初也則剿滅異代所建，而以畀其功臣；繼而剿滅異姓諸侯，而以畀其同宗；又繼而剿滅疏屬劉氏王，而以畀其子孫。蓋檢制益密，而猜防益深矣。昔湯武雖以征伐取天下，然商惟十一征，周惟滅國者五十，其餘諸侯，則皆襲前代所封，未聞盡以宇内易置而封其私人。周雖大封同姓，然文昭武穆之邦，與國咸休，亦未聞成、康而後，復畏文、武之族偪而必欲夷滅之，以建置己之子孫也。愚嘗謂必有公天下之心，而後可以行封建。自其出於公心，則選賢與能，而小大相維之勢，足以綿千載。自其出於私心，則忌疏畏偪，而上下相猜之形，不能以一朝居矣。景、武而後，令諸侯王不得治民補吏，於是諸侯雖有君國子民之名，不過食其邑入而已，土地甲兵不可得而擅矣。然則漢懲秦之弊，復行封建，然爲人上者苟慕美名而實無唐、虞、三代之公心，爲諸侯者既獲裂土，則遽欲效春秋、戰國之餘習，故不久而遂廢。蓋罷侯置守雖始於秦，然諸侯王不得治民補吏，則始於西都景、武之時。蓋自是封建之名存，而封建之實盡廢矣。至東漢，更始既入關，雖盡王諸造謀復漢者，然諸人雖有受封之名，多聚處京師，布列要職，實未嘗有裂土建國、南面稱孤之事。光武既定天下，至建武十五年方封諸皇子爲公，十七年，皇子之爲公者方進爵爲王。徐徐如此，未嘗有盡王子弟以鎮服天下之意。蓋是時封建之實已亡，尺土一民，皆上自制之，諸侯王不過食其邑入之租，而於所謂藩維屏扞本無所預，故亦不必急急然視爲一大事，如周、漢有天下之初也。

明帝永平三年，封皇子建爲千乘王，羨爲廣平王。十五年，封皇子恭爲鉅鹿王，黨爲樂成王，衍爲下邳王，暢爲汝南王，昞爲常山王，長爲濟陰王〔三七〕。初，帝按地圖將封皇子，悉半諸國，明德馬后見而言之曰：「諸子食數縣，於制不已儉乎？」帝曰：「我子豈宜與先帝子等乎！歲給二千萬足矣。」

按：前漢孝文之時，梁懷王薨，賈誼上疏，拳拳以諸侯强大，皇子單弱爲慮，欲帝徙皇子，大其封疆，而帝從之。後漢顯宗則謂「我子豈宜與先帝子等」，於是封皇子悉半，光武所封諸王，與孝文異意，何也？蓋孝文之時，分封之大小，可以驗國勢之强弱，顯宗之時，分封之大小，不過係租入之豐儉。國勢則宗藩强而皇子弱，殊非强幹弱支之遠慮。租入則兄弟豐而諸子儉，乃見先人後己之公心。然亦可以知封建一事，至東漢之初名存實亡。故諸侯王土地之大小，初無係於理亂安危之大勢矣。

建初四年，按輿地圖，令諸國户口皆等，租入歲皆八千萬。

東漢皇子封王，其郡爲國。諸王受封者，受茅土，歸以立社。胡廣曰：「諸侯受封，皆受茅土，歸立社稷。本朝爲宮室，自有制度。至於列侯歸國者，不受茅土，不立宮室，各隨其貧富，而裁別之庶，以守其寵。」 王國有傅、如師，不臣，二千石。 相、秩二千石。刁暢爲魯相〔三八〕，行縣，三老執轡，學官處士皆乘車馬隨後，所頓亭傳，輒講經。 內史、如郡丞。 中尉、郎中令、掌王大夫〔三九〕、郎中宿衛，官如光禄勳。 僕、主車馬。 治書〔四〇〕、奉使至京都。 謁者、禮樂長、衛士長、醫工長、永巷長、祠祀長、郎中。其紹封削黜者，中尉、內史官屬隨亦率減。

校勘記

〔一〕王鳳爲宜城王　「宜城」原作「宣城」，據後漢書卷一一劉玄傳、資治通鑑卷三九漢紀三十一更始二年正月條改。

〔二〕驃騎大將軍宋佻爲潁陰王　後漢書卷一一劉玄傳、後漢紀卷二光武帝紀同。「宋佻」，元本、慎本、馮本及後漢書卷一上光武帝紀上、資治通鑑卷三九漢紀三十一更始二年正月條作「宗佻」。

〔三〕爲侍中　按後漢書卷一四宗室四王三侯傳、册府元龜卷二六三宗室部封建二，爲侍中者乃劉歆之子劉終而非劉歆本人，此處「爲」上有脱文。

〔四〕封興德侯　「封」原作「奉」，據後漢書卷一四宗室四王三侯傳改。

〔五〕宋佻　元本、慎本、馮本作「宗佻」。

〔六〕煬王石　「煬王」原作「殤王」，據後漢書卷一四宗室四王三侯傳改。下同。

〔七〕建安十一年國除　元本、慎本、馮本作小字注文。

〔八〕它人　原作「他人」，據元本、慎本、馮本及後漢書卷一四宗室四王三侯傳改。

〔九〕甘里侯敏　「敏」原作「閔」，據後漢書卷一四宗室四王三侯傳、册府元龜卷二六三宗室部封建二改。

〔一〇〕黄李侯廥　「李」原作「季」，據後漢書卷一四宗室四王三侯傳改。

〔一一〕復徙封濩澤侯　「濩」原作「灌」，據後漢書集解引錢大昕説改。

〔一二〕封右翊公　「右」下原衍「馮」字，據後漢書卷一下光武帝紀下、册府元龜卷二六三宗室部封建二删。

〔一三〕永平十三年　「永平」二字原脱，「三」原作「二」，據後漢書卷四二光武十王傳補改。

〔一四〕封英子种楚侯　「种」原在「侯」下，據後漢書集解引錢大昕説乙正。

〔一五〕种後徙封六侯　「六」原作「陸」，據元本、慎本、馮本及後漢書卷四二光武十王傳改。

〔一六〕忠立一年薨　「一」上原衍「十」字，據後漢書集解引洪頤煊説删。

〔一七〕延熹四年　「四」原作「元」，據後漢書卷四二光武十王傳改。

〔一八〕桓帝立河間孝王子參户亭侯博爲任城王　「子」下原衍「恭爲」二字，據後漢書校補説删。

〔一九〕靈帝復立河間貞王建子新昌侯佗爲任城王　「建」原作「遜」，「子」原在「侯」下，據後漢書卷八靈帝紀、後漢書校補改乙。

〔二〇〕亢爲當塗鄉侯　按亢受封在永初四年，見後漢書卷四二光武十王傳，此處「亢」上有脱文。

〔二一〕子王赦立　「子王」二字原倒，據後漢書卷四二光武十王傳乙正。

〔二二〕建武十五年封左翊公　「左」下原衍「馮」字，據後漢書卷一下光武帝紀下、册府元龜卷二六三宗室部封建二删。

〔二三〕永寧元年　「元」原作「二」，據後漢書卷四二光武十王傳改。

〔二四〕後爲袁術殺其國相駱俊陳由此敗　元本、慎本、馮本作「復爲術所殺，陳由此敗」，後漢書卷五〇孝明八王傳作袁術「遣客詐殺俊及寵，陳由是破敗」。

〔二五〕以陳留之鄢寧陵濟陰之薄單父己氏成武凡六縣益梁國　「陰」字原脱，據後漢書卷五〇孝明八王傳補。「己」原作「猗」，據元本、慎本、馮本及同書改。

〔二六〕立二十七年薨　「七」原作「六」，據後漢書卷五〇孝明八王傳改。

〔二七〕元嘉元年　「元嘉」原作「永嘉」，據後漢書集解引錢大昕説改。

〔二八〕改封鴻渤海王　「封鴻」二字原倒，據後漢書校補説乙正。

〔二九〕奉鴻祀　「祀」原作「嗣」，據後漢書卷五五章帝八王傳改。

〔三〇〕子蒜嗣　「嗣」字原脱，據後漢書卷五五章帝八王傳補。

〔三一〕立戰鄉侯安國爲濟北王　按後漢書卷六質帝紀，永憙元年四月，濟北王安薨，無「國」字。後漢書集解引惠棟説，謂「戰鄉」疑當作「闡鄉」，又引錢大昕説，謂和帝紀封故濟北王壽子安爲濟北王，亦無「國」字。

〔三二〕陽嘉元年　「元」原作「二」，據後漢書卷五五章帝八王傳改。

〔三三〕更封帝弟都鄉侯碩爲平原王　「弟」原作「兄」，據後漢書卷七桓帝紀改。

〔三四〕子萇嗣　「萇」原作「長」。按後漢書卷八靈帝紀，靈帝「祖淑，父萇，世封解瀆亭侯」，此處「長」顯爲「萇」之誤，據改。下同。

〔三五〕建武十五年三月　「十」字原脱，據元本、慎本、馮本及後漢書卷一下光武帝紀下補。

〔三六〕亦務親親　下「親」字原脱，據後漢書卷一下光武帝紀下補。

〔三七〕長爲濟陰王　「長」原作「萇」，據元本、慎本、馮本、局本及後漢書卷二明帝紀改。

〔三八〕刁韙爲魯相　「韙」原作「躍」。通典卷三一職官典十三作「曜」，點校本通典據古本改「韙」，後漢書卷八一黄瓊傳作「韙」，據改。

〔三九〕掌王大夫　「王」原作「三」，據後漢書百官志五改。

〔四〇〕治書　「治」原作「持」，據後漢書百官志五改。按「持」，通典避唐諱改，本書沿用通典之文，未曾回改。

卷二百六十九　封建考十

東漢列侯

漢舊制，列侯奉朝請在長安者〔一〕，皆位次三公。中興以來，惟以功德賜位特進者在三公下，次車騎將軍；賜位朝侯，在九卿下，次五校尉；賜位侍祠侯，次大夫〔二〕，其次下土小國侯，以肺腑親、公主子孫奉墳墓於京師，亦隨時朝見，是爲猥諸侯也。漢官儀曰：「皇后父兄率爲特進侯，朝會位次三公。」故章帝啓馬太后曰：「漢興〔三〕，舅氏之封侯，猶皇子之爲王。」其功臣、四姓爲諸侯、侍祠侯，皆在卿校之下。明帝爲四姓小侯開立學校，置五經師。外戚樊氏、郭氏、陰氏、馬氏爲四姓，以非列侯，故曰小侯。列侯歸國者，不受茅土，不立宫室，以户數租入爲節。諸紹封者，皆食故國半租。罷侯歸，不得臣吏民。初，漢制，皇女皆封縣公主，儀服同列侯。其尊崇者，加號長公主，儀服同蕃王。諸王女皆封鄉、亭翁主，儀服同鄉、亭侯。漢書謂齊厲王姊爲紀翁主，以紀氏所生，因以爲號。章帝惟特封東平憲王蒼、瑯琊孝王京女爲縣公主。其後安帝、桓帝妹亦封長公主，同之皇女。其皇女封公主者，所生之子襲母封，爲列侯，皆傳國於後。鄉、亭之封，則不傳襲。永初元年，鄧太后詔封清河孝王慶女十一人，皆爲鄉公主，分食邑俸。列侯國置相，其秩各如本縣主，治民如令長，不臣也。但納租於侯，以户數爲限。其官隨國大小爲增減，食邑千户以上置家丞、庶子各一人。此家臣也，使理家事。不滿千户，則不置家丞。舊置行人、洗馬、門大夫等官，又悉省。諸公主各置家令一人。東觀書曰：「其主薨，無子，置傅一人守其家。」

功臣侯

太傅、高密侯鄧禹，南陽新野人。以杖策從帝渡河，運籌，將兵入關，拜大司徒。建武元年，封酇侯，食邑萬户。二年，更封梁侯，食四縣。十三年，以功高定封爲高密侯。永平元年薨，謚元侯。帝分禹封爲三國：長子震爲高密侯，襲爲昌安侯，珍爲夷安侯。少子鴻，永平中爲小侯。

高密侯震子乾、成，褒子某嗣爵。昌某弟。襲母爵爲舞陰侯。昌安侯襲子藩。夷安侯珍子良，無後。康珍子。紹封。

中山太守、全椒侯馬成，南陽棘陽人。世祖討河北，從征伐，以擊斬李憲功，建武七年封平舒侯。二十七年，定封全椒侯〔四〕。三十二年卒。子衞、香徙封棘陵侯。豐、玄、邑。醜，桓帝時，以罪失國。

昌，延熹二年以成玄孫復封爲益陽亭侯。

大司馬、廣平侯吴漢，南陽宛人。世祖討王郎，漢説漁陽太守彭寵以郡歸，帝賜號建策侯。擊群賊，先登陷陣，帝即位，拜大司馬，更封舞陽侯。建武二年，封廣平侯，食四縣。十一年，討公孫述，滅之。二十年薨，謚忠侯。子哀侯成嗣，爲奴所殺。二十八年，分漢封爲三國：成子旦爲灈陽侯，奉漢嗣；旦弟盱爲築陽侯，成弟國爲新蔡侯。漢兄尉爲將軍，從征戰死，封尉子彤爲安陽侯。帝以漢功大，後封弟翕爲褒親侯。吴氏侯者凡五國。旦無子，國除。盱子勝。

河南尹、阜成侯王梁，漁陽安陽人。爲郡吏，與太守彭寵以漁陽歸光武。從平河北，與寇恂南拒洛陽，北守天井關。帝即位，拜大司空，封武强侯。十三年，增邑，定封阜成侯〔五〕。十四年，卒官。子禹嗣。禹卒，子堅石嗣〔六〕。堅石追坐父及弟與楚王英謀反誅〔七〕。

左將軍、膠東侯賈復，南陽冠軍人。爲縣掾，下江兵起，復亦聚衆數百人歸漢。後北渡河，從光武擊青犢、五校群盜，破之。帝即位，爲執金吾，封冠軍侯。渡河攻朱鮪，降之。建武二年，益封穰、朝陽二縣。十三年，定封膠東侯，食郁秩、壯武、下密、即墨、梃、觀陽〔八〕，凡六縣。三十一年卒，謚剛侯，子忠嗣。忠卒，子敏嗣〔九〕。敏坐誣告母殺人，國除。高宗更立復少子邯爲膠東侯，邯弟宗爲即墨侯，各一縣。育，邯子。長參，宗子。建。

瑯琊太守、祝阿侯陳俊，南陽西鄂人。少爲郡吏，光武徇河北，爲安集掾。從擊銅馬、五校，破之。建武二年，封新處侯，破張步、董憲。十三年，增邑，定封祝阿侯。二十三年卒，子浮嗣。專諸、篤。

建威大將軍、好畤侯耿弇，扶風茂陵人。父況，王莽時爲朔調連率。莽改上谷郡曰朔調，太守曰連率。莽敗，更始立，弇奉奏詣長安，至宋子，會王郎起兵，乃馳謁光武，説帝發漁陽、上谷兵攻拔邯鄲，誅王郎。爲大將軍，從擊銅馬、赤眉、青犢、尤來、大槍諸盜，破之。光武即位，拜建威大將軍，封好畤侯，食好畤、美陽二縣。定彭寵，取張豐、張步。十三年，增户邑。永平元年卒，謚愍侯，子忠嗣。馮、良、協。

隃麋侯霸，弇弟，況少子。況以上谷郡歸光武，後封隃麋侯卒。子霸嗣。文金、喜、顯、援。

牟平侯舒，弇弟，亦況子。況初封牟平，舒襲封。　襲、寶坐罪自殺，國除。　箕復封牟平侯。

恒別封陽亭侯。

驃騎大將軍、參蘧侯杜茂，南陽冠軍人。歸光武於河北，爲中堅將軍，常從征伐。帝即位，拜大將軍，封樂鄉侯。建武二年，封苦陘侯。擊五校，平之，拜驃騎大將軍，十三年，增邑，封脩侯。十五年，坐罪免官，削户邑，定封參蘧鄉侯。十九年卒。子元嗣，坐罪，國除。　奉茂孫。復封安樂亭侯。

執金吾、雍奴侯寇恂，上谷昌平人。王郎起，恂説上谷太守耿況以郡歸光武，拜偏將軍，號承義侯。從破群賊，拜河内太守，轉輸軍糧。建武二年，拜潁川太守，封雍奴侯，邑萬户。從討隗囂，拜執金吾。十二年卒，謚威侯。子損嗣。　釐、襲、恂，同産弟及兄子、姊子〔一〇〕，以軍功封列侯者八人，終其身，不傳於後。

積弩將軍、昆陽侯傅俊，潁川襄城人。世祖徇襄城，以縣亭長迎軍，從破王尋等。世祖討河北，從軍。建武二年，封昆陽侯。三年，破秦豐。七年卒，謚威侯。子昌嗣，坐罪貶關内侯。　鐵昌子。復封高置亭侯。

征南大將軍、舞陽侯岑彭，南陽棘陽人。王莽時，守本縣長。漢兵起，彭守宛，攻之數月，食盡乃降。大司徒伯升義之，封爲歸德侯。光武徇河内，彭與太守韓歆迎降，拜刺姦大將軍，從平河北。帝即位，圍洛陽，令彭説降朱鮪。建武二年，遷征南大將軍，討鄧奉，擊秦豐，破之，封舞陰侯。九年，討公孫述，大破之。爲述遣刺客所殺，謚壯侯。子遵嗣。　伉、杞、熙、福。世祖思彭功，復封遵弟淮爲穀陽侯。

左曹、合肥侯堅鐔，潁川襄城人。世祖討河北〔二〕，署主簿。從平河北，擊破大槍。帝即位，拜揚化將軍，封濦强侯。與諸將攻洛陽，降朱鮪。六年，定封合肥侯。二十六年卒，子鴻嗣。浮、雅。

征西大將軍、夏陽侯馮異，潁川父城人。漢兵起，異以郡掾監五縣，城守拒漢，間出行屬縣，爲漢兵所執。光武署爲主簿，從渡河北，從破王郎，封應侯。與寇恂合勢拒朱鮪，擊鮪，破之。建武二年，封夏陽侯。入關，代鄧禹，討赤眉，大破之，定關中。擊隗囂，拜征虜將軍。十年薨，謚節侯。子彰嗣。普，有罪，國除。晨，安帝時復封。世祖思異功，復封彰弟訢爲析鄉侯〔三〕。

上谷太守、淮陽侯王霸，潁川潁陽人。漢兵起，霸率賓客從光武，從擊破尋、邑。從渡河北，討王郎，斬之，得其璽綬，封王鄉侯。建武二年，封富波侯。討周建，擊盧芳，破之。十三年，增邑户，更封向侯、上谷太守。三十年，定封淮陽侯。永平二年卒，子符嗣。度、歆。

建義大將軍、鬲侯朱祐，南陽宛人。漢兵起，伯升拜大司徒，以祐爲護軍。從世祖討河北，常力戰陷陣，爲偏將軍，封安陽侯。世祖即位，拜建義大將軍，更封堵陽侯。擊鄧奉、秦豐，降之。十三年，增邑，封鬲侯，食邑七千三百户。二十四年卒，子商嗣。演、冲。

信都太守、阿陵侯任光，南陽宛人。漢兵起，率衆從軍，與世祖破尋、邑。更始至洛陽，以光爲信都太守。王郎起，郡國皆降之，光獨以郡迎世祖，拜左大將軍，封武成侯，共擊郎，滅之。建武元年，更封阿陵侯。五年卒，子隗嗣。屯、勝、世。

征虜將軍、潁陽侯祭遵，潁川潁陽人。光武破王尋等，署爲門下史。從征河北，以爲刺姦將軍。建武二年，拜征虜將軍，封潁陽侯。擊張滿、鄧奉、張豐等，破之。六年，與諸將討隴、蜀。九年卒，謚成侯。無子，國除。

豫章太守、中水侯李忠，東萊黄人。王莽時，爲新博屬長。（莽改信都國曰新博，都尉曰屬長。）更始立，忠與任光同奉世祖，以爲右大將軍，封武固侯。建武二年，更封中水侯，食邑三千户。從平龐萌、董憲等。十四年，遷豫章太守。十九年卒，子威嗣。純、廣。

驃騎大將軍、櫟陽侯景丹，馮翊櫟陽人。爲上谷屬令，更始立，遣使者徇上谷，世祖引見丹，拜偏將軍，號奉義侯。從擊王郎，破之，從征河北。帝即位，拜驃騎大將軍，封櫟陽侯。二年薨，子尚嗣。苞、臨，無子，國除。遽，苞弟，封監亭侯。

右將軍、槐里侯萬脩，扶風茂陵人。更始時，爲信都令，與太守任光等迎世祖，拜偏將軍，封造義侯，從平河北。建武二年，更封槐里侯。病卒，子普嗣，徙封泫氏侯。親，從封扶柳侯，無子，國除。豐（脩曾孫。）復封曲平亭侯。熾、恭。

虎牙大將軍、安平侯蓋延，漁陽要陽人。爲彭寵護軍，王郎起，與吴漢等同歸光武，從平河北。帝即位，以延爲虎牙將軍。建武二年，更封安平侯。討劉永、董憲、龐萌等，皆平之。十三年，增封，定食萬户。十五年薨，子扶嗣。側，坐謀反，國除。恢（延曾孫。）復封盧亭侯。遂。

太常、靈壽侯邳彤，信都人。初爲王莽和成卒正，（莽分鉅鹿爲和成郡。）世祖徇河北，彤舉城降。王郎起，彤與信都獨不附郎，以二郡迎世祖軍，拜後大將軍。拔邯鄲，封武義侯。建武元年，更封靈壽侯，行大司空事。帝入洛陽，拜太常。六年卒，子湯嗣。某，無子，國除。音彤孫。復封平亭侯。柴。

衛尉、安成侯銚期，潁川郟人〔一三〕。光武略地至潁川，召署賊曹掾，從徇薊，拜偏將軍。從擊王郎，破之，拜虎牙大將軍，擊破銅馬、赤眉、青犢等。帝即位，封安成侯，食邑五千户。五年，拜衛尉。十年卒，謚忠侯。子丹嗣。舒、羽、蔡。帝復封丹弟統爲建平侯。

驍騎將軍、昌城侯劉植，鉅鹿昌城人。王郎起，植與宗族聚兵數千人據昌城，迎世祖，以爲驍騎將軍。說降真定王劉揚，從平河北。建武二年，更封植爲昌城侯。討密縣賊，戰殁，子向嗣。述，坐與楚王英謀反〔一四〕，國除。喜植弟。與植同謀迎帝，以功封觀津侯。歆植兄。亦同謀，封浮陽侯。二人皆傳國於後。

東郡太守、東光侯耿純，鉅鹿騎都尉。世祖渡河，純迎謁。王郎反，純自邯鄲率宗族從帝，封耿鄉侯，從平王郎，破銅馬。帝即位，封高陽侯，拜東郡太守。六年，定封東光侯。十三年卒，謚成侯。子阜嗣，坐罪，國除。盱，復封高亭侯。騰、忠、緒。植純從弟。爲輔威將軍，封武邑侯。宿、純從弟。至，代郡太守，封遂鄉侯。訢純弟。爲赤眉將軍，封著武侯。

横野大將軍、山桑侯王常。事迹已見更始所立諸王下。

城門校尉、朗陵侯臧宫，潁川郟人〔一五〕。少爲亭長、游徼，率賓客入下江兵中，爲校尉。從光武征戰，至河北，以爲偏將軍，從破群賊，數陷陣却敵。建武二年，封成安侯，與岑彭、吴漢共滅公孫述。十三年，增邑，更封酇侯。十五年，定封朗陵侯。永平元年卒，謚愍侯。子信嗣。震、松，坐罪，國除。由松弟。紹侯。

大司空、固始侯李通。事迹見更始所立諸王下。

捕虜將軍、揚虚侯馬武，南陽湖陽人。王莽末，入绿林中，遂與漢兵合。世祖破王尋，拜振威將軍，與謝躬等攻王郎〔一六〕，從擊群賊，常爲軍鋒。帝即位，以爲侍中、騎都尉，封山都侯，討劉永，擊隗囂。十三年，定封揚虚侯。永平四年卒，子檀嗣。坐兄與楚王英黨謀反〔一七〕，國除。震武孫。紹封漻亭侯。側。

大司空、安豐侯竇融，扶風平陵人。王莽末，從王邑軍敗於昆陽，莽亡，以軍降更始大司馬趙萌，萌薦融爲鉅鹿太守。融見更始新立，東方尚擾，不欲出關，以累世在河西，乃辭鉅鹿。萌爲言，得爲張掖屬國都尉。更始敗，武威、張掖、酒泉、金城、燉煌共推融行河西五郡大將軍事。建武五年，遣使奉書獻馬於洛陽，與五郡太守會兵討隗囂。八年，帝西征，融朝見高平第一，詔以安豐、陽泉、蓼〔一八〕、安風四縣封融爲安豐侯。隴、蜀平，與五郡太守奏事京師，拜大司空。永平二年卒，謚戴侯。穆，坐罪死。嘉、萬全、會宗、武。

驃騎將軍、慎侯劉隆，南陽宗室。更始拜爲騎都尉，從世祖於河内，與諸將共拒朱鮪等。建武二年，封亢父侯。四年，討平李憲。十三年，增邑，封竟陵侯。坐罪免，明年，復封爲扶樂鄉侯，以擊交趾功，更封長平侯。三十年，定封慎侯。中元二年卒，謚靖侯。子安嗣。

太傅、宣德侯卓茂，南陽宛人。初辟爲丞相孔光府史，後遷密令。王莽居攝，以病免。更始立，以茂爲侍中祭酒，以年老乞骸骨。世祖即位，先訪求茂，茂詣河陽謁，拜爲太傅，封褒德侯，食邑二千户。建武四年卒，子崇嗣，徙封汎鄉侯。苓、訢、隆，無子，國除。

建武二年正月，悉封諸功臣爲列侯，梁侯鄧禹、廣平侯吴漢皆食四縣，餘各有差。下詔曰：「諸將業遠功大，誠欲傳於無窮。其顯效未酬，名籍未立者，大鴻臚趣上，朕將差而録之。」博士丁恭議曰：「古帝王封諸侯不過百里，强幹弱枝，所以爲治也。今封四縣，不合法制。」帝曰：「古之亡國，皆以無道，未嘗聞功臣地多而滅亡者也。」乃遣謁者即授印綬，策曰：「在上不驕，高而不危。制節謹度，滿而不溢。敬之戒之。傳爾子孫，長爲漢藩。」陰鄉侯陰識，貴人之兄也，以軍功當增封，識叩頭曰：「天下初定，將帥有功者衆，臣托屬掖庭，仍加爵邑，不可以示天下，此爲親戚受賞，國人計功也。」帝從之。帝令諸將各言所樂，皆占美縣。河南太守丁綝，獨求封本鄉，或問其故，綝曰：「綝能薄功微，得鄉亭厚矣。」帝從其志，封新安鄉侯。帝使郎中馮勤典諸侯封事，勤差量功次輕重，國土遠近，地勢豐薄，不相踰越，莫不厭服焉。

致堂胡氏曰：「古之亡國，皆以無道，帝言是也。未聞以地多而亡者，則有中否焉。先王分土三等，自百里而殺，柄制輕重，足以有邦。小則財賦甲兵，亦能自守，大則禮樂征伐，不得僭行。自唐虞迄三代，襲爲成法。漢初既不能復，光武再造，宜稽古以有爲，因丁恭之言，詳立善制，而又率意所欲，苟簡建置。且是時以功勳錫茅土，豈皆有道之人邪？土宇既廣，所入既厚，滿而不溢，誰克臻兹？故聖王之法，必關盛衰焉。」

十三年，大饗將士，頒爵册勳，功臣增邑，更封凡三百六十五人。

范曄論曰：「中興二十八將，前世以爲上應二十八宿，未之詳也。然咸能感會風雲，奮其智勇，稱爲佐命，亦各志能之士也。議者多非光武不以功臣任職，至使英姿茂勳，委而勿用。然原夫深圖遠算，固將有以焉爾。若乃王道既衰，降及霸德，猶能授受惟庸，勳賢皆序，如管、隰之迭升桓世，先、趙之同列文朝，可謂兼通矣。降自秦漢，世資戰力，至於翼扶王運，皆武人崛起。亦有鬻繒屠狗輕猾之徒，或崇以連城之賞，或任以阿衡之地，故勢疑則隙生，力侔則亂起。蕭、樊且猶縲紲，信、越終見菹戮，不其然乎！自兹以降，迄於孝武，宰輔五世，莫非公侯。遂使縉紳道塞，賢能蔽壅，朝有世及之私，下有抱關之怨。其懷道無聞，委身草莽者，亦何可勝言。故光武鑒前事之違，存矯枉之志，雖寇、鄧之高勳，耿、賈之鴻烈，分土不過大縣數四，所加特進、朝請而已。觀其治平臨政，課職責咎，將所謂『導之以政，齊之以刑』者乎！若格之功臣，其傷已甚。何者？直繩則虧恩喪舊，撓情則違廢禁典，選德則功不必厚，舉勞則人或未賢，參任則群心難塞，並列則其蔽未遠。不得不校其勝否，即以事相權。故高秩厚禮，允答元功，峻文深憲，責成吏職。建武之世，侯者百餘，若夫數公者，則與參國議，分均休咎，其餘並優以寬科，全其封禄，莫不終以功名延慶於後。昔留侯以爲高祖悉用蕭、曹故人，而郭伋亦譏南陽多顯，鄭興又戒功臣專任。夫崇恩偏授，易啟私溺之失，至公鈞被，必廣招賢之路，意者不其然乎！永平中，顯宗追感前世功臣，乃圖畫二十八將於南宫雲臺，其外又有王常、李通、竇融、卓茂，合三十二人，故依其本第繫之篇末，以志功臣之次云爾。」

廷尉、西華侯鄧晨，南陽新野人，娶光武姊元。漢兵起，晨將賓客從。更始立，以爲偏將軍。從擊破尋、邑。王郎反，與光武會鉅鹿下，從擊邯鄲。帝即位，封房子侯，拜中山、汝南太守，徵爲廷尉，封西華侯。二十五年卒，謚會侯。子棠嗣。固、國、福，無子，國除。光武復封晨長子汎爲吴房侯，奉公主之祀。

中郎將、征羌侯來歙，南陽新野人，光武祖姑之子。更始即位，以歙爲吏，以病去。更始敗，東詣洛陽，拜大中大夫，奉詔説隗囂，遣子入質，囂叛，與祭遵等征之。十一年，攻公孫述，破其兵，述遣刺客害之，贈中郎將、征羌侯。帝以歙有平羌、隴之功，故改汝南之當鄉縣爲征羌國，謚節侯，子褒嗣。歷、定、虎。帝嘉歙忠節，復封歙弟由爲宜西侯。

伏波將軍、新息侯馬援，扶風茂陵人。王莽時，爲新成大尹。莽末，避地涼州，依隗囂，説囂歸光武，囂使援奉書洛陽，遣子入質。後囂發兵拒漢，援諫不從。從帝西征囂，平之，拜隴西太守。擊羌，破之。交趾反，討平之，拜伏波將軍，封新息侯。後征五溪蠻病卒〔一九〕，爲梁松所譖，收侯印綬。肅宗時，謚忠成侯。子瘳等見外戚侯門。

按：史言伏波輔佐中興之功，不減雲臺諸將，獨以椒房之戚，不得預焉。然鄧晨光武姊婿也，來歙光武祖姑之子也，晨之捨宗從義，歙之捐軀徇國，其功烈雖劣於寇、鄧、馮、耿，而賢於臧宫、馬武、邳彤、銚期之流遠矣。蓋三公者俱非泛泛之外戚，而徒以依乘取恩澤侯之比也，故叙其事於雲臺功臣侯者之次。

慶吾，劉永將，建武三年，以斬永首來降，封列侯。

韓湛，爲吴漢校尉，以擊斬董憲封列侯。

安邱侯張步，王莽末，起兵據瑯琊，既而受劉永命，後斬永將蘇茂來降，封安邱侯。八年，坐謀反誅。

漁浦侯帛意〔二〇〕，李憲軍士。憲敗走，帛斬其首來降封。

建忠侯彭寵，爲漁陽太守。王郎之起，獨以郡歸光武，封建忠侯。後反誅。

不義侯子密，彭寵蒼頭。寵反，子密斬其首來降封。

鐫羌侯隗恂，隗囂長子。囂遣入侍，拜胡騎校尉、甘侯。後囂叛帝，數遣書諭之，不從，乃誅恂而討之。

向義侯王遵，隗囂將。數勸囂歸漢，囂叛，諫辭甚切，不從，乃與家屬東詣京師，拜大中大夫，封上洛侯。

陽都侯伏湛，瑯琊東武人。建武三年，拜大司徒封，後徙封不其侯，邑三千六百户。十三年卒，子歙嗣。

光、晨、無忌、質、完，爲曹操所殺，國除。

賜鄉哀侯侯霸，河南密人。建武四年，拜大司徒。十三年薨，追封則鄉侯，食二千六百户，子昱嗣。

建、昌。

袁氏曰：「漢初，丞相選用列侯。至武帝，用公孫弘，起自疏遠，未有爵邑，於是封平津侯，丞相封侯自此始。光武中興，尚仍前制，伏湛代鄧禹爲大司徒，封陽都侯。湛免，以侯霸代之，止封關内侯，凡歷九年而薨，帝始下詔曰：『漢家舊制，丞相拜日，封爲列侯。朕以軍師暴露，功臣未封，緣忠臣之義，不欲相踰，未及爵命，奄然而終。』因追封霸爲則鄉侯。其比西京之制，雖未鐫削，亦淹緩矣。自是之後，位三公者，皆不復有茅土之封。惟靈帝初，陳蕃爲太傅録尚書事，竇太后優詔封，爲高鄉侯，蕃固辭不受，自是宰相封侯之制遂廢。」

扶陽侯韓歆，南陽人。以大司徒封，坐直言免，自殺。

栒邑侯宋弘，京兆長安人。建武二年，爲大司空封，後徙封宣平侯。卒，無子國除。

節鄉正侯趙熹，南陽宛人。建武二十七年，拜太尉。帝崩，受遺詔，典喪禮封。肅宗即位，進爲太傅録尚書事。建初五年薨，子代嗣。直、淑，無子，國除。

陽武侯朱浮，沛國蕭人。以從光武定北邊，建武二年，封舞陽侯，食三縣，後徙封父城侯。二十年，爲大司徒，徙封新息侯。永平中，坐單辭所告，賜死。

成義侯梁統，安定烏氏人。以武威太守與河西大將軍竇融等同歸漢封，後更封高山侯，後定封陵鄉侯。子松嗣，坐誹謗下獄死，國除。

富平侯張純，京兆杜陵人。高祖父安世爲大司馬，封富平侯。純少襲爵土，遭王莽篡，封者多廢，純以敦謹保全前封。建武初，先來詣闕，得復國。二十三年，爲大司空。中元元年薨，謚節侯，子奮嗣。

甫、吉，無子，國除。

陽平侯桓焉，沛郡龍亢人，榮之孫。順帝爲皇太子被廢，焉力争不能。順帝既立，拜太傅，以前廷議守正封，後爲太尉。　順、典，賜爵關内侯。

陵陽侯丁鴻，潁川定陵人。父綝，王莽末，世祖略地潁陽〔二二〕，綝説其宰降，後征伐有功，封定陵新安鄉侯，後徙封陵陽，食邑五千户。建初四年〔二三〕，徙封魯陽鄉侯。和帝時，爲司徒。六年薨〔二三〕，子湛嗣。　浮、夏。

平鄉侯謝安，下邳人。順帝末，群盜起，安率衆斬盜首徐鳳，封邑三千户。

右鄉侯度尚，山陽湖陸人。桓帝時，爲荆州刺史，坐破平群盜封。

烏程東鄉侯抗徐。丹陽人。爲長沙太守，與度尚俱坐平盜封。

鄳侯鄧邯，南陽新野人。中興初，以功封，仕至渤海太守。子鳳嗣。

安鄉侯張禹，趙國襄國人。安帝即位，以定策功封。食邑千二百户。後拜太尉。子盛嗣〔二四〕。

龍鄉侯徐防，沛國銍人。安帝即位，以定策封千一百户，拜太尉。卒，子衡嗣。

育陽安樂鄉侯胡廣，南郡華容人。以定策立桓帝封。梁冀誅，坐奪爵土。

安國亭侯袁湯，汝南南陽人，袁安子。以豫定策立桓帝封。後遷太尉。　逢、基。

定潁侯郭鎮，潁川陽翟人，郭躬子。爲尚書，坐與孫程等誅江京、閻景，立順帝功封，食邑二千户，拜廷尉。卒，子賀嗣。

福亭侯尹勤，南陽人。爲司空，以定策立安帝封。無子，國除。

定遠侯班超，扶風平陵人。坐使西域爲都護安集諸國納質内屬功封邑千户。卒，子雄嗣。始，坐罪誅。

臨晉侯楊賜，弘農華陰人，楊震孫。靈帝時，爲太傅、司徒，以師傅恩封千五百户。薨，子彪嗣。建安十一年，奪封。

務亭侯楊衆，震曾孫。獻帝時，拜侍中，以步從帝東還封。

宜陽鄉侯尹勳，河南人。爲尚書令，坐預誅梁冀功，與僕射霍諝、尚書張敬、歐陽參、李偉、虞放、周永並封亭侯。

高陽鄉侯蔡邕，陳留圉人。獻帝時，以左中郎將從遷都長安封。後董卓誅，爲王允所殺。

邟鄉侯黄瓊，江夏安陸人。桓帝時，爲太尉。以師傅恩，不阿梁氏封邑千户。固辭，許之。後爲司空。

孫琬，獻帝初，爲司徒，更封陽泉鄉侯。

壽成亭侯皇甫規，安定朝那人。爲度遼將軍，坐平賊討羌功封邑二百户。

新豐縣侯段熲，武威姑臧人。爲并州刺史，坐討羌胡功封邑萬户，後爲太尉。王甫誅，熲下獄死。

逯鄉侯劉寬，弘農華陰人。代段熲爲太尉，以先策黄巾逆謀封六百户。子松嗣〔二五〕。

高陽鄉侯陳蕃，汝南平輿人。靈帝即位，以太傅輔政封。與竇武謀誅宦官，爲曹節等所殺。

温侯王允，太原祁人。獻帝初，遷都長安，爲司徒，以從遷功封二千户。後誅董卓，爲卓部曲李傕等所殺。

槐里侯皇甫嵩，安定朝那人。以左中郎將討平賊張角封，食槐里、美陽兩縣八千户。後拜太尉，薨。

西鄉侯朱儁，會稽上虞人。以右中郎將討平賊張角功封，後更封錢塘侯。

斄鄉侯董卓，隴西臨洮人。靈帝中平元年，爲破虜將軍，坐討羌功封邑千户。靈帝崩，大將軍何進召卓將兵脅太后，誅宦官。卓既入，廢少主，立獻帝，遷太尉，更封郿侯，改拜太師，封弟旻爲鄠侯。劫帝西遷，王允與士孫瑞等討而誅之。

容邱侯劉虞，東海郯人。爲幽州牧，以討平反者張純等功封。後拜大司馬，進封襄賁侯。公孫瓚襲而殺之。

薊侯公孫瓚，遼西令支人。爲奮武將軍，以討黄巾有功封。後殺劉虞，取幽州，袁紹攻而殺之。

溧陽侯陶謙，爲徐州刺史，以擊破黄巾功封，遷徐州牧。後爲曹操所擊，敗死。

邟鄉侯袁紹，汝南汝陽人。爲司隸校尉，與何進謀召董卓，以兵誅宦官。以事忤卓，出奔，卓拜紹渤海太守，封侯。紹以渤海起兵討卓，領冀州牧。獻帝都許，以紹爲太尉，封鄴侯。後拜大將軍，兼督冀、青、幽、并四州，引兵攻許，爲曹操所敗，死。

武成侯劉表，山陽高平人。爲荆州刺史，討平宗賊。李傕入長安，表遣使入貢，拜荆州牧，封武成侯。建安十三年卒，曹操取其地。

温侯吕布，五原九原人。爲董卓騎都尉，封都亭侯。司徒王允與布密謀討卓，卓既誅，拜奮威將軍，封温侯。後據兖州，曹操取其地而殺之。

被陽侯歐陽歙，樂安千乘人。王莽時，爲長社宰。世祖即位，爲河南尹，封被陽侯。九年，更封夜侯，徵爲大司徒。後坐臧下獄死。子復嗣，無子，國除。

褒成侯孔志，魯人，父均。平帝時，以孔子後封。王莽敗，失國。建武十三年，以志襲封。卒，子損嗣。曜、完。

外戚侯

壽張恭侯樊宏，南陽湖陽人，世祖舅。帝即位，拜光禄大夫，封長羅侯。十五年，更封壽張。二十七年卒，子儵嗣，徙封燕侯。氾、時、建、盼、尚。

射陽侯丹，宏弟，建武十三年封。

玄鄉侯尋，宏兄子。建武十三年封。

更父侯忠，宏族兄。建武十三年封。

平望侯茂，宏少子。建武二十七年封。

陽安節侯郭況，真定人，郭后弟。建武十七年封。永平二年卒，子璜嗣，竇憲誅，坐死。

新郪侯竟，后從兄。以從征伐功封。永平中卒，子嵩嗣。勳，無子，國除。

發干侯匡，竟弟。建武末卒，子勳嗣。駿，無子，國除。

南𣇸侯陳茂，郭后叔父梁之婿，以恩澤封。

原鹿貞侯陰識，南陽新野人，光烈皇后之前母兄。更始時，封陰德侯。建武元年，封陰鄉侯。十五年，封原鹿侯。永平二年卒，子躬嗣。璜、淑、璜弟。鮪。

吴房侯綱，識侄孫，和帝陰后之父。後坐事，綱自殺。

鮦陽侯慶，識弟，興之子。永平元年封。卒，子琴嗣。萬、全、桂。

灈强侯博，慶弟。永平元年封。

順陽安侯馬廖，明德皇后之兄。建初四年封。永平四年卒，子遵嗣，徙封程鄉侯。卒，無子，國除。

鄧太后詔封廖孫度爲潁陽侯。

潁陽侯防，廖弟。建初四年封，六千户。後坐罪，徙封翟侯。卒，子鉅嗣。

許陽侯光，防弟。建初四年封，六千户。竇憲誅，憲奴誣告光罪，自殺。朗，光子，鄧太后詔紹封合鄉侯。

章帝建初元年，欲封爵諸舅，太后不聽。明年夏，大旱〔二六〕，言事者以爲不封外戚之故，有司因此上奏，宜依舊典。太后詔曰：「凡言事者皆欲媚朕以要福耳。昔王氏五侯同日俱封，其時黄霧四塞，不聞霪雨之應。又田蚡、竇嬰，寵貴横恣，傾覆之禍，爲世所傳。故先帝防謹舅氏，不令在樞機之位。諸子之封，裁令半楚、淮陽諸國，常謂『我子不當與先帝子等』。今有司奈何欲以馬氏比陰氏乎！吾爲天下母，而身服大練，食不求甘，左右但著帛布〔二七〕，無香薰之飾者，欲身率下也〔二八〕。以爲外親見之，當傷心自敕，但笑言太后素好儉。前過濯龍門上，見外家問起居者，車如流水，馬如游龍，蒼頭衣綠褠，領袖正白，顧視御者，不及遠矣。故不加譴怒，但絶歲用而已，冀以默愧其心，而猶懈怠，無憂國忘家之慮。知臣莫若君，況親屬乎？吾豈可上負先帝之旨，下虧先人之德，重襲西京敗亡之禍哉！」固不許。帝省詔悲嘆，復重請曰：「漢興，舅氏之封侯，猶皇子之爲王也。太后誠存謙虛，奈何令臣獨不加恩三舅乎？且衛尉年尊，兩校尉有大病，如令不諱，使臣長抱刻骨之恨。宜及吉時，不可稽留。」太后報曰：「吾反覆念之，思令兩善。豈徒欲獲謙讓之名〔二九〕，而使帝受不外施之嫌哉！昔竇太后欲封王皇后之兄，丞相條侯言受高祖約，無軍功，非劉氏不侯。今馬氏無功於國，豈得與陰、郭中興之后等邪？常觀富貴之家，禄位重疊，猶再實之木，其根必傷。且人所以願封侯者，欲上奉祭祀，下求温飽耳！今祭祀則受四方之珍，衣食則蒙御府餘資，斯豈不足，而必當得一縣乎？吾計之熟矣，勿有疑也。夫至孝之行，安親爲上。今數遭變異，穀價數倍，憂惶晝夜，不安坐卧，而欲先營外封，違慈母之拳拳乎！吾素剛急，有胸中氣，不可不順也。若陰陽調和，邊境清浄，然後行子之志。吾但當含飴弄孫，不能復關政矣。」四年，天下豐稔，方陲無事，帝遂封三舅廖、防、光皆爲列侯。廖等辭遜，不得已，受封爵而退。

武陽侯竇憲，章德皇后之兄。和帝即位，后臨朝，拜大將軍，封食邑二萬户。後坐罪。自殺。

鄳侯篤、汝陽侯景、夏陽侯瓌，皆憲弟，同時封。憲敗，皆自殺。

樂平侯梁棠，和帝母梁貴人父竦之子。和帝親政後封，卒，子安國嗣。

乘氏侯雍、單父侯翟，皆棠弟，與棠同時封。

上蔡侯鄧隲，南陽人，和熹皇后兄。永初元年封，食邑萬户。后崩，中黄門等誣告隲弟悝罪，坐徙羅侯，死。

葉侯悝，隲弟，同時封。元初五年卒，子廣宗嗣，封葉侯。后崩，中黄門譖而殺之。

西平侯弘，隲弟，同時封。元初二年卒，子廣德嗣。甫德，廣德弟，封都鄉侯。

西華侯閶，隲弟，同時封。卒，子忠嗣。廣德、甫德、忠並爲中黄門譖死。

北宜春侯閻暢，安思皇后父。元初三年封，邑五千户。四年卒，子顯嗣，更封長社侯〔三〇〕，食邑萬三千五百户。後坐罪誅。

乘氏侯梁商，順烈皇后之父。襲父雍封，子冀嗣，拜大將軍。建和元年，益封萬三千户。永興二年，坐罪誅。

桓帝元嘉元年，以梁冀有援立之功，欲褒崇殊典，乃大會公卿，議其禮。特進胡廣、太常羊溥、司隸校尉祝恬、太中大夫邊韶等咸稱冀之勳德，其制度賚賞，宜比周公，賜之山川、土田、附庸。司空黄瓊獨建議曰：「冀前以親迎之勞，增邑三千，又其子胤亦加封賞〔三一〕，昔周公輔相成王，制禮作樂，化致太平，是以大啟土宇，開地七百。今諸侯以户邑爲制，不以里數爲限。蕭何識高祖於泗水，霍光定傾危以興國，皆益户增封，以顯其功。冀可比鄧禹，合食四縣，賞賜之差，同於霍光。」朝廷從之。

潁陽侯不疑，冀弟。　潁陰侯馬，不疑子。　襄邑侯胤，冀子。　城父侯桃，胤子。　西平侯蒙，冀弟。冀敗，並坐誅。

南頓侯鄧演，桓帝鄧后之兄。后立封，子康嗣。

泚陽侯康〔三三〕、昆陽侯統、淯陽侯秉，皆演兄弟，同時封。

槐里侯竇武，桓思皇后之父。后立，封，五千户。桓帝崩，靈帝立，輔政，拜大將軍，更封聞喜侯。與陳蕃等謀誅宦官，爲所害。

脩侯董重，河間人，靈帝母，孝仁董后兄子。帝即位封，帝崩，何進奏其罪，自殺。

不其鄉侯宋酆，扶風平陵人。靈帝宋皇后之父。后立封。后廢，坐死。

慎侯何進，南陽宛人。靈思皇后兄。后立，以功封。帝崩，爲大將軍，輔政，謀誅宦官，不克，爲張讓等所殺。

濟陽侯苗，進弟。進敗，俱死。

宦者侯

鄛鄉侯鄭衆，南陽犨人。和帝十四年，以誅竇憲功封，食邑千五百户。永初元年，和熹皇后益封三百户。元初元年卒，養子閎嗣。安、石讎衆曾孫。封關内侯。

龍亭侯蔡倫，桂陽人。元初元年，鄧太后以倫久宿衛，封邑三百户。安帝時，坐罪死，國除。

雍鄉侯李閏〔三三〕，安帝時，爲小黄門，譖鄧悝等，廢平原王〔三四〕，坐是封三百户。

都鄉侯江京，安帝時與李閏同封。帝崩，孫程等誅之，而立順帝。

浮陽侯孫程，涿郡新城人。安帝時，江京等譖廢太子，帝崩，程等誅京，迎太子，立之爲順帝，封萬户。陽嘉元年卒，養子壽嗣。

華容侯王康，與孫程同立順帝，功封九千户。

酈侯王國，與孫程同功封九千户。

湘南侯黄龍，與孫程同功封五千户。

西平昌侯彭愷，與孫程同功封四千二百户。

中廬侯孟叔〔三五〕，與孫程同功封四千二百户。

復陽侯李建，與孫程同功封四千二百户。

廣宗侯王成、祝阿侯張賢、臨沮侯史汎、廣平侯馬國、范縣侯王道、褒信侯李元、山都侯楊佗、下雋侯陳予、析縣侯趙封、枝江侯李剛，俱與孫程同功，各封四千户。

夷陵侯魏猛，與孫程同功封二千户。

東阿侯苗光，與孫程同功封千户。是爲十九侯。孫程卒，賜謚剛侯。王康、王國、彭愷、王成、趙封、魏猛六人皆早卒，黄龍、楊佗、孟淑、李建、張賢、史汎、王道、李元、李剛九人坐罪減租四分之一。惟馬國、陳予、苗光保全封邑。

東鄉侯籍建、都鄉侯良賀二人，俱順帝爲太子時小黄門，帝立，以勞封。

費亭侯曹騰，沛國譙人。以預定策立桓帝功，與長樂太僕州輔等七人皆封亭侯。卒，養子嵩嗣。

新豐侯單超，河南人。以預誅梁冀功封二萬户。

武原侯徐璜〔三六〕，下邳良城人。以預誅梁冀功封萬五千户。

東武陽侯具瑗，魏郡元城人。以預誅梁冀功封萬五千户。

上蔡侯左悺，河南平陰人。以預誅梁冀功封萬三千户。後坐罪，自殺。

汝陽侯唐衡，潁川郾人。以預誅梁冀功封萬三千户。

誅梁冀時，又封小黄門劉普、趙忠等八人爲鄉侯。

高鄉侯侯覽，山陽防東人。以預誅梁冀功封，後坐罪自殺。

育陽侯曹節，南陽新野人。以預定策立靈帝功封長安鄉侯。後以誣奏陳蕃、竇武等罪，將兵殺之，封育陽侯，邑三千户。又誣奏渤海王悝反，殺之，增封七千六百户。

冠軍侯王甫，與曹節同惡誣殺陳蕃、竇武、渤海王悝等，封七千六百户。光和二年，司隸校尉陽球奏其罪，誅之。朱瑀、共普、張亮、王尊、騰是，皆以誣殺陳蕃、竇武功封。瑀，華容侯，千五百户。普、亮等五人各三百户。

都鄉侯吕强，河南成皋人。靈帝時，例封宦者，以强爲鄉侯，强辭讓懇惻，固不敢當，帝聽之。後爲趙忠等誣譖，自殺。

都鄉侯趙忠，安平人。以預誅梁冀功封，後與張讓等殺何進，作亂，袁紹勒兵誅之。

張讓，潁川人。靈帝時，與趙忠同封列侯，後與趙宗作亂〔三七〕，殺何進，劫質天子，爲追兵所急，投河死。

右，東漢列侯姓名之見於史傳可考者。按范史世祖本紀所載，建武十三年，功臣增邑更封者已該三百六十五人，外戚恩澤封者已該四十五人。今考之，自世祖至獻帝十三傳，凡二百年間，以功勳位望封侯者纔一百二十九人，外戚四十一人，宦者六十五人，然則姓名之湮没無傳者多矣。

王侯號

靈壽王、彭城靖王，未封，賜號靈壽王，未有國邑，取其美名。重熹王。樂成靖王，未封，賜號重熹王。承義侯、寇恂。成義侯、梁統。興義侯、景既。奉義侯、景丹。輔義侯、庫鈞。扶義侯、辛彤。助義侯、竺曾。褒義侯、史苞。褒親侯、吴翕。褒德侯、卓茂。歸德侯、劉諷。褒成侯、孔志、孔僖〔三八〕。顯親侯、竇友。建策侯、吴漢。建功侯、蓋延。宣恩侯、陰陸。討姦侯〔三九〕、杜習。折姦侯、燕廣。征羌侯、來歙。破虜侯、須沈。不義侯、蒼頭子密。破羌侯、榆鬼。率衆王、烏倫。率衆侯。其至鞬。

徐氏曰：「按漢世封侯皆以縣邑，其後或以鄉亭，皆視其所食之邑而名之。至於功名顯著，則有特加美名者，西都、信武、冠軍、富民、博陸之類是也。東漢因之，時有美號。至於彭寵蒼頭以奴弒主而封之不義侯，夫果不義則不應封爵，使其功可封，則非可言不義矣，光武於是失之。」

按：秦漢以來，所謂列侯者，非但食其邑入而已，可以臣吏民，可以布政令。若關内侯，則惟以虚名受廩禄而已。然西都景、武而後，始令諸侯王不得治民，漢置内史治之。自是以後，雖諸侯王亦無君國子民之實，不過食其所封之邑入，況列侯乎！然所謂侯者，尚裂土以封之也，至東都始有未與國邑，先賜美名之例，如靈壽王、征羌侯之類是也。至明帝時，有四姓小侯，乃樊氏、郭氏、陰氏、馬氏諸外戚子弟以小年獲封者。又肅宗賜東平王蒼列侯印十九枚，令王子年五歲以上能趨拜者，皆令帶之。此二者往往皆是未有土地，先佩侯印受俸廩，蓋至此則列侯有同於關内侯者矣。

校勘記

〔一〕列侯奉朝請在長安者　「朝」字原脱，據後漢書百官志五補。

〔二〕次大夫　三字原脱，據通典卷三一職官典十三補。

〔三〕漢興　「興」原作「典」，據後漢書卷一〇上皇后紀上改。

〔四〕定封全椒侯　「封」原作「功」，據後漢書卷二二馬成傳改。

〔五〕定封阜成侯　「封」字原重，據後漢書卷二二王梁傳改。

〔六〕禹卒子堅石嗣　六字原脱，據後漢書卷二二王梁傳補。

〔七〕堅石追坐父及弟與楚王英謀反誅　「追」字與「及」字原脱，據後漢書卷二二王梁傳補。

〔八〕觀陽　「觀」上原衍「胡」字，據後漢書集解引惠棟説删。

〔九〕忠卒子敏嗣　五字原脱，據後漢書卷一七賈復傳補。

〔一〇〕姊子　原作「妹」，據後漢書卷一六寇恂傳改。

〔一一〕世祖討河北　「河北」原作「江北」，據後漢書卷二二堅鐔傳改。

〔一二〕復封彰弟訢爲析鄉侯　「析鄉」原作「祈鄉」，據後漢書卷一七馮異傳改。

〔一三〕潁川郟人　「郟」原作「陜」，據元本、慎本、馮本及後漢書卷二〇銚期傳改。

〔一四〕坐與楚王英謀反　「謀反」二字原倒，據後漢書卷二二劉植傳乙正。

〔一五〕潁川郟人　「郟」原作「陜」，據後漢書卷一八臧宫傳改。

〔一六〕與謝躬等攻王郎　「躬」原作「射」，據後漢書卷二二馬武傳改。

〔一七〕坐兄與楚王英黨謀反　「黨」與「反」原脱，據後漢書卷二二馬武傳補。

〔一八〕蓼　「蓼」下原衍「安」字，據劉攽東漢書刊誤删。

〔一九〕後征五溪蠻病卒　「五」原作「武」，據後漢書卷二四馬援傳改。

〔二〇〕漁浦侯帛意　「帛意」二字原倒，據後漢書卷一二李憲傳乙正。

〔二一〕世祖略地潁陽　「潁陽」原作「潁川」，據後漢書卷三七丁鴻傳改。

〔二二〕建初四年　按此後所叙爲丁鴻事，此前所叙乃其父丁綝事。

〔二三〕六年薨　按和帝永元四年，丁鴻代袁安爲司徒，永元六年卒，見後漢書卷三七丁鴻傳。

〔二四〕子盛嗣　「嗣」字原脱，據後漢書卷四四張禹傳補。

〔二五〕子松嗣　「嗣」字原脱，據後漢書卷二五劉寬傳補。

〔二六〕大旱　「大」字原脱，據元本、慎本、馮本及後漢書卷一〇上皇后紀上補。

〔二七〕左右但著帛布　「但」原作「皆」，據後漢書卷一〇上皇后紀上改。
〔二八〕欲身率下也　「也」字原脱，據後漢書卷一〇上皇后紀上補。
〔二九〕豈徒欲獲謙讓之名　「讓」原作「謙」，據後漢書卷一〇上皇后紀上改。
〔三〇〕更封長社侯　「社」下原衍「縣」字，據後漢書集解王先謙説删。
〔三一〕又其子胤亦加封賞　「胤」字原脱，據後漢書卷六一黄瓊傳補。
〔三二〕泚陽侯康　「泚」原作「沘」，據後漢書卷一〇下皇后紀下改。
〔三三〕雍鄉侯李閏　「李閏」原作「李潤」，據元本、慎本、馮本及後漢書卷七八宦者傳改。
〔三四〕譖鄧悝等廢平原王　按後漢書卷七八宦者傳載，安帝初年，鄧太后臨朝，李閏與安帝乳母王聖常譖太后兄鄧悝欲廢安帝而立平原王劉翼。安帝每忿懼，及鄧太后卒，遂殺鄧悝而封李閏爲雍鄉侯，此處叙事不明。
〔三五〕中盧侯孟叔　「孟叔」原作「孟淑」，據後漢書卷七八宦者傳改。
〔三六〕武原侯徐璜　「武原」二字原倒，據後漢書卷七八宦者傳乙正。
〔三七〕後與趙宗作亂　「趙宗」原作「張讓」，據後漢書卷七八宦者傳改。
〔三八〕孔僖　按後漢書卷七九上儒林傳上，漢章帝元和二年幸闕里，拜孔僖爲郎中，賜褒成侯孔損錢帛，疑此處孔僖有誤。
〔三九〕討姦侯　「討」原作「封」，據後漢書卷八七西羌傳改。

卷二百七十　封建考十一

魏封建諸侯王

任城威王彰，建安二十一年，封鄢陵侯。文帝即位，以功增邑五千，并前萬户。黄初二年，進爵爲公。三年，立爲任城王。四年薨，子楷嗣，徙封中牟。五年，改封任城縣。太和六年，復改封任城國，食五縣二千五百户。青龍三年，坐罪削縣二千户。正始七年，徙封濟南，三千户〔一〕，并增邑四千四百户。

陳思王植，建安十六年，封平原侯。十九年，徙封臨菑侯。二十二年，增邑至萬户。文帝即位，坐罪貶爵安鄉侯。三年，立爲鄄城王，邑二千五百户。四年，徙封雍邱。六年，增户五百。太和元年，徙封浚儀。三年，徙封東阿。六年，以陳四縣封爲陳王，邑三千五百。薨，子志嗣，徙封濟北王。

蕭懷王熊，早薨。後追封王，子哀王炳嗣，食邑二千五百户。薨，無子，國除。

豐愍王昂，早卒。黄初二年，追謚曰豐悼公。三年，以樊安公均子琬嗣。嘉平六年，襲爵爲豐王，累增邑至二千七百户。薨，子廉嗣。

相殤王鑠，早薨。太和三年追封。子潛嗣，薨。偃，邑二千五百户，無子，國除。

鄧哀王冲，早卒，以宛侯據子琮奉冲後。景初元年，坐罪削邑，貶爵爲侯。正始七年，轉封平陽公，累增邑并前千九百户。

彭城王據，建安十六年，封范陽侯。二十二年，徙封宛侯。黄初二年，進爵爲公。三年，爲章陵王。又徙義陽，又徙彭城及濟陰。景初元年，坐罪削爵二千户。三年，復。景元中累增邑，并前四千六百户。

燕王宇，建安十六年，封都鄉侯。二十二年，改封魯陽侯。黄初二年，進爵爲公。三年，爲下邳王。五年，改封單父縣。太和六年，封燕王，累增邑至五千五百户。薨。奐，後入繼大宗，即帝位。

沛穆王林，建安十六年，封饒陽侯。二十二年，徙封譙。黄初二年，進爵爲公。三年，爲譙王。五年，改封譙縣。七年，徙鄄城。太和六年，徙沛，累增邑至四千七百户。薨，子緯嗣。

中山恭王袞，建安二十一年，封平鄉侯。二十二年，徙東鄉侯〔二〕。黄初二年，進爵爲公。三年，爲北海王。又徙贊、濮陽及中山。青龍元年，坐削邑。二年，復。三年，卒，子孚嗣，增邑至三千四百户。

濟陽懷王玹，建安十六年，封西鄉侯。早卒，以沛王林子贊襲爵。薨，復以贊弟壹紹〔三〕。薨，子恒嗣，累增邑至千九百户。

陳留恭王峻，建安二十一年，封郿侯。後徙襄邑。黄初二年進爵〔四〕，改封襄邑。又改陳留。薨，子澳嗣，累增邑至四千七百户。

范陽閔王矩，早卒，詔以樊安公均子敏嗣，封臨晉侯。黄初五年，改封范陽王。七年，徙句陽，增邑至三千四百户。子焜嗣。

趙王幹，建安二十年封高平亭侯。再徙賴亭、弘農。黄初二年，封燕王。又改河間、樂城、鉅鹿，改封趙王〔五〕，增邑至五千户。

楚王彪，建安二十一年，封壽春侯。徙封汝陽、弋陽、吴、壽春、白馬，乃改封楚王。坐犯禁削縣，繼而復所削，封至三千户。嘉平元年，令狐愚、王凌等謀立彪，都許昌，凌敗，彪自殺。至正元年，封子嘉爲常山真定王。

鄗戴公子整，建安二十二年，封鄗侯。薨，無子，詔以彭城王據子範奉整後。子闡嗣，增封至千八百户。

樊安公均，建安二十二年封，薨，子抗嗣，徙封抗薊〔六〕、屯留。薨，子諶嗣，累封至千九百户。

東平靈王徽〔七〕，建安二十二年，封歷城侯。黄初三年爲廬江王。徙壽張、東平，坐罪削邑，繼復所削。薨，子翕嗣，累封至三千四百户。

樂陵王茂，建安二十二年〔八〕，封萬歲亭侯。改封平輿、乘氏、中邱、聊城，乃封王。又改曲陽。坐罪削，繼復，徙樂陵，增邑至五千户。

右，太祖二十五男，其得封傳國者十七人。

贊哀王協，早薨，太和五年追封。子尋嗣，增户至三千。薨，無子，國除。

北海悼王蕤，黄初七年，立爲陽平縣王。後改封北海。薨，以瑯琊王子贊嗣，徙封昌鄉、饒安、文安，增邑至三千五百户。

東武陽懷王鑒，黄初六年立。薨，無子，國除。

東海定王霖，黄初三年，立爲河東王。改封館陶、東海。薨，子啟嗣，累增邑至六千二百户。子高貴鄉公髦入繼大宗，嗣帝位。

元城哀王禮，黄初二年，封秦公。三年，改京兆王。又改元城。薨，尋以任城王楷子梯嗣，改封梁王，累增邑至四千五百户。

邯鄲懷王邕，黄初二年，封淮南公。三年，封王。又改陳及邯鄲。薨，以任城王楷子温嗣，改封魯陽，累增邑至四千四百户。

清河悼王貢，黄初三年封。薨，無子，國除。

廣平哀王儼，黄初三年封。薨，無子，國除。

右，文帝子八王。

黄初五年，詔曰：「先王建國，隨時而制。漢祖增秦所置郡，至光武以天下損耗，并省郡縣。以今比之，益不及焉。其改封諸王皆爲縣王。」

陳思王傳：「時法制，待藩國既自峻迫，寮屬皆賈豎下才，兵人給其殘老，大數不過二百人。又植以前過，事事復減半〔九〕，十一年中而三徙都，常汲汲無歡，遂發疾薨。」正始間，宗室曹冏上書曰：「古之王者，必建同姓以明親親，必樹異姓，以明賢賢。親親之道，專用則其漸也微弱。賢賢之道，偏任則其敝也劫奪。先聖知其然也，故博求親疏而並用之，故能保其社稷，歷紀長久。今魏尊尊之法雖明，親親之道未備。或任而不重，或釋而不任。臣竊惟此，寢不安席。謹撰合所聞，論其成敗。

曰：昔夏、商、周歷世數十，而秦二世而亡，何則？三代之君，惟天下共其民，故天下同其憂。秦王獨制其民，故傾危而莫救也。秦觀周之敝，以爲小弱見奪，於是廢五等之爵，立郡縣之官，內無宗子以自毗輔，外無諸侯以爲藩衛，譬猶芟刈股肱，獨任胸腹，觀者爲之寒心，而始皇晏然，自以爲子孫帝王萬世之業也。豈不悖哉！故漢祖奮三尺之劍，驅烏集之衆，五年之中，遂成帝業。何則？伐深根者難爲功，摧枯朽者易爲力，理勢然也。漢監秦之失，封殖子弟，及諸呂擅權，圖危劉氏，而天下所以不傾動者，徒以諸侯强大，磐石膠固故也。然高祖封建，地過古制，故賈誼以爲『欲天下之治安，莫若衆建諸侯而少其力』，文帝不從。至於孝景，猥用鼂錯之計，削黜諸侯，遂有七國之患。蓋兆發高帝，釁鍾文、景，由寬之過制，急之不漸故也。所謂末大必折，尾大難掉。尾同於體，猶或不從，況乎非體之尾，其可掉乎？武帝從主父策，下推恩之令，自是之後，遂以陵夷，子孫微弱，衣食租稅，不預政事。至於哀、平，王氏秉權，假周公之事，而爲田常之亂，宗室王侯，或乃爲之符命，頌莽恩德，豈不哀哉！由斯言之，非宗子獨忠孝於惠、文之間，而叛逆於哀、平之際也，徒以權輕勢弱，不能有定耳。賴光武皇帝挺不世之姿，擒王莽於已成，紹漢嗣於既絶，斯豈非宗子之力也？而曾不監秦之失策，襲周之舊制？至於桓、靈，閹宦用事，君孤立於上，臣弄權於下。由是天下鼎沸，姦宄並争，宗廟焚爲灰燼，宫室變爲榛藪。太祖皇帝龍飛鳳翔，掃除凶逆。大魏之興，於今二十有四年矣，觀五代之存亡，而不用其長策，睹前車之傾覆，而不改於轍迹。子弟王空虚之地，君有不使之民，宗室竄於閭閻，不聞邦國之政，權均匹夫，勢齊凡庶。內無深根不拔之固，外無磐石宗盟之助，非所以安社稷，爲萬世之業也。且今之州牧、郡守，古之方伯、諸侯，皆跨有千里之土，兼軍武之任，或比國數人，或兄弟並據。而宗室子弟，曾無一人間厠其間，與相維持〔一〇〕，非所以强幹弱枝，備萬一之虞也。今之用賢，或超爲名都之主，或爲偏師之帥，而宗室有文者必限小縣之宰，有武者必致百人之上，非所以勸進賢能，褒異宗室之禮也。語曰：『百足之蟲，至死不僵。』以其扶之者衆也。此言雖小，可以譬大。是以聖王安不忘危，存不忘亡，故天下有變而無傾危之患矣。」冏冀以此論感悟曹爽，爽不能用。

陳壽評曰：「魏氏王公，既徒有國土之名〔一一〕，而無社稷之實，又禁防壅隔，同於囹圄。位號靡定，大小歲易。骨肉之恩乖，棠棣之義廢。爲法之弊，一至於此乎！」袁子曰：「魏興，承大亂之後，民人損減，不可則以古始。於是封建侯王，皆使寄地空名，而無其實。王國使有老兵百餘人，以衛其國。雖有王侯之號，而乃儕於匹夫。縣隔千里之外，無朝聘之儀，鄰國無會同之制。諸侯游獵不得過三十里，又爲設防輔監國之官以伺察之。王侯皆思爲布衣而不能得。既違宗國藩屏之義，又虧親戚骨肉之恩。」

魏列侯

魏黄初三年，初制，封王之庶子爲鄉公，嗣王庶子爲鄉侯，公之庶子爲亭伯。其後定制，凡國王、公、侯、伯、子、男六等，次縣侯，次鄉侯，次亭侯，次關内侯。又置名號侯爵十八級，關中侯爵十七級，皆金印紫綬。關外侯十六級，銅印龜紐，墨綬。五大夫十五級，銅印環紐，亦墨綬。自關内侯皆不食租，虚封爵。自魏始而有保、傅、相、常侍、侍郎、郎中令、中尉、大農、文學、友、謁者大夫、諸雜署令、丞。公主有家令、僕、丞、行夜督郵。王太妃有家令、僕、丞。

公孫康，遼東襄平人。漢末，父度據遼東，至康，以斬袁尚功封襄平侯。子淵嗣，明帝時拜大司馬，封樂浪公。景初元年，遣使徵之，淵發兵反，遣司馬懿討誅之。

張燕，常山真定人。本群盜聚衆河北，太祖將平冀州，遣使求佐王師，拜平北將軍，封安國亭侯，邑五百户。薨，子方嗣。融。

張繡，武威祖厲人。漢末，聚衆於祖厲，後領衆屯宛，與劉表合。太祖南征，以衆降，封宣威侯，以軍功增邑至二千户。薨，子泉嗣，坐反誅，國除。

張魯，沛國豐人。據漢中，太祖討平之。出降，封閬中侯，邑萬户。封魯五子及閻圃等皆爲列侯。子富嗣。

夏侯惇，沛國譙人。以從征吕布功封高安鄉侯，增邑至二千五百户。薨，謚忠侯，子充嗣。廙、劭。

河内人韓浩、沛國人史渙，俱以忠勇顯，掌禁兵，封侯。附惇傳。

夏侯淵，惇族弟。以軍功封博昌亭侯。後守漢中，爲劉先主所襲，戰死，謚愍侯，子衡嗣。績、褒。

曹仁，太祖從弟。以征伐功進封陳侯，增邑至三千五百户。薨，謚忠侯。子泰嗣，轉封甯陵侯。初，泰弟楷、範，皆爲列侯。

仁弟純，以征伐功封高陵亭侯，邑三百户。卒，謚威侯，子演嗣。

曹洪，太祖從弟。以征伐功封野王侯，二千一百户〔三〕。薨，謚恭侯。子馥嗣。　太祖分洪户封子震爲列侯。　族父瑜官至衛將軍，封侯。

曹休，太祖族子。以征伐功封長平侯，增邑至二千五百户。薨，謚壯侯，子肇嗣。　興。　文帝分休户三百封肇弟纂爲列侯。

曹真，太祖族子。以軍功封東鄉侯，累增户至二千九百。薨，謚元侯。子爽嗣。明帝崩，受遺輔少主，加侍中，武安侯，邑萬二千户。坐擅權，爲司馬懿所誅夷。　明帝思真功，封其五子羲、訓、則、彦、皚皆爲列侯。　文帝分真邑二百户，封弟彬爲列侯。

夏侯尚，淵從子。以軍功封昌陵鄉侯。薨，謚悼侯。子玄嗣，坐謀誅司馬師，爲師所誅夷。

荀彧，潁川潁陰人。太祖平袁紹，以彧前後籌策功封萬歲亭侯，累增邑至二千户。薨，謚敬侯，子惲嗣。　甝、頵。

荀攸，彧從子，與彧同時以籌策功封陵樹亭侯，增邑至七百户。子適嗣。　彪。

賈詡，武威姑臧人。以説張繡降太祖功封都亭侯，進封魏壽鄉侯，增邑至八百户。薨，謚肅侯，子穆嗣。　模。

田疇，右北平無終人。太祖征烏丸，疇將衆爲向導，破虜，以功封亭侯，邑五百户，固辭不受。

何夔，陳郡陽夏人。太祖時，參軍事。文帝爲太子，以夔爲少傅。帝即位，封成陽亭侯，邑三百户。

薨，謚靖侯，子曾嗣。

鍾繇，潁川長社人。太祖時，馬騰、韓遂擁强兵擅關中，乃以繇爲侍中，持節督關中。魏國初建，爲相國。文帝受禪，進封崇高鄉侯，增邑至千八百户。薨，謚成侯，子毓嗣。文帝分毓户邑封繇弟演及子劭、孫豫列侯。駿。

華歆，平原高唐人。魏國建，爲御史大夫。文帝即位，拜相國，封安樂侯。明帝即位，封博平侯，增邑至千三百户。薨，謚敬侯。子表嗣。文帝時，分歆户邑封歆弟緝列侯。

王朗，東海人。魏國建，以軍祭酒領魏郡太守。文帝即位，爲司空，封樂平鄉侯。明帝即位，封蘭陵侯，增邑至千二百户。薨，謚成侯，子肅嗣。文帝分朗邑封朗兄子詳爲列侯。

程昱，東郡東阿人。以從討破袁譚、尚功封安國亭侯。文帝即位，封安鄉侯，增邑至八百户。薨，謚肅侯，子武嗣。克、良。

郭嘉，潁川陽翟人。從征伐，以籌策功封洧陽亭侯，增邑至千户。薨，謚貞侯，子率嗣。深、獵。

董昭，濟陰定陶人。説太祖移駕都許，以謀策功封千秋亭侯。後進爵樂平侯，邑千户。薨，謚定侯，子胄嗣。

劉曄，淮南成德人。太祖、文帝時，爲侍中，征討預謀畫。明帝時，以功封東亭侯，邑三百户。薨，謚景侯，子寓嗣。

蔣濟，楚國平阿人。太祖時，爲丞相主簿。文、明時，仕至散騎常侍，預軍國謀議。齊王即位，進爵昌陵亭侯。薨，諡景侯，子秀嗣。凱。

劉放，涿郡人。魏國建，爲祕書郎。文、明時，爲中書監，掌機密，封西鄉侯。齊王即位，以定策增邑至一千一百户。薨，諡敬侯，子正嗣。

孫資，太原人。自太祖以來，與劉放俱任中書，掌機密，封陽亭侯。齊王即位，以定策增邑至千户。薨，諡貞侯，子宏嗣。

劉靖，沛國相人。太祖時，表靖父馥爲揚州刺史，恩惠大行，戰守有備。馥卒，子靖爲河南尹，有父風，封廣陵亭侯，邑三百户。薨〔三〕，諡景侯，子熙嗣。

司馬朗，河内温人。太祖時，爲丞相主簿從征伐。明帝即位，録其功，封朗子昌武亭侯，邑百户。子洪嗣。

梁習，陳郡柘人。文帝時，爲并州刺史，政治爲天下最，封申門亭侯，邑百户。薨，子施嗣。

張既，馮翊高陵人。文帝時，爲涼州刺史，以擊胡功封西鄉侯，增邑至四百户。薨，諡肅侯。子緝嗣，坐與李豐同謀誅司馬師見殺。

賈逵，河東襄陵人。太祖時，爲丞相主簿從征伐。文帝受禪，以功封陽里亭侯，四百户。薨，諡肅侯，子充嗣。

任峻，河南中牟人。太祖征伐，峻常居守置屯田，給軍糧，以功封都亭侯，邑三百户。薨，諡成侯，子先嗣。

蘇則，扶風武功人。文帝時，爲護羌校尉，以征羌功封都亭侯，邑三百户。薨，謚剛侯，子怡嗣。

愉。怡弟，襲封。

杜畿，京兆杜陵人。爲河東太守。十六年，治爲天下最。文帝踐祚，封豐樂亭侯，邑百户。謚戴侯，子恕嗣。

張遼，鴈門馬邑人。太祖時爲將，破袁譚，攻孫權有功。文帝即位，封晉陽侯，邑增至二千六百户。謚剛侯，子虎嗣。統。

樂進，陽平衛國人。太祖時爲軍司馬，以征伐功封廣昌亭侯，增邑至千二百户。謚威侯，子綝嗣。肇。

于禁，泰山鉅平人。太祖時，以征伐功封益壽亭侯，增邑至千二百户。後禦關羽於樊，軍敗，降羽。文帝時，自吴還。卒，謚厲侯，子圭嗣。

張郃，河間人。太祖時，以征伐功封鄚侯，後增邑至四千三百户。卒，謚壯侯，子雄嗣。明帝以郃功，分其邑封郃四子列侯。

徐晃，河東楊人。太祖時征伐有功，文帝即位，封陽平侯，增邑至三千一百户。謚壯侯，子蓋嗣。霸。明帝分晃户，封子孫二人列侯〔一四〕。

李典，山陽鉅野人。太祖時從軍，以功封都亭侯，邑三百户，薨，謚愍侯，子禎嗣。

李通，江夏平春人。以軍功封都亭侯，增邑至四百户。謚剛侯，子基嗣。

臧霸，泰山華人。太祖攻袁紹時，霸爲瑯琊相，以精兵入青州，封都亭侯。文帝即位，封良成侯，增邑至三千五百户。謚威侯，子艾嗣。明帝以霸前後功，封子三人列侯。

文聘，南陽宛人。爲劉表大將，太祖征荆州，劉琮降，聘詣太祖，後以禦關羽、孫權功封新野侯，增邑至千九百户。謚壯侯，子休嗣。武。

吕虔，任城人。太祖時爲泰山太守，以平寇功封益壽亭侯，增邑至六百户。子翻嗣。桂。

許褚，譙國譙人。太祖時，從征伐有功，文帝立，封萬歲亭侯，增邑至七百户。謚壯侯，子儀嗣。綜。

龐德，南安狟道人。初從張魯，太祖定漢中，乃降，封關門亭侯。與曹仁共攻關羽，不克，死之，謚壯侯。封其二子，皆爲列侯。

衛覬，河東安邑人。太祖時，以治書侍御史鎮關中，招懷有功。文帝立，封陽吉亭侯，增邑至三百户。謚敬侯，子瓘嗣。

傅嘏，北地泥陽人。黄初中，爲侍中尚書。高貴鄉公時，進封武鄉亭侯，以勸司馬師討毌邱儉功增邑至千二百户。謚元侯，子祗嗣。

陳群，潁川許昌人。太祖時，辟爲西曹掾。文帝在東宫，待以交友之禮，即位，封昌武亭侯。帝寢疾，與曹真、司馬懿等並受遺詔輔明帝，封潁陰侯，增邑至千三百户。謚靖侯，子泰嗣。恂、温。恂弟，紹封。

陳矯，廣陵東陽人。太祖時，爲司空掾。文帝即位，以佐命功封東鄉侯，邑六百户。謚貞侯，子本嗣。粲。

徐宣，廣陵海西人。太祖時，爲司空掾。明帝即位，爲尚書，封津陽亭侯，邑二百户。謚貞侯，子欽嗣。

衛臻，陳留襄邑人。太祖時，參丞相軍事。文帝踐祚，封安國亭侯。正始中，進爵長垣侯，邑千户。謚敬侯，子烈嗣。

盧毓，涿郡涿人。太祖時，爲丞相法曹。齊王即位，爲僕射，封高樂亭侯。後封容城侯，二千三百户。謚成侯，孫藩嗣。

和洽，汝南西平人。初從劉表，太祖定荆州，辟爲丞相掾。明帝即位，封西陵鄉侯，邑二百户。薨，謚簡侯，子离嗣〔一五〕。

常林，河内溫人。文帝爲五官將時，林爲功曹。帝即位，封樂陽亭侯。薨，謚貞侯，子旹嗣。静。旹弟，紹封。

杜襲，潁川定陵人。太祖時，爲丞相軍祭酒。文帝即位，封武平亭侯，累封至五百五十户。謚定侯，子會嗣。

趙儼，潁川陽翟人。太祖時，爲司空掾屬主簿。明帝即位，進封都鄉侯，邑六百户。薨，謚穆侯，子亭嗣。

裴潛，河東聞喜人。太祖時，爲丞相理曹掾。明帝即位，封清陽亭侯，邑二百户。薨，謚貞侯，子秀嗣。

韓暨，南陽堵陽人。太祖平荆州，辟爲丞相士曹掾。文帝即位，封宜城亭侯，邑二百户。薨，謚恭侯，子肇嗣。邦。

崔林，清河東武城人。太祖時，爲丞相掾。明帝時，爲司空，封安陽亭侯，邑六百户。魏三公封列侯，自林始。薨，謚孝侯，子述嗣。

高柔，陳留圉人。太祖辟爲丞相倉曹屬。明帝即位，封延壽亭侯，齊王時，以預誅曹爽功封安國侯，爲太尉，增邑至四千户。薨，謚元侯，孫渾嗣。

孫禮，涿郡容城人。文帝時，爲尚書。齊王時，遷司空，封大利亭侯，邑一百户。薨，謚景侯，孫元嗣。

王觀，東郡廩邱人。太祖時，爲文學掾，歷仕文、明二帝。常道鄉公即位〔一六〕，既誅曹爽，封觀陽鄉侯，後增邑至二千五百户，遷司空。薨，謚肅侯，子悝嗣。

辛毗，潁川陽翟人。初從袁紹，太祖克鄴，表毗爲議郎。文帝時，封廣平亭侯。薨，謚肅侯，子敞嗣。

滿寵，山陽昌邑人。太祖時，爲汝南太守，以戰功封安昌亭侯。明帝即位，封昌邑侯，增邑至九千六百户。薨，謚景侯，子偉嗣。

田豫，漁陽雍奴人。太祖時，爲丞相軍謀掾。文帝初，爲護烏丸校尉，以討胡功封長樂亭侯，增邑至五百户。薨，子彭祖嗣。

郭淮，太原陽曲人。文帝時，爲鎮西長史，討平關中叛胡，封射陽亭侯。後進封陽曲侯，邑凡二千七百八十户。分三百户封一子亭侯。薨，謚貞侯，子統嗣。正。

徐邈，燕國薊人。太祖時，爲丞相軍謀掾。文帝立，以討叛羌功封都亭侯，邑三百。薨，謚貞侯，子武嗣。

胡質，楚國壽春人。太祖時，爲丞相屬。文帝即位，爲征東將軍，都督青、徐諸軍事，積穀備邊。薨，追封陽陵亭侯，邑百户，謚貞侯，子威嗣。

王昶，太原晉陽人。文帝時，爲兖州刺史。後以戰功封京陵侯。討毌丘儉、文欽、諸葛誕等，破之，增邑至四千七百户。薨，謚穆侯，子渾嗣。

王基，東萊曲城人。文帝時，爲中書侍郎。高貴鄉公即位，封常樂亭侯。後以預討文欽等功增邑至五千七百户。薨，謚景侯，子徽嗣。

王凌，太原祁人。太祖時，爲丞相掾。文帝即位，爲兖州刺史。後以戰功封南鄉侯，邑千三百五十户。司馬懿秉政，凌謀立楚王彪，事覺，懿討之，自殺。

毌邱儉，河東聞喜人。父興，黄初中爲武威太守，以討叛胡功封高陽鄉侯。儉襲父爵，後以討公孫淵功進封安邑侯，邑三千九百户。司馬師專政，儉矯太后詔起兵討之，兵敗，死。

諸葛誕，瑯琊陽都人。明帝時，爲御史中丞。後以討吴功封高平侯，邑三千五百户，爲征東將軍。

司馬昭秉政，誕舉兵降吴，昭討之，兵敗，死。

鄧艾，義陽棘陽人。爲司馬懿掾屬，後以破文欽等功封方城鄉侯。拒姜維，破之，遷征西將軍，增邑至六千六百户。以平蜀功爲太尉，增邑二萬户，封二子亭侯，邑各千户。鍾會譖而殺之。

鍾會，潁川長社人，太傅繇小子。高貴鄉公即位，以謀討毌丘儉等功封東武亭侯，邑三百户。後以平蜀功爲司徒，進封縣侯，增邑萬户，封子二人亭侯，邑各千户。坐反誅。

右，魏世諸侯王及列侯之見於史傳而可考者。

按：漢人嘗稱萬户侯，蓋列侯大者多食萬户，魏則雖親王所食未有及萬户者。漢光武封功臣，如鄧、寇輩皆以元功食四縣，范曄猶以爲懲韓、彭之戮，存矯枉之志，故不大其封土，使之得以功名自終。魏則諸王所食不過一縣，蓋封建之制，至曹魏而規模益貶矣。然以天下户口之數考之，西漢盛時至一千餘萬，而魏氏不過六十六萬有奇，蓋郡國所上户口猶不及漢十之一，則宜其分封之户數不能如漢制也。又兩漢户賦輕，而魏、晉以來户賦重，受封者皆食其户賦，則輕者不容不多，而重者不容不少也。張繡傳言「時天下户口減耗，十裁一存，諸將封未有滿千户者」，而繡獨以功封二千户，亦一證也。

校勘記

〔一〕三千户　「三」原作「二」，據元本、慎本、馮本及三國志卷一九任城王傳改。

〔二〕徙東鄉侯　「東鄉」原作「東陽」，據三國志卷二〇武文世王公傳改。

〔三〕復以贊弟壹紹　「壹」原作「邑」，據三國志卷二〇武文世王公傳改。

〔四〕黄初二年進爵　「二」原作「三」，據三國志卷二〇武文世王公傳改。

〔五〕改封趙王　「改」原作「乃」，據三國志卷二〇武文世王公傳改。

〔六〕徙封抗薊　「薊」原作「蘇」，據三國志卷二〇武文世王公傳改。

〔七〕東平靈王徽　「徽」原作「徹」，據三國志卷二〇武文世王公傳改。

〔八〕建安二十二年　「建安」二字原脱，據三國志卷二〇武文世王公傳補。

〔九〕事事復減半　下「事」字原脱，據三國志卷一九陳思王傳補。

〔一〇〕與相維持　「維」原作「繼」，「持」原作「制」，據元本、慎本、馮本及三國志卷二〇武文世王公傳改。

〔一一〕既徙有國土之名　「國土」二字原倒，據三國志卷二〇武文世王公傳乙正。

〔一二〕二千一百户　按三國志卷九曹洪傳，文帝時，進封野王侯，益邑千户，并前二千一百户，疑此處「二」上有脱文。

〔一三〕薨　原脱，據三國志卷一五劉馥傳補。

〔一四〕明帝分晃户封子孫二人列侯　「户封」二字原脱，據三國志卷一七徐晃傳補。

〔一五〕子离嗣　「离」原作「禽」，據三國志卷二三和洽傳改。

〔一六〕常道鄉公即位　「常道」原作「高貴」，據三國志卷二四王觀傳改。

卷二百七十一　封建考十二

晉諸侯王列侯

晉亦有王、公、侯、伯、子、男六等之封。晉令曰：「有開國郡公、縣公、郡侯、縣侯、伯、子、男及鄉、亭、關中、關内外等侯之爵。」唯安平郡公孚邑萬户，制度如魏諸王。其餘縣公邑千八百户，地方七十五里。大國侯邑千六百户，地方七十里。次國侯邑千四百户，地方六十五里。大國伯邑千二百户，地方六十里。次國伯邑千户，地方五十里。大國子邑八百户，地方五十里。次國子邑六百户，地方四十里。男邑四百户，地方四十里。武帝受禪之初，泰始元年，封建子弟爲王二十餘人，以郡爲國。邑二萬户爲大國，置上中下三軍，兵五千人。邑萬户爲次國〔一〕，置上軍下軍，兵三千人。邑五千户爲小國，置一軍，兵千五百人。王不之國，宫於京師，罷五等之制。公侯邑萬户以上爲大國，五千以上爲次國，不滿五千户爲小國。初雖有封國，而王公皆在京都。咸寧三年，詔徙諸王公皆歸國。時楊珧、荀勖以齊王攸有時名，懼惠帝有後難，乃追故司空裴秀立封建之旨，遂詔王公悉令歸國。更制户邑，皆中尉領兵。其平原、汝南、瑯琊、扶風、齊爲大國，梁、趙、樂安、燕、安平、義陽爲次國，其餘爲小國，皆制所近縣益滿萬户。又爲郡公制度如小國王，亦中尉領兵。郡侯如不滿五千户王，置一軍，千一百人，亦中尉領之。於時唯特增魯國公户邑〔二〕，追進封故司空博陵公王沈爲郡公，鉅平侯羊祜爲南城郡侯。又南宫王承、隨王萬各於泰始中封爲縣王，邑千户，至是改正縣王增邑爲三千户，制度如郡侯，亦置一軍。自此非皇子不得爲王，而諸王之支庶，皆皇家之近屬至親，亦各以土推恩受封〔三〕，其大國次國始封王之支子爲公，承封王之支子爲侯，繼承封王之支子爲伯。小國五千户以上〔四〕，始封王之支子爲子〔五〕，不滿五千户始封王之支子〔六〕，及始封公侯之支子皆爲男，非此皆不得封。其公之制度如五千户國，侯之制度如不滿五千户國，亦置一軍千人，中尉領之，伯、子、男以下各有差而不置軍。大國始封之孫罷下軍，曾孫又罷上軍，次國始封之孫亦罷下軍，其餘皆以一軍爲常〔七〕。大國中軍二千人，上下軍各千五百人，次國上軍二千人，下軍千人。其未之國者〔八〕，大國置守士百人，次國八十人，小國六十人，郡侯、縣公亦如小國制度。既行，所增徙各如本奏〔九〕。既遣就國，而諸公皆戀京師，涕泣而去。及吴平後，齊王攸遂之國。凡名山大澤不以封，鹽鐵金銀銅錫，始平之竹園，别都宫室園囿，皆不爲屬國。其仕在天朝者，與之國同，皆自選其文武官。時齊王攸國相上長史缺〔一〇〕，典書令請求差選。攸下令曰：「官人叙才，皆朝廷之事，非國所宜裁也。其令自上請之。」又當時王家人衣食皆出御府，攸乃表租秩足自供，遂求絶之。諸入作卿士而其世子年已壯者，皆遣涖國。其王公侯以下，茅社符璽，車旗命服，一如泰始故事。凡王，金印龜紐，練朱綬，遠遊、三梁冠，絳紗朝服，佩山玄玉。開國郡公、縣公，金章皂朱紱綬，郡侯青朱綬，同進賢三梁冠，絳朝服，佩山玄玉。開國縣侯、伯、子、男，金章朱墨綬，冠、玉亦同。初，武帝踐祚，封宣帝子伷爲東莞郡王〔一一〕，始置二卿。侯以下置官屬，隨國大小無定制。諸侯並三分食一。東晉元帝太興元年，始置九分食一。元帝以西陽王羕屬尊，元會特爲設牀。明帝以羕皇室元老，特爲之拜。成帝詔羕依安平獻王孚故事，設牀帳以殿上，帝親迎拜。王國有傅、傳即師也。以景帝諱，故曰傳。武帝初置，亦謂之師。山公啟事曰：「王楙爲燕王師〔一二〕。」友，武帝初置一人，蓋因文王、仲尼四友之名。典書令丞，掌國教令。職官録曰：「漢制本曰尚書，改爲治書，國諱又改爲典書，至晉武置典書令。」文學，一人。郎中令、中尉、大農，爲三卿。左右常侍，大國各二人，次國各一人，掌贊相獻替。内史，改太守爲内史。又晉書曰：「改國相爲内史。」將軍，大國上中下軍三將軍，次國上下二軍，將軍各一人，小國上軍而已。典祠、典衞、學官令、治書中尉、司馬、世子庶子、陵廟牧長、謁者、中大夫、舍人、典府等。其後省相及僕，省郎中，置侍郎二人。初，晉文帝輔魏政〔一三〕，阮籍常言於帝曰：「平生曾遊東平，樂其風土。」即拜爲東平相。籍乘驢到郡，壞府舍屏障，使内外相通，法令清簡，旬日而還。公侯以下國官屬遞減。晉書曰：「詔以壽光公鄭沖〔一四〕及朗陵公何曾國皆置郎中令。」又曰：「元帝初渡江即晉王位，諸參軍、奉車都尉，掾屬者百餘人〔一五〕，時人謂之『百六掾。』」

晉諸侯王

安平獻王孚，宣帝次弟。泰始元年封邑四萬户，拜太宰。八年薨，孫穆王隆嗣，無子，國除。

義陽城王望，孚子，初出繼伯父朗。武帝受禪，封邑萬户。泰始七年薨，孫奇嗣，後徙封棘陽王。

河間平王洪，望子，出繼叔父昌。武帝受禪封。咸寧二年薨，子混嗣。滔、休。

隨穆王整，望子。武帝以義陽國一縣封整爲隨縣王。薨，子邁嗣。

竟陵王楙，望子。武帝受禪，封東平王，邑三千九十七户。懷帝踐祚，改封竟陵王，後爲亂兵所害。

太原成王輔，孚子。武帝受禪，封渤海王邑五千三百七十九户。後徙爲太原王。薨，子弘嗣，後徙封中邱。　鑠。

下邳獻王晃，孚子。武帝受禪封，邑五千一百七十六户。薨，子韡嗣。　韶。

太原烈王瓌，孚子。武帝受禪封，邑五千四百九十六户。薨，子顒立，徙封河間王。趙王倫篡位，齊王冏謀討之，遣使告顒，顒初不從，遣張方助倫，後見冏等兵盛，乃從之。倫既誅，顒復興兵討冏，殺之，復與成都王穎謀舉兵誅長沙王乂〔一六〕，遣張方入京城，大掠，以穎爲太弟，奉乘輿都長安，後爲南陽王模所殺，并其三子。　融，彭城王植子，詔以爲顒嗣，改封樂成縣王。　欽。

高陽元王珪，孚子。武帝受禪封，邑五千五百七十户。薨，子哀王緝嗣。　訟。

常山孝王衡，孚子。武帝受禪封，邑二千七百九十户。薨，子敦嗣。

沛順王景，孚子。武帝受禪封，邑三千四百户。薨，子韜嗣。

彭城穆王權，宣帝弟。武帝受禪封，邑二千九百户。薨，子元王植嗣。　康王釋、雄、玄、弘之、邵之、崇之、緝之。宋受禪，國除。

高密文獻王泰，宣帝弟。武帝受禪，封隴西王，邑三千二百户。後改封高密王，邑萬户。薨，子孝王略嗣。　恭王俊、敬王純之、恢之。宋受禪，國除。

東海孝獻王越，泰次子。以討楊駿功封五千户侯，後封東海王，食六縣。長沙王乂既敗，帝西幸，以越爲太傅，與河間王顒共輔朝政。越引兵奉帝還洛陽，遂專朝政。帝崩，懷帝立，委政於越，所在寇亂，上下崩離，越以憂薨。

冲，元帝子，以嗣越。　弈，徙封瑯琊王〔一七〕，後嗣帝位，桓温廢之。　彦璋，爲桓玄所殺，國除。

南陽王模，泰子。初封平昌公，永嘉初，進爵南陽王，轉征西大將軍，代河間王顒鎮關中。劉聰攻長安，模敗，降，爲聰所害，子保嗣。

新蔡武哀王騰，泰子。初封東瀛公，永嘉初，封新蔡王，遷車騎將軍，鎮鄴。群盜李豐等攻鄴，騰不能守，爲豐所害。　子莊王確嗣。爲石勒所殺。　弼、邈、晃、崇、惠。宋受禪，國除。

范陽康王綏，宣帝弟。武帝受禪封。　薨，子虓嗣。　黎。

濟南惠王遂，宣帝弟。武帝受禪封，薨，子耽嗣。

譙剛王遜，宣帝弟。武帝受禪封，邑四千四户。　薨，子定王隨嗣〔一八〕。　邃。没於石勒。

閔王承，隨弟。元帝以紹遜封，爲湘州刺史，王敦構逆，圍承，兵敗死之。　烈王無忌、忠王尚之、文思。坐謀逆死，國除。

爲桓玄所殺。　文思。坐謀逆死，國除。

高陽王睦，宣帝弟。武帝受禪，封中山王，邑五千二百户。後徙封高陽王。　薨，孫毅嗣。没於石勒。

文深、法蓮〔一九〕。宋受禪，國除。

任城景王陵，宣帝弟。武帝受禪，封北海王，邑四千七百户，後改封任城。　薨，子濟立。爲石勒所害。

西河繆王斌，陵子。武帝受禪，封陳王，邑千七百一十户。後改封西河。　薨，子隱嗣。　喜。

平原王榦〔二〇〕，宣帝子。武帝受禪封，邑萬一千三百户。　薨。會劉聰亂，不遑贈典，世子早卒。

瑯琊武王伷，宣帝子。武帝受禪，封東莞郡王，邑萬六百户。後徙瑯琊。　薨，子恭王覲立。　睿渡江，是爲元帝。哀以皇子奉恭王祀，早薨。昱徙封會稽，後爲簡文帝。德文是爲恭帝，既立，瑯琊國除。

武陵莊王澹，伷子。伷薨，分國封之。後爲石勒所害。子哀王喆嗣。晞、元帝子，繼喆後。璡、遵。

東安王繇，伷子。伷薨封。後爲成都王穎所殺。渾。無子，國除。

淮陵王漼，伷子。以預討趙王倫功封。薨，子貞王融嗣。蘊、安之。宋受禪，國除。

燕王機，父清惠亭侯，宣帝子，早卒。武帝受禪，封機爲燕王，邑六千六百六十三户，後增户至二萬。薨，子幾嗣。

扶風武王駿，宣帝子。武帝踐祚，進封汝陰王，邑萬户。後徙封扶風。薨，子暢嗣，改封順陽王。劉聰入洛，不知所終。

新野莊王歆，駿子。駿薨，推恩分國封歆縣公。後以預討趙王倫功封王，邑二萬户。後爲賊張昌所害。劭。没於石勒。

梁孝王肜〔二〕，宣帝子。武帝踐祚封，邑五千三百五十八户。後與趙王倫共廢賈后，爲太宰，增封二萬户。薨。禧、没於石勒。翹、璡、龢、珍之。爲劉裕所害，國除。

齊獻王攸，文帝子。以景帝無子，命爲嗣。武帝受禪，封齊王。薨，子冏嗣。趙王倫篡位，冏起兵誅倫。惠帝反正，拜大司馬，河間王顒、長沙王乂舉兵殺之，子超嗣。柔之、建之。宋受禪，國除。

東萊王蕤，攸子，出繼遼東王定國。後徙封東萊。齊王冏既秉政，蕤密謀廢冏，坐廢死。定國，文帝子。

廣漢冲王贊，攸子，繼廣漢殤王。薨。殤王，文帝子。實。以弟繼，改封北海王。

城陽哀王兆〔二二〕，文帝子。早死，武帝踐阼，追封。景度、憲、祗、遐。

樂安平王鑒，文帝子。武帝踐阼封，尋薨。籍、冰。

樂平王延祚，文帝子。以篤疾，不任封，太康初封，尋薨，無子。

汝南文成王亮，宣帝第四子。武帝踐阼，封扶風王，邑萬户。惠帝即位，楊駿誅，爲太宰，録尚書事。後爲賈后及楚王瑋所殺。矩、與亮同遇害。祐、羲〔二三〕、遵之、蓮扶。宋受禪，國除。

西陽王羕，亮子。惠帝時封。元帝渡江即位，拜侍中、太保。明帝崩，受遺輔成帝，後坐降蘇峻，賜死，國除。

南頓王宗，亮子。以討劉喬功封萬户，後渡江，爲左將軍，坐反死。

汝陽王熙，亮子。以討劉喬功封。永嘉末，没於石勒。

楚隱王瑋，武帝第五子。初封始平王，後徙楚。楊駿誅，賈后令瑋誅汝南王亮及衛瓘，復以矯詔罪瑋而殺之。範。爲石勒所害。

趙王倫，宣帝第九子。武帝即位，封瑯琊郡王。後徙趙。惠帝時，爲車騎將軍，諂事賈后，及后廢殺皇太子，倫以兵廢后篡位，齊王冏等討而誅之。

長沙厲王乂，武帝第六子。太康十年封〔二四〕。趙王倫篡位，乂與齊王冏等舉兵誅倫，復攻冏而殺之。河間王顒等以兵攻乂，東海王越收乂送金墉城，張方取而殺之。子碩嗣。没於劉聰。

成都王穎，武帝第十六子。太康末受封。趙王倫篡位，穎與齊王冏等以兵討誅之。及冏敗，穎鎮鄴，遥執朝政，憚長沙王乂，與河間王顒等以兵犯京師，執乂殺之。廢太子覃，以穎爲太弟。穎僭侈無君，陳彤等奉帝討之，敗績。後爲烏丸、羯末等所襲，奉帝奔長安。河間王顒廢穎，以豫章王爲皇太弟，范陽王虓，幽穎而殺之。遵。没於石勒。

秦獻王柬〔二五〕，武帝子。泰始初，封汝南王〔二六〕。後徙封秦，邑八萬户。於時諸王封中土者皆五萬户，以柬爲太子同産，特加之。元康元年薨。郁、鄴，以吴王晏子嗣。後入紹帝位爲愍帝，國絶。

毘陵悼王軌，武帝子。二歲夭，太康時追封，以楚王瑋子義嗣。

城陽懷王景，武帝子。出繼叔父城陽哀王兆後，早薨，無子。

東海冲王祗，武帝子。受封，早薨。

始平哀王裕，武帝子。受封，早薨。迪。以淮南王允子嗣〔二七〕。

淮南忠壯王允，武帝子。初封濮陽王，後更封。趙王倫既廢賈后，以允爲太尉。倫將篡，允帥兵攻之，爲倫所害。祥。

代哀王演，武帝子。太康十年封。薨，子廓嗣〔二八〕。

新都王該，武帝子。咸寧三年封。薨，無子，國除。

清河康王遐，武帝子，出繼叔父城陽哀王兆。永康中薨。子覃後立爲皇太子，河間王顒等舉兵脅遷，復廢爲清河王，未幾被害。籥。

汝陰哀王謨，武帝子。早薨，無後。

吴敬王晏，武帝子。太康十年封。洛京陷，遇害。

渤海殤王恢，武帝子。早薨，無後。

武帝太康時，劉頌上疏曰：「三代並建明德，以藩帝室，延祚久遠，近者五六百歲，遠者千載。秦氏罷侯置守，二世而亡。漢承周、秦之後，雜而用之，前後二代各二百餘年。揆其封建不用，雖强弱不適〔二九〕，不盡事中，然迹其衰亡，常在同姓失職，諸侯微時，不在强盛。昔吕氏之亂，賴齊、代以寧社稷。七國叛逆，梁王扞之，以彌其難。自是之後，威權日削，王莽得以遂其奸謀，傾蕩天下。光武紹起，雖封樹子弟，而不建成國之制，祚亦不延。魏氏乘之，圈閉親戚，幽囚子弟，是以神器速傾，天命移在陛下。又魏氏時，三方未賓，實有戰國相持之勢。大晉之興，宣帝定燕，太祖平蜀，陛下滅吴，可謂功格天地，宜因聖明之時〔三〇〕，開啟土宇，使同姓必王，建久安於萬載，垂長世於無窮。今諸王裂土，皆兼於古之諸侯，而君賤其爵，臣耻其位，莫有安志，其故何也？法同郡縣，無成國之制故也。今之建置，宜一如古典。」

惠帝永興初，劉弘上言曰：「自頃兵戈紛亂，猜禍蜂生，疑隙構於群王，災難延於宗子。今夕爲忠，明旦爲逆，翩其反而，互爲戎首。載籍以來，骨肉之禍，未有如今者，臣切悲之。今邊陲無備豫之儲，中華有杼軸之困，而股肱之臣，不惟國體，職競尋常，自相楚剥，萬一四夷乘虚爲變，此亦猛虎交鬭，自效於卞莊者矣。臣以爲宜速發明詔，詔顒、越等，令兩釋猜嫌，各保分局，自今以後，其有不被詔書，擅興兵馬者，天下共伐之。」

按：魏疏忌骨肉，故武之子、文之母弟，不過食一縣，且刻削遷徙，殊無寧日，幾不能以自存。晉矯其敝，受禪之初，不特宣、文之子孫畢王，雖宣帝諸弟，如孚如泰輩之子孫，亦且同時俱封，又許其自選官屬，而王家人衣食，御府别給之，親親之意亦厚矣。劉頌所言「無成國之制」，蓋以其徒享封土而不治吏民，有同郡縣，此乃漢景、武以後之法制。然惠帝既立之後，諸王或鎮雄藩，或專國政，廢賈誅趙，猶運之掌，則亦不可以言無事任矣。而干戈相侵，自相屠毒，遂以覆國，蓋晉之創業不以道，而垂統非其人，故天命不祐，雖有磐石之宗，適以基禍，固難以周、漢自詭也。

臨川獻王郁，簡文帝子。早卒，簡文即位追封。寶〔三二〕。

會稽文孝王道子，簡文帝少子，出繼瑯琊王。後更封會稽。孝武即位，進録尚書事。　安帝即位，進太傅、假黄鉞。後以討桓玄不克，爲玄所害。子脩之。

右，晉宗室王姓名之見於史傳者。

張軌，安定烏氏人。永寧初，爲護羌校尉、涼州刺史，以破鮮卑功封安樂鄉侯，進封西平郡公。立十三年薨，謚武公。子寔嗣立，進位大都督、涼州牧、侍中、司空、承制行事，六年爲閻沙等所弑，謚昭公。弟茂嗣，五年薨，謚成公。兄子駿嗣，時群寮勸駿稱涼王，駿不許，然自後境内皆稱之爲王，立二十二年薨，謚文公。子重華嗣，始自稱持節、大都督、太尉、護羌校尉、涼州牧、平西公〔三三〕、假涼王，立十一年薨，謚昭公。子耀靈嗣，爲伯父涼寧侯〔三三〕祚所弑，謚哀公。祚篡位，改元爲和平元年，三年爲張瓘等所殺。玄靚，耀靈庶弟嗣，廢和平之號，復稱晉正朔。立九年薨，爲天錫所弑，謚冲公。天錫，駿少子嗣，立十三年，秦王堅遣將苟萇伐之，天錫兵敗，降秦。　自軌爲凉州，至天錫，凡九世，七十六年。

李暠，隴西成紀人。　吕光末，燉煌人推暠爲太守，六郡推暠爲大都督、大將軍、凉公、領秦、凉二州牧、護羌校尉〔三四〕。　義熙元年，暠改元建初，遣使奉表詣建康。　立三年薨，國人謚爲武昭王。　子士業嗣，改元爲嘉興，爲沮渠蒙遜所敗，死，國亡。

暠以晉安帝隆安四年立，至宋少帝景平元年滅，凡再世，二十四年。

右，晉祚中微，群雄割據，以一隅之地盗名字者不一，惟二凉累世不失藩臣禮。　故晉書述於列傳，明其異於載記所書僭僞之群胡也。　故今叙其世系於宗室王之後，爲異姓王云。

晉五等侯

王祥，瑯琊臨沂人。　魏末，以從討毌邱儉功封亭侯。　後拜司空，爲睢陵侯。　晉武即位，進爵爲公。　薨，謚元公，子馥嗣。　根。

鄭冲，滎陽開封人。　常道鄉公時，拜太保，封壽光侯。　武帝即位，進爵爲公。　薨，謚成公，子徽嗣。　簡。

何曾，陳國陽夏人。　少襲父夔爵陽武亭侯〔三五〕，後封朗陵侯。　武帝即位，進爵爲公。　薨，謚孝，子劭嗣。

石苞，渤海南皮人。　以破諸葛誕功封東光侯。　武帝即位，封樂陵郡公。　薨，謚武，子統嗣。

崇，苞子，統弟。以伐吴功封安陽鄉侯，後爲孫秀所殺。

羊祜，泰山南城人。魏世，封鉅平子。武帝即位，以佐命功進爵爲侯。後鎮襄陽，以功改封南城公。薨，謚成。篇、以祜兄子嗣。法興。孝武時封，後以桓玄黨誅，國除。

杜預，京兆杜陵人。襲祖畿爵豐樂亭侯，從平蜀增邑，以滅吴功進爵當陽縣侯。薨，謚成，子錫嗣。乂。

陳騫，臨淮東陽人。爲相國司馬，封安國亭侯。武帝即位，以佐命功封高平郡公。薨，謚武，子輿嗣。粹〔三六〕、浩之。以騫玄孫襲爵，宋受禪，國除。

裴秀，河東聞喜人。以從討諸葛誕封魯陽鄉侯。武帝即位，封鉅鹿郡公。薨，謚元，子濬嗣。頠、濬少弟嗣。賈后時輔政，爲趙王倫所殺。嵩。頠子。

楷，秀從弟，與楊駿爲姻家。駿誅，坐不阿附，封臨海侯。薨，謚元，子輿嗣。

衛瓘，河東安邑人。襲父覬爵閿鄉侯，後以平蜀誅鍾、鄧功封菑陽侯。武帝即位，進封公。惠帝時，爲賈后所殺，後謚成。璪、以孫襲爵。崇。

張華，范陽方城人。以贊伐吴功封廣武縣侯。惠帝時，輔政，封壯武縣公。賈后廢，爲趙王倫所殺。

王沈，太原晉陽人。高貴鄉公將攻文帝，沈奔白帝，以功封安平侯。武帝即位，進爵爲公。薨，謚元。子浚嗣。後爲石勒所殺。道素、太元初，以從孫襲。崇之。宋受禪，國除。

荀顗〔三七〕，潁川人。以預討毌邱儉等功封亭侯。武帝即位，進爵臨淮公。薨，謚康。徽、以從孫嗣。

龍符。宋受禪，國除。

荀勖，潁川潁陰人。文帝爲晉王，封安陽子。武帝即位，改封濟北郡公。薨，謚成，子輯嗣。畯。

賈充，平陽襄陵人。少襲父逵陽里亭侯，以預弑高貴鄉公封安陽鄉侯。武帝受禪，封魯郡公。薨，謚武。謐，韓壽子，以外孫襲爵，爲趙王倫所殺。

模，充從子。以預誅楊駿功封平陽鄉侯。薨，謚成，子遊嗣。

郭彰，太原人。以賈后從舅封冠軍縣侯。薨，謚烈。

楊駿，弘農華陰人。以后父封臨晉侯。惠帝即位，秉政，爲賈后所殺。

魏舒，任城樊人。武帝即位，爲司徒，封劇陽子。薨，謚康。融、庶孫嗣。晃。

李憙，上黨銅鞮人。武帝即位，以佐命封祁侯。薨，謚成，子贊嗣。

劉寔〔三八〕，平原高唐人。以參文帝相國軍事〔三九〕，封循陽子。元康初，進爵爲侯。薨，謚元，子躋嗣。

高光，陳留圉城人。以討成都王穎功封延陵縣公。薨。

王渾，太原晉陽人。襲父昶爵京陵侯，以平吴功進爵爲公。薨，謚元，子濟嗣。

王濬，弘農湖人。以平吴功封襄陽縣侯。薨，謚武，子矩嗣。

唐彬，魯國鄒人。與王濬共伐吴，以功封上庸縣侯。薨，謚襄。

山濤，河内懷人。武帝即位，以佐命功封新沓伯。薨，謚康，子該嗣。

王戎，渾子。以預平吴功進安豐縣侯。惠帝即位，爲三公。薨，謚元。　愔子。以從弟子嗣。

鄭袤，滎陽開封人。魏常道鄉公立，以定策功封安成鄉侯。泰始間薨，謚元，子默嗣。

李胤，遼東襄平人。文帝時，爲廣陸伯。泰始初，進爵爲侯。薨，謚成。　志。

盧欽，范陽涿人。少襲父毓爵亭侯。武帝即位，爲大梁侯。薨，謚元，子浮嗣。

石鑒，樂陵厭次人。武帝即位，封堂陽子〔四〇〕。後拜司空，封昌安縣侯。薨，謚元，子陋嗣。

温羨，太原祁人。以從駕討成都王穎功封大陵縣公。薨，謚元。

武陔，沛國竹邑人〔四一〕。景帝爲大將軍〔四二〕，引爲從事中郎，後封亭侯。武帝即位，封薛縣侯。薨，謚定，子輔嗣〔四三〕。

任愷，樂安博昌人。尚魏明帝女，晉國建，封昌國縣侯。薨，謚元，子罕嗣。

郭奕，太原陽曲人。武帝即位，以東宫官封平陵男。卒，謚穆〔四四〕。

侯史光，東萊掖人。泰始初，以侍中持節循風俗還，稱旨，封臨海侯。薨，子玄嗣。　施。

何攀，蜀郡郫人。以預誅楊駿功封西城侯。薨，子璋嗣。

傅玄，北地泥陽人。魏時，以典農校尉稱職，封鶉觚男。武帝即位，進爵爲子。薨後，追封清泉侯，子咸嗣。　敷。

祗，咸從父弟。以預誅楊駿功封靈川縣公。薨。

閻纘，巴西安漢人。爲西戎校尉，有功封平樂鄉侯。

謝鯤，陳國陽夏人。爲王敦長史，以討杜弢功封咸亭侯。薨，子尚嗣。康、肅、靈祐。

曹志，譙人。魏陳思王植之子。少襲封，武帝受禪，降爲鄄城縣公。薨，謚定。

華譚，廣陵人。以討石冰黨功封都亭侯。薨，謚胡，子茂嗣。

羅憲，襄陽人。爲蜀巴東太守，蜀亡，以郡降。後卒，追封西鄂侯，謚烈。

滕修，南陽西鄂人。爲吴廣州牧，王師伐吴，修帥衆赴難，至巴邱，而孫皓降，乃與諸郡送印綬，封武當侯。卒，謚聲〔四五〕，子並嗣。　含以討蘇峻功更封夏陽侯〔四六〕。

馬隆，東平平陸人。以討羌平涼州功封奉高侯。子咸嗣。

胡奮，安定臨涇人。以從宣帝征伐功封夏陽子。薨，謚壯。

陶璜，丹陽秣陵人。嘗爲吴交州刺史，吴亡，以地降，封宛陵侯。

趙誘，淮南人。以討華軼、杜弢等功封平阿縣侯。後戰没，謚敬。

周玘，義興陽羡人。以討陳敏等定江南功封烏程侯。薨，謚忠烈，子勰嗣。

札，玘弟。以討錢璯功封東遷縣侯。後爲王敦所殺。

懋，札兄子。爲晉陵太守，封清流侯。

贊，懋弟。大將軍從事中郎，封武康縣侯。

縉，贊弟。太子文學，封都鄉侯。

周訪，汝南安成人。以討賊功封尋陽縣侯。薨，謚壯，子撫嗣，以功進封建成縣公。楚、瓊、虓。

孟觀，渤海東光人。以受賈后旨殺楊駿，封上谷郡公。後坐趙王倫黨誅。

張輔，南陽西鄂人。爲吏以擊搏豪强政迹，封宜昌亭侯。後爲帳下督富整所殺。

索靖，燉煌人。以討孫秀及破羌等功封安樂亭侯。薨，謚莊，子聿嗣。

琳，靖子。愍帝時輔政，以禦劉曜功封上洛郡公。後與帝俱降劉聰，爲聰所殺。

賈疋，武威人。愍帝時爲雍州刺史，封酒泉公。邀擊劉曜，大破之。後爲群胡所襲，敗死。

周浚，汝南安成人〔四七〕。以平吴功封成武侯。薨，子顗嗣。爲王敦所殺。閔、琳。

周馥，浚從父弟。以討陳敏功封永寧伯。

苟晞，河内山陽人。以破汲桑、石勒等功封東平郡侯，進爵爲公。後爲石勒所殺。

劉喬，南陽人。以預誅賈謐功封安衆男。

劉琨，中山魏昌人。以斬石超，迎大駕於長安，封廣武侯。後爲段匹磾所殺，謚愍，子群嗣。

劉輿，琨兄，爲東海王越、范陽王虓等所用，有功，封定襄侯。薨，謚貞，子演嗣。

邵續，魏郡安陽人。以敗石勒功封祝阿子。後没於石虎，爲所殺。

李矩，平陽人。以伐氐齊萬年功，封東明亭侯。

段匹磾，東部鮮卑人。父務勿塵遣兵助東海王越有功，封遼西公。匹磾襲父爵，領幽州刺史，爲石虎所攻，敗没於虎，被害。

右，西晉列侯姓名之見於史者。按：晉始分五等，則侯之秩已不一。又永熙初，楊駿輔政，普進封爵，以求媚於衆，議者以爲優於泰始革命之初，及諸將平吴之功。其後趙王倫既誅，賈后遂竊帝位，在職者皆封侯，廝役亦加以爵位，金銀冶鑄，不給於印，故有白版之侯，君子耻之，則其所濫及者，蓋不可勝道矣。

王導，瑯琊臨沂人。少襲祖覽爵即邱子。元帝渡江，導輔政，歷受遺詔輔明、成二帝〔四八〕，爲相，積封至始興郡公。薨，謚文獻。世子悦，早卒。琨〔四九〕，悦弟子嗣。嘏、恢。

恬，導次子，襲即邱子爵。

協，導子。襲武岡侯爵。謚。嗣協爵。

劉弘，沛國相人。以平張昌等功封新城郡公。薨，謚元。

陶侃，番陽人。初以軍功封東鄉侯，後以平蘇峻積功封長沙郡公。薨，謚桓，子夏嗣。弘、綽之、延壽。宋受禪，降爲吴昌侯。

温嶠，太原祁人。以討王敦功封建寧縣公，及平蘇峻，進始安郡公。薨，謚忠武，子放之嗣。式之。以弟嗣。

郗鑒，高平金鄉人。以預討王敦功封高平侯，後更封南昌縣公。薨，謚文成，子愔嗣。超、僧施。

曇，鑒子，少賜爵東安縣伯。恢，曇子襲封。循。恢子。

顧榮，吴國吴人。以討葛旟功封嘉興伯。元帝鎮江東，以爲軍司，卒。帝即位，追封爲公，謚元，子毗嗣。

紀瞻，丹陽秣陵人。以討陳敏功封臨湘縣侯。薨，諡穆，子景、早卒。友。景子嗣。

賀循，會稽山陰人。以討華軼功封鄉侯〔五〇〕。薨，諡穆。

薛兼，丹陽人。元帝即位，以佐命功封安陽鄉侯。

劉隗，彭城人。元帝即位，以佐命功封都鄉侯。後以王敦反，奔石勒。

戴淵，廣陵人。以討賊功封秣陵侯。王敦反，淵拒之，兵敗，爲敦所殺。諡簡。

應詹，汝南南頓人。以討賊功封觀陽縣侯。薨，諡烈，子玄嗣。

甘卓，丹陽人。以討周馥、杜弢等功封于湖侯。王敦反，卓討之，敦襲殺卓。諡敬。

卞壼，濟陰冤句人。父粹，齊王冏輔政時，爲中書令，封成陽公，爲長沙王乂所殺。壼襲父爵。成帝時輔政，蘇峻反，壼力戰，死之。諡忠貞。子眕。與壼同死。誕。眕子嗣。

敦，壼從父弟。以討杜弢功封安陵亭侯。薨，諡敬，子滔嗣。

劉超，瑯琊臨沂人。元帝即位，以佐命功封原鄉亭侯。後爲蘇峻所殺。諡忠，子訥嗣。

孫惠，吴國富陽人。爲東海王越參軍，以迎大駕功封臨湘縣公。

庾亮，明穆皇后兄。以討華軼功封都亭侯。討錢鳳、沈充，平之，進封永昌縣公。薨，諡文康，子羲嗣。

準。

懌，亮弟〔五一〕。以討蘇峻功封廣饒男。

冰，亮弟。以討蘇峻功封新吴縣侯〔五二〕。薨，諡忠成。

桓彝，譙國龍亢人。以討王敦功封萬寧縣男，蘇峻之反，爲賊所害。諡簡，子雲嗣。序。
沖，彝子，以從兄温破姚萇有功封豐城公。薨，諡宣穆〔五三〕，子胤嗣。
王承，太原晉陽人。永寧初，以豫迎大駕封藍田縣侯。薨，子述嗣。坦之、愷。
荀崧，潁川臨潁人。以預平王敦功封平樂伯。薨，諡敬，子蕤嗣。籍。
范汪，雍州刺史晷孫〔五四〕。以預討蘇峻功封都鄉侯。薨，諡穆，子康嗣。
王舒，丞相導之從弟。以破蘇峻功封彭澤縣侯。薨，諡穆，晏之子崑之嗣〔五五〕。陋之。宋受禪，國除。
胤之，舒子。以討蘇峻功封番禺縣侯。薨，諡忠，子晞之嗣。肇之。
王廙，導從弟。以討杜弢等功封武陵縣侯。薨，諡康，子頤之嗣。
虞潭，會稽餘姚人。以征討張昌等功賜爵都亭侯，後進至武昌縣侯。薨，諡孝烈，子仡嗣。嘯父。
顧衆，吴郡吴人。以討蘇峻功封鄱陽縣伯。薨，諡靖，子昌嗣。
張闓，丹陽人。以討蘇峻功封宜陽伯。子混嗣。
陸曄，吴郡吴人。以平錢鳳功封江陵伯。薨，諡穆，子諶嗣。
玩，曄弟。以討蘇峻功封興平伯。薨，諡康，子始嗣。
何充，廬江灊人。以討蘇峻功封都鄉侯。薨，諡文，弟子放嗣。松。
褚裒，太傅裒從父兄。以拒蘇峻封長平縣伯。薨，諡穆，子希嗣。
蔡謨，陳留考城人。以平蘇峻功封濟陽男。薨，諡文穆。

諸葛恢，瑯琊陽都人。以討周馥封博陵亭侯，討王含功封建安伯。薨，謚敬，子甝嗣。

孔愉，會稽山陰人。以討華軼功封餘不亭侯。薨，謚貞，子誾嗣。　静。

沉，愉從子。蘇峻反，以扈從功封永安伯。薨，謚簡，子詁嗣。

陶回，丹陽人。以破韓晃功封康樂伯。薨，謚威，子汪嗣。

謝安，陳國陽夏人。孝武時輔政，以禦苻堅功封建昌縣公。薨，謚文靖，更封廬陵郡公。子瑶嗣。　該。

琰，安子。以破苻堅功封望蔡公，後爲賊所害。謚忠肅，子混嗣。

峻，琰子。封建昌縣侯。子密嗣。

玄，安兄子。以征伐功封東興縣侯，後以破苻堅功進康樂縣公。薨，謚獻武，子瑍嗣。　靈運。

石，安弟。以破苻堅時爲元帥，封南康郡公。薨，謚襄，子注嗣。　明慧、暠。

王遜，魏興人。以征蠻功封褒中縣公。薨，謚壯，子澄嗣。

羊鑒，泰山人。以預誅蘇峻功封豐城縣侯。

劉允，東萊掖人。以拒蘇峻功封豐城子，後爲郭默所殺。子赤松嗣。

桓宣，譙國銍人，以前後戰功封竟陵縣男。

伊，宣族子。以破苻堅功封永修縣侯。薨，謚烈，子肅之嗣。　陵。

毛寶，滎陽陽武人。以破蘇峻功封州陵縣侯，後守邾城，戰没。子穆之嗣，即虎生。以入洛功徙封建安侯。　珍。

璩，虎生子。以討桓玄功追封歸鄉公〔五六〕。子弘之嗣。

劉遐，廣平易陽人。以討王含功封泉陵公。薨，子肇嗣〔五七〕。　舉、遵之、伯齡。

鄧岳，陳郡人。以討郭默功封宜城縣伯。薨，子遐嗣。

朱序，義陽人。以討司馬勳功封襄平子。後陷苻堅，淮、淝捷，歸國。

虞預，徵士喜之弟。從平王含，封平康縣侯〔五八〕。

徐廣，東莞姑幕人。義熙初，封樂成侯。

袁瓌，陳郡陽夏人。以討蘇峻功封長合鄉侯。薨，謚恭，子喬嗣。　方平、山松〔五九〕。

耽，瓌弟。以平蘇峻功封秭歸男。

劉牢之，彭城人。以破苻堅功封武岡縣男，後謀拒桓玄不克死。玄敗，子敬宣嗣。　光祖。

劉毅，彭城沛人。以誅桓玄反正功，封南平郡公。後爲劉裕所殺。

諸葛長民，瑯琊陽都人。以誅桓玄反正功，封新淦縣公。後爲劉裕所殺。

何無忌，東海郯人〔六〇〕。以討桓玄反正功，封安成郡公，後討盧循戰死。謚忠肅，子邕嗣。

檀憑之，高平人。討桓玄戰殁，追封曲阿縣公。

魏詠之，任城人。以贊討桓玄功追封江陵縣公〔六一〕。

嵇紹，康之子。賈謐誅，以不阿比凶族封弋陽子。蕩陰之戰，死之，贈進爵爲侯。　翰、從孫襲封。

曠。

魯芝，扶風郿人。以討諸葛誕功封武進亭侯，後進爵蘩城鄉侯。薨，謚貞。

胡威，淮南壽春人。武帝時，爲刺史，以功封平春侯。薨，謚烈，子奕嗣。

羊琇，景獻皇后之從父弟。封甘露亭侯。薨，謚威。

王虔，文明皇后之弟。封安壽亭侯。子士文嗣。

愷，虔弟。封山都縣公〔六二〕。

楊文宗，武元皇后父。封蓩亭侯。謚穆。

羊元之，惠皇后父。封興晉侯。

虞豫，元敬皇后父。早卒，追封平山縣侯。子胤嗣。洪。

褚裒，康獻皇后父。以平蘇峻功封都鄉亭侯。薨，謚元穆，子歆嗣。

何準，穆章皇后父。封晉興縣侯。

王蘊，孝定武皇后父。封建昌縣侯。

王敦，司徒導之從父兄。以討華軼等功封漢安侯，後舉兵反，破石頭，進爵武昌郡公。病死，討平，跽而斬之。

桓温，彝子。初襲爵萬寧男，平蜀功封臨賀郡公，北伐功封南郡公。子玄嗣。僭位誅。

祖約，逖之弟。以討王敦功封五等侯，後謀反兵敗，奔石勒，爲勒所誅。

蘇峻，長廣掖人。以破沈充功封邵陵公，後舉兵反，伏誅。

右，東晉列侯姓名之見於史者。

校勘記

〔一〕邑萬户爲次國　「爲」字原脱，據通典卷三一職官典十三補。

〔二〕於時唯特增魯國公户邑　「魯國公」晉書卷二四職官志作「魯公國」。

〔三〕亦各以土推恩受封　「封」字原脱，據晉書卷二四職官志補。

〔四〕小國五千户以上　「以上」二字原脱，據晉書卷二四職官志補。

〔五〕始封王之支子爲子　「爲子」二字原脱，據晉書卷二四職官志補。

〔六〕不滿五千户始封王之支子　十一字原脱，據晉書卷二四職官志補。

〔七〕其餘皆以一軍爲常　「皆」原作「付」，據晉書卷二四職官志改。

〔八〕其未之國者　「者」字原脱，據晉書卷二四職官志補。

〔九〕所增徙各如本奏　「徙」原作「徒」，據晉書卷二四職官志、通典卷三一職官典十三改。

〔一〇〕時齊王攸國相上長史缺　「史」，晉書卷三八文六王傳作「吏」。

〔一一〕封宣帝子伷爲東莞郡王　「子伷」原作「孫永」。按晉書卷三八宣五王傳載，宣帝伏夫人生瑯琊武王伷，「武帝踐祚，封東莞郡王，邑萬六百户，始置二卿」，本卷下文有瑯琊武王伷，記事與此合，此處「孫永」應爲「子伷」之誤，據改。

〔一二〕王楙爲燕王師　「楙」字原脱，據通典卷三一職官典十三補。

〔一三〕晉文帝輔魏政　「晉文帝」原作「晉武帝」，據晉書卷四九阮籍傳改。
〔一四〕鄭冲　原作「鄭中」，據元本、慎本、馮本及晉書卷三三鄭冲傳改。
〔一五〕諸參軍奉車都尉掾屬者百餘人　晉書卷六元帝紀作「諸參軍拜奉車都尉，掾屬駙馬都尉。辟掾屬百餘人」。
〔一六〕長沙王乂　「乂」原作「義」，據下文及晉書卷五九長沙王乂傳改。下同。
〔一七〕弈徙封瑯琊王　「弈」原作「亦」，據晉書卷五九東海王越傳改。
〔一八〕子定王隨嗣　「嗣」字原脱，據本卷文例補。
〔一九〕法蓮　原作「法連」，據晉書卷三七宗室傳改。
〔二〇〕平原王榦　「榦」原作「斡」，據晉書卷三八宣五王傳改。
〔二一〕梁孝王肜　「肜」原作「彤」，據晉書卷三八宣五王傳改。
〔二二〕城陽哀王兆　「兆」原作「肇」，據下文及晉書卷三八文六王傳改。
〔二三〕義　晉書卷五九汝南王亮傳同，卷九孝武帝紀作「羲」。
〔二四〕太康十年封　「十」下原衍「五」字，據晉書卷三武帝紀、卷五九長沙王乂傳删。
〔二五〕秦獻王柬　「柬」原作「東」，據晉書卷六四武十三王傳改。
〔二六〕封汝南王　「汝南」原作「汝陽」，據晉書卷六四武十三王傳改。
〔二七〕以淮南王允子嗣　「王允」二字原倒，據晉書卷六四武十三王傳乙正。
〔二八〕子廓嗣　「廓」原作「廊」，據晉書卷六四武十三王傳改。
〔二九〕揆其封建不用雖强弱不適　「不用雖」三字原脱，據晉書卷四六劉頌傳補。

〔三〇〕宜因聖明之時　「聖」原作「盛」，據晉書卷四六劉頌傳改。

〔三一〕寶　其上原衍「寧康」二字，據晉書卷六四簡文三子傳删。

〔三二〕平西公　原作「平河公」，據晉書卷八八張軌傳改。

〔三三〕爲伯父凉寧侯　「凉」原作「長」，據晉書卷八八張軌傳改。

〔三四〕護羌校尉　四字原脱，據晉書卷八七凉武昭王李玄盛傳補。

〔三五〕陽武亭侯　「陽武」二字原倒，據晉書卷三三何曾傳乙正。

〔三六〕粹　按晉書卷三五陳騫傳：「輿卒，子植嗣；植卒，子粹嗣。」此處「粹」上脱「植」字。

〔三七〕荀顗　原作「荀覬」，據晉書卷三九荀顗傳改。

〔三八〕劉寔　原作「劉實」，據元本、慎本、馮本及晉書卷四一劉寔傳改。

〔三九〕以參文帝相國軍事　「軍」字原脱，據晉書卷四一劉寔傳補。

〔四〇〕封堂陽子　「堂陽」原作「棠陽」，據晉書卷四四石鑒傳改。

〔四一〕武陔沛國竹邑人　「陔」原作「陵」，「竹」原作「弘」，據晉書卷四五武陔傳改。

〔四二〕景帝爲大將軍　「軍」下原衍「時」字，據晉書卷四五武陔傳删。

〔四三〕子輔嗣　「輔」原作「鋪」，據晉書卷四五武陔傳改。

〔四四〕謚穆　按晉書卷四五郭奕傳，奕卒，有司請謚曰穆，詔賜謚曰簡。

〔四五〕謚聲　按晉書卷五七滕修傳，修卒，先謚聲，又改賜謚曰忠。

〔四六〕含以討蘇峻功更封夏陽侯　「含」原作「聲」，據晉書卷五七滕修傳改。

〔四七〕汝南安成人　「安成」原作「安城」，據元本、慎本、馮本及晉書卷六一周浚傳改。

〔四八〕歷受遺詔輔明成二帝　「詔」字原脱，據晉書卷六五王導傳補。

〔四九〕琨　原作「混」，據晉書卷六五王導傳改。

〔五〇〕以討華軼功封鄉侯　按晉書卷六八賀循傳，賀循「以討華軼功，將封鄉侯，循自以卧疾私門，固讓不受。」

〔五一〕懌亮弟　「懌」原作「翼」，據晉書卷七三庾亮傳改。

〔五二〕以討蘇峻功封新吴縣侯　「新」字原脱，據晉書卷七三庾亮傳補。

〔五三〕謚宣穆　「穆」字原脱，據晉書卷七四桓彝傳補。

〔五四〕雍州刺史晷孫　「晷」原作「咎」，據晉書卷七五范汪傳改。

〔五五〕晏之子崑之嗣　「晏之」二字原脱，據晉書卷七六王舒傳補。

〔五六〕以討桓玄功追封歸鄉公　「追」字原脱，據晉書卷八一毛寶傳補。

〔五七〕子肇嗣　「肇」原作「紹」，據晉書卷八一劉遐傳改。

〔五八〕封平康縣侯　按晉書卷八二虞預傳，虞預從平王含，賜爵西鄉侯，蘇峻亂平後，進爵平康縣侯，此處「封」上有脱文。

〔五九〕山松　原作「山崧」，據晉書卷八三袁瓌傳改。

〔六〇〕東海郯人　「郯」原作「剡」，據晉書卷八五何無忌傳改。

〔六一〕追封江陵縣公　「追」字原脱，據晉書卷八五魏詠之傳補。

〔六二〕封山都縣公　原作「封山東縣侯」，據晉書卷九三外戚傳改。

卷二百七十二　封建考十三

宋齊梁陳諸侯王列侯

宋氏一用晉制，唯大小國皆有三軍。自明帝以後，皇子、皇弟雖非都督，亦置記室參軍，小號將軍爲大郡邊守置佐吏者，又不置長史，餘則同矣。凡王子爲侯者，食邑皆千户。諸王世子皆金印紫綬，進賢兩梁冠，佩山玄玉。初，江夏王義恭爲孝武所忌，憂懼，故奏革諸侯廳事，不得南向坐；國官正冬不得跣登國殿及夾侍；障扇不得雉尾，劍不得鹿盧形；但馬不得過二〔一〕；諸侯常行車前後不得過六隊；白直夾轂〔二〕，不在其限。刀不得過銀銅爲飾。諸王子繼體爲王者，婚葬吉凶，悉依諸國公侯之禮，不得同皇弟、皇子；諸王女封縣主，諸王子孫、襲封王之妃及封侯者夫人〔三〕，並不得鹵簿。詔可。王國有師，改傅爲之。自内史、相、記室以下，官多與晉同。孔顗字思遠，爲江夏内史，好酒多醉而明曉政事，咸曰：「一月二十九日醉，勝他人二十九日醒。」又有辭記室參軍箋曰：「記室之要，須通才敏思、性情綸密者爲之。」凡郡縣内史、相並於國主稱臣，去任便止。孝武孝建中，始革此制，不得追敬，不得稱臣，止宜云「下官」而已。劉邕嗣封南康侯，河東王歆之常爲南康國相，素輕邕。後倶元會，邕性嗜酒，謂歆之曰：「卿昔嘗見臣，今不能勸一杯酒乎？」歆之效孫皓歌答之曰：「昔爲汝作臣，今與汝比肩，既不勸汝酒，亦不願汝年。」公主有傅、令，傅令不得朱服。不得朱服，亦江夏王所奏。

長沙景王道憐，武帝中弟。帝即位封。永初三年薨，子義欣嗣。瑾。
義融，義欣弟。封桂陽縣侯。子覬嗣。晃。
義宗，義融弟。封新渝縣侯。子懷珍〔四〕。承。
義賓，義宗弟。封興安侯。
義綦，封營道縣侯。
臨川烈武王道規，武帝少弟。桓玄篡位時，以預起義進封至南郡公。武帝即位，追封臨川王。義慶，以長沙景王子嗣。曅、綽。
營浦侯遵考，武帝族弟。帝即位封。薨，謚元公〔五〕。子澄之嗣。
廬陵孝獻王義真，武帝次子。初封桂陽縣公，帝即位，封廬陵王。後爲徐羨之等廢而殺之，時年十八。
紹，文帝第五子，以嗣義真。敬先。
彭城王義康，武帝子。帝即位封。元嘉時，入輔政。後廢爲庶人，賜死。
江夏文獻王義恭，武帝子。帝即位封。後爲廢帝所殺。
南郡王義宣，武帝子。元嘉元年，初封竟陵王，後改封南郡。孝武時，與臧質同反，兵敗，誅。
衡陽文王義季，武帝子。元嘉元年封衡陽王，後改封。二十四年薨，傳國至孫，齊受禪，國除。
始興王濬，文帝子。元嘉十三年封。後與元凶劭同行弒逆，伏誅。
南平穆王鑠，文帝第四子。元嘉十六年封。孝武初薨。

敬猷，爲廢帝所殺。　子產，以孝武子嗣〔六〕。　宣曜，以晉平王休祐子嗣。　伯玉，以衡陽恭王嶷子嗣。

竟陵王誕，文帝第六子。元嘉二十年，封廣陵王，後改封竟陵。討元凶劭及南郡王義宣有功，孝武忌誕，遣兵襲之。誕反，兵敗死。

建平宣簡王宏，文帝第七子。元嘉二十一年封。孝武時薨，子景素嗣。廢帝時，舉兵攻臺城，不克，被殺。

廬江王褘〔七〕，文帝第八子。元嘉二十二年，封東海王，後改封廬陵。孝武時，坐罪廢死。

晉熙王昶，文帝第九子。元嘉二十二年，封義陽王〔八〕。廢帝即位，舉兵反，不克，奔魏。　爕，以明帝子嗣。齊受禪，見殺。

武昌王渾，文帝第十子。元嘉二十四年封。孝武時，坐罪廢死。

建安王休仁，文帝第十二子。元嘉二十九年封。明帝立，休仁有功，帝忌之，賜死。

晉平刺王休祐，文帝第十三子。孝建二年，封山陽王，後改封晉平。明帝忌而殺之。

海陵王休茂，文帝第十四子。孝建二年封。大明時，謀反敗死。

鄱陽哀王休業，文帝第十五子。孝建二年封，三年薨。　士弘以山陽王休祐子嗣。

臨慶冲王休倩，文帝第十六子。孝建元年封。未拜薨。

新野懷王夷父，文帝第十七子。蚤薨，加封。

桂陽王休範，文帝第十八子。孝建三年封順陽王，大明元年改封。廢帝時，反誅。

巴陵哀王休若，文帝第十九子。孝建三年封。明帝忌之，賜死。

豫章王子尚，孝武第二子。孝建三年封西陽王〔九〕，後改封豫章。廢帝殞，賜自盡。

晉安王子勛，孝武第三子。大明四年封。廢帝凶狂，長史鄧琬等奉子勛起兵。明帝定亂即位，琬等不受命，奉子勛爲帝，一歲，琬敗見殺，年十一。

松滋侯子房，孝武第六子。大明四年封潯陽王。明帝即位，長史孔覬不受命，以子房舉兵應晉安王子勛〔一〇〕，敗，坐貶爲松滋侯。後見殺，年十一。

臨海王子頊，孝武第七子。初封歷陽王，後改封臨海。坐應晉安王子勛事敗，賜死，年十一。

始平孝敬王子鸞，武帝第八子。大明四年封襄陽王，又改封新安。廢帝即位見殺，時年十歲。明帝立，改封始平，以建平王景素子延年嗣。

永嘉王子仁，孝武第九子。大明五年封。年十歲遇害。

始安王子真，孝武第十一子。

邵陵王子元，孝武第十二子〔一一〕。

淮南王子孟，孝武第十六子。

東平王子嗣，孝武第二十七子。以上並爲明帝所殺。

齊敬王子羽，孝武第十四子。

晉陵孝王子雲，孝武第十九子。並未拜而亡。

南海哀王子師，孝武第二十二子。爲廢帝所殺。

武陵王贊明，帝子。明帝既誅孝武諸子，詔以贊奉孝武爲子，封武陵郡王。順帝昇明二年薨，國除。

邵陵殤王友〔一二〕，明帝子。五歲封，順帝昇明二年薨，無子，國除。

隨陽王翽，明帝子。昇明二年封。齊受禪，降封舞陰縣公。

新興王嵩，明帝子。齊受禪，降封定襄縣公。

始建王禧，明帝子。齊受禪，降封荔浦縣公，尋並爲齊高祖所殺。

齊封爵史闕。齊竟陵王子良開西邸，延才俊以爲士林。自永明末，京邑士人盛爲文章談議，皆湊於西邸〔一三〕。王國有師、王琨爲武陵王師，時王儉爲宰相，屬琨用東海迎吏。琨使謂曰〔一四〕：「語郎，三臺五省皆是郎用人，外方小郡，當乞寒賤，省官何容復奪之。」遂不聽其事〔一五〕。諮議、張岱歷臨海、章郡、晉安三王府諮議，三王行事，事舉而情得。文學等官。齊永明元年，竟陵王子良表置文學官。公侯置郎中令一人，卿。餘與晉、宋同。

衡陽元王道度，齊高祖長兄。仕宋位安定太守，卒。齊受禪，加封謚，無子。鈞，以高祖第十一子繼，後爲明帝所殺。珉以永陽王子繼，子坦〔一六〕。

始安貞王道生，高祖次兄。仕宋位奉朝請，卒。齊受禪，追封謚。後子鸞即位，是爲明帝，追尊道生爲景皇。

鳳，道生長子。仕宋位正員郎，卒。高帝即位，謚靖世子。明帝即位，追封始安靖王。子遥光，明帝崩，受遺輔政。東昏失道，遥光舉兵攻臺城，兵敗誅。

鸞，是爲明帝。

絘，封安陸昭王。

豫章文獻王嶷，高帝子。帝受禪封，武帝即位，進太尉。薨，子子廉嗣。元琳，梁受禪，降封新淦侯。

臨川獻王映，高帝子。帝受禪封。永明七年薨。子子晉，梁時坐反誅。

長沙威王晃，高帝子。帝受禪封。武帝時薨。

武陵昭王曅，高帝子。帝受禪封。隆昌元年薨。

安成恭王暠，高帝子。帝受禪封。永明九年薨〔一七〕。

鄱陽王鏘，高帝子。帝受禪封，明帝既廢鬱林王，遂害鏘。

桂陽王鑠，高帝子。帝受禪封，後爲明帝所殺。

始興簡王鑑，高帝子。初封廣興郡，後改封。永明九年薨。

江夏王鋒，高帝子。

南平王鋭，高帝子。

宜都王鏗，高帝子。

晉熙王銶，高帝子。

江東王鉉，高帝子。已上並爲明帝所害。

竟陵文宣王子良，武帝第二子。帝即位封。帝崩，受遺詔輔太孫。薨，子昭胄嗣，東昏時，謀舉兵，事覺誅。

魚復侯子響〔一八〕，武帝第四子。初封巴東郡王，爲荆州刺史，坐殺臺使，誅死，貶爲侯。

安陸王子敬，武帝第五子。永明中封。明帝即位，遣人襲殺之。

晉安王子懋，武帝第七子。隆昌初，爲江州刺史。及明帝輔政，誅蕭高、武諸王子，懋欲起兵入討，事覺，見害。

隨郡王子隆，武帝第八子。年二十一遇害。

建安王子真，武帝第九子。年十九遇害。

西陽王子明，武帝第十子。年十七遇害。

南海王子罕，武帝第十一子。年十七遇害。

巴陵王子倫，武帝第十三子。年十六遇害。

邵陵王子貞，武帝第十四子。年十五遇害。

臨賀王子岳，武帝第十六子。年十四遇害。

西陽王子文，武帝第十七子。年十四遇害。

衡陽王子峻，武帝第十八子。年十四遇害。

南康王子琳，武帝第十九子。年十四遇害。

湘東王子建，武帝第二十一子。年十三遇害。

南郡王子夏，武帝第二十三子。年七歲遇害。

巴陵王昭秀，文惠太子第三子。年十六遇害。

桂陽王昭粲，文惠太子第四子。年八歲遇害。已上並爲明帝所殺。

先是，高帝、武帝爲諸王置典籤帥，一方之事，悉以委之。每至覲接，輒留心顧問，刺史行事之美惡，繫於典籤之口，莫不折節推奉，恒慮弗及，於是威行州部，權重藩君。武陵王曄爲江州，性烈直不可忤，典籤趙渥之曰：「今出都易刺史〔一九〕。」及見武帝相詆，曄遂免還。南海王子罕戍琅琊，欲暫游東堂，典籤姜秀不許而止，還泣謂母曰：「兒欲移五步亦不得，與囚何異？」秀後輒取子罕屐韈飲器等供其兒昏，武帝知之，鞭二百，繫尚方，然而擅命不改。邵陵王子貞嘗求熊白，厨人答典籤不在，不敢與。西陽王子明欲送書參侍讀鮑僎病，典籤吴脩之不許，曰：「應諮行事。」乃止。言行舉動，不得自專，徵衣求食，必須諮訪。永明中，巴東王子響殺行事劉寅等，武帝聞之。謂群臣曰：「子響遂反。」戴僧静大言曰：「諸王都自應反，豈惟巴東？」武帝問故，答曰：「夫王無罪，而一時被囚，取一挺藕，一杯漿，皆諮籤帥，不在則竟日忍渴。諸州唯聞有籤帥，不聞有刺史。」竟陵王子良嘗問衆曰：「士大夫何意詣籤帥？」參軍范雲答曰：「詣長史以下皆無益，詣籤帥便有倍本之價〔二〇〕，不詣謂何！」子良有愧色。及明帝誅異己者，諸王見害，悉典籤所殺，竟無一人相抗。孔珪聞之流涕曰：「齊之衡陽、江夏最有意，而復害之。若不立籤帥，故當不至於此。」

按：宋、齊之制，諸王之爲刺史者，立長史以佐之，既而復立典籤以制之。然大概多以童稚之年膺方面之寄，而主其事者，則皆長史、典籤也。宋蒼梧王以凶狂遇弒，明帝嗣位，而江州長史鄧琬不受命，奉晉安王子勛起兵稱帝。會稽長史孔覬、雍州長史孔道存俱不受命，皆奉其王以應晉安。未幾兵敗，而臣主俱就誅夷，而孝武之子孫殲焉。及齊明帝以支代宗，欲盡除高、武之子孫，而皆以典籤殺之。然則長史、典籤之設，皆所以禍諸王，而當時之居此職者，皆輕躁傾險之人，或假之以稱亂，或賣之以爲功，其情雖異，而構禍則同。童孺無知，駢首横死於鋒鏑鴆毒之下，至誓「不願生帝王家」，及乞爲奴以紓死而不可得，哀哉！

梁封爵亦如晉、宋之制。諸王皆假金獸符第一至第五左，竹使符第一至第十左〔二二〕。諸公侯皆假銅獸符、竹使符，第一至第五。名山大澤不以封，鹽鐵金銀銅鐵錫及竹園、别都、宫室、園圃，皆不以屬國。諸王言曰「令」，境内稱之曰「殿下」。公侯封郡縣者言曰「教」，境内稱之曰「第下」，自稱皆曰「寡人」〔二三〕。相以下公文上事，皆詣典書〔二三〕。世子主國，其文書表疏，儀式如臣，而不稱「臣」。文書下群官〔二四〕，皆言「告」。諸王公侯國官皆稱「臣」，上於天朝，皆稱「陪臣」，有所陳，皆曰「上疏」。其公文曰「言事」〔二五〕。梁南平元襄王偉，好學重士，四方游士，當世知名者，莫不畢至。齊世有青溪宫，改爲芳林苑〔二六〕，賜偉爲宅，穿築種植，與賓客遊其中。梁世藩邸之盛無過。五等諸公位視三公，班次之。開國諸侯位視孤卿、重號將軍、光禄大夫，班次之。開國諸伯位視九卿，班次之。開國諸子，位視二千石，班次之。開國諸男位視比二千石，班次之。王國置傅、相、公以下，則臺各爲選置之，皆掌知百姓事。郎中令、將軍、常侍、典書令、典衛長，伯、子無典衛。典祠以下，自選備上〔二七〕。諸官多同前代。若王加將軍開府，則置長史、司馬及記室、掾屬、祭酒、主簿、録事官屬。張綰字孝卿，自中軍宣城王長史遷御史中丞。武帝使宣旨曰：「爲國之急，唯在執憲直繩，用人本不限升降。晉、宋代周閔、蔡廓並以侍中爲之，卿勿疑是左遷。」時宣城王府資重，故有此旨。嗣王則唯置郎中令、中尉、常侍、大農。藩王則無常侍，制與後漢同。

長沙宣武王懿，武帝兄。齊時爲尚書令〔二八〕，爲東昏所殺。武帝受禪，追封謚。子業嗣〔二九〕。孝儼、脊。

藻，業弟。封西昌侯。猷，藻弟。封臨汝侯。韶，猷子。封上甲縣都鄉侯，後襲封長沙王。駿，韶弟。封南安侯。明，猷弟。封貞陽侯。武帝既納侯景，以明督師北代，兵敗，没於魏。至齊文宣時，遣使送明南還，王僧辨納之，稱尊號。陳霸先襲殺僧辨，更立敬帝而廢明，齊人徵之，薨。

永陽昭王敷，武帝兄。任齊爲隨郡内史，卒。武帝受禪，追封謚，子伯游嗣。

衡陽宣王暢，武帝弟。仕齊位太常，封江陵縣侯，卒。武帝受禪，追封謚，子獻嗣〔三〇〕。

桂陽簡王融，武帝弟。仕齊爲太子洗馬，與懿俱遇害。武帝受禪，追封謚。象，以長沙王子嗣。慥。

臨川靖惠王宏，武帝弟。仕齊爲王府功曹史〔三一〕。武帝受禪封。普通七年薨，子正義嗣。

正德，正義弟。封西豐縣侯，後奔魏復還，大通四年，封臨賀郡王。侯景反，奉正德僭位，景入城，並廢而殺之。正則，正德弟。封樂山侯，後坐反誅。正立，正則弟。封建安縣侯。

安成康王秀，武帝弟。仕齊爲太子舍人。武帝受禪封。薨，子機嗣。　操。

南平元襄王偉，武帝弟。仕齊爲王府參軍。武帝受禪封。薨，子恪嗣。

恭，恪弟。封衡山縣侯。　祇，恭弟。封定襄縣侯。　諮，偉孫。封武林侯。　脩，諮弟。封宜豐侯。　泰，脩弟。封豐城侯。

始興忠武王憺，武帝弟。仕齊爲外兵參軍，武帝受禪封。薨，子亮嗣。

暎，亮弟。封廣信縣侯。　暈，暎弟。封安陸侯。

豫章王綜，武帝第二子。天監三年封。後奔魏，歿於魏。

南康簡王績，武帝第四子。天監七年封。大通三年薨，子會理嗣，後爲侯景所害。

通理，會理弟。封祈陽侯。　義理，通理弟。封安樂縣侯。

廬陵威王續，武帝第五子。天監八年封。中大同時薨〔三〕，子應嗣。

邵陵攜王綸，武帝第六子。天監十三年封。侯景反，以綸爲征討大都督，討景，不克，奔郢州。後奔汝南，魏兵攻而殺之。　堅，綸子。封汝南侯。　確，堅弟。封正階侯。後並爲侯景所殺。

武陵王紀，武帝第八子。天監十三年封，大同三年，爲益州刺史。侯景陷臺城，紀遣兵入援，止於白帝，未幾僭位於蜀。元帝遣兵取之，紀敗，爲所殺。

豫章安王歡，昭明太子長子。昭明薨封。薨，子棟嗣。侯景廢簡文帝，立棟。未幾，景篡位，王僧辯討誅景，棟爲朱買臣所害。

河東王譽，昭明太子子。中大通三年封。湘州刺史〔三〕。侯景反，入援，至青草湖，臺城陷，還鎮。元帝遣王僧辨襲殺之。

岳陽王詧，昭明太子子。中大通三年封，爲雍州刺史。侯景既克臺城，詧稱藩於魏。元帝既立，魏人入寇，詧率衆會之。魏取江陵，害元帝，乃立詧爲梁王，授以荆州、江陵，而取其雍州。襄陽府。詧遂即帝位，仍稱藩於魏。即位八年殂，謚宣帝。子巋立，二十四年殂，謚明帝。子琮嗣立，三年，朝於隋，隋取其地，拜琮柱國，賜爵莒公。

潯陽王大心，簡文帝第二子。太清元年，爲江州刺史。侯景反，遣師入援，無功。景將任約略地至湓城，大心戰敗，以州歸約。後爲景所殺。

臨川王大款，簡文第三子。帝即位封。後奔江陵，魏克江陵，遇害。

南海王大臨，簡文第四子。侯景反，遇害。

南郡王大連，簡文第五子。爲東揚州刺史。侯景反，入援無功，還鎮。後爲景所害。

安陸王大春，簡文第六子。侯景反，遇害。

桂陽王大成，簡文第八子。侯景反，奔江陵。魏克江陵，遇害。

汝南王大封，簡文第九子。侯景反，奔江陵。魏克江陵，遇害。

瀏陽王大雅，簡文第十二子。侯景反，發憤感疾卒。

新興王大莊，簡文第十三子。

西陽王大鈞，簡文第十四子。
武寧王大威，簡文第十五子。
建平王大球，簡文第十七子。
義安王大昕，簡文第十八子。
綏建王大摯，簡文第十九子。以上並爲侯景所害。

自漢景、武始裁抑諸侯王，雖受封連城，而不得以擅其土地甲兵。至東漢，諸侯王惟得食其邑入而已。曹魏則并邑入亦鮮薄，猜防尤甚，卒以孤立速亡。晉、宋、齊、梁之制，諸王皆出爲都督、刺史，星羅棋布，各據强藩，蓋將假以事任，庶收宗子維城之功，而矯孤立之弊。然宋、齊一再傳而後，二明帝皆以旁支入繼大統，忮忍特甚，前帝之子孫，雖在童孺，皆以逼見讎。其據雄藩處要地者，適足以殞其身於典籤輩之手，而二明亦復享年不永，置嗣無狀，淪胥以亡，不足復議。若晉若梁，則諸王皆以盛年雄材出當方面，非宋、齊帝子輩比也。然京師有變，則俱無同奬王室之忠，而各有帝制而天子自爲之志。賈、趙之亂，如冏如顒、如乂如越之徒，縱兵不戢，屠其骨肉，以啟戎狄之禍，而神州覆亡。侯景之亂，如綸如繹、如紀如詧之徒，擁兵不救，委其祖父以餧寇賊之口，而天倫殄絶矣。蓋其初之立制也，非不欲希風宗周，懲鑒漢、魏，然世俗險惡，人心澆漓，齊桓、晉文之事尚矣。晉、梁諸王，雖欲求一人如鄭厲公、虢叔輩而不可得，後儒所以疑封建之不可行有由矣。

陳置九等，公主有家令之制。郡有王，嗣王，藩王，開國郡、縣公，開國縣侯〔三四〕，開國縣伯，開國縣子，開國縣男〔三五〕，沐食侯，鄉、亭侯，關内侯〔三六〕，關外侯。鄱陽王之封也，遣度支尚書蕭睿持節兼太宰告於太廟，五兵尚書王質持節兼太宰告於太社〔三七〕。凡親王起家則爲侍中，若將軍方得有佐吏，無將軍則無府，止有國官。皇太子子，冢嫡者封王，依諸王起家，餘子並封公，起家中書郎。諸王子并諸侯世子〔三八〕，起家給事。三公子起家員外散騎侍郎〔三九〕，令僕子起家祕書郎。若員滿，亦爲版法曹，雖高半階，資級祕書郎下。次令僕子起家著作佐郎，亦爲版行參軍。此外有揚州主簿〔四〇〕、太學博士、國常侍〔四一〕、奉朝請，嗣王行參軍，並起家官，未合發詔。皇弟、皇子府置師、長史、司馬、從事中郎、諮議參軍、友、掾屬、記室等官，其嗣王、藩王府則遞減之。王國置郎中令、將軍、常侍、典祠令、舍人等官，其嗣王、藩王則遞減其員〔四二〕。諸王公參佐等官〔四三〕，仍爲清濁，或爲選司補用，亦有府牒拜授者〔四四〕。不拘年限，去留隨意。在府之日，惟賓游宴賞，時復循從之，更無餘事。若隨府王在州，其僚佐等或亦得預催督，若其驅使，便有職務。其衣冠子弟，多自修立。非氣類者，惟利是求，暴物亂政，皆此之類也。

衡陽獻王昌，陳武帝第六子。武帝平侯景，拜長城國世子。後留荊州，魏克荊州，遷長安。武帝即位，遣人請之，未還。武帝崩，乃歸。文帝立，使人迎昌，濟江於中流，殞之。無子。天康初，文帝詔以第七子伯信嗣其位，奉祀之。

南康愍王曇朗，武帝母弟忠壯王休先之子。齊兵逼建康，遣質於齊，後爲齊所害。武帝受禪，追封謚。子方泰嗣，後坐罪削爵土，陳亡，入隋爲掖縣令。方慶，方泰弟，封臨汝縣侯。

始興王伯茂，文帝第二子。帝即位，以伯茂襲封始興王，嗣伯父昭烈王道談後。臨川王廢〔四五〕，伯茂坐降爲温麻侯。

鄱陽王伯山，文帝第三子。天嘉元年封。禎明三年薨。

新安王伯固，文帝第五子。天嘉六年封。後與始陵王謀反誅。

晉安王伯恭，文帝第六子。天嘉六年封。陳亡，入長安，後爲成州刺史。

廬陵王伯仁，文帝第八子。天嘉六年封。陳亡，卒於長安。

江夏王伯義，文帝第九子。天嘉六年封。陳亡，入長安，道卒。

武陵王伯禮，文帝第十子。天嘉六年封。陳亡，入長安，後爲臨洮太守。

永陽王伯智，文帝第十二子。太建中封〔四六〕。陳亡，入隋，後爲國子司業。

桂陽王伯謀，文帝第十三子。太建中封。陳亡，入隋，後爲番禾令。

始興王叔陵，宣帝第二子。太建元年封。宣帝崩，叔陵反，以刃傷太子，伏誅。

豫章王叔英，宣帝第三子。太建元年封。陳亡，入隋，後爲涪陵太守。

長沙王叔堅，宣帝第四子。太建元年封。陳亡，入隋，後爲遂寧郡守。

建安王叔卿，宣帝第五子。太建四年封。陳亡，入隋，後爲上黨通守。

宜都王叔明，宣帝第六子。太建五年封。陳亡，入隋，後爲鴻臚少卿。

河東王叔獻，宣帝第九子。太建五年封。陳亡，入隋，爲汶城令。

新蔡王叔齊，宣帝第十一子。太建七年封。陳亡，入隋，後爲尚書主客郎。

晉熙王叔文，宣帝第十二子。太建七年封。隋師渡江，叔文以巴州先送款，授開府，宜州刺史。

淮南王叔彪，宣帝第十三子。太建八年封。陳亡，卒於長安〔四七〕。

始興王叔重，宣帝第十四子。叔陵爲逆誅，立叔重嗣昭烈王後。陳亡，入隋，後爲太府少卿。

潯陽王叔儼，宣帝第十五子。後主時立。陳亡，入隋卒。

岳陽王叔慎，宣帝第十六子。太建十四年立。隋師渡江，爲湘州刺史，拒戰，死之。

義陽王叔達，宣帝第十七子。太建十四年立。陳亡，入隋爲絳郡通守，後仕唐至禮部尚書。

巴山王叔雄，宣帝第十八子。太建十四年封。陳亡，卒於長安。

武昌王叔虞，宣帝第十九子。太建十四年封。陳亡，入隋，後爲高苑令。

湘東王叔平，宣帝第二十子。至德元年封。陳亡，入隋，後爲胡蘇令。

臨賀王叔敖，宣帝第二十一子。至德初封。陳亡，入隋，後爲儀同三司。

陽山王叔宣，宣帝第二十二子。至德初封。陳亡，入隋爲涇城令。

西陽王叔穆，宣帝第二十三子。至德初封。陳亡，卒長安。

南安王叔儉，宣帝第二十四子。至德初封。陳亡，卒於長安。

南郡王叔澄，宣帝第二十五子。至德初封。陳亡，入隋爲靈武令。

沅陵王叔興，宣帝第二十六子。至德初封。陳亡，入隋爲給事郎。

岳山王叔韶，宣帝第二十七子。至德初封。陳亡，入隋，卒於長安。

新興王叔純，宣帝第二十八子。至德初封。陳亡，入隋，後爲河北令。

巴東王叔謨，宣帝第二十九子。至德四年封。陳亡，入隋爲汧陽令。

臨海王叔顯，宣帝第三十子。至德四年封。陳亡，入隋爲鶉觚令。

新會王叔坦，宣帝第三十一子。至德四年封。陳亡，入隋爲涉縣令。

新寧王叔隆，宣帝第三十二子。至德四年封。陳亡，入隋，卒於長安。

新昌王叔榮，宣帝第三十三子。禎明時封。陳亡，入隋爲内黄令。

太原王叔匡，宣帝第三十四子。禎明時立。陳亡，入隋爲壽光令。

始安王深，後主第四子。至德初封。後廢太子胤，立深爲太子。陳亡，入隋爲枹罕太守，唐武德初爲祕書丞。

吴興王胤，後主長子。初立爲皇太子，後廢爲吴興王。陳亡，入隋，卒於長安。

南平王嶷，後主第二子。至德初立。陳亡，卒於長安。

永嘉王彦，後主第三子。至德初立，陳亡，入隋爲襄武令。

南海王虔，後主第五子。至德初立。陳亡，入隋爲涿令。

信義王祇，後主第六子。至德初立。陳亡，入隋爲通議郎。

邵陵王兢，後主第七子。禎明初立。陳亡，入隋爲國子監丞。

會稽王莊，後主第八子。至德初立。陳亡，入隋爲昌隆令。

東陽王恮〔四八〕，後主第九子。禎明二年立。陳亡，入隋爲通議郎。

吴郡王藩，後主第十子。禎明二年封。陳亡，入隋爲任城令。

錢唐王恬，後主第十一子。禎明二年封。陳亡，卒於長安。

江左承西晉諸王開國，並以户數相差爲大小三品。大國置上中下三將軍，又置司馬一人〔四九〕。次國置中、下二將軍。小國置將軍一人。餘官亦准此爲差。武帝受命，自永定訖於禎明，唯衡陽王昌特加禮命，至五千户，自餘大國不過二千，小國則千户云。

陳亡，諸王隨後主入長安，並配隴右及河西諸州，各給田業以處之。大業二年，隋煬帝以後主第六女媯爲貴人，絶愛幸，因召陳氏子弟盡還京師，隨才叙用，由是並爲守宰，徧於天下。

宋列侯

武帝受禪之初，詔晉氏封爵當隨運改，獨置始興、廬陵、始安、長沙、康樂五公，降始興公爲縣公、廬陵公爲柴桑縣公、始安公爲荔浦縣侯、長沙公爲醴陵縣侯、康樂公即降爲縣侯，以奉王導、謝安、温嶠、陶侃、謝玄之祀。

劉穆之，東莞莒人。武帝建義時，爲軍吏。桓玄平，以功封西華縣子。義熙十三年卒，贈南昌縣侯。帝受禪，以佐命元勳，追封南康郡公，謚文宣。子慮之嗣。邕、彤，坐罪奪爵〔五〇〕。彪，彤弟紹。齊受禪，降封南康縣侯。

式之，穆之中子。以從征關、洛功封德陽縣侯。謚恭。

徐羨之，東海郯人。少與武帝同參桓修軍府，帝受禪，以佐命功封南昌縣公。文帝即位，改封南平郡公。元嘉二年，坐罪誅。

湛之，羨之兄孫。以母會稽公主恩封枝江縣侯。元凶劭弒逆，并害湛之，謚忠烈。子聿之，亦爲元凶劭所殺。孝嗣，聿之子。襲爵，爲廢帝所殺。

傅亮，北地靈州人。武帝受禪，以佐命功封建城縣公。文帝立，進爵始興郡公。元嘉三年，坐罪誅。

檀道濟，高平金鄉人。武帝受禪，以佐命功封永修縣公。文帝即位，進封武陵郡公。元嘉十三年，坐罪誅。

韶，道濟兄。以預討桓玄功封巴邱縣侯〔五一〕，以功更封宜陽縣。

祗，道濟兄。以預舉義封西昌縣侯。謚威。傳嗣至齊受禪，國除。

王鎮惡，北海劇人。以拒盧循功封博陸縣子，討劉毅功進封漢壽縣子。平姚泓，取長安，爲沈田子所殺。武帝受禪，追封龍陽縣侯，謚壯。傳國至曾孫叡，齊受禪，國除。

朱齡石，沛郡沛人。以平蜀功封豐城侯。姚泓既平，以齡石鎮關中，敗於青泥，見殺。傳國至孫，齊受禪除。

超石，齡石弟。以從平姚泓功封興平縣侯。後没於夏，見殺。

朱修之，義陽平氏人。以討南郡王義宣反功封南昌縣侯。謚貞。

王玄謨，太原祁人。以討臧質反功封曲江縣侯。薨，謚莊。子深，早卒。潰，深子嗣。

玄載，玄謨從弟。宋末，沈攸之之難，玄載起義，送誠於齊高祖，封鄂縣子。謚烈。

玄邈，玄載弟。仕齊高祖，封河陽縣侯。謚壯。

劉懷肅，武帝從母兄。以討桓玄建義功封東興縣侯。蔚祖以弟子嗣。道存。

懷敬，懷肅弟。以平廣固、盧循功封南城縣男，帝受禪，以佐命功進爵爲侯。謚肅。子德願嗣。

榮祖，懷敬弟子。以破魏軍功封都鄉侯。

亮，榮祖從孫。以軍功封順陽縣侯。

道隆，榮祖從子。事廢帝，封永昌縣侯。

劉粹，沛郡蕭人。以從征廣固功封西安縣侯。帝受禪，以佐命功封建安縣侯。子曠之嗣。

孫處，會稽永興人。以討桓玄功封新番縣侯。薨，追封侯官縣侯〔五二〕。

蒯恩，蘭陵承人。以討桓玄功封都鄉侯。後以戰功增封〔五三〕。入關，没於夏，傳國至孫。

向靖，河内山陽人。以討桓玄功封山陽縣侯。後以佐命功進封曲江縣侯〔五四〕。子植嗣。楨。

劉鍾，彭城人。以平成都廣固功封永新縣男，傳國至孫，齊受禪除。

虞邱進，東海郯人。以討孫恩、徐道復功封望蔡縣男。傳國至曾孫，齊受禪除。

孟懷玉，平昌安邱人。以討盧循功封陽豐縣男。卒，無子，國除。

龍符，懷玉弟。以從征廣固功封臨沅縣男。

胡藩，豫章南昌人。以預平司馬休之及廣固功，封陽山縣男。謚壯侯。子隆世嗣。

劉康祖，彭城吕人。父虔之，相武帝，西征，爲司馬休之等襲殺，贈新康縣男，康祖嗣封，後從軍北伐，敗死，謚壯。

道産，康祖從弟。父簡之，以從討桓玄功封晉安縣侯。道産嗣爵，子延孫嗣。質。

趙倫之，下邳僮人。武帝起兵，以從義功封閬中縣侯。帝即位，更封霄城縣侯。薨，謚元。子伯符嗣。勖，齊受禪，國除。

蕭思話，南蘭陵人。父源之，歷徐、兖二州刺史，封陽縣侯。思話襲爵。謚穆，子惠開嗣。睿，齊受禪，國除。

臧熹，東莞莒人。武帝起義，功封高陵亭侯。

熹，熹弟。以建義功封始興縣侯。子質嗣，後坐反誅。

謝晦，陳郡陽夏人。以佐命功封武昌縣公。文帝即位，誅徐羨之等，晦遂反，兵敗死。

述，晦從弟。以從征司馬休之功封吉陽縣五等侯。

王弘，瑯琊臨沂人。武帝起義，以功封華容縣侯。帝即位，以佐命進封縣公。文帝即位，以定策封建安郡公。謚文昭，子錫嗣。僧亮，齊受禪，降爲侯。

曇首，弘之弟。元嘉初，以預誅徐羨之等功，没後追封豫寧縣侯，子僧綽嗣。儉，齊武受禪，以佐命功，更封南昌縣公。謚文憲。騫，梁受禪，降爲侯。規。

王誕，弘從祖兄。武帝時，以佐命封作唐縣侯。

瑩，誕族孫。梁武即位，以佐命封建城縣公。

亮，瑩從父弟。梁武即位，以佐命功封豫寧縣公。

華，誕從祖弟。元嘉初，以追徐羡之等功追封新建縣侯，謚宣。子定侯嗣。長、終，齊受禪，國除。

智，誕族弟。武帝建宋國，封建陵縣子。彧、績〔五五〕。

王淮之〔五六〕，晉尚書僕射彬玄孫。武帝時，以討盧循功封都亭侯。

王懿，太原祁人。武帝時，以討盧循功封新淦縣侯。子正循嗣。

到彦之，彭城武原人。以討盧循功封很山縣子〔五七〕。武帝受禪，進爵爲侯。文帝討謝晦，進封建昌縣公。謚忠。子仲度嗣。撝、沆。

垣護之，略陽垣道人。孝武時，以討南郡王義宣反功封益陽縣侯。

崇祖，護之弟子。齊高祖受禪，以佐命功封望蔡侯。

榮祖，崇祖從兄。齊高祖初，以佐命功封將樂縣子。

閎，榮祖從父。以破薛道標功封樂鄉縣男。

張興世，竟陵人。明帝即位，四方反叛，興世以征討功封作唐縣侯。

袁湛，陳郡陽夏人。起兵，以從征伐功封晉陵縣男。謚敬。

豹，湛弟。以參伐蜀功，追封南昌縣子。淑、顗。

粲，淑從子。孝武時，以功封興平縣子。齊高祖輔政，粲討之，不克死。

褚裕之，太傅裒之曾孫。武帝時，以佐命功封番禺縣男。子恬之嗣。

淵，裕之從孫。明帝即位，以功封雩都伯。齊高祖初，以佐命封南康郡公。子蓁嗣。霽。

張永，吳郡吳人。明帝時，以破薛索兒功封孝昌縣侯。瓌，永子。齊高祖起兵，以佐命封義城縣侯。後改封平都侯。

張邵，吳郡吳人。武帝時，以佐命功封臨沮伯。子敷嗣。式。

稷，瓌弟。東昏時，梁武起兵，稷弑東昏，迎梁武，封江安縣子。

沖，邵孫。以軍功封定襄侯。

暢，邵兄子。以舉兵討元凶劭功封夷道縣侯。

鄭鮮之，滎陽開封人。武帝時，以從征伐封龍陽縣五等子。

顔竣〔五八〕，瑯琊臨沂人。元凶劭弑逆，孝武起兵，竣以佐命功封建城縣侯。後爲帝所殺。

師伯，竣族兄。以預討元凶劭功封平都縣子。後爲廢帝所殺。

庾登之，潁川鄢陵人。以預討桓玄功封曲江縣五等男。

顧琛，吳郡吳人。以討元凶劭功封永新縣五等侯。

沈演之，吳興武康人。以從伐蜀功封寧新縣男。

江夷，濟陽考城人〔五九〕。以豫討桓玄功封南郡州陵縣五等侯。

沈慶之，吴興武康人。以討元凶劭功封南昌縣公。後爲廢帝所殺。謚襄。子曇亮嗣，齊受禪，國除。

文季，慶之次子。封山陽縣五等伯。

攸之，慶之從父兄子。以征伐功封平樂縣五等侯。後封東興縣侯。齊高祖輔政，攸之興兵入討，兵敗死。

宗慤，南陽涅陽人。以征伐功封洮陽侯。謚肅。子元寶嗣。

柳元景，河東解人。以討元凶劭功封曲江縣公。後爲廢帝所殺。子承宗嗣。

世隆，元景弟子。齊高祖將移宋祚，沈攸之起兵討之，世隆以禦敗攸之功封貞陽縣侯。謚忠武。子惔嗣。　昭。

忱，世隆子。梁武受禪，以佐命功封州陵伯。謚穆。子範嗣。

慶遠，元景弟子。梁武受禪，以佐命功封重安侯。謚忠惠。子津嗣。

殷孝祖，陳郡長平人。明帝時，討叛戰死，追贈建安縣侯。

劉勔〔六〇〕，彭城人。孝武時，以討竟陵王反功封金城縣五等侯。子悛嗣。

薛安都，河東汾陰人。以討元凶劭功封南鄉縣男，後進爵爲侯。明帝即位，叛降魏。

宗越，南陽葉人。孝武時，以平竟陵王誕功封始安縣子，後進爵爲侯。廢帝既殞，爲明帝所殺。

吴喜，吴興臨安人。明帝時，以討叛功封東興縣侯。後爲帝所忌，賜死。

黄回，竟陵人。明帝時，以討叛功封葛陽縣男，後進爵爲侯。後爲齊高祖所殺。

吉翰〔六一〕，馮翊池陽人。以從征廣固功封建城縣五等侯。

杜幼文，京兆杜陵人。以軍功封邵陽縣男。

杜慧度，交趾朱䳒人〔六二〕。以討盧循功封龍縣侯。子弘文嗣。

卜天與，吴興餘杭人。以征伐功封關中侯。元凶劭弑逆，死之。

戴法興，會稽山陰人。孝武討元凶劭，以預謀封吴昌縣男。後爲廢帝所殺。

徐爰，南瑯琊開陽人〔六三〕。廢帝時，以恩倖封吴平縣子。

阮佃夫，會稽諸暨人。以弑廢帝、立明帝功，封建成縣侯〔六四〕。後坐罪賜死。

齊列侯

高帝受禪之初，詔諸王皆降爲公，自非宣力齊室，一皆除國，獨置南康、華容、泩鄉三國，仍降爲縣公、侯、伯，減户有差，以奉劉穆之、王弘、何無忌之祀。除國者，凡百二十人。

王敬則，臨淮射陽人。宋明帝時，以功封重安縣子。齊高帝受禪〔六五〕，以佐命功封潯陽郡公。後坐反誅。

陳顯達，彭城人。仕宋，以軍功封彭澤縣子，後進封豐城侯〔六六〕。明帝即位，封鄱陽郡公。東昏時，舉兵反，敗死。

張敬兒，南陽冠軍人。高帝起兵，以功封襄縣侯，後以誅沈攸之功，進爵爲公。武帝時，坐罪誅。

崔慧景，清河東武城人。高帝受禪，以佐命功封樂安縣子。後舉兵反，敗死。

李安民〔六七〕，蘭陵承人。高帝受禪，以佐命功封康樂侯。謚肅。

戴僧静，會稽永興人。高帝受禪，以佐命功封建昌縣侯。謚壯。

桓康〔六八〕，北蘭陵承人。高帝受禪，以佐命功封吴平縣侯。

焦度，南安氐人。以討沈攸之功封東昌縣子。

曹虎〔六九〕，下邳人。以預平石頭功封羅江縣男。高帝受禪，改封監利縣。謚壯。

吕安國，廣陵人。宋時，以功封鍾武縣男。高帝即位，進爵湘鄉侯。謚肅。

周山圖，義興人。以討沈攸之功封晉興縣男〔七〇〕。

周盤龍，北蘭陵人。宋時，以軍功封晉安子。高帝起兵，改封純陽侯。

王廣之，沛郡相人。宋時，以軍功封寧都縣子。高帝即位，以佐命進爵爲侯。謚壯〔七一〕。子珍國，

梁武起兵，以佐命封宜陽縣侯。僧度。

荀伯玉，廣陵人。高帝受禪，以佐命功封南豐縣子。後爲武帝所殺。

蘇侃，武邑人。高帝受禪，以佐命功封新建縣侯。謚質。

江祏〔七二〕，濟陽考城人。明帝即位，以佐命封安陸縣侯。後爲東昏所殺。

劉善明，平原人。以佐命及征伐功，封新淦伯。

紀僧真，丹陽建康人。齊高帝踐祚，以佐命功封新陽縣男。

茹法亮，吳興武康人。以權倖封望蔡縣男。

法真，亮從弟。東昏時，以佞倖進封餘干縣子。

梁列侯

王茂，太原祁人。武帝即位，以佐命功封望蔡縣公。謚忠烈。子貞秀嗣，後坐反誅。

曹景宗，新野人。武帝即位，以佐命功封湘西縣侯。謚壯。子皎嗣。

席闡文，安定臨涇人。武帝即位，以佐命功封山陽伯。謚威。

夏侯詳，譙郡人。武帝時以佐命功封寧都縣侯，改豐城縣公。謚景。子亶嗣。誼。

夔，亶弟。以征伐功封保城縣侯。謚桓。子譔嗣。

蔡道恭，南陽冠軍人。武帝起兵，以佐命功封漢壽縣伯。後戰歿於魏，傳國至孫固。

楊公則，天水西縣人。武帝起兵，以附從戰伐功封寧都縣侯。謚烈。子瞟嗣〔七三〕。眺〔七四〕。

鄧元起，南郡當陽人。武帝起兵，以附從功封當陽縣侯。謚忠。

張惠紹，義陽人。武帝起兵，以附從功封石陽縣侯。謚忠。子澄嗣〔七五〕。

馮道根，廣平酇人。武帝時，以征戰功封增城縣男，後進爵爲伯。謚威。子懷嗣。

康絢，華山藍田人。武帝起兵，以附從功封南陽縣男〔七六〕。

昌義之，歷陽烏江人。武帝時，以佐命功封永豐侯。謚烈。子寶景嗣〔七七〕。

張弘策，范陽方城人，武帝母、文獻后從弟。帝起兵，以定策功封洮陽縣侯。後爲賊所害，謚閔。子緬嗣。

纘，緬弟。以尚主封利亭侯。

庾域，新野人。武帝時，以佐命功封廣牧縣子，後進爵爲伯。子子興嗣。

鄭紹叔，滎陽開封人。武帝時，以佐命功封營道縣侯，後改封東興。謚忠。子貞嗣。

吕僧珍，東平范人〔七八〕。武帝初，以佐命功封平固縣侯。子淡嗣。

沈約，吴興武康人。武帝初，以佐命功封建昌縣侯。謚隱。子旋嗣。實。

范雲，南鄉舞陰人。武帝初以佐命功封霄城縣侯。謚文。子孝才嗣。

韋叡，京兆杜陵人。武帝時，以征伐功封都梁子〔七九〕，後進爵爲侯。謚嚴。子放嗣。粲。

裴邃，河東聞喜人。武帝時，以征伐功封夷陵縣子。謚壯。子政嗣。

之高，邃兄子。以征伐功封都城縣男。

之平，之高弟。以軍功封費縣侯。子忌，陳時以軍功封東興縣侯。

之横，之高弟。以軍功封豫寧侯。謚忠壯。子鳳寶嗣。

江淹，濟陽考城人。武帝克石頭，以附從功封臨沮縣伯，後改醴陵侯〔八〇〕。謚憲。子蒍嗣。

陳伯之，濟陰睢陵人。齊時，以征伐功封魚復縣伯。梁武起兵，以附從功進封豐城縣公。後反，兵敗入魏，既而復以兵來降。

陳慶之，義興國山人。以送魏元顥入北功封永興侯。謚武。子昭嗣。

蘭欽，中昌魏人〔八一〕。天監中，以軍功封安懷縣男〔八二〕，後改封曲江縣公。

王神念，太原祁人。本魏潁川太守，與子僧辨據郡歸梁，封南城縣侯。謚壯。僧辨以誅侯景功，封永寧郡公。

羊侃，泰山梁父人。本魏將，以兵來降，封高昌縣侯。子球嗣。

鵾，侃第三子。以手殺侯景功，封昌國縣侯。

羊鴉仁，泰山鉅平人。本魏人，後歸梁，封廣晉侯。

杜崱，京兆杜陵人。元帝時，以附從討侯景功，封枝江縣侯，後進封公。謚武。

岸，崱兄。與崱同歸元帝，封江陵縣侯。後爲岳陽王詧所殺。

幼安，崱弟。與崱同歸元帝，封華容縣侯。後爲侯景所殺。

龕〔八三〕，崱兄子。與諸父歸元帝，封中廬縣侯。後爲陳霸先所殺。

王琳，會稽山陰人。以軍功封建寧縣侯。陳武帝受梁禪，琳降齊。後爲陳所攻，兵敗，見殺。

何遠，東海郯人。梁武踐祚，以奉迎功封廣興男。

周石珍，建康廝隸。太清三年，以恩倖封南豐縣侯。後坐侯景黨，伏誅。

陳列侯

杜僧明，廣陵臨澤人。以討侯景功封臨江縣侯。謚威。子晉嗣。

周文育，義興陽羨人。以討侯景功封南移縣侯，後進封公。爲熊曇朗所害，謚忠愍。子寶安嗣。韶。

侯瑱，巴西充國人。以討侯景功封康樂縣公，後進封零陵郡公。謚壯肅。子淨藏嗣。

侯安都，始興曲江人。以討侯景功封富川縣子，後改封西江縣公。文帝即位，以佐命功進清遠郡公。後坐罪賜死。子亶嗣。

歐陽頠，長沙臨湘人。以征伐功封始興縣侯。文帝即位，改封陽山郡公。謚穆〔八四〕。子紇嗣，後舉兵反，敗誅。

黄法氍，巴山新建人。以軍功封巴山縣子，後進爵爲郡公。謚威。子玩嗣。

淳于量，濟北人。以軍功封廣晉縣男，後進封始安郡公。

章昭達，吴興武康人。以軍功封欣樂縣侯，後進封邵陵郡公。子太寶嗣。

吴明徹，秦郡人。宣帝時，以佐命功累封至南平郡公。後拒周師敗，没於長安。子慧覺嗣。

胡穎，吴興人。以從軍功封漢陽縣侯。謚壯。子商嗣。

徐度，安陸人。以戰功封廣德侯，後進封湘東郡公。謚忠肅。子敬成嗣。敞。

杜棱，吳郡錢塘人。文帝即位，以預建立功封永城縣侯。謚成。子安世嗣。
周鐵虎〔八五〕，不知何許人。以戰功封沌陽縣子〔八六〕，後進爵侯。子瑜嗣。
程靈洗〔八七〕，新安海寧人。以征伐功封遂安縣侯，後進封公。謚忠壯。子文季嗣。　嚮。
沈恪，吳興武康人。以戰功封東興侯。謚光〔八八〕。子法興嗣。
陸子隆，吳郡人。以戰功封益陽縣子，後進爵爲侯。謚威。子之武嗣。
子才，子隆弟。以戰功封康縣子〔八九〕。
錢道戢，吳興長城人。以平張彪功封永安縣侯。謚肅。子邈嗣。
駱文牙〔九〇〕，吳興臨安人。以戰功封臨安縣侯。謚恭〔九一〕。　子義嗣。
孫瑒，吳郡吳人。以軍功封富陽侯。謚桓。子訓嗣。
徐世譜，巴東魚復人。以討侯景功封魚復縣侯。謚桓。
周敷，臨川人。以拒侯景功封西豐縣侯。後爲周迪所害。子智安嗣。
荀朗，潁川潁陰人。以戰功封興寧縣侯。謚壯。子法尚嗣。
周炅，汝南安成人。以軍功封西陵縣伯，後進封武昌郡公。謚壯。
魯悉達，扶風郿人。以晉熙等五州歸附功，封彭澤縣侯。謚孝。子覽嗣。
廣達，悉達弟。以軍功封中宿縣侯。後隋軍渡江，力戰死之〔九二〕。
蕭摩訶，蘭陵人。以軍功積封至綏建郡公。隋軍渡江，戰敗被擒。後與漢王諒作逆誅。

任忠，汝陰人。以戰功封安復縣侯〔九三〕。隋師渡江，忠降隋。

樊毅，南陽湖陽人。以戰功封夷道縣伯，後進爵爲侯。陳亡，入隋。

趙知禮，天水隴西人。以從討侯景功封始平縣子，後進爵爲伯。謚忠〔九四〕。子元恭嗣〔九五〕。

蔡景歷，濟陽考城人。文帝即位，以定策功封新豐縣子，後進爵爲侯。謚忠敬。子徵嗣。

華皎，晉陵暨陽人。文帝時，以佐命功封懷仁縣伯，進封公。後降梁。

毛喜，滎陽武陽人。宣帝時，以定策功封東昌縣侯。子處冲嗣。

沈君理，吴興人。以尚主及后父封望蔡縣侯。謚貞憲。

沈炯，吴興武康人。以從王僧辨討侯景功封原鄉侯。謚恭。

蕭濟，東海蘭陵人。以預平侯景功封松陽縣侯。

司馬申，河内温人。以討始興王叔陵功封文招縣伯。

校勘記

〔一〕但馬不得過二 南史卷一三宋宗室及諸王傳上、册府元龜卷二九三宗室部抑損同。「但」，宋書卷一八禮志五、卷六一武三王傳作「誕」。張元濟南史校勘記謂「但」、「誕」通。

〔二〕白直夾轂 「轂」原作「殸」，據局本及宋書卷一八禮志五、卷六一武三王傳、南史卷一三宋宗室及諸王傳上、册府元龜卷二九三宗室部抑損改。

〔三〕諸王子孫襲封王之妃及封侯者夫人　「王之」二字原倒，「夫人」原作「大夫」，據南史卷一三宋宗室及諸王傳上、册府元龜卷二九三宗室部抑損乙改。

〔四〕子懷珍　南史卷一三宋宗室及諸王傳上同。「懷珍」，宋書卷五一宗室傳、册府元龜卷二八四宗室部承襲三作「懷侯玠」。

〔五〕謚元公　「公」字原脱，據宋書卷五一宗室傳、南史卷一三宋宗室及諸王傳上補。

〔六〕子産以孝武子嗣　上「子」字原脱，據宋書卷七二文九王傳、南史卷一四宋宗室及諸王傳下、册府元龜卷二八四宗室部承襲三補。

〔七〕廬江王禕　「廬江」原作「廬陵」，據晉書卷七九文五王傳改。

〔八〕元嘉二十二年封義陽王　下「二」字原作「三」，據元本、慎本、馮本及宋書卷五文帝紀、卷七二文九王傳、南史卷一四宋宗室及諸王傳下改。

〔九〕孝建三年封西陽王　「三」原作「元」，據宋書卷六孝武帝紀、卷八〇孝武十四王傳、南史卷一四宋宗室及諸王傳下改。

〔一〇〕以子房舉兵應晉安王子勛　「安」字原脱，據宋書卷八〇孝武十四王傳、南史卷一四宋宗室及諸王傳下補。

〔一一〕孝武第十二子　「二」，宋書卷八〇孝武十四王傳、南史卷一四宋宗室及諸王傳下作「三」。

〔一二〕邵陵殤王友　「友」字原脱，據宋書卷九〇明四王傳、南史卷一四宋宗室及諸王傳下補。

〔一三〕皆湊於西邸　「湊」原作「奏」，據通典卷三一職官典十三改。

〔一四〕琨使謂曰　南齊書卷三三王琨傳、南史卷二三王華傳作「琨謂信人曰」。
〔一五〕遂不聽其事　「聽」，南齊書卷三三王琨傳、南史卷二三王華傳作「過」。
〔一六〕珉以永陽王子繼子坦　按南齊書卷四五宗室傳、南史卷四一齊宗室傳，鈞爲明帝所殺後，先以永陽王子珉繼元王爲孫，子珉又被害，復以武陵王曄子子坦奉元王後，此處有脱誤。
〔一七〕永明九年薨　「九」原作「元」，據南齊書卷三五高祖十二王傳、南史卷四三齊高祖諸子傳下改。
〔一八〕魚復侯子響　「響」原作「享」，據南齊書卷四〇武十七王傳、南史卷四四齊武帝諸子傳改。下同。
〔一九〕今出都易刺史　「都」原作「郡」，據資治通鑑卷一三九齊紀五建明元年十月戊戌條改。
〔二〇〕詣籤帥便有倍本之價　「帥」下原衍「使」字，據南史卷四四齊武帝諸子傳删。
〔二一〕諸王皆假金獸符第一至第五左竹使符第一至第十左　原作「諸王皆假金獸符第一至十九」，據隋書卷二六百官志上補改。
〔二二〕自稱皆曰寡人　「自」下原衍「第下」二字，據隋書卷二六百官志上删。
〔二三〕皆詣典書　「書」原作「事」，據隋書卷二六百官志上、通典卷三一職官典十三改。
〔二四〕文書下群官　「群」原作「郡」，據隋書卷二六百官志上改。
〔二五〕其公文曰言事　「文」原作「之」，據隋書卷二六百官志上、通典卷三一職官典十三改。
〔二六〕齊世有青溪宮改爲芳林苑　「青」字原脱，「芳」原作「華」，據梁書卷二二太祖五王傳、南史卷五二梁宗室傳下補改。
〔二七〕自選備上　「備」，隋書卷二六百官志上作「補」。

〔二八〕齊時爲尚書令　「尚」原作「中」，據梁書卷二二太祖五王傳、卷二三長沙嗣王業傳、南史卷五一梁宗室傳上改。

〔二九〕子業嗣　「業」，梁書卷二武帝紀中作「深業」。按業本名淵業，梁書避唐諱改「淵」爲「業」，南史卷五一梁宗室傳上則去「淵」，本書沿用南史之文，未曾回改。

〔三〇〕子獻嗣　按梁書卷二三衡陽嗣王元簡傳，衡陽王暢卒，子元簡襲封，簡卒，子俊嗣。南史卷五一梁宗室傳上，元簡卒，少子獻嗣，疑此處有脱誤。

〔三一〕臨川靖惠王宏武帝弟仕齊爲王府功曹史　「靖」原作「静」，「史」字原脱，據梁書卷二二太祖五王傳、南史卷五一梁宗室傳上改補。

〔三二〕中大同時薨　「中」字原脱，據梁書卷二九高祖三王傳補。

〔三三〕湘州刺史　按梁書卷五五河東王譽傳，譽受封爲河東王後，曾出任湘州刺史。

〔三四〕開國縣侯　隋書卷二六百官志上，「縣」上有「郡」字。

〔三五〕開國縣子開國縣男　隋書卷二六百官志上無二「縣」字。

〔三六〕沐食侯鄉亭侯關内侯　隋書卷二六百官志上，「沐」上有「湯」字，「内」作「中」。

〔三七〕五兵尚書王質持節兼太宰告於太社　「兵」原作「嶽」，據陳書卷一八世祖九王傳、南史卷六五陳宗室諸王傳改。

〔三八〕諸王子并諸侯世子　「世」原作「代」，據隋書卷二六百官志上改。按「代」，通典避唐諱改，本書沿用通典之文，未曾回改。

〔三九〕三公子起家員外散騎侍郎　「三」原作「王」，「公」字原脱，「員」原作「有」，據隋書卷二六百官志上改補。

〔四〇〕揚州主簿　「揚州」原作「諸州」，據隋書卷二六百官志上改。
〔四一〕國常侍　隋書卷二六百官志上作「王國侍郎」。
〔四二〕其嗣王藩王則遞減其員　「員」原作「資」，據通典卷三一職官典十三改。
〔四三〕諸王公參佐等官　「公」字原脱，「參」原作「府」，據通典卷三一職官典十三補改。
〔四四〕亦有府牒拜授者　「府」下原衍「樂」字，據通典卷三一職官典十三删。
〔四五〕臨川王廢　按陳書卷二八世祖九王傳、南史卷六五陳宗室諸王傳，光大二年，皇后令黜廢帝爲臨海王，又降伯茂爲温麻侯，此處叙事不明，並疑「川」爲「海」之誤。
〔四六〕太建中封　南史卷六五陳宗室諸王傳同。南史卷九陳本紀上，光大二年七月壬戌，「立皇弟伯智爲永陽王，伯謀爲桂陽王」，與此不同。
〔四七〕卒於長安　「安」下原衍「院」字，據陳書卷二八高宗二十九王傳、南史卷六五陳宗室諸王傳删。
〔四八〕東陽王恮　「恮」原作「恰」，據陳書卷二八後主十一子傳、南史卷六五陳宗室諸王傳改。
〔四九〕又置司馬一人　「又」原作「及」，據陳書卷二八後主十一子傳、南史卷六五陳宗室諸王傳改。
〔五〇〕彤坐罪奪爵　「彤」上原衍「彪」字，據元本、慎本、馮本及宋書卷四二劉穆之傳、南史卷一五劉穆之傳删。
〔五一〕以預討桓玄功封巴邱縣侯　「巴」原作「已」，據宋書卷四三檀道濟傳改。
〔五二〕追封候官縣侯　「縣」字原脱，據宋書卷四八孫處傳、南史卷一七孫處傳補。
〔五三〕後以戰功增封　按宋書卷四九蒯恩傳、南史卷一七蒯恩傳，「武帝録其前後功，封新寧縣男」。
〔五四〕後以佐命功進封曲江縣侯　「功」字原脱，據宋書卷四五向靖傳、南史卷一七向靖傳補。

〔五五〕 續　原作「績」，據南齊書卷四九王奂傳、南史卷二三王彧傳改。

〔五六〕 王淮之　局本同，宋書卷六〇王淮之傳、南史卷二四王淮之傳作「王准之」。

〔五七〕 以討盧循功封佷山縣子　「佷山」原作「狼山」，據元本、慎本、馮本及南史卷二五到彦之傳改。

〔五八〕 顔竣　原作「顔峻」，據宋書卷七五顔竣傳、南史卷三四顔竣傳改。下同。

〔五九〕 濟陽考城人　「濟陽」原作「齊陽」，據局本及宋書卷五三江夷傳、南史卷三六江夷傳改。

〔六〇〕 劉勔　原作「劉緬」，據宋書卷八明帝紀、卷八六劉勔傳、南史卷三九劉勔傳改。

〔六一〕 吉翰　原作「吉瀚」，據宋書卷六四吉翰傳、南史卷七〇吉翰傳改。

〔六二〕 杜慧度交趾朱䳒人　「度」原作「慶」，據宋書卷九二良吏傳改。「䳒」原作「鵝」，據元本、慎本、馮本及宋書卷九二良吏傳、南史卷七〇良吏傳改。

〔六三〕 南瑯琊開陽人　「南」字原脱，據宋書卷九四恩倖傳、南史卷七七恩倖傳補。

〔六四〕 封建成縣侯　「建成」，宋書卷九四恩倖傳、南史卷七七恩倖傳作「建城」。

〔六五〕 齊高帝受禪　「齊高帝」原作「齊高祖」，據南史卷四五王敬則傳改。下同。

〔六六〕 後進封豐城侯　「豐城」原作「彭城」，據南齊書卷二六陳顯達傳改。

〔六七〕 李安民　原作「李安人」，據南齊書卷二七李安民傳改。按「民」，南史卷九六避唐諱改作「人」，本書沿用南史之文，未曾回改。

〔六八〕 桓康　原作「柏康」，據元本、慎本、馮本及南齊書卷三〇桓康傳、南史卷四六桓康傳改。

〔六九〕 曹虎　原作「曹武」，據南齊書卷三〇曹虎傳改。按「虎」，南史卷四六避唐諱改作「武」，本書沿用南史之文，未曾回改。

〔七〇〕以討沈攸之功封晉興縣男　南史卷四六周山圖傳同。「晉興」，南齊書卷二九周山圖傳作「廣晉」。

〔七一〕謚壯　南史卷四六王廣之傳同。「壯」，南齊書卷二九王廣之傳作「莊公」。

〔七二〕江祏　原作「江祐」，據元本、慎本、馮本及南齊書卷四二江祏傳、南史卷四七江祏傳改。

〔七三〕子瞟嗣　南史卷五五楊公則傳同。「瞟」，梁書卷一〇楊公則傳作「瞟」。

〔七四〕眺　南史卷五五楊公則傳同。「眺」，梁書卷一〇楊公則傳作「朓」。

〔七五〕子澄嗣　「澄」原作「登」，據梁書卷一八張惠紹傳改。

〔七六〕以附從功封南陽縣男　南史卷五五康絢傳同。「陽」，梁書卷一八康絢傳作「安」。

〔七七〕以佐命功封永豐侯謚烈子寶景嗣　南史卷五五昌義之傳同。「永豐侯」，梁書卷一八昌義之傳作「永豐縣侯」，疑是。「寶景」，梁書作「寶葉」。

〔七八〕東平范人　「平」原作「海」，「范」下原衍「陽」字，據梁書卷一一呂僧珍傳改刪。

〔七九〕以征伐功封都梁子　「都梁」二字原倒。按宋書卷三七州郡志三、南齊書卷一五州郡志下，湘州邵陵郡有都梁縣，據乙。

〔八〇〕後改醴陵侯　梁書卷一四江淹傳同。張森楷梁書校勘記：「上云封臨沮縣伯，此云爲侯，當是進封而云改封，非也。」按江淹死復謚憲伯，其子蒍襲封，復封蒍爲吴昌伯，據此，疑「侯」當作「伯」。

〔八一〕中昌魏人　梁書卷三二蘭欽傳、南史卷六一蘭欽傳同。錢大昕廿二史考異：「南齊書州郡志，梁州有東昌魏郡，又新城郡有昌魏縣，初不見『中昌魏』之名。」

〔八二〕以軍功封安懷縣男　「安懷」二字原倒，據梁書卷三二蘭欽傳乙正。

〔八三〕龕　原作「合龍」，據梁書卷四六杜龕傳、南史卷六四杜龕傳改。

〔八四〕謚穆　「穆」原作「威」，據陳書卷九歐陽頠傳、南史卷六六歐陽頠傳補。

〔八五〕周鐵虎　原作「周鐵武」，據陳書卷一〇周鐵虎傳改。按「虎」，南史卷六七避唐諱改作「武」，本書沿用南史之文，未曾回改。

〔八六〕以戰功封沌陽縣子　「沌陽」原作「純陽」，據陳書卷一〇周鐵虎傳、南史卷六七周鐵虎傳改。

〔八七〕程靈洗　原作「程靈銑」，據陳書卷一〇程靈洗傳、南史卷六七程靈洗傳改。

〔八八〕謚光　南史卷六七沈恪傳同。「光」，陳書卷一二沈恪傳作「元」。

〔八九〕以戰功封康縣子　「康縣子」，陳書卷二二陸子隆傳作「始興縣子」，南史卷六七陸子隆傳作「始康縣子」。

〔九〇〕駱文牙　「牙」字原脱，據南史卷六七駱文牙傳補。按陳書卷二二有駱牙傳，蓋脱「文」字。

〔九一〕謚恭　「恭」字原脱，據陳書卷二二駱牙傳補。

〔九二〕力戰死之　按陳書卷三一魯廣達傳、南史卷六七魯廣達傳，廣達抗隋軍戰敗就執後，「遘疾不治，尋以憤慨卒」，並非戰死。

〔九三〕以戰功封安復縣侯　「復」原作「福」，據元本、慎本、馮本及陳書卷三一任忠傳、南史卷六七任忠傳改。

〔九四〕謚忠　「忠」原作「恭」，據陳書卷一六趙知禮傳、南史卷六八趙知禮傳改。

〔九五〕子元恭嗣　南史卷六八趙知禮傳同。「元」，陳書卷一六趙知禮傳作「允」。

卷二百七十三　封建考十四

後魏諸侯王列侯

後魏道武皇始元年，始封五等，至天賜元年〔一〕，減五等之爵，始分爲四，曰王、公、侯、子，除伯、男之號。皇子及異姓元功上勳者封王，皇族及始藩王皆降爲公，諸公降爲侯，侯、子亦以此爲差〔二〕。於是封王者十人〔三〕，公者二十二人，侯者七十九人，子者百有三人。王封大郡，公封小郡，侯封大縣，子封小縣。其後復加伯、男焉。孝文太和十八年，詔：「凡王、公、侯、伯、子、男開國食邑者，王食半，公三分食一，侯、伯四分食一，子、男五分食一。」舊制，諸鎮將刺史假五等爵，及有所貢獻而得假爵者，皆得世襲。延興二年，詔革此類，不得世襲。又舊制，諸以勳賜官爵者，子孫世襲軍號〔四〕。後改降五等，始革之，止襲爵而已。凡公主，皆嫁於賓附之國，朝臣子弟，雖名族美彦，不得尚焉。後魏道武帝因見漢書婁敬說高帝，欲以魯元公主妻匈奴，良久，故立此制。又江陽王女卒，靈太后詔贈鄉主。諸王侯亦各有師、友、文學、侍郎、掾屬、舍人等官。時王國舍人應取八族及清修之門，咸陽王禧乃取任城王隸户爲之，深爲孝文所責。公主有家令丞。平陽公主薨〔五〕，欲使公主家令居廬制服。太常博士常景曰：「婦人無專國之理。婦人爲君，男子爲臣，古禮所不載，則家令不得純臣，公主不得爲正君，明矣。」乃寢。

後魏宗室王公

上谷公紇羅，神元皇帝曾孫。道武即位，以援立功封，卒。子題，後進爵爲王。悉，降爵爲公。

建德公嬰文、真定侯陸，並神元後。仕太武，獲封爵。

武陵侯因，章帝後。從道武平中原封，後改封。

長樂王壽，章帝後。文成即位，有援立功封。後坐罪誅。

望都公頽，昭帝後。隨道武平中原封。

曲陽侯素延、順陽公郁、宜都王晨，並桓帝後。事道武、文成，以功封。後並坐事死，國除。

吉陽男比干、江夏公吕，並道武族弟。以軍功封。

高凉王孤，平文皇帝第四子。昭成即位，以推戴功，分國半部封孤。道武時，追封高凉王，謚神武。子斤。構逆死。樂真〔六〕，以孤孫襲封。禮、那、紇、大曹，孝文時，例降封太原郡公。洪威。爲高歡所殺。

陵，禮弟。太武賜爵襄邑子。 瓌、鶩、大器。

度，孤孫。道武初賜爵松滋侯。 乙斤、平、萇、子華。

樂城侯興都，烈帝之裔。文成時賜爵。 提。

丕，興都次子。以告乙渾反功，封東陽公。孝文時進封王。後以非道武子孫，例降爵爲公，坐罪廢。 雋、邕俱丕子，以功封新安及涇陽縣男。

河間公齊，元帝玄孫。太武時以征伐功封。謚敬。子陵、蘭、陵弟襲爵。志。
扶風公處真，烈帝之後。位殿中尚書，賜爵。後坐事誅。
文安公泥，魏之疏族。道武厚遇之，賜爵。子屈，後坐事誅。磨渾，以勳拜長沙公。
秦王翰，昭成皇帝子。征伐有功，道武即位追贈。謚明。子儀，以從征伐功封王。後以罪賜死。
篡、良、以弟襲封。禎、瑞。
烈，儀弟。以功封陰平王。謚喜。求。
觚，烈弟。奉使慕容垂遇害，追封秦王。夔。
常山王遵，昭成皇帝孫。道武時，以佐命及征伐功封。後坐罪賜死。子素嗣。可悉陵、陪斤。
懋，遵之後。孝武時，以從駕入關，封北平王。
順，懋弟。亦以從入關，封濮陽王。偉，順子。封南安郡王。
毗，亦遵之後。孝武時，以定策入關，封魏郡王。
陳留王虔，昭成孫。以戰功封，後没於陣。謚桓。子悦嗣。崇、以弟襲。建，降爵爲公。
毗陵王順，昭成孫。以功封，後坐罪廢。
遼西公意烈，昭成孫。以戰功封，後坐罪賜死。子拔干、受洛、粟，太武時，以功進封爲王。
清河王紹，道武皇帝子。天興時封，後行弑逆，伏誅。
陽平王熙〔七〕，道武子。天興時封。子佗嗣。顯、世遵。

河南王曜，道武子。天興時封。子提嗣。平原、和、鑒、顯。

河間王修，道武子。天賜時封。羯兒。有罪國除。

長樂王處文，道武子。天賜時封。無子，國除。

廣平王連，道武子。天賜時封。渾、飛、纂。

京兆王黎，道武子。天賜時封。子吐根嗣。繼。

樂平王丕，明元皇帝子。泰常七年封。子拔嗣。坐罪賜死，國除。

安定王彌，明元子。泰常時封。無子，國除。

樂安王範，明元子。泰常時封。子良嗣。

永昌王健，明元子。泰常時封。子仁嗣。坐罪死，國除。

建寧王崇，明元子。泰常時封。後坐罪死。

新興王俊，明元子。泰常時封。坐罪賜死。

晉王伏羅，太武皇帝子。真君三年封。無子，國除。

東平王翰，太武子。真君時封。子道符嗣。坐謀反誅。

臨淮王譚，太武子。真君時封。子提嗣　昌、彧，孝友。齊受禪，國除。

廣陽王建，太武子。真君時封。子石嗣。遺興、嘉、深、湛、法輪。

南安王餘，太武子。真君時封。太武暴崩，宗愛矯詔立餘，復爲愛所弒。

陽平王新成，景穆皇帝子。太安三年封。子頤嗣。宗胤。坐罪死，國除。

衍，頤弟。封廣陵侯。子暢，從孝武入關，封博陵王。

欽，衍弟。封鉅平縣公。子子孝，從入關〔八〕，封義陽王。贇。

融，暢弟。從入關，封魏興王。

京兆王子推，景穆子。太安時封。子太興嗣。子昺〔九〕。悰、仲景、暹〔一〇〕、冲。

濟陰王小新成〔一一〕，景穆子。和平時封。子鬱嗣。暉業。

汝陰王天賜，景穆子。和平時封。後坐罪廢死。

樂良王萬壽〔一二〕，景穆子。和平時封。子樂平嗣。長命、忠。

廣平王洛侯，景穆子。和平時封。匡、獻、祖育、勒叉〔一三〕。

任城王雲，景穆子。和平時封。子澄嗣。彝。

順，彝兄。封東阿縣公。

紀，順弟。從孝武入關，封華山郡王。

南安王楨〔一四〕，景穆子。皇興時封。後坐罪奪爵，子英改封中山王。熙。

略，熙弟。封義陽王。

怡，英弟。封魯郡王〔一五〕。

城陽王長壽，景穆子。皇興時封。子鸞嗣。徽、延。

章武王太洛，景穆子。皇興時封。　彬、融、景悊。
樂陵王胡兒，景穆子。和平時封。　永全〔一六〕、景略。
安定王休，景穆子。皇興時封。子燮嗣。　超、琰。
安樂王長樂，文成皇帝子。皇興四年封。子詮嗣〔一七〕。　鑒、斌之。
廣川王略，文成子。延興時封。子諧嗣。　靈道。
齊郡王簡，文成子。太和時封。子祐嗣。
河間王若，文成子。　琛。
安豐王猛，文成子。太和時封。子延明嗣。長孺。
咸陽王禧，獻文皇帝子。太和九年封。後坐謀逆，賜死。　坦。
趙郡王幹，獻文皇帝子。太和時封。子謐嗣。　諶。
廣陵王羽，獻文子。太和時封。子恭嗣，是爲節閔帝。
　欣，恭兄。孝莊初，封沛郡王。
高陽王雍，獻文子。太和時封。後爲爾朱榮殺之河陰。　斌。
彭城王勰，獻文子。太和時封。後爲高肇等所譖，賜死。子劭嗣。　韶。
北海王詳，獻文子。太和時封。後爲高肇所譖，賜死。子顥嗣。後奔梁，爲梁所立，送之北還，終敗死。
京兆王愉，孝文皇帝子。太和二十一年封。後坐謀反死。

清河王懌，孝文子。太和時封。後爲元乂所殺。

廣平王懷，孝文子。

汝南王悦，孝文子。遭爾朱之亂，奔梁，梁立爲魏主。北還遇害。

後魏列侯

衛操，代人。桓、穆二帝時以佐佑功，封定襄侯。

莫題，雁門繁畤人。道武初，以功賜爵東宛侯〔一八〕。後坐罪賜死。

雲，題弟。以功封安定公。

劉庫仁，獨孤部人。爲南部大人後。爲慕容文等所殺。

眷，庫仁弟。羅辰，眷子。拜南部大人。道武時，以從平中原功，賜爵永安公。子殊暉襲。

求引、爾頭、仁之。

尉古真，代人。道武時，以從平中原功賜爵東州侯。子億萬嗣〔一九〕。

眷，古真弟子。以功封漁陽王。子多侯嗣。

穆崇，代人。道武時，以從平中原功封宜都公。子遂留〔二〇〕。乙〔二一〕、真、泰。以反伏誅。

觀，崇子。襲爵贈宜都王。壽、平國、伏干、羆。

亮，羆弟。封趙郡王。孝文時例降爲公。紹、長嵩。

奚斤，代人。道武時，以征伐功賜爵山陽侯〔三〕，進爵宜城王。長子他觀嗣。　緒。
叔孫建，代人。登國初，封安平公，後進封丹陽王。子俊。　蒱。
安同，遼東胡人。以功積封至高陽公，卒，贈高陽王。子原。後以謀逆誅。
　頡，同子。以禽赫連昌功封西平公，後進爵爲王。
庾業延，代人。以從平中原功賜爵西昌公。子陵。
王建，廣甯人。以從平中山功封濮陽公。
羅結，代人。以功封屈蚍侯。子斤嗣。　敢、伊利。
婁伏連，代人。以征伐積功封廣陵公，後進爵爲王。子真嗣。
閭大肥，蠕蠕人。以征伐積功封滎陽公。
奚牧，代人。以從征伐功封任城公。後坐事誅。
和跋，代人。以從征伐功封定陵公。後坐事誅。
莫題，代人。以征伐功封高邑公。後坐事誅。
奚眷，代人。以戰功封南陽公。後坐事誅。
燕鳳，代人。太武時，以舊勳封平舒侯。子才嗣。
許謙，代人。以平并州功封高陽公。子洛陽嗣。
崔宏，清河東武城人。以籌策功封壽光侯。子浩嗣。後坐修史事誅夷。

張袞，上谷沮陽人。以從平中山功封臨渭侯。子度嗣。　白澤。

鄧彦海，安定人。以參定朝儀功封下博子。後坐事誅。子潁嗣，進爵爲侯。　怡、侍。

長孫嵩，代人。世爲南部大人，以軍功封鉅鹿公。太武即位，以定策進爵北平王。子敦嗣。　道，降爲公。　悦。

儉，嵩五世孫。事周，以功封索盧侯，後封鄫國公。

道生，嵩從子。以勳封汝陰公，後進封上黨王。子旂嗣〔二三〕。　觀、冀歸、子彦〔二四〕、兕、熾、晟。熾弟。

紹遠，冀歸子。以從孝武西遷功，封文安縣子。子覽嗣。　洪。

澄，冀歸從子。以功封西華縣侯。子嶸嗣。

長孫肥，代人。以軍功封瑯琊公。子翰嗣，後封平陽王。　成〔二五〕，降爲公。

陵，翰弟。封吴郡王。

于栗磾，代人。明元時，以征伐功封新安侯，後進爵爲公。子洛拔嗣。　烈、祚。

忠，祚弟。明帝時，以定策功封常山郡公。

勁，忠弟。以后父封太原郡公。　暉。勁子嗣。

謹，亦栗磾之後。西魏時，以戰功封新野郡公。周閔帝即位，進封燕國公。子實嗣。　顗、世虔。

仲文，世虔弟。以功封延壽郡公。

翼，實弟。以尚主封安平縣公，後進封國公。子壐嗣。

義，翼弟。封廣都縣公。　宣道。

崔賾〔二六〕，清河武城人。道武時，賜爵清河侯。

悛，賾之裔。孝武時，以預定册功封武城縣公。

王憲，北海劇人。太武時〔二七〕，以功進爵至北海公。子崇嗣。　祖念、昕、顗。

封懿，渤海蓚人。道武時，封章安子。　玄之、回、隆之、纂〔二八〕。

古弼，代人。太武時，以功拜靈壽侯。後坐罪誅。

張黎，雁門平原人。明元時，封廣平公。後坐罪誅。

劉潔，長樂信都人。太武時，以從征討功封會稽公。後坐反誅夷。

邱堆，代人。太武時，以佐命封臨淮公。後坐事誅。

娥清，代人。明元時〔二九〕，以戰功積封至東平公。子延嗣。

伊馛，代人。太武時，以戰功積封至河南公。子蘭嗣。　盆生。

乙瓌，代人。太武時，以尚主封西平公，後進爵爲王。子乾歸嗣。　海、瑗。

周幾，代人。明元時，以軍功封交趾侯。子步嗣。

豆代田，代人。太武時，以戰功積封至長廣公，贈王爵。子周求嗣。

車伊洛，焉耆胡人。世爲東境部落，封前部王。子歇嗣。

王洛兒，京兆人。明元即位，以佐命功封新息王。卒，贈建平王。子長成嗣〔三〇〕。

車路頭，代人。明元初，以佐命封宣城侯，卒贈宣城王。子眷嗣。

盧魯元，昌黎徒河人。以功封襄城公，卒贈王。子統嗣。彌娥。

陳建，代人。太武時〔三一〕，以從征伐功，積封趙郡公，後進封魏郡王。子念生嗣。

來大干，代人。太武時，以戰功封廬陵公。子邱頽嗣。

宿石，朔方人。太武時，以尚主封泰山公，後贈太原王。子倪嗣。

萬安國，代人。獻文時，以尚主封安城王。後坐罪賜死。子翼嗣。

周觀，代人。太武時，以軍功封金城公。

尉撥，代人。獻文時，以功累封至安城侯。

陸真，代人。太武時，以戰功積封至河南公。子延嗣。

呂洛拔，代人。太武時，以功封成武侯〔三二〕。子文祖嗣。

薛彪子，代人。道武時，以部落歸國，封河東公〔三三〕。子琡嗣。允。

尉元，代人。獻文時，累封太昌侯，後進封至淮陽王。子詡嗣。

慕容白曜，晃之玄孫。文成崩〔三四〕，以秉政封南鄉公，後進爵濟南王。坐罪誅。

和其奴，代人。文成初，封平昌公，後贈王。子受嗣。

苟頽，代人。太武時，進爵至河南公〔三五〕，後進爵河東王。子愷嗣。

宇文福，其先南單于之遠屬。以勳封襄樂縣男。

許彥，高陽新城人。太武時，以參預謀議封武昌公。子熙嗣。　安仁、元康。

宗之，熙弟。封潁川公。後坐罪誅。

刁廱，渤海饒安人。明元時，以功賜爵東安伯。子遵嗣。　楷、沖。

韋閬，京兆杜陵人。太武時，以功賜爵高平男。子範嗣。子粲〔三六〕。

韋道福，閬從叔。本仕宋，以徐州內附功封高密侯。子欣宗嗣。

珍，閬族弟。以招降群蠻功封霸城子，後進爵侯。子纘。　彧、彪。

杜銓，京兆人。太武時，封新豐侯。

屈遵，昌黎徒河人。道武時，以功封下蔡子。子須嗣，進爵信都侯。　恒，以破平涼功，賜爵濟北公。　道賜、拔。

張蒲，河內修武人。太武時，以謀策功封壽張子。子昭嗣，以軍功進修武侯。

谷渾，昌黎人。太武時，封濮陽公。子闡嗣。　洪、潁、士恢。

公孫表，燕郡廣陽人。明元初，賜爵固安子。後坐罪死。子軌以奉使稱旨，封燕郡公。　叡、良，以別功封昌平子。　衡。良弟，襲父爵。

張濟，西河人。父千秋，事慕容永，來奔，封成紀侯，濟襲封。子多羅嗣。

李先，中山盧奴人。明元時，以先帝舊臣封壽春侯。子國嗣。

賈秀，武威姑臧人。太武時，封陽都男〔三七〕。子儁嗣。　叔休。

竇瑾，頓邱衛國人。以功封衛國侯。後坐事誅。

李崇，范陽人。事馮跋，以城降。太武時，封固安侯。子訢，增封扶風公。後坐事誅。

韓延之，南陽堵陽人。本仕晉，後奔秦入魏。明元時，爲鎮將，封魯陽侯。

袁式，陳郡陽夏人。本仕晉，奔秦入魏，爲上客，封陽夏子。子濟嗣。

毛修之〔三八〕，滎陽陽武人。始仕晉，爲劉義真司馬，没統萬。修之亡入魏。太武時，遷尚書，能煎調，主太官，封南郡公。子法仁嗣，贈南郡王。

朱修之，亦宋臣。守滑臺被禽。明元嘉其固守，封鄀陽侯〔三九〕。子幼玉嗣。

唐和，晉昌冥安人〔四〇〕。本仕涼，涼亡，臣於蠕蠕。文成時，以歸化功封酒泉公，後進爵王。子欽嗣，降爲侯。　景宣。

寇讚〔四一〕，上谷人。世仕苻秦，以歸化功封軹縣侯，後進爵河南公。子元寶嗣。

酈範，范陽涿鹿人。世爲燕臣，以地降魏。範，太武時，以舊勳進爵至永寧侯。子道元嗣。

韓秀，昌黎人。世仕燕，歸魏，封遂昌子。子務嗣。

堯暄，上黨長子人。祖父仕燕，來歸，封平陽伯。子洪嗣。　傑、師。

陸俟，代人。世領部落，太武時，以克武牢功封建業公，後進爵東平王。子馛嗣，改封建安王。琇、景祚。

騰，侯之裔。以從爾朱榮平葛榮功，封清河縣伯。子玄嗣。

麗，侯子。以建大策立文成功，封平原王。子定國嗣。　昕之、子彰〔四二〕、邛、義。

叡，麗次子。封鉅鹿郡公。　希道、士懋。

源賀，西平樂都人〔四三〕。本河西王禿髮傉檀之子，傉檀滅，奔魏。太武時賜姓，以從平凉州功，封西平公，以策立文成功，進爵西平王。子延嗣。　鱗、懷、子邕、彪。

劉尼，代人。祖父世爲方面大人〔四四〕，尼以太武時以功封昌國子，後以迎立文成功封東安公。子社生嗣。

薛提，太原人。封太原公，後爲宗愛所殺。弟浮嗣。

司馬休之，本晉嗣譙王，討劉裕不克奔秦，秦亡入魏，贈始平公。子文思賜爵鬱林公，後進爵譙王。

司馬楚之，晉宣帝弟太常馗八世孫。劉裕誅翦司馬氏，楚之以四郡之衆來降，封瑯琊王。子金龍嗣。

徽亮，降爲公。　朏、鴻、孝政。

裔，朏弟。西魏時，以率衆歸關中，封瑯琊縣伯，後進爵爲公。子侃嗣。　運。

司馬景之，晉汝南王亮之後。明元時來歸，賜爵蒼梧公，卒，贈汝南王。子師子嗣。

司馬準，景之兄。以泰常末歸魏〔四五〕，封新安公。子安國嗣。

司馬國璠、叔璠，晉安平獻王孚之後。劉裕時，奔慕容超，超亡入秦，秦亡來歸，國璠封淮南公，叔璠封丹陽侯。

司馬天助，晉驃騎將軍元顯之子。歸闕封東海公。

劉昶，宋文帝子，義陽王。廢主子業立，疑昶有異志，昶乃北降魏，封丹陽王，後加號宋王。子承緒、早卒。

暉。以孫襲爵。

蕭寶夤，齊明帝第六子，建安王。梁武將移齊祚，寶夤逃奔魏，封丹陽郡公、齊王。後坐反誅。

贊，寶夤兄子，梁武以爲己子，封豫章王。後奔魏，封高平郡公、丹陽王。後没於魏。

蕭祇，梁武帝弟、南平王偉之子。侯景之亂，奔魏，封清河郡公。子放嗣。

蕭泰，梁武帝弟、鄱陽王恢之子。于謹取江陵，入魏，封義興郡公。子寶嗣。

蕭撝，梁武帝弟、安成王秀之子。爲益州刺史，周伐蜀，以城降，累封至廣臺郡公。子濟嗣。

蕭圓肅，梁武陵王紀之子。周取蜀，與撝同降，積封至棘城郡公。

蕭大圜，梁簡文帝之子。侯景之亂，遁於江陵，爲元帝使魏，江陵亡，留魏，封始寧縣公。

盧玄，范陽涿人〔四六〕。太武時，以儒雋封固安子。子度世嗣，後進爵爲侯。伯源、道舒。

同，玄之裔。莊帝時，以功封章武縣伯。子斐嗣。辯，斐子。以從孝武遷長安，封范陽縣公。子慎嗣。

光，辯弟。以從西遷積封至燕郡公。子賁嗣〔四七〕。

高允，勃海蓨人。以謀平凉州功封汶陽子，後進爵梁城侯。子忱嗣。貴賓。

高濟，允從叔。同徵封浮陽子。子矯嗣。

遵，矯弟。封安昌子。

祐，允從祖弟。以從滅夏功封南皮子，後進爵侯〔四八〕。子和璧嗣。　顥、德正〔四九〕，齊時，以佐命封藍田公。後爲文宣所殺。　王臣。

翼，祐從父弟。孝昌末〔五〇〕，封樂城縣侯。子乾，孝武時，以預定策封長樂郡公。　吕兒。

昂，乾弟。莊帝時，以建義功封武城縣伯。後進爵侯，戰死於西魏，追封永昌王。子道頟嗣。

季式，昂弟。以功封乘氏子，後進封陽平縣伯。

崔鑒，博陵安平人。與盧玄、高允等俱被徵，封桐廬縣子。子合嗣。

巨倫，鑒族孫。莊帝時〔五一〕，以不附元顥功封漁陽縣男。子子武嗣。

士謙，亦鑒族裔。西魏恭帝時，以功積封武康郡公。子曠嗣。

彭，曠弟。隋文帝時，以佐命功積封至安陽縣公。子寶德嗣。

説，士謙弟。西魏時，以戰功積封至安平縣公。子弘度嗣，隋初，以佐命封武鄉郡公。

弘昇，弘度弟。以佐隋功封黄臺縣侯，後進爵爲公。

挺，鑒族裔。以工書封秦昌子。子孝芬嗣。　猷，西魏時，以功封平原縣伯。隋文時，進爵汲郡公。子仲方嗣〔五二〕。

李靈，趙郡平棘人。以授文成皇帝經，封高邑子。子恢嗣，進爵爲侯。　悦祖、瑾。

顯甫，悦祖弟。以軍功封平棘子。子元忠，以佐高歡起兵，封晉陽縣伯。　搔。

渾，靈曾孫。齊初，以參禪代儀注，封涇陽縣男。子湛嗣。

璨，靈弟均之子。以參定徐州功封始豐侯。子元茂嗣〔五三〕。秀之。

順，靈從父弟。太武時，以籌略封平棘子，後進爵侯，坐罪誅。敷，封高平公。後坐罪誅。憲、祖悛。

祖勳，祖悛弟。齊文宣時，以女爲王妃，封丹陽王。

孝伯，順從父弟。太武時，以侍軍國機密，封南昌子〔五四〕，後進爵宣城公。子安仁嗣。

裔，孝伯族。以參齊神武軍定策功，封固安伯。子子旦嗣。

子雄，子旦弟。隋初，以戰功封高都郡公。子公挺嗣。

育，靈族裔。武定時，以拒葛榮功封趙郡公。子愔嗣。

游雅，廣平任人。太武時，與高允等俱徵，積封至廣平侯。

明根，雅從祖弟。獻文時，封新泰侯。子肇嗣。祥。

高閭，漁陽雍奴人。獻文時〔五五〕，以功累封至安樂侯。子元昌嗣。

胡叟，安定臨涇人。自涼歸魏，封始復男。弟繼之嗣。

胡方回，臨涇人。以征涼功封臨涇子。

張湛，燉煌人。本仕涼，涼亡歸魏，封南浦男。

張徹，湛兄。封西平縣公。子敢之嗣。

宗欽，金城人。本仕涼，涼亡入魏，封臥樹男。後與崔浩同誅。

宋繇，燉煌人。爲涼使魏，太武時拜爲河西王、右相，封清水公。涼亡入魏，改封西平侯〔五六〕。子巖嗣。

蔭、季預。

王慧龍，太原晉陽人。本仕晉，祖父爲劉裕所殺，慧龍北奔。太武時，以戰功封長社侯。子寶興嗣。

瓊。

鄭羲，滎陽開封人。孝文時，以功積封滎陽侯。子懿嗣。

恭業。

道邕，羲從曾孫。孝武時，以軍功及從西遷，封永寧縣侯。子詡嗣。

譯，詡弟。周宣帝時，封歸昌縣公，後進封沛國公。子元璹嗣。

先護，羲族裔。莊宗時，以納爾朱榮功封平昌縣侯。後奔梁死。

薛辨，河東汾陰人。初仕秦，秦亡入魏，以軍功封汾陰侯。子謹嗣。

拔，以功積封至河東公。

胤、裔、孝紳。

慶之，拔從孫。封龍邱子。

端，慶之弟子。西魏時，以戰功封交城縣伯。周受禪，進爵至文城郡公。子胄嗣。

濬，胄從祖弟。周天和中，襲父琰爵虞城侯。

孝通，聰從孫〔五七〕。以平定關中之亂封汾陰侯。子道衡嗣。

温，道衡兄。周武帝時，封齊安縣子，後進博陵縣公。子褒嗣。

慎，善弟。周閔帝時，封淮南縣子。

薛寘〔五八〕，河東汾陰人。魏孝武西遷，以從行功封郃陽縣子。周受禪，進爵爲侯。子明嗣。

薛憕，河東汾陰人。從孝武西遷，封夏陽男，後進爵爲伯〔五九〕。子舒嗣。

韓茂，安定安武人。太武時，以從征伐功封蒲陰子，後進爵安定公。子備嗣。均。

皮豹子，漁陽人。太武時，累封至淮陽公。子道明嗣〔六〇〕。

封敕文，代人。封天水公。子翰嗣。

呂羅漢，東平壽張人。文成時，以宿衛及征伐功，累封至山陽公。子興祖嗣。

孔伯恭，魏郡鄴人。父昭，封魯郡公，伯恭襲父爵。

田益宗，光城蠻。世爲蠻帥，太和時歸魏，封光城縣侯。子纂嗣。

孟表，濟北蛇邱人。本齊馬頭太守，太和時，據郡歸魏，封譙縣侯〔六一〕。

奚康生，河南陽翟人。本姓達奚，世居代爲部落大人。以戰功封安武縣男。後爲元乂所殺。子剛嗣。

楊大眼，武都氐難當之孫。以戰功封安成縣子〔六二〕。

崔延伯，博陵人。初仕齊，後入魏，以功賜爵定陵男，後改封新豐子。

李叔仁，隴西人。以戰功積封至陳郡公。後坐事誅。

裴雙碩，河東聞喜人。位弘農太守，封安邑子。子駿嗣。

裴果，河東聞喜人。西魏時，封冠軍縣侯。子孝仁嗣。

裴寬，河東聞喜人。西魏時，以戰功封夏陽縣男，後進爵子。後南没於陳。

裴俠，河東解人。西魏時，以從入關功封清江縣伯，後進爵爲侯。

裴文舉，河東聞喜人。西魏時，以掠地功，封澄城縣子，後進爵爲伯〔六三〕。子胄嗣。

薛安都，河東汾陰人。真君五年奔宋，宋明帝立，安都爲彭城刺史。復叛魏，封河東公。子道欙嗣。

道異，道欙弟。以功封安邑侯。

道次，封河南公。

真度，安都從祖弟。以來歸功封臨晉伯。子懷徹嗣。

房法壽，清河東武城人。初仕宋，後降魏，以功封壯武侯。子伯祖嗣。翼。

畢衆敬，東平須昌人。始仕宋，明帝時，以兖城降魏，封東平公。子元賓嗣。義允、僧安。

祖杅，元賓子。封須昌伯。子義暢嗣。

祖暉，祖杅弟。以全守功封新昌縣子。子義勰嗣。

羊規之，泰山鉅平人。本仕宋，太武南伐來降，封鉅平子。子祉嗣。深。

李泉，頓邱人。西魏時，封臨黄縣伯。子丹嗣。

楊播，弘農華陰人。孝文時，以戰功積封至華陰伯。子侃嗣。純陀〔六四〕。

愔，播族裔。魏時，以軍功封魏昌男。齊文宣時輔政，積封至華山郡公〔六五〕。後爲孝昭所殺。

敷，播族孫。封臨貞縣伯，後進爵公。子素，周末，以功封清河公。隋文帝時，以平陳，封越公。子玄感嗣，坐逆誅。

約，素弟。以軍功封安城縣公，後以佐廢太子勇，進修武公。子玄挺嗣。

异，約從弟。周時，以軍功積封至樂昌縣侯。

寬，敷叔父。孝武時，以從入關積封至華山郡公。子文思嗣。紀。

王肅，瑯琊臨沂人。父奂〔六六〕，仕齊武，爲所殺，肅奔魏。孝文時，以功封開陽伯。子紹嗣。遷〔六七〕。

郭祚，太原晉陽人。孝文時〔六八〕，以贊遷洛功封東光子，後進爵伯。子景尚嗣。

張彝，清河東武城人〔六九〕。幼襲曾祖幸爵平陸侯〔七〇〕。後爲羽林兵所殺。子暠之嗣〔七一〕。

邢巒，河間鄚人〔七二〕。襲父封平城子，以戰功進平舒縣伯。子遜嗣。

李崇，頓邱人。以后兄誕之子，襲封陳留公，後例降爲侯。子神軌嗣。

平，崇從弟。襲爵彭城公。子獎嗣。諧。

世哲，崇子。賜爵衛國子。

崔光，清河人。孝文時，以參贊遷都功，積封至朝陽伯。子勵嗣。

裴叔業，河東聞喜人。本齊徐州刺史，廢帝誅殺大臣，叔業北降魏，封蘭陵郡公。子譚嗣。測。

芬之，叔業子。以父勳封上蔡伯。

彥先〔七三〕，叔業兄子。封雍邱子。子約嗣。

植，叔業兄子。封崇義侯。

李元護，遼東襄平人。本仕齊，與裴叔業同降魏，封廣饒縣伯。子會嗣。　景宣。

席法友，安定人。仕齊，與裴叔業同降魏，封苞信縣伯。子景通嗣。　郾〔七四〕。

王世弼，京兆霸城人。仕齊，與叔業同降魏，封慎縣伯。

江悅之，濟陽考城人。本仕梁，後降魏，封安平縣子。子文遥嗣。

張讜，清河東武城人〔七五〕。本仕宋，後降魏，封平陸侯。子敬叔嗣。

李苗，梓潼涪人。父仕梁被誅，苗降魏，後禦爾朱世隆敗死，贈河陽縣侯。子曇嗣。

劉藻，廣平易陽人。本仕宋〔七六〕，後降魏，封易陽子。子紹珍嗣。

傅永，清河人。世仕宋，後降魏，以戰功封貝邱縣男。

張烈，清河東武城人。宣武時，以戰功封清河縣子。

李述，渤海蓨人。以册祭燕王廟，還賜爵蓨縣男。子象嗣。

孫紹，昌黎人。永安時，以議曆事，賜爵新昌子。子伯元嗣。

祖瑩，范陽遒人。莊帝時〔七七〕，以參議律曆事，封爵容成縣子。子珽嗣。

爾朱榮，北秀容人。世爲部落酋帥，祖、父皆封梁郡公，榮襲爵。正光中，以討賊功，封博陵郡公。擁兵入洛立莊帝，封太原王。後爲莊帝所殺。

兆，榮從子。榮入洛，兆封潁川郡公。榮死，兆據晉陽，進爵爲王。後爲高歡所破，死。

彦伯，榮從弟〔七八〕。祖父世爲始昌侯。節閔帝立，彦伯以預定功，封博陵郡王。後爲高歡所殺。子敞，後奔西魏，封靈壽縣公。隋時，改封邊城郡公。子最嗣。

仲遠，彦伯弟。孝莊立，封清河公。節閔帝立，進爵彭城王。後奔梁，死。

世隆，仲遠弟。莊帝立，封樂平郡公〔七九〕，後進封王。後爲長孫承業所殺。

弼，世隆弟。節閔帝時，封河間郡公。後爲其帳下所殺。

度律，榮從父弟。莊帝初，封樂鄉縣伯，後封常山王。高歡討誅之。

天光，榮從祖兄子。莊帝封廣宗郡公，後進爵爲王。爲高歡所殺。

朱瑞，代郡桑乾人。爲爾朱榮腹心，封陽邑縣公。後爲爾朱世隆所殺。

叱列延慶，代西部人。世爲酋帥，延慶娶爾朱氏，封北海郡公。後爲高歡所殺。

斛斯椿〔八〇〕，廣牧富昌人。從爾朱榮征伐有功，封陽曲縣公〔八一〕，後累封至城陽郡公。從孝武西入關，卒，贈常山郡王。子徵嗣。該、政。

元壽，椿弟。從孝武入關，封桑乾公〔八二〕。

賈顯度，中山無極人。以從爾朱榮破葛榮功封石艾縣公。後從孝武入關，坐事死。

智，顯度弟。以軍功封義陽縣伯。後從入關，坐事死。

樊子鵠，代郡平城人。以功累封至南陽郡公〔八三〕。後爲兖州刺史，據城應關中，高歡討而殺之。

侯深，神武尖山人〔八四〕。莊帝時，以戰功積封至厭次侯。後坐反誅。

賀拔允，神武尖山人〔八五〕。世爲鎮將封侯，允襲侯，積封至壽陽縣公。高歡入洛，進爵爲王。後爲歡所殺。

勝，允弟。孝莊帝初，以定策功封易陽縣伯。後降梁而復歸西魏，以功積封至瑯琊郡公。子仲華嗣。

岳，勝弟。孝莊立，以預定策封樊城男，後進爵清河郡公，鎮關中。後爲侯莫陳悅所殺。子緯嗣。

侯莫陳悅，代人。莊帝初，封柏人縣侯〔八六〕，後進爵白水郡公。殺賀拔岳，宇文泰討而誅之。

念賢，金城枹罕人。以軍功封屯留縣伯，後進爵至安定郡公。子華嗣。

梁覽，金城人。世爲西羌部落酋帥〔八七〕，積封至安德郡公。

雷紹，武川鎮人。西魏時，積封至昌國伯。

毛遐，北地三原人。世爲酋帥，積封至始昌縣伯。

鴻賓，遐弟。以功封縣侯。

乙弗朗，其先東部人。世爲部落大人，以功封長安縣公。

高恭之，遼東人。孝莊時，賜爵龍成侯。子士鏡嗣。

綦儁，河南洛陽人。孝武時，封章武縣伯。

山偉，河南洛陽人。以功封東阿縣伯。子昂嗣。

費穆，代人。以爾朱榮黨，積功至趙平郡公〔八八〕。後爲元顥所殺。

賀悦，代人。道武母黨，其先世爲君長，以從平中原功，封鉅野侯。子泥嗣，進爵爲瑯琊公。

醜建。

杜超，魏郡鄴人，密皇后兄。初封陽平公，後進爵爲王。子鳳皇嗣。

遺，超從弟〔八九〕。封廣平王。子元寶嗣。

閭毗，代人，文成母恭皇后兄。初封河東公，後與弟紇並進爵爲王。自餘子弟賜爵爲王者二人，公五人，侯六人，子三人。

馮熙，長樂信都人，文明太后之兄。初封肥如侯，後進爵昌黎王。子誕嗣，例降爲侯。穆。

李惠，中山人。思皇后之父。初襲父爵南郡公，後進爵爲王。後坐事誅。

高肇，渤海蓨人，文昭皇后之兄。封平原郡公。後坐罪誅。

胡國珍，安定臨涇人，靈太后父。封安定郡公。子祥嗣。

梁越，新興人。魏初，爲禮經博士。明元時，以師傅恩，封祝阿侯。

盧醜，昌黎徒河人。太武時，以師傅恩，封濟陰公。

張偉，太原中都人。太武時，與高允等俱徵，後封建安公。

李業興，上黨長子人。孝武登極時，以預行禮事，封屯留縣子。

乞伏保，高車部人。獻文時，襲爵寧國侯。

段進，不知何許人。太武時，蠕蠕入塞被擒，罵賊，死，贈顯美侯。

郭琰，京槃人。孝武時，封新豐縣公。西遷，封馮翊郡公。

乙速孤佛保，北秀容胡酋。孝武時，從入關，封蒲子縣公。

李棠〔九〇〕，渤海蓨人。孝武時以歸關中功，封廣宗縣公。敞。

竇瑗，遼西人。以從平葛榮功封容城縣伯。

李洪之，恒農人。太武時，封安陽男，後進爵任城侯。

劉靈助，燕郡人。爾朱榮入京師，以卜筮封長子縣公。

周澹，京兆鄠人。明元時，以善醫封成德侯。

王顯，陽平樂平人。宣武時，以營療功封衛國縣伯。

王叡，太原晉陽人。文明太后臨朝時，以恩倖封太原公，後進爵中山王。子襲嗣，後降爲公。

王仲興，趙郡人。宣武時，以恩倖封上黨郡公。

侯剛，河南洛陽人。明帝時，以恩倖積封至武陽縣公。

宗愛，不知何許人。太武時，以恩倖封秦郡公。後坐弒逆誅。

仇洛齊，中山人，本宦者。太武時，封零陵公。子儼嗣。

王琚，高平人，亦宦者。孝文時，積封至高平王。

趙默〔九一〕，本涼州隸户，爲閹人。封至河内公，後進爵爲王。

孫小，咸陽石安人。以閹封至中都侯，後進爵彭城公〔九二〕。

張祐，安定石塘人。以閹入宮，孝文時，至新平王，後降爲公。

李堅，高陽易人。文成時，以閹入宮，封魏昌伯。

劉騰，平原城民〔九三〕。以閹入宮，靈太后時，封長樂縣公。

楊範，閹人。封華陰子。

成軌，閹人。封始平縣伯。

王温，閹人。封欒城縣侯。

孟鸞，閹人。封元城縣侯。已上並靈太后臨朝時。

右，元魏時，封爵所及者尤衆，蓋自道武興於代北以來，凡部落之大人與鄰境之降附者，皆封以五等之爵，令其世襲，或賜以王封。逮中世以後，則不緣有功而封者愈多。程駿傳載：「獻文崩，初遷神主於太廟，有司奏：舊事，廟中執事官例皆賜爵，今宜依舊。詔百寮詳議，群臣咸以爲宜依舊事。駿獨以爲不可，表曰：『臣聞名器爲帝王所貴，山河爲區夏之重，是以漢祖有約，非功不侯。未聞預事於宗廟，而獲賞於疆土。雖復帝王制作，弗相沿襲，然一時恩澤，豈足爲長世之軌乎？』書奏，從之。」可見當時封爵之濫。然高允在太武時，以平凉州勳封汶陽子，至文成時，史言其爲郎二十七年不徙官。時百官無禄，允第唯草屋，衣唯緼袍，食唯鹽菜，恒使諸子採樵自給。則其時雖有受封之名，而未嘗與之食邑。又道武以來，有受封爲建業公、丹陽侯、會稽侯、蒼梧伯之類，此皆江南土地，未嘗爲魏所有。可見當時五等之爵多爲虚封。前史雖言魏制侯、伯四分食一，子、男五分食一，然若真食五分之一，則不至如高允之貧乏；且受封丹陽、會稽等處者，雖五分之一，亦於何而取之乎？」

校勘記

〔一〕至天賜元年　「天賜」原作「天錫」，據魏書卷一一三官氏志、北史卷一魏本紀改。
〔二〕侯子亦以此爲差　「侯」與「以」原脱，據魏書卷一一三官氏志補。
〔三〕於是封王者十人　「十」上原衍「七」字，據魏書卷一一三官氏志删。
〔四〕子孫世襲軍號　魏書卷一一三官氏志同。通典卷三一職官典十三「軍」上有「並襲」二字。
〔五〕平陽公主菀　「平陽」原作「高平」，據魏書卷八二常景傳改。
〔六〕樂真　二字原倒，據魏書卷一四神元平文諸帝子孫傳乙正。
〔七〕陽平王熙　「陽平」二字原倒，據魏書卷一六道武七王傳乙正。
〔八〕子子孝從入關　上「子」字原脱，據魏書卷一九上景穆十二王傳上、北史卷一七景穆十二王傳上補。
〔九〕子昴　「昴」原作「昻」，據魏書卷一九上景穆十二王傳上、北史卷一七景穆十二王傳上改。
〔一〇〕暹　原作「退」，據魏書卷一九上景穆十二王傳上、北史卷一七景穆十二王傳上改。

〔一一〕濟陰王小新成　「小」字原脱，據魏書卷一九上景穆十二王傳上、北史卷一七景穆十二王傳上補。

〔一二〕樂良王萬壽　北史卷一七景穆十二王傳上同。「良」，魏書卷五高宗紀、卷一九上景穆十二王傳上作「浪」。

〔一三〕勒叉　原作「勒叉」，據元本、慎本、馮本及北史卷一七景穆十二王傳上改。「叉」字原脱，據同書補。

〔一四〕南安王楨　「楨」原作「禎」，據魏書卷一九下景穆十二王傳下、北史卷一八景穆十二王傳下改。

〔一五〕封魯郡王　按魏書卷一九下景穆十二王傳下、北史卷一八景穆十二王傳下，怡卒復，莊帝初，贈扶風王，其子肅封魯郡王，此處叙事有誤。

〔一六〕永全　原作「永金」，據元本、慎本、馮本及魏書卷一九下景穆十二王傳下、北史卷一八景穆十二王傳下改。

〔一七〕子詮嗣　「詮」原作「銓」，據元本、慎本、馮本及魏書卷二〇文成五王傳、北史卷一九文成五王傳改。

〔一八〕以功賜爵東宛侯　「功」原作「封」，據元本、慎本、馮本及魏書卷二三莫含傳、北史卷二〇莫含傳改。

〔一九〕以從平中原功賜爵東州侯子億萬嗣　「東」原作「東」，「億」原作「德」，據北史卷二〇尉古真傳改。

〔二〇〕子遂留　魏書卷二七穆崇傳同。「遂」，北史卷二〇穆崇傳作「逐」。

〔二一〕乙　北史卷二〇穆崇傳同，魏書卷二七穆崇傳作「乙九」。

〔二二〕以征伐功賜爵山陽侯　「賜」字原脱，據魏書卷二九奚斤傳、北史卷二〇奚斤傳補。

〔二三〕子瓶嗣　北史卷二二長孫道生傳同。「瓶」，魏書卷二五長孫道生傳作「抗」。

〔二四〕子彦　「子」字原脱，據魏書卷二五長孫道生傳、北史卷二二長孫道生傳補。

〔二五〕成　北史卷二二長孫肥傳同，魏書卷二六長孫肥傳作「平成」。

〔二六〕崔贖　原作「崔頤」，據魏書卷三二崔逞傳改。下同。

〔二七〕太武時　「太武」原作「道武」。按魏書卷三三王憲傳、北史卷二九王憲傳，「世祖即位」，「進爵北海公」，據改。

〔二八〕纂　按魏書卷三二封懿傳、北史卷二四封懿傳，隆之子子繪嗣爵，未見「纂」名，疑此處有誤。

〔二九〕明元時　按魏書卷三〇娥清傳、北史卷二五娥清傳，明元時，娥清「賜爵須昌侯」，太武初，「進爲東平公」，此處敘事有誤。

〔三〇〕子長成嗣　「長成」原作「長城」，據魏書卷三四王洛兒傳改。

〔三一〕太武時　按魏書卷三四陳建傳、北史卷二五陳建傳，陳建積封趙郡公在孝文帝時，此處敘事有誤。

〔三二〕以功封成武侯　「成武」原作「武城」，據魏書卷三〇呂洛拔傳、北史卷二五呂洛拔傳改。

〔三三〕道武時以部落歸國封河東公　按魏書卷四四薛野䐗傳、北史卷二五薛彪子傳，彪子祖達頭自姚萇時率部落歸魏，道武帝賜爵聊城侯，父野䐗于文成帝和平中進爵河東公，彪子于孝文帝太和二年襲爵，此處誤甚。

〔三四〕文成崩　「崩」原作「時」，據魏書卷五〇慕容白曜傳、北史卷二五慕容白曜傳改。

〔三五〕太武時進爵至河南公　按魏書卷四四苟頹傳，頹進爵河南公在孝文帝太和元年，北史卷二五苟頹傳作「太和中」，疑此處「太武」爲「太和」之誤。

〔三六〕太武時以功賜爵高平男子範嗣子粲　按魏書卷四五常闓傳、北史卷二六常闓傳，常闓於太武帝時未嘗賜爵，子範於文成帝時賜爵高平男，子粲乃常闓孫，此處誤甚。

〔三七〕封陽都男　「男」原作「子」，據魏書卷三三賈彝傳、北史卷二七賈彝傳改。

〔三八〕毛修之　原作「毛條之」，據魏書卷四三毛修之傳、北史卷二七毛修之傳改。下文「修之亡入魏」句「修」原作「夏」，據同二書改。

〔三九〕明元嘉其固守封邰陽侯　按宋書卷七六朱修之傳、魏書卷四三朱修之傳均謂太武帝嘉其固守，以爲雲中鎮將，無封邰陽侯事。「封邰陽侯，子幼玉嗣」者乃太武帝封嚴稜事，見北史卷二七毛修之傳。

〔四〇〕晉昌冥安人　「晉昌」原作「晉西」，據魏書卷四三唐和傳改。

〔四一〕寇讚　「寇」原作「冠」，據魏書卷四二寇讚傳、北史卷二七寇讚傳改。

〔四二〕子彰　「子」字原脱，據魏書卷四〇陸俟傳、北史卷二八陸俟傳補。

〔四三〕西平樂都人　「樂都」原作「樂郁」，據魏書卷四一源賀傳、北史卷二八源賀傳改。

〔四四〕祖父世爲方面大人　魏書卷三〇劉尼傳、北史卷二八劉尼傳皆作「曾祖敦，有功於太祖，爲方面大人」。

〔四五〕以泰常末歸魏　「泰常」原作「太常」，據魏書卷四七司馬楚之傳改。

〔四六〕范陽涿人　「涿」下原衍「鹿」字，據元本、慎本、馮本及魏書卷四七盧玄傳、北史卷三〇盧玄傳删。

〔四七〕以從西遷積封至燕郡公子賁嗣　「郡」原作「國」，「賁」原作「貴」，據周書卷四五儒林傳、北史卷三〇盧同傳改。

〔四八〕以從滅夏功封南皮子後進爵侯　按魏書卷五七高祐傳、北史卷三一高允傳，此處所叙乃高祐父高讜事，高祐曾賜爵建康子，假東光侯，此處誤甚。

〔四九〕德正　原作「德政」，據魏書卷五七高祐傳、北史卷三一高允傳改。

〔五〇〕孝昌末　「孝昌」原作「孝宣」，據北齊書卷二七高乾傳、北史卷二一高允傳改。

〔五一〕莊帝時　「莊帝」原作「莊宗」，據魏書卷五六崔辯傳、北史卷三二崔辯傳改。

〔五二〕子仲方嗣　「仲方」原作「仲芳」，據隋書卷六〇崔仲方傳、北史卷三二崔猷傳改。

〔五三〕子元茂嗣　「元茂」二字原倒，據魏書卷四九李靈傳、北史卷三三李靈傳乙正。

〔五四〕封南昌子　「南」字原脱，據魏書卷五三李孝伯傳補。「南」，北史卷三三李孝伯傳作「魏」。

〔五五〕獻文時　「獻文」原作「文成」，據魏書卷五四高閭傳、北史卷三四高閭傳改。

〔五六〕改封西平侯　按魏書卷五二宋繇傳、北史卷三四宋繇傳，宋繇卒，長子岩襲爵，改封西平侯，此處有脱誤。

〔五七〕孝通聰從孫　按魏書卷四二薛辯傳、北史卷三六薛辯傳，薛聰爲薛辯孫薛湖之長子，薛湖與薛聰此前皆未見，此處疏漏殊甚。

〔五八〕薛寘　原作「薛寘」，據周書卷三八薛寘傳、北史卷三六薛寘傳改。

〔五九〕後進爵爲伯　「伯」原作「子」，據周書卷三八薛憕傳、北史卷三六薛憕傳改。

〔六〇〕子道明嗣　「道明」原作「承宗」，據魏書卷五一皮豹子傳、北史卷三七皮豹子傳改。按承宗爲道明第八弟歡喜之子，見同二書。

〔六一〕封譙縣侯　「譙」下原衍「都」字，據魏書卷六一孟表傳、北史卷三七孟表傳删。

〔六二〕以戰功封安成縣子　「成」原作「城」，據魏書卷七三楊大眼傳、北史卷三七楊大眼傳改。

〔六三〕封澄城縣子後進爵爲伯　按周書卷三七裴文舉傳、北史卷三八裴文舉傳，文舉父邃西魏時受封澄城縣子；北周閔帝時，文舉襲爵，進爵爲伯。

〔六四〕純陀　原作「純佗」，據魏書卷五八楊播傳、北史卷四一楊播傳改。

〔六五〕積封至華山郡公　「華山郡公」，北齊書卷三四楊愔傳、北史卷四一楊播傳作「開封王」。

〔六六〕父奂　「奂」原作「員」，據魏書卷六三王肅傳、北史卷四二王肅傳改。

〔六七〕遷　此上原衍「紀」字，據魏書卷六三王肅傳、北史卷四二王肅傳删。

〔六八〕孝文時　「文」下原衍「武」字，據魏書卷六四郭祚傳、北史卷四三郭祚傳删。

〔六九〕清河東武城人　「清」字原脱，據魏書卷六四張彝傳、北史卷四三張彝傳補。

〔七〇〕幼襲曾祖幸爵平陸侯　「曾」字原脱，據魏書卷六四張彝傳、北史卷四三張彝傳補。

〔七一〕子暠之嗣　「子」，魏書卷六四張彝傳、北史卷四三張彝傳作「孫」。「暠之」，魏書作「嵩」。

〔七二〕河間鄚人　「鄚」原作「鄭」，據北史卷四三邢巒傳改。

〔七三〕彦先　原作「念先」，據魏書卷七一裴叔業傳、北史卷四五裴叔業傳改。

〔七四〕郾　北史卷四五席法友傳同，魏書卷七一席法友傳作「郾」。

〔七五〕清河東武城人　「東」字原脱，據魏書卷六一張讜傳、北史卷四五張讜傳補。

〔七六〕本仕宋　「宋」原作「梁」，據北史卷四五劉藻傳改。

〔七七〕莊帝時　「莊帝」原作「莊宗」，據魏書卷八二祖瑩傳、北史卷四七祖瑩傳改。下同。

〔七八〕榮從弟　「弟」字原脱，據魏書卷七五爾朱彦伯傳、北史卷四八爾朱榮傳補。

〔七九〕封樂平郡公　「樂平」二字原倒，據魏書卷七五爾朱彦伯傳、北史卷四八爾朱榮傳乙正。

〔八〇〕斛斯椿　原作「解斯椿」，據魏書卷八〇斛斯椿傳、北史卷四九斛斯椿傳改。

〔八一〕封陽曲縣公　「陽曲」二字原倒，據魏書卷八〇斛斯椿傳、北史卷四九斛斯椿傳乙正。

〔八二〕封桑乾公　按北史卷四九斛斯椿傳，元壽先封桑乾縣伯，孝武帝即位後，進爵爲公。

〔八三〕以功累封至南陽郡公　「南陽」原作「西陽」，據魏書卷八〇樊子鵠傳改。

〔八四〕神武尖山人　「尖山」原作「光山」，據魏書卷八〇侯淵傳改。

〔八五〕神武尖山人　「尖山」原作「光山」，據北齊書卷一九賀拔允傳、北史卷四九賀拔允傳改。

〔八六〕封柏人縣侯　「柏人」原作「桓人」，據魏書卷八〇侯莫陳悦傳、北史卷四九侯莫陳悦傳改。

〔八七〕世爲西羌部落酋帥　「酋帥」二字原脱，據北史卷四九梁覽傳補。

〔八八〕積功至趙平郡公　「趙」字原脱，「平」下原衍「原」字，據魏書卷四四費于傳、北史卷五〇費穆傳補删。

〔八九〕超從弟　「從」字原脱，據魏書卷八三上外戚傳上、北史卷八〇外戚傳補。

〔九〇〕李棠　原作「李崇」，據周書卷四六李棠傳、北史卷八五李棠傳改。

〔九一〕趙默　魏書卷九四閹官傳作「李黑」。

〔九二〕後進爵彭城公　按魏書卷九四閹官傳、北史卷九二恩倖傳，張宗之「以忠厚謹慎，擢爲侍御中散，賜爵鞏縣侯」，後又進爵彭城公，此處以張宗之事歸於孫小，誤甚。

〔九三〕平原城民　「平」字原脱，「民」原作「人」，據魏書卷九四閹官傳補改。按「人」，北史避唐諱改，本書沿用其文，未曾回改。

卷二百七十四　封建考十五

齊周隋諸侯王列侯

北齊有王、公、侯、伯、子、男六等之爵。王位列大司馬上，非親王則在三公下，封内之調盡以入臺，三分食一，公以下，四分食一。王置師一人，餘官大抵與晉、宋、梁制不異。公主則置家令、丞等官。

齊宗室諸王

趙郡王琛，神武皇帝弟。天統三年追封〔一〕。子叡嗣。後主時見殺。

清河王岳，神武從父弟。天保初封。子邁嗣〔二〕，齊亡入周，仕隋至上開府。

廣平公盛，神武從叔祖〔三〕。以從起兵封。子瑗嗣，改封平昌王。

陽州公永樂，神武從祖兄子。太昌時封。子孝緒嗣〔四〕，後改封脩城郡王。

襄樂王顯国〔五〕，神武從祖弟。天保初封。

上洛王思宗，神武從子。天保初封。子元海嗣，齊亡，死於周。

思好，思宗弟。封南安王。後反，兵敗死。

平秦王歸彦，神武族弟。天保初封。後反，誅。

普，歸彦兄子。天保初，封武興郡王。齊亡，卒於周。

永安簡平王浚，神武第三子。保定初封，後爲文宣所殺。子準嗣。

平陽翼王淹，神武第四子。天保初封。子德素嗣。

彭城景思王浟，神武第五子。天保初封，後爲武成所殺。子寶德嗣。

上黨剛肅王渙，神武第七子。天保初封。子寶嚴嗣。

襄城景王淯〔六〕，神武第八子。天保初封。子亮嗣，齊亡，卒於周。

任城王湝，神武第十子。天保初封。齊亡，入周死。

高陽康穆王湜，神武第十一子。天保初封。子士義嗣。

博陵文簡王濟，神武第十二子。天保初封。後爲後主所殺。子智嗣。

華山王凝，神武第十三子。天保初封〔七〕。

馮翊王潤，神武第十四子。天保初封。子茂德嗣。

漢陽敬懷王洽，神武第十五子。天保初封。子建德嗣〔八〕。

河南康獻王孝瑜〔九〕，文襄帝長子。齊初封。子弘節嗣。

廣寧王孝珩，文襄第二子。齊初封。齊亡，卒於周。

河間王孝琬，文襄第三子。天保初封。後爲武成所殺。子正禮嗣〔一〇〕。

蘭陵武王長恭，文襄第四子。天保初封。

安德王延宗，文襄第五子。後主時，周師入，軍敗出奔，延宗即位，力戰。周克鄴，禽之，見殺。

漁陽王紹信，文襄第六子。齊亡，没於周。

太原王紹德，文宣帝第二子。天保初封。後爲武成所殺。子辨才嗣。

范陽王紹義，文宣第三子。天保初封。後周既取齊，紹義入突厥稱帝，周人購得之，流死蜀。

西河王紹仁，文宣第四子。天保初封。

隴西王紹廉，文宣第五子。天保初封。

樂陵王百年，孝昭帝第二子。帝即位，立爲太子。後爲武成所殺。子白澤嗣。

汝南王彦理，孝昭子。武平初封〔一〕。齊亡入關，授儀同。隋開皇初，卒於并州刺史。

始平王彦德〔二〕、城陽王彦基、定陽王彦康、汝陽王彦忠〔三〕，皆孝昭子，與彦理同時受封，後不知所終。

南陽王綽，武成帝子。河清時封。後爲後主所殺。

瑯琊王儼，武成子。河清初封。後爲陸令萱等所殺。

齊安王廓〔四〕，武成第四子。

北平王貞、淮南王仁光、西河王仁機、樂平王仁邕、潁川王仁儉、丹陽王仁直、東海王仁謙，皆武成子。齊亡，與後主俱死於長安。

高平王仁英、安樂王仁雅，亦武成子。周之殺齊宗室，二王以清狂瘖疾獲免，俱徙蜀死。

齊列侯

万俟普〔一五〕，太平人。其先匈奴之別種〔一六〕，世爲酋長。魏孝武時，封清水郡公，神武封河西郡公。子洛嗣。

可朱渾道元，遼東人。魏時，以功封東縣伯。神武時，以軍功累封扶風郡王。子長舉嗣。

天元，道元弟。以功封昌陽縣伯。

天和，天元弟。以道元功，積封至博陵郡公。

劉豐，普樂人。以功封山鹿縣公。後戰死。子曄嗣。

破六韓常，單于之裔。魏時，封永安縣侯。齊受禪，封廣川縣公〔一七〕。

金祚，安定人。神武時，封安定縣公。

劉貴，陽曲人。封樂縣男〔一八〕。子洪徽嗣。

蔡儁，廣寧石門人。神武時，以戰功封烏洛縣侯。

韓賢，廣寧石門人。以功封汾陽縣伯。子裔嗣。

王懷，不知何許人。神武時，以功封盧鄉縣侯。

任祥，廣寧人。積功封至魏郡公。子胄嗣。

莫多婁貸文〔一九〕，狄那人。從神武征伐，積功封至石城公。子敬顯嗣。
庫狄迴洛，代人。神武時，以衆附封順陽縣子。昭帝即位，進爵王。
庫狄盛，懷朔人。積封至華陽縣公。
張保洛，南陽人。以功積封至安武縣公。
侯莫陳相，代人。以從神武起兵，積封至白水郡公，後進爵王。子晉貴嗣。
薛孤延，代人。從神武起兵，積封至都昌縣公。
斛律羌舉，太安人。以戰功封至密縣侯。子孝卿嗣。
王則，太原人。以功封太原縣伯。
慕容紹宗，太原王恪之後。以軍功封索盧侯。後以討侯景功，進封燕郡公。子三藏嗣。
叱列平，代郡西部人。以軍功封癭陶伯。子孝冲嗣〔二〇〕。
步大汗薩，代郡西部人。以軍功積封至義陽郡公。
薛修義，河東汾陰人。以軍功封正平郡公。子文殊嗣。
慕容儼，庬之後。以征伐功積封至義安王。
潘樂，廣寧石門人。以軍功積封至金門郡公。子晃嗣。
彭樂，安定人。以戰功積封至陳留王。後謀反誅。
暴顯，魏郡人。以功積封至定陽王。

皮景和，瑯琊下邳人〔二一〕。以征伐功積封至廣漢郡公。子信嗣〔二二〕。

綦連猛，代人。以軍功積封至山陽王。

元景安，河南洛陽人。本魏昭成裔。以軍功封歷陽郡王。

孤獨永業，中山人。以功封臨川王。

鮮于世榮，漁陽人。以軍功封義陽郡王。及周師取齊，不屈見殺。

傅伏，太安人。以軍功封永昌郡公。齊亡，後入周，爲岷州刺史。

孫騰，咸陽石安人。神武時，以親信積封至石安縣公。子鳳珍嗣〔二三〕。

高隆之，洛陽人。以功封陽夏王〔二四〕。子子遠嗣。

司馬子如，河內温人。魏節閔時，以功封陽平郡公，後以翼贊功，封須昌郡公。子消難嗣。

竇泰，太安捍殊人。以軍功封廣阿子，後戰没。子孝敬嗣。

尉景，善無人。以從神武起兵功封博野縣公，後追封長樂王。子粲嗣。　世辯。

婁昭，代郡平城人，武明皇后母弟。封濟北公，後追封太原王。子仲達嗣。

定遠，昭次子。封臨淮郡王。

叡，昭兄子。封東安王。

庫狄干，善無人。以從神武起兵封廣平郡公，後封章武郡王。子士文嗣。

韓軌，太安狄那人。以軍功封德安郡公。子晉明嗣。

段榮，武威姑臧人。以功封姑臧縣侯。子韶嗣，以功進爵平原郡王〔二五〕。子懿嗣。

孝言，韶弟。封霸城縣侯。

斛律金，朔州敕勒部人。魏孝莊時，賜爵阜城男。後以佐命功，封咸陽郡王。子光嗣，後主時，祖珽譖而殺之。

陳元康，廣宗人。以掌機密，封安平子。子善臧嗣。

杜弼，中山曲陽人。文宣受禪，以功封長安縣伯。

張纂，代郡平城人。神武時，以參丞相軍事封武安縣伯。

張亮，西河隰城人。以參軍事封安定縣男。

張曜，上谷昌平人。天保初，封都鄉男〔二六〕。

平鑒，燕郡薊人。以軍功封西平縣伯。子敬嗣。

唐邕，太原晉陽人。天保初，封廣漢鄉男。

元文遥，河南洛陽人。孝昭時，以典機密封永樂縣伯。

趙隱，南陽宛人。爲神武功曹，世掌機密，積封至宜陽王。

馮子琮，長樂信都人。後主時，封昌黎郡公。

魏蘭根，下曲陽人〔二七〕。神武初，封鉅鹿縣侯。長子相如嗣。

趙猛，太安狄那人〔二八〕，姊爲齊文穆皇后，神武時，以預義功封信都縣伯。

胡長仁，安定臨涇人，武成后長兄。後封隴東郡王。後爲和士開所殺。

馬敬德，河間人。爲後主師傅，後追封廣漢郡王。

張景仁，濟北人。工草隸，爲後主侍書，封建安王。

張華原，代郡人。神武時，以功積封至新城公。子宰均嗣。

由吾道榮，瑯琊沐陽人。文宣時，以術封沐陽縣公。

顏惡頭，章武郡人。神武時，以術封安夷縣公〔二九〕。

信都芳，河間人。以筮術封長安縣子〔三〇〕。

陸法和，不知何許人。梁元帝時，助討侯景有功。梁亡入周，後入齊，文宣封爲安湘郡公。

郭秀，范陽涿人。齊神武時，以恩倖封壽陽伯。

和士開，清都臨漳人。後主時，以權倖封淮陽郡王。後爲瑯琊王儼所殺。

穆提婆，漢陽人。從主時，以恩倖封城陽郡王。

高阿那肱，善無人〔三一〕。後主時，以恩倖封淮陽郡王。

韓鳳，昌黎人。後主時，以恩倖封昌黎郡王。

後周制，封爵，郡縣亦有公、侯、伯、子、男五等爵者，皆加開國。授柱國大將軍開府儀同者，並加使持節大都督。皇弟、皇子置友及學士等員外，餘史闕聞。

周宗室王公

邵惠公顥，文帝長兄。保定初追封。子什肥嗣。　胄。後爲楊堅所殺。

導，顥子。以功封饒陽縣伯。子廣，進封蔡國公〔三二〕。　洽。後爲楊堅所殺。

護，顥子。以功積封至中山公。周受禪，封晉國公，秉政，後以專權，爲武帝所誅。

杞簡公連，以戰殁，保定初追封。子元寶。　亮、椿。爲楊堅所殺。

莒莊公洛生〔三三〕，爲爾朱榮所殺，保定初追封。子菩薩。　至、賓、貢。

虞國公仲，德皇帝從父兄〔三四〕。保定初追封。子興嗣。　洛，隋受禪，爲介公。

廣川公測，文帝族子。以從魏孝武西遷封。子該嗣。

深，測弟。以功積封至長樂侯。子孝伯嗣。後爲天元所殺。　歆。

東平公神舉，文帝族子。初以從孝武入關，封城陽縣公。後爲天元所殺。子同嗣。

慶，神舉弟。以戰功封汝南郡公。子靜亂。　協。

衞剌王直，文帝子。建德三年封。後坐反誅。

齊煬王憲，文帝子。建德三年封。後爲天元所殺。

趙王招〔三五〕，文帝子。建德五年封。後爲楊堅所殺。

譙孝王儉，文帝子。建德時封。子乾惲嗣，爲楊堅所殺。

陳王純，文帝子。建德三年封。

越王盛〔三六〕，文帝子。建德三年封。

代王達，文帝子。建德三年封。

冀王通，文帝子。建德三年封。

滕王逌〔三七〕，文帝子。建德三年封。以上並爲楊堅所殺。

紀厲王康，孝閔帝子。建德三年封。後坐罪死。子湜嗣。爲楊堅所殺。

畢王賢，明帝子。　酆王貞，明帝子。　漢王贊，武帝子。　秦王贄，武帝子。　曹王允，武帝子。

道王充，武帝子。　蔡王兌〔三八〕，武帝子。　荆王元，武帝子。　萊王衍，宣帝子。　郢王術，宣帝子。以上並爲楊堅所殺。

周列侯

寇洛，上谷昌平人。以從入關及戰功，積封至京兆郡公。子和嗣。

趙貴，天水南安人。以迎周文積功，封至楚國公。後爲宇文護所殺。

善，貴從祖兄。以翊戴周文功封襄城縣公。

李賢，隴西成紀人。以功封上邽縣公。子端嗣。

詢，端弟〔三九〕。武帝時，以軍功封平高郡公〔四〇〕。子元方嗣。

崇，端弟。以父賢功，封迴樂侯。子敏嗣。

穆，賢弟。以從迎魏孝武功封永平縣子，後進安武郡公。子筠嗣。渾。

梁禦，安定人。以戰功積封至廣平郡公。子睿嗣。洋。

李弼，隴西成紀人。以征伐功積封至趙國公。子暉嗣。

衍，暉弟。以功封真鄉公。子仲威嗣。

綸，衍弟。封河陽郡公。子長雅嗣。

曜，弼子。封邢國公。子寬嗣。密。

檦，弼弟。以戰功封晉陽公。子椿嗣，改封河東郡公。

宇文貴，昌黎大棘人。以戰功封許國公。子善嗣。

忻，善弟。以戰功封興國縣公。隋文時，以功進封英國公。

愷，忻弟。封安平公。

侯莫陳崇，代武川人。以戰功積封至梁國公。子芮嗣。

潁，芮弟。以功封廣平侯。

王雄，太原人。以戰功封武威郡公。子謙嗣。

王盟〔四一〕，德皇后之兄。封魏昌縣公。子勱嗣〔四二〕。誼。

獨孤信，雲中人。以從魏孝武入關功，進爵浮陽郡公。子善嗣。

竇熾，扶風平陵人。以征伐功積封至鄧國公。子茂嗣。榮定、毅、賢、德藏。

賀蘭祥，武川人。以功積封至涼國公。子敬嗣。

叱烈伏龜，代郡西部人。以從征伐功封長樂縣公。子椿嗣。

閻慶，河陰人。以功積封至太安郡公。子毗嗣。雄〔四三〕。

權景宣，天水顯親人。以征伐功積封至千金郡公。子如璋嗣。

王羆，京兆霸城人。以戰功封扶風郡公。子慶遠嗣〔四四〕。述、謨。

王思政，太原祁人。以軍功積封至太原郡公。後戰敗，陷於東魏。子康嗣。

尉遲迥，代人。以征伐功封蜀國公。宣帝崩，楊堅輔政，將圖篡奪，迥舉兵討堅，不克。死之。

王軌，太原祁人。以功積封至郯國公。後爲天元所殺。

周惠達，文安人。周文時，以府司馬，積封至文安公。

蘇綽，武功人。文帝時，以輔佐功封美陽縣公〔四五〕。子威嗣，隋時封邳公。

椿，綽弟。以軍功封美陽子，後進爵侯。子植嗣。

亮，綽從兄。以功封臨涇縣子。子師嗣。

韋叔裕，京兆杜陵人。以征伐功積封至鄖國公。子總嗣。國成。

壽，叔裕子。以父功封永安縣侯。子保巒嗣。

洸，叔裕兄孫〔四六〕。以征伐功封衛國縣公，後進郡公。子協嗣。

藝，洸弟。以擊尉遲迥功封武威縣公。

冲，藝弟。封安固縣侯。

韋瑱，京兆杜陵人。周時，封長安縣男。隋初，以定策功，進封普安郡公。

柳檜，河東解人。以軍功封萬年縣子。後戰没，子斌嗣。　祚〔四七〕。

慶，檜弟。以功封平齊縣公。子機嗣。　述。

達奚武，代人。以軍功封高陽郡公。子震嗣。

若干惠〔四八〕，代武川人。周文初興，以翊戴功，積封至長樂郡公。子鳳嗣。

怡峰，遼西人。以戰功封華陽縣公。子昂嗣。

劉亮，中山人。以軍功封至長廣公。子昶嗣。

王德，代武川人。以翊戴功封至河間郡公。子慶嗣。

赫連達，勃勃之後。魏孝武入關，以奉迎功，積封至魏昌公。子遷嗣。

韓果，代武川人。以戰功封褒中郡公。子明嗣。

蔡祐，陳留圉人。以戰功封至懷寧郡公。子正嗣。

常善，高陽人。以政積封永陽郡公。子昂和嗣〔四九〕。

梁椿，代人。以戰功封清陵郡公。子明嗣。

梁臺，長池人〔五〇〕。以翊戴功封中部縣公。

田弘，高平人。以戰功封雁門郡公。子仁恭嗣。

王傑，金城直城人。以戰功積封張掖郡公。

王勇，代武川人。以戰功封新陽郡公。子昌嗣。

宇文虯，代武川人。以戰功封南安侯。

耿豪，鉅鹿人。以戰功封平原公。子雄嗣。

高琳，其先高麗人。以戰功封犍爲郡公。子儒嗣。

李和，朔方巖绿人。以功封安豐縣公。子徹嗣。

伊婁穆，代人。以戰功封安陽縣公〔五一〕。子豐嗣。

劉雄，臨洮子城人。以功封趙郡公。子昇嗣。

侯植，其先上谷人。以戰功封肥城縣公。子定嗣〔五二〕。

李延孫〔五三〕，伊川人。以戰功封華山郡公。子人傑嗣。

韋祐，京兆山北人〔五四〕。以戰功封固安縣公。子初嗣。

陳欣〔五五〕，宜陽人。以戰功封許昌縣公。子萬敵嗣。

魏玄，其先任城人。以從魏孝武入關功，封廣宗縣公。

泉仚，上洛豐陽人〔五六〕。以戰功封上洛郡公。子貞嗣〔五七〕。 暅。

李遷哲，安康人。本仕梁，後以軍敗降，立功，封安康郡公。子敬猷嗣。

楊乾運，興勢人。本仕梁，來降，封安康郡公。子端嗣。

扶猛，上甲黃土人。本仕梁，來降，封臨江縣公。

陽雄〔五八〕，上洛邑陽人。以從孝武西遷功，積封至魯陽縣公。子長寬嗣。

席固，其先安定人。仕梁，以衆來歸，封新豐縣公。子雅嗣〔五九〕。

辛威〔六〇〕，隴西人。以戰功積封至宿國公。子永達嗣。

任果，南安人。本仕梁，以衆來附，封樂安郡公〔六一〕。

崔彥穆，清河東武城人。以功封千乘縣侯，隋時進封東郡公。子君綽嗣。

楊纂，廣寧人。以戰功封永興縣侯，後進爵爲公。子睿嗣。

段永，其先遼西石城人。以功進封至廣城郡公。子岌嗣。

令狐整，燉煌人。以功進封至彭城縣公〔六二〕。子熙嗣。

唐瑾，北海平壽人。以從平江陵功進封臨淄縣公。孫大智嗣。

柳敏，河東解縣人。以功積封至武德郡公。子昂嗣。

王士良，太原晉陽人。以功積封至廣昌郡公。子德衡嗣。

豆盧寧，昌黎徒何人〔六三〕。魏孝武時，以奉迎功積封至楚國公〔六四〕。子勣嗣。　毓、願師、通、寬。

楊紹，弘農華陰人。以戰功積封至儻城郡公。子雄嗣。

達，雄弟。封遂寧縣子。

王雅，新囶人〔六五〕。以戰功封居庸縣伯。子世積嗣。

韓雄，河南東垣人。以戰功積封至新義郡公。子擒虎嗣，隋時，以平陳别封壽光縣公。世諤。

僧壽，擒虎弟。隋初，以功封昌樂縣公。

洪，僧壽弟，以破尉遲迥功，封甘棠縣侯。

賀若敦，河南洛陽人。其先居漠北，爲部落大人，敦西歸周文，積封至武都郡公。後爲晉公護所殺。子弼嗣，以平陳封宋國公。

誼，敦弟。周時，封霸城縣子。子舉嗣。

申徽〔六六〕，魏郡人。以迎魏孝武功積封至博平公。子康嗣。

陸通，吴郡人。宋武平秦時，没關中，以從平盜功積封至綏德郡公。

逞，通弟。積封至中都縣公。子操嗣。

庫狄峙，代人。以奉使和蠕蠕，封高邑公。子嶷嗣。

楊荐，秦郡寧夷人。以奉迎孝武功積封至清水公。子淹嗣〔六七〕。

趙剛，河南洛陽人。以復東荆州功，積封至浮陽郡公。子元卿嗣。世弘。

趙昶，天水南安人。以戰功積封至長道郡公〔六八〕。

王悦，京兆藍田人。以戰功積封至河北縣公。子康嗣。

趙文表，天水人。以使突厥迎皇后功，封伯陽縣伯。子仁海嗣。

元定，河南洛陽人。以戰功積封至長湖郡公。子樂嗣。

楊摽，正平高涼人。以戰功封至華陽縣侯。

韓褒，潁川潁陽人。周文帝時，以參丞相府參軍，封三水縣侯。子繼伯嗣。

趙肅，河南洛陽人。以運糧功封清河縣子。子軌嗣。

張軌，濟北臨邑人。以從征伐功封壽河縣子。

李彦，梁郡下邑人。以功積封至平陽公〔六九〕。子昇明嗣。

郭彦，太原陽曲人〔七〇〕。周文時，爲相府西曹，封龍門縣伯〔七一〕。

梁昕，安定烏氏人。以功封胡城縣伯。

皇甫璠，安定三水人。以功封長樂縣子。

辛昂，隴西狄道人。以功封繁昌縣公。

王子直，京兆杜陵人。以從孝武西遷功，封山北縣男。

杜杲，京兆杜陵人。以奉使江南稱旨，封義興縣公。

吕思禮，東平壽張人。以從擒竇泰功，進爵爲侯〔七二〕。

冀儁，太原陽邑人。周文平侯莫陳悦時，以功封長安縣男，後加至昌樂侯。

辛彦之，隴西狄道人。周受禪，以掌議儀制，封五原郡公。

何妥，西城人。周天元時，封襄城縣侯。隋受禪，進爵爲公。

王褒，瑯琊臨沂人。初仕梁元帝，梁亡入周，後封石泉縣子。

庾信，南陽新野人。初仕梁，梁亡入周，積封至義城縣侯。子立嗣。

顔之儀〔七三〕，瑯琊臨沂人。周時，以太子侍讀，天元即位，封平陽縣公。隋時，進新野郡公〔七四〕。

梁彦光，安定烏氏人。以從平齊功，積封至華陽郡公。

樊叔略，陳留人。以從平齊功，封清鄉縣公。隋時，進爵安定縣公。

燕榮，弘農人。以從平齊功，封高邑縣公。

蔣昇，楚國平河人。以功封高城縣子。

隋開皇中，制國王、郡王、國公、郡公、縣公、侯、伯、子、男，凡九等。樊子蓋進爵封爲濟公，言其公濟天下〔七五〕，特爲立名，無此郡國。至煬帝，唯留王、公、侯三等，餘並廢之。皇伯叔、昆弟、皇子，是爲親王，及大長公主、長公主，皆置官屬。親王置師、友、文學、長史、司馬、諮議掾、主簿、録事、功曹、記室，户、倉、兵、騎、法、士等曹參軍，東西閤祭酒參軍事、典籤等員。嗣王則無師、友。諸王以下皆置官屬，各遞減。煬帝更令王府參軍爲諸司書佐，屬參軍則直以屬爲名〔七六〕。改國令爲家令，餘以國爲名者皆去之。諸公主各置家令、丞、主簿、謁者、舍人等員。郡主唯無主簿。

隋宗室王

蔡景王整，隋文帝次子。周武帝戰死〔七七〕，隋受禪追封。子智積嗣。

滕穆王瓚，文帝弟。帝受禪封。子綸嗣，煬帝時，廢徙珠崖，後歸唐，封懷化縣公。

誂，綸弟。襲封滕王，隋末爲宇文化及所殺。

道宣王嵩，文帝弟。周時蚤卒，隋初追封。子静嗣。世澄〔七八〕。

衛昭王爽，文帝弟。帝受禪封。子集嗣。煬帝時，坐罪廢徙，不知所終。

河間王弘，文帝從祖弟。周時，從帝征伐，委以腹心，受禪封。子慶嗣，後降李密、王世充。歸唐，封郇國公。

義城公處綱，文帝族父。周時，以軍功封其父。隋受禪，處綱嗣爵。

房陵王勇，文帝長子。初立爲太子，後廢爲庶人，爲煬帝所殺，追封房陵王。

長寧王儼、平原王裕、安城王筠、安平王嶷、襄城王恪、高陽王該、建安王韶、潁川王煚，俱勇子。勇敗，俱坐廢，後悉爲煬帝所殺。

秦王俊，文帝子。開皇元年封。子浩嗣。宇文化及弑煬帝，立浩爲帝，尋殺之。

蜀王秀，文帝子。開皇元年封，後坐罪廢爲庶人，後爲宇文化及所殺，并其諸子。

漢王諒，文帝子。開皇元年封。煬帝即位，坐反誅。

晉王昭，煬帝長子。仁壽初封。帝即位，立爲皇太子。後薨。

代王侑，昭長子。唐高祖入關立之，後禪於唐，崩，謚恭帝。

燕王倓，昭次子。宇文化及弑煬帝，併遇害。

越王侗，昭幼子。王世充立之於東都，世充篡，遇害。

齊王暕〔七九〕，煬帝子。開皇中立。後爲宇文化及所害。

趙王杲，大業九年封。後爲宇文化及所害。

隋列侯

高熲，渤海蓨人。文帝輔政，封義寧縣公。後以平陳功封齊國公。煬帝即位，坐訕謗誅。

牛弘，安定鶉觚人。周時，襲封臨涇公。

李德林，博陵安平人。隋文受禪，以佐命功封成安縣子〔八〇〕。

梁士彦，安定烏氏人。周時，以平齊功〔八一〕，封郕國公。隋初，坐反誅。

元諧，河南洛陽人。文帝受禪，以舊恩封樂安郡公。後坐罪誅。

虞慶則，京兆櫟陽人。開皇初，以討突厥功封彭城郡公。

元冑，河南洛陽人。文帝受禪，以腹心佐命，封武陵郡公。煬帝時，坐事死。

達奚長儒，代人。文帝受禪，以佐命功封蘄郡公。

賀婁子幹，代人。以討尉遲迥功封鉅鹿郡公。子善柱嗣。

史萬歲，京兆杜陵人。以戰功封太平縣公。後坐事誅。子懷義嗣。

劉方，京兆長安人。以戰功贈盧國公。子通仁嗣。

杜彦，雲中人。以討尉遲迥功封襄武縣公。子虔寶嗣。
周搖，河南洛陽人。以戰功封夔國公。
獨孤楷，不知何許人。以戰功積封至汝陽郡公。
乞伏慧，鮮卑人。以破尉遲迥，封西河郡公。
張威，不知何許人。以戰功積封至晉熙郡公。
和洪，汝南人。以破尉遲迥功封廣武郡公。
陰壽，武威人。以功封趙郡公〔八二〕。子世師嗣。
楊義臣，代人。以舊恩封秦興公。
劉昉，望都人。以佐命功封舒國公。後坐反誅。
柳裘，河東解人。周時，以功封昌樂公。子惠童嗣。
皇甫績，安定朝那人。以佐命功封義陽郡公。子偲嗣。
郭衍，太原介休人。周時，封武强縣公。煬帝即位，以預奪嫡謀，封真定侯。
楊汪，弘農華陰人。以功封平鄉縣伯。
趙煚，天水西人。文帝受禪，以進璽綬功封金城郡公。子義臣嗣。
趙芬，天水西人。周時，封淮安縣男。子元恪嗣。
王韶，太原晉陽人。周時，以平齊功封晉陽縣公。帝受禪，改封項城郡公。子士隆嗣。

元巖，河南洛陽人。周時，封昌國縣伯。帝受禪，進封平昌郡公。子弘嗣。

宇文弼〔八三〕，河南洛陽人。周時，爲濟陽侯。隋受禪，進爵爲公。子傑嗣。

李圓通，京兆涇陽人。少賤，給使文帝家〔八四〕，帝受禪，以佐命功封萬安縣公。子孝常嗣。

郭榮，太原人。周時，以軍功封平陽縣男。文帝受禪，以龍潛舊人進爵蒲城郡公。

龐晃，榆林人。周時，襲爵比陽侯。文帝受禪，以舊人進爵爲公。

李安，狄道人。以佐命功封趙郡公。子瓊嗣。

楊尚希，弘農人。周時，爲高都侯。文帝受禪，進爵爲公。子旻嗣。

張煚，河間鄚人。周時，封北平縣伯。文帝受禪，進爵爲侯。

蘇孝慈，扶風人。周時，封臨水縣公。隋初，進爵安平郡公。子康嗣〔八五〕。

元壽，河南洛陽人。周時，封隆城縣侯〔八六〕。

段文振，北海期原人。周時，封襄國縣公。

來護兒，南陽新野人。以平江南功封襄陽縣公。後爲宇文化及所害。

樊子蓋，廬江人。以平陳功封上蔡縣伯。

周羅睺，九江潯陽人。本陳將，陳亡乃降，後以擊突厥功，封義寧郡公。

周法尚，汝南安城人。本仕陳，後降周，封歸義縣公，以戰功封譙郡公。

衛玄，河南洛陽人。周時，襲爵興勢公。隋文受禪，封同軌郡公。

劉權，彭城豐人。以平陳功，封宋城縣公〔八七〕。

李景，天水休官人。隋初，封平寇縣公〔八八〕。煬帝時，以擊高麗，封滑國公。

李諤，趙郡人。文帝受禪，封南和伯。

鮑宏，東海郯人。周平齊，以功封平遥縣伯。隋初，進爵爲公。

梁毗，安定烏氏人。周時，封易陽縣子。隋初，進爵爲侯。

杜整，京兆杜陵人。周時，以平齊功封平原縣公。隋初，進爵長廣郡公。子楷嗣。

張定和，京兆萬平人。以破突厥功封武安縣侯。

張奫，清河東武城人。以從平陳功封文安縣子。

麥鐵杖，始興人。遼東之役戰死，贈宿國公。子孟才嗣。

權武，天水人。周時，以父戰死，襲封齊郡公。

吐萬緒，代郡鮮卑人。周時，襲爵元壽縣公。隋文受禪，進穀城郡公。

董純，隴西成紀人。周時，以平齊封大興縣侯。後從平漢王諒，進爵郡公。後坐罪死。

王辨，馮翊蒲城人。以從平漢王諒功封武寧縣男。

陳稜，廬江襄安人。以破楊玄感功封信安侯。

宇文述，代郡武川人。周時，以軍功封博陵郡公〔八九〕。後以平尉遲迥功進封褒國公。子化及嗣。

智及，以父功封濮陽郡公。後並以江都弑煬帝僭立，爲竇建德所誅。

王世充，本西域胡人。煬帝時，爲江都通守〔九〕。帝遇弑，世充奉越王侗爲主，封世充鄭國公。後篡立，號鄭，唐討平之。

蕭該，蘭陵人。梁鄱陽王恢之孫。開皇初，封山陰縣公。

王頍，太原祁人。僧辨之子。開皇初，以平蠻功封虵邱縣公。

劉弘，彭城人。以從平陳功封護澤縣公。子長信嗣。

盧楚，涿郡范陽人。越王侗時，封涿郡公。王世充篡，楚不從，死之。

來和，京兆長安人。周時，以相術封洹水縣男。隋受禪，進爵爲子。

校勘記

〔一〕天統三年追封　「天統」原作「天平」，據北齊書卷一三趙郡王琛傳改。

〔二〕子邁嗣　「邁」，北齊書卷一三齊宗室諸王傳、北史卷五一齊宗室諸王傳作「勱」。按「邁」通「勱」。

〔三〕神武從叔祖　按魏書卷三二高湖傳，高盛父各拔與高歡祖高謐爲兄弟，則高盛爲高歡從叔而非從叔祖。

〔四〕子孝緒嗣　按北齊書卷一四陽州公永樂傳、北史卷五一齊宗室諸王傳上，永樂「無子，從兄思宗以第二子孝緒爲後，襲爵」。

〔五〕襄樂王顯國　「國」字原脱，據北齊書卷一四襄樂王顯國傳、北史卷五一齊宗室諸王傳上補。

〔六〕襄城景王淯　「淯」原作「清」，據北齊書卷一〇高祖十一王傳、北史卷五一齊宗室諸王傳上改。

〔七〕天保初封　按北齊書卷一〇高祖十一王傳、北史卷五一齊宗室諸王傳上，疑「天保元年封新平郡王，九年改封安定。十年封華山」。

〔八〕子建德嗣　按北齊書卷一〇高祖十一王傳、北史卷五一齊宗室諸王傳上，洽「無子，以任城王第二子建德爲後」。

〔九〕河南康獻王孝瑜　北史卷五二齊宗室諸王傳下同。「獻」，北齊書卷一一文襄六王傳作「舒」。

〔一〇〕子正禮嗣　「正禮」原作「正李」，據北齊書卷一一文襄六王傳、北史卷五二齊宗室諸王傳下改。

〔一一〕武平初封　「武平」原作「武帝」，據北齊書卷一二孝昭六王傳、北史卷五二齊宗室諸王傳下改。

〔一二〕始平王彥德　「始」原作「汝」，據北齊書卷一二孝昭六王傳、北史卷五二齊宗室諸王傳下改。

〔一三〕汝陽王彥忠　「汝陽」原作「汝南」，據北齊書卷一二孝昭六王傳、北史卷五二齊宗室諸王傳下改。

〔一四〕齊安王廓　「廓」原作「廊」，據北齊書卷一二武成十二王傳、北史卷五二齊宗室諸王傳下改。

〔一五〕万俟普　原作「萬俟普」，據北齊書卷二四万俟普傳、北史卷五三万俟普傳改。

〔一六〕其先匈奴之别種　「種」字原脱，據北齊書卷二四万俟普傳、北史卷五三万俟普傳補。

〔一七〕封廣川縣公　北史卷五三破六韓常傳同。「廣川縣公」，北齊書卷二七作「平陽公」。

〔一八〕封樂縣男　北史卷五三劉貴傳同，北齊書卷一九作「封敷城縣伯」，「尋進爲公」。

〔一九〕莫多婁貸文　「文」原作「入」，據北齊書卷一九莫多婁貸文傳、北史卷五三莫多婁貸文傳改。

〔二〇〕子孝冲嗣　北史卷五三叱列平傳同。「孝冲」，北齊書卷二〇叱列平傳作「孝中」。

〔二一〕瑯琊下邳人　「下邳」原作「下丕」，據元本、慎本、馮本改。

〔二二〕子信嗣　「信」下原衍「機」字，據北齊書卷四一皮景和傳、北史卷五三皮景和傳删。

〔二三〕子鳳珍嗣　「鳳珍」原作「鳳珞」，據北齊書卷一八孫騰傳、北史卷五四孫騰傳改。

〔二四〕以功封陽夏王　「陽夏」二字原倒，據北齊書卷一八高隆之傳、北史卷五四高隆之傳乙正。

〔二五〕以功進爵平原郡王　「以」原作「公」，據北齊書卷一六段榮傳改。

〔二六〕封都鄉男　北史卷五五張曜傳同，北齊書卷二五張曜傳作「賜爵都亭鄉男」，疑是。

〔二七〕下曲陽人　「下」字原脱，據北齊書卷三三魏蘭根傳、魏書卷三七魏收傳補。

〔二八〕太安狄那人　「狄」字原脱，據北齊書卷四八趙猛傳補。

〔二九〕以術封安夷縣公　按北史卷八九藝術傳上，此乃同卷王春事，與顏惡頭無關。

〔三〇〕以筮術封長安縣子　按北齊書卷四九方伎傳、北史卷八九藝術傳上不見此事，北史載宋景業曾於「天保初，封長城縣子」，疑宋景業事誤入此處，又誤「城」爲「安」。

〔三一〕善無人　「善無」二字原倒，據北齊書卷五〇恩倖傳乙正。

〔三二〕以功封饒陽縣伯子廣進封蔡國公　「進」原作「追」，據周書卷一〇邵惠公顥傳、北史卷五七周宗室傳改。「伯」，周書作「侯」。

〔三三〕莒莊公洛生　「生」字原脱，據周書卷一〇莒莊公洛生傳、北史卷五七周宗室傳補。

〔三四〕德皇帝從父兄　「皇」原作「文」，據元本、慎本、馮本及周書卷一〇虞國公仲傳、北史卷五七周宗室傳改。

〔三五〕趙王招　「招」原作「昭」，據元本、慎本、馮本及周書卷一三文閔明武宣諸子傳、北史卷五八周室諸王傳改。

〔三六〕越王盛　「盛」原作「舒」，據周書卷一三文閔明武宣諸子傳、北史卷五八周室諸王傳改。
〔三七〕滕王逌　「逌」原作「道」，據元本、慎本、馮本及周書卷一三文閔明武宣諸子傳、北史卷五八周室諸王傳改。
〔三八〕蔡王兑　「兑」原作「先」，據周書卷一三文閔明武宣諸子傳、北史卷五八周室諸王傳改。
〔三九〕端弟　「弟」原作「族孫」，據隋書卷三七李穆傳、北史卷五九李賢傳改。
〔四〇〕以軍功封平高郡公　「平高」二字原倒，據隋書卷三七李穆傳、北史卷五九李賢傳乙正。
〔四一〕王盟　原作「王監」，據元本、慎本、馮本及周書卷二〇王盟傳、北史卷六一王盟傳改。
〔四二〕子勱嗣　北史卷六一王盟傳同。「勱」，周書卷二〇王盟傳作「勵」。
〔四三〕雄　按周書卷二〇閻慶傳、北史卷六一閻慶傳，毗無嗣者，而北史史寧傳寧曾封侯，進爵爲公，有子曰雄，史寧傳緊接閻慶傳之後，疑此處以史寧子雄混入。
〔四四〕子慶遠嗣　按周書卷一八王羆傳、北史卷六二王羆傳，慶遠「先羆卒，孫述」襲封。
〔四五〕封美陽縣公　「公」，周書卷二三蘇綽傳作「子」，北史卷六三蘇綽傳作「伯」。
〔四六〕叔裕兄孫　「兄」，隋書卷四七韋世康傳作「弟」。
〔四七〕祚　按北史卷六四柳虯傳，祚乃柳檜弟鷟之孫，北史未記其是否襲爵。
〔四八〕若干惠　「干」原作「十」，據周書卷一七若干惠傳、北史卷六五若干惠傳改。
〔四九〕子昂和嗣　北史卷六五常善傳同。「昂」，周書卷二七常善傳作「昇」。
〔五〇〕長池人　「長池」原作「萇池」，據周書卷二七梁臺傳改。
〔五一〕以戰功封安陽縣公　「安陽」原作「平陽」，據周書卷二九尹婁穆傳改。

〔五二〕子定嗣　按賀屯植墓誌稱「世子定遠」，其他五子名，上一字皆爲「定」，此處脱「遠」字。

〔五三〕李延孫　原作「李廷孫」，據元本、慎本、馮本及周書卷四三李延孫傳、北史卷六六李延孫傳改。

〔五四〕京兆山北人　「山北」原作「比山」，據周書卷四三韋祐傳、北史卷六六韋祐傳改。

〔五五〕陳欣　北史卷六六陳欣傳同。「陳欣」，周書卷四二陳昕傳作「陳昕」。

〔五六〕泉仚上洛豐陽人　「上」原作「邱」，據北史卷六六泉仚傳、周書卷四四泉企傳改。「仚」，周書作「企」。

〔五七〕子貞嗣　按周書卷四四泉企傳、北史卷六六泉仚傳，貞爲泉仚子元禮之子。

〔五八〕陽雄　原作「楊雄」，據元本、慎本、馮本及周書卷四四陽雄傳、北史卷六六陽雄傳改。

〔五九〕子雅嗣　北史卷六六席固傳同。「雅」，周書卷四四席固傳作「世雅」。

〔六〇〕辛威　原作「辛善」，據周書卷二七辛威傳、北史卷六五辛威傳改。

〔六一〕封樂安郡公　北史卷六六任果傳同。「樂安」，周書卷四三任果傳作「安樂」。

〔六二〕以功進封至彭城縣公　北史卷六七令狐整傳同。「彭城」，周書卷三六令狐整傳作「彭陽」。

〔六三〕昌黎徒何人　「徒何」原作「徒河」，據周書卷一九豆盧寧傳、北史卷六八豆盧寧傳改。

〔六四〕魏孝武時以奉迎功積封至楚國公　按周書卷一九豆盧寧傳、北史卷六八豆盧寧傳，魏孝武帝時，豆盧寧以奉迎功封河陽縣伯，其積封至楚國公在孝閔帝時。

〔六五〕新囶人　「新囶」原作「新囸」，據北史卷六八王雅傳改。按「囶」，古「國」字。

〔六六〕申徽　原作「申徹」，據周書卷三二申徽傳、北史卷六九申徽傳改。

〔六七〕積封至清水公子淹嗣　按周書卷三三楊薦傳、北史卷六九楊薦傳，魏孝武帝時，楊薦爵清水縣子，周孝閔帝時，積封至南安郡公，未及其子事。周書與北史王慶傳，慶於周孝閔帝時，爵始安縣男，隋開皇元年，進爵平昌郡公，子淹嗣。北史王慶傳緊接楊薦傳，疑此處混誤。

〔六八〕以戰功積封至長道郡公　「長道」原作「長樂」，據周書卷三三趙昶傳、北史卷六九趙昶傳改。

〔六九〕以功積封至平陽公　按周書卷三七李彥傳、北史卷七〇李彥傳，彥始封平陽縣子，後進爵爲伯，未曾積封至平陽公。

〔七〇〕太原陽曲人　「陽曲」二字原倒，據周書卷三七郭彥傳、北史卷七〇郭彥傳乙正。

〔七一〕封龍門縣伯　「龍門」原作「龍開」，據周書卷三七郭彥傳、北史卷七〇郭彥傳改。

〔七二〕進爵爲侯　按周書卷三八呂思禮傳，思禮以從擒竇泰功，自汝陽縣子進爵爲侯。

〔七三〕顏之儀　原作「顏之推」，據周書卷四〇顏之儀傳、北史卷八三顏之儀傳改。

〔七四〕進新野郡公　「新野」原作「鉅野」，據周書卷四〇顏之儀傳、北史卷八三顏之儀傳改。

〔七五〕言其公濟天下　「下」原作「子」，據元本、慎本、馮本及隋書卷六三樊子蓋傳、北史卷七六樊子蓋傳改。「公」，諸本及通典卷三一職官典十三同，隋書、北史作「功」。

〔七六〕屬參軍則直以屬爲名　「直」原作「置」，據元本、慎本、馮本及通典卷三一職官典十三改。

〔七七〕周武帝戰死　按周書卷一九楊忠傳，楊整「從高祖平齊，歿於并州」；北史卷七一隋宗室諸王傳，楊整「從武帝平齊，力戰而死」。據此，疑「帝」字下脱「時」字。

〔七八〕世澄　原作「世證」，據北史卷七一隋宗室諸王傳改。

〔七九〕齊王暕　「暕」原作「陳」，據隋書卷五九煬三子傳、北史卷七一隋宗室諸王傳改。

〔八〇〕以佐命功封成安縣子　「成安」二字原倒，據隋書卷四二李德林傳、北史卷七二李德林傳乙正。

〔八一〕以平齊功　「功」原作「公」，據元本、慎本、馮本、局本改。

〔八二〕以功封趙郡公　北史卷七三陰壽傳同。「郡」，隋書卷三九陰壽傳作「國」。

〔八三〕宇文弢　原作「宇文弼」，據隋書卷五六宇文弢傳、北史卷七五宇文弢傳改。

〔八四〕給使文帝家　「使」原作「事」，據隋書卷六四李圓通傳、北史卷七五李圓通傳改。

〔八五〕子康嗣　按隋書卷四六蘇孝慈傳、北史卷七五蘇孝慈傳，康乃孝慈兄子沙羅之子。

〔八六〕封隆城縣侯　「侯」原作「公」，據隋書卷六三元壽傳、北史卷七五元壽傳改。

〔八七〕封宋城縣公　北史卷七六劉權傳同。「宋」，隋書卷六三劉權傳作「宗」。

〔八八〕封平寇縣公　「平」字原脱，據隋書卷六五李景傳、北史卷七六李景傳補。

〔八九〕以軍功封博陵郡公　「博陵」原作「江陵」，據隋書卷六一宇文述傳、北史卷七九宇文述傳改。

〔九〇〕爲江都通守　「江都」原作「東都」，「通」原作「留」，據隋書卷八五王世充傳、北史卷七九王世充傳改。

卷二百七十五　封建考十六

唐諸王

唐高祖受禪，以天下未定，廣封宗室，以威天下。皇從弟及侄年始孩童者數十人，皆封爲郡王。太宗即位，因舉屬籍問侍臣曰：「遍封宗子〔一〕，於天下便乎？」尚書右僕射封德彝對曰：「不便，歷觀往古，封王者今日最多。兩漢以降，唯封帝子及親兄弟，若宗室疏遠者，非有大功，如周之郇、滕，如漢之賈、澤，並不得濫叨名器，所以別親疏也。先朝敦睦九族，一切封王，爵命既崇，多給力役，蓋以天下爲私，殊非至公馭物之道也。」太宗曰：「然。朕理天下，本爲百姓，非欲勞百姓以養己之親也。」於是率以屬疏降爵，唯有功者數人得王，餘並封爲縣公。

貞觀二年，太宗以宇内晏清，思以致理，謂公卿曰：「朕欲使子孫長久，社稷永固，其理如何？」尚書右僕射、宋國公蕭瑀對曰：「臣觀前代國祚所以長久者，莫不封建諸侯，以爲磐石之固，秦并六國，罷侯置守，二世而亡。漢有天下，參建藩屏，年踰四百。魏晉廢之，不能永久。封建之法，實可遵行。」上然之。始議永封列土之制，禮部侍郎李百藥論曰〔二〕：「周氏以鑒夏、殷之長久，遵黄、唐之並建，維城磐石，深根固本，雖王綱弛廢，而枝幹相持，故使逆節不生，宗祀不絶。秦氏背師古之訓，棄先王之道，踐華恃險〔三〕，罷侯置守，子弟無尺土之邑，兆庶罕共理之憂，故一夫號澤，七廟隳祀。臣以爲自古皇王，君臨寓内，莫不受命上玄，飛名帝籙，締構遇興王之運，殷憂屬啓聖之期。雖魏武攜養之資，漢高徒役之賤，非止意有覬覦，推之不能去也。若其獄訟不歸，菁華已竭，雖帝堯之光被四表，大舜之上齊七政，非止情存揖讓，守之亦不可固焉。以放勳、重華之德，尚不能克昌厥後，是知祚之長短，必在天時，政或盛衰，有關人事。宗周卜世三十，卜年七百，雖淪胥之道斯極，而文、武之器猶在，斯則龜鼎運祚已懸之於杳冥也。至使南征不返，東遷避逼，禋祀如綫，郊畿不守，此乃陵夷之漸，有累於封建焉〔四〕。暴秦運距閏餘，數鍾百六。受命之主，德異禹、湯。繼世之君，才非啓、誦。借使李斯、王綰之輩咸開四履，將閭、子嬰之徒俱啓千乘，豈能逆帝王之勃興，抗龍顏之祚命者也！然則得失成敗，各有由焉。而著述之家，多守常轍，莫不情忘今古，理蔽澆淳，欲以百王之季，行三代之法，天下五服之内，盡封諸侯，王畿千里之間，俱爲采地。是以結繩之化行虞、夏之朝〔五〕，用象刑之典，理劉、曹之末。鍥船求劍，未見其可，膠柱成文，彌所多惑。徒知問鼎請隧，有懼霸王之師。白馬素車，無復藩籬之援。不悟望夷之釁，未甚羿、浞之災。復思高貴之殃，寧異申、繒之酷。此乃欽明昏亂，自繫安危，固非守宰公侯，以成興廢。且數代之後，王室浸微，始自藩屏，化爲仇敵。家殊俗，國異政，强凌弱，衆暴寡。疆場彼此，干戈侵伐。狐駘之役，女子盡髽。崤陵之師〔六〕，隻輪不返。斯蓋略舉一隅，其餘不可勝數。陸士衡方規規然云：『嗣王委其九鼎，凶族據其大邑，天下晏然，以理待亂。』何斯言之謬也〔七〕！而設官分職，任賢使能，以循良之才，膺共理之寄，刺舉分竹，何代無人，至使地或呈祥，天不愛寶，人稱父母，政比神明。曹元首方區區然稱：『與人共其樂者，人必憂其憂；與人同其安者，人必拯其危。』豈容委以侯伯，則同其安危；任之牧宰，則殊其憂樂。何斯言之妄也！封君列國，藉慶門資，忘先業之艱難，輕自然之崇貴，莫不代增淫虐，時益驕侈。離宮別館，切漢淩雲，或刑人力而將盡，或召諸侯而共樂。陳靈則君臣悖禮，共侮徵舒。衞宣則父子聚麀，終誅壽、朔。乃云爲己思理，豈若是乎？內外群臣，選自朝廷，擢士庶以任之，澄水鏡以鑒之，年勞優其階品，考績明其黜陟。爵非代及，用賢之路斯廣。人無定主，附下之情不固。此乃愚智所辨，安可惑哉！至如滅國殺君，亂常干紀，春秋二百年間，略無寧歲。次睢咸秩，遂用玉帛之君。魯道有蕩，每等衣裳之會。縱使西漢哀、平之際，東漢桓、靈之時，下吏淫暴，必不至此。爲政之理，可以一言蔽焉。陛下獨照宸衷，永懷前古，將復五等而修舊制，建萬國而親諸侯。竊以漢、魏以還，餘風之弊未盡。勳、華既往，至公之道斯革。請待琢琱成朴，以質代文，刑措之教一行，登封之禮云畢，然後定疆理之制，議山河之賞，未爲晚也。」中書侍郎顏師古論封建表曰：「伏聞前年陛下親發聖慮，特降明敕，博問卿士，議欲封建。既合事宜，實惟理要。然而議者不一，各執異端。或欲追法殷、周，遠遵上古，天下之地，盡爲封國，庶姓群官，皆錫茅社。或云凋弊之後，人稀土曠，封建之事，普未可行。此皆不臻至理，兩失其衷。臣愚以爲當今之要，莫如量其遠近〔八〕，分置王國。均其户邑，强弱相濟。畫野分疆，不得過大。間以州縣，雜錯而居。互相維持，永無傾奪。使各守其境，而不能爲非，協力同心，則足扶京室。陛下然後分命諸子，各就封之，爲置官僚，皆一省選用，法令之外，不得擅作威刑。朝貢禮儀，具爲條式。一定此制，萬代永久。則狂狡絶暴慢之心，本朝無怵惕之慮。」特進魏徵議曰：「臣聞三代之利建藩屏保乂皇家，兩漢之大啓山河同獎王室，故楚國不恭，齊桓有召陵之舉，諸吕構難，朱虚奮北軍之謀，九鼎危而復安，諸侯慠而還肅。比夫秦之孤立，子弟爲匹夫，魏氏虚名，藩扞若囹圄，豈可同年而語哉！至於同憂共樂之談，百足不僵之義，曹冏六代、陸機五等論之詳矣。陛下發明詔，封五等，事雖盡善，時即未遑何也？自隋氏亂離，百殃俱起，黎元塗炭，十不一存。始蒙敷至仁以流元，澤沐春風而霑夏雨，一朝棄之，爲諸侯之隸，衆心未定，或致逃亡，其未可一也。既立諸侯，當建社廟，禮樂文物、儀衛左右頓闕，則理必不安，粗修則事有未暇，其未可二也。大夫卿士，咸資禄俸，薄賦則官府困窮，厚斂則人不堪命，其未可三也。王畿千里，地税不多，至於貢賦，所資在於侯甸之外，今若並爲國邑，京師府藏必虚，諸侯朝宗無所取給，其未可四也。今燕、秦、趙、代俱帶蕃夷，黠羌旅拒，匈奴未滅，追兵内地，遠赴邊庭，不堪其勞，將有他變，難安易動，悔或不追，其不可五也。原夫聖人舉事，貴在相時，時或未可，理資通變。敢進芻蕘之議，惟明主擇焉。」

六年，監察御史馬周上疏曰：「伏惟詔書令宗室勳賢作鎮藩部〔九〕，貽厥子孫，嗣守其政，非有大故，則無黜免。臣竊惟陛下封之者，誠愛之重之，欲其胤裔承守，而與國無疆也。臣以爲如詔旨者，陛下宜思所以安存之〔一〇〕，富貴之，然後使其爲世官也。何則？以堯、舜之父，而有朱、均之子。儻有孩童嗣職，萬一驕愚，則兆庶被其殃，而國家受其敗。正欲絶之，則子文之理尤在。正欲留之，而欒黶之惡已彰，與其毒害於見存之百姓，則寧使割恩於已亡之一臣明矣。然則向所謂愛之者〔一一〕，乃適所以傷之也。臣謂宜賦以茅土，疇其户邑，必有材行，隨器方授，則雖其翰翮非强，亦可以獲免尤累。昔漢光武不任功臣以吏事，所以終全其代者，良得其術也。願陛下深思其宜，使夫得奉大恩，而子孫終其福禄也。」

十一年，詔曰：「設官司以制海内，建藩屏以輔王室，莫不明其典章，義存於致理，崇其賢戚，志在於無疆者也。今採按部之嘉名，參建侯之舊制，共理之職重矣，分土之實存矣。已有詔書，存其至理，繼世垂範，貽其後昆，維城作固，同符前列。荆州都督荆王元景、凉州都督漢王元昌、徐州都督徐王元禮、潞州都督韓王元嘉、遂州都督彭王元則、鄭州刺史鄭王元懿、絳州刺史霍王元軌、虢州刺史虢王元鳳、豫州刺史道王元慶、壽州刺史舒王元名、鄧州刺史鄧王元裕、幽州都督燕王靈夔、蘇州刺史許王元祥、安州都督吴王恪、相州都督魏王恭、齊州都督齊王祐、益州都督蜀王愔、襄州刺史蔣王惲、揚州都督越王貞〔一二〕、并州都督晉王治、秦州都督紀王慎等，或地居旦奭，夙聞詩禮，或望乃間平，早稱才藝，並爵崇土宇，寵兼車服。誠孝之心，無望於造次。風政之譽，克著於期月。宜冠藩垣，胙以休命。其所署刺史，咸令子孫世世承襲。」

十一年，又以司空長孫無忌爲趙州刺史，改封趙國公；尚書左僕射房玄齡爲宋州刺史，改封梁國公；故司空杜如晦密州刺史〔一三〕，封萊國公；特進李靖爲濮州刺史，改封衛國公；特進高士廉爲申州刺史，改封申國公；趙郡王孝恭爲觀州刺史，改封河間郡王；同州刺史尉遲敬德爲宣州刺史，改封鄂國公；光禄大夫李勣爲蘄州刺史〔一四〕，改封英國公；左驍衛大將軍段志玄爲金州刺史，改封褒國公；右領軍大將軍程知節爲普州刺史，改封盧國公；兵部尚書侯君集爲陳州刺史，改封陳國公；任城王道宗爲鄂州刺史，改封江夏郡王；太僕卿劉弘基爲朗州刺史，改封夔國公；金紫光禄大夫張亮爲澧州刺史，改封鄖國公。詔曰：「周武定業，胙茅土於子孫；漢高受命，誓帶礪於功臣。豈止重親賢之地，崇其典禮，抑亦固磐石之基，寄以藩翰。但今之刺史，古之諸侯，雖立名不同，而監統一也。故申命有司，斟酌前代，宣條委共理之寄，象賢存代及之典。司空無忌等並策名運始，功參締構，即令子孫世世承襲，非有大故，無或黜免。餘官食邑並如故。」其後無忌等將之國〔一五〕，情皆係戀，不願是行，辭不獲免，謬出怨言，以激上怒，曰：「臣披荊棘以事陛下，今海内寧一，乃令世牧外州，復與遷徙何異？」因上表固讓。太宗謂之曰：「割地以封功臣，古今之通義也。意欲公之枝葉，翼朕子孫，長爲藩翰，傳之永久，情在此耳，而公等薄山河之誓，發言怨望，朕亦安可强公以土宇邪？」太子左庶子于志寧以古今事殊，恐非久安之道，上疏爭之，竟從志寧議。

劉秩政典曰：「自漢以降，雖封建失道，然諸侯猶皆就國。今封建子弟，有其名號，而無其國邑，空樹官僚而無涖事，聚居京師，食租衣稅，國用所以不足也。」

按文中子後序言：「太宗嘗讀周官『辨方正位，體國經野，設官分職，以爲民極』之言，慨然嘆曰：『不井田，不封建，不足以法三代之治。』」然則詔群臣議封建，必是時事也。後之儒者，往往追恨當時諸臣不能將明英主之美意，使生民復見三代之治，以爲遺憾。愚嘗竊論之，以爲必能備究古今之事情，然後可以斷其議論之是非，法制之得失。蓋封建一事，漢以來未嘗廢也。然行之輒利少而害多，其故有二，一則不能存三代之公心，二則不能存三代之良法。公心者何？昔文、武、成、康之衆建諸侯也，有德有功者則畀之。初未嘗專以私其宗親，雖曰兄弟甥舅之邦，然所封皆極一時之選。若其果賢，則微子尹東夏，蔡仲君蔡邦，雖仇讎不廢也。若其不賢，則管、蔡爲戮，五叔無官，雖同氣不恕也。至漢則且私且忌，故始則剿滅異代所建國，而盡以畀其功臣；繼則剿滅異姓王，而盡以畀其同宗。又繼則剿滅疏屬劉氏王，而盡以畀其近親。而其所建置，若濞若長之徒，初無功德足以君國子民，特以其近親而王之，故不旋踵而犯上作亂，墟其國而隕其身矣。蓋有先王之公心，則其弊不至於此。良法者何？昔先王之建邦也，上有方伯連率，下有公侯伯子男，小大相維，尊卑相制。如公侯受封之地雖多，而制禄不過十倍其卿，城國不過半天子之軍，名山大澤不以封，必賜弓矢然後征，必賜圭瓚然後鬯，有巡守，有述職，有慶有讓，綱紀未嘗一日隳也。若漢初諸侯王，則畀以大城名都，連數千里，未嘗爲之分限，山澤蓄貨在其國者，不領於天子之大農，五嶽四瀆在其國者，不領於天子之祠官，故爲諸侯者一受封之後，即自負其富强，擿山煮海，招納亡命，擅爵人，赦死罪，天子不能訶，謀臣不敢議，所以縱恣之者如此。及景、武之後，則作佐官之律，嚴附益之法，吹毛求疵，積毁銷骨，所以猜防之者復如此。蓋方其縱恣也，則畏之有同乎敵國。及其猜防也，則抑之不啻如謫徙矣。蓋有先王之良法，則其弊不至於此。由漢而來，有天下者未嘗不王其昆弟子姓，而名之曰封建，然其得失與漢無以大相遠。蓋其初也惟務私其宗親，未嘗有擇德而授之意。故有國者，不皆可使南面之人，而復不能固結之以恩義，繩律之以法度。故仁恕者則流於縱恣，西晉是也。刻核者則過於猜防，曹魏是也。而晉、魏皆緣是以亡，是豈封建誤之哉？先王之意之法不存，而强慕美名，則適足以爲禍亂之階耳！唐太宗亦好名之主，然審時量己，固自不能存帝王之心，而行帝王之事矣，故刺史世襲之詔不久而遂停。而當時諸臣，雖以魏鄭公之賢，亦以爲事雖至善，時即未遑，而有五不可之説，蓋其度之審矣。如顔師古之議，欲封建與郡縣並行，王侯與守令錯處，則漢初已嘗如此。至景帝令諸侯王不得治民補吏，而漢置内史以治其地，則封建之地，悉爲郡縣矣。蓋古之所謂諸侯，即後之所謂守令。然自漢中葉以後，王侯之與守令始判然爲二，承流宣化而實有治人之責者，守令也。食租衣税而但襲茅土之封者，王侯也。今欲並建，則凡王侯受封之地，必盡廢内史之官，即付之兵民之任而後可，但恐恣縱專擅，犯上作亂，復如漢初之事。容之則廢法，而貽子孫之深憂，誅之則傷恩，而失封建之初意矣。又況魏、晉以後，王侯多是虚封，有三分食一，四分食一，五分食一者。又有非其境内之地而遥封者，如元魏之以會稽、蒼梧、建業、丹陽等郡，封其臣爲公侯之類是也。蓋户封既爲虚名，則受封者之俸禄必仰給於縣官，而出納之吝有所不能免，於是遂有虚食真食之異。今欲盡復舊制，則王侯受封之地，其户邑之入，必合盡捐以予之。地既瓜分，租賦隨之，京師府藏頓鮮，無以供軍國之用，非居上之利也。又王侯於所受封之郡邑，既無撫字之責，而徒利租賦之入，於是一意侵漁，不顧怨讟，爲封户者甚於征行，非百姓之利也。又所謂王侯者，非子弟即勳臣，素號名貴人，華屋玉食之奉，於京師爲宜。今使之塊處外郡，朝不坐，宴不預，憂讒畏譏，此絳侯之所以恐懼，長孫司空之所以怨望，然則又非受封者之利也。夫封建者，古帝王所以建萬世之長策，今其公心、良法一不復存，而顧强希其美名以行之，上則不利於君，中則不利於臣，下則不利於民。而方追咎其不能力行，此書生之論，所以不能通古今之變也。」

唐制，皇兄弟、皇子爲王，皆封國之親王。龍朔二年制，諸王子嫡者封郡王，任職從四品下叙。其衆子封郡公，從五品上叙。貞觀中，王珪奏曰：「三品以上遇親王於塗，皆降乘，違法申敬，有乖儀注。」太宗曰：「卿欲自尊而卑吾子乎？」魏徵曰：「自古迄今，親王班次三公以下。今三品皆天子列卿及八座之長，爲王降乘，非王所宜當也。」詔從之。親王府各置官屬，凡府官、國官，王未出閤則皆不置。領親事帳内二府及國官。太子男封郡王。其庶姓卿士功業特盛者，亦封郡王。自至德元載至大歷三年，封異姓爲王者凡百一十有二人。其次封國公，其次有郡縣開國公、侯、伯、子、男之號，亦九等，並無官土。其加實封者，則食其封。分食諸郡，以租調給。自武德至天寶，實封者百餘家。自至德二載至大歷三年，食實封者二百六十五家，凡食四萬四千八百六十户。十六年制，王府官以四考爲限。高宗時，滕王元嬰、江王元祥、蔣王惲〔一六〕、虢王鳳，俱以貪暴爲吏人所患，有授其府官者，皆比嶺外荒裔爲之。語曰「寧向儋、崖、象、白，不事江、滕、蔣、虢」。嗣聖二年，初置公府官員。武太后天授二年，又置皇孫官員。開元四年三月制，諸封國自始封至曾孫者，其封户三分減一。十年，加永穆公主封千户。凡諸王及公主以下所食封邑，皆以課户充，州縣與國官、邑官共執文帳，准其户數，收其租調，均爲三分。其一入官，其二入國。公所食邑則全給焉。二十年五月敕：「諸食邑實封，並以三丁爲限，不須一分入官。其物仍令封隨庸調送入京。」

親王府置傅一人，師範輔導，參議可否。初置王師，景雲二年改爲傅。咨議參軍一人，匡正幕府，咨謀庶事。友一人，陪隨左右，拾遺補闕。文學二人，脩撰文章，讎校經史。東西閤祭酒各一人，接引賓客。長史、司馬各一人，通判。椽一人，通判功、倉、户三曹。屬一人，通判兵、騎、法、士四曹。主簿一人，覆省教命。記室參軍二人，掌表啓書疏，宣行教命。録事參軍一人，受事勾檢。功曹、倉曹、户曹、兵曹、法曹、士曹等參軍各一人。各有所主。參軍二人，行參軍四人，掌出使及雜檢校。典籤二人，宣傳教命。親事府置典軍、副典軍各二人。掌守衛陪從。執仗親事，執弓刀衛從。執乘親事各十六人，供進騎乘。親事三百三十三人。帳内府置典軍、副典軍各三人，掌儀衛陪從，兼知鞍馬等。帳内六百六十七人。親王國：施行公文准等署式。嗣王以下府准此。國令一人，大農二人，通判國司。尉二人，分判。丞一人。監印勾稽。小吏有差。若府主薨，則諸府佐視事帳内，過葬追退。雖無妻子，亦准此。其國官聽終喪。若有襲爵者，聽其回事。諸公主邑司有家令、丞、録事各一人。並隸宗正寺，出降者不置。

景龍三年，應食封邑者一百四十餘家，應出封户凡五十四州，皆天下膏腴物産。其安樂、太平公主封，又取富户，不在損免限。百姓著封户者，甚於征行。十一月，河南巡使監察御史宋務光上疏曰：「臣聞分珪列土，各有方位，通邑大都不以封錫。前猷未遠，古義亦深，自頃命侯，稍殊舊式。莫居墝埆，專擇雄奥。徐州貢土，方色已乖，寢邱辭封，讓德不嗣。且滑州者，國之近甸，密邇帝畿，地出縑紈，人多趨射，所以列縣惟七，分封有五，王賦少於侯租，入家倍於輸國。求諸既往，實所未聞。每科封丁，有甚征役，因而失業莫返。其居此土風逃者舊少，頃日波散，良緣封多。伏願稍均封户，散配餘州，下息疲甿，上遵古制，則公侯不失於采地，流人得還於故鄉。諸州封户，亦望准此。又徵封使者往來相繼，既勞傳驛，甚擾公私，請附租庸，每年送納，望停封使，以静下人。仍編入新格，庶爲永例。又聞五等崇榮，百王盛典，自非邢茅懿戚，寇鄧洪勳，無以誓彼山河，疇其爵土。近者封建，頗緣恩澤，功無横草，人已分茅，遂使沃壤名藩多入侯國，邑收家税半於天府。經費不足，蓋亦有由。竊見武德之初建侯故事，於時天保新定王業，創開佐命如雲，謀臣如雨，然而封者不過十數人。今禮樂承平，邦家繼世，有象賢舊德之裔，無野戰攻城之勤，至於命封，不合全廣，論功謝於前業，食邑多於往時，既減邊儲，實虧國用。伏惟酌宗周之前訓，咨武德之舊章，地匪宗盟，勳殊社稷，不宜加於實邑，自可寵以虚名。如此則庶績其凝，彝倫攸叙。臣忝當廉問，備採風謡，見此不安，豈敢自默，知必被封家所疾，顧常以報國爲心，乞擇愚言，訪諸朝宰，秋毫有益，夕死無憂。」兵部尚書韋嗣立上疏曰：「臣竊見食封之家，其數甚衆，昨問户部，云用六十餘萬丁，一丁兩疋，計一百二十萬疋已。上臣頃在太府，知每年庸調絹數，多不過百萬，少則七八十萬以來，比諸封家，所入全少。臣聞自古封茅土，裂山河〔一七〕，皆須業著經綸，功申草昧，然後配宗廟之享，承帶礪之恩。往者皇運之初，功臣共定天下，當食封纔袛三二十家，今以恩澤受封百四十家已上。國家租賦，大半私門，私門資用有餘，國家支計不足。有餘則或致奢僭，不足則坐致憂危，制國之方，豈謂爲得？封户之物，諸家自徵，或是官典，或是奴僕，多挾勢騁威，凌蔑州縣。凡是封户，皆不勝侵漁。若必限丁物送太府〔一八〕，封家但於左藏請受〔一九〕，不得輒自徵催，則必免侵漁，人冀蘇息矣。」

愚嘗謂古之諸侯即後之守令，自漢以來始判而爲二。爲王侯者，於其受封之地，實無撫字之責，而但利其租食之入，於是反爲百姓之患。若宋、韋二公之疏所言尤詳，故備著之。

江夏郡王道宗，太祖曾孫，高祖兄子。以從秦王討賊功，初封任城王，貞觀時更封。永徽初，坐罪流象州，薨。子景恒，封盧國公。

道興，道宗弟。初封廣寧郡王，後以疏屬降封縣公。

永安壯王孝基，武德初封。二年，將兵討劉武周，師敗，爲賊所害。道立，以兄子嗣封高平王，後降爲公。

淮陽壯王道玄，武德初封。後將兵討劉黑闥，戰歿。道明，以弟嗣王，坐罪奪爵。

長平肅王叔良，武德初封。子孝協，初王范陽，後降爲郇國公。思訓，中宗復位，以宗室耆舊，封隴西郡王。

新興郡王德良，叔良弟。晉。坐罪誅。

長樂郡王幼良，德良弟。後坐罪賜死。

蔡烈王蔚，子安，武德時封。琛、儉。降爲公。

河間元王孝恭，安子。子崇義嗣，降封譙國公。

濟北郡王瑊，安子。武德初封。

漢陽郡王瓌，安子。武德初封，後降爲公。

廬江郡王瑗，蔚孫。武德初封，後坐反誅。

淮安靖王神通，武德初封。子道彥嗣，後降爲公。

孝詧，神通子。初封高密王。

孝同，神通子。初封淄川王。

孝慈，神通子。初封廣平王。

孝友，神通子。初封河間王。

孝節，神通子。初封清河王。

孝義，神通子。初封膠西王，後並降爲公。

孝逸，神通子。封梁郡公。

襄邑王神符，神通弟。武德初封。子七人，初並封郡王，後降爲公。

隴西恭王博乂，世祖孫，高祖兄蜀王湛子。武德初封。

渤海敬王奉慈，博乂弟。武德初封。

右，太祖、世祖子孫王者。

息隱王建成，高祖長子。帝即位，立爲太子。後爲太宗所殺，追封息王。

太原王承宗，建成長子。蚤卒。

安陸王承道、河東王承德〔二〇〕、武安王承訓、汝南王承明、鉅鹿王承義，俱建成子。建成死時，並坐誅。

衛懷王玄霸，蚤薨。武德初追封謚。泰，太宗子，以嗣玄霸。保定，宗室西平王子。泰徙封，復以保定嗣。

巢剌王元吉，初封齊王。後爲太宗所殺，追封。

梁郡王承業、漁陽王承鸞、普安王承獎、江夏王承裕、義陽王承度，俱元吉子。元吉死時，並坐誅。

楚哀王智雲，隋大業末，高祖起兵，吏捕送長安害之。武德初追封。寬、太宗子嗣封。靈龜、福、降爲公。承況。神龍中，同節愍太子死於難。

荆王元景，武德三年封。後坐預房遺愛反謀賜死。長沙、降爲侯。逖。復王爵，無子，國除。

漢王元昌，武德三年封。後坐預太子承乾反謀賜死，國除。

酆悼王元亨，武德三年封。蚤薨，無子，國除。

周王元方，武德四年封。貞觀時薨，無子，國除。

徐康王元禮，武德四年封。子茂嗣。後坐罪廢。璀、延年、坐罪貶，國除。諷。再嗣封。

韓王元嘉，武德四年封。武后時，坐謀舉兵誅武氏，遇害。訥、元嘉第五子。神龍初復嗣爵。叔璩、煒。

彭思王元則，武德四年封。絢、以霍王子嗣。志暕。

鄭惠王元懿，武德六年封。子璥嗣。希言。

霍王元軌，武德四年封。武后時，坐預謀舉兵，廢死。

緒，元軌子。封江都王。暉。

純，亦元軌子。封安定王。

虢莊王鳳，武德六年封。子翼嗣。寓、邕、巨。

道孝王元慶，武德六年封。子誘嗣。微、鍊。

鄧康王元裕，貞觀五年封。炅、孝先。

舒王元名，貞觀五年封。後爲武后所殺。

亶，元名子。封豫章王。亦爲武后所殺。津、萬、藻。

魯王靈夔，貞觀五年封。後坐謀起兵討武氏見害。

詵，靈夔子。爲清河王。早夭。

藹，靈夔子。爲范陽王。　道堅子宇嗣。

江安王元祥，貞觀五年封。子晫嗣。坐罪誅。　欽。

皎，元祥子。封武陽王　繼宗。

密貞王元曉，貞觀五年封。子穎嗣。　勖、曇、徹。

滕王元嬰，貞觀十三年封。子脩琦嗣。　涉、湛然。

右，高祖子孫王者。

常山愍王承乾，太宗長子。武德三年封常山王。太宗即位，立爲太子。後坐謀逆，廢爲庶人，徙黔州死。

楚王寬，武德三年出後楚哀王，蚤薨，貞觀初追封。

吴王恪，貞觀二年封。永徽中，長孫無忌譖殺之。子仁貶爲鬱林縣男〔三〕。中宗反正，改王成紀，以預誅武三思死。　祛、祗、巘。

濮恭王泰，貞觀二年封。子欣嗣。　嶠。

徽，泰次子。封新安郡王。

齊王祐，武德八年封。後坐反，廢爲庶人，賜死。

蜀悼王愔，貞觀五年封。永徽時，以吴王恪母弟得罪廢徙，俄復封涪陵。子璠嗣。褕。

蔣王惲，貞觀五年封。子煒嗣，爲武氏所害。紹宗、欽福。

越王貞，貞觀五年封。中宗廢，貞起兵討武氏，不克死。子沖與貞同死。開元初，追復爵王。琳。

紀王慎，貞觀五年封。武后時謫死。澄〔三〕、行同。

東平王續，慎子。

義陽王琮〔三〕，慎子。爲武氏所殺。

趙王福，貞觀十三年封。出後隱太子。思順。

曹王明，貞觀二十一年封。出後巢剌王。高宗時，坐太子賢事廢死。子俊嗣。爲武氏所殺。胤、戢、皋。

右，太宗子孫王者。

燕王忠，高宗長子。貞觀二十年封。帝即位，立爲太子，後立武后子弘，乃降封王，尋爲許敬宗所誣，賜死。

澤王上金，永徽初封。後爲武氏所殺。子義珣。神龍初嗣。漉。

許王素節，永徽初封。後爲武氏所殺。子瓘。神龍初嗣。益。

孝敬皇帝弘，永徽六年封代王，顯慶元年立爲皇太子。後爲武后所鴆，追謚帝。

章懷太子賢，始王潞，後立爲太子。以忤武后廢死。守禮、承宏。

樂安王光順〔二四〕、犍爲王守義。並賢子。

右，高宗子。

懿德太子重潤，中宗長子。永淳時立爲皇太孫，中宗失位廢。後封邵王，爲武氏所殺。神龍初追贈。

譙王重福，高宗時封。神龍初爲韋后所譖，廢徙。睿宗立，召還至東都，謀作亂，不克死。

節愍太子重俊，聖曆三年，封義興王。中宗復位，立爲皇太子。後與李多祚等殺武三思，兵敗死。睿宗立，追謚。子宗暉，封湖陽郡王。

右，中宗子。

讓皇帝憲，睿宗長子〔二五〕。文明元年，立爲皇太子。後改王壽春〔二六〕，又改王宋。玄宗即位，徙王寧。薨，追謚帝。子璡，封汝陽王。

嗣莊〔二七〕，憲子。封濟陰王。

琳，憲子。嗣寧王。

瑀，憲子。封漢中王。

惠莊太子撝，垂拱三年封恒王。開元時薨，贈太子。珣、璹。

惠文太子範，初封鄭王，從玄宗誅太平有功。開元十四年薨，贈太子。子瑾嗣。　珍。後坐罪死。

惠宣太子業，始封趙王，後進王薛。開元二十二年薨，贈太子。

瑗，業子。封欒安王。

瑒，業子。封滎陽王

琄，業子。嗣薛王。

右，睿宗子。

奉天皇帝琮，玄宗長子〔二八〕。景雲元年，封許昌郡王。天寶十一載薨〔二九〕，贈太子。肅宗立，謚帝。子俅嗣。

太子瑛，初封真定王。開元三年立爲皇太子。後爲武惠妃所構，爲庶人，賜死。寶應初，贈太子。

儼，瑛子。封新平郡王。

伸，瑛子。封平原郡王。

俅，瑛子。嗣慶王。

棣王琰，開元二年始封。後坐罪以幽死。

僎，琰子。王汝南。

僑，琰子。王宜都。

俊，琰子。王濟南。

倓〔三〇〕，琰子。王順化。

鄂王瑶，開元時封。二十五年，爲武惠妃所譖，與太子瑛同廢死。

倩，瑶子。王陳。

靖恭太子琬，始王郵，徙王榮。天寶末薨，追謚太子。

俛，琬子。王濟陰。

偕，琬子。王北平。

光王琚，開元十三年封。二十五年，爲武惠妃所譖，與太子瑛同廢死。

儀王璲，開元十三年封。

侁，璲子。王鍾陵。

僆，璲子。王廣陵。

潁王璬〔三一〕，開元十三年封。建中時薨。

神，璬子。王滎陽。

僝，璬子。王高邑。

永王璘，開元十三年封。至德初，謀反，兵敗死。

償，璘子。王餘姚。

壽王瑁，開元十三年封〔三二〕。大曆十年薨。

僾，瑁子。王德陽。

伾，瑁子。王濟陽。

偡，瑁子。王廣陽。

延王玢，開元十三年封。興元初薨。

倬，玢子。王彭城。

侹，玢子。王平陽。

盛宣王琦，開元十三年封。廣德二年薨。

償，琦子。王真定。

佩，琦子。王武都。

濟王環，開元十三年封。

傃，環子。王永嘉。

俛，環子。王平樂。

信王瑝，開元二十一年封〔三三〕。

佟，瑝子。王新安。

倜，瑝子。王晉陵。

義王玼，開元二十一年封。

儀，玼子。王舞陽。

僇，玼子。王高密〔三四〕。

陳王珪，開元二十一年封〔三五〕。

倫，珪子。王安南。

佗，珪子。王臨淮。

佼，珪子。王安陽。

豐王珙，開元二十一年封。廣德初，坐罪賜死。

佻，珙子。王齊安。

恒王瑱，開元二十一年封。代宗時薨。

涼王璿，開元二十一年封。代宗時薨。

仂，璿子。王瀘陽。

汴哀王璥〔三六〕，開元二十一年封。明年薨。

右，玄宗子孫王者。

校勘記

〔一〕遍封宗子　「遍」字原脱，據通典卷三一職官典十三補。

〔二〕禮部侍郎李百藥論曰　「百」原作「伯」，據舊唐書卷七二李百藥傳、貞觀政要卷三封建改。

〔三〕踐華恃險　「踐」原作「剪」，據舊唐書卷七二李百藥傳、貞觀政要卷三封建改。

〔四〕有累於封建焉　「累」原作「類」，據舊唐書卷七二李百藥傳、貞觀政要卷三封建改。

〔五〕是以結繩之化行虞夏之朝　「是」下原衍「則」字，據舊唐書卷七二李百藥傳、貞觀政要卷三封建删。

〔六〕崤陵之師　「師」原作「節」，據元本、慎本、馮本及舊唐書卷七二李百藥傳、貞觀政要卷三封建改。

〔七〕何斯言之謬也　「何」字原脱，據舊唐書卷七二李百藥傳、貞觀政要卷三封建補。

〔八〕莫如量其遠近　「如」原作「不」，據通典卷三一職官典十三改。

〔九〕伏惟詔書令宗室勳賢作鎮藩部　「藩」字原脱，據舊唐書卷七四馬周傳補。

〔一〇〕陛下宜思所以安存之　「宜」字原脱，據舊唐書卷七四馬周傳補。

〔一一〕然則向所謂愛之者　「然」字原脱，據舊唐書卷七四馬周傳補。

〔一二〕揚州都督越王貞　「貞」原作「正」，據舊唐書卷三太宗紀下、新唐書卷八〇太宗諸子傳改。

〔一三〕故司空杜如晦密州刺史　「故」字原脱，據唐會要卷四七封建雜録補。

〔一四〕光禄大夫李勣爲蘄州刺史　「蘄」原作「蘇」，據舊唐書卷六七李勣傳、唐會要卷四七封建雜録改。

〔一五〕其後無忌等將之國　「等」字原脱，據舊唐書卷六五長孫無忌傳補。

〔一六〕蔣王惲 「惲」原作「揮」，據上文及舊唐書卷七六太宗諸子傳、新唐書卷八〇太宗諸子傳改。
〔一七〕裂山河 「裂」原作「列」，據舊唐書卷八八韋思謙傳改。
〔一八〕若必限丁物送太府 「必限」原作「户不滿」，據舊唐書卷八八韋思謙傳改。
〔一九〕封家但於左藏請受 「左」原作「右」，據舊唐書卷八八韋思謙傳改。
〔二〇〕河東王承德 「河東」原作「河間」，據元本、慎本、馮本及舊唐書卷六四高祖諸子傳、新唐書卷七九高祖諸子傳改。
〔二一〕子仁貶爲鬱林縣男 「男」，舊唐書卷七六太宗諸子傳作「侯」。
〔二二〕澄 原作「證」，據舊唐書卷七六太宗諸子傳、新唐書卷八〇太宗諸子傳改。
〔二三〕義陽王琮 「琮」原作「叡」，據舊唐書卷七六太宗諸子傳、新唐書卷八〇太宗諸子傳改。
〔二四〕樂安王光順 新唐書卷八一三宗諸子傳同。「樂安」，舊唐書卷八六高宗中宗諸子傳作「安樂」。
〔二五〕睿宗長子 「長」字原脱，據舊唐書卷九五睿宗諸子傳補。
〔二六〕後改王壽春 「壽春」原作「壽王」，據舊唐書卷九五睿宗諸子傳、新唐書卷八一三宗諸子傳改。
〔二七〕嗣莊 「嗣」字原脱，據舊唐書卷九五睿宗諸子傳、新唐書卷八一三宗諸子傳補。
〔二八〕奉天皇帝琮玄宗長子 「琮」原作「倧」，「長」字原脱，據舊唐書卷一〇七玄宗諸子傳改補。
〔二九〕天寶十一載薨 「一」字原脱，據舊唐書卷一〇七玄宗諸子傳、册府元龜卷二八四宗室部承襲三補。
〔三〇〕侒 原作「佞」，據新唐書卷八二十一宗諸子傳改。
〔三一〕潁王璬 「潁王」原作「穎王」，據局本及舊唐書卷一〇七玄宗諸子傳、新唐書卷八二十一宗諸子傳改。
〔三二〕開元十三年封 「三」原作「五」，據舊唐書卷一〇七玄宗諸子傳改。

〔三三〕開元二十一年封　舊唐書卷八玄宗紀上、新唐書卷五玄宗紀、卷八二十一宗諸子傳同。「二十一」，舊唐書卷一〇七玄宗諸子傳作「十三」，下文「義王玼」封年亦然。

〔三四〕王高密　「高密」原作「晉陽」，據元本、慎本、馮本及舊唐書卷一〇七玄宗諸子傳、新唐書卷八二十一宗諸子傳改。

〔三五〕開元二十一年封　舊唐書卷八玄宗紀上、新唐書卷五玄宗紀、卷八二十一宗諸子傳同。「二十一」，舊唐書卷一〇七玄宗諸子傳作「二十三」，下文「豐王珙」、「恒王瑱」、「涼王璿」、「汴哀王璥」封年亦然。

〔三六〕汴哀王璥　「璥」原作「敬」，據元本、慎本、馮本及舊唐書卷一〇七玄宗諸子傳、新唐書卷八二十一宗諸子傳改。

卷二百七十六　封建考十七

唐諸王

越王係，肅宗子。玄宗末年封。肅宗寢疾，張后召係，矯制作亂，坐誅。

建，係子。王武威。

逌，係子。王興道。

承天皇帝倓，初封建寧王，張后譖之〔一〕，坐賜死。大曆三年，追謚帝。

衛王佖，始王西平。早薨。

彭王僅，始王新城。

鎮，僅子。王常山。

兗王僴，始王潁川。寶應初薨。

涇王侹，始王東陽。興元初薨。

鄆王榮，始王靈昌。早薨，追封。

襄王僙，至德二載封。貞元七年薨。

宣，僙子，王伊吾。

宲，僙子，王樂安。

杞王倕，至德二載封。貞元十四年薨。

召王偲，至德二載封。元和元年薨。

恭懿太子佋〔二〕始封興王。上元元年薨，贈太子。

定王侗，至德二載封。寶應初薨。

右，肅宗子。

昭靖太子邈，上元二年，封益昌王。大曆八年薨，贈太子。

均王遐，早薨，貞元中追封。

睦王述，大曆十年封。貞元七年薨。

丹王逾，大曆十年封。元和十五年薨。

恩王連，大曆十年封。元和十二年薨。

韓王迥，大曆十年封。貞元十二年薨。

簡王遘，大曆十年封。元和四年薨。

益王迺，大曆十四年封〔三〕。

隋王迅，大曆時封。興元元年薨。

荆王選，早薨。建中二年追封。
蜀王遡，大曆十四年封。
忻王造，大曆十年封。元和六年薨。
韶王暹，大曆十年封。貞元十二年薨。
嘉王運，大曆十年封。貞元十七年薨。
端王遇，大曆十年封。貞元七年薨。
循王遹，大曆十年封。
恭王通，大曆十年封。
原王逵，大曆十年封。太和六年薨。
雅王逸，大曆十年封。貞元十五年薨。
右，代宗子。
舒王誼，本昭靖太子子，德宗取以爲子。永貞元年薨。
通王諶，大曆十四年封。
虔王諒，大曆十四年封。
肅王詳，大曆十四年封。建中二年薨〔四〕。
文敬太子謜，本順宗子，德宗愛之，取以爲子，貞元初封。十五年薨。

資王謙，大曆十四年封。
代王諲，蚤薨。建中二年追封。
昭王誠，貞元二十一年封。
欽王諤，順宗即位封。
珍王誠，順宗即位封。太和六年薨。
右，德宗子。
郯王經，貞元四年封。太和八年薨。
均王緯，貞元四年封。開成二年薨。
溆王縱〔五〕，貞元四年封。開成元年薨。
莒王紓，貞元四年封。太和八年薨。
密王綢，貞元四年封。元和二年薨。
郇王總，貞元四年封。元和三年薨。
邵王約，貞元四年封。元和元年薨。
宋王結，貞元四年封。長慶二年薨。
集王緗，貞元四年封。長慶二年薨。
冀王絿，貞元四年封。太和九年薨。

和王綺，貞元四年封。太和七年薨。
衡王絢，貞元四年封。寶曆二年薨〔六〕。
會王纁，貞元二十一年封。元和五年薨。
福王綰〔七〕，貞元四年封。咸通二年薨。
珍王繕，貞元四年封。
撫王紘，貞元二十一年封。乾符三年薨。
岳王緄，貞元二十一年封。太和二年薨。
袁王紳，貞元二十一年封。咸通元年薨。
桂王綸，貞元二十一年封。元和九年薨。
翼王綽〔八〕，貞元二十一年封。咸通三年薨。
蘄王緝，咸通二年封。咸通八年薨。
欽王績，無封、薨年。
右，順宗子。
惠昭太子寧，貞元二十一年封平原王。元和四年，立爲太子。薨。
澧王惲，憲宗即位封。
漢，惲子。王東陽。

源，惲子。王安陸。
演，惲子。王臨安。
深王悰，元和初封。
潭，悰子。王河内。
淑，悰子。王吴興。
洋王忻，始王高密，進王洋〔九〕。
絳王悟，元和初封。後爲王守澄所殺。
洙，悟子。王新安。
滂，悟子。王高平。
建王恪，元和初封。長慶元年薨。
鄜王憬，長慶元年封。開成四年薨。
溥，憬子。王平陽。
瓊王悦，長慶初封。
津，悦子。王河間。
沔王恂〔一〇〕，長慶初封。
瀛，恂子。王晉陵。

婺王懌，長慶初封。
清，懌子。王新平。
茂王愔，長慶初封。
漶，愔子。王武功〔一一〕。
淄王協，長慶初封。開成元年薨。
澣，協子。王許昌。
涣，協子。王馮翊。
衢王憺〔一二〕。
涉，憺子。王晉平。
澶王忱〔一三〕，長慶初封。
滈，忱子。王鴈門。
棣王惴，大中六年封。咸通三年薨，無子。
彭王惕，大中三年封〔一四〕。後爲韓建所殺。
信王憻，大中十四年封〔一五〕。咸通八年薨。
榮王憒〔一六〕，咸通三年封。子令平嗣。
右，憲宗子。

懷懿太子湊，長慶元年封漳王，後爲王守澄陷以罪，黜爲巢縣公。開成三年追贈。
安王溶〔一七〕，長慶元年封。後爲仇士良所殺。
右，穆宗子。
悼懷太子普，寶曆元年封晉王。太和二年薨，追贈。
梁王休復，開成二年封。
襄王執中，開成二年封。
宋，執中子。王樂平。
紀王言揚，開成二年封。
陳王成美，開成二年封。後爲仇士良所殺。
儼，成美子。王宣城。
右，敬宗子。
莊恪太子永，太和四年封魯王，六年立爲皇太子。開成三年暴薨〔一八〕，追贈。
蔣王宗儉，開成二年封。
右，文宗子。
杞王峻，開成五年封。
益王峴，會昌二年封〔一九〕。

兖王岐，會昌二年封。
德王懌，會昌二年封。
昌王嵯，會昌二年封。
右，武宗子。
靖懷太子漢，會昌六年封雍王。大中六年薨，追謚。
雅王涇，大中元年封。
通王滋，會昌六年封。昭宗時，爲韓建、劉季述所殺。
慶王沂，會昌六年封。大中十四年薨。
濮王澤，大中二年封。
鄂王潤，大中五年封。乾符三年薨。
懷王洽，大中八年封。
昭王汭，大中八年封。乾符三年薨。
康王汶，大中八年封。乾符四年薨。
廣王澭，大中十一年封。乾符四年薨。
衛王灌，大中十一年封。十四年薨。
右，宣宗子。

魏王佾，咸通三年封。

涼王侹，咸通三年封。乾符六年薨。

蜀王佶，咸通三年封〔二〇〕。

威王偘，咸通六年封。

吉王保，咸通十三年封。

恭哀太子倚，初封睦王，後爲劉季述所殺，天復初追贈。

右，懿宗子。

建王震，中和元年封。

益王陞〔二一〕，光啓三年封。

右，僖宗子。

德王裕，大順二年封。乾寧四年，立爲皇太子。劉季述等幽昭宗，立裕爲帝。昭宗反正，復爲王。後爲朱温所殺。

棣王祤，乾寧元年封。

景王祕，乾寧四年封。

虔王禊〔二二〕，乾寧元年封。

祁王祺〔二三〕，乾寧四年封。

沂王禋，乾寧元年封。

雅王禛〔二四〕，光化元年封。

遂王禕，乾寧元年封〔二五〕。

瓊王祥，光化元年封。八王並爲朱温所殺。

端王禎，天祐元年封。

豐王祁，天祐元年封。

和王福，天祐元年封。

登王禧，天祐元年封。

嘉王祜〔二六〕，天祐元年封。

潁王禔，天祐二年封。

蔡王祐，天祐二年封。

右，昭宗子。

唐制，親王封户八百，增至千。公主三百，長公主止六百〔二七〕。高宗時，沛、英、豫三王，太平公主，武后所生，户始踰制。垂拱中，太平至千二百户。聖曆初，相王、太平皆三千，壽春等五王各三百。神龍初，相王、太平至五千，衛王三千，温王二千，壽春等王皆七百〔二八〕，嗣雍、衡陽、臨淄、巴陵、中山王五百，安樂公主二千，長寧千五百，宣城、宜城、宣安各千，相王女爲縣主，各三百。相王增至七千，安樂三千，長寧二千五百，宜城以下二千。相王、太平、長寧、安樂以七丁爲限，雖水旱不蠲，以國租庸滿之。中宗遺詔，雍、壽春王進爲親王，户千。開元後，天子敦睦兄弟，故寧王户至五千五百，岐、薛五千，申王以外家微，户四千，邠王千八百，帝妹户千，中宗諸女亦如之，通以三丁爲限。及皇子封王，户二千，公主五百。咸宜公主以母惠妃故，封至千。自是，諸公主例千户止。

唐史贊曰：「唐自中葉，宗室子孫多在京師，幼者或不出閤，雖以國王之，實與匹夫不異〔二九〕，故無赫赫過惡，亦不能爲王室軒輊，運極不還，與唐俱殫。然則歷數短長，自有底止。彼漢七國、晉八王，不得其效，愈速禍云。」

肅宗嘗問於李鄴侯泌曰：「今郭子儀、李光弼已爲宰相，若克兩京，平四海，則無官以賞之，奈何？」對曰：「古者官以任能，爵以酬功，漢魏以來，雖以州郡治民，然有功則錫以茅土，傳之子孫，至於周、隋皆然。唐初，未得關東，故封爵皆設虛名，其食實封者給繒布而已。貞觀初，太宗欲復古制，大臣議論不同而止，由是賞功多以官。夫以官賞功有二害，非才則廢事，權重則難制。是以功臣居大官者，皆不爲子孫遠慮，務乘一時之權邀利，無所不爲，向使禄山有百里之國，則亦惜之，以傳子孫不反矣。爲今之計，俟天下既平，莫若疏爵土以賞功臣，則雖大國不過二三百里，可比今之小郡，豈難制哉？於人臣乃萬世之利也。」上曰：「善。」按：如鄴侯之説，則知唐之所謂爵土，衹是虛名，且無承襲。蓋受封者於内府給繒布，不得以自食其所封之地，則只同俸賜，不可以言胙土矣。故今叙唐之封建，只及諸王，而凌烟功臣以下之封公侯者，更不叙録，蓋既無胙土世襲之事，則封建之規模盡失矣。

唐初，如英、衛之類，其子尚襲封，至中葉以後，則此制盡廢。如狄仁傑封梁公，子光嗣，未嘗襲梁公。張説封燕公，子均未嘗襲燕公。又按唐會要，神龍二年七月制：「功臣段志玄、屈突通、蕭瑀、李靖、秦叔寶、長孫順德、劉弘基、宇文士及、錢九隴、程知節、龐卿惲、竇悰、苑君璋、李子和、張平高、張公謹、梁恪仁、安修仁、秦行師、獨孤卿雲、蘇定方、李安遠、鄭仁泰、杜君綽、李孟嘗等二十五家，所食實封，並依舊給。」可見當時所給實封繒布，止受封者之身，如此二十五家則特旨依舊支給耳，非通例也。

唐天寶以後藩鎮

按：唐自中葉以來，皇子弟之封王者不出閤，諸臣之封公侯者不世襲，封建之制已盡廢矣。至肅、代而後，則强藩私其土地甲兵而世守之，同於列國，故取唐書藩鎮傳述諸鎮傳授之次第，以繼諸王之後。

唐書藩鎮傳叙曰：「安、史亂天下，至肅宗大難略平，君臣皆幸安，故瓜分河北地付授叛將，護養孽萌，以成禍根。亂人乘之，遂擅署吏，以賦税自私，不朝獻於廷。效戰國，肱髀相依，以土地傳子孫，脅百姓，加鋸其頸，利怵逆汙，遂使其人自視猶羌狄然。一寇死，一賊生，訖唐亡百餘年，卒不爲王土。當其盛時，蔡附齊連，内裂河南地，爲合從以抗天子。杜牧至以『山東，王不得，不王。霸不得，不霸。賊得之，故天下不安』。又曰『厥今天下何如哉？干戈朽，鐵鉞鈍，含忍混貸，昭育逆孽〔三〇〕，殆爲故常。而執事大人曾不歷算周思，以爲宿謀，方且嵬岸抑揚，自以爲廣大繁昌莫已若也。嗚呼！其不知乎，其侯偃蹇顛傾而後爲之支計乎？且天下幾里，列郡幾所，自河以北，蟠城數百，角奔爲寇，伺吾人顉頷，天時不利，則將與朋伍駭亂吾民於掌股之上。今者及吾之壯，不圖擒取，乃偷取恬逸，以爲後世子孫背脅疽根，此復何也？議者曰：倔强之徒，吾以良將勁兵爲銜策，高位美爵充飽其腸，安而不撓，外而不拘，猶豢虎狼而不拂其心，則忿氣不萌，此大曆、貞元所以守邦也。何必疾戰焚煎吾民，然後爲快也。愚曰：大曆、貞元之間，有城數十，千百卒夫，則朝廷貸以法，故於是闊視大言，自樹一家，破制削法，角爲尊奢。天子不問，有司不呵。王侯通爵，越録受之。覲聘不來，几杖扶之。逆息虜胤，皇子嬪之。地益廣，兵益强，僭擬益甚，侈心益昌。土田名器，分畫大盡，而賊夫貪心，未及畔岸〔三一〕。淫名越號，走兵四略，以飽其志。趙、魏、燕、齊，同日而起，梁、蔡、吴、蜀，躡而和之。其餘混傾軒囂，欲相效者，往往而是。運遭孝武，前英後傑，夕思朝議，故能大者誅鋤，小者惠來。大抵生人油然多欲，欲而不得則怒，怒則争亂隨之。是以教笞於家，刑罰於國，征伐於天下〔三二〕，裁其欲而塞其争也。太曆、貞元之間反此，提區區之有，而塞無涯之争，是以首尾指支，幾不能相運掉也。凡今者不知非此，而反用以爲經，將見爲盗者非止於河北而已。嗚呼！大曆、貞元守邦之術，永戒之哉！魏博傳五世，至田弘正入朝，十年復亂，更四姓，傳十世，有州七。成德更二姓，傳五世，至王承元入朝。明年，王庭湊反，傳六世，有州四。盧龍更三姓，傳五世，至劉總入朝。六月，朱克融反，傳十二世，有州九。淄青傳五世而滅，有州十二。滄景傳三世，至程權入朝。十六年而李全略有之，至其子同捷而滅，有州四。宣武傳四世而滅，有州四。彰義傳三世而滅，有州三。澤潞傳三世而滅，有州五。雖然，迹其由來，事有因藉，地之輕重，視人謀臧否歟！今取擅興若世嗣者爲藩鎮傳。若田弘正、張孝忠等，暴忠納誠，以屏王室，自如別傳云。」

田承嗣，平州盧龍人。本隸安禄山麾下，郭子儀平東都來降，俄復叛。後再降於僕固懷恩，遷貝、博、滄、瀛等州節度使，名其軍曰天雄，加同平章事，封鴈門郡王。悦，承嗣弟子。承嗣卒，爲留後，俄遷節度使。德宗立，悦舉兵反，僭號魏王。朱泚篡逆，帝乃下詔赦悦罪，悦復順命，封濟陽郡王。後爲其從弟緒所殺。緒，承嗣第六子。既殺悦，爲留後。請命，乃即命爲節度使，加同平章事，封鴈門郡王，卒。季安，緒少子。緒既死，爲留後，因授節度使，加同平章事。懷諫，季安子，嗣爲留後。軍中廢之，而立弘正，送懷諫京師。自承嗣至懷諫，四世，凡四十九年。弘正，承嗣從子，爲衙内兵馬使。軍中既廢懷諫，脅立弘正，弘正乃舉六州版籍請吏於朝，詔除節度使。以討王承宗、李師道功，加同平章事。入朝，移鎮成德，軍亂，遇害。布，弘正子，爲河陽節度使。會魏博節度李愬病不能軍，乃詔布鎮魏博。牙將史憲誠怵軍中，脅布叛，布不從，自殺。

史憲誠，本奚人，三世爲魏博將。田布既自殺，憲誠擅總軍務，穆宗因授以節度使，進同平章事。後請納地，欲分相、衛，請置帥，軍中攻殺之。憲誠起至卒，凡七年。何進滔，靈武人，世爲魏軍校。史憲誠既死，軍中推爲留後。進滔乃斬作亂者數十人，請命，詔授節度使。後進同平章事，卒。重順，進滔子。進滔既死，爲留後，就加節度使。後進同平章事，卒。全皥，重順子，嗣拜節度使。以平龐勛功，進同平章事。後軍衆叛而殺之。自進滔至全皥三世，四十二年。

韓君雄，魏州人。全皥死，軍中推君雄總軍事，加節度使，同平章事。卒，子簡，襲留後，遷節度使，平章事，封魏郡王。時黄巢亂，帝在蜀，簡北略邢、洺，東攻鄆，兵敗，未幾死。君雄、簡凡再世，十二年。

樂彦禎，魏人。韓簡時，澶州刺史。簡卒，魏人立之，進節度使，加同平章事。後軍亂，殺彦禎。彦禎起至殺，凡七年。

羅弘信，魏州人，爲裨將。軍中既殺彦禎，推大將趙文玣總留後。彦禎子從訓求救於朱全忠，以兵討之，衆懼，殺文玣，推弘信爲主。詔擢留後，遷節度使，平章事，封臨清郡王。後爲朱全忠、李克用所攻，拔其三州，卒。子紹威襲，昭宗時授節度使。爲劉仁恭所攻，朱全忠救之，遂事全忠，加侍中，封魏王。與全忠謀盡誅魏牙兵以除逼，紹威自此勢弱，爲全忠所取。

右，魏博據七州，貝、博、魏、相、衛、磁、洺。傳五姓。

李寶臣，本范陽内屬奚，爲安禄山射生。慶緒時，爲恒州刺史。來降，詔授故官，封密雲郡公。後復叛，事史思明。思明死，乃挈恒、趙、深、定、易五州以獻，封趙國公，名其軍曰成德，拜節度使，封隴西郡王，拜同平章事。後爲妖人所毒死。惟岳，寶臣子。寶臣死，軍中推爲留後，求襲父位，德宗不許，趣護喪京師，以張孝忠代之，惟岳拒命。詔朱滔等討之，其將王武俊殺惟岳以降。

王武俊，本出契丹，爲李寶臣裨將。李惟岳既死，武俊遣使請命，詔授武俊恒冀觀察使。而惟岳將楊政義等以深、定二州來降。武俊怨不得節度，又失二州，乃反，僭號趙王。興元初，乃黜僞號請命，詔授節度使，加同平章事。以破朱滔功，封清河郡王，卒。士真，武俊長子。嗣爲節度使，拜同平章事，卒。承宗，士真子。初爲副大使，憲宗即位，欲析鎮藩，遣使諭承宗，承宗乃上德、棣二州。詔以薛昌朝爲保信軍節度使，統德、棣。承宗拒命，却昌朝囚之。帝怒，削承宗官爵，遣兵討之，久無功，而淄青、盧龍數表請赦承宗，乃罷兵，盡以故地畀之。承宗復拒命，出兵掠鄰鄙，吴元濟平〔三三〕，乃恐，遣二子入侍，歸德、棣二州。詔復官爵。卒，軍中推其弟承元爲留後，承元不敢，請命於朝，詔以爲義成軍節度使〔三四〕。廷湊，本回紇阿布思之族，爲武俊養子，世爲裨將。承元既以成德軍請命，後詔以田弘正爲節度使。廷湊以軍作亂，害弘正，自稱留後，脅監軍表請節，又取冀州。穆宗怒，詔弘正子布以魏博兵討之。會魏博軍變，布死，乃赦廷湊。廷湊復拒命，討之無功。後廷湊上書謝，表上景州。穆宗厭兵，赦之，復其官爵，封太原郡公，卒。元逵，廷湊次子。廷湊死，軍中以元逵請命，詔襲節度使。以討劉稹功，加同平章事，太原郡公，卒。紹鼎，元逵子。嗣爲節度使，遷檢校尚書左僕射〔三五〕，卒。紹懿，元逵次子。嗣爲留後，封太原縣伯，加檢校司空，卒。景崇，紹鼎子。嗣爲節度使，以討龐勛功，進檢校尚書右僕射，同平章事，常山王，卒。鎔，景崇子。嗣爲節度，爲李克用所擊，兵敗，與克用和。後復附於朱全忠，全忠既篡，封鎔趙王。全忠謀取河北，鎔附克用。後爲其將張文禮所殺，滅王氏之族。文禮自爲留後，李存勖討而誅之。自廷湊至鎔，凡百年。

右，鎮冀據六州，恒、定、易、趙、深、冀。傳二姓。

李懷仙，柳城胡。爲安禄山裨將，史朝義以爲幽州節度使。朝義敗，懷仙使其將李抱忠奉其首來降，即授幽州盧龍節度使，封武威郡王。大曆三年，爲其麾下朱希彩、朱泚及弟滔所殺，族其家。

朱希彩，幽州昌平人。既與泚、滔殺懷仙，自稱留後，代宗赦其罪，詔宰相王縉爲節度使，以希彩副之。縉至鎮，度希彩不可制，勞軍即還，乃授希彩節度使，封高密郡王。七年，爲其下所殺。泚，希彩同宗。軍衆既殺希彩，推爲留後，詔即拜節度使，封懷寧郡王。後入朝，留京師。滔，泚弟。泚既入朝，滔攝留後。泚留京師，滔遂領節度。討李惟岳，取深州，德宗賜以德、棣二州，以康日知爲深、趙二州團練使〔三六〕。滔失深州，不平，乃與王武俊等同叛，僭號冀王，武俊説推滔爲盟主。涇原軍變，泚僭逆，武俊等乃叛滔攻之。泚既誅，滔兵復敗，上書待罪。詔洗釁，與更始，未幾卒。

劉怦，幽州昌平人。朱滔時，積功至雄武軍使。滔死，軍中推怦總軍事。詔爲節度使，彭城郡公，卒。濟，怦子。怦卒〔三七〕，嗣節度，累遷同平章事，以討王承宗功，進中書令。爲其子總所毒死。總，濟次子。既毒其父，即領軍政。詔嗣節度，封楚國公，進同平章事。會吳元濟、李師道平，總恐，乃用譚忠謀，上疏願奉朝請，髡髮爲浮屠。詔張弘靖領其軍，總入朝至定州，卒。

朱克融，滔族孫。以偏校隨劉總入朝，留京師，久不得調，詣宰相求自試，不聽，無聊怨忿，張弘靖赴鎮，從還。幽州軍變，囚弘靖，推克融領軍務。時朝廷方討王廷湊，薄克融罪，就拜節度，遷司空，吳興郡王。後軍亂，殺克融，子延嗣領留，後大將李載義殺而代之，族其家。李載義，自稱恒山愍王之後，爲幽州牙中兵馬使。朱克融死，子延嗣立〔三八〕，叛命，殘虐，載義率衆殺之，敬宗授載義節度使，封武威郡王。以討賊功，進同平章事。後爲兵馬使楊志誠所逐，入朝爲山南西道節度使〔三九〕。

楊志誠，爲載義牙將。逐載義，自爲留後，詔以爲節度副使，遷尚書右僕射。後爲其下所逐，推部將史元忠總留後，詔以爲副大使。會昌初，爲偏將陳行泰所殺。行泰邀節制，未報，次將張絳殺之。

張仲武，范陽人。爲雄武軍使，遣其屬入朝，請擊回鶻自效。會張絳殺陳行泰求節，宰相李德裕請用仲武，乃以爲留後。絳果爲軍所逐，以破回鶻等功，遷進節度使，同平章事，卒。子直方嗣，爲留後，俄進副大使。直方舉動多不法，畏下變起，乃奔京師，詔以爲金吾將軍，後爲黄巢所殺。

張允伸，范陽人。爲都知兵馬使，直方出奔，衆推爲留後，俄遷節度，使同平章事，燕國公，卒。

張公素，范陽人，爲列將事允伸〔四〇〕。允伸死，表其子簡會爲留後。公素以兵來會喪，軍士附之，簡會乃出奔，詔公素爲節度使，進同平章事，後爲李茂勳所襲，奔京師。

李茂勳，本回鶻阿布思之裔，來降賜姓。爲燕將誣納降軍使陳貢言反，襲殺之，因舉兵，入府茂勳〔四一〕，逃衆推主州務，以聞，即拜節度使。卒，子可舉嗣爲節度使，遷太尉，後爲其將李全忠所攻，自熸死。

李全忠，范陽人，爲牙將，攻可舉，殺之，爲留後，拜節度使。卒，子匡威領留後，進爲使。後爲弟匡籌所逐，奔趙，謀取王鎔，趙人殺之。匡籌，既逐兄匡威，自爲留後，詔授節度使。後爲李克用所攻，兵敗，挈其族奔京師，次景城，爲盧彦威所殺。克用遂取幽州，以劉仁恭爲帥。

劉仁恭，深州人。世爲鎮將，有功。李匡籌逐其兄，戍卒推仁恭趨幽州，匡籌逆戰，敗之，仁恭乃奔太原。李克用用其計攻匡籌，取幽州，表仁恭爲節度使。後叛克用，克用擊之，不利。仁恭獻捷於朱全忠，全忠表爲同平章事。以兵取滄、景、德三州。後爲其子守光所囚。晉王存勖討守光，取幽州，誅仁恭。守光既囚仁恭，自爲盧龍節度使，益驕侈，僭號大燕皇帝。晉遣兵討平之，誅守光。

右，盧龍據九州〔四二〕，傳八姓。

李正己，本高麗人。爲營州副將，從侯希逸入青州。以軍候從討史朝義有功。後逐希逸，出之，詔代爲節度使，進同平章事，饒陽郡王。建中初，與田悦皆叛，卒。子納，父死自爲留後，與李希烈、朱滔等連和，僭號齊王。興元初，乃歸命，加同平章事，封隴西郡王。卒，子師古嗣爲節度使，加同平章事。卒，弟師道嗣爲留後，遷副大使。時方討淮蔡，師道陰使人殺宰相，焚河陰漕院，爲蔡聲援。蔡平，乃遣使請納三州，既而復拒命。詔討之，師道兵屢敗，爲其將劉悟所殺，傳首京師。

右，淄青據十二州，淄、青、齊、海、登、萊、沂、密、曹、濮、兖、鄆。一姓四傳。

程日華，定州安喜人。爲張孝忠牙將，奉使至滄州，會軍變，殺刺史李固烈，逼日華領州事。時朱滔、王武俊等叛，招日華不從，遂攻之。日華乘城自固，遣使自歸天子。德宗喜，拜日華御史中丞〔四三〕，滄州刺史，置横海軍，就以爲使。卒，子懷直嗣，爲留後，遷節度使。卒，子權嗣，領軍務，拜節度使，累封至邢國公。及淮西平，請入朝，辭軍政，詔華州刺史，鄭權代之。

李全略，本王武俊之裨將，入朝授代州刺史。程權入朝，以鄭權代爲横海節度使。權遷，以烏重胤代之。重胤遷，以杜叔良代之。叔良討王廷湊兵敗，乃命全略爲節度使。卒，子同捷領留後。賂鄰藩，爲請領父節，不許，同捷拒命。詔討之，同捷兵敗，伏誅。

右，滄景據四州，滄、景、德、棣。傳二姓。

劉玄佐，滑州匡城人。爲永平軍牙將。李靈耀據汴州反，玄佐乘其無備，襲取宋州。德宗建中初，充宋、亳、潁節度使。以討李納等功〔四四〕，遷同平章事。後爲假子樂士朝所鴆死，子士寧嗣。初玄佐死，朝命吴湊代之，軍中不受命，推士寧爲留後，請命，詔襲節度使，後爲其大將李萬榮所逐〔四五〕。萬榮爲留後，遷節度使。卒，以兵屬鄧惟恭，惟恭乃執萬榮子迺送京師，以董晉代爲節度使。

右，宣武據四州，汴、宋、亳、潁。傳二姓。

吴少誠，幽州潞人。爲李希烈將，希烈僭逆，爲陳仙奇所毒，夷其妻子，函首獻朝，詔以仙奇爲淮西節度使。少誠殺仙奇，德宗因授少誠申、蔡、光等州節度觀察留後，進拜節度使。後拒命圍許州，詔削奪官爵，討之，師不利，乃赦其罪。順帝即位，進同平章事，封濮陽郡王，卒。少陽，本滄海清池人。與少誠同在軍，友善，少誠養爲弟。少誠死，少陽殺其子元慶，自稱留後，詔拜節度使，卒。元濟，少陽子。少陽死，匿不發喪，請於朝，求世襲，不許，乃出兵反。詔諸路軍討之，李愬入蔡城，俘元濟，朝於京師。

右，彰義據三州，申、光、蔡。一姓三世。

劉悟，其祖正臣，平盧節度使。悟事李師道爲將，師道拒命，王師討之。師道以悟將兵拒守，復疑悟，悟乃還兵取鄆，殺師道，傳首京師。拜義成節度使、彭城郡王，兼幽、鎮招討使，治邢州，進同平章事。卒，子從諫領留後。請命，拜節度使，入朝，還鎮，進同平章事，卒。稹，從諫從子。從諫既卒，擅領留後。武宗詔稹護喪還洛〔四六〕，稹拒命，詔討之。稹兵敗，其大將郭誼等殺之以降。

右，澤潞據五州，鄆、邢、潞、洺、磁。一姓三世。

李茂貞，深州博野人。本姓宋，爲軍卒，戍鳳翔。隸鄭畋，破黄巢，以功積遷至武定軍節度使。會鳳翔節度使李昌符與天威都頭楊守立争道〔四七〕，以兵相攻，僖宗遣茂貞擊殺昌符，就以茂貞爲鳳翔隴右節度使，封隴西郡王。昭宗時，擅以兵攻興元節度使楊守亮，取其地。詔徙茂貞山南西道節度使，以徐彦若鎮鳳翔〔四八〕。茂貞不奉詔，表辭不遜。帝討之，兵敗。茂貞遂犯京師，脅上誅杜讓能等乃還。後與韓建、王行瑜等舉兵犯京師，李克用舉兵討之，乃退，後封岐王。昭宗爲宦官所廢，既反正，宰相崔胤欲借朱全忠兵誅宦官。中尉韓全誨等劫帝幸鳳翔，全忠圍之逾年，茂貞與和，帝乃出。茂貞初破楊守亮，取興元，而邠、寧、鄜、坊皆附之，有地二十州。其被梁圍也，興元入於蜀。開平已後，邠、寧、鄜、坊入於梁，秦、鳳、階、成又入於蜀。當梁末年，所有惟七州而已。莊宗破梁，遣子入朝，改封秦王，卒。從曮，茂貞子。茂貞卒，嗣爲鳳翔節度使。

右，鳳翔據二十州，岐、隴、涇、原、渭、武、秦、成、階、鳳、邠、寧、慶、衍、鄜、坊、丹、延、梁、洋。二傳。

李仁福，不知其世家。當唐僖宗時，有拓跋思敬者爲夏州偏將，後以預破黄巢功，賜姓李氏，拜夏州節度使。思敬卒，以弟思諫爲節度使。自唐末天下大亂，興元、鳳翔、邠寧、鄜坊、河中、同華諸鎮之兵，四面並起而交争，獨靈夏未嘗爲唐患，亦無大功，故其世次功過不顯而無傳。梁開平初，思諫卒，軍中立其子彝昌爲留後，拜節度使。明年，其將高宗益作亂，殺彝昌，時仁福爲蕃部指揮使，軍中乃迎仁福立之，不知其於思諫爲親疏也。奉梁正朔，拜節度使、中書令，封朔方王。卒，子彝超，自爲留後。唐明宗徙彝超延州刺史〔四九〕，以安從進爲夏州節度使。彝超拒命，唐遣兵圍夏州不克，乃釋之，以彝超爲節度使。卒，弟彝興嗣，周封西平王，加太傅〔五〇〕。宋興，加太尉，卒，追封夏王。子克叡立，襲定難節度使〔五一〕，卒，贈侍中。子繼筠立，踰年卒。弟繼捧立，太平興國七年來朝，以夏、銀、綏、宥、静五州地來歸。其弟繼遷居銀州，率衆爲寇，奔入番族。詔以繼捧爲定難節度，賜姓名趙保忠，令招繼遷，保忠言繼遷歸款，以爲銀州刺史，賜姓趙保吉。後保吉與保忠合寇靈州，詔討之。保吉併保忠之衆，保忠遁還闕。詔隳、夏州居民悉遷於綏、銀等州，削保吉所賜姓名，復爲李繼遷。遣使入貢，後復入寇，窺靈州。詔李繼隆以五路兵攻之，大小數十戰，繼遷遁去。太宗崩，乃遣使修貢，求領蕃任，真宗復賜姓名，拜定難軍節度使。後復入寇，陷靈州，爲其番部射死。子德明入貢，上表歸款，拜定難節度使、西平王，進封夏王。卒，子元昊嗣，景祐初入寇。後攻唃廝囉，陷瓜、沙、肅三州，盡得河西之地。寶元元年，僭號改元。詔削奪元昊官爵，遣兵討之。慶曆四年，乃遣使稱臣，册爲夏國主，歲賜銀絹茶綵共二十五萬五千，仍聽市易。卒，子諒祚立，治平三年入寇。明年，种諤取綏州，城之。諒祚卒，子秉常立。元豐四年，遣李憲等五路兵攻之，取四砦，城永樂，夏人陷之。秉常卒，子乾順立。元祐時，來請所侵地，並送還永樂陷没人口，詔還其米脂、安强、浮圖、葭蘆四砦。紹聖後，章惇爲相，遣師伐之。夏人亦歲歲寇邊。初，夏國恃横山諸族帳强勁善戰，故用以抗中國。种諤謀取横山，故興靈州之師，及王師失利，李憲始獻進築之策，神宗厭兵，不克行。童貫舊常從憲得其髣髴，故獻議進築，遂領六路邊事，將諸路兵六七年進築軍壘，建立保砦，遂得横山之地。夏人失所恃，遂納款，夏國自此少衰矣。會金滅遼，乾順以事遼之禮事金，金人以天德、雲中、金肅、河清四軍及八館之地賂之。未幾，復奪其地。建炎時，遣使入夏。乾順已僭稱制，待使倨，自後始用敵國禮。張浚、吴玠遣使約夏夾攻金，卒無成説。紹興九年，李顯忠自夏來歸。是年乾順卒，子天祈立。嘉定間，金遷汴，有西都長安之意，宿重兵於鞏州。夏畏之，遣使來議夾攻。四川宣閫安丙從之，遣董炤等攻鞏州，不利。繼乾順而立者，正史作天祈。建炎以來朝野雜記作仁孝，未知孰是。自乾順之死至嘉定甲申，凡八十餘年。其後立者決非一主，並夏亡之歲月，正史不載，當續考。

右，靈夏據五州。夏、銀、綏、宥、静。

唐末藩鎮

按：唐末宇内皆爲節鎮，而所謂節鎮者，非士卒殺主帥，則盜賊逐牧守，朝廷不能討，因而命之。大概皆欲互相噬吞，廣自封殖，以爲子孫傳襲之計。江淮以南之蜂起者，其地非英雄所必争。又值中州多故，無暇遠略，故皆能傳世。而北方節鎮，其驟興忽敗，不能以一世，多爲宣武、河東所併，獨鳳翔之初起也，據地最多，故能崛强汴、晉之間，相爲長雄，後雖日削，而傳襲亦及再世。靈夏僻在一隅，據五州之地，世事中朝，及宋興，四方僭僞節鎮，悉已削平，獨不能取其地。蓋自繼遷以來，效化外蕃戎之俗，獷悍難制，雖繼以女真之强暴，而亦能自存，傳世三百餘年。然其地則唐之地，而其初亦唐之節鎮也，故叙鳳翔、靈夏，以繼唐史藩鎮傳所載八鎮之後。

先公曰：嗚呼，宇宙之爲天下裂，豈一朝一夕之故哉！太宗初，置沿邊節度使，天寶十載，分西北十節度，大率以其兵防邊耳，固未嘗有世襲之節度也。自安史亂，而後河北三鎮有世襲之節度，然猶未有東南之世襲節度也。自黄巢亂，而後東南遍海内皆爲世襲節鎮矣。五代十國，皆節鎮之流裔而并合者也。自宣武併河中、魏博、淄青、成德、澤州而爲梁，自河東據潞州而爲晉，然後吴以淮南，越以鎮海，閩以威武，楚以武安、静江，南漢以清海，岐以鳳翔、邠寧，蜀以兩川，而燕之盧龍，荆之荆南亦併出焉。

楊行密，廬州合淝人。以盗見獲爲兵，遷隊將。逐廬州刺史，據其州，詔就拜刺史。淮南節度使高駢爲畢師鐸等所攻，行密擊之，取揚州，後取宣、潤、滁、和等州。唐拜行密淮南節度使，同平章事。行密遣兵攻取自淮以南、江以東諸州，皆下之。進拜中書令、吴王。卒，子渥嗣，後爲徐温、張顥等所殺。弟隆演嗣，即吴王位，改元。卒，弟溥立，僭即皇帝位，後禪位於徐知誥。

右，淮南傳四世，四十六年。行密以唐景福元年入揚州，至溥以晉天福二年爲李氏所篡。

王建，許州舞陽人。爲忠武軍卒，遷隊將，隸軍將鹿宴弘。僖宗在蜀，以兵隨駕扈從有功，遷壁州刺史。以兵取閬、利、梓等州，逐西川節度使韋昭度而代之。又攻成都，殺陳敬暄、田令孜，乃以建爲西川節度使。復攻東川，取之，并有兩川、山南之地，封蜀王。梁篡唐，建乃僭號皇帝。卒，子衍嗣立。唐莊宗既滅梁，乃遣兵伐蜀，取之，衍降見殺。

右，前蜀二世，三十五年。建以唐大順二年爲西川節度使，至衍以後唐同光三年亡。

孟知祥，邢州龍岡人。仕晉爲左教練使，遷太原尹。莊宗既滅王衍，乃以知祥爲劍南西川節度副大使。明宗立，知祥陰有據蜀之志，殺監軍李嚴，與東川節度使董璋俱反。唐師討之不利。知祥遂攻東川，殺董璋，取其地，乃遣使入朝，唐封爲蜀王。唐明宗崩，知祥僭號皇帝。後復取山南之地。卒，子昶嗣。時中國多故，雄武軍節度使何建以秦、成、階三州附於蜀，昶又取鳳州，盡得王衍故地。周世宗時，伐蜀取秦、成、階、鳳。宋乾德三年，遣師伐蜀，取之，昶降，封秦國公，卒。

右，後蜀二世，四十一年。知祥以後唐同光三年爲節度使，至昶以宋乾德三年亡。

劉隱，其祖安仁，上蔡人。後徙閩中，商賈南海，因家焉。父謙爲廣州牙將，黄巢寇廣州〔五二〕，表謙爲封州刺史、賀江鎮遏使，以禦梧、桂。謙卒，表隱代之。會廣州節度劉崇龜死，將盧琚等作亂，隱以封州兵討殺琚，迎節度使嗣薛王知柔。徐彦若代知柔，表隱節度副使。彦若卒，軍中推隱爲留後。天祐時，拜節度使。梁初，進太師，封南平王。卒，弟龑嗣〔五三〕，以兵取潮、韶及容管、邕管，僭號皇帝。卒，子玢嗣立，後爲其弟晟所弑。晟既弑玢，遂自立，值馬氏政亂，乃出兵攻楚，克桂州及連、宜、嚴、梧、蒙五州，又取郴州〔五四〕。卒，子鋹嗣立。宋開寶四年，遣師伐南漢，取之，鋹降，封恩赦侯。

右，南漢五世，六十七年。隱以唐天祐二年爲廣州節度使，至鋹以宋開寶四年亡。

馬殷，許州鄢陵人。初爲孫儒裨將，儒攻宣州敗死，殷與其下推劉建峰爲主，轉攻豫章、虔、吉，入湖南，取潭州，建峰自稱留後。僖宗因授之。建峰爲其下所殺，軍司馬張佶率衆推殷爲主，拜潭州刺史。殷攻連、邵、郴、衡、道、永六州，皆下之，又取桂州，拜武安軍節度使。梁時，拜中書令，封楚王。又取嶺南昭、賀、梧、蒙、龔、富等州，澧、溆、辰州皆附於殷，拜天册上將軍。唐滅梁，殷入貢，仍封爵。卒，子希聲立，授武安、静江等軍節度使。卒，追封衡陽王。弟希範立，卒，弟希廣立，爲其兄希萼所攻，兵敗，自縊死。希萼既殺希廣，遂自立，臣於李景。其將徐威等作亂，執希萼，立其弟希崇，彭師暠等復奉希萼爲衡山王，臣於李景。希崇亦請命於景，景遣邊鎬將兵入楚，盡遷馬氏之族於金陵。

周行逢，武陵人。與王進逵俱爲静江軍卒，事希萼。進逵攻唐將邊鎬，逐之。行逢復破唐兵。進逵奉表京師，周太祖以爲武安節度使，以劉言爲武平節度使。進逵與言有隙，行逢爲畫謀，襲殺言〔五五〕。進逵據武陵，行逢據潭州。會進逵爲潘叔嗣所殺，行逢殺叔嗣，取武陵。卒，子保權立，衡州刺史張文表畔之。保權遣使請命，太祖命慕容延釗討之，保權舉族朝於京師。

右，湖南馬氏五世，五十七年。殷自唐乾寧三年有湖南，至希萼以周廣順元年爲南唐所滅。周氏再世，十年。行逢以周顯德元年拜節度使，至保權以宋乾德元年納土。

錢鏐，杭州臨安人。始爲石鏡鎮將董昌偏裨，擊黄巢有功，爲都將。擊劉漢宏，破越州，昌徙居越，而鏐爲杭州刺史。擊取蘇、常、潤等州，進鎮海節度使，同平章事。昌僭逆，鏐討平之，盡有兩浙之地，拜中書令，越王。梁時，封吴越王、尚父。卒，子元瓘立。卒，子佐立，破李景兵福州。卒，弟俶立。太平興國三年，俶入覲，盡獻其地。

右，兩浙四世，八十四年。鏐以唐乾寧二年爲鎮海、鎮東軍節度使有兩浙，至俶以宋太平興國三年納土。

王潮，光州固始人。初爲縣史，壽州人王緒攻陷固始，以潮爲軍正〔五六〕。緒爲秦宗權所攻，率衆南奔，自南康入汀，陷漳浦。緒性忌多殺，潮與其前鋒將執緒殺之，推潮爲主，授泉州刺史。攻福州，克之，授福建觀察使。卒，弟審知立，授威武軍節度使，同平章事，封瑯琊王。梁時，封爲閩王。卒，子延翰立，後爲其弟延禀、延鈞所殺。延鈞既殺延翰，更名鏻，自立。後唐拜爲節度使，閩王，後僭號皇帝，爲其子繼鵬及李倣所弒。繼鵬立，更名昶，遣使朝貢於晉，後爲王延羲所殺。延羲，審知少子，嗣立，更名曦，後爲其臣連重遇所殺。延政，審知子，初爲建州刺史。曦淫虐，延政數諫之。曦怒，攻延政，兵敗。延政乃以建州建國，稱殷。明年，曦遇弒，連重遇立朱文進，盡殺王氏子孫，稱晉年號。重遇復殺文進，南唐李景聞閩亂，發兵攻之，遂取閩，遷延政之族於金陵。

右，福建六世，五十五年。潮以唐景福元年入福州拜觀察使，至延政以晉開運三年爲李唐所滅〔五七〕。

高季興，陝州硤石人。初爲汴人李讓家僮。朱温鎮宣武，事温。梁開平初，拜荆南節度。均王時，阻兵自守，均王優容之，封爲渤海王。梁亡，朝唐莊宗。明宗時，取荆、歸、峽等州臣於吴〔五八〕。卒，子從誨立，復臣唐，封南平王。卒，子保融立，襲封南平王。卒，弟保勖立。卒，兄子繼冲立。建隆四年，太祖詔慕容延釗討湖南張文表，假道荆南，入其郛。繼冲懼，以地内附，舉族入朝。

右，南平五世，凡五十七年。季興以梁開平元年鎮荆南〔五九〕，至繼冲以宋乾德元年納土。

按：唐末五代以來八國，其初亦皆世襲節鎮也，故叙其興滅之歲月、傳授之世次，附於唐方鎮之後。或曰五代史之十國世家，即晉書十六國載記之流也，何十六國獨無述乎？曰十六國乃夷狄之據地而欲自爲帝王者也，未嘗受命於晉，難以藩方目之，故除張、李二凉之外不復録。若此八國，則雖出於卒伍盜賊，然其竊地之初，皆常請命於天子而畀以旌節矣，後雖僭號，而其源則藩侯也，故敍之。若南唐受禪於楊氏，北漢繼世於河東，則其初即稱帝，是以亦不復録云。

校勘記

〔一〕張后譖之　按舊唐書卷一一六肅宗代宗諸子傳、新唐書卷八二十一宗諸子傳，倓係被張良娣、李輔國所譖賜死，此處言張皇后，不確。

〔二〕恭懿太子佋　「佋」原作「紹」，據舊唐書卷一一六肅宗代宗諸子傳、新唐書卷八二十一宗諸子傳改。

〔三〕益王廼大曆十四年封　「廼」原作「迴」，據舊唐書卷一一六肅宗代宗諸子傳、新唐書卷八二十一宗諸子傳改。「十四年」，舊唐書作「十年」。

〔四〕建中二年薨　新唐書卷八二十一宗諸子傳同。「二」，舊唐書卷一二德宗紀、卷一五〇德宗順宗諸子傳、新唐書卷七德宗紀作「三」，疑是。

〔五〕溆王縱　「溆王」原作「淑王」，據舊唐書卷一五〇德宗順宗諸子傳、新唐書卷七順宗紀、卷八二十一宗諸子傳改。

〔六〕寶曆二年薨　「寶曆」原作「寶應」，據舊唐書卷一五〇德宗順宗諸子傳、新唐書卷八二十一宗諸子傳改。

〔七〕福王綰　「綰」原作「繕」，據舊唐書卷一五〇德宗順宗諸子傳、新唐書卷八二十一宗諸子傳改。

〔八〕翼王綽　舊唐書卷一五〇德宗順宗諸子傳、新唐書卷八二十一宗諸子傳同。「綽」，舊唐書卷一四順宗紀、新唐書卷七順宗紀、卷九懿宗紀作「繟」，疑是。

〔九〕洋王忻始王高密進王洋　上「洋」字與下「始」、「進」下原皆衍「悰子」二字，據元本、慎本、馮本及舊唐書卷一七五憲宗二十子傳、新唐書卷八二十一宗諸子傳刪。

〔一〇〕沔王恂　「沔王」原作「汜王」，「恂」原作「郇」，據舊唐書卷一七五憲宗二十子傳、新唐書卷八二十一宗諸子傳改。下同。

〔一一〕愔子　「愔」原作「懌」，據舊唐書卷一七五憲宗二十子傳、新唐書卷八二十一宗諸子傳改。

〔一二〕衢王憺　「衢」原作「衡」，據舊唐書卷一六穆宗紀、冊府元龜卷二六五宗室部封建四改。按憺於長慶元年三月戊午受封，見舊唐書卷一六穆宗紀，依本書文例，「憺」下疑當有「長慶初封」四字。

〔一三〕澶王㤄　「㤄」原作「悦」，據舊唐書卷一六穆宗紀、卷一七五憲宗二十子傳、新唐書卷八二十一宗諸子傳改。下同。

〔一四〕大中三年封　「三」原作「六」，據舊唐書卷一七五憲宗二十子傳、新唐書卷八宣宗紀、冊府元龜卷二六五宗室部封建四改。

〔一五〕大中十四年封　「十四」原作「六」，據舊唐書卷一七五憲宗二十子傳、新唐書卷九懿宗紀、冊府元龜卷二六五宗室部封建四改。

〔一六〕榮王憒　「憒」原作「慣」，據元本、慎本、馮本及舊唐書卷一七五憲宗二十子傳、新唐書卷九懿宗紀、卷八二十一宗諸子傳改。

〔一七〕安王溶　「溶」原作「浯」，據舊唐書卷一七五穆宗五子傳、新唐書卷八穆宗紀、卷八二十一宗諸子傳、冊府元龜卷二六五宗室部封建四改。

〔一八〕開成三年暴薨　「三」原作「元」，據舊唐書卷一七下文宗紀下、卷一七五文宗二子傳、新唐書卷八二十一宗諸子傳改。
〔一九〕會昌二年封　「二」原作「六」，據舊唐書卷一七五武宗五子傳、新唐書卷八二十一宗諸子傳改。下文「兖王岐」、「德王懌」、「昌王嵯」同。
〔二〇〕咸通三年封　「三」原作「六」，據舊唐書卷一七五宣宗十一子傳、新唐書卷八二十一宗諸子傳改。
〔二一〕益王陞　「陞」原作「昇」，據舊唐書卷一七五僖宗二子傳、新唐書卷八二十一宗諸子傳改。
〔二二〕虔王禊　「虔」原作「處」，據舊唐書卷一七五昭宗十子傳、新唐書卷八二十一宗諸子傳改。
〔二三〕祁王祺　「祁」原作「初」，據舊唐書卷一七五昭宗十子傳、新唐書卷八二十一宗諸子傳改。
〔二四〕雅王禛　「禛」原作「禎」，據元本及舊唐書卷一七五昭宗十子傳、新唐書卷八二十一宗諸子傳改。
〔二五〕乾寧元年封　「元」原作「四」，據舊唐書卷一七五昭宗十子傳、新唐書卷八二十一宗諸子傳改。
〔二六〕嘉王祜　「祜」原作「祐」，據新唐書卷一〇昭宗紀、卷八二十一宗諸子傳改。
〔二七〕長公主止六百　「止」原作「只」，據元本、慎本、馮本及新唐書卷八二十一宗諸子傳改。
〔二八〕壽春等王皆七百　「王」原作「主」，據舊唐書卷一〇七玄宗諸子傳、新唐書卷八二十一宗諸子傳改。
〔二九〕實與匹夫不異　「實」原作「貴」，據新唐書卷八二十一宗諸子傳贊改。
〔三〇〕含忍混貸昭育逆孽　「忍」，新唐書卷二一〇藩鎮魏博傳序作「引」。「昭」，同書作「照」，樊川集卷五及文苑英華卷七四三守論皆作「煦」。
〔三一〕未及畔岸　「未」原作「大」，據新唐書卷二一〇藩鎮魏博傳序改。
〔三二〕征伐於天下　「征」字原脱，據新唐書卷二一〇藩鎮魏博傳序補。

〔三三〕吳元濟平　「吳」上原衍「爲」字，據新唐書卷二一一藩鎮鎮冀傳改。

〔三四〕詔以爲義成軍節度使　「成」原作「承」，據新唐書卷二一一藩鎮鎮冀傳改。

〔三五〕遷檢校尚書左僕射　「檢校」二字原脱，據舊唐書卷一四二王廷湊傳、新唐書卷二一一藩鎮鎮冀傳補。

〔三六〕以康日知爲深趙二州團練使　「日」原作「自」，據舊唐書卷一四三朱滔傳、新唐書卷二一二藩鎮盧龍傳改。

〔三七〕怦卒　「卒」字原脱，據新唐書卷二一二藩鎮盧龍傳補。

〔三八〕子延嗣立　「嗣」字原脱，據舊唐書卷一八〇李載義傳、新唐書卷二一二藩鎮盧龍傳補。

〔三九〕入朝爲山南西道節度使　「西道」二字原脱，據舊唐書卷一八〇李載義傳、新唐書卷二一二藩鎮盧龍傳補。

〔四〇〕爲列將事允伸　「列」原作「别」，據新唐書卷二一二藩鎮盧龍傳改。「爲」，同書作「以」。

〔四一〕爲燕將誣納降軍使陳貢言反襲殺之因舉兵入府茂勳　按新唐書卷二一二藩鎮盧龍傳叙此事云：「陳貢言者，燕健將，爲納降軍使，軍中素信服，茂勳襲殺之，因舉兵，紿稱貢言反。公素迎擊不利，走，茂勳入府。」此處文多舛脱，叙事不明。

〔四二〕盧龍據九州　按新唐書卷二一二藩鎮盧龍傳載九州爲幽、涿、營、瀛、莫、平、薊、嬀、檀。

〔四三〕拜日華御史中丞　「中丞」原作「大夫」，據舊唐書卷一四三程日華傳、新唐書卷二一三藩鎮淄青横海傳改。

〔四四〕以討李納等功　「李納」原作「李汭」，據舊唐書卷一四五劉玄佐傳、新唐書卷二一四藩鎮宣武彰義澤潞傳改。

〔四五〕後爲其大將李萬榮所逐　「所」原作「爲」，據局本改。

〔四六〕武宗詔積護喪還洛　「武宗」原作「武帝」，「洛」原作「鎮」，據舊唐書卷一六一劉悟傳、新唐書卷二一四藩鎮宣武彰義澤潞傳改。

〔四七〕會鳳翔節度使李昌符與天威都頭楊守立争道　「守」下原衍「争」字，「争道」二字原脱，據新五代史卷四〇李茂貞傳、資治通鑑卷二五七唐紀七十三光啓三年六月戊申條删補。

〔四八〕詔徙茂貞山南西道節度使以徐彦若鎮鳳翔　「西道」與「使」三字原脱，「若」原作「命」，據新五代史卷四〇李茂貞傳、資治通鑑卷二五九唐紀七十五景福二年正月條補改。

〔四九〕唐明宗徙彝超延州刺史　「唐明宗」原作「唐明帝」，據舊五代史卷一三二世襲傳、新五代史卷四〇李仁福傳改。

〔五〇〕周封西平王加太傅　「周」原在「王」下，據舊五代史卷一三二世襲傳、新五代史卷四〇李仁福傳乙正。

〔五一〕襲定難節度使　「定」原作「静」，據宋史卷四八五夏國傳上改。

〔五二〕黄巢寇廣州　「廣」字原重，據文義删。

〔五三〕弟龑嗣　「龑」原作「龔」，據舊五代史卷一三五僭僞傳、新五代史卷六五南漢世家改。

〔五四〕克桂州及連宜嚴梧蒙五州又取郴州　「桂」下「州及連」三字原脱，「郴」原作「柳」，據舊五代史卷一三五僭僞傳、新五代史卷六五南漢世家補改。

〔五五〕龑殺言　「龑」原作「龔」，據新五代史卷六六楚世家改。

〔五六〕以潮爲軍正　「正」原作「校」，據新唐書卷一九〇王潮傳改。

〔五七〕至延政以晉開運三年爲李唐所滅　「滅」原作「殺」，據新五代史卷六八王審知傳注改。

〔五八〕明宗時取荆歸峽等州臣於吴　「明宗」原作「明帝」，「荆」原作「夔萬」，據新五代史卷六九高季興傳改。

〔五九〕季興以梁開平元年鎮荆南　「荆」字原脱，按上文「梁開平初，拜荆南節度」，此處顯脱「荆」字，據補。

卷二百七十七　封建考十八

五代諸王

梁親王

廣王全昱，太祖兄也。太祖受禪封。貞明二年卒。

友諒，全昱子。初封衡王，後嗣廣王，坐弟友能反，廢囚京師。唐師入汴，見殺。

友能，昱子。封惠王，後爲宋、滑二州留後。舉兵反，敗死。

友誨，昱子。封邵王，坐友能反，廢。後爲唐兵所殺。

安王友寧，太祖兄存子。受禪後封。

密王友倫，太祖兄存子。受禪後封。

郴王友裕〔一〕，太祖子。爲忠武節度使，卒。受禪後追封。

博王友文，本姓康，名勤，太祖養以爲子。受禪後封。郢王友珪弒逆，並殺友文。

郢王友珪，太祖子。受禪後封。乾化二年，弒太祖篡位，均王以兵討之，自殺，追廢爲庶人。

福王友璋，太祖子。受禪後封。
賀王友雍，太祖子。受禪後封。
建王友徽，太祖子。受禪後封。
康王友孜，太祖子。末帝即位後封。後以反誅。

唐親王

邕王存美，太祖子。同光三年封。莊宗敗，不知所終。
永王存霸，太祖子。同光三年封。莊宗敗，爲軍卒所殺。
薛王存禮，太祖子。同光三年封。莊宗敗，不知所終。
申王存渥，太祖子。同光三年封。莊宗敗，與劉皇后同奔太原，爲部下所殺。
睦王存義，太祖子。同光三年封。後以郭崇韜婿，爲莊宗所殺。
通王存確，太祖子。同光三年封。莊宗敗，爲霍彥威所殺。
雅王存紀，太祖子。同光三年封。莊宗敗，爲霍彥威所殺。
魏王繼岌，莊宗長子。同光三年封。將兵伐蜀，取之，師回至渭南，聞莊宗敗，師徒潰散，自縊死。
繼潼、繼嵩、繼蟾、繼嶢，並莊宗子。同光三年，拜光禄大夫、檢校司徒，未封，莊宗敗，並不知所終。
秦王從榮，明宗子。長興元年封。後舉兵反，敗死，廢爲庶人。

許王從益，明宗子。長興四年封。晉天福四年，封郇國公，爲二王後，奉唐帝祀。開運三年，契丹犯京師，復封許王，尋爲番將蕭翰立爲帝，知南朝軍國事。漢高祖入洛，遇害。

雍王重美，末帝子。清泰三年封。晉兵入，與末帝俱自焚死。

洋王從璋，明宗從子。長興四年封。晉時，降封隴西郡公。

兗王從温，明宗從子。晉時，爲忠武軍節度使。

涇王從敏，明宗從子。晉時，降封秦國公。

晉親王

韓王敬暉，高祖弟。爲曹州防禦使，卒。天福八年追封。子曦嗣。

楚王重信，高祖子。天福初，爲河陽三城節度使。范延光反，遇害，追封。

陳王重杲〔二〕，高祖子。蚤卒，追封。

壽王重義，高祖子。張從賓反，遇害，追封。

漢親王

魏王承訓，高祖子。蚤卒，追封。

陳王承勳，高祖子。隱帝即位，爲開封尹。周廣順元年追封。

周親王

郯王侗，太祖子。漢末遇害，顯德時追封。

杞王信，太祖子。漢末遇害，顯德時追封。

越王宗誼，世宗長子。漢末遇害，顯德時追封。

曹王宗讓，世宗子。顯德六年封。

紀王熙謹，世宗子。顯德六年封。宋乾德二年卒。

蘄王熙誨，世宗子。顯德六年封。

封爵之差，唐制：王食邑五千户。郡王、國公，三千户。開國郡公，二千户。縣公，千五百户。縣侯，千户。伯，七百户。子，五百户。男，三百户。又有食實封者，給縑帛，每賜爵，遞加一級。唐末及五代始有特加邑户，而罷實封之給，又去縣公之名，封侯以郡。宋朝沿其制，文臣少卿、監以上，内職崇班以上，有封爵、丞、郎〔三〕、學士、刺史、大將軍、諸司使以上，有實封。但以增户數爲差，不繫爵級，邑過其爵，則并進爵焉，止於開國郡公。每加食邑自千户至二百户，實封自六百户至百户，皆六等。親王、重臣或特加，有踰千户者。郡公食邑有累加至萬餘者，實封至數千者。又於王爵之上有國王及西平、南平之號，皆非常典所加。凡加食邑，宰相千户，實封四百户，餘降麻官七百户，實封三百户。直學士以上五百户，實封二百户。舍人、待制、散尚書至少卿監以上，實封一百户，食邑三百户。封縣開國男五百户、封子七百户、封伯千户、封郡侯二千户、封公千五百户以上，始加實封。惟將相食邑萬户即開國，亦或謙而不就者。仁宗慶曆七年郊，惟夏竦滿萬户，中書請封英國公，因詔使相未滿萬户皆得封。皇屬有特封郡公、縣公，或贈侯者，無「開國」字。侯無「開國」字，在開國郡公之上。開寶以來，伐國降主及外臣叛命赦不誅者亦封侯，皆因名以著罪焉。開寶四年，劉鋹封恩赦侯。九年，李煜封違命侯。淳化五年，趙保忠封宥罪侯。又采秦制，賜民爵曰「公士」，其王公以下封國之名，舊有大次小三等，以爲進封之叙，然每或封拜，又有權升次小國爲大國者。淳化五年九月，詔升壽爲大國，羽於晉之下、燕之上。咸平六年八月，故兖王追封安王，升安爲大國。景德二年八月，故雍王追封鄆王，仍升鄆爲大國。大中祥符七年五月，故舒王追封曹王，仍升曹爲大國。乾興元年三月，進封鄧、申、冀三大長公主，並升爲大國。景祐中，詔春秋、秦、漢以來，下及皇朝所封舊名，別分大次小三等，以爲定制焉。太祖時，詔晉王、太宗。齊王、廷美。武功郡王德昭。朝會班宰相上。太宗太平興國八年，詔：「自今宰相序立，宜在親王上。」宰相宋琪、李昉等頓首言：「漢法，丞相在諸侯王下，請入舊制。」不許。王府講官有翊善一人，直講一人，贊讀二人，記室一人，又有諸王宮大小教授。

宋諸王 王子侯

邕王光濟，宣祖長子，太祖兄。蚤亡，建隆三年贈中書令，封邕王。

秦王廷美，宣祖第四子，太祖弟。建隆元年，授嘉州防禦使，進同平章。太宗即位，封齊王，繼封秦王。後以罪降封涪陵縣公，房州安置，卒於房陵。真宗即位，追復官封。

廷美十子。

德恭，爲左武衛大將軍，封樂平縣公。

德隆，贈寧遠軍節度使，追封臨沂郡公〔四〕。

德彝，右千牛衛大將軍，封長寧郡侯。累遷保信軍節度留後〔五〕，追封信都郡王。

德均，右監門衛大將軍〔六〕，追封安鄉侯。

德欽，雲州觀察使，追封雲中侯。

德潤，右羽林將軍，追封金城侯。

德愿，右武衛將軍〔七〕，追封姑城侯。

德存，左羽林將軍，追封洮陽侯。

德文，昭武軍節度使，東平郡王〔八〕。

夔王光贊，宣祖第五子，太祖幼弟。早卒，建隆三年贈侍中，追封。

右，宣祖之世。

魏王德昭，太祖子。乾德二年出閤，授貴州防禦史，遷同平章事。太平興國元年，封武功郡王。四年，以譴自殺，贈中書令，追封魏王。

止齋陳氏曰：「謹按國史，乾德二年，以皇子德昭爲貴州防禦使，時年十七。前代皇子出閤即封王，上以德昭未冠，特殺其禮，非舊典也。夫貴州屬廣西下州，防禦使從五品耳，皇子始命以此。

禮曰『天子之元子，士也。天下無生而貴者也。』儲君，副主，猶云士，明人有賢行著德乃得貴也。先王以家人不憚自貶，如此損益，教道行矣，故國人觀之曰：『世子將君我，而齒我於學。』然後衆知父子之道、君臣之義、長幼之節。出閤封王，後世之夸心也。藝祖起百世之後，獨追古意，自王禮殺而爲防禦使，非聖人能之乎？」紹聖中，皇子初命，便封國公，遂爲故事。

惟正，德昭長子。建寧軍節度使，追封同安郡公。

從讜，惟正子。温州團練使。坐罪死，贈濟南侯。

世程，從讜子。洛州防禦使，贈榮國公。

世智，從讜子。桂州觀察使，贈申國公。

世繁，從讜子。袁州防禦使，贈信都郡公。

惟吉，德昭次子。早卒。

守節，惟吉子。彰化軍節度留後，追封丹陽郡王。

守巽，惟吉子。和州防禦使，贈楚國公。

守度，惟吉子。英州團練使，贈廬江侯。

世延，惟吉孫。絳州防禦使，贈彭城郡公。

世静，惟吉孫。均州防禦使，贈北海郡公。

世長，惟吉孫。解州防禦使，贈濟陽郡公〔九〕。

世茂，惟吉孫。鳳州刺史，贈東陽侯。
惟忠，德昭子。早卒。
從恪，惟忠子。贈磁州刺史、東萊侯。
從藹，惟忠子。齊州防禦使，追封韓國公。
世綱，惟忠孫。澧州刺史，贈南康侯。
從質，惟忠子。信州團練使，贈博陵侯。
從信，惟忠子。雄州防禦使，贈楚國公。
惟和，德昭子。早卒。
從審，惟和子。復州防禦使，宣城郡公。
從誨，台州團練使，襄陽侯。
岐王德芳，太祖子。開寶九年出閤，授防禦使。太平興國中，進同平章事。六年薨。
惟叙，德芳子。懷州防禦使，追封河内侯〔一〇〕。
從煦，惟叙子。歸州團練使，齊國公。
世逸，從煦子。耀州觀察使，贈惠國公。
惟憲，德芳子。資州團練使，贈英國公。
從湜〔一一〕，惟憲子。登州防禦使，贈遂寧侯。

從郁，惟憲子。贈金州觀察使、新興侯。

世奕，惟憲孫。永州團練使，贈南康侯。

惟能，德芳子。右神武將軍〔三〕，贈張掖侯。

從古，惟能子。登州觀察使，楚國公。

從贄，惟能子。溫州團練使，贈南陽侯。

世瑞，惟能子。嘉州刺史，贈華陰侯。

安定郡王從式，太祖曾孫、岐王德芳次子英國公惟憲之子。神宗熙寧元年，詔以太祖肇造區夏，令中書門下，考太祖之屬籍〔三〕，近行尊者一人，裂地王之，使常從獻於郊廟。於是從式最長，乃拜彰化軍節度觀察留後，封安定郡王。薨，追封榮王。

世清，熙寧五年嗣封。

世準，元豐七年嗣封。

世開，紹聖元年嗣封。

世雄，建中靖國元年嗣封。

世福，崇寧五年嗣封。

令盪，宣和二年嗣封。

令話，紹興元年嗣封。

令時，二年嗣封。

令矼，五年嗣封。

令廌，六年嗣封。

令詪〔一四〕，二十五年嗣封。

令衿，二十六年嗣封。

令德，乾道元年嗣封。

令檯，八年嗣封。

子棟，淳熙七年嗣封。

子肜，九年嗣封。

子恭，慶元元年嗣封。

子覿，嘉泰二年嗣封。

伯栩，嘉泰四年嗣封。

伯柷，嘉定元年嗣封。

伯澤，八年嗣封。

熙寧所封安定郡王從式，乃秦王德芳之孫。從式薨，乃更封燕王德昭曾孫世清爲嗣安定郡王。

紹興初，燕、秦二王後争襲封，禮部員外郎王居正言：「燕王，太祖長子，其後當襲封。」議遂定。自紹興至嘉定，襲封者並燕王後。自孝宗後，受封者率自下僚承襲，且多癃老疾病，不能起跪。嘉定十二年，臣僚言：「自今有該封襲之人，先行下所居州郡審驗，委堪拜跪，方與保明申奏，仍遣赴都堂察審，然後取旨除授。或序當承襲，本州宗司見其不能拜跪，與特轉一官及一子恩澤，以華其老，却於次行內更行選襲。」從之。

安僖秀王子偁〔一五〕，太祖六世孫，岐王德芳之後。德芳生英國公惟憲，惟憲生新興侯從郁，從郁生華陰侯世將，世將生東頭供奉官令譮〔一六〕，令譮生子偁。以舍試合格，調嘉興丞。生子，是爲孝宗，六歲選入宮。紹興十四年，子偁卒。孝宗既正儲宮，詔贈子偁中書令、秀王。

伯圭，子偁子。封滎陽郡王。光宗時，嗣秀王。

師夔，伯圭子。興寧軍節度使〔一七〕，開府儀同三司，贈新安郡王。

師揆，伯圭次子。奉國軍節度使，贈澧王。

師禹，伯圭季子。保康軍節度使，贈和王。

信王璩，太祖七世孫，父子彥。高宗紹興四年，育孝宗於宮中。明年，詔再選璩入宮，憲聖慈烈皇后以爲己子。九年，封崇國公。五年，封恩平郡王。孝宗既正儲宮，璩始稱皇侄。三十年，出居紹興府。淳熙十四年薨，追封信王。

右，太祖之世。

楚王元佐，太宗長子。初封衛王，後徙封楚，坐罪廢爲庶人。真宗即位，復封爵。仁宗初薨。

允升，元佐子。封延安郡王。

宗禮，允升子。虔州觀察使，成國公。

宗道，允升子。常州團練使，贈高密侯。

宗楷，允升子。康州刺史，漢東侯。

宗回，楚州防禦使〔一八〕，漢東郡公。

宗默，昭州刺史，安康侯。

宗秀，左武衛，華陰侯。

仲翹，允升孫。眉州防禦使，通義侯。

昭成太子元僖，太宗次子。太平興國七年，初封廣平郡王，後封許王，尹開封。淳化三年薨，追贈太子。

陳王元份，太宗子。太平興國八年，初封冀王。景德二年薨，追封陳王。

允寧，元份子。武定軍節度使，信安郡王。

宗敏，允寧子。文州刺史，會稽侯。

宗盂，允寧子。汝州防禦使，臨汝侯。

允讓，元份子。知大宗正事，汝南郡王，贈濮安懿王。

宗懿，允讓子。宿州觀察使，和國公。

宗詠，洪州觀察使，豫章侯。

宗師，密州觀察使，高密侯〔一九〕。

宗邈，隴州防禦使，濟陽侯。

宗沔，洺州防禦使〔二〇〕，廣平侯。

宗望，舒州防禦使，高密郡公。

安王元傑，太宗子。太平興國八年，初封益王。咸平六年薨，無子。

密王元偓，太宗子。端拱元年，封徐國公。真宗即位，封彭城郡王。天禧元年，封徐王。二年薨。

曹王元偁，太宗子。初封涇國公。真宗即位，封安定郡王。大中祥符七年薨，贈曹王。

鎮王元儼，太宗子。景德初，封廣陵郡王。仁宗即位，拜太尉、尚書令。天聖七年，封鎮王，後改荆王。慶曆四年薨。

允迪，元儼子。安静軍節度使，贈永嘉郡王。

允熙，元儼子。滁州刺史，博平侯。

允初，元儼子。寧國軍節度使，贈博平郡王。

代國公元億，太宗子。早薨，至道三年追封。

嗣濮王宗暉，太宗曾孫，安懿王允讓之子〔二一〕、英宗之親兄。神宗時，嗣封濮王。紹聖元年薨。

宗晟，安懿王子。紹聖元年嗣封。

宗愈，紹聖二年嗣封。
宗綽，紹聖二年嗣封。
宗楚，紹聖三年嗣封。
宗祐，紹聖四年嗣封。
宗漢，紹聖五年嗣封。
仲增，安懿王孫，大觀三年嗣封。
仲御，政和五年嗣封。
仲爰，宣和四年嗣封。
仲理，靖康時襲封，北遷。
仲湜〔二一〕，建炎二年嗣封。
仲儡，建炎八年嗣封。
士僕，安懿王曾孫。紹興二十五年嗣封。
士輵，隆興初嗣封〔二三〕。
士歆，淳熙時嗣封。
不秡〔二四〕，安懿王玄孫，慶元三年嗣封〔二五〕。
不璺〔二六〕，慶元六年嗣封。

不儔，開禧三年嗣封〔二七〕。

不嫖，嘉定十一年嗣封。

不淩，嘉定十五年嗣封。

右，太宗之世。

按：諸侯王與列侯，皆以其嫡子嫡孫世襲。其所受之封爵，自非有罪者與無後者，則爵不奪而國不除，此法漢以來未之有改也。至唐則臣下之封公侯者，始止其身而無以子襲封者，然親王則子孫襲封如故。雖所謂茅土食邑多爲虛名，然始受封之國與爵，則父殁子繼，世世相承。如吳王恪、曹王明，俱太宗之子，受封於貞觀時，中更武氏、禄山之禍，皇族殲夷陵替之餘，然其苗裔苟存，則嗣吳王、嗣曹王尚見於肅、代、德、順之間。至宋則皇子之爲王者，封爵僅止其身，而子孫無問嫡庶，不過承蔭入仕爲環衛官，廉車節鉞以序，而遷如庶姓貴官蔭子入仕之例，必須歷任年深，齒德稍尊，方特封以王爵，而其祖父所受之爵則不襲也。國朝會要載慶曆四年七月制，封宗室乃以皇叔馮翊郡公德文爲東平郡王、皇兄允讓爲汝南郡王、皇弟允良爲華元郡王、皇侄從藹爲潁國公、從煦爲安國公、宗説爲祁國公、昭成太子孫宗保爲建安郡王、華王孫宗達爲恩平郡王、邢王孫宗望爲清源郡公。自燕王薨，而祖、宗之後，未有封王爵者，議者以爲自三代以來，皆建宗戚，用自承助，於是次第封拜之。蓋仁宗鮮兄弟，享國既久，又無皇子，藝祖、太宗之子爲王者皆已物故，是時宗姓幾無一王，故擇其行尊齒宿者王之。至濮安懿王以英宗之故，安定郡王以藝祖之故，方令世世承襲，然又不以昭穆相承，嫡庶爲别，每嗣王殁，則只擇本宗直下之行尊者承襲。於是濮安懿王有二十七子，而得嗣封者七人；四十六孫，而得嗣封者亦七人，蓋嗣濮王凡十四人，纔更兩代耳。安定郡王之後，「世」字行嗣封者五人，「令」字行嗣封者九人，「子」字行嗣封者四人，「伯」字行嗣封者三人，蓋嗣安定郡王凡二十一人，纔更四代耳，此例亦古所無也。又按蔡元道祖宗官制舊典稱，皇子生，百晬命名，初除美軍額節度使，兩遇大禮移鎮，再遇封國公，出閤拜使相、封郡王、納夫人、建外第，方除兩鎮封王。然則皇子雖在所必王，然其遷轉亦有次第，不遽封也。

周王祐〔二八〕，真宗子。咸平五年，封信國公。六年薨，追封王。

右，真宗之世。

褒王昉，仁宗子。蚤薨，追封。

豫王昕，仁宗子。蚤薨，追封。

鄂王曦，仁宗子。蚤薨，追封。

右，仁宗之世。

吴王顥，英宗子。初封東陽郡王，神宗立，封昌王。哲宗立，徙楚王。紹聖初薨。

孝騫，顥子。寧國軍節度使，晉康郡王〔二九〕。

益王頵，英宗子。初封樂安郡王，進封嘉王。元祐三年薨。

潤王顔，英宗子。蚤薨，追封。

右，英宗之世。

成王佾，神宗子。早薨，追封。

惠王僅，神宗子。早薨，追封。

唐王俊，神宗子。初封永國公，薨，追封王。

褒王伸，神宗子。蚤薨，追封。

冀王僩，神宗子。初封景國公，薨，追封王。

豫王价，神宗子。初封建國公，薨，追封王。

徐王倜，神宗子。蚤薨，追封。

吴王佖，神宗子。初封儀國公，哲宗即位，封大寧郡王〔三〇〕。徽宗即位，封陳王。崇寧五年薨。

儀王偉，神宗子。蚤薨，追封。

燕王俣，神宗子。初封成國公，哲宗即位，封咸寧郡王。徽宗時，積封至燕王。靖康從北狩，不知所終。

楚王似，神宗子。初封和國公，哲宗即位，封普寧郡王。徽宗時，封蔡王。崇寧五年薨。

越王偲，神宗子。初封祈國公，後積封至越王。靖康從北狩，不知所終。

右，神宗之世。

獻愍太子茂，哲宗子。早薨，初贈越王，再贈太子。

右，哲宗之世。

兖王檉，徽宗子。早薨，追封。

鄆王楷，徽宗子。初封魏國公，進封高密郡王。政和八年，策進士，居第一，積封至鄆王。靖康從北狩。

荆王楫，徽宗子。初封楚國公，進封南陽郡王。崇寧三年薨。

肅王樞，徽宗子。初封吴國公，積封至肅王。靖康中，與張邦昌同質於金國，北去。

景王杞，徽宗子。初封冀國公，積封至景王。靖康從北狩。

濟王栩，徽宗子。初封魯國公，積封至濟王。靖康從北狩。

濟陽郡王棫，徽宗子。初封楊國公，進封濟陽郡王。

郊王材，徽宗子。初封魏國公，薨，追封。

祁王模〔三一〕，徽宗子。初封鎮國公，積封至祁王〔三二〕。靖康從北狩。

莘王植，徽宗子。初封吴國公，積封至莘王。靖康從北狩。

華原郡王朴，徽宗子。初封雍國公，進爵華原郡王。

徐王棣，徽宗子。初封徐國公，積封至徐王。靖康從北狩。

沂王㮙，徽宗子。初封冀國公，積封至沂王。靖康從北狩。

鄆王棋，徽宗子。初封定國公，薨，追封王。

和王栻〔三三〕，徽宗子。初封廣國公，積封至和王。

信王榛，徽宗子。初封福國公，積封至信王。靖康從北狩，至河北得脱，馬廣以鄉兵保慶源五馬山寨，奉榛爲主。建炎二年，詔爲河外兵馬都元帥。後虜破山寨，不知所終。

漢王椿，徽宗子。初封慶國公，薨，追封王。

安康郡王楃，徽宗子。初封衛國公，進封安康郡王。

廣平郡王楗，徽宗子。初封韓國公，靖康時追封。

陳王機，徽宗子。早薨，追封。

相國公梴〔三四〕，徽宗子。政和四年封。

瀛國公樾〔三五〕，徽宗子。政和五年封。

建安郡王模〔三六〕，徽宗子。初封惠國公，宣和時追封。

嘉國公椅，徽宗子。政和八年封。

温國公棟，徽宗子。政和八年封。

英國公橞，徽宗子。宣和二年封。

儀國公桐，徽宗子。宣和三年封。

昌國公柄，徽宗子。宣和四年封。

潤國公樅，徽宗子。宣和七年封。

右，徽宗之世。

元懿太子旉，高宗子。初封魏國公，苗傅、劉正彦爲逆，立旉爲帝，改元明受。上復辟，立爲皇太子。其年薨，贈元懿太子。

右，高宗之世。

莊文太子愭，孝宗子。紹興三十二年，封鄧王。乾道元年，立爲皇太子。三年薨，年二十四，追謚。

挺〔三七〕，愭子。武當軍節度使，豫國公。

魏惠獻王愷，孝宗子。初封慶王，繼封魏王。乾道七年薨。

抦，愷子。昭慶軍節度使，吴興郡王，贈沂王，謚靖惠。

右，孝宗之世。

景獻太子詢〔三八〕，藝祖十世孫，燕懿王後。寧宗慶元四年育於宫中。嘉泰二年，封衛國公。開禧元年，爲皇子，封榮王。三年，立爲皇太子。嘉定十三年薨，年二十八，追謚。

華冲穆王坦，寧宗子。早薨，追封。

申冲懿王㙊，寧宗子。早薨，追封。

順冲懷王忻，寧宗子。早薨，追封。

肅冲昭王㤱，寧宗子。早薨，追封。

濟陽郡王竑，沂靖惠王子。嘉定十四年，立爲皇子，封祁國公，再封濟國公。十七年，進封濟陽郡王。

右，寧宗之世。

校勘記

〔一〕郴王友裕　「郴王」原作「彬王」，據舊五代史卷一二梁宗室傳、新五代史卷一三梁家人傳改。

〔二〕陳王重杲　「重杲」原作「重景」，據新五代史卷一七晉家人傳、五代會要卷二諸王改。

〔三〕郎　原作「相」，據宋史卷一七〇職官志十改。

〔四〕贈寧遠軍節度使追封臨沂郡公　原作「右武衛大將军封長寧郡侯」，其下並衍一「德」字，據宋史卷二四四宗室傳一改删。

〔五〕右千牛衛大將軍封長寧郡侯累遷保信軍節度留後　原脱「右千牛衛大將軍封長寧郡侯累遷」十四字，「保信」作「保寧」，據宋書卷二四四宗室傳一補改。

〔六〕右監門衛大將軍　「右」原作「左」，據宋史卷二四四宗室傳一改。

〔七〕右武衛將軍　按宋史卷二四四宗室傳一，德願「淳化元年授右千牛衛大將軍，三進秩爲左武衛大將軍」，疑此處記事有誤。

〔八〕昭武軍節度使東平郡王　按宋史卷二四四宗室傳一，德文「官至昭化軍節度使，贈樂平郡王」，疑此處記事有誤。

〔九〕贈濟陽郡公　宋史卷二四四宗室傳一同。「濟陽」，宋史卷二一五宗室世系表一作「濟陰」。

〔一〇〕追封河内侯　「河内」原作「河南」，據宋史卷二四四宗室傳一、宋會要帝系一之二九改。

〔一一〕從湜　原作「從演」，據宋史卷二二二宗室世系表八改。

〔一二〕右神武將軍　「神武」原作「羽林」，據宋史卷二四四宗室傳一改。

〔一三〕考太祖之屬籍　「太祖」原作「太宗」，據宋史卷二四四宗室傳一改。

〔一四〕令誏　原作「令詪」，據宋史卷二一八宗室世系表四、卷二四四宗室傳一改。

〔一五〕安僖秀王子偁　「安僖」與「秀」原倒，據宋史卷二四四宗室傳一乙正。

〔一六〕東頭供奉官令繪　宋史卷二四四宗室傳一同。「令繪」，宋史卷二二一宗室世系表七作「令儈」。

〔一七〕興寧軍節度使　「興寧」原作「永興」，據宋史卷二四四宗室傳一、宋會要帝系二之五七改。

〔一八〕楚州防禦使　「楚州」原作「沂州」，據宋會要禮四一之三四改。

〔一九〕高密侯　「密」原作「察」，據元本、慎本、馮本及宋會要帝系三之三三改。

〔二〇〕洺州防禦使　「洺州」原作「洛州」，據宋會要帝系三之三七改。

〔二一〕嗣濮王宗暉太宗曾孫安懿王允讓之子　「宗暉」原作「宗鄆」，「允讓」原作「元讓」，據宋史卷二四五宗室傳二、宋會要帝系一之三四、二之三六改。

〔二二〕仲湜　原作「仲良」，據宋史卷二四五宗室傳二、宋會要帝系二之三四改。

〔二三〕隆興初嗣封　按宋史卷二四五宗室傳二、宋會要帝系二之四五作紹興二十八年嗣封。

〔二四〕不秙　原作「不秸」，據宋史卷二四五宗室傳二、宋會要帝系二之三四改。

〔二五〕慶元三年嗣封　「三」原作「二」，據宋會要帝系二之三五改。

〔二六〕不璺　原作「不疊」，據宋史卷三七寧宗紀一、宋會要帝系二之三五改。

〔二七〕開禧三年嗣封　宋會要帝系二之三五同。「三」，宋史卷二四五宗室傳二作「二」。

〔二八〕周王祐　「祐」上原衍「元」字，據宋史卷二四五宗室傳二、宋會要帝系一之一八删。

〔二九〕晉康郡王　「晉康」原作「豫章」，據宋史卷二四六宗室傳三、宋會要帝系三之五改。

〔三〇〕封大寧郡王　「大寧」原作「太寧」，據元本、愼本、馮本及宋會要帝系一之三九改。

〔三一〕祁王模　「模」原作「謨」，據宋史卷二四六宗室傳三、宋會要帝系一之四二改。

〔三二〕積封至祁王　「祁王」原作「祈王」，據元本、愼本、馮本及宋史卷二四六宗室傳三、宋會要帝系一之四二改。

〔三三〕和王栻　「栻」原作「棫」，據宋史卷二四六宗室傳三、宋會要帝系一之四三改。

〔三四〕相國公梴　「梴」原作「樾」，據愼本及宋史卷二四六宗室傳三、宋會要后妃三之九改。

〔三五〕瀛國公樾　「樾」原作「梴」，據愼本及宋史卷二四六宗室傳三、宋會要后妃三之九改。

〔三六〕建安郡王楧　「楧」原作「横」，據宋史卷二四六宗室傳三、宋會要帝系一之五〇改。

〔三七〕挻　原作「挺」，據元本、愼本、馮本及宋史卷三三孝宗紀一、兩朝綱目備要卷一改。

〔三八〕景獻太子詢　「詢」原作「曮」，據宋史卷二四六宗室傳三、宋會要帝系一之八改。